国学
经典
文库

图文珍藏版

感受秘史之迷离 慨叹谜案之悬疑

中国古代秘史

马昊宸◎主编

第三册

线装书局

中国古代秘史

辽夏金元秘史

马昊宸◎主编

线装书局

西夏全书·焠文

政坛内幕

耶律楚材出任内幕

蒙古太祖十三年(1218年),成吉思汗在南征北战过程中,逐渐感到人才的重要。为了征服战争的继续进行和扩大,他需要各种人才。这时,他打听到在他统治下的燕京城中,有个博学多艺的耶律楚材,便派专使前来礼聘,耶律楚材陷在燕京城中已经三年了,过着隐居式的生活,除了礼佛参禅而外,无事可干,这时得知有雄才大略的成吉思汗要召见他,感到是一个图谋进取的好机会,不应轻易放过,便立即应召,跟随来使欣然上道了。后来,他有一首诗讲到这件事,"圣主得中原,明诏求王佐,胡然北海游,不得南阳卧",心情是很愉快的。

当时,成吉思汗正在准备西征,其行在远在克鲁伦河的上游与臣赫尔河合流之处,今属蒙古人民共和国的肯特省。耶律楚材于三月十六日从燕京出发,过居庸(今居庸关),历武川(今河北宣德),出云中(今山西大同),抵天山(今呼和浩特北大青山),穿越浩瀚的大沙漠,于六月二十日左右到达行在。耶律楚材看见这里车帐如云,将士如雨,马牛被野,兵甲赫天,烟火相望,连营万里,真是一个千古少有的盛大场面,心中非常高兴。成吉思汗得知耶律楚材到了,马上召见,看到这位身材修长,胡须长得很漂亮,声音宏响的伟丈夫,说道:"辽金世仇,我为你报了仇。"耶律楚材答道:"那是很早以前的事了。从我的祖父开始已经入侍金朝,既然作了臣下,怎敢与君为仇呢?"这几句话讲得非常得体,成吉思汗听了很满意,认为这个人值得信任,便让他作自己的亲随,不离左右。耶律楚材很快便以其渊博的学识,受到成吉思汗的宠信。成吉思汗对他很亲切,经常不叫他的名字,而称为"吾图撒合里",蒙古语就是"长胡子"的意思。耶律楚材终于在风云变幻的年代里,找到一个可以施展才干的机会了。

然而,一个新来归顺的儒生,想在以武力取天下的军事贵族中,取得充分的信任和巩固的地位,是很不容易的。有个名叫常八斤的人,以善造弓,受到成吉思汗的重用,因而非常矜骄。有一次竟然当着耶律楚材的面对成吉思汗说:"现在正是用武的时候,耶律楚材是个儒生,对打仗的事一窍不通,有什么用处?"耶律楚材听了并不生气,从容答道:"治弓尚且须用治弓匠,难道治天下就不须用治天下匠吗?"成吉思汗听了觉得有理,对耶律楚材更加亲信重用了。

从蒙古太祖十四年到二十年(1219~1225年),成吉思汗进行了著名的西征。这次西征,主要是对中亚的花剌子模用兵。在整个战争过程中,耶律楚材一直跟随成成吉思汗的身边。这一时期,耶律楚材的主要工作和贡献,有以下几点。

一是担任成吉思汗的必阇赤,掌管文书。当时,蒙古立国未久,诸事草创,各种规章制度正在逐步建立,战争

耶律楚材祠

仍在激烈进行,来往文书甚多。由于民族复杂,文书大约有蒙文、汉文、波斯文三个系统。蒙文由怯烈哥主管,波斯文由镇海主管,汉文即由耶律楚材主管。由于当时蒙古贵族多不识字,因而必阇赤的作用不应低估,他们常常可以利用方便的条件,按照自己的私意处理问题,具有一定的权势。当时不少中原地区的官僚地主都慕名而来,通过耶律楚材向成吉思汗钻营。耶律楚材是一个有高度封建文化修养的儒生,为人正直,把"行道泽民"作为自己的"素志";虽然他自称"备员翰墨,军国之事,非所预议",但必要时向成吉思汗提醒什么事该作,什么事不该作,还是非常方便的。他肯定会利用这个职务做一些有益的工作。

二是在塔剌思城屯田。这个地方是古代中亚的名城,位于塔剌思河畔,为中西交通的要道。蒙古军攻占此城后,即以此为基地继续西进,陆续攻占了讹打剌城(阿里斯河注入锡尔河处附近),蒲华城(布哈拉)。最后攻占了花剌子模的首都寻思干(撒马尔罕)。寻思干在西辽时称为河中府,当地土地肥饶,经济繁荣,多豪民。蒙古军入城之后,俘虏了三万名工匠,送往蒙古分赏诸将为奴。同时,又迁徙了四百多名豪民子弟到塔剌思城屯田。这是一个削弱新征服

地区反抗力量的措施,对恢复发展后方的社会经济也有好处。耶律楚材奉命主持这一工作。大概这是他的主意。这对蒙古军事贵族只知道打仗,掠夺财富,转变到恢复发展社会经济,是很有意义的。

三是在司天台担任春官,用他的律历星卜等方技之术,为成吉思汗服务。当时整个社会的科学文化水平很低,对天文、历法、星象知识了解得很肤浅,包括成吉思汗在内的许多蒙古贵族都还非常迷信,每遇将兵出征的时候,都要耶律楚材预卜吉凶,借以增强将士的斗志,坚定胜利的信心。例如,蒙古太祖十四年(1219年)夏六月,成吉思汗决定出兵征讨回回国,祭旗那天,忽然雨雪三尺。有人怀疑用兵是否有利,耶律楚材便说:"隆冬之气,见于盛夏,是克敌取胜的好兆头。"第二年的冬天,忽然大雷,有人问这又是什么兆头呢?耶律楚材回答说:"回回国主快死了。"蒙古太祖十七年(1222年)的八月,天空的西方出现了一颗长长的彗星,耶律楚材说:"金宣宗快死了。"这些预测虽然"后皆验之",但显然是"猜"准了,并无科学的根据。另有一些事情,则表明耶律楚材确实具有很高的科学水平。蒙古太祖十五年(1220年),西域的历官说五月十五日夜将有蚀,耶律楚材说不会有,结果没有发生。次年十月,耶律楚材说将有月蚀,西域人说不会有,结果却发生了。两次都证明耶律楚材说对了,西域的历法有问题。于是,耶律楚材将旧的历书细加修订,著成《庚午元历》,上奏颁行,从此东西数万里,天象不差,对军事、生产和生活都有好处,耶律楚材的这一贡献当然是应予肯定的。

像耶律楚材这样的人才,在当时是不多的,在西征中的表现也很不错,因此成吉思汗对他的印象很好。有一次指着耶律楚材对窝阔台说:"此人,天赐我家。尔后军国庶政,可以全都委托他。"由此可见,耶律楚材已经用自己的知识为蒙古统治者服务,获得了很高的评价,取得了充分的信任。

不过,应当特别指出的是,在整个西征过程中,成吉思汗进行战争的主要目的,仍然在于掠夺财富;他所需要耶律楚材为他服务的东西,只不过是一些舞文弄墨,医卜星象的方技之术而已。因此,在成吉思汗的眼中,耶律楚材的这点本领,比起两军对垒斩将攀旗的武功来,分量究竟要轻得多。同时,戎马倥偬的时代,遐荒异域的环境,也使得他这个只懂得中原文化的书生,意欲以儒治国。

元太宗元年(1229年)秋,拖雷监国已经两年,决定召集宗亲推举大汗。当时,成吉思汗诸子皆从各自的驻地来到克鲁伦河畔举行大会。拖雷宣布成吉思汗的遗命,推举窝阔台承继大位。窝阔台则认为拖雷一直跟随在成吉思汗的身边,所受训教较他人为多,大位应由拖雷继承。推来推去,会议开了四十天,也未做出决定。

耶律楚材觉得会议不能再这样拖下去了,便对拖雷说:"推举大汗,是宗社的大事,应该根据成吉思汗的遗命,早做决定,以免发生争端。"拖雷说:"意见尚未统一,能否再等几天。"耶律楚材说:"过了明天,就没有吉利的日子了。"当时,蒙古统治者还非常迷信,听了这话便决定在第四十一日举行登基大典。

大典由耶律楚材拟订仪式。耶律楚材为了使会议开得威严庄重,让所有宗亲都能恭敬顺从,便事先对亲王察合台说:"你虽是大汗的兄长,但从职位上看仍然是臣,臣下对君按照礼节应当跪拜。只要你带头拜,其他的人就莫敢不拜了。"察合台认为他说得有理,在正式的即位大典上,便率领皇族及臣僚帐下跪拜。会议进行得很顺利。会后,察合台对耶律楚材说:"你真是社稷的功臣呵!"

窝阔台即位后,为了树立自己的威望,准备对那些没有按时前来朝拜的王公大臣处以死刑。耶律楚材知道后便对他说:"陛下新即位,应当力求安定,对犯错误的人,应当宽宥,否则矛盾放大,政局反而不稳。"窝阔台采纳了耶律楚材的意见,果然取得了很好的效果,从前不拥护他的人,后来都拥护他了,政权得到了巩固和稳定。

耶律楚材日益获得信任。当时,蒙古立国未久,诸事草创,许多必要的制度尚未建立,应兴应革的事太多了,耶律楚材选择了一些急需办理的,写了《便宜十八事》一疏上奏。这封奏疏的内容很广,包括了官吏设置、赋役征收、财政管理、刑法执行等许多方面,并且特别指出当时官场上盛行的送礼之风,危害不小,希望下令禁止。窝阔台汗看了疏以后认为所奏各事,皆可听从,唯有送礼一事难于禁绝,便对耶律楚材说:"如果是自愿馈赠的,可以不追究吧!"耶律楚材说:"这是蛀政害民的开头啊!哪能听任不管呢?"窝阔台汗说:"凡你所奏,我都依从了,你就不能依从我这一件吗?"

耶律楚材的许多建议得到窝阔台汗的首肯,作为诏令颁布施行,都收到了很好的效果。一天,根据耶律楚材建议设置的十路课税使,送来了许多粮食布帛和金银,陈列在宫廷中,数量很多。窝阔台汗看了非常高兴,笑着对耶律楚材说:"你没有离开我的左右,但却来了这么多的财物,使国用充足,真有本领呵!在金国的臣僚中还有像你这样的人才吗?"耶律楚材答道:"现在南京(开封)的臣僚都比我好,我因为没有什么本领,所以才留在燕京,结果被陛下所用了。"窝阔台汗对耶律楚材的谦虚态度表示嘉赏,觉得确实是一个可以大用的人才,当即下令任命他作中书令,把典颁百官,会决庶务的大权交给他,事无巨细,都先向他报告,再由他转请皇帝处理。

忽哥赤中毒身亡之谜

至元四年(1267年),忽必皇子忽哥赤为云南王,加强对云南的控制。四年之后,都元帅宝合丁企图专横一方,竟与王府人员串通一气,在酒中下毒,要毒死忽哥赤。劝农官张立道闻讯后闯入王府,忽哥赤已经中毒,不能讲话,只是抓住张立道的手伸入自己口中,让张立道触摸自己满嘴的乱肉,说明自己是被害的。忽哥赤死后,张立道密结十三人,准备起而讨贼,并派人赴京城告变,不想事情败露,张立道等全被宝合丁逮捕入狱。张立道族兄张忠领义士劫获成功,救出立道北逃,至吐蕃境,遇见朝廷派来调查忽哥赤落难事件的御史大夫博罗欢,报告了前后详情,并与博罗欢一同南下。宝合丁听说朝廷来人,准备了重金礼品送来,希望来者敷衍了事,不要穷究案情。博罗欢因宝合丁握兵在外,拒收礼物可能激起兵变,暂时收下了礼品,麻痹宝合丁等,随即迅速赶到大理,将宝合丁及其党羽一网打尽,全部处死。返回大都后,博罗欢将宝合丁所送礼品原封不动地交给了中书省。

忽必烈对博罗欢的机智果断十分赞赏,同时为物色合适人选前往云南重建统治秩序而犯难,最终他选定了赛典赤·赡思丁。赛典赤又名乌马儿,不花剌(今乌兹别克布哈拉)人。"赛典赤"是阿拉伯语 Saiyid Ajall 二词的连读,Saiyid 指伊斯兰教十叶派创始人阿里(穆罕默德之婿)后人,自称是先知穆罕默德的圣裔;Aj all 的意思是"最至尊的",这个称号大致相当于汉语的"贵族"。成吉思汗征中亚,赛典赤率千余人迎降,随从成吉思汗东来,成为"怯薛"成员。成吉思汗只称呼他为"赛典赤",以示宠信。窝阔台至蒙哥汗时,赛典赤历任丰、净、云内三州都龙鲁花赤,太原、平阳二路达鲁花赤,燕京断事官,燕京路总管等职,逐渐熟习中原文化,积累了适应于统治中原地区的丰富经验。忽必烈即位后,赛典赤仍然得到重用,历任燕京宣抚使、吏户礼三部尚书、大司农卿、中书省平章政事、陕西四川行省平章政事等职,无论在中央机构任职还是担任地方官职,都有突出政绩。至元十年(1273年)闰六月,忽必烈命赛典赤以中书省平章政事之衔行省云南,总管云南政务。忽必烈对他说道:"云南是我亲自率军攻占的，由于用人失误，引起混乱，民心浮动，现在我想选择老成持重的大臣前去安抚人心，整顿吏治，你是最合适不过的人选。"赛典赤没有辜负忽必烈的厚望。他很快前往云南，建省治于善阐（今云南昆明），并做了一系列令人称道的事。

继忽哥赤之后，宗王脱忽鲁坐镇云南。赛典赤南来，有人挑拨离间，声称此举一定是来夺脱忽鲁之权，脱忽鲁乃调集军队，准备兵戎相见。赛典赤闻讯后，派其子纳速剌丁去见脱忽鲁，转达他的来意："皇帝因为云南守臣不称职，导致诸部叛乱，特派我来安抚，并且告诫我入云南境后即要设法安定民心，我不敢专断此事，希望大王派遣一人来共同商议良策。"脱忽鲁派遣亲信二人至赛典赤处，探看虚实。纳速剌丁与他们混熟，以兄弟相称，这二人乃用儿子见父亲的礼节向赛典赤跪拜，并献上名马。赛典赤设宴款待二人，宴后又将忽必烈赐给他的金宝、饮器等赠给他们，二人大喜过望。赛典赤认为他们虽是王府亲信，但没有正式官爵，不便处理政务，请求脱忽鲁同意授予他们行省断事官之职，脱忽鲁疑云全消。行省与王府的关系协调一致了，当地政令基本上可由赛典赤掌握。

云南各族杂居，既有从事农耕、笃信佛教的白人（又称僰人，今白族先民），又有喜斗好杀、视死如归的罗罗（又称乌蛮，今彝族先民），还有喜好涂饰牙齿的金齿百夷（今傣族先民），善战喜猎的么些蛮（今纳西族先民），刀耕火种的土獠蛮（今布朗族先民），巢居山林的斡泥蛮（今哈尼族先民），等等。这些民族风俗不同，生业不一，按照儒家传统观点看来，就是不懂礼仪，没有婚姻丧祭规矩，更不读书，农耕也很落后。赛典赤为改变当地风俗习气，与张立道等建孔庙，设学舍，劝士人子弟入学，又教当地人跪拜礼、婚姻媒聘和棺椁奠祭等礼节。在安定民生与发展生产方面也采取了一系列措施，如兴修水利，解除滇池水患，大得灌溉之利，还新增良田万顷，又如将中原种植粳稻桑麻，养蚕缫丝的先进经验介绍给当地人，改进他们的栽种、饲养方法，使收利倍增。云南传统以贝作为货币，称为"贝贝子"，与全国通行的交钞不同。赛典赤特别上书朝廷，请求在云南交钞与贝币通行，得到批准，百姓甚感方便。

云南交通不便，赛典赤与善阐路达鲁花赤爱鲁等在水陆皆设驿传，开通驿道，并在山路险峻、盗贼出没之处设镇兵防护，每镇各有一名当地酋吏和一名百夫长共同管理，便利了云南和内地的往来。至元十二年（1275年）正月，赛典赤请求改变云南地区的行政管理体制和军队隶属关系，以云南宣慰司兼行元帅府事，由行省节度，改变各地原来按蒙古制度划分的万户、千户为路、府、州、县，选贤能者为令长。忽必烈同意赛典赤的改革措施。当年正月二十一日（2月7

日），赛典赤把改定的各路名号报给朝廷，得到了批准。行省之下，分设三十七路，善阐改名为中庆路，仍然是行省治所所在地。郡县的行政官员，都由朝廷委任。由于路途遥远，六品以下的官员由朝廷每三年遣使一次，就地与行省官商议委命，再开具名单呈报中书省追授；五品以上的官员还是要由中书省除授。到云南任职的官员可以享受一些特殊待遇，从等级上讲，由内地到云南的官员升二等，赴极边远地区的升三等；官员死于云南任上，可由官府安排车船归葬乡里。在当地也任用一批土官，世袭其职，以收揽人心。通过赛典赤等人的努力，加强了元廷对云南地区的统治，使云南的地方行政机构达到了与内地基本相同的水平，结束了云南长期自立一方的历史。赛典赤治理云南，一方面提倡文治，不滥用武力压服当地各民族的首领人物，一方面尽量照顾到当地民俗，不强迫当地人移风易俗。他的作为，毕竟触犯了一些人的利益，赛典赤在必须动用武力的时候，亦能谨慎从事。后来元江路（今云南元江）的罗槃部叛乱，赛典赤奉命率军出征。

大军抵元江城，罗槃人不出降，派使者进城招降，罗槃部主同意出降，但等了几日未见动作。诸将跃跃欲试，请求立刻麾军攻城，赛典赤不同意。有的将领不服气，偷偷带兵攻城，赛典赤大怒，马上鸣金收兵，并以违反主将命令、擅自行动的罪名将当事者逮捕，准备军法从事。他告诫部下，皇帝让我安抚云南，不许我们滥杀无辜。罗槃部主听说赛典赤如此宽厚仁慈，并能严格约束部下，很受感动，率领部众出降。这件事在云南造成很大影响，各部族首领纷纷前来拜会赛典赤，叛乱事件很少发生了。

皇太后旧情未了揭秘

元顺宗皇后弘吉剌氏年轻守寡，顺宗死时才二十九岁，估计她的年龄也不到三十岁。但当时环境恶劣，既要抚育两个心爱儿子，又要防范来自小叔子元成宗及各个方面的种种压力，同时还要为两个儿子的前途谋划，也真够难为她的了。查《元史·武宗本纪》可知海山生于至元十八年七月十九日（公元１２８１年８月４日），海山当皇帝时已经二十七岁，弘吉剌氏也就在四十五岁左右。这时她贵为皇太后，生活条件特别优越。两个儿子久经磨难，对母亲格外孝顺，又为其修造豪华的兴圣宫，使其得以养尊处优，清静无事。不料正因如此，才使她难耐寂寞，倒思念起一个人来，此人便是铁木迭儿。

铁木迭儿为人相貌好又善于逢迎,与弘吉剌氏为同族。顺宗死后,铁木迭儿与弘吉剌氏便常相往来,并给予许多帮助。二人感情暧昧后来弘吉剌氏被排挤出居怀州(今河南沁阳市),遂与铁木迭儿分离。不久铁木迭儿也被逐放到云南省任佐丞相。二人相隔万里,更是无可奈何了。再加上吉弘剌氏又忙于为儿子谋得帝位,也顾不上其他。此时长子为帝,次子为太子,身为太后,高高在上,一呼百诺,无人敢管,又耐不住寂寞,便想召回故人,就下一密诏,征铁木迭儿回京。铁木迭儿见此密诏,格外高兴,立即登程,铁木迭儿本来就非常乖巧,善于献媚,此次弘吉剌氏已当上太后,势大位尊,二人可以无所顾忌了。他直接来到兴圣宫,在其中盘桓几天,杜门不出,外人谁也不知道。云南行省多日不见他上班,便报告尚书省,说他擅离职守。尚书省不知内情,据实奏报,武宗当即批发,令尚书省先查询下落,再据情定罪。一位堂堂的行省左丞相居然丢了好多天,而且还丢在了皇太后的兴圣宫中,也可谓当时的一大新闻。几日后,尚书省又接到诏刺,说奉皇太后旨意,援议亲故例,赦免铁木迭儿的罪名。从此,铁木迭儿经常出入宫闱,紧紧抱住皇太后这棵大树,逐生要揽权之念。

元至大四年正月庚辰日(公元1311年1月27日)武宗死。武帝之弟皇太子爱育黎拔力八达继位,是谓仁宗。仁宗登基,力图革新,淘汰冗官。弘吉剌氏利用这个机会降旨授铁木迭儿为中书右丞相。元朝的中央机构与其他朝代不同,不设门下、尚书两省,中书省为最高政务机构,总领百官,与枢密院、御史台分掌行政、军事、监察大权。长官中书令不长设,由左右丞相同执政务。这样,铁木迭儿已经堂而皇之地当上了执政宰相。

铁木迭儿执政后,想要建不世之功,因改变经济政策曾激起民变,赣州蔡五九率众造反,攻城略地,虽被镇压下去,但也产生了很大的社会波动。铁木迭儿借机大肆贪污索贿,朝野汹汹,但因其有皇太后为靠山,众人都敢怒不敢言。

不久,太后又降旨令铁木迭儿为太师。中书平章政事张珪向来疾恶如仇,至此实在有些看不过去,向仁宗进言道:"太师伦道经邦,须有才德兼全的宰辅,方足当此重任,如铁木迭儿辈,恐不称职!"仁宗虽认为有理,但不好违忤母命,只好加铁木迭儿太师衔,兼总宣政院事。当仁宗因故离开大都时,太后传旨切责张珪。张珪不服,被太后党羽失列门手下打了一顿板子。张珪一气之下,缴还印信,携带家眷回归故里。铁木迭儿的气焰更加嚣张,群臣敛口。一波未平,一波又起,上部(今内蒙古自治区多伦县东南)人张弼杀人系狱,用重金贿赂铁木迭儿。铁木迭儿收下重礼,密遣家奴胁迫上部留守贺巴延放人。贺巴延不肯,据实陈奏。侍御史杨朵儿只已升任中丞,与平章政事萧拜住蓄志除奸,邀同监察御史等朝廷大臣共四十余人联名上疏曰:"铁木迭儿桀黠奸贪,阴贼险狠,蒙上罔下囊政害民。布置爪牙,威朝野。凡可以诬陷善人要功利己者,靡所不至"(《元史》卷二〇五)。以下又列举大量事实,罪行累累,铁证如山。仁宗览奏大怒,立即下诏逮捕审问铁木迭儿,斗争白热化了。

大凡奸人都有一个本事,这就是耳目多,消息灵通。试想,四十几名大臣联名弹劾,皇帝震怒,已下诏捉人。这种情况恐怕谁也无力扭转局面了。铁木迭儿也知问题严重,在逮捕人员到来之前就跑到兴圣宫中给太后跪下。太后一愕,忙问何故至此,铁木迭儿满口呼冤,请太后保护。太后道:"你且起来,无论什么大事,有我做主,怕什么?"铁木迭儿又说:"圣母厚恩,真同再造,但老臣一时无可容身,奈何?"太后笑道:"你这老头儿也会放刁,你今天便住在宫中,看谁敢欺你?"铁木迭儿再问:"那么明天呢?""明天也住在这里!""老臣常住宫中,不更要被人议论吗?"铁木迭儿假装有些为难地说。太后瞥了他一眼,也故作嗔怪地说:"怕人议论就起来出去,休来烦我。"铁木迭儿故作吃惊,上前抱住太后的玉腿,就像一个落水者在绝望时抱住了一根大木头一样,眼里还挤出几滴老泪。太后更加怜爱,忙令人摆酒压惊。当晚,铁木迭儿就住在宫中。

次日,杨朵儿只入朝见仁宗,说铁木迭儿匿居兴圣宫,别人无法拿问,请皇上定夺。仁宗退朝后扮作无事踱入兴圣宫。侍女忙去报知,铁木迭儿藏到别的屋里。仁宗拜见过太后,先谈别的事,渐渐把话头转到正题上,说道:"铁木迭儿擅纳贿赂,刻剥吏民,几十名大臣联衔奏劾,臣儿令吏部逮问,据言查无下落,不知他避匿何处?"太后闻言,怫然道:"铁木迭儿是先朝旧臣,现在入居相位,不辞劳怨。自古忠贤当国,易遭嫉妒,你也应调查确实,方可逮问,难道仅凭片言即可加罪吗?"仁宗道:"台臣联衔约有四十余人,历叙铁木迭儿罪名,有理有据,不能凭空捏造。"太后道:"我的话你全不信,只信台臣的奏请,背母忘兄,恐怕祖宗的江山也要被你断送了。"说完又扑簌簌地落下泪来。仁宗本来孝顺,太后又是年轻守寡一手将仁宗兄弟拉扯成人,母子的感情自然极深。仁宗见状,连忙赔罪,也不好再说什么,只好唯唯诺诺地退出。

铁木迭儿还住在兴圣宫中,外面的大臣们光着急无法捉人,仁宗不敢也不忍心违忤母亲,事情僵持了两天。第三天,传出诏旨,只罢免铁木迭儿右相职务,又把领头弹劾铁木迭儿的御史中丞杨朵儿只调为集贤学士,将其从监察部门调出。这个结果当是仁宗母子相互协商的,中间也不知费了多少心机和口舌。

铁木迭儿在极端危险的情况下紧抱大树不放。转危为安,这一年是延祐四年(公元1317年)。铁木迭儿没什么实际本事,却能几度为相,其诀窍就是利用与弘吉剌氏太后的特殊关系,紧紧抱住这棵大树不放。尤其是在受到杨朵儿只等四十多名大臣联衔弹劾,仁宗已批复逮问的关键时刻,他一下子抓到关键,躲进兴圣宫,利用皇太后的护身符,逃过那场劫难。

借刀杀人案

元朝皇位虽有"兄终弟继,叔侄相传"的规定,但详考其帝脉络,标准而成功的"兄终弟继"也只有元武宗传位于元仁宗一例。而仁宗之所以能最终坐上哥哥的龙廷,除特殊历史背景之外,更重要的还全仗当时几位忠诚多谋的蒙、汉大臣通力合作,挫败了三宝奴等人的废储阴谋。

武宗孛儿只斤海山和仁宗孛儿只斤爱育黎拔力八达同为元顺宗和兴圣皇后弘吉剌氏之子。

海山哥俩的父亲顺宗其实没有当过皇帝,他的庙号是海山即位后尊封的。此前的天子是海山哥俩的三叔元成宗铁穆耳。大德十一年(1037年)中历正月,成宗驾崩。按理帝位应传嫡系长侄海山,但成宗皇后卜鲁罕和左丞相阿忽台却起了奸心,想把皇位改传给成宗的一个远房弟弟安西王阿难答。

这时,海山为怀宁王远在漠北;弟弟爱育徐拔力八达和母亲近在怀州(今河南沁阳)。在一帮大臣的支持下,爱育黎拔力八达和母亲率先勒兵入京,囚成宗皇后,诛安西王阿难答,为哥哥海山即位扫清了一切障碍。海山也由怀疑很快变得十分相信自己的弟弟。

大德十一年中历五月甲申(1307年6月21日),海山入京登极,是为武宗。中历六月癸巳(6月30日),武宗依制册立弟弟爱育拔力八达为皇太子,并让他担任中书令,成为皇帝的得力助手。

武宗朝原来的庶政大权一归中书省,在皇太子统摄下,由左、右丞相,诸平章政事(权同丞相)分工负责。这本无什么大毛病。但因为当时中书省的高级长官大多是武宗和太子从前的元老重臣,这就阻挡了一些新进官吏的晋升之路。他们恨中书省专权,当然也恨太子。

对此尤为不满的是三宝奴其人。

三宝奴从前曾因罪谪贬武昌。武宗立国时，他仅仅是一个小小的翰林承旨学士（皇帝秘书之一）。为了尽快向上爬，他勾结平章政事脱脱虎等人，于至大二年（1309年）提出分设尚书省代中书省理财的动议。大臣们对此并不陌生，因为前朝奸臣阿合马、桑哥就曾用此法争权夺利，所以动议最初根本通不过。后来，武宗大约考虑到中书省政务太繁，就同意重设尚书省。三宝奴也因此平步青云，升为尚书省平章政事了。

有了尚书省这块地盘，三宝奴等人就不断侵夺以太子为首的中书省大权。他们先提出尚书省用人，中书省宣政（发布命令），无形中架空了中书省。既而干脆提出："中书之务，气以尽归臣等"（《元史·武宗本纪》）。同时利用尚书大权结党营私，为非作歹。

会皇姊大长公主祥哥刺吉，令作佛事，释全宁府重囚二十七人，事为仁宗所闻，怫然道："这是历年弊政，若长此不除，人民都好为恶了。"遂颁发严旨，按问全宁守臣阿从不法，仍追所释囚，还置狱中。既而中书省臣奏参白云宗总摄沈明仁，强夺民田二万顷，诳诱愚俗十万人，私略近侍，妄受名爵，应下旨黜免，严汰僧徒，追还民田等语。仁宗一一准奏，并诏沈明仁奸恶不法，饬有司逮鞫从严，毋得庇纵，违者同罪。这两道诏敕，乃是元代未曾见过的事情，不但僧侣为之咋舌，就是元廷臣僚，亦是所料不及。

到了延祐七年元旦，日食几尽，仁宗斋居据膳，命辍朝贺。甫及二旬，仁宗不豫，太子硕德八剌，焚香祷天，默祝道："至尊以仁慈御天下，庶绩顺成，四海清晏。今天降大厉，不如罚殛我身，我至尊长为民主。天其有灵，幸蒙昭鉴！"

祝毕，又拜跪了好几次。次夕，拜祝如故。无如人生修短，各有定数。既已禄命告终，无论如何祈祷，总归没有效验，太子祷告益虔，仁宗抱病益剧。正月二十一日驾崩光天宫，寿三十有六，在位十年。史称仁宗天性慈孝，聪明恭俭，通达儒术，妙悟释典，不事游畋，不喜征伐，不崇货利，可谓元代守文令主。小子以为顺母纵奸，未免愚孝；立子负兄，未免过慈；其他行迹，原有可取，但总不能无缺点呢！

仁宗已殂，太子哀毁过礼，素服寝地，日簟一粥。那时太后弘吉剌氏，便乘机宣旨，令太子太师铁木迭儿为右丞相。越数日，复命江浙行省黑驴为中书平章政事。黑驴平时没甚功绩，且亦未有令望，只因族母亦列失八，在兴圣宫侍奉太后，颇得宠信，因此黑驴迭蒙超擢，骤列相班。自是铁木迭儿一班爪牙，又复得势。

　　参议中书省事乞失监，素讻事铁木迭儿，至进倚势鬻官，被台臣劾奏，坐罪当杖，他即密求铁木迭儿到太后处说情。太后召太子入见，命赦乞夫监杖刑。太子不可，太后又命改杖为笞。太子道："法律为天下公器，若稍自徇私重改从轻，如何能正天下！"卒不从太后言，杖责了案。

　　徽政院使失列门，复以太后命，请迁转朝官。太子道："大丧未毕，如何即易朝官！且先帝旧臣，岂宜轻动，俟即位后，集宗亲元老会议，方可任贤黜邪。"失列门惭沮而退。

　　于是宫廷内外，颇畏太子英明。独铁木迭儿以太子尚未即真，应乘此报怨复仇，借泄旧恨。当下追溯仇人，第一个是御史中丞杨朵儿只，第二个是前平章政事萧拜住，第三个是上都留守贺巴延，第四个是前御史中丞赵世延，第五个是前中书平章政事李孟。上都距京稍远，不便将贺巴延立逮，赵世延已出为四川平章政事，李孟亦已谢病告归，独杨朵儿只、萧拜住两人，尚在都中供职，遂矫传太后旨，召二人至徽政院，与徽政使失列门，御史大夫秃秃哈，坐堂鞫问，责他前违太后敕命，应得重罪。

　　杨朵儿只勃然大愤，指铁木迭儿道："朝廷有御史中丞，本为除奸而设，你蠹国殃民，罪不胜言，恨不即斩你以谢天下！我若违太后旨，先已除奸，你还有今日吗？"铁木迭儿闻言，又羞又恼，便顾左右道："他擅违太后，不法已极，还敢大言无忌，藐视宰田辅，这等人应处何刑？"旁有两御史道："应即正法。"杨朵儿只唾两御史道："你等也备员风宪，乃做此狗屄事吗？"萧拜住对杨朵儿呆道："豺狼当道，安问狐狸？我辈今日，不幸遇此，还死得爽快。只怕他也是一座冰山了！"两御史不禁俯首。

　　铁木迭儿怒形于色，顿起身离座，乘马入宫。约二时，即奉敕至徽政院，令将萧拜住、杨朵儿只二人处斩。左右即将二人反剪起来，牵出国门。临刑时，杨朵儿只仰天叹道："天乎！天乎！我朵儿只赤心报国，不知为何得罪，竟致极刑？"萧拜住也呼天不已。

　　既就戮，忽然狂飙陡起，沙石飞扬，吓得监刑官魂不附体，飞马逃回。都人士相率叹息，暗暗称冤。

　　杨朵儿只妻刘氏，颇饶姿容，铁木迭儿有一家奴，曾与觇面，阴加艳羡，至此禀请铁木迭儿，愿纳为己妇。铁木迭儿即令往取。那家奴大喜过望，赶车径去，至杨宅，假太师命令，胁刘氏赴相府，刘氏垂泪道："丞相已杀我夫，还要我去何用？"家奴见她泪珠满面，格外怜惜，便涎着脸道："正为你夫已死，所以丞相怜你，命我来迓，并且将你赏我为妻，代偿从我，将来你要什么，管教你快活无忧。"

刘氏不待言毕，已竖起柳眉，大声叱道："我夫尽忠，我当尽义，何处狗奴，敢来胡言？"说至此，急转身向案前，取了一剪，向面上划袭两道，顿时血流满面。复将髻子剪下，向家奴掷去，顿足大骂道："你仗着威势，敢来欺我！须知我已视死如归，借你的狗口，回报你主，我死了，定要申诉冥王，来与你主索冤，教老贼预备要紧！"骂得痛快，我亦一畅。

家奴无可奈何，引车自去，既返相府，适铁木迭儿在朝办事，便一口气跑至朝房，据实禀陈。铁木迭儿大怒道："这般贱人，不中抬举，你去将她拿来，令她入鬼门关，自去寻夫便了。"旁有左丞张思明闻着这言，便向铁木迭儿道："罪人不孥，古有明训。况山陵甫毕，新君未立，丞相恣行杀戮，万一诸王驸马等，因而滋疑，托词谋变，丞相还能诿咎吗？"铁木迭儿沉吟半晌，方悟道："非左丞言，几误我事。"遂叱退家奴，家奴怏怏自回，杨妻刘氏，才得守节终身。

铁木儿私结党羽之谜

有一天，元英宗在行宫，忽觉心惊肉跳，坐立欠安，上床就寝，仿佛似有神鬼在侧，倏寐倏醒。自思夜睡不宁，莫非有魔障不成，遂于次日起床，饬左右传旨，命作佛事。拜住闻命，即入奏道："国用未足，佛事无益，请陛下收回成命。"英宗迟疑半晌，方道："不作佛事，也属无妨。"拜住退后，不到半日，又有西僧进奏，略言陛下惊悸，国当有厄，非大作佛事，及普救罪因，恐难禳灾徼福。英宗道："右相说佛事无益，所以罢休，你去与右相说知，再作计较。"

西僧奉旨，即往与拜住商议。拜住瞋目道："你等专借佛事为名，谋得金帛，这还可以曲恕；唯一作佛事，便救罪犯，你想朝廷宪典，所以正治万民，岂容你僧徒弄坏？纵庇一囚，贻害数十百人，以此类推，酿恶不少，你等借此敛财，佛如有灵，先当诛殛！我辅

铁木儿

879

政一日，你等一日休想，快与我退去，不必在此哓舌！"

西僧撞了一鼻子灰，便出去通知奸党。原来西僧进言，实是奸党主使，意欲借此赦罪，免得遭戮。偏偏拜住铁面无私，疾词呵斥。那时奸党愤不可遏，齐声呼道："不杀拜住，誓不干休！"铁失时亦在场，便道："你等亦不要瞎闹，须计出万全，方可成功。今日的事情，只杀一个拜住，也恐不能成事，看来须要和根发掘呢！"大众连声道："甚好！这等主子，要他何用？不如并杀了他。"铁失道："去了一个主子，后来当立何人？"这一语却问住众口。铁失笑道："我早已安排定当了！晋王现镇北边，何妨迎立？"大众都齐声赞成。铁失道："晋王府史倒剌沙，与我往来甚密，他子哈散，曾宿卫宫中，我前已令哈散回告乃父，继复使宣徽使探忒密语晋王，诸已接洽，总都大事一成，便可往迎。"大众道："嗣皇已有着落，大事如何行得？"铁失道："闻昏君将回燕京，途次便可行事。好在我领着阿克苏卫兵，教他围住行幄，不怕两人不入我手，就使插翅也难飞去！"言毕，呵呵大笑。大众道："好极！好极！但也须遣人密报，免得临事仓皇。"铁失道："这个自然，我便着人去报便了。"当下派遣斡罗思北行。

斡罗思即日趱程，一行数日，方到晋王府中。闻晋王出猎秃剌，只探忒留着，两下接谈。探忒道："我与倒剌沙已议过数次，倒剌沙很是赞成，只王意尚是未定。"斡罗思道："倒剌沙内史，想伴王同去。"探忒道："是的！"斡罗思道："事在速行，我与你同去见王，何如？"探忒应着，便跑至秃剌地方，入见晋王。

晋王问有何事？斡罗思道："铁御史令我前来，致词王爷，现已与也先铁木儿、失秃儿、哈散等，谋定大事。若能成功，当推立爷为嗣皇帝！"这语说出，总道晋王笑脸相迎，不意晋王颜色骤变，大声叱道："你敢教我谋死皇侄吗？这等奸臣，留他何用，快推出斩讫！"斡罗思被他一吓，身子似杀鸡般抖将起来，但见旁边走过一人，跪禀晋王道："王爷如诛斡罗思，转使皇帝疑为擅杀，不如囚解上都，使证逆谋，较为妥当。"晋王视之，乃是府史别烈迷失，便道："你说得很是！便命你押解去罢。"于是命左右抬过槛车，把斡罗思加上镣铐，推入车内，由别烈迷失，带了卫卒百名，解送上都。

晋王名也孙铁木儿。系裕宗真金长孙，晋王甘麻剌嫡子。甘麻剌曾封镇漠北，管辖太祖发祥的基址，领四大鄂尔多地，蒙语称为四大斡耳朵。世祖殂时，甘麻剌闻讣奔丧，至上都，拥立成宗。大德二年，甘麻剌殁，子也孙铁木儿袭位，仍镇北边。武宗、仁宗先后嗣立，也孙铁木儿统共翊戴，立有盟书。至是不愿附逆，因囚遣斡罗思赴上都。偏值英宗南还，祸机已发，好好一位英明皇帝，及一个忠良右相,竟被铁失兄弟等害死南坡。

原来南坡距上都,约百余里,英宗自上都启跸,必至南坡暂驻。这日夜间,铁失已密命阿克苏卫兵,守住行幄,他即率领奸党,持刀而入。拜住正要就寝,蓦听外面的喧嚷声,即持烛出来,只见铁失弟索诺木,执着明晃晃的刀,首先奔至。拜住厉声喝道:"你等意欲何为?"言未已,索诺木已抢前一步,手起刀落,将拜住持烛的右臂,剁落地上,拜住大叫一声,随仆于地,逆党乘势乱砍,眼见得不能活了。拜住已死,铁失带逆党,闯入帝寝。英宗时已被卧,闻声方起,正在披衣下床,逆党已劈门而入。英宗忙叫宿卫护驾,谁知卫士统不知去向,那罪大恶极的铁失,居然走至榻前,亲自动手,把刀一挥,将英宗杀死。英宗在位三年,年仅二十一岁,天姿明睿,史称他刑戮太严,奸党畏诛,因构大变。小子以为铁失、锁南早罹罪案,若英宗先已加诛,便是斩草除根,难道还能图变吗? 这是史官论断太偏,不足凭信。

这且休表,且说铁失等已杀了拜住,弑了英宗,便推按梯不花、也先铁木儿为首,奉着玺绶,北迎晋王也孙铁木儿。也孙铁木儿闻着此变,一时不好究治逆党,就在龙居河旁,设起黄幄,受了御宝,先即皇帝位,布告天下。

是日,即命也先铁木儿为中书右丞相,倒刺沙为中书平章政事,铁失知枢密院事,余如失秃儿、赤斤铁木儿、完者秃满等,俱授官有差。当下遣使赴上都,祭告天地宗庙社稷;一面令右相也先铁木儿准备法驾,调集侍从,择日启程,向京师进发。

也先铁木儿自恃功高,又得大位,心中欣慰异常,便致书铁失,教他前来迎驾。铁失以京师重地,不便轻离。只遣完者、锁南、秃满等,驰奉贺表,且表欢迎。完者等到了行在,谒见嗣皇,奉谕优奖,喜很心花怒开,欢跃得很! 至与也先铁木儿相见,彼此道贺,大家都说铁失妙策,赞扬不尽。也先铁木儿掀着短须道:"老铁的劳动,原是不可没的;但非我帮助老铁,恐怕老铁也不能成事的。况现在的嗣皇帝,前已因解斡罗思,拟告逆谋,后来我奉着玺绶,驰到此处,他还出言诘责,亏我把三寸妙舌,说得面面俱到,方得他应允即位,各给封赏,列位试想,我的功绩,比老铁如何?"言毕,呵呵大笑。完者等本是拍马长技,至此见也先铁木儿位居首辅,权势炬赫,乐得见风使舵曲意奉承,且齐声说的是"全仗栽培"四字。那时也先铁木儿笑容可掬道:"诸君是我知己,我在位一日,总畀诸君安乐一日,富贵与共,子女玉帛亦与共,诸君以为好否?"完者等复连声称谢。也先铁木儿便命摆酒接风,大家吃得酩酊大醉,方才散去。

越数日，车驾扈从等，都已备齐，就禀闻嗣皇帝，启跸登程。沿途侍卫人员，统归也先铁木儿节制，跋山涉水，不在话下。只也先铁木儿行辕，比嗣皇帝的行幄，几不相上下，所有命令，反较嗣皇帝为尊严。看官试想：这时的也先铁木儿，你道他荣不荣呢，乐不乐呢？

既到上都，留守官吏，都出城迎接，谒过嗣皇帝，复谒右丞相，也先铁木儿只在马上点首。入城后，免不得有一番筵宴。嗣拟留驻数日，再行启銮。上都旧有行宫，及中书行省各署，彼此都按着职掌，分班列居。是时正当秋暮，气候本尚未严寒，偏是年格外凛冽，朔风猎猎，雨雪霏霏，官吏拥着重裘，尚觉冷入肌骨。大宁、蒙古等地方，尤为奇冷，牛羊驼畜等，大半冻毙。嗣皇帝念切民依，令发京米赈饥。朔方正在施赈，南方又报水灾，漳州、南康诸路，霪雨连旬，洪波泛滥，庐舍漂没，不计其数。当由中书省循例请赈，即奉旨照准，帝泽虽是如春，百姓终难全活。独也先铁木儿意气自豪，毫不把民生国计，系在心上，镇日里围炉御冷，饮酒陶情。

一日天气少暖，与完者、锁南等，并仆役数人，出门闲逛。只见盈山皆白，淡白微红，一片萧飒景色，无甚悦目。约行里许，愈觉寒风侵袂，景色苍凉。也先铁木儿便道：“天寒得很，不如回去罢！”完者等自然遵谕，便循原路回来。将到门首，忽有两舆迎面而至，当先的舆内，坐一位半老佳人，红颜绿鬓，姿色未衰，也先铁木儿映入眼波，已是暗暗喝彩。随后的舆中，恰是一个娉婷妙女，艳如桃李，嫩若芙蕖，望将过去，差不多是破瓜年纪，初月丰神。便失声道：“好一个女郎！不知是谁家掌珠？”

锁南道：“何不问她一声！”完者即命仆役，询问舆夫，舆夫答是失太医家眷，也先铁木儿闻着，也只好站住一旁，让他过去。一面低语完者道：“想她们总是母女，若是这般佳人，作为眷属，也不枉虚过一生了！”完者道：“相爷的权力，何事不可行？”也先铁木儿道：“难道去抢劫不成？”完者道：“这亦何妨！”也先铁木儿道：“她是宦家妻女，比不得一个平民，如何可以抢劫？”锁南道：“朱太医是一个微员，相爷若取他女为妾，还是把他赏收哩！”完者道：“我却去问他她否？再作计较。”也先铁木儿道：“也好！”

完者即领着仆役，抢前数步，喝舆夫停舆。舆夫尚不肯从，偏如虎如狼的仆役，将舆揪住，口称相爷有命，教你回舆，你敢不从吗？舆夫无奈，把舆抬转至中书省门前，勒令停住，叫妇女二人下舆，吓得朱家母女，呆坐无言，只簌簌的乱抖。完者道：“装什么妇女腔？相爷要女郎为妾，你等快即下舆！”二人仍是坐着,完者叱仆役道:"快拽她出来!"仆役闻言,就一齐动手,把母女两人拽出,送入也先铁木儿寝所。遂随也先铁木儿入门,并拱手作贺道:"相爷今日入温柔乡,明日要赏我等一杯喜酒哩!"

也先铁木儿道:"事已如此,倘她母女不从,奈何?"完者、锁南齐声道:"相爷这么权力,不能制此妇女,如何可以制人?"说得也先铁木儿无词可答。二人遂告别欲行,也先铁木道:"且慢,你等且为我劝此母女,如何?"完道奉命入也先铁木儿寝室,好一歇,方出来道:"她母女并不发言,想已是默许了!我等且退,何必在此观戏。"当下挈锁南手,与也先铁木儿告别。

逐太后用贤相

元顺帝是个优柔寡断的主子,每喜偏信近言,从前伯颜专政,顺帝无权,内廷一班人物,专知趋奉伯颜,买动欢心,每日向顺帝言,历陈伯颜如何忠勤,如何练达,所以顺帝深信不疑,累加宠遇。到了伯颜贬死,近臣又换了一番举动,只曲意逢迎顺帝。适值太子燕帖古思不服顺帝教训,顺帝未免愤懑,近臣遂乘隙而入,都说燕帖古思的坏处,且奏称他不应为储君,顺帝碍着太皇太后面子,不好猝然废储,常自犹豫未决。偏近臣等摇唇鼓舌,助浪生风,不由顺帝不信,但顺帝虽是信着近臣,终因太皇太后内外保护,得以嗣位,意欲宣召脱脱,与他解决这重大问题。近臣恐脱脱进来,打断此议,又奏请此事当由宸衷独断,不必与相臣商量,并全说太皇太后离间骨肉,罪恶尤重,就是太皇太

元顺帝

后的徽称,也属古今罕有,天下没有婶母可做祖母的事情,陛下若不明正罪名,反贻后世恶谤。因此顺帝被他激起,竟不及与脱脱等议决,只命近臣缮就诏旨,突行颁发,宣告中外。其诏云:

昔我皇祖武宗皇帝,升避之后,祖母太皇太后惑干俭曀,俾皇考明皇帝出封云南。英宗遇害,正统寖偏,我皇考以武宗之嫡子,逃居朔漠,宗王大臣同心翊戴。于是以地近先迎文宗,暂总机务。继知天理人伦所在,假让位之名,以宝玺

来上。皇考推诚不疑，即授以皇太子宝。文宗稔恶不悛。当躬迓之际，乃与其臣月鲁不花、也里牙、明里董阿等谋为不轨，使我皇考饮恨上宾。归而再御宸极，又私图传子，乃构邪言，嫁祸于八不沙皇后，谓朕非明宗之子，遂俾出居避陬，祖宗大业，几于不继。内怀愧慊，则杀也里牙以杜口。上天不佑，随降殒罚，叔婶卜答失里，怙其势焰，不立明考之冢嗣，而立孺稚之弟懿璘质班。奄复不年，诸王大臣，以贤以长，扶朕践位。每念治必本于尽孝，事莫先于正名，赖天之灵，权奸屏黜，尽孝正名，不容复缓，永惟鞠育罔极之恩，忍忘不共戴天之义？既往之罪，不可胜诛，其命太常脱脱木儿，撤去文宗图帖睦尔在庙之主。卜答失里本朕之婶，乃阴构奸臣，弗体朕意，僭膺太皇太后之号。迹其闺门之祸，离间骨肉，罪恶尤重，揆之大义，削去鸿名，徙东安州安置。燕帖古思昔虽幼冲，理难同处，朕终不陷于覆辙，专务残酷，惟放诸高丽，当时贼臣月鲁不花、也里牙已死，其以明里董阿等，明正典刑。以示朕尽孝正名之至意！此诏。

　　这诏颁发，廷臣大哗，公举脱脱入朝，请顺帝取消前命。脱脱却也不辞，便驰入内廷，当面谏阻。顺帝道："你为了国家，逐去伯父。朕也为了国家，逐去叔婶；伯父可逐，难道叔婶不可逐吗？"说得脱脱瞠目结舌，几乎无可措辞。旋复将太皇太后的私恩，提出奏陈，奈顺帝置诸不理！脱脱只好退出，众大臣以脱脱入奏，尚不见从，他人更不待言，一腔热忱，化作冰冷。太皇太后卜答失里，又没有甚么能力，好似庙中的城隍娘娘一般，前时铸像装金，入庙升殿，原是庄严得很，引得万众瞻仰，焚香跪叩，不幸被人侮弄，异像投地，一时不见甚么灵效，遂彼此不相敬奉，视若刍狗，甚至任意蹴踏，取快一时，煞是可叹！且说文宗神主，已由脱脱木儿撤出太庙，复由顺帝左右奉了主命，逼太后母子出宫。太后束手无策，唯与幼儿燕帖古思相对，痛哭失声。怎奈无人怜惜，反且恶语交侵，强行胁迫，太后由悲生忿，当即草草收拾，挈了幼儿，负气而出。一出宫门，又被那一班狐群狗党，扯开母子，迫之分道自去，不得同行。古人有言，生离甚于死别，况是母子相离，惨不惨呢！适为御史崔敬所见，大为不忍，忙趋入台署中，索着纸笔，缮就一篇奏牍，即刻进呈，并不闻有甚长批答，眼见得太后太子，流离道路，无可挽回。太后到了东安州，满目凄凉，旧的女侍，大半分离只剩了老媪两三名，在旁服役，还是呼应不灵，气得肝胆俱裂，即成痨疾。临殁时犹含泪道："我不听燕太师的言语，弄到这般结果，悔已迟了！"嗣复倚榻东望道："我儿！我儿！我已死了！你年才数龄，被谗东去，料也保不全性命，我在黄泉待你，总有相见的日子！"言至此，痰喘交作，奄然而逝。此时的燕帖古思，与母相离，已是半个死去，并且前后左右，没人熟识，反日日受他呵斥，益发啼哭不休。监押官月阔察儿，凶暴得很，闻着哭声，一味威喝。无如孩童习性，多喜抚慰，最怕痛詈，况前为太子时，何等娇养，没一个敢有违言，此时横遭惨虐，自然悲从中来。月阔察儿骂得愈厉，燕帖古思哭得愈高，及行到关外面，距都已遥，天高皇帝远，可恨这月阔察儿，竟使出残酷手段，呵斥不足，继以鞭挞，小小的金枝玉叶，怎禁得这般蹂躏，几声长号，倒地毙命！月阔察儿并不慌忙，命将儿尸瘗葬道旁，另遣人驰报阙中，捏称因病身亡。顺帝本望他速死，得了此报，暗暗喜欢，还去究诘什么？从此文宗图帖睦尔的后嗣，已无孑遗了。

自是顺帝乾纲独奋，内无母后，外乏权臣，所有政务，俱出亲裁。起初倒也励精图治，兴学任贤，并重用脱脱，大修文事。特诏修辽、金、宋三史，以脱脱为都总裁官，中书平章政事铁木儿塔识，中书右丞太平御史中丞张起岩，翰林学士欧阳玄，侍御史吕思诚，翰林侍讲学士揭傒斯为总裁官。先是世祖立国史院，曾命王鹗修辽、金二史，及宋亡，又命史臣通修三史。至仁宗、文宗年间，复屡诏修辑，迄无所成。脱脱既奉命，饬各员搜检遗书，披阅讨论，日夕不辍。又以欧阳玄擅长文艺，所有发凡起例，论赞表奏等类，俱令属稿，略加修正，先成辽史，后成金、宋二史，中外无异辞。脱脱又请修至正条格，颁示天下，亦得顺帝允行。

顺帝尝幸宣文阁，脱脱奏请道："陛下临御以来，天下无事，宜留心圣学，近闻左右暗中谏阻，难道经史果不足观吗？如不足观，从前世祖在日，何必以是教裕皇！"顺帝连声称善。脱脱即就秘书监中，取裕宗所受书籍，进呈大内，又举荐处士完者图、执理哈琅、杜本、董立、李孝光、张枢等人，有旨宣召，完者图、执理哈琅、董立、李孝光就征到京，诏以完者图、执理哈琅为翰林待制，立为修撰，孝光为著作郎。唯杜本隐居清江，张枢隐居金华，固辞不至。不没名儒。顺帝闻二人不肯就征，很加叹息。

既而罢左丞相贴木儿不花，必用别儿怯不花继任，别儿怯不花与脱脱不协，屡有龃龉，相持年余，脱脱亦得有羸疾，上表辞职。顺帝不许，表至十七上，顺帝乃召见脱脱，问以何人代任。脱脱以阿鲁图对。阿鲁图系世祖功臣博尔术四世孙，曾知枢密院事，袭爵广平王，至是以脱脱推荐，乃命他继任右丞相，另封脱脱为郑王，食邑安丰，赏赍巨万，俱辞不受。阿鲁图就职后，顺帝命他为国史总裁，阿鲁图以未读史书为辞，偏顺帝不准所请。幸亏脱脱虽辞相位，仍与闻史事，所以辽、金、宋三史，终得告成。

至正五年。阿鲁图等以三史进呈，顺帝与语道："史既成书，关系甚重，前代君主的善恶，无不俱录。行善的君主，朕当取法，作恶的君主，朕当鉴戒，这是朕所应为的事情。但史书亦不止儆劝人君，其间兼录人臣，卿等亦宜从善戒恶，取法有资。倘朕有所未及，卿等不妨直言，毋得隐蔽！"阿鲁图等顿首舞蹈而出。

会翰林学士承旨库库卒于京，顺帝闻讣，嗟悼不已。库库幼入国学，博览群书，尝受业于许衡，得正心修身要旨。顺帝初年，曾为经筵官，日劝顺帝就学。顺帝欲待以师礼，库库力辞不可。一日，侍顺帝侧，顺帝欲观画，库库取比干剖心图心进，且言商王纣不听忠谏，以致亡国。顺帝为之动容。又一日，顺帝览宋徽宗画图。一再称善，库库进奏道："徽宗多能，只有一事不能。"顺帝问是何事，库库道："独不能为人君！陛下试思徽宗当日，身被虏，国几亡，若是能尽君道，何致如此！可见身居九五的主子，第一件是须能为君，外此不必留意。"顺帝亦悚然道："卿可谓知大体了。"至正四年，出拜江浙平章政事，次年，复以翰林院承旨召还。适中书平章阙员，近臣欲不有荐引，密为奏请。顺帝道："平章已得贤人，现在途中，不日中到了。"近臣知意在库库，不敢再言。库库到京，遇着热疾，七日即殁。旅况萧条，无以为殓，顺帝闻知，赐赙银五锭，并令有司取出罚布，代偿库库所负官钱，又予谥文忠，这也不在话下。

左丞相别儿怯不花，与阿鲁图同掌国政，彼此很是亲昵，有时随驾出幸，每同车出入，时人以二相协和，可望承平，其实统是别儿怯不花的诡计。别儿怯不花欲倾害脱脱，不得不联络阿鲁图作为帮手。待至相处既洽，遂把平日的私意，告知阿鲁图。阿鲁图偏正色道："我辈也有退休的日子，何苦倾轧别人！"这一语，说得别儿怯不花满面怀惭，当下恼羞成怒，暗地里风示台官，教他弹劾阿鲁图。阿鲁图闻台官上奏，即辞避出城，亲友均代为不平。阿鲁图道："我是勋臣后裔，王爵犹蒙世袭，偌大一个相位，何足恋恋！去岁因奉着主命，不敢力辞，今御史劾我，我即宜去。御史台系世祖所设，我抗御史，便是抗世祖了。"言讫自去，顺帝也不复慰留，竟擢别儿怯不花为右丞相。所有左丞相一职，任用了铁木儿塔识。别儿怯不花也伪为陛辞，至顺帝再行下诏，乃老老实实的就了右相的位置，大权到手，谗言得逞。

开河变钞

元顺帝即位时，"奸佞专权，开河变钞祸根源"。这奸佞就是指右丞相伯颜和脱脱伯侄俩。伯颜推戴元顺帝有功，当上了右丞相，顺帝把一切大政都托付给他,朝中不设左丞相,他的身价和权势更高了,封号和官衔加在一起长达二百四十六字,"独秉国钧,专权自恣"。他在大都街上通过时,诸卫精兵充当卫队导从,好不威风,而元顺帝的仪卫反倒冷冷清清,俗话说:"宰相肚里能撑船",心里应能装下四海,伯颜却是个狭隘而又残酷的种族主义者。他极端仇视汉人,没一点政治家的气度,一天,他对元顺帝说:"陛下有太子,不要让他读汉人书。"至元元年(1335年),伯颜上奏皇帝下诏,停止了科举取士。又下令禁止汉人、南人学习蒙古文。当时,许多地方已爆发反元起义,起义者都是汉人、南人。伯颜家中有个西番巫婆,为他算命说,丞相将死在南人手里。伯颜又气又怕,重申汉人、南人不得执军器,北人殴打南人,不许还手。为了保自己的命,竟灭绝人性的提出把张、王、李、赵四大汉姓全部杀光,一人不留。顺帝觉得这样做太毒辣,没有同意。

伯颜的倒行逆施,使本来已存在的民族隔阂和对立更加深了。事实证明,要维护少数民族对多数民族的统治,不是扩大民族间的隔阂,而是要消除隔阂和各族间的对立情绪,使各民族融为一体,国家才能长治久安。这一历史经验和治天下之术,伯颜却是一窍不通。

伯颜的祖上是蒙哥汗家中的奴隶。按蒙古传统,伯颜一家应该世奉蒙哥的后裔为使长。当时蒙哥汗的后裔彻彻秃受封为郯王,伯颜自觉功高权重,认为是奇耻大辱,把彻彻秃视为眼中钉,愤恨地说:"我身为太师,岂容使长存在?"遂诬告彻彻秃谋反,请求将其处死。元顺帝不允,伯颜擅自行刑,把彻彻秃除掉了。后来,伯颜又连续将几个亲王撤职法办。

伯颜独掌朝政,省台官员都换上了他的亲信。天下贡赋也大都进了他的家门。他家中本来有许多姬妾美女,可还觉得不上档次,多次深夜入宫,与皇太后勾搭成奸。这件丑闻传到民间,人们指责伯颜说:"上把君欺,下把民虐。"元顺帝亲眼看见伯颜夜入皇太后宫中,经宵没出,也感到他欺君跋扈,盛气夺人,可又无可奈何,经常暗自伤心落泪。

这时,出来一位大义灭亲的"忠臣义士",此人是伯颜的侄子,名叫脱脱,他在元顺帝面前历数伯颜的罪恶,说得慷慨激昂,泣不成声。元顺帝绝望中遇到了救星,将除掉伯颜的重任交给他。

至元五年(1339年),伯颜授意御史台官员,不能让汉人担任廉访使。御史大夫脱脱却偏要煞煞伯父的威风,拒不执行。伯颜眼里只有权势,哪有侄子?气呼呼的命令元顺帝说:"脱脱虽是我的侄子,却一心偏袒汉人,应该治罪!"元顺帝腰杆也硬了起来,拒绝说:"这是朕的主意,脱脱无罪!"一贯趾高气扬的伯颜万万没想到元顺帝敢顶撞自己,这个皇帝不能要了,得再换一个,想到这儿,伯颜又跑到皇太后宫内,一对老情人商量了一番,准备废掉顺帝。

至元六年(1340年)二月,伯颜带人前呼后拥地出猎于柳林(今北京市西南郊)。正在兴头上,朝廷传来诏书说,贬逐他为河南行省左丞相。伯颜大惊,忙派亲信回京询问。只见城门四闭,脱脱站立城头颁宣诏旨说:"随从伯颜者无罪,即刻解散,罪止伯颜一人。"又命伯颜立刻动身,不必辞行。

这下伯颜傻眼了,无可奈何,只得上路。一路上,愤恨不平,暗骂脱脱:这个狼崽子,我自幼把你养在家中,视为亲生,到头来你却吃里爬外,大逆不道,看来我伯颜是养虎自遗患了。行至真定(今河北正定),一贯高高在上的伯颜竟想从百姓口里讨个公道,问当地父老说:"你们见过儿子杀父亲吗?"百姓们谁不知道他是个奸贼?讽刺地说:"儿子杀父亲没见过,只见过奴婢杀使长。"

后来,伯颜又被贬到广东,病死于江西途中。有个诗人唾骂他说:"虎视南人如草芥,无数遗臭在南荒。"元朝头尾两个伯颜,头上的伯颜灭亡了南宋,尾上的伯颜断送了元朝。

伯颜倒台,脱脱踏着他的肩膀爬上右丞相的高位。脱脱对汉人的政策还比较缓和,恢复中断的科举制度,挑选儒臣传授儒经。还为都总监官,主持编修了《宋史》《辽史》《金史》,一时博得了"贤相"的好名声。

然而,元朝灭亡的"开河变钞"两大祸根,却都是脱脱主持推行的。

元朝到顺帝时,大蒙古帝国的兴盛已成为过眼烟云,大元王朝也进入穷途末路。至正四年(1344年),元顺帝罢去脱脱的相位,后来丞相数易,把天下搞得一团糟。官吏互相勾结,鱼肉百姓。朝廷派宣抚使巡行各省,罢黜贪官污吏,这些宣抚使却比贪官污吏还厉害。江西、福建百姓做歌说:"奉使来时惊天动地,奉使去时昏天黑地,官员都欢天喜地,百姓却啼天哭地。"当年,曾横扫欧亚的蒙古军队也早已堕落不堪。"以酒令为军令,肉阵为军阵,讴歌为凯歌。"素号精锐的怯薛军也丢下刀枪弓箭,端起酒杯,抱着美女,以至于"宝刀锈涩金甲寒,上马彷徨苦无力。"

元顺帝的"向慕之志"也早已飞到九霄云外。沉溺于宫中男女集体裸体淫乱和"秘密佛法"之中。朝廷经济拮据,入不敷出。黄河连年决口,泛滥成灾,流民遍野。"男子无裈袍,妇女无完裙","死者已满路,生者与鬼邻"。至正八年(1348年),浙江台州(今浙江临海)、温州的农民揭竿而起,旗帜上写道:

天高皇帝远,民少相公多。

一日三遍打,不反待如何?

隐藏在元朝社会内部的各种矛盾已明显暴露,元王朝已是危机四伏,风雨飘摇了。

至正九年(1349年),元顺帝重新任命脱脱为右丞相。脱脱也走上伯父的老路,逐渐专横跋扈,排除异己,安插亲信,一步步把元朝推向灭亡。

至正十年,为了解决元廷财政上的困境,脱脱饮鸩止渴,大量印造至正交钞,发行到全国各地,新钞的纸张质量低劣,数量又多,人们很快把它看成废纸而不用。脱脱下令,凡不用交钞的人,处以严刑。结果,很快引起了急剧的通货膨胀,物价暴涨十倍,甚至出现了"米价贵似珠","斗米斗珠"的局面。

至正十一年(1351年),脱脱又任命贾鲁为工部尚书,总治河防使。调拨各地十五万民工修治黄河。在工地上,监工的官吏大肆暴虐民工,扣发口粮,民工们气愤交加,忍无可忍。闭塞分散的个体农民被聚集在黄河之滨,为元末大起义的发动提供了方便。

这就是前面散曲中说的"开河变钞"。元廷实行的这两项措施,为自己的灭亡挖好了坟墓。

元末,白莲教在河南、江淮一带广泛传播。白莲教信奉阿弥陀佛,宣传"弥勒佛下生","明王出世",天下太平。处在蒙古贵族黑暗压迫下的各族人民看到了光明的希望。

至正十一年(1351年),黄河两岸的沿河民工中,到处流传着"石人一只眼,挑动黄河天下反"的谣谶。一天,河工们挖掘黄陵冈(今河南兰考东)河道,突然挖出了一个独眼石人,背上刻了莫道石人一只眼,"此物一出天下反"几个大字。河工们奔走相告,大河南北顿时人心沸腾起来。

这一切,都是北方白莲教的首领韩山童、刘福通巧妙安排好的。这年五月,韩山童、刘福通聚众三千人于颍上(今属安徽)白鹿庄,誓告天地,宣称韩山童为宋徽宗的八世孙,当为中国主,打起了宋朝的旗号。并指责了"贫极江南,富称塞北"的社会现状,意思是江南的汉民贫困到了极点,而塞北蒙古贵族却靠搜刮汉民成了大富翁。正当起义积极进行时,却走漏了消息。韩山童被俘牺牲,其妻杨氏和儿子韩林儿逃亡于武安山(今江苏徐州附近),刘福通等人也杀出了重围。

当月,刘福通再次起兵,一举攻占颍州(今安徽阜阳)。起义军由白莲教徒组成,以红巾裹头,被称为"红巾军"。元廷闻讯慌忙调集兵马围剿,可长期养尊处优的蒙古军一望见红巾军的阵脚,为首的军官便扬鞭打马,连声喊"阿卜(走)!阿卜!"一溜烟逃命去了。士兵们见主将临阵逃跑,只恨爹娘少生几条快腿,丢盔弃甲,只顾逃命,刘福通乘胜攻占亳州(今安徽亳县)和附近的州县,队伍发展到十万人。

颍州起义像燎原的烈火点燃了一触即发的干柴,南北各地的白莲教徒纷纷响应。北方起义的各支红巾军有:芝麻李(李二)等举兵攻占徐州;布王三(王权)占领唐、邓、南阳,称"北琐红军";孟海马占领襄阳等地,称"南琐红军";郭子兴占领濠州(今安徽凤阳)。

在袁州(今江西宜春)南泉山慈化寺有个彭和尚,名叫彭莹玉。早在至元四年(1338年)就曾发动过起义。失败后,彭和尚销声匿迹,在江淮秘密组织武装力量,颍州起义的消息传来,彭和尚和门徒铁匠邹普胜,布贩徐寿辉在蕲州(今河北蕲春西南)再举义旗,共举徐寿辉为帝,国号天完。"天完"是在元上面各加上个盖,意思要压倒大元。徐寿辉也宣传"弥勒佛下生,当为世主",属于南方的红巾军系统。

此外,浙江盐贩方国珍已于至元八年(1348年)起义于浙东。亭户张士诚后来起兵于高邮(今属江苏)。几年间,元王朝就面临土崩瓦解了。

停科举之争

元仁宗时秦王右丞相伯颜,自削平逆党后,独秉国钧,免不得作威作福起来。适江浙平章彻里贴木儿,入为中书平章政事,创议停废科举,及将学校庄田,改给卫士衣粮等语。彻里贴木儿为江浙平章时,适届科试期,驿请试官,供张甚盛。彻里贴木儿心颇不平,既入中书,遂欲更张成制。

御史吕思诚等,群以为非,合辞弹劾。奏上不报,反黜思诚为广西金事。余人愤郁异常,统辞官归去。参政许有壬也代为扼腕。会闻停罢科举的诏旨,已经缮就,仅未盖玺,不禁忍耐不住,竟抽身至秦王邸中,谒见伯颜,即问道:"大师主持政柄,作育人材,奈何把罢黜科举的事情,不力去挽回吗?"伯颜怒道:"科举有甚么用处?台臣前日,为这事奏劾彻里贴木儿,你莫非暗中通意不成?"有壬被他一斥,几乎说不出话来,亏得参政多年,口才尚敏,略行思索,便朗声笑道:"大师擢彻里贴木儿,入任中书;御史三十人,不畏太师,乃听有壬指示,难道有壬有权力，比太师尚重吗?"伯颜闻言，却掀地髯微笑，似乎怒意稍解。

有壬复道:"科举若罢，天下人才，定多觖望!"伯颜道:"举子多以赃败，朝廷岁费若干金钱，反好了一班贪官污吏! 我意很不赞成。"有壬道:"从前科举未行，台中赃罚无算，并非尽出举子。"伯颜道:"举子甚多，可任用的人才，只有参政一人。"有壬道:"近时若张梦臣、马伯庸辈，统可大任，就是善文如欧阳元，亦非他人所及。"伯颜道:

元仁宗

"科举虽罢，士子欲求丰衣美食，亦能有心向学，何必定行科举?"有壬道:"志士并不谋温饱，不过有了科举，便可作为进身的阶梯，他日立朝议政，保国抒才，都好由此进行呢。"

伯颜沉吟半晌，复道:"科举取人，实与选法有碍。"有壬道:"今通事知印等，天下凡三千三百余名，今岁自四月至九月，白身补官，受宣入仁，计有七十三人，若科举定例，每岁只三十余人，据此核算，选法与科举，并没有甚么妨碍;况科举制度，已行了数十年，祖宗成制，非有弊无利，不应骤事撤除。还请太师明察!"伯颜道:"箭在弦上，不得不发，此事已有定议，未便撤销，参政亦应谅我苦心呢!"有壬至此，无言可说，只得起身告辞。

伯颜送出有壬，暗想此人可恨，他硬出头与我反对，我定要当着大众，折辱他一次，作为警诫，免得他人再来掣肘。当人默想一番，得了计划，遂于次日入朝，请顺帝将停办科举的诏书，盖了御宝，便把诏书携出，宣召百官，提名指出许有壬，要他列为班首，恭读诏书。有壬尚不知是何诏，竟从伯颜手中，接奉诏敕。待至眼帘映着，却是一道停办科举的诏书，那时欲读不可，不读又不可，勉勉强强地读了一遍，方将此诏发落。

治书御史普化，待他读毕，却望着一笑，弄得有壬羞惭无地。须臾退班，普化复语有壬道:"御史可谓过河拆桥了。"有壬红着两颊，一言不发，归寓后，称疾不出。原来有壬与普化，本是要好的朋友，前时尝与普化言及，定要争回此举。普化以伯颜揽权，无可容喙，不如见机自默，做个仗马塞蝉。有壬凭着一时气恼，不服此言，应即与普化交誓，决意力争，后来弄得这般收场，面子上如何过得下去? 因此引为大耻，只好称有疾罢了。

伯颜既废科举，复敕所在儒学贡士庄田租，改给宿卫衣粮。卫士得了一种进款，自然感激伯颜，惟一般士子，纷纷谤议，奈当君主专制时代，凡事总由君相主裁，就使士子交怨，亦只能饮恨吞声，无可奈何。

顺帝道："自我朝入主中夏以来，寿祚延长，莫如世祖。世祖的年号，便是至元，朕既缵承祖统，应思效法祖功，现拟本年改元，亦称作至元年号，卿意以为何如？"伯颜道："陛下要如何改，便如何改，毋劳不问！"顺帝乃决意改元。

这事传到台官耳中，大众又交头接耳，论个不休。监察御史李好文，即草起一疏，大意言年号袭旧，于古未闻，且徒袭虚名，未行实政，亦恐无益。正在摇笔成文的时候，外面已有人报说，改元的诏旨，已颁下了。好文忙至御史台省，索得一纸诏书，其文道：

朕祗绍天明，入纂丕绪，于今三年，夙夜寅畏，罔敢怠荒。兹者年谷顺成，海宇清谧，朕方增修厥德，日以敬天恤民为务，属太史上言，星文示儆，将朕德菲薄，有所未逮欤？天心仁爱，俾予以治，有所告诫欤？弭灾有道，善政为先，更号纪元，实惟旧典。惟世祖皇帝在位长久，天人协和，诸福成至。祖述之志，良切朕怀，今特改元'统三年，仍为至元元年。通遵成宪，诞布宽条，庶格祯祥，永绥景祚，可赦天下。

好文览毕，哑然失笑，既转身返入寓内，见奏稿仍摆在案头，字迹初干，砚坳尚湿，他凭着残墨秃笔，写出时弊十余条，言比世祖时代的得失，相去甚远，结束是陛下有志祖述，应速祛时弊，方得仰承祖统云云。属稿既成，从头至尾地读了一遍，自觉言无剩意，笔有余妍，遂换了文房四宝，另录端楷，录成后即入呈御览。待了数日，毫无音信，大约是付诸水搁了。

好文愈觉气愤，免不得出去解闷。他与参政许有壬，也是知友，遂乘暇进谒。时有壬旧忿已削，销假视事，既见了好文，两下叙谈，免不得说起国事。好文道："目今下诏改元，仍复至元年号，这正是古今未有的奇闻。某于数日间曾拜本进去，至今旬日，未见纶音，难道改了'至元'二字，便可与全盛时代，同一隆平吗？"

有壬道："朝政煞是糊涂，这还是小事呢。"好文道："还有甚么大事？"有壬道："足下未闻尊崇皇太后的事情吗？"好文道："前次下诏，命大臣特议加礼，某亦与议一两次，据鄙见所陈，无非加了徽号数字，便算得尊崇了。"有壬道："有人献议，宜遵皇太后为太皇太后，足下应亦与闻？"好文笑道："这等乃无稽谰言，不值一哂。"有壬道："足下说是谰言，上头竟要实行呢！"好文道："太皇太后，乃历代帝王，尊奉祖母的尊号，现在的皇太后，系皇上的婶母，何得称为太皇太后？"有壬道："这个自然，偏皇上以为可行，皇太后亦喜是称，奈何！"

好文道："朝廷养我辈何为？须要切实谏阻。"有壬道："我已与台官商议，合词谏净，台官因前奏请科举，大家撞了一鼻子灰，恐此次又蹈覆辙，所以不欲再陈，你推我诿，尚未议决。"好文道："公位居参政，何妨独上一本。"有壬道："言之无益，又要被人嘲笑。"好文不待说毕，便朗声道："做一日臣子，尽一日的心力；若恐别人嘲笑，做了反舌无声，不特负君，亦恐负己哩！"有壬道："监察御史泰不华也这般说，他已邀约同志数人，上书谏阻，并劝我独上一疏，陈明是非。我今已在此拟稿，巧值足不到来，是以中辍。"好文道："如此说来，某却做了催租客了。只这篇奏稿，亦不要甚么多说，但教正名定分，便见得是是非非了。"有壬道："我亦这般想，我去把拟稿取来，与足下一阅。"言毕，便命仆役去取奏稿。不一刻，已将奏稿取到，由好文瞧着，内有数语道：皇上于太后，母子也；若加太皇太后，则为孙矣。且今制封赠祖父母，降父母一等；盖推恩之法，近重而远轻，今尊皇太后为太皇太后，是推而远之，乃反轻矣！

好文阅此数语，便赞道："好极！好极！这奏上去，料不致没挽回了。"说着，又瞧将下去，还有数句，无非是不应例外，尊崇等语。瞧毕，即起身离座，将奏稿奉还有壬道："快快上奏，俾上头早些觉悟。某要告别了。"

有壬也不再留，送客后，即把奏稿续成，饬文牍员录就，于次日拜发。监察御史泰不华亦率同列上章，谓祖母徽称，不宜加于叔母。两疏毕入，仍是无声无臭，好几日不见发落。有壬只咨嗟太息，泰不华却密探消息，非常注意。

一日到台办事，忽有同僚入报道："君等要遇祸了，还在此从容办事么！"泰不华道："敢是为着太皇太后一疏吗？"那人道："闻皇太后览此疏，勃然大怒，欲将君等加罪，恐明日即应有旨。"言未已，台中哗然，与泰不华会奏的人员更是惶急，有几个胆小的，益发颤起来，统来请教泰不华想一条保全性命的法儿。泰不华神色如故，反和颜慰谕道："这事从我发起，皇太后如要加罪，由我一人担当，甘受诛戮，决不带累诸公！"于是大家才有些放心。

越日，也不见诏旨下来，又越一日，内廷反颁发金币若干，分赐泰不华等，泰不华倒未免惊诧，私问宫监，宫监道："太后初见奏章，原有怒意，拟加罪言官，昨日怒气已平，转说风宪中有如此直臣，恰也难得，应赏赐金币，旌扬直声，所以今日有此特赏。"泰不华至此，也不免上书谢恩。许有壬不闻蒙赏，未免晦气。只是太皇太后的议案，一成不变，好似金科玉律一般，没人可以动摇，当由礼仪使

·辽夏金元秘史·

图文珍藏版

草定仪制,交礼部核定,呈入内廷,一面饬制太皇太后玉册玉宝。至册宝告成,遂恭上太皇太后尊号,称为赞天开圣徽懿宣诏贞文慈佑储善衍庆福元太皇太后,并诏告中外道:

钦惟太皇太后,承九庙之托,启两朝之业,亲以大宝付之眇躬,尚依拥佑之慈,恪遵仁让之训。爰极尊崇之典,以昭报本之忱,用上微称,宣告中外。

是时为至元元年十二月,距改元的诏旨,不过一月。小子前于改元时,未曾叙明月日,至此不能不补叙,改元诏书,乃是元统三年十一月中颁发,史家因顺帝已经改元,遂将元统三年,统称为至元元年。或因世祖年号,已称至元,恐后人无从辨别,于至元二字上,特加一"后"字,以别于前,这且休表。

且说太皇太后,于诏旨颁发后,即日御兴圣殿,受诸王百官朝贺。自元代开国以来,所有母后,除顺宗后弘吉剌氏外,要算这是第二次盛举,重行旷典,增定隆仪,殿开宝婴,仰瞻太母之丰容;乐奏仙璈,不啻钧天之逸响。这边是百僚进谒,冠履生辉;那边是群女添香,珮环皆韵。太皇太后喜出望外,固不必说,就是宫廷内外,也没有一个不踊跃欢呼,非常称庆。唯前日奏阻人员,心中总有些不服,不过事到其间,未便示异,也只有随班趋跄罢了。庆贺已毕,又由内库发出金银钞币,分赏诸王百官,连各大臣家眷,亦都得有特赐。独彻里贴木儿异想天开,竟将妻弟阿鲁浑沙儿,认为己女,冒请珠袍等物。

一班御史台官,得着这个证据,乐得上章劾奏,且叙入彻里贴木儿平日尝指斥武宗为"那壁"。看官!你道"那壁"二字,是什么讲解?就是文言上说的"彼"字。顺帝览奏,又去宣召伯颜,问他是否应斥。伯颜竟说是应该远谪,乃将彻里帖木儿夺职,谪置南安。相传由彻里贴木儿渐次骄恣,有时也与伯颜相忤,因此伯颜袒护于前,倾排于后。

伯颜震主

元顺帝宠用伯颜,非常信任,随时赏给金帛珍宝,及田地户产,甚至把累朝御服,亦作为特赐口。伯颜也不推辞,惟奏请追尊顺帝生母,算是报效顺帝的忠诚。顺帝生母迈来迪,出身微贱,此次伯颜奏请,正中顺帝意旨,遂令礼部议定徽称,追尊生母迈来迪为贞裕徽圣皇后。顺帝以后颜先意承旨,越加宠眷,复将"塔剌罕"的美名,给他世袭,又敕封伯颜弟马扎尔台为王。马扎尔台夙事武宗,后侍仁宗,素性恭谨,与乃兄伯颜谦傲不同,此时已知枢密院事,闻宠命迭下，竟入朝固辞。顺帝问以何意，马扎尔台道："臣兄已封秦王，臣不宜再受王爵，太平故事，可作殷鉴，请陛下收回成命!"顺帝道："卿真可谓小心翼翼了!"马扎尔台叩谢而退。顺帝尚是未安，仍命为太保，分枢密院住镇北方。

马托扎尔台只好遵着，出都莅任，蠲徭薄赋，颇得民心。惟伯颜怙恶不悛，经马扎尔台屡次函劝，终未见从，反而任性横行，变乱国法，朝野士民，相率怨望，广东朱光卿，与其党石昆山、钟大明聚众造反，称大金国，改元赤符。惠州民聂秀卿等，亦举兵应光卿。河南盗棒胡，又聚众作乱，中州大震。元廷命河南左丞庆童往讨，获得旗帜宣敕金印，遣使上献。

伯颜

伯颜闻报，即日入朝，命来使呈上旗帜宣敕等物。顺帝瞧着道："这等物件，意欲何为?"伯颜奏道："这皆由汉人所为，请陛下问明汉官。"参政许有壬正在朝列，听着伯颜奏语，料他不怀好意，忙出班跪奏道："此辈反状昭著，陛下何必不问，只命前敌大臣，努力痛剿便了!"顺帝道："卿言甚是! 汉人作乱，须汉官留意诛捕，卿系汉官，可传朕谕，命所有汉官等人，讲求诛捕的法儿，切实奏闻，朕当酌行。"许有壬唯唯遵谕。顺帝即退朝还宫。伯颜不复再奏，怏怏趋出。他料汉官必讳言汉贼，可以从此诘责，兴起大狱；孰意被有壬瞧透机关，竟尔直认，反致说不下去，以此失意退朝。

嗣闻四川合州人韩法师，亦拥众称尊，自号南朝越王，边警日有所闻。当由元廷严饬诸路督捕，才得兵吏戮力，渐次荡平。各路连章奏捷，并报明诛获叛民姓氏，其间以张、王、李、赵四姓为最多。伯颜想入非非，竟入内廷密奏，请将四姓汉人，一律诛戮。亏得顺帝尚有知觉，说是四姓中亦有良莠，不能一律尽诛，于是伯颜又不获所请，负气而归。

转眼间已是至元四年，顺帝赴上都，次八里塘。时正春夏交季，天忽雨雹，大者如拳，且有种种怪状，如小儿环玦狮象等物，官民相率惊异，谣琢纷纷。未几有漳州民李志甫，袁州人周子旺，相继作乱，骚扰了好几个月，结果是同归于尽,讹言方得少息。顺帝又归功伯颜,命在涿州,汴染二处,建立生祠。嗣复晋封大丞相,加元德上辅功臣的美号,赐七宝玉书龙虎金符。

伯颜益加骄恣,收集诸卫精兵,令党羽燕者不花,作为统领,每事必禀命伯颜。伯颜偶出,侍从无算,充溢街衢。至如帝驾仪卫,反日见零落,如晨星一般。天下但知有伯颜,不知有顺帝,因此顺帝宠眷的心思,反渐渐变作畏惧了。

会伯颜以郯王彻彻秃,颇得帝眷,与己相忤。暗思把他摔去,免做对头;遂诬奏彻彻秃隐蓄异图,须加诛戮。顺帝默忖道:"从前唐其势等谋变,彻彻秃先发逆谋,彼时尚不与逆党勾结,难道今反变志?此必伯颜阴怀妒忌的缘故,万不可从。"乃将原奏留中不发。

次日伯颜又入内面奏,且连及宣让王帖木儿不花,威顺王宽彻普化,请一律诛逐。顺帝淡淡地答道:"这事须查有实据,方可下诏。"伯颜恰说了许多证据,大半是捕风捉影,似是而非,说得顺帝无言可答,只是默默。

伯颜见顺帝不答,愤愤地走了出去。顺帝只道他扫兴回邸,不复置念,谁知他竟密召党羽,捏做一道诏旨,传至郯王府中,把彻彻秃捆绑出来,一刀了讫。复伪传帝命,勒令宣让王、威顺王两人,即日出都,不准逗留。待至顺帝闻知,被杀的早已死去,被逐的也已撵出,不由得龙心大怒,要将伯颜加罪,立正典刑。怎奈顺帝的权力,不及伯颜,投鼠还须忌器,万一不慎,连帝位都保不住,没奈何耐着性子,徐图良策。然而恶人到头,终须有报,任你位高权重的大丞相,做到恶贯满盈的时候,总有人出来摆布,教他自去寻死。

这位大丞相伯颜的了局,说来更觉可奇,他不死在别人手中,偏偏死在他自己的侄儿手里,正是天网难逃,愈弄愈巧了。他的侄儿,名叫脱脱,就是马扎尔台的长子。先是唐其势作乱时,脱脱尝躬与讨逆,以功进官,累升至金紫光禄大夫,伯颜欲令他入奋宿卫,侦帝起居,嗣因专用私亲,恐干物议,乃以知枢密院事汪家奴,及翰林院承旨沙剌班,与脱脱同入禁中。脱脱得有所闻,从前必报知伯颜,寻见伯颜揽权自恣,也不免忧虑起来。

时马扎尔台尚未出镇,脱脱曾密禀道:"伯父骄纵日甚,万一天子震怒,猝加重谴,那时吾族要灭亡了,岂不可虑!"马扎尔台道:"我也曾虑及此事,只我兄不肯改过,奈何!"脱脱道:"总要先事预防方好哩。"马扎尔台点头称是。至马扎尔台奉命北去,脱脱无可秉承,越加惶急,暗思外人无可与商,只有幼年师事吴直方,气谊相投,不妨请教。

当下密造师门,谒见直方,问及此事,直方慨然道:"古人有言,大义灭亲,汝但宜为国尽忠,不要专顾甚么亲族!"脱脱拜谢道:"愿受师教!"言毕辞归。

一日,侍帝左右,见顺帝愁眉不展,遂自陈忘家殉国的意思。顺帝尚未见信,私下与阿鲁、世杰班两人述及脱脱奏语,令他密查。阿鲁、世杰班,算是顺帝心腹,至此奉顺帝命,与脱脱交游,每谈及忠主事,脱脱必披胆直陈,甚至欷歔涕泣,说得两人非常钦佩。遂密报顺帝,说是靠得住的忠臣。

会郯王被杀,宣让、威顺二王被逐,顺帝敢怒不敢言,只是日坐内廷,咄咄书空。脱脱瞧着,便跪请为帝分忧。顺帝太息道:"卿固怀忠,但此事不便命卿效力,奈何!"脱脱道:"臣入侍陛下,总期陛下得安,就使粉身碎骨,亦所不恨。"顺帝道:"事关卿家,卿可为朕设法否?"脱脱道:"臣幼读古书,颇知大义,毁家谋国,臣不敢辞!"顺帝乃把伯颜跋扈的情迹,详述一遍,并且带语带哭,脱脱也为泪下,遂奏对道:"臣当竭力设法,务报主恩!"顺帝点头。

脱脱退出。复去禀告吴直方,直方道:"这事关系重大,宗社安危,在此一举,但不知汝奏对时,有无旁人听着。"脱脱道:"恰有两人,一为阿鲁,一为脱脱木儿,想此两人为皇上亲臣,或不致漏泄机密。"直方道:"汝伯父权焰熏天,满朝多系党羽,若辈苟志图富贵,竟泄密谋,不特汝身被戮,恐皇上亦蹈不测了。"脱脱闻了此语,未免露出慌张情形。直方道:"时刻无多,想尚不致遽泄,我尚有一计,可以挽回。"脱脱大喜,当即请教。直方与他附耳道:"如此如此!"此处为省文起见,所以含浑。喜得脱脱欢跃而出,忙去邀请阿鲁及脱脱木儿至家,治酒张乐,殷勤款待,自昼至夜,始终不令出门。自己恰设词离座,出访世杰班,议定伏甲朝门,俟翌晨伯颜入朝,拿他问罪。当下密戒卫士,严稽宫门出入,螭坳统为置兵,待晓乃发。

脱脱趱归,天尚未明,伯颜已遣人召脱脱,脱脱不敢不去。及见伯颜,竟遭诘责,说是宫廷内外,何故骤行加兵?消息真灵。那时脱脱心下大惊,勉强镇定了神,徐徐答道:"宫廷为天子所居,理宜小心防御;况目今盗贼四起,难保不潜入京师,所以预为戒严!"伯颜又叱道:"你何故不先报我?"脱脱惶恐,谢罪而去。料知事难速成,又去通知世杰班,教他缓图。果然伯颜隐有戒心,于次日入朝时,竟带卫卒至朝门外候着,作为保护。及退朝无事,又上一奏疏,请顺帝出畋柳林。

是时脱脱返家,已与阿鲁、脱脱木儿约为异姓兄弟,誓同报国。忽来官监宣召,促脱脱入议,脱脱与二人相偕入宫。顺帝即将伯颜奏章,递与脱脱。脱脱阅毕,便启奏道:"陛下不宜出畋,请将原奏留中为是。"顺帝道:"朕意也是如此,只伯颜图朕日急,卿等务替朕严防!"言未已,宫监又呈进奏牍,仍是伯颜催请出猎。顺帝略略一瞧,即语脱脱道:"奈何?他又来催朕了。"脱脱道:"臣为陛下计,不妨托疾,只命太子代行,便可无虑。"顺帝道:"这计甚善,明晨就可颁旨,劳卿为朕草诏便了。"脱脱遵谕,即就顺帝前领了笔墨,写就数行,复呈顺帝亲览。由顺帝盖了御宝,于次日颁发出去。自此脱脱等留住禁中,与顺帝密图方法,三个缝皮匠,比个诸葛亮,这遭伯颜要堕入计中了。

伯颜接诏后,暗思太子代行,事颇尴尬,但诏中命大丞相保护,又是不好不去。默默地思索多时,竟想出废立的一条计策来,拟乘此出畋时候,挟了太子,号召各路兵马,入阙废君。计划已定,便点齐卫士,请太子启行,簇拥出城,竟赴柳林去讫。

看官!这太子却是何人,原来就是文宗次子燕帖古思。从前顺帝嗣位,曾奉太后谕旨,他日须传位燕帖古思,所以立燕帖古思为太子。

伯颜既奉太子出都,脱脱即与阿鲁等密谋,悉拘京城门钥。命所亲信布列城下,夤夜奉顺帝居玉德殿,召省院大臣,先后入见,令出五门听命。一面遣都指挥月可察儿。授以秘计,令率三十骑至柳林,取太子还都。又召翰林院中杨瑀、范汇二人,入宫草诏,详数伯颜罪状,贬为河南行省左丞相。命平章政事只儿瓦歹,赍赴柳林。脱脱自服戎装,率卫士巡城。俟诸人出城后,阖了城门,登陴以待。

说时迟,那时快,不到数时,月可察儿已奉太子回来,传着暗号,由脱脱开城迎入,仍将城门关住。原来柳林距京师,只数十里,半日可以往返。月可察儿自二鼓起程,疾驰而去,至柳林,不过夜半。当时太子左右,已由脱脱派着心腹,使为内应,及与月可察儿相见,彼此不待详说,即入内挈了太子,与月可察儿一同入都。

伯颜正在睡乡,哪里晓得这般计划。至五鼓后,睡梦始觉,方由卫士报闻太子已归,急得顿足不已。正惊疑问,只儿瓦歹又到,宣读诏敕。伯颜听他读毕,还仗着前日势力,不去理睬。竟出帐上马,带着卫士,一口气跑至都门。

那已天晓,门尚未辟,只见脱脱剑佩雍容,踞坐城上,他即厉声喝着,大呼开城。威权已去,厉声何益!城上坐着的脱脱,起身答道:"皇上有旨,黜丞相一人,诸从官等皆无罪,可各归本卫!"伯颜道:"我即有罪,被皇上黜逐,也须陛辞皇上,如何不令我入城?"脱脱道:"圣旨难违,请即自便!"伯颜道:"你是我侄儿脱脱吗?你幼年的时候,我曾视若己子,如何抚养,你今日怎得负我?"脱脱道:

"为国家计,只能遵着大义,不能顾着私恩;况伯父此行,仍得保全宗族,不致如太平王家,祸及灭门,还算是万幸呢!"

伯颜尚欲再言,不意脱脱已下城自去。及返顾侍从,又散去了一大半,弄到没法可施,不得已回马南行。道出真定,人民见他到来,都说丞相伯颜,也有今日。有几个朴诚的父老,改恨为悯,奉进壶觞。伯颜温言抚慰,并问道:"尔等曾闻有逆子害父的事情吗?"父老道:"小民等僻处乡野,只闻逆臣逼君,不曾闻逆子害父!"伯颜被他一驳,未免良心发现,俯首怀惭。旋与父老告别,狼狈南下,途次又接着廷寄,略称伯颜罪重罚轻,应再行加罚,安置南恩州阳春县。看官!你想南恩州远在岭南,镇日烟瘴薰蒸,不可向迩,如这位养尊处优的大丞相伯颜,此时被充发出去,受这么苦,哪里禁得起!他亦明知是一条死路,今日挨,明日宕,及行抵江西隆兴驿,奄奄成病,卧土炕中。那驿官又势利得很,还要冷讥热讽,任情奚落,就使不是病死,也活活地气死了。

伯颜既贬死,元廷召马扎尔台还朝,命为太师右丞相,脱脱知枢密院事,余如阿鲁、世杰班等,俱封赏有差。嗣复加封马扎尔台为忠王,赐号答刺罕。马扎尔台固辞且称疾谢职。御史台奏请宣示天下以劝廉让,得旨允从。乃诏令马扎尔台,以太师就第,授脱脱为右丞相,录军国重事。脱脱乃悉伯颜旧政,复科举取士法,雪郯王彻彻冤诬,召还宣让、威顺二王,使居旧藩,又弛马禁,减盐额,蠲宿逋,并续开经筵,慎选儒臣进讲,中外翕然,称为贤相。

帝王之死

南坡之变,元英宗血溅行宫

元朝建立以后,宗室内乱、宫廷政变、后妃干政、权臣用事等接连不断,令朝政混乱。元英宗即位后,决意改革朝政,因朝政被权相铁木迭儿及其党羽把持,难以推行。铁木迭儿死后,元英宗开始推行新政,同时处死铁木迭儿之子八思吉思,并追查其党羽。以御史大夫铁失为首的余党很震恐,于是密谋政变。公元1323年(至治三年)八月五日,元英宗与拜住自上都(今内蒙古正蓝旗东)南返大都(今北京),途经南坡店(上都西南三十里)驻营。当日夜晚,铁失与铁木迭儿之子锁南、知枢密院事也先帖木儿、大司农失秃儿等十六人发动政变,以阿速卫军为外应,杀死元英宗和拜住。随后,迎立晋王也孙铁木耳(泰定帝)即位。史称此事件为"南坡之变"。

元英宗

1. 充满血腥的帝位之争

元世祖忽必烈是个长寿帝王。他活了八十岁。在位三十四年。忽必烈的太子真金颇有政治才干。忽必烈在位期间的著名奸臣,如阿合马、卢世荣、桑哥等,对他都心存畏惮。忽必烈年过70以后,有些朝臣私下议论,认为他可以禅位给真金。真金听到了,心里很不安。一些对他心怀不满的人趁机在忽必烈面前挑拨。忽必烈认为真金急于当皇帝,发了脾气。真金益发惊懼,郁郁而死,这是公元1285年(至元二十二年)间的事,真金还只43岁。忽必烈去世后。由真金的第三个儿子铁穆耳继承皇位,是为元成宗。元成宗在位十三年。于公元1307年(大德十一年)病死。元成宗一死,皇位继承又成了问题,各派势力摩拳擦掌,纷纷上来争夺皇位。

原来,元成宗皇后卜鲁罕只生有一子,又早年夭折,元成宗后继乏人。这样一来,皇位就不能由嫡子继承了,贵族们只能从皇侄中选择一位皇位继承人。

在皇侄中,元成宗的二哥答剌麻八剌的两个儿子海山和爱育黎拔力八达最为近支,很有影响,继位的呼声最高。其支持者主要是右丞相哈剌哈孙。

可是,当时在朝中掌握主要权力的皇后卜鲁罕却坚决不同意。原来。元成宗晚年多病,由卜鲁罕皇后主持朝政。卜鲁罕处理朝政还算平允,仍然保持着国家的稳定。但她自己没有儿子,一直担心皇位继承人将来是否听命于自己。她见海山兄弟对自己并不亲热,心里很不高兴,便把海山派往漠北,让他率军去平定海都之乱并在那里镇守。接着又把爱育黎拔力八达和他的母亲答己贬往怀州(今河南沁阳)。元成宗病逝后,卜鲁罕意识到,如果立海山或爱育黎拔力八达为帝,他们就会大报前怨,自己绝没有好日子过。因此,卜鲁罕极力反对立海山或爱育黎拔力八达为帝,而主张立自己关系密切的安西王阿南答为帝。其支持者主要是左丞相阿忽台。

早在元成宗弥留之际,卜鲁罕就密派心腹去西安,将阿南答召入大都(今北京)。元成宗去世后,阿南答又联络阿忽台,推举卜鲁罕"垂帘听政"。但是,他们心里很清楚,当时的西北镇王海山虽远离大都,但凭借他拥有的数万精兵悍将,随时都可能南下夺取皇帝宝座。于是,三人商定,迅速于宫内宫外密布罗网,切断海山与大都的交通,并择定时日,伺机一举除掉海山的党羽。

就在卜鲁罕等人紧锣密鼓地部署争位的同时,另一场更有步骤、更有计划的行动也在悄悄地进行。元成宗晚年多病时,皇后卜鲁罕交结左丞相阿忽台等人,乘势揽权,右丞相哈拉哈孙深为不满。对元成宗去世前后的继承危机,他也有个清醒的估计,并斩钉截铁,支持海山兄弟。元成宗死后。卜鲁罕等人的意向和一言一行时刻在他的掌握之中。在这帝位虚悬、政局动荡的关键时刻,哈拉哈孙对政敌采取了以柔克刚、外松内紧的基本对策:他公开宣布自己重病缠身,需要静卧治疗,但又下令将行使权力的各种印章封存入库,以此阻碍和中止卜鲁罕利用摄政后的地位控制时局,使她的政令无法贯彻下去;他又日夜起卧于宫廷,占据机要之枢纽,使自己在政治上处于高屋建瓴的优势。这样,既封住了摄政后的咽喉,又可以通达下情,独据控制时局的主动权。

卜鲁罕以为当上摄政后,便可以左右政局、号令天下了。然而,实际情况却远不是这样。卜鲁罕和阿南达等人发现,他们虽然视中书省如眼中钉,但每道政变计划的事实,恰恰又绕不过中书省。否则,一切努力均告徒然。于是,他们不得不软硬兼施,想方设法让哈拉哈孙出山主持政务。但哈拉哈孙却以不变应万变,拒不露面。卜鲁罕等人有如关在铁笼里的猛兽,表面上气势汹汹,实际上却一筹莫展。

整个元朝的中央机构似乎瘫痪了。但右丞相府哈拉哈孙却神不知鬼不觉地加快了行动的步伐。他一面派人通告河南的爱育黎拔力八达迅速赶赴大都,与自己联合起来,抢先形成一个权力中心,粉碎政变的计划;另一方面,设法与远在万里的海山沟通消息,催促他率兵南返,以造成强大的军事声威,作为整个事变的坚强后盾。

爱育黎拔力八达虽近在河南,但生性优柔寡断,长期的贬居监禁生活,又使他闭目塞听,对大都情况所知甚微。当哈拉哈孙的专使来到怀州,说服他们母子北上,举事反对摄政后时,他疑惧参半,不想轻易造次,便派师傅李孟骑上快马先到大都右丞相府哈拉哈孙处详查形势利弊。

李孟来到哈拉哈孙府上,正值卜鲁罕前来探视哈拉哈孙的病情。李孟见房中有外人,急中生智,迅速来到哈拉哈孙床边,拉过他的右手,装起诊病的医生来了。众人真的把李孟当成了医生,未加任何怀疑。等到卜鲁罕的使者走后。哈拉哈孙立即对李孟说:"现在安西王谋继大统的事日紧一日,很可能最近就要发动政变。你赶快回去告诉爱育黎拔力八达。让他尽快赶到京师,以防事变。"

李孟回报后,爱育黎拔力八达还有些犹豫,又对李孟说:"算一卦看看该不该尽快进京。"

李孟只好出去找算命先生,暗中叮嘱算卦先生说:"这种大事就等着你来决定,你一定要说卦象为吉。否则,我要你的脑袋!"算卦先生连连点头答应。就这样,爱育黎拔力八达得到了一个吉签,立即登车,奔赴大都。

二月,爱育黎拔力八达神不知鬼不觉地出现在大都。几个月来"病卧宫廷"的右丞相哈拉哈孙,这时也振奋而起,精神矍铄地在中书省公开露面。中央的行政机构再度运转了,臣僚们欢欣鼓舞,奔走相告。对此情景,卜鲁罕等人心急如焚,决定破釜沉舟,打算在三月三日那天以庆贺爱育黎拔力八达的生日为名,发动政变。不料,此事很快被哈拉哈孙探悉。他连夜敲开爱育黎拔力八达家的房门,对爱育黎拔力八达说:"今海山道远,不能很快到达,但摄政后已蠢蠢欲动,情况万分紧急。当断不断,反受其乱。我们应该提前举事,以防不测!"爱育黎拔力八达觉得哈拉哈孙的话很有道理。于是,两人密商了对策。

三月初一,也就是爱育黎拔力八达生日的前两天,爱育黎拔力八达先率卫士入宫,同时通告阿南答,说海山已派专使前来议事。阿南答信以为真,与卜鲁罕等人一同入宫。这时,埋伏的卫士一拥而上,将他们捕获。经严刑拷问,取得"谋变"的口供,然后押送上都(今内蒙古正蓝旗东闪电河北岸),听候处置。阿忽台等后党大臣也一并被捕,当即成了刀下之鬼。

当大都的政敌被镇压以后,一些诸王臣僚便请爱育黎拔力八达赶快即位。但爱育黎拔力八达心里很清楚,他的长兄已经南下,论军事实力,自己无法与之抗衡,这时与他争位,极不明智。于是,他推辞道:"乱臣贼子勾结摄政后,变乱天下,我等奉祖宗家法,将他们诛杀,这实乃大义之举。现在如果因此而觊觎神器,实与我的本意相违。海山是我长兄,应正大位,我已派人奉上玉玺,北上迎候了。"于是,他以监国的身份,与哈拉哈孙守卫宫中,枕戈待旦,以防不测。

爱育黎拔力八达虽然表示要让位于胞兄海山,但其母答己最宠爱他,非常希望他即位。于是,她派近臣朵耳北赴海山军中,对海山说:"太后曾以两太子星命交付阴阳家推算,看一看你们兄弟二人谁当皇帝为好。那个阴阳家推算说:'重光大荒落有灾,旃蒙作噩长久'。重光是你的字,旃蒙则为爱育黎拔力八达的生年。阴阳家推算的意思是说,你若即位有灾祸,国运不兴,寿命不长,而爱育黎拔力八达即位则可长久。"朵耳说到这里,停了停又说:"太后还说:'你们兄弟二人都是我的亲生儿子,岂有亲疏?但阴阳家所言,运祚修短,不能不思也。'太后希望您让位于爱育黎拔力八达。"

海山听罢,十分不快,回府立即把自己的心腹脱脱找来,让他去回复答己说:"我捍边十年,功劳不小,又位居诸子之长,理当即位。如今太后以星命为言,希望我让位于爱育黎拔力八达。但是,天道茫茫,谁能预知!阴阳家的话怎么能相信呢?如果我即位之后,所行之事上合天心,下符民望,即使在位只有一日之短,亦足垂名万世。怎能以阴阳家的话,乖违祖宗的托付呢!这一定是用事之臣擅权专杀,怕我即位之后治他们的罪,所以才定此奸谋,太后千万不要相信。"随后,又挑选三万精兵,分作三路,自己亲任一路统帅,人吼马嘶,旌旗招展,做出向大都压境而来的态势。

答己闻讯,又得知海山杀气腾腾的怨言,吓得面如土色,赶快派人巧言斡旋。幸亏在此之前答己已派人北上去迎接海山,并详述自己平定阿南答等"谋变"的经过,以及弟弟监国、群臣拥戴之意。这样一来,海山转怒为喜,对答己等人"平乱"之功满怀感谢之情了。

五月,双方在上都会合,关押在此的阿南答等人很快被处死。卜鲁罕贬居湖南后,海山又很快派人杀了她。

在亲族的血泊和悲唤中,海山即位了。他就是元武宗。为了酬谢弟弟的"平乱"之功。元武宗即位不久,便立爱育黎拔力八达为皇太子。双方还约定,今后的皇位继承得按"兄终弟及,叔侄相承"的原则继任,以复系交替的方式,世世代代共享大都政变的胜利成果。

元武宗在位不足五年,公元1311年(于至大四年)病死,其弟爱育黎拔力八达即位,是为元仁宗。元仁宗以"兄终弟及"的盟约,如愿以偿,顺利登基后,便感到"叔侄相承"的许诺如同一道紧箍,时时困扰着他。这时,直接威胁君位传承的危险已暂时消除,一个新的念头在他的心头萌动了,他要按汉族行之有效的继承制,让皇位牢固地在自己的家族中世代相传。于是,他立自己的儿子硕德八剌为皇太子。把元武宗的长子和世㻋封为周王,让其出镇云南。和世㻋感到很窝火,走到半路,便和部众造起反来。元仁宗闻讯,急忙派兵镇压。和世㻋寡不敌众,很快失败,逃往阿尔泰山以西避难去了。

公元1320年(延祐占七年),元仁宗病逝。十九岁的皇太子硕德八剌即位,是为元英宗。

2.英宗改革,奸臣震恐

与元朝的前辈帝王相比,元英宗从小随父亲生长在河南怀州。从生活方式到思想观念都深受汉族儒家的影响。具有较高的汉族封建文化素养。在他执政之初,元廷内部两大政治势力的矛盾再度明朗化:一方是"威临三朝"的太皇太后答己和"布置爪牙、威震朝野"的中书省右丞相铁木迭儿,他们代表着蒙古和色目等守旧贵族的既得利益者;另一方是"少年气盛"的元英宗和主张"以儒道治天下"的中书省左丞相拜住,他们力主改革现状,推行"汉法"。

元仁宗爱育黎拔力八达刚一去世,他就回答己在政事的处置上开始交锋。有一个叫乞失监的臣子,因为卖官鬻爵,被刑部按法律规定判处杖刑。答己却出面干预,叫改行笞刑。杖刑是元代"五刑"中的第四等刑,最少要打67板子,最多打到107板子。笞刑是第五等刑,最多只打57鞭子,最少的,打上7鞭子,表示一下惩戒之意就算了。英宗硕德八剌得知祖母要卖人情,立即加以制止。他对祖母说道:"法律的规定体现了天下的公意。迁就个人感情,随意调轻调重,那就不能在天下人面前维护法律的威信了。"他断然命令,维持原判,对乞失监执行杖刑。过了没有半个月,又有一个大臣,叫失列门,受了答己的指使,向硕德八剌提出要调整人事,撤一批人,任命一批人。硕德八剌马上驳回:"现在哪里是封新官的时候! 先帝的旧臣,也不宜轻易变动。等到我正式即位,自然会同宗室亲王、元老大臣仔细商议。到时候,贤能者都可得到任用,奸邪者都要被罢免。"答己连着碰了几个不硬不软的钉子,气愤极了,恨恨地说:"我真不该养这个孙子!"

铁木迭儿为人阴险贪虐,被人们比作元世祖忽必烈时代的阿合马。元仁宗爱育黎拔力八达当年曾察知他的罪行,下诏将他逮捕审讯。他却躲到答己的亲信内侍家里避风。爱育黎拔力八达知道母亲在包庇他,好几天闷闷不乐,但也无可奈何,只有下道诏书,罢免他的宰相职位,将事情不了了之。爱育黎拔力八达死后第四天,答己就直接下令,恢复铁木迭儿的相位。他一重新上台,就以"违背太后旨意""接诏书时态度不恭敬"一类罪名,接连诬杀了好几个反对过他的正直大臣。

元英宗硕德八剌在太皇太后答己和权臣铁木迭儿的联合攻势下，一开始只能被动防守。他任用大批汉族官僚和知识分子，罢免了一批依靠特权、窃踞要津的蒙古、色目官员。以后就逐渐部署反击了。

多年来，在答己等人的庇护下，一批蒙古色目贵族结党营私，为非作歹。元代中期所出现的日益严重的政治和经济危机，与这个既得利益集团多少有着直接的关系。元英宗一上台，就迅速果断地向这帮人开刀，诛杀的诛杀，查办的查办，来势极其凶猛。年事已高的答己和铁木迭儿病惧交加，先后去世。元英宗和拜住乘势起用了大量汉族官僚和儒臣，大刀阔斧地颁布一系列"新政"，并继续清算布列朝中的答己余党。

年轻气盛的元英宗除弊心切，但对当时各种政治力量却缺乏全面的估计，斗争策略不够周密，对已经处于惶恐之境的政敌追究得过于急切。在元英宗即位的次年，由其得力助手左丞相拜住首先发难，提出对与铁木迭儿直接有关的刘夔献田贪污案进一步追究的动议。

事情的来由是：元仁宗时期，浙江有个名叫吴机的地主为讨好权贵，将所谓世代"失业"无主之田卖给了官僚刘夔，刘夔又通过另一个官僚将土地转卖给各有关寺院，算作一项"礼佛"的善事。于是，铁木迭儿假传诏旨。从国库中拨钞六百五十万贯，作为"买田"的筹款。实际上，这批土地早有了田主，是一笔空额。铁木迭儿父子等人明知其中有诈。但仍然串通一气，瓜分了这笔"买田"的巨款。案发后，元英宗毫不留情地将铁木迭儿的儿子送上了断头台。随后，其他案犯也一一遭到追究和诛杀。对已死的铁木迭儿，元英宗也没有放过，断然下令追夺他的官爵，毁灭他墓前的碑铭，并抄没了他的全部家产。接着，以追究铁木迭儿为缺口，深追穷挖，紧锣密鼓，步步紧逼，使答己和铁木迭儿的党羽面临着一场灭顶之灾，惶惶然不可终日。于是，他们狗急跳墙，发动了一场宫廷政变。

3.众奸臣的密谋

发动这场政变的主谋铁失，是铁木迭儿的义子。元英宗即位以来，对他可谓恩宠有加，连续加官晋爵。他官至御史大夫，执掌督察大权，并成为皇家内侍机构宣徽院的主要成员。他还先后受命统领皇家的四支禁兵，这就为他后来发动政变提供了条件。

铁失倚仗义父而飞黄腾达,也随着后台的倒塌而逐渐失势。作为刘夔献田贪污案的最后一名主要成员,他感到了日益逼近的杀身之祸。慌乱中的铁失,先是心血来潮,鼓动宫内的僧侣劝元英宗实行大赦。几天后,消息传来了,当僧侣们好言进劝元英宗时,在一旁的拜住竟怒声喝道:"你们贪图财物。倒也罢了,为何又想包庇罪犯?"

对铁失来说,这话犹如五雷轰顶:元英宗和拜住真要向自己开刀了。

与其坐以待毙,不如早下毒手。于是,经过一番苦苦思索,一个冒险的计划在铁失头脑中形成了:除掉元英宗和拜住,另奉镇守漠北的也孙铁木儿为帝。

铁失的盘算也有一定的根据。晋王也孙铁木儿是真金长子甘麻刺的长子,长子长孙继位名正言顺,这是其一;铁失手下有一个心腹名叫探忒,他与晋王也孙铁木儿的心腹倒刺沙过往甚密,容易形成联盟,这是其二;晋王也孙铁木儿是手中拥有数万雄兵的漠北镇王,即位后不会被反对者推翻,这是其三。有了以上三条,铁失开始了他的冒险计划。

首先,铁失找到了铁木迭儿的儿子锁南。对他说:"皇上和拜住杀了你的父亲,罢去了你的治书侍御史的职务,又抄了你的家。这样的深仇大恨,难道你就不想报了吗?"

锁南早就想报仇,恨不得把元英宗和拜住撕成碎片,但苦于没有办法,一直不敢流露出来。今天听铁失这么一说,十分高兴,马上说:"我怎么不想抱此仇呢? 只是我势单力孤,没有办法达到目的,所以一直不敢声张。"铁失说:"那好,就让我们一起干吧!"锁南欣然表示同意。于是,两人秘密商议起政变的办法来。

按照两人的密议,铁失又分别找到了知枢密院事也先帖木儿、大司农失秃儿、前平章政事赤斤铁木儿等人。这些人都是贪赃枉法之徒,正惶惶然不可终日,和铁失一拍即合。于是,他们商定,寻找机会发动政变。

这时,镇守西北的晋王也孙铁木儿的王府内史倒刺沙,已经跟随晋王多年了。虽然得到晋王的宠信,但他很不满足在一个小小的王府里专权,很想让晋王继位,自己也可以随之执掌朝廷大权。为此,他把自己的儿子哈散派往中央,侍奉左丞相拜住,以便随时窃探朝廷机密,为实现自己的愿望寻找机会。

哈散在朝廷见铁失与拜住意见不合,又见铁失与锁南交往频繁,知道铁失另有所图,很可能是要发动政变,便把这一情况告诉了父亲。倒刺沙按照这一线索,很快和铁失取得了联系。

不久。铁失的心腹探汜来到晋王府,对倒刺沙挑拨说:"现在,皇上好像害怕晋王夺去他的帝位,有不容晋王的意思,看样子,晋王好像要大祸临头了。您也应该考虑一下新的出路了。"

倒刺沙一听此言,大吃一惊,立刻向晋王做了报告,让他早做准备,以免受害。

铁失一切准备就绪,便等待时机,发动政变。

4.南坡之变,英宗殒命

按照元世祖忽必烈留下的惯例,元朝皇帝每年夏季必须"巡幸"上都,在那里举行朝会、宴会、祭祀、狩猎等重要活动,以示不忘本俗。直到秋凉后才返回大都。在这期间,朝廷的主要机构和官署都必须前往,大都只由少数官署留守。公元1323年(至治三年),元英宗按照惯例,离开大都去上都。

铁失见有机可乘,立即通知也先帖木儿、赤斤铁木儿等人,准备在元英宗从上都南返时发动政变。同时,铁失又派遣一个名叫斡罗斯的亲信赶往漠北,与晋王也孙铁木儿联络。

八月二日,斡罗斯来到蒙古中部,密告也孙铁木儿说:"计谋已定。事成之后,奉大王为帝。"谁知也孙铁木儿听后不置可否地一笑,竟把斡罗斯囚禁起来。

登基称帝是也孙铁木儿梦寐以求的愿望,但是必须有个先决条件,那就是"事成"。事若不成,不仅难登帝位,还要落个谋逆之罪,那是要掉脑袋的。也孙铁木儿老谋深算,他可不干没把握的傻事。他把铁失的使者斡罗斯囚禁以后。便立即派人去元英宗那里"告变"。他清楚地知道,他这里距上都甚远,没等派去的人到达元英宗的驻地,铁失的谋划早就实施过了,这样。不论事情成败与否,他都能立于不败之地。

这时,铁失的政变正在紧张、秘密地进行。

八月五日,元英宗起驾南返。当晚,走到离上都二十多里的南坡店(今内蒙古正蓝旗东北),元英宗下令停下宿营。半夜时分,四下里一片寂静,劳顿一天的元英宗和拜住早已安然入睡。铁失率军先闯进拜住的住所,一刀结果了他。接着,又悄悄潜入元英宗的寝帐。诸王大臣见到仰面熟睡的皇帝,倒抽了一口凉气,谁也不敢下手。铁失见状不妙,便双手握住利剑,对准元英宗胸部,猛扎下去。可怜这位只有二十一岁的薄命天子,在睡梦中刹那间便命归黄泉了。

随后,铁失请一名宗王带上玉玺,北迎晋王。自己则与同伙们迅速回到大

图文珍藏版

都,封存了中书省的全部印信,焦急地等待着北边的消息。

这次,晋王也孙铁木儿不再客气了,他接受了那宗王送来的玉玺。九月四日,也孙铁木儿在漠北即位。为了安定政局,新皇帝迅速派人来到大都,对参与"南坡之变"的所有人员一一封官晋爵。铁失及其一伙绝处逢生,无不弹冠相庆,庆贺自己赢得了更大的富贵。

可是,铁失一伙高兴得太早了。一个月以后,新皇帝任命的中书省右丞相和御史大夫来到大都,沉浸于欢乐之中而失于戒备的铁失和他的同伙们全部被捕,成了阶下之囚。不久,这些人又全部走上断头台,他们的子孙也全部被杀。铁失及其党羽,为偿还"南坡之变"的血债,付出了更大的代价。

也孙铁木儿之所以除掉冒死拥立自己的铁失等人,有三个原因:第一,从成吉思汗起,便把自己的家族称为"黄金家族",其他人都是"黄金家族"的臣仆。臣仆杀了"黄金家族"的任何成员,都必须处死。自己借助外人刺杀"黄金家族"之力登上帝位,名不正,言不顺,因此必须杀掉铁失一伙,才能制止"黄金家族"的反对。第二,杀掉铁失一伙,说明自己并未跟铁失有任何密谋,实际上就是杀人灭口。第三,如今自己已是皇帝了,杀掉铁失一伙,不说自明:臣不得犯主! 起到"以儆效尤"的作用。

也孙铁木儿八面逢源,巧收渔人之利,登上了皇帝的宝座。次年,改元泰定。不过,他与铁失的暧昧关系,明眼人都能看得出来。所以,他死后不久,元文宗便追废了他的正统地位。这样,自然无人为他建立宗庙。因此,他也就没有庙号,后世也只称他为泰定帝。

轻信奸臣,辽世宗被耶律察割弑杀

耶律察割要算是历史上一个典型的奸臣代表了。为了实现自己的野心,他不惜出卖他的父亲,用近于奴颜媚骨的恭顺骗取世宗的信任。而表面上的恭顺不过是为掩盖其内心的险恶,一旦时机到来,则凶相毕露,反扑过来。辽世宗由于过于轻信这个奸臣,在糊里糊涂中丢了性命。

1.世宗私自即位

辽太宗逐鹿中原,没想到陷入重围,只好匆忙北撤,在公元 947 年 4 月,死于河北滦县(今栾城)的杀胡林。

辽太宗的死使辽的帝位又成了众人争夺的焦点。原来人皇王,即东丹王耶律倍投奔唐朝之后,他的长子耶律兀欲还留在辽国,封为永康王。他也随辽太宗南征中原,所以在太宗死时他正在军中,由于太宗死得突然,军营中再没有更合适的人选来统帅三军,所以众将商议让耶律兀欲继承帝位。

但当时还有两个人有继承皇位的资格,一是太宗的弟弟李胡,另一个则是太宗的长子耶律璟。由于述律太后常说要让李胡继承皇位,所以,兀欲开始很犹豫。他找来耶律安搏商议。耶律安搏是耶律迭里的儿子,耶律迭里在过去曾支持耶律兀欲的父亲耶律倍即位,被述律太后处死。他此时是耶律兀欲的亲信,他认为耶律兀欲聪明宽容,又是耶律倍的长子,现在应当当机立断,以免丧失时机。其他人如南院大王耶律吼和北院大王耶律洼也认为如果去请示述律太后,必定会让李胡即位,而李胡性情暴虐,不得人心。最后大家一致拥立耶律兀欲即位,地点在镇阳(今河北栾城北)这就是辽世宗。

2.横渡之约

辽世宗私自即位的消息传到述律太后那里,太后大怒,连忙派儿子李胡领兵南下,想把皇位夺回来。第一次交战,李胡大败而退,辽世宗领兵追赶,和李胡兵在潢河(今西拉木伦河)的横渡隔河对峙。李胡将对方众将的家属抓到军中,放言说:"我如果战败了,先杀了你们。"这使得辽国内部人心大乱。

在这紧急关头,富有深谋大略的耶律屋质来往于双方军中进行调解,终于避免了一次内部残杀。

耶律屋质到达辽世宗的军中,世宗给祖母述律太后的回书很不客气,屋质便劝说道:"这么写信。怎么能化解恩怨呢?臣认为应该尽力和好,这才是最好的结果。"世宗却说:"他们是群乌合之众,怎么能抵挡得了我的千军万马?"屋质一听也不示弱,说:"既然他们不是你的对手,那你又怎么忍心去杀自己的同胞兄弟呢?何况现在还不知

辽世宗

道胜负，即使你侥幸取胜了，大家的家属都在李胡手里，性命难保，我看最好还是讲和吧。"世宗问："那怎么讲和？"

屋质说："和太后见面，大家把各自的怨恨都说出来，讲和也就不难了。如果讲和不成，再刀兵相见也不晚。"

但一朝见了面，双方又各不相让。言语激烈，互相指责，没有了讲和的迹象。耶律屋质又从中尽力撮合。

述律太后对耶律屋质说："你要为我说话啊！"

耶律屋质说："太后如果能和大王尽释前嫌，那我就替您说话。"

太后说："那你说吧。"

耶律屋质说："早先人皇王在世时，为什么要立嗣圣（指太宗耶律德光），不立人皇王。"

太后说："立嗣圣是太祖的意思。"

耶律屋质又回过头去问辽世宗："大王为什么擅自即皇帝之位而不请示长辈太后呢？"

世宗没有正面回答，却说："父亲人皇王原来当立却没有立，所以他老人家才逃奔了唐朝。"他的意思是：父亲原来就应当继承皇位，但没有继承，现在由我来继承正好还了先前的债，理所应当。

耶律屋质见双方毫不相让，便严肃地说："人皇王舍弃父母之国逃奔唐朝，你说应不应当？大王见了太后，不知道道歉，却只提旧的恩怨。太后则是固执于偏爱，假托先帝遗命，随便授予皇位。你们这样，怎么能讲和呢？还是赶快交战吧！"说完屋质愤愤地退到一边。

述律太后本来就人单势孤，军队也无法抗衡，现在耶律屋质又撒手不管，急得流着泪说："先前太祖时就有众兄弟作乱，致使天下遭难，国家疮痍还没有恢复，怎么能再让兄弟残杀呢？"

辽世宗见祖母这样，也动情地说："父亲一辈的人没做好，我们晚辈的怎么能不做好呢？"最后双方终于在耶律屋质的调解下讲和了。

述律太后问耶律屋质由谁即位为好，屋质说："太后如果让永康王即位，则顺乎天意，合乎人心，不必再有什么犹豫了。"

站在一旁的李胡一听就恼了："我还在这儿，兀欲怎么能立呢？！"

耶律屋质转身斥责道："自古以来传位以嫡长为先，不传众弟。过去太宗之立，本来就有错误，何况你暴戾残忍，多有人怨。今日万口一辞要立永康王，你怎么能和他争夺王位呢?"

述律太后也对李胡说:"你听到了吧? 这都是你自作自受!"李胡无奈只好作罢。

就这样,双方订立了有名的横渡之约,避免了一次兄弟之间的残杀。而皇位终于转到了耶律倍一系中。后来,又转到耶律德光一系一次,然后,第二次转到耶律倍系,从此一直维持不变。

3.扫除异己

辽世宗在横渡之约后,皇位基本稳定,然后他采取措施巩固自己的帝位。一是对太后和李胡,他们回到上京后,还想再次发难,为防意外,世宗便将他们软禁到了祖州(今昭乌达盟林东镇西南),然后将同党的其他骨干处死。这样彻底解除了后顾之忧。

对于拥立他即位的功臣们世宗也论功行赏,让耶律安搏统帅腹心部,总领宿卫。还赐给奴婢一百口。世宗还效仿汉族制度设置了北枢密院,让耶律安搏做北枢密院使,掌管辽的军政大权,成为世宗事实上的宰相。

世宗的强化统治措施还包括镇压叛乱。原来许多拥护他即位的人是因为原来和述律太后有矛盾,等世宗地位一稳定,这些守旧的贵族们又和世宗产生了矛盾,以致最后兵戎相见。因为世宗倾慕中原风俗和政治制度,任用很多的汉人担任要职,这引起了旧贵族的不满。

在公元948年(天禄二年)正月,耶律天德、萧翰和刘哥、盆都反叛。结果被发觉,世宗将耶律天德处死,杖责萧翰,流放了刘哥,让盆都出使外国以示惩罚。

第二年,萧翰和公主阿不里联络明王耶律安端谋叛,被耶律屋质得到书信,报告了世宗,世宗将萧翰诛杀,阿不里则在入监狱后死去。

安端的儿子耶律察割是拥立辽世宗耶律兀欲的功臣。当时,耶律察割的父亲明王耶律安端态度不明朗,在耶律察割的说服下才率本部兵马支持世宗,击败了李胡的军队。事后,耶律安端当上了西南面大详稳(详稳,辽语,监治各官府的长官。大详稳,即监治一个方面官府的总长官,相当于汉族政权中的节度使,又不同于辽政权中各部族的节度使),察割也被封为泰宁王。

谋反事件牵连到察割的父亲安端。善于投机钻营的察割怕祸及自身。先是"佯为父恶"装作与父亲安端不和,继而又"阴遣人白于帝",暗中派人向世宗告发他的父亲。世宗被察割大义灭亲所感动,马上召见了他,察割见到世宗,又

国学经典文库

中国古代秘史

·辽夏金元秘史·

图文珍藏版

装出一副可怜的样子,"泣诉不能胜"。世宗被察割的韬晦伎俩所迷惑,产生怜悯之情,将他留在禁中,"数被恩遇"(《辽史·察割传》),与此同时,将安端贬逐出朝。

察割入禁中后,极尽谄媚讨好之能事,进一步骗取了世宗的信任。世宗每次出猎,察割总是谎称有手疾不能操弓矢,只是拿着链锤快走。还多次向世宗讲述家中细事,世宗认为他忠诚无二,倍加重用。

察割哪里是真心拥护世宗?他表面上的恭顺不过是为掩盖其内心的险恶。为了便于阴谋活动,他把自己的庐帐渐渐移近世宗的行宫,世宗因被察割蒙骗已深,竟毫无警觉。

然而,察割的不轨之志还是被人注意到了,这个人便是曾经告发过萧翰等谋反的右皮室详稳耶律屋质。屋质觉察到察割的奸邪,上表向世宗揭露察割的谋反罪状,世宗不仅不信,还把屋质的奏表给察割看。察割痛哭流涕地对世宗说,屋质嫉妒他,世宗说:"我知道没有这么回事,你何必哭呢?"

过了些天,屋质再次向世宗进谏,世宗竟固执地说:"察割能够舍父而事我,不会对我有异心。"屋质说:"察割既然对他父亲不孝,还能对国君忠诚吗?"但世宗仍不听。

察割表面一套,背后一套,偷偷谋划着篡夺皇位。世宗的轻信和大意使自己最后死于非命。

4.酒醉踏上黄泉路

公元949年(天禄三年)九月,世宗想趁后汉内斗之机南征,像辽太宗那样称雄中原。十月,派将领攻下了贝州、邺都等地。第二年,世宗亲自领兵乘胜南下,后汉众将互不支援,结果世宗长驱直入,攻下了安平(今河北安平)和内邱(今河北内邱)后,大掠而回。

不久,在这年的冬天,后汉枢密使郭威灭掉后汉,在第二年的正月建立了后周。同时,刘崇也在太原称帝建立了北汉。

当年的六月,后周进攻北汉,刘崇为保帝位向辽求援,表示向辽称臣,做辽的属国。世宗便册封刘崇为"大汉神武皇帝"。九月,刘崇派兵攻打后周,辽世宗也想趁机合兵一处南下争霸。但在和群臣商量时发生争议,大家都不愿意南下,世宗见大家不听,就强行南下,进兵到了归化州(河北宣化)的祥古山,发生了意外。

这天,世宗和生母萧太后在行宫里祭祀父亲耶律倍,然后和群臣饮酒,最后大醉不醒。耶律察割则趁机和耶律盆都等人发动兵变,杀死了世宗和太后,察割自称皇帝。有不听从归顺的就抓起他的家属囚禁起来。

耶律屋质得知察割反叛,忙组织军队平叛,最后察割被世宗弟弟耶律娄国斋杀,盆都被凌迟处死,察割兵变终于平定。

公元951年(天禄五年)的九月,辽太宗的儿子、寿安王耶律璟继任皇位,这就是辽穆宗。

天历之变,明宗和世剌被弟毒杀

元文宗图帖睦尔在历史上算是个彻头彻尾的伪君子。本来自己想当皇帝,但是又觉得哥哥和世剌还在,自己根本不够格,为了不致引起舆论大哗,使自己处于不利的境地,他虚情假意地下诏说自己暂时先替哥哥当两天,等哥哥一来,就把皇位让给哥哥。哥哥来后,他又亲亲热热地跑去迎接,但当天就把哥哥给毒杀了!可怜那个明宗和世剌,仅仅当了八个月的皇帝,就这样不明不白的死在了自己虚伪毒辣的弟弟手里,死时年仅三十岁!

1.假意让位

图帖睦尔是元武宗孛儿只斤海山的次子,英宗时曾被流放到海南琼州,泰定帝也孙铁木儿时被召还京,封怀王。他的异母兄叫和世剌,封周王。这一场弑主逼宫、争夺皇位的斗争,便是在他兄弟二人间进行的。

斗争始于泰定帝死后。泰定帝是在公元1328年(致和元年)七月病死在上都的,活了三十六岁。他在位期间毫无作为,只知崇佛佞僧,广建佛寺,致使国家财政困迫不堪。而且,由于他以杀害英宗罪严厉惩治铁失党人,导致统治阶级内部矛盾激化,政权很不稳固。就在他刚刚死去的时候,留守上都的金枢密院事燕铁木儿和西安王阿剌忒纳失里发动了军事政变,燕铁木儿是武宗时因宠提拔的,所以他极力主张皇位正统应属武宗之子。他强行召集百官到兴圣宫,兵皆露刃地威胁大臣们说:"武宗皇帝有子二人,大统所在,当迎立之,敢有不顺者斩!"(《续资治通鉴·元纪二十二》)燕铁木儿当即逮捕了中书平章事乌佰都剌等人,又让心腹亲信掌握机要,自东华门夹道布列兵士,使人传命往来其中,以防泄露。同时又查封了府库,收录了符印,召百官进入大内,听候命令。

当时,元武宗的两个儿子都不在大都。和世㻋在大西北,图帖睦尔在江陵。燕铁木儿以为周王和世㻋远在漠北,不能马上到来,担心时间一长发生变故,便派人到江陵去迎图帖睦尔。并宣称已遣使北迎周王,以安众心。为防意外,燕铁木儿调兵守卫关卡,以禁军屯守京师,出府库犒赏军士,燕铁木儿则亲自在禁中值宿,"一夕或再徙,人莫知其处"(《续资治通鉴·元纪二十二》)。他还将自己的弟弟撒敦和儿子唐唐其势也密召前来。

图帖睦尔是八月底到达大都的,九月即皇帝位于大明殿,改元天历,史称元文宗。图帖睦尔本来自己想当皇帝,但是,为了不致引起舆论大哗,使自己处于不利的境地,他虚情假意地下诏说,自世祖统一海内,建立定制,宗亲都各有封地,不敢妄生觊觎。世祖之后的诸王都是遵照祖训,依次相传。现在宗王、大臣们以国家利益为重,拥我为帝,我以为自己无德,应等待兄长,故再三推让。但神器不可久虚,天下不可无主,兄长又远在漠北,我只好听从大臣们的请求,姑且暂即皇位,"谨俟大兄之至,以遂朕固让之心"(《续资治通鉴·元纪二十二》)。

上都方面得知大都政变和拥立武宗之子的消息,认为是变乱了祖宗的法度,有违大理,便拥立泰定帝的小儿子阿速吉八即位,是为天顺帝。这样,在元朝的两个都城便出现了两个皇帝。于是,双方展开了激烈的内战。结果,上都方面败北,被迫交出皇帝玉玺,即位仅一个月的小皇帝被赶下台,不知去向。

2.弑兄复位

再说图帖睦尔的哥哥和世㻋率属官和亲眷从漠北启行后,于第二年(公元1329年)正月路过和林(今蒙古哈尔和林)以北时即皇帝位,是为元明宗。和世㻋称帝后,先派人到大都报闻,接着,在这年的四月,在其漠北行在所接见了文宗图帖睦尔派来的燕铁木儿等特使,接受了燕铁木儿奉上的皇帝宝玺。明帝和世㻋嘉奖燕铁木儿之功,封他为太师,仍命为中书右丞相、录军国重事。并对燕铁木儿说:"凡京师百官,朕弟所任用的,无须改变,你可将朕的意思告知朕弟。"同时派人去大都册立图帖睦尔为皇太子,并敕造皇太子印。燕铁木尔则留在明宗身边。

五月,已是皇太子身份的图帖睦尔离开大都北上迎接明宗和世㻋。八月一日,和世㻋先到王忽察都(今河北张北县西北),次日,图帖睦尔入见,兄弟二人各叙别情，一派亲密无间的气氛。

和世㻋在行殿设大宴招待了弟弟和诸王大臣。酒宴之上，觥筹交错，笑语声喧。这天，和世㻋因为高兴，饮了很多酒，酒宴刚罢便回寝帐睡下了。但燕铁木儿和皇太子图帖睦尔却没有睡，他们密谈了半夜。一连三天，二人都是经常在一起窃窃私语，谁也不知道他们在谈些什么。

公元1329年8月30日（天历二年八月庚寅），天已大亮，明宗和世㻋仍未起床，皇后八不沙以为明宗多日劳顿，不敢惊动。过了一会儿，仍听不到动静，便入账去看，她惊惧地发现，明宗已经七窍流血，死了。

皇后八不沙在突来的噩耗面前不知如何是好，侍女忙去报告太子与近臣，太子入临，"哭尽哀"。燕铁木儿"以明宗后之命，奉皇帝宝授于帝（图帖睦尔），遂还。"（《元史·文宗本纪》）。

同月乙亥（9月8日），图帖睦尔在大都大安阁重登帝位，是为元文宗。可怜那个明宗和世㻋，仅仅当了八个月的皇帝，死时年仅三十岁！

关于明宗和世㻋之死，元史所载，语焉不详。《元史·明宗本纪》只有数字："庚寅，帝暴崩，年三十。"但综合其他史料，可以断定：和世㻋是图帖睦尔和燕铁木儿合谋害死的。

清人毕沅在《续资治通鉴》"考异"中撷取了这样两条材料：一是燕铁木儿自大都奉玉玺见明宗后，"明宗从官有不为之礼者"，致使燕铁木儿"且怒且惧"。至明宗死，燕铁木儿听到哭声，即"奔入帐中，取宝玺，扶文宗上马南驰"。由此看来，燕铁木儿虽然在奉玺后留在明宗身边，但因明宗属官不以礼待他，对他有看法，他十分担心和恐惧，因此，这个刚刚发动政变的朝廷逆臣很可能再生不轨之心，他在明宗死后马上夺取宝玺奉文宗南还，便是明证。

另一条材料是：文宗病逝前，曾召皇后、太子前来，对他们说："鸿和尼（明宗死地）之事，为朕生平大错。"俗语说：人之将死吐真言。文宗此言，是不是对他害兄行动的良心谴责呢？

或许就是根据这样的推断，毕沅下结论说："明宗暴崩，实雅克特穆尔（燕铁木儿）之故，而文宗也不得辞其罪。"

此外，据毕沅所记，文宗在燕铁木儿的护送下疾驰返还大都的路上，"昼则率宿卫士以扈从，夜则躬擐甲胄，绕幄殿巡护"（《续资治通鉴·元纪二十三》）。文宗和燕铁木儿畏神畏鬼，严加防范，岂非心有余悸，唯恐遭人报复？

总之，图帖睦尔为夺皇位以弟害兄想来是没有疑问的。

在中国古代弑君史上，像此种为夺皇权、兄弟相残的事是不绝于书的，但图帖睦尔的弑兄夺权却带有某些特殊之处。主要是他运用虚而实之、实而虚之的伎俩，虚情假意地制造了许多假象，使人莫辨真伪。当他在大都稳坐御座之后，又下诏书说："我由于念及兄长远在大漠，又很贤明，不久当归来，所以力拒群言，不肯即位。后来考虑到艰难之时，大位久虚，众心难定，也于国家不利，故接受劝进。但我没有改变当初的志向，一面颁诏辞让，一面派使者去漠北迎接兄长。既而又派燕铁木儿将皇帝宝玺奉上。及兄长即位，遣使授我皇太子之位，我如释重负，遂率臣民北迎大驾。我急于见到兄长，故日夜兼程，相见之时，悲喜交集。没想到，数日之间，兄长却离我而去，我非常痛心，念及先帝重托，群臣力谏，天命所在，实在不可违逆，故即皇位于上都。"

这一番表白，可谓欲盖弥彰！他煞费苦心将其当皇帝的过程讲得如此详细，不过是怕世人怀疑，怕朝臣议论，但这样一来，恰恰流露出他的心虚和忧惧。

历史奇案

辽耶律乙辛谋害太子案

辽天祚乾统二年四月的一天，从宫中冲出一队人马，直奔郊外坟场。他们来到坟场，挥舞着锄、铁铲，眨眼间便掘开四座坟墓，然后他们将棺木劈开，将棺中尸体统统砍作数段。这被砍的尸体便是在辽政坛上曾飞扬跋扈、不可一世的耶律乙辛及其党羽张孝杰、萧十三和萧德里特。剖棺戮尸的消息一传出，霎时间，宫廷内外、文武百官无不拍手称快。

辽主为什么要将耶律乙辛等剖棺戮尸，而这一举动为何使朝廷上下拍手称快呢？此事说来话长。

道宗大康元年，辽太子濬十八岁，该参理朝政了，道宗就命他负责南北枢密院。太子的参政使北院枢密使耶律乙辛不能再继续擅权专断、为所欲为了。权欲熏心的乙辛不甘心，便决定除掉太子。可他知道，有宣懿皇后的护佑，他是很难将太子怎么样的，所以乙辛便决定先除去皇后。

道宗的宣懿皇后,出生于辽朝的一个贵族家庭,自幼受到良好教育。她喜欢音乐,还能作词、弹琵琶。她常常自己作词作曲,让伶官赵惟一演唱。重元家有个奴婢单登,也善于弹琵琶和古筝,一次她提出与赵惟一比试声乐高下,结果未能取胜。后来一次道宗准备召单登弹筝,皇后劝谏说:"单登是叛家婢女,还是不要让她靠近御前的好。"皇帝听了,就将单登遣往外地。这两件事使得单登对皇后怀恨在心。

　　单登的妹夫朱顶鹤是耶律乙辛的心腹。这样,他们正好沆瀣一气、狼狈为奸。

　　单登和妹夫朱顶鹤伪造了一曲《十香词》来陷害皇后与赵惟一通奸。乙辛见到《十香词》不由心花怒放。赶忙将它上奏皇帝,并添油加醋地描绘了一番,好像他亲眼目睹了皇后与赵惟一通奸的情景一样。

　　道宗听了自然十分气恼,当即令耶律乙辛和汉人张孝杰严加追查。乙辛等将赵惟一抓了起来,给他施以钉竹签、用烙刑烫等酷刑,逼赵惟一屈招。

　　因受不了乙辛的酷刑,赵惟一被迫屈服,承认了被诬陷的所有罪行,供词上呈皇帝。道宗龙颜大怒当天就诛了赵惟一的九族,并勒令皇后自尽。

　　太子见到自缢而死的母亲,声嘶力竭地哭喊道:"是耶律乙辛杀死了我的母后!"

　　当时,在场的人都被这刺耳的喊声惊呆了。

　　害死了皇后,下一个便轮到太子了。乙辛先将其党羽、驸马都尉萧霞抹漂亮的妹妹召进宫中,她很快就赢得了皇帝的宠幸,并被册封为皇后。这样,他便不露痕迹地在皇帝身边安插了一个得力的亲信。不料他的阴谋被护卫萧忽古看穿了。萧忽古本来就觉得皇后死得冤枉,这下更不能坐视不管,便决定行刺乙辛。他潜伏在桥下,本想趁乙辛从桥上经过时把他杀死。谁知天公不作美,不期而至的倾盆大雨冲坏了桥。萧忽古的行动流产。

　　林牙萧岩寿也对乙辛的险恶行径有所察觉,他曾密奏皇上说:"乙辛自太子参与朝政之后居心不良,与宰相张孝杰等同流合污、朋比为奸,恐怕心怀不轨,不可使其居于要害之职。"

　　皇帝看了密奏,就命乙辛改任中京留守。乙辛不依不饶,他假惺惺地哭着到处游说:"乙辛我没有什么过错,皇上怎么能听信谗言呢?"皇上听了这些话,果然又有些后悔。

　　不久,萧岩寿被派任顺义军节度使,同时乙辛却官复北院枢密使。

大康三年,有人告发了萧忽古谋杀乙辛的事,乙辛这才意识到太子的存在对他的威胁有多么大。

乙辛对萧忽古施了一番酷刑后,将其流放边地,然后便开始考虑如何除掉太子。

第一次,乙辛考虑得过于简单。他暗使护卫太保耶律查剌诬告耶律撒剌等图谋立皇太子。道宗皇帝下诏探察,结果什么都没查出来,便将撒剌等遣出朝廷外为官。

吃一堑,长一智。有了一次失败的经验,乙辛变得聪明起来。一个月后,他指使牌印郎君萧讹都斡去道宗面前自首。萧讹都斡按编好的话说:"先前耶律查剌告发撒剌等谋立太子并非虚有,他本人也难辞其咎。当初我们企图杀掉乙辛而立太子。如今是出于义愤,又恐将来真相大白、遗患无穷,所以才来自首。"

道宗果然上当,对太子处以杖刑,并囚禁起来,并命乙辛、张孝杰、萧十三、耶律延格等审讯此案。

此后乙辛等对所谓的太子同党大肆整治。被捕者因经受不住酷刑都屈打成招。乙辛为了使皇上深信不疑,还特意拉出几个囚犯到朝堂之上公开审问,出庭受审的每个人都重枷在身,脖颈也被绳索勒紧。只要受审者想翻供,脖子上的绳索立刻就会要他们的命。所以囚徒们只得按乙辛指示的回答。

这样,乙辛便入朝上奏说:"囚犯一律招供,别无异词。"为此,东宫属官被杀得所剩无几。乙辛还派人将始平军节度使耶律撒剌等人以及他们的儿子全部杀光,以绝后患。萧岩寿、萧忽古也难逃一死。

乙辛借太子一案大兴冤狱,陷害异己。

当时正值盛夏季节,被杀者暴尸荒野。以至于整个京城都变得臭气熏人,腐尸味几个月后才渐渐散去。

大杀所谓的太子党后,乙辛又将太子潜废为庶人,并将他与太子妃押往上京囚禁起来。但乙辛仍不放过太子,派人把他杀了。太子死时,年仅20岁。

道宗得知太子的死讯,非常哀痛,就命有司将太子葬到龙门山,同时想把太子妃召回京城。乙辛得到这一消息,抢在皇上之前杀了太子妃以灭活口。

大康七年,乙辛因走私违禁物品而入狱,显然他已不像以前那样受皇帝恩宠了,否则没有人敢因为走私这样的小事而治他的罪。

大康九年,从监狱里出来的耶律乙辛又因私藏兵甲之事败露,企图逃往南宋王朝,但没来得及逃走,就被辽兵抓住处死。

天祚皇帝予即位的第二年,重新审理了太子濬一案,让天下人明白了真相,并于四月下诏,将乙辛等奸贼剖棺戮尸,为含恨九泉的祖母宣懿皇后和父亲原太子濬、母亲萧妃报仇雪恨。

女真贵族因护身券丧命案

金正隆年间的一个夜晚,已过了兰更,月色朦胧。几个彪形大汉行色匆匆,转眼间来到了一个关押政治要犯的牢门前。只见领头的人手一摆,随从者便悄悄溜进了牢房。随后便听到牢房里传出了阵阵令人毛骨悚然的惨叫声。凄厉的叫声由强而弱,由高而低,然后逐渐消失。一切又恢复了夜的宁静。

发出惨叫声的不是别人,正是女真贵族完颜亨。

金朝统治者为了维护女真贵族的特权,规定女真贵族一律领有皇帝亲手颁发的券书。持券书者均享有除谋反叛逆罪外其他所有罪行的特赦权。在这个护身券的庇护下,女真贵族可以毫无顾忌地为所欲为。但同时,也有少数女真贵族由于得罪了皇帝或奸佞宠臣。致使护身符不仅不能护身,反而招来杀身之祸。

刚刚死去的完颜亨,就是这样一个持券者。

完颜亨智勇双全,在贵族中极为少见。像他的名字的意思一样,他总是官运亨通、扶摇直上。这一切都令他恃才傲物、放荡不羁。

有一次,金主海陵王赐给完颜亨一张弓。完颜亨回家试了一下,觉得没有想象中的好,竟然说:"海陵王所赐之弓也不过如此,脆软无力,完全就是干树枝嘛!"

有人把这话告诉了海陵王。海陵王听闻后,大骂完颜亨不识抬举。

完颜亨对待家奴从来都是苛刻严厉。动辄破口大骂、棍棒加身,家奴们常常敢怒不敢盲。

他有个家奴叫梁遵,平时慵懒奸猾,受到的责骂最多,因此对完颜亨怀恨在心。终于在忍无可忍的情况下,他铤而走险,诬告完颜亨谋反。后查明实属诬陷,梁遵以诬陷罪被判处死刑,此事就这样了结,但完颜亨也不免虚惊一场。

这件事情过后,完颜亨纵然无所畏惧,但也预感到前景不妙。他曾自叹说:"我虽然是贵族,也有券书在手,但事关反叛之事,不论真假,我很难脱身保命。恐怕前途凶多吉少啊!"从此,完颜亨变得整天愁容满面、心事重重。

完颜亨被诬告谋反的事实虽不成立,但海陵王对他不免怀疑起来。海陵王生性好猜忌,况且无风不起浪,而完颜亨对他的良弓不屑一顾的事仍令他耿耿于怀。这虽然不能说明完颜亨谋反,但至少说明他对自己不忠不敬。想到这里,海陵王为了监视完颜亨和伺机给他罗织罪名,便派心腹李志僧与完颜亨同任广宁尹事。

在广宁时,完颜亨府中发生了让他丢人现眼的事。一个叫六斤的家奴竟敢与完颜亨的侍妾通奸。完颜亨知道后大发雷霆。扬言把要亲手杀死六斤。六斤为此终日提心吊胆、寝食不安。

李志僧得知此事后,决定借此事来大做文章。

李志僧将六斤请到家里热情款待。酒足饭饱之后,二人沆瀣一气,也就无话不说了。李志僧挑拨六斤说:"听说你祖上本是渤海望族,如今沦落到为人家奴而且灰头土脸的地步,难道你不觉得给祖宗丢脸了吗?"

六斤被戳痛了伤疤,但他奸诈机巧,立刻听出李志僧话外有话,便装出一副忠厚老实的样子,并希望得到李志僧的指教。李志僧便水到渠成地向他布置了告发完颜亨谋反的任务。

被梁遵告发过的完颜亨总算变得圆滑和收敛些了。为了博得海陵王的信任以从尴尬的处境中摆脱出来,他想方设法地向海陵王献殷勤。恰好海陵王的生日快到了,这真是天赐良机。为此,完颜亨准备把他最得意的一匹良马献给海陵王。后来听说生日这天有很多人都要献马,完颜亨觉得如果自己也在这天献马,海陵王有可能眼花缭乱或者良莠不分,说不定会埋没了自己的良马,于是便与家奴商量另择吉日再献。

但是完颜亨讨好海陵王的举动却被六斤说成了另一番样子。六斤向海陵王报告说,他劝完颜亨把最好的马献给海陵王,完颜亨却说海陵王根本不会识马,献了也是白献。海陵王听后勃然大怒,发誓说非得给完颜亨点颜色看看不可。

这天。完颜亨的另一个家奴从京师回到广宁,报告说皇帝处死了一个贵族徒单阿里。完颜亨听了觉得不可思议,他问:"徒单阿里不是有券书吗?"

"皇帝想杀谁就杀谁,券书又有何用?"家奴回答。

良久,完颜亨叹道:"只怕下一个就轮到我了!"阴险无比的六斤又听到了这些话,又回到宫中大讲完颜亨如何大发牢骚、如何对朝廷心怀不满,并且还撒谎说完颜亨要密谋杀死海陵王。

听了六斤的告发,早已等候多时的李志僧迅速将完颜亨逮捕下狱。

海陵王把完颜亨交由大理寺正忒里、工部尚书耶律安礼等共同审讯。

审讯中,完颜亨对议论券书的事供认不讳,但拒不承认有图谋造反的意图,并历斥六斤无中生有,完全是公报私仇。

经安礼等人多方调查,查明完颜亨确实没有谋反之心,实属别人陷害。海陵王对安礼等的汇报大为不满。但他身为一国之君,不能对法官说要陷害自己的大臣,于是只好让李志僧协同安礼等重新审理此案。

李志僧受命,严刑拷打完颜亨,无奈完颜亨宁死不屈。看来已经不太可能冠冕堂皇地处死完颜亨了,海陵王只得另想办法。他又把这件事交给心腹李志僧去执行。

于是就出现了本文开头的一幕。他们悄悄地来到囚禁完颜亨的牢房,将完颜亨反绑在柱子上,然后几个打手轮番朝完颜亨的生殖器踢去,完颜亨本已被折磨地只剩下几口气了,现在实在忍受不了这样的痛苦,便发出凄厉的惨叫声,不一会儿,便咽气归天了。

海陵王处死了完颜亨,心中一块沉甸甸的石头总算落地了。这天,海陵王将完颜亨之母召进宫来,兔死狐悲般地对她说:"老夫人,你的儿子在狱中绝食身亡了。"说完,海陵王竟假惺惺地挤出了几滴眼泪。完颜亨的母亲听罢,发了好一会儿呆,突然悲愤地叫道:"谋反,谋反!儿啊!这是券书惹的祸啊!"

无中生有造谣害人案

福建省一小村庄有一个回民,叫木巴拉,一直靠种地为生。元朝初年,为了防止汉人反叛,朝廷派官兵驻守在各地,察探民情,分派差役。一个叫马三的小兵被派驻到木巴拉所在的村庄,他经常使唤木巴拉,木巴拉对此十分反感,想着怎么报复马三。

一天,木巴拉干完活在地头上歇息,一个熟人走过来,对他说:"帖里等一伙人被抓进了衙门,他们本来想造反,而且已经商定好计划,却被一个同伙告发了。这个人受了重赏,其他人全被抓了起来。"说的人只当是个新闻随口传传,木巴拉听了心里倒有了谱。

回到家里,木巴拉就找出笔墨,准备写张状纸,揭发马三所谓的罪行。

他把纸铺平,先写什么呢?灵光一闪,他想起小时候听说过的一件事,正好嫁祸给马三,他这样写道:"至大元年六月二十日,我木巴拉正在地里干活,马三走过来,他对我说:'从前汉人当皇帝时,他手下有两位骁勇善战的将军。一次,他们带兵追杀蒙古人,蒙古人节节退败,最后剩下七个人,只得躲进一个山洞里。两位将军派手下把一头驴吊在洞口内顶上,还在下边放了一面鼓,驴蹄一动鼓就咚咚地响,躲在里边的蒙古兵吓得不敢出来,就喊道问:我们那么多兄弟都被你们杀了,我们几个什么时候能出去?'将军说太阳和月亮一块儿出来的时候才是他们被放出来的时候,马三对我讲这个故事动机不纯呐!"

写到这儿,马三很得意,心想,这下看你怎么作威作福!转念一想,除了马三,还有小甲那个狗仗人势的东西,上次马三来派工,他就跟在后面,神气得不得了。于是他另起一行写道:"还有住在我们村的小甲,我干活的时候,他对我说:'听说真定府后边有一条河,原来有个弯,水流到那儿,都是转圈流下去的。现在那个弯忽然消失了。这是汉人皇帝出世了,赵官家又回来了。太宗皇帝一来,不会杀一个汉人,只会把蒙古人和回族人杀得一个也不留。'"

编好了陷害小甲的一段,蓝石也不能放过,于是他又写道:"有一年冬天,具体日期记不清了,黄昏时分,各家都上了灯,蓝石对我说:'簸箕星下界了,蒙古人只有一年半的皇帝可做了。'"

木巴拉写到这儿,觉得心情非常舒畅,每次闭上眼睛就好像看见马三、小甲、蓝石一个个被官府捆绑抓起,然后就看到自己从官府领回的赏银,白花花的,很是扎眼……

木巴拉喜滋滋地正要收拾笔墨,忽然觉得还不够,于是又写道:"本来,这些事情我一听到就要去告官的,谁知,一些不认识的人拦住我,不让我去,今天才能说出实情,希望官府抓住他们,依法定罪。"

官府一看到木巴拉的状纸,感到事关重大。马上就传唤一干人犯过堂审问。马三、小甲、蓝石都坚决否认曾经说过这样的话,又把木巴拉传来审问,正好碰到木巴拉又在胡言乱语,身上还有他写的谣言传单,过堂一审,木巴拉承认自己制造谣言诬陷他人。再将一干人犯当堂对质,木巴拉在事实面前全部招认,当时拟定:按照律例,木巴拉被判在市曹杖刑107下。

案卷报到尚书省,呈送奏事房,皇帝竟也亲自过问此案,他说:"那个名叫木巴拉的人,诬告马三、蓝石等人,把他处决了,以后类似的事一定要严办。"

圣旨一到,地方上立即执行,把木巴拉处决了。并且张贴告示告知天下百姓,不要贪图功赏。诬告他人。

下属私通主婢案

元朝至元十六年,南宋后主葬身海中,赵氏王朝从此灭亡。蒙古族建立了大元朝。政权交替官场大变,前朝官吏被免,新官到任。全国旅途客店住满了上任新官及随行家眷,极一时之盛。

一帮做着升官发财美梦的人,也四处奔走,打通关系想趁机在官场中求个一官半职。邓海就是其中一一位,可是年尽四十还是独身一人,碌碌无为。去年才托亲戚入公门当了小差。但是地方僻小,权微职低,他哪能甘心。于是四处求人,姑舅表兄又把他推荐给高邮新官刘五。刘五携一家老少去高邮上任提举官,便打算带邓海去管课处当个小吏。

刘五一家四口,妻刘阿孙,儿刘犍,保姆赵海棠及自己。邓海与其弟邓四,一路随刘家南下,白日同舟,夜晚同宿。由于旅途遥远,交通不便,便走了许多时日。大家相处日久,邓氏兄弟与刘家互相照应,日渐熟悉。

邓海有求于刘提举,自然一路之上尽其所能为刘家出力,十分殷勤。他正当壮年,做些出气力的活自然不在话下。每天上船下船出入各处,妇人孩子总是有许多物品要携来带去。每次邓海总是主动上前提拿行李,运放包裹,服侍得非常周到。

邓海如此殷勤又会说话,慢慢地保姆赵海棠便对他心生好感,当然也是因为邓海时常帮她的忙,说话又很中听。二人关系逐渐亲近,有时便在一起说点悄悄话。但旅途中毕竟很难放肆,而且环境狭小,不容易躲开别人的目光,特别是赵海棠要时刻跟随夫人刘阿孙,更难避过她目光。

刘夫人阿孙,出自官宦之家,其父是大都杂造总管,管理财物,家中富裕。嫁给刘五以后,生了儿子刘健儿,今年也十六岁了。阿孙今年已是三十八岁,但并不显老,正是徐娘半老、风韵犹存的时候。她见邓海人长得不错,聪明机灵,勤快干练,对他很有好感,又见他在女人面前尽献殷勤,很会讨好说话,更是心中喜欢,很想亲近。她便暗中对赵海棠说明此意,要她去试探一下邓海,细心交代了一番,海棠只是笑着点头。

海棠没想到夫人有此心意,安排下了这样的差事。心想:自己与邓海也很熟了,就问他一问试探一下,即便他不愿,想他也不会声张。她便偷偷寻个机会与他说了。邓海年已四十岁,又是独身一人,久未近女色,如干柴一般,有此良机又怎会放过。他边听海棠悄言,边往刘氏那边瞅。阿孙当然知道他们所说的是什么内容,但故作镇静也不往他们这边看,但是她又急切想知道结果,情不自禁地又偷眼看了他们两人谈话的表情。当她见邓海不停点头承诺时,高兴得不得了,恨不得马上如愿以偿。

当晚他们来到邳州界的万关店歇宿,在赵海棠的精心安排下,刘阿孙和邓海得以通奸。二人都强忍已久了,便连续了好多次。

这赵海棠把主人的事办好后,自己也不甘寂寞,看到邓海的弟弟邓四孤身一人,便和他通奸了。

刘五因旅途劳累,再加上上任后事务繁多,所以没察觉到身边发生的事。

在一次交欢之后,阿孙对邓海说:"那个刘五只迷恋官场,一心想着如何升官发财。我们虽结婚十七八年,但他有十一二年没碰我了,把我急死了。你对我真好,真希望能和你过一辈子。"她见邓海也愿和她好,便给他一些钱,叫他去做安排。

邓海拿了银钱,做好计划后,就去对刘五说:"我忽然想起一事,急需赶回大都去一趟,你们先走着,原谅我不能再照顾你们了。"这刘五只一门心思在公务上,也没当它一回事,就说:"既然邓先生有事,就请便吧。"邓海立即告辞,带着兄弟邓四一块儿离去。

两人急忙赶到扬州,买了匹马,再往回追他们。他们一直追到高邮,发现刘五已经到职上任。邓氏兄弟打听到刘五家住址后,便找上门去。接待他们的正是赵海棠,她把二人领进了内宅,和阿孙见面。四人把一切安排好后,就在一个黄昏时分,一同乘马逃走,奔向大都去了。

刘五发现夫人和女仆都不见了,这才感到大事不好,便立即报案。衙门当即派人四处追捕。官兵很快找到线索,抓了三个人回来,而邓四却只身逃脱,不知去向。

衙门当即将三名逃犯关押在大都监狱之中。在审讯时,三人都如实招供了,经上官再审,也没叫冤枉。经法司议定:若依常例,邓海所犯罪行,判处杖刑八十七下就可以了。只是邓海原是跟随刘提举谋求职事的,却勾引上司的妻子,而且他的弟弟邓四又与其仆赵海棠通奸;又是他策划让刘氏主婢外逃的,罪盈恶满,伤风败俗,实难抵其罪。另外奸妇刘阿孙,原是官门之女,且为品官之妻,已有儿子一个,却跟自己丈夫下属通奸且私奔,罪情深重,实难同一般人犯法相提并论。所以拟判二人死刑,并行文通告各地,使天下人知法守法,不要再犯这样的罪恶。女仆赵海棠没忠实于主人，竟然参与谋合主妇与邓海通奸，且自己不守妇道，与邓四通奸后还要与他私奔，应判处杖刑一百零七下。

妻妾因奸同谋杀夫案

南京乃是江南重镇，极为繁华，来往人员甚多，社会生活也比较复杂。

元朝至元年间，有个小商贩名叫何馒头，居住在此，家中娶有一妻一妾，一家人衣食无忧，还算富裕。何馒头经常要出外经商，水路旱路生意都做，四处买卖货物赚取差额，赚了不少钱，也交了不少朋友。十天半月他才回家呆上两天，一则和妻妾团聚，二来也好找朋友来热闹热闹。有一人名叫李政，每请必到，是何家的常客。此人并无营生，凭着他在码头上人缘熟悉，做中间人给人家搭桥联系，从中捞几个佣金。他平日很少开火煮饭，差不多每日都去混吃混喝。由于没什么开销，挣下几个钱也过得不错。他吃喝别人的，用自己的钱干些寻花问柳的勾当。他到何馒头家，见何馒头之妻阿陈长得不错，便起了色心。先是眉来眼去，故意搭讪，见阿陈并未反对，就暗地里动手动脚，时间一长，两人终于勾搭成奸。李政便经常趁何馒头外出之时跑来与阿陈鬼混。经常来往，怕小妾阿安发现告知伺馒头，不过二人也知她并非安分之人，便悄悄地商定，给她也找一个。

李政有个好友名叫刘天章，两人可谓蛇鼠一窝，一对坏包，一路货色。一日二人巧遇，闲聊起来，李问刘说："近来老兄可寻到什么玩耍的好地方？"刘回答说："嗨，尽是逢场作戏，无聊之极，没有什么开心的地方。"李心中一动问："我倒知道有个人定能令你开心，不知老兄有无兴趣？"刘说："既然如此，你帮我引见，不胜感激！"李说："定会称你心的，事成后可别忘了谢我！"刘说："这个自然，你替我促成美事，决不亏待你的。"

又过了几日，李政找刘天章来到何家。陈氏见李政领了一位男客来家，便猜出其用意，连忙沏茶倒水，陪着说些家常话。尔后起身到阿安的屋里去找她出来与他们相见。阿安不知何事，但这位刘天章是专为阿安前来何家，所以两个眼睛在她身上转来转去，阿安羞得低下了头。

四人坐在一起，聊些东家西家的闲话。茶过三巡，快到午饭之时，阿陈起身说了一声："该是吃午饭的时候了，你们坐着聊，我去弄些酒菜来，吃顿便饭。"说话间给李政递了个眼色，李忙说："我去帮忙，两人干活快些！"二人又说又笑去了灶屋。

二人一走，把刘天章和阿安留在客厅之中。初时二人无语。刘天章知这是李政、阿陈给他创造的机会，于是开始花言巧语哄骗阿安，说了好些赞美讨好的话，说得阿安心花怒放，二人渐渐也就熟稔起来。

李政、阿陈备齐酒菜，四人杯盏相碰，各自心中欢喜，三杯下肚，腮现红云，微有醉意，四人也便放开胆子，互相打情骂俏，不顾礼节了。

阿安原本是风尘女子，何馒头见其有几分姿色，便买了做妾。阿安生活虽安定，可终日独守空房，十分难耐，看到阿陈与李政私会，心中也起了邪念。今日面前的刘天章，虽说不上才貌双全，可也有几分风流潇洒的味道。既然他上门来求，也管不得那许多，甘愿委身。

四人打情骂俏，过了两个时辰，才吃完这顿饭。四人都喝得大醉，头重脚轻，东摇西晃。于是阿陈李政两人互相挽扶回房里歇息，阿安也把刘天章引回自己房中。既是双双成奸，二人便经常走往，越来越是亲密，竟如胶似漆难舍难分。如此一来，二人便不甘心这样偷偷摸摸做露水夫妻，而是起了杀心。

一日，刘天章找到李政，私下里说："那何馒头是个什么东西，却占着咱哥俩的女人！这两个女人与你我就是有夫妇之缘，本该是咱俩的媳妇，不如你我除去那姓何的，了却了你我的心事？"李说："行啊，你我想到一起了，我也想除了那废物，只是如何下手要仔细考虑，不能乱来！"刘说："你有此意便行了，我来想办法，到时候你给我打个帮手。"

过了几天，阿安找到刘天章，跟他说："我与阿陈今天到城外去拾点橡子。"刘天章心领神会就约了李政一同来到了何馒头家。何馒头刚起床吃完早饭，坐在客厅休息，见有客人来了，忙走出厅来迎接。这俩人也打着招呼寒暄几句，径直向何馒头走来，一左一右站在何馒头两旁。二人互递一下眼色，李政忽地上去扭住何馒头胳膊，顺势一压。刘天章抽出藏在袖中的凶器，朝何馒头后脑勺扎去，何馒头连叫都没叫，倒在地上。何的后脑勺裂了一个大口子，鲜血脑浆一个劲地往外冒，身体抽动两下，便不动了。

二人也是头一次杀人害命，心中十分害怕。便商量着，何馒头已死，目的便达到了，先出去喝两杯，缓缓神，待天黑无人之际再搬运尸体。

这日中午，隔壁的黄秃头恰好来向何馒头借船使用。推门一看，吓得魂飞天外，立即去报了官。官府立刻派人前去查看现场，又命人去门外伏守，四人当晚全部落网，衙门连夜提审。

法司认定,这是早有预谋的杀人案,主犯刘天章,从犯李政,依律处斩。阿安又招供,说是她与奸夫和谋,让其杀死丈夫。但祸却起于阿陈,她若不勾引李政,又哪来的阿安、刘天章通奸之事,又何来何馒头之死!何馒头被李所杀,李、刘、阿安三人又被处斩,留下她阿陈一人,不知如何过活。

偷奸表妹反被杀案

元至元年间,有户人家住在冠民县。户主张季柱身材魁伟,长得也端正,头方耳阔,头发甚密,如同金刚一般,是远近闻名的好劳力。他每日早出晚归赶车赚钱,倒还勉强够奉养老娘,照顾妻子之需。妻子王师姑,生得颇有几分姿色,皮肤白净,眉目俊俏,十分贤惠安分,每日洗衣做饭,照顾老母,从不外出。季柱的老母阿高,是位极为和善的老太太,一家三口平平淡淡地过着日子,倒也自在、融洽。

张季柱白日在外赶车东奔西走,十分劳累,晚上还要给驴添水喂料。驴儿白天拉车用尽气力,全仗夜晚吃草喂水休养恢复。这驴也是他家生计之所在,他为能精心照看,常常在驴屋内过夜。这天,季柱又到驴屋过夜,师姑一人在西屋北间卧房安歇。到了五更天,季柱又照常起来给驴添料加水,忽然听到自己的卧房之中有人在说话。仔细一听,竟听到有人抽泣,他心中奇怪,急忙来看个究竟。推开房门就往里闯,屋内的两个人倒被他吓了一大跳。原来房中说话的是母亲阿高和师姑二人,师姑正在抽泣,母亲在劝慰。师姑看见丈夫进了房来,哭得更是伤心。季柱不知究竟发生了什么事,心中着急,催问她二人为了何事在半夜哭泣,她们却不肯说出来,急得季柱原地打转转。阿高见此情景,十分心痛,叹了一口气说道:"你这小子脾气暴躁又很倔强,我们怕说出来,你便要去闯祸!"季柱连忙说:"您快说吧,孩儿耐住性子。"阿高和师姑这才把事情原原本本地讲了一遍。

原来当夜王师姑睡觉之时,与平时一样给季柱留门,只将门虚掩着。已近五更的时候,觉得有人推门进屋爬上床来,钻进了师姑的被窝。师姑心想,都五更天了你却回来睡觉,一会儿怎起得来干活呢?真想说丈夫。可这黎明的觉分外香,她翻了个身,含含糊糊地说了几句就又睡着了。又过了一会,进屋的人却把她按在床上干起那种事来。这一来,师姑哪还有睡意,她伸出手想把那男人的头推开,却发现他是个秃子,瘦长的脸。她大吃一惊,大声喊道:"你是谁?"

这一声把那男人吓得从床上一咕噜滚倒在地上。师姑迎着门外的光亮,认出了这人便是娘家的表哥杨重二!

"好你个杨重二,竟敢来破老子的人!老子要了你的命!"季柱闻听老婆被人偷奸,怒火中烧,身上的血直往头上涌。他大步走出房门,抄起一把屠刀,恶狠狠地骂着便往外跑,两个妇道人家,想上来挡可又怎能挡得住他。

杨重二与王师姑是表兄妹,一起长大,关系很好。杨重二眼见表妹长得亭亭玉立,楚楚动人,早就起了邪念。后来张季柱娶走了王师姑,他想起来就不是滋味,怪自己胆子小未早动手。朝思暮盼能找个机会与表妹亲近一回。他又是跟踪又是打听,好不容易弄清楚了季柱的生活规律,就趁季柱夜晚睡在驴房照看驴子的机会,偷奸了王师姑。

杨重二干完坏事心中忐忑不安,又是吃惊又是害怕,冒着清晨寒气衣服没穿好就往家跑,又受了寒。到了家中,喘息未定,张季柱却直闯进家中,用身子将杨重二堵在屋中。杨重二一下子就吓呆了,不知该逃跑还是跪地求饶,张季柱却举刀就扎,"扑通"一声,杨重二胸口鲜血直流,倒在地上。季柱心中怒气未平,又上去扎了两刀,眼见杨重二抽搐几下绝气身亡。这时季柱怒气方消,清醒过来,心知自己虽出了气,却闯了大祸。

此等杀人大事,不久就传开了,县令听闻后便传母子二人问话。王师姑和张季柱所供相同,婆母阿高所说也与供词相符。

法司依法判决如下:依旧例,奸有夫之妇者,处绞刑。如今犯人杨重二被张季柱用刀子扎死,是该死之人;元朝律法规定:逮捕罪人,如已被拘收或不拒捕而杀者,各从斗杀伤法;用刃者以故杀伤论,罪人本应死而杀者徒五年。依此律法,张季柱被判入狱五年,杖刑一百一十七下。

公公被污扒灰案

元朝初年,山东郓城有户人家,户主名叫袁用昌,他的妻子早死,只留下一个儿子袁顺。袁用昌含辛茹苦,总算把他扶养成人,虽说没有条件对他娇生惯养,但也是事事由着他的性子。袁顺都二十岁了,还像个没长大的孩子。年事已高的袁老汉一心想着给儿子找个媳妇,早早传宗接代,继袁家的香火。在媒人的撮合下,总算定下一门亲来,经过一番忙碌,把新媳妇娶进了门。

这新媳妇叫杜秀哥,是本县小杜村人。父亲也是个老老实实的庄稼汉子,自幼贫穷,无力成家。后来有个草台班子剧团在乡下巡回演出,到杜村时留下一个生病的艺女,有好心的人劝杜老大收留下。杜老大请了个大夫,给她看病。由于杜老大照顾得好,这女人病好了,就跟杜老大成了家。两年之后生下了一个闺女,就是这个杜秀哥。秀哥生来就像娘,长得说不上俊俏,但是细眉大眼、细皮嫩肉,一副招人喜欢的样子。性格也和她娘差不多,从小就喜欢和男孩在一块玩,专爱给人家当新媳妇,小孩子一块过家家,她玩得挺认真的。慢慢长大了,她就偷偷地跟男孩子干起不规矩的事来。纸包不住火,这种事多了,难免让人知道,杜老大知道了气得不行。等她一成年,就赶紧把她嫁出小杜村。

杜秀哥嫁到了袁家十分享福,袁顺是个憨厚老实的庄稼汉,能吃苦,地里的活,爷俩都包下来干了。山村乡野的,晚上回来,吃罢饭没什么事,就早早地歇息。袁顺对媳妇也十分疼爱。杜秀哥刚过门那阵子,就干家务活,比如烧水做饭,养鸡喂猪等,还给公公和丈夫洗洗缝缝的,日子过得也还舒坦。刚到一个新地方,人地生疏,除了家里一老一小两个男人,她干什么都是自己一个人,倒也安分守己。

可杜秀哥生性喜动不喜静,日子久了,就感寂寞难耐了,再加上和东邻西舍逐渐熟悉,她的轻佻本性也逐渐表露出来。有一些喜欢拈花惹草的男人就像苍蝇见了臭鱼烂虾一样有事没事地借机会来找她搭讪。正所谓臭味相投,没多少日子她就跟一个叫史文秀的有了奸情,打那以后,就经常干那种见不得人的勾当。

接着杜秀哥又与她叔伯的儿子杜郑儿两次通奸,还和邻居张三驴多次通奸。

由于杜秀哥的放浪太过分了,连老实的袁用昌都发觉了。袁老汉十分气愤,又怕儿子知道后受不了,可是这事不告诉儿子也不行。他找了个机会悄悄对儿子说了,当然,他的意思只是让儿子对杜秀哥加以劝说和管束。

杜秀哥已经放浪成性,对通奸已习以为常,哪是劝说得了的。反倒是袁顺这一劝说,让她知道,准是老爷子把她的事告诉了她丈夫。她就想设个法子整治整治老家伙,免得他坏自己好事。有一天,她找了个茬,跟老爷子吵起来,说着说着就上去在袁用昌的胸口前抓了好几下。由于她的指甲比较尖利,所以袁用昌的胸口上被抓了几道血印子。

下午袁顺回到家里,杜秀哥一见袁顺就哭诉说:"老爷子要强奸我,我反抗半天,还是叫老爷子给奸污了。"看着袁顺很怀疑的表情,她又说:"不信你可以去看他的胸口,我在他胸口上抓了几道血印子。"袁顺看了他爹胸口上的血印子后还是不相信自己的爹会干这样的事,杜秀哥说:"你不信,我就到衙门里去告状,我要证明给你看。"

状子送到衙门里,县官传唤来当事人一一审问。袁用昌在审讯中,实在气不过了,就揭穿了杜秀哥的诬告,而且揭露了杜秀哥与人通奸的丑行,指出她是因为自己知道她的丑行而进行诬陷报复。县官又对杜秀哥进行审问,经过反复调查后,很多证据都证明了袁老汉是无辜的,杜秀哥只好招认了自己的罪行。

县官据实情判定:根据法律,强奸别人妻子未遂者,当处绞刑。而如果当事人诬告对方,则应判比死刑低一等的罪。杜秀哥诬陷袁用昌强奸她,应判处杜秀哥五年徒刑,并判罚杖刑一百零七下,去衣受刑。

考虑到杜秀哥曾与袁用昌当面对质强奸之事,难以再叙翁媳之礼,也很难再共同生活在一起,加之杜秀哥经常与外人通奸,也已违背了夫妻间的伦理道德,很难再与袁顺继续做夫妻,县官就做出了让杜秀哥和袁顺离婚的判决。在杜秀哥开始服刑之后,即与袁顺断绝夫妻关系,并且袁家可以追回当初送的聘礼,另娶妻室。

县官把这案情报告给上司了,并请上司批示,上司批复说:杜秀哥已伤风败俗,所以判她杖刑是对的,可以立即执行,但判他们离婚,正合了淫妇之意,不太好。应判她归家处理,任她丈夫把她嫁了也好,卖了也好。今后凡有此类犯罪,地方不要随便判决,一定要报给上级。

接到批文,郓城县府遵照执行,杜秀哥罚杖后关入狱中。

为小钱忤逆杀兄案

元朝至元年间,山西大同府住着一家姓穆的,有好几个兄弟,而且都已长大成人,各自分户而居,各凭自己的本事谋生路。他们日子过得都挺寒酸的,只要遇到点什么意外事故,就会给他们带来经济上的困难。所以他们兄弟彼此借钱物是常有的事情。

这年冬天,哥哥穆八因事急需用钱,就向弟弟穆豁子借了中统钞五钱。这中统钞是元朝初年用的纸币,以当时的物价来算,五钱能买五升米。正因为钱数不多,穆八心想,不用多久,自己应该能凑够钱来还的,于是他就答应了在一定时间内还钱。

这穆豁子长得很丑,天生是个兔唇,上嘴唇当中裂着个豁子,所以门牙总在外边呲着,因此得名穆豁子,至于原名是什么,大家都忘了。别看他长了这么一副面相,成天在外边倒腾这那的,手里还存有点钱,那天见他哥说有困难了,他也就借了五钱银钞。因为他倒腾东西,钱总是时多时少的,而这天他正巧要进点货,得马上付款,但他手上钱不够,心想穆八哥借的那钱也到日子了,如果哥哥还了钱,就够了,于是他把货收下,转身就来找穆八哥哥要钱。

豁子见了哥哥,就叫他还钱。穆八忙说:"兄弟,我还没凑够钱呢!我过几天再还你吧!"这豁子急着用钱,就说:"我现在要急用,而且也到期了,你快还我吧!"穆八说:"我都说了没有了,我还会赖你的?"弟弟一听也急了:"那说好今天还的,你为什么不还呢,我看你就是想赖!"

由于两人语气不好,伤了兄弟的和气,当哥哥的觉得脸面没地方搁,便赌气似的,提高嗓门说:"我不还你又怎么样?"穆豁子一听这话,顿时也火冒三丈了,伸手上去就抓住了哥哥的衣襟:"你想赖,咱们找个地方说理去,看看有谁借了弟弟的钱可以不还的?"穆八一看豁子竟敢先动手,心想,我不教训你还以为我怕你了,说时迟那时快,穆八抬手就朝豁子脸上打了两拳。豁子吃了这两拳,心想:你借钱到期不还,还敢动手打我,好像我没道理似的,既然你不仁,也别怪我不义。他伸左手一把抓住穆八的头发和左臂,右手暗暗地把挂在腰带上的刀子拔出来,嘴里一边嚷着:"好啊,你不还钱还要打人……"他猛地一出手,刀子一下子戳进了穆八的左耳,只听扑地一声,鲜血如涌泉似的顺着脸颈流下来。穆八猝不及防,没想到自己弟弟这么狠心,挨刀之后,两腿一软,就倒在地下。这豁子抽出刀来,又往穆八脑后猛扎进去。刀子碰到头骨,叭的一声,从刀把根折断,刀把也裂成了两半。穆八使尽最后的劲翻了个身,仰面朝天,狠狠地看了弟弟一眼,一命呜呼。

人命案本就是一件很大的事,现在弟弟杀死了亲哥哥,更是轰动市井。穆八的另一个弟弟叫穆仲良,得知以后,立刻去报案了。衙门立即派人去把穆豁子抓来,关在了监狱里听候审问。

县令马上升堂,提审穆豁子。穆豁子当时是被冲昏头脑,而杀死了哥哥的。现在冷静下来,就觉得很害怕了,但他转念一想,哥哥已死,现在死无对证了,就尽力推卸自己的责任,说自己是出于防御,迫不得已才用了刀的,当时绝对无心杀死哥哥。可是证据确凿,因为如果不是成心的,怎么会在致命的耳侧下刀,而且在穆八倒地之后又在脑后侧再扎一刀?如果是出于防御,为什么下刀会如此狠猛,把刀柄都弄裂了？因为穆豁子不如实招供,衙役们连连用刑拷打,穆豁子的脊背和两腿被打得皮开肉绽,血肉和衣服粘连在一起,再加上天气寒冷且潮湿,刑疮溃烂。他无法忍受酷刑,只好从实招认。

按照元代法律,穆豁子杀死亲兄,实属大逆不道、十恶不赦,应判死刑。

在审讯时,穆豁子被反复拷打之后,创伤溃烂发作,判决还没下来,就死在了狱中。

为了警告所有的人,县衙判定:处杀人犯穆豁子死刑,当众戮尸。

县衙门将此判决上报刑部,刑部议定,回复如下:"经议论,本部决定,穆豁子因其兄不还所借的中统钞五钱,用刀子将穆八扎死,实属叛逆大事,若不明示罪名,则后人无以惩戒,虽他已死于监狱,宜准所拟,当众戮尸。"

待刑部批文下来,县令即将穆豁子尸体搬至刑场,当众戮尸。并到处张贴告示,让世人知道大逆杀兄的下场,教人们遵守礼法,兄弟和睦相处。

义兄杀弟谋财案

元朝大德年间,江西省有一件奇怪的杀人案,好长时间都没判决,以至惊动了皇帝,颁下御旨,地方政府才草草结案。

说的是江西有一位官员姓胡,这位胡大人身居要职,薪俸不薄,地位尊贵,且已娶家室,日子过得十分美满。美中不足的是,结婚两年,未得一子一女,膝下寂寞,于是收养了当地张姓人家的一个男孩为义子,并把他改名为胡颐孙,这孩儿倒也聪明可爱,胡大人夫妇十分喜爱他。后来胡家让他读书识字,他也努力,所以学业大有进步,被官府录用,随后仕途得志,几经升迁做到参政,这是后话。

说来也巧,自从胡大人夫妇收养义子之后,没过多久,胡夫人也怀孕了。次年,生了一个儿子,起名胡继孙,夫妇俩更是疼爱得不得了。但胡氏夫妇为人宽厚,尽管两个儿子一个是收养的。一个是亲生的,但他仍一视同仁,给他们同样的关爱、同样的教育。后来小儿子继孙也当了总管。

俗话说,天下本无事,庸人自扰之。胡家二子,一个当参政,一个当总管,位尊禄厚,已可光宗耀祖,安居乐业。可是人的欲望是无限的,这参政胡颐孙,自知是张姓血脉,如今胡家有了亲生儿子,胡老官人一死,胡继孙自然是他家产的合法继承人,自己作为螟蛉义子,是比不上他的。为了图谋这份家业,只有除去继孙。

自从胡颐孙有了这想法后,这个念头就像一条毒虫钻进脑袋里一样,成天在里面搅动得他心神不宁。于是他找来他张家的弟弟张八,张八正名张圭,是个举人。胡颐孙把自己的心思跟亲弟弟张圭说了。张八说:"这事没什么难的,你放心交给我好了!"胡参政担心他办事不小心,特意叮嘱:"慎重从事,千万别走漏风声,千万千万。"

果然,没过多久,胡继孙在家中被人杀死,而凶手逃得无影无踪,成为一桩疑案。

胡颐孙假正经地为弟弟办完丧事以后,便把他的田地、财产,划归到张氏门下。继孙留下的寡妻孤儿的生活则日益困窘。

五六年之后,隆兴路在审理一桩贼盗案时抓获了一个叫王庭罗的人,审讯中他无意泄露了他曾杀害了胡继孙。原来是张圭从胡颐孙家出来以后,就派手下人到外边去找杀手,经人辗转介绍,找到了王庭罗和铁三,这两名是江湖上专干杀人越货勾当的黑道人物,于是,胡颐孙和张圭改扮成富商模样,带了银钱和胡继孙家大门钥匙,到茶馆和王、铁二人相见,并商量好待他们杀了胡继孙后,再另给他们一部分钱。

于是,当晚王、铁二人纠集了熊锐、谢贵先等人,他们拿着火把,手里操着刀杖凶器,用胡颐孙给的钥匙开了门,就悄悄进去了,他们根据提供的路线,很快就找着了胡总管的房间,掀开帐帷,用刀杀死了胡继孙,各人顺手拿了两件值钱的物品,就逃离现场了。他们来到河边,把凶器扔上一小船,解开缆绳,小船儿顺流而下,飞快地逃走了。

衙门得到这个线索后,立即顺藤摸瓜,把有关人都捉来审讯,各人都承认了自己所干的事。经审查后,证实了各人的口供,因为那只小船已无法找到,所以凶器也找不到了,但这些口供已足可定罪。

隆兴路衙门立即将案情呈报上去,然后一级一级往上报,一直送到成宗皇帝铁木耳那里。皇帝传下圣旨说:"胡参政,他本姓张,是胡家收养了他,靠了胡家的力量他才有今天的地位,他却杀了胡家的亲生子。主谋是胡参政,张八是同谋。那些杀人凶手们是他们花钱请来的。王庭罗和铁三二人受钱杀人,也应处死,还有拿钥匙开门,打火把照明,和杀人犯一同持凶器夜入民宅的熊瑞、谢贵先等人,他们虽然没杀人,但参与犯罪也罪不可恕,把他们发配到边远山区做苦役。胡参政占去的房舍田产财物,交还给胡总管的媳妇和孩儿。胡颐孙的儿子就改回姓张,由张家抚养。"

隆兴衙门接到圣旨后立即执行:将四名死刑犯绑赴刑场正法,其余事宜也遵旨办理。一桩久悬未决的案件,总算完结了。

逆子气极杀母案

贪赃枉法,自古已然。最令人气愤的是在贪赃枉法的背后,还隐藏着灭绝人性的罪恶,令人发指。

这起案件发生在元朝大德年间,在成安县有一户姓田的人家,三个儿子和母亲耿氏住在一起,倒也是个还算富裕的小康人家。居家过日子,兄弟之间难免磕磕碰碰,老大田云童性子比较直,对弟弟的管教也很严厉,不但动口,有时还动手。做母亲的对年少的孩子总是很疼爱,每逢兄弟们发生摩擦的时候,耿氏就过来调解。平息下来,大家仍然过着平静的生活。

一天,不知为了什么事,老大和弟弟田二用之间又争执起来,老大这一天的火气非常大,吵急了便到厨房去拿擀面杖,一出来就朝二用头上打。母亲见到两兄弟动了家伙,怕云童手重,万一失手打坏了对方,如何是好?就放下手里的活儿,赶快追了出来,来到两人中间拉架。谁知这田云童气得红了眼,抡起擀面杖只顾打,恰好打在母亲头上,就重重的一下,耿氏便倒在地上,满面血流。

田云童一看此景,也吓傻了。不再与兄弟继续争吵,赶忙和弟弟一齐把母亲扶到了床上,对伤口进行清洗包扎,喂水喂药。但终因伤势过重、血流过多,挨过一夜,第二天清晨便离开了人世。

耿氏被误伤后,兄弟俩很快托人找来了舅舅耿端。耿端亲眼看着姐姐咽了气,把这个不孝的外甥恨得咬牙。也不许他们入殓,就去官府告了两兄弟。

田云童一看舅舅去告了官,就知道打死亲生母亲,是恶逆不孝,必然要吃官司,就算不是死罪,也会被流放到边疆。这可不是闹着玩的。于是就急忙给小弟塞了一把宝钞,让他跟着到官府去上下疏通疏通。

不多久,官府就有人来验尸,明明看见死者头部顶心偏右处有一个九分长三分宽的创口,却在检验书上写道:"头部有炙疮疤痕一处。"明明看见额上、左手、右肩、腰部都有被打而留下的肿状,而在检验书上却只字未提。

后来又请邻县官员进行复查,那些官员虽然也仔细验,但只在检验书上写作"因气病死"。

明明是一件杀人案,经过这些人的"调查",竟成了自然死亡。

案卷报到了磁州,知州张奉训作风正派、不徇私情,他在审理案件上特别认真。看了这份案卷,觉得其中有疑,原告本来告的是田云童打死母亲,为什么最后的调查结果都是病故呢?于是,他要求将田云童等人犯的供词全部找来,以便审阅,可是却有人阻碍他,使他无法了解真相。没有办法了,他只好给刑部呈上一个报告,说明这个案子有问题,但自己职位低,权力小,无法一个人办好,请上司派人进一步查处。

刑部得到呈报后,批示两淮转运使司同知忽都牙里重审此案,忽都牙里当即带人亲自处理这个案件。不仅查出是这凶杀案,还查清了成安有关官吏的贪赃枉法的行为:一是验尸官,经审讯承认接受田家老三田安送来的中统钞十五锭,杂色暗花缎子八疋。毛子一疋。除了用于应付其他事外,自己收留了中统钞七锭,折合至元钞七十贯;二是典史赵某,他勒索了田安中统钞四锭三十两、缎子三疋,除回付外,自己收留了中统钞一锭;三是司吏周某,收受田安中统钞三锭,折至元钞三十贯;四是邻县来的复查官,吃了田安招待的酒宴,所以故意错写死因,承认自己失职,另外还有司吏孙某招认要了田安中统钞三锭,折合至元钞三十贯。

在查清各贪官污吏的犯罪事实之后,忽都牙里做出如下判决:一、负责验尸的官,贪污受贿,不如实填写症状,杖刑八十七下,解职并永不复用。二、典史赵某,司吏周某,贪赃枉法,处杖刑五十七下,罢役不再叙用。三、邻县复查官员,分别处杖刑四十七下、五十七下、七十七下,均罢免官职,不再叙用。

忽都牙里在处理完杀人犯和贪官污吏之后,另外特别写了一份报告,上面说:知州张奉训为人正直、不徇私情、敢于办案,辨明案情,不但惩处了恶逆罪犯,而且揭露了一批枉法的官吏,此为一大功绩,望晋级提升,予以重用。

忽都牙里将把自己的判决意见上报刑部,经御史台呈中书省批准,一一执行。

父子杀兄奸嫂案

元朝大德十一年,福建廉访司到下属衙门去清理各种案件,并视察他们的政治功绩等。查到宣慰司元帅府时,发现一件人命案处理太轻率,不符合法律要求,又不利教诫百姓,于是他重审后,加重了判决。

原来在福建漳州有一户人家,户主郑贵,早几年当过里正,也就是后来的村长,里正虽然不是官吏,但权压一方,因此有好些里正横行乡里,为非作歹。这位郑里正在任职期间挥金如土,欠了好多钱。为了还债,他便想出一计策,召集了乡民,让每家拿米谷换钱替他还债,众乡民都不知道为什么,只知道里正让家家出米,但他们心里有怨恨也不敢吭声。而郑贵有个侄子叫郑昭举,他略微知道内情,就站出来反对,揭露他叔叔的丑行。

郑贵有个弟弟叫郑子进,经常和他哥一块混,拍马屁,且趁机揩油水。一看侄儿站出来反对叔叔,心想这不是自家人反自家人么,这怎么行。于是他连忙跑过去阻止他侄儿说:"你别在这里胡说?大家别听他的,他什么也不知道!"边说边拉他回家。这郑昭举是个老实且性情刚烈的人,他自己不会胡说,也容不得别人诬陷自己,于是他照着郑子进就打。

众人看着叔侄俩打了起来,觉得其中可能有诈,也就趁机纷纷散去。郑贵的这个谋划就算彻底失败了。

郑贵气急败坏,但没当众发作。他上来拉开正厮打着的两人,把郑子进强拽到自己家里。郑子进怨侄子不懂事,还要回去打侄子,算刚才的账。郑贵又忙拉住他,说:"君子报仇,十年不晚。你急什么?光天化日的你去能干什么?再说,他是你侄,侄儿打叔叔,是以下犯上,礼法不容!"郑子进一听忙说:"照您这么说,他打我就算白打了?我那可是为你挨的呀!"郑贵见他怒气冲冲的,就说:"别急,等天黑了,我和你去找他算账,给你出气,行了吧?"说着就弄了碟花生米,找出一瓶酒来,哥俩就边说边喝起来。

说着话天就黑下来了。这哥俩商量好,假称有事和郑昭举商量。把他引到山上没人的地方,这哥俩抄起预先藏好的棍棒照着郑昭举就打,郑昭举猝不及防,加之天黑,看不清,头上换了一棍,一声没吭,就倒在地上不省人事。这哥俩觉得不解气,便继续打,二人打着打着,发现郑昭举一点动静都没了,郑贵忙伸手摸摸郑昭举的鼻孔,发现他早已断气。事已如此,他二人一时想不出什么对策,就匆匆忙忙刨了个坑,埋了郑昭举。过了些天,等尸体腐烂之后,他们又挖出骨骸,四处乱扔,逃避日后检验。

郑贵兄弟打死郑昭举回到家里,怕郑昭举家里人察觉,就让儿子去他们家看看情况,稳住昭举的妻子阿李。俗话说上梁不正,下梁歪,这福德打小跟着郑贵骗吃骗喝,沾染了不少恶习。因为他堂嫂长得漂亮,他早就没安好心,想占人家便宜,如今正好是个机会,在他软硬兼施之下,终于成奸。最后还告诉阿李郑昭举已经死了,还把郑昭举的衣服打点出来包上带走,然后对阿李说:"昭举哥已经死了,你也不用伤心,再找一人家嫁了!"说完扬长而去。

阿李突遭此祸,丈夫生死不明,自己又遭人污辱,于是含泪到官府告了一状。

郑福德听说阿李去告状,恐怕有事。也急忙请人写了状纸呈递上去,反告阿李早有外心,想另行改嫁。以此来逃脱自己杀人的恶行。

官府接了状纸以后,就开堂审问,由于一直觉得郑福德所说的话有很多疑点,就对他动刑,郑福德吃不住拷问就把杀人的事招供了。又经过审讯郑贵和郑子进,迫使他们交出了打死郑昭举时用的棍棒,还领着仵作去查看了四下扔弃的骨骸。由于证据确凿,官府当场做出了判决:依照旧有案例,对郑贵、郑子进处杖一百零七下,处郑福德杖刑八十七下。然后就当堂放他们回家了,而对阿李被强奸一事却作为疑案呈报到帅府。

廉访司的查卷官员看到漳州路的判处案卷后,认为郑贵与郑子进合谋故意杀死郑昭举,按惯例应判处死刑,而现在只判杖刑一百零七下,担心百姓们不引以为戒,以为谋杀亲侄,刑法也只这样判处,以后行事便目无王法。但是既然漳州路已对郑贵、郑子进执行了杖刑,加之后来又颁布了赦令,因此,建议判处二人流放辽阳,一来是他们罪有应得,二来也可以告诫老百姓,不要以身试法。

官员将此种情况呈报刑部以后,刑部经过审议,同意照新的判决执行。

中国古代秘史

明朝秘史

马昊宸 ⊙ 主编

线装书局

帝王秘事

朱元璋杀主自立揭秘

明太祖朱元璋刚刚起兵的时候投靠的是势力较大的红巾军。红巾军内部从一开始就派别林立,各自为政,但名义上他们却还隶属于同一个旗号之下,这就是号称"小明王"的韩林儿建立的宋王朝。韩林儿的父亲韩山童是白莲教起义军的一个地方性领导人,他死了以后,他的幼子韩林儿被推为"小明王",据说他们家族是早已亡国百年的宋朝王室的后裔。在刘福通的策划推动下,韩林儿重建了宋王朝,国号龙凤。朱元璋起兵之时,名义上就是这个小明王韩林儿的属下,接受了他的分封。可是后来,朱元璋的势力一天天强大起来,逐渐打败了他的众多竞争对手,自封为吴王,这时候的朱元璋再也不能容忍这个傀儡皇帝的存在,他下定决心要把这个阻碍他登上帝位的人除去。于是,弑主的阴谋就在朱元璋的精心安排下逐步展开了。

这时的小明王自从被朱元璋从安丰救回来后,就一直听从朱元璋的安排住在滁州,一转眼已经三年了。他住在滁州朱元璋为他盖的皇宫里面,吃的是山珍海味,穿的是绫罗绸缎,整日只是在宫中和侍女妃子们饮酒作乐,反正外面的战事一概由朱元璋处理,他落得个轻松自在,每日只管吃喝玩乐,什么事也不用管。

这一天小明王正在宫中喝酒,听说朱元璋派人来接他到朱元璋定都的应天去,不由得心中高兴,觉得朱元璋对自己真是不错,不但从安丰把自己救了出来,还让自己做了一个清闲自在的皇帝,这时听说朱元璋要接自己去都城更是高兴,那应天城可是六朝古都,小小的滁州城怎能与其相提并论。他马上接见了朱元璋派来的使者廖永忠,廖永忠把朱元璋的意思说了,还大大吹嘘了一番应天城的繁华,请求小明王马上准备起身。小明王本来心里就很乐意,一心想去住应天城中更大的皇宫,二话不说就答应了,并让廖永忠去安排一切事情。

到了择定的吉日,小明王带着他的众多妃嫔、侍女、太监浩浩荡荡的启程出发了。他们来到长江边上,只要过了江,就是应天城了。在廖永忠的安排下小明王和他随身的宫女,太监,后妃都上了一艘装饰得非常豪华的大船,廖永忠则带着队伍乘上了别的船只,跟在小明王的大船后面。渡船在江面上缓缓地前进,船身随着微风轻轻地摇动,小明王的心里也不禁随着船身的摇晃而心思潮涌,想着他就快要到应天了,到了那里,他可就是真正的皇帝了。他还想到自己能有今日,都是朱元璋的功劳,等到了应天,一定要重重的赏赐朱元璋,给他加官晋爵。

他正陶醉在自己的美梦里,忽听船底一阵"咚咚咚"的响声,不禁好奇地问左右的侍从是什么声音。旁边的人回答说是船底有块船板坏了,有人正在修理,马上就能修好,还请小明王不要担心。小明王听了也没有在意,继续做着自己的皇帝美梦。

不一会儿,船已经走到江心了。这里风大浪急,船身颠簸得很厉害,小明王心里正在害怕呢,就听船后有人大叫起来:"不好了,船底漏水了!"小明王心里更慌了,忙叫人去船后查看,这人回来报告说,船后的舱底有个大洞,江水已经从洞中涌进了很多,无法堵住了。这时全船的人都慌作一团,只听得到处都是女人的哭喊声。小明王在这时还强作镇定,心想着廖永忠的船就跟在后面,可以让他来救自己船上的人下去。可是回头一看,哪里还有廖永忠乘坐的小船的影子! 江心的急流之中就只有自己这一条船,其他的船不知都跑到哪里去了。这会儿他可镇定不下来了,扯开嗓子大叫救命,指望着后面的廖永忠听到喊声,能及时来救他。可是四周哪里有船呢? 这可真是叫天天不应,叫地地不灵了。小明王这时心里一片茫然,刚刚才做的皇帝梦好像一下子离自己远去了,只是在心里默念着:这下完了,这下完了! 不一会儿,大浪打到船上,大船转眼就沉入江中了。可怜的小明王至死都不知道自己为什么会遇到这样的灾祸。

率人远远躲在后面的廖永忠得到大船已经沉入江底的消息,什么话也没说,甚至还微微的露出了一丝笑容,他命令手下加速渡江,一点去打捞沉船的意思都没有。等回到了应天城见了朱元璋,他的第一句话就是:"我已经完成了吴王的嘱托了!"朱元璋高兴地拉着他的手,连声说好。原来这一切根本就是朱元璋事先和廖永忠定下的毒计,命人等小明王乘坐的船到江心的时候将船底凿了个大洞,让小明王和他身边的人都命丧长江之中。小"咚咚"的修船声,其实正是廖永忠派的人凿船的声音,小明王又哪里想得到呢?

小明王就这么糊里糊涂的死在了自己最为信任的朱元璋手里,到死都不知道是朱元璋命人害死他的。而朱元璋在除去了这个再也没有利用价值的傀儡皇帝以后不久,就派出大将徐达率兵北上讨伐元朝的残余势力,而他自己也在北伐的频频捷报中登上了盼望已久的皇帝宝座。

朱元璋为何传位太孙

朱元璋当了皇帝后,马上做了一件正确的事和一件错误的事,正确的一件是马上立了长子朱标为太子,这样就可以在一定程度上避免他的儿子们因为争夺皇位而明争暗斗。他办的错事就是大杀功臣之后,把他的儿子们全封为王,让他们手握重兵,镇守边地。朱元璋的本意是效仿汉高祖刘邦众封王以屏卫汉室的做法,让他的其他儿子代替天子去抵抗北边如狼似虎的蒙古人的侵扰。但是他却忘了,刘邦封王的后果是发生七王之乱,差一点就动摇了汉朝的四百年基业。他以为立了太子,又封了王,朱氏天下从此就可以万世一统了。

朱元璋

朱元璋对太子寄予了很大的希望,从小就对他进行特殊教育,给他请了全国最好的老师,负责教授他的学业和武艺,朱元璋自己也常常耳提面命,教导太子为君之道。太子未满二十岁时,朱元璋就已经让他试着处理政事作为训练。通过这种种培训,太子不负众人的厚望,无论为人还是处事都很符合一个帝王的标准,可以预见将来会成为一代明君。可是老天偏不如人所愿,洪武二十四年时,朱元璋派太子巡视关中地区。这一来一去就是三个多月,政务繁多,旅途劳累,加上太子的身体本来就不太好,结果朱标一回到京城就病倒了,在床上躺了几个月后居然就此一命归西了。这对朱元璋来说可是一个致命的打击,本来还神采奕奕、丝毫不见老态的皇帝一下子就衰老了许多。一想到自己已经六十五岁了,眼见寿不长远,太子却在这时命丧黄泉,不由得老泪纵横,痛哭失声。有一天,他又想起太子,悲痛难忍,就在群臣面前大哭了起来。大臣们不住劝慰。翰林学士刘三吾劝道:"皇上不要过于悲伤了,太子虽然不幸去世了,但是您的皇孙不是已经长大了吗?他可以即位,天下不会因为没有太子就大乱的。"朱元璋一听确实如此,他也感到老是这么伤心下去也不是办法。他渐渐老了,说不定哪天就会突然死去,眼前的当务之急就是再确定一个皇位的继承人,以避免因为太子去世而引起国家的动荡不安。关于这个问题,其实他也考虑了很久。他总觉得太孙朱允炆的个性懦弱,遇事优柔寡断,一直担心他不能承担起治理国家的重任。他的几个年纪较长的儿子其实都很有才能,在边地镇守边疆都立下了很大的功劳,随便哪一个其实都可以被立为继承人的,但是朱元璋还是对他们感到不太满意。为了镇守边疆,当初对他这些皇子们的教育是比较偏重于武力和军事的,文化素养的教育就相对的不太受到重视,而要成为一个帝王,光会打仗是远远不够的。而且这几个儿子同样镇守边关,功劳都很大,要立哪一个呢?无论立了哪一个,朱元璋都怕会引起其他人的不满与反对。他虽然比较喜欢第四个儿子燕王朱棣,但是如果立了燕王,又如何向二子、三子交代呢?最后,出于对太子朱标的感情,也由于朱元璋一向信守儒家的伦理道德传统,坚持立嫡立长的原则,他还是决定立朱标的儿子朱允炆为皇太孙,成为自己的接班人。他认为这个决定既符合传统的习惯,又可以抚慰他的丧子之痛。由于皇太孙的年纪还小,还可以在进行教育和训练,这位垂垂老矣的皇帝重新又振作起精神,开始对他的新继承人进行培养。一直对觊觎皇位的燕王知道了父亲的这个决定,大失所望,也从此埋下了日后谋反的祸根。这一年,被立为皇太孙的朱允炆刚刚年满十岁。

朱允炆一生下来就有一些身体上的缺陷,外貌不太好看,头盖骨又偏又歪。朱元璋一开始是不怎么喜欢这个孙子的,常常摸着他的脑袋叹气说:"怎么长得像半边月亮呢?"但是后来为了训练孙子,朱元璋总是把朱允炆带在身边。时间长了,他发现这个孩子非常聪明,又很喜欢学习,看过的书几乎能过目不忘,而且心地宽厚,虽然年纪还小,但是隐隐间似乎已经透出一股帝王的气概。所以朱元璋也慢慢地开始喜欢上这个孙子了,尽心尽力地想为这个孩子安排好将来的一切。他知道宋濂的弟子方孝孺学问很好,但是为人有些骄傲,就把他派到太子的府里去当教习,还很高兴地对孙子说:"我有一个很好的人才送给你用。这个人才学很好,就是有点傲气,我先压他几年,等你当了皇帝就正好可以用了。"又一天,朱元璋和朱允炆在一起聊天,朱元璋对孙子说:"现在边关上有你的叔叔们镇守,不怕有什么事情,边关有事,也由他们去应付,将来你只要在朝中做一个太平天子就行了。"朱元璋本来的意思是说他已经为孙子将来登基当皇帝打点好了一切,因此感到很得意。不料朱允炆低着头沉默了一会儿,没有说话,然后抬起头来问道:"如果叔叔们对我有异心,又有谁来对付呢?"这一问，出乎朱元璋的意料之外。他听了也不由得一呆，想说话却又没开口，竟也沉默了好大一会儿，才问道："那你说如果发生了这种事要怎么办呢？"朱允炆回答说："先用仁德去收服约束他们；如果不起作用，就要削夺他们的封地和军队；如果还不行，就要征伐他们。"朱元璋听了只是默默点了点头，什么话也没说。不知这位纵横驰骋了一世的皇帝此时心中是什么想法，是否已经预见到在他百年之后，他的子孙之间必将有一场血腥的厮杀呢？

　　洪武三十年五月，朱元璋和大臣们在朝上议事后，回到后宫，觉得有些疲倦，就躺在床上想稍微休息一会儿。可谁知这一睡就再也没有醒过来，这位劳累过度的开国皇帝就这样在睡梦中走完了他不平凡的一生。按照他的遗诏所写，由皇太孙朱允炆继承皇位。他似乎在死前已经感觉到他的子孙们将有一场争斗，因此在遗诏中特意规定各诸侯王都不准擅离封地回京城吊唁。但是这一规定并没有能够阻止他死后不久爆发的燕王谋反的战争。

朱元璋为何一生钟情大脚马皇后

　　明太祖朱元璋和他的结发妻子马皇后共同生活了三十多年，无论是在战争的艰难岁月里，还是在朱元璋登上九五之尊的皇帝宝座后，两人始终相互尊重，相互扶持，共赴患难。战争岁月中尚不算什么，但是朱元璋成为一国之君后仍然敬重、爱护马皇后，这在历代帝王中都是极为少见的。尤其是马皇后有一双违背世人常规所见的天足——大脚。朱元璋不仅没有因此嫌弃她，反而百般维护，甚至曾经因为一则灯谜的答案是"好双大脚"，认为是在讽刺他的马皇后，竟然因此大开杀戒。而且，朱元璋一生性格刚强，当了皇帝后，更是听不进任何人的劝告，又常常喜怒无常，动辄杀人，这时唯一可能改变朱元璋决定的人就是马皇后。人们不禁要问：作为一国的开国之君，朱元璋为什么对这位大脚的妻子一往情深呢？

　　这还要从朱元璋的发迹讲起。朱元璋出身于一个贫苦农民的家庭，少年时做了几年和尚，二十多岁时参加了郭子兴的起义军，做了一个小小的卫队长。由于他作战勇敢，人也很聪明，郭子兴觉得他是个人才，就把自己的养女马氏就是日后的马皇后嫁给了他。朱元璋娶了主帅的养女为妻，身价陡然提高了许多，军中上下都对他另眼相看，尊称他为"朱公子"，成为夫以妻贵的典型。马氏为人精明能干，而且十分贤惠，成了朱元璋政治生涯上的好帮手。

马氏身材修长,容貌秀丽,颇具一种大家闺秀的端庄美丽,最令朱元璋敬仰的,是马氏天生丽质之外的那份修养,那种端庄明智、知书达理的超然风韵。马氏也通过她独有的敏锐洞察力,体察到她的这位夫君有着出人头地的雄心壮志,因此她尽心尽力地想帮助她的丈夫达成心愿,至少使他没有后顾之忧。

朱元璋的岳父郭子兴是一个心胸狭窄、嫉贤妒能的人,朱元璋在军中的人缘很好,而且行事干练,颇有谋略,得到将士们的信赖,这使郭氏父子大为不满,怀疑他有自立之心。当郭子兴遇到什么难以解决的事需要朱元璋的帮助时,他就对朱元璋格外亲热,表现的甚至比对亲生儿子还好。但是只要事情处理完,郭子兴的态度就马上转变了,脸也拉长了,声音也变粗了,总是对朱元璋挑三拣四,稍有不满就厉声责骂,还常把朱元璋关进柴房,不许他吃饭,以示惩罚。每当这时,总是马氏从中调解,设法维护自己的丈夫。她拿出自己的私房钱去送给郭子兴喜欢的小妾张氏,请她帮忙说些好话,缓和翁婿之间的矛盾。朱元璋在柴房中关禁闭,没有饭吃,马氏总是设法偷一些刚出锅的烧饼,揣在自己的怀中带给朱元璋吃,当她从怀里掏出烧饼时,烧饼竟然还是滚烫的,她胸前的皮肤都被烫伤了。后来她跟随朱元璋在军中时,因为粮食紧张,平日就积攒一些蔬菜、肉食和粮食,想方设法地让朱元璋吃上饱饭,而自己却饿着肚子。这些事情使朱元璋感念至深,就是当了皇帝之后,也常常向群臣提起,总是说如果没有马皇后的细心照顾,自己很可能活不过那段艰难的岁月。

在行军作战中,马皇后也是朱元璋的贤内助。她率领军中将士的妻子搞好后勤工作,拿出自己的积蓄慰劳将士。特别是在一次战斗中,朱元璋受了伤,陷入敌人的包围中,马皇后不顾自己的安危,假扮成村姑的样子,闯进敌阵中把朱元璋背出重围,救了丈夫的一条命。这可不是那些有着一双纤纤三寸金莲的小脚女人能做到的事。

朱元璋当上皇帝后,立马氏为皇后,统领六宫。在十五年的宫廷生活中,马皇后严于律己,并设法规劝朱元璋少犯错误,是少数几个能劝阻朱元璋的人之一。朱元璋一向禁止后妃干政,马皇后不但不让自己的族人出任官职,甚至还拒绝了朱元璋为了补偿她而给予族人的赏赐。在她的影响下,洪武年间从没有滥封过公爵。马氏贵为皇后之后,仍然坚持亲手料理朱元璋的饮食,除了她认为妻子应该亲手服侍丈夫之外,也为了防止丈夫因为饮食不合口味,而降罪他人。她总是劝朱元璋赏罚要公平,不能只凭自己的一时喜怒而制罪于人。在对待朝臣的问题上,她劝朱元璋要礼贤下士,尊重朝中的大臣。这些都使内宫外朝的人们称赞不已。

朱元璋当了皇帝之后,总是担心功臣要篡位,因此对功臣大肆杀戮。就连太子的老师,已经退休多年的大学士宋濂,无辜被牵连进一件朝廷要案时,朱元璋也不问详由就想把他处死。无论太子怎样跪在地上为老师哀求,甚至被逼得想投水自杀,朱元璋也不肯改变主意。马皇后知道了这件事,就吩咐当天的御膳全部做素食。朱元璋退了朝回后宫吃饭,发现全是素菜,觉得很奇怪,就问马皇后是什么原因,马皇后回答说:"我只是心里伤心,想吃素为宋先生祈福。就是一般百姓家请了先生教书,都是百般礼敬。宋先生教太子读书费尽心力,我怎么能不为他伤心呢?"朱元璋一听知道是给宋濂求情,气得把筷子一扔掉头就走。可是等他的怒气稍退,想起了马皇后的话,终于改变主意,饶了宋濂一命。

洪武十五年,马皇后病重,眼看就要不行了,但是她却坚持拒绝找医生给自己看病。朱元璋为此寝食不安,甚至命令各地祭祀山川神灵,为皇后祈福。马皇后在弥留之际还笑着说,"人的生死都是上天注定的,这时候祈求有什么用呢?我也不想看病,如果治不好,我死了,你还要治那些医生的罪,这可不是我愿意看到的。我唯一希望的是你能够求贤纳谏,子孙皆贤,臣民得所而已。"话刚说完,马皇后就咽下了最后一口气。朱元璋不禁抚着马皇后的尸身痛哭不止,从此以后再也没有立过皇后。

建文帝削藩为何失败

建文帝朱允炆是明太祖朱元璋的孙子。他是明朝的第二个皇帝。朱元璋即位之初,就确立了皇位嫡长子继承制,立了马皇后所生的长子朱标,即建文帝的父亲为太子,并花了大量心血去培养这位未来的储君,这位太子在史书中被描述为仁孝、温和而有儒士风度。可惜的是,这位饱学的太子在他三十七岁的壮年就突然去世了,这让朱元璋非常伤心,之后他又立了朱标的长子朱允炆为皇太孙,准备让他将来继承大统。

公元1398年,朱元璋死去,朱允炆继位,因为他的年号是建文,所以习惯上称他为建文帝。年轻的建文帝书生气十足又温文尔雅,他完全继承了父亲温和、爱思考的脾性。但是他的性格腼腆,也不像他的父亲那样是从小在战火中锻炼出来的,所以缺乏做皇帝必备的勇敢和决断力,他又是匆忙之间被立为储君,并没有多少实际治国经验。不用说和朱元璋相比了,就是比起他那些雄才大略的叔父们来,他也没有那种坚定的自信和强大的控御能力。不过因为他从小受到完整的儒家教育,自身也具备着温和的性格,所以使得他能真正关心祖父实行的高压政策对百姓生活的影响,他衷心向往的是实行理想的仁政。在仅存的几种留下了他治国痕迹的史料中,都同样记载了他作为一个守成之君,努力改变和缓和祖父所施行的严刑暴政所采取的措施。

建文帝朱允炆

在建文当皇帝的四年时间里,对他影响最大的有三位官员,黄自澄、齐泰和方孝孺。他们都是建文帝的心腹,悉心帮助建文帝治理国家,想共同建立一个像《周礼》中所描述的乌托邦式的国家。这三位大臣都是饱学的儒生,勇敢、正直,又满怀着理想。可是他们同时也都是书呆子,没有实际的政治事务经验,口里说谈的一切改革新政似乎都只适合于纸上谈兵。建文朝在短短四年时间里乱成一团,很大程度上就是因为他们的行政失当。建文帝和大臣们也在原来的政策上做出了一些调整。他们提高六部尚书的品级,使其与武将中最高等级的都司平级,试图改变洪武一朝重武轻文的趋势,把国家政治建立在一个文官政府的基础上。建文帝在经济上致力于减轻民众的负担,几次下令田租减半,特别是减轻了江浙地区超乎寻常的沉重税收。这原本是朱元璋为了惩罚江浙百姓支持他的政治对手张士诚而专门规定下来的。在刑罚上,建文帝减少一些严酷残忍的肉刑,例如在大堂上当众鞭打大臣之类的。而为了实行这一系列的改革,黄自澄和齐泰被大力提升,掌握了很大的权力,实际上已经恢复了被朱元璋废除的宰相的大权,只是为了尊敬朱元璋而没有加上这个称号罢了。后来,这些变更祖制的做法都成了燕王篡位谋反的理由,而黄自澄、齐泰几人自然也成了燕王口中必须被清除的"奸臣"。

在所有的事情中,处置最不得当的就是削藩的问题。本来朱元璋派自己的儿子到各地为王,是为了让他们作皇室的屏障,抵御外部侵略或是镇压内部叛乱。但是因为这些藩王被赋予了极大的权力,手中握有重兵,很快就成了新皇帝的心腹之患。建文帝还没有即位的时候,就已经开始为这种严重的状况担忧了。那时候黄自澄就用西汉景帝平定"七国之乱"的事安慰他,说他才是皇朝正统继承人,根本不必害怕。等到他登上皇位时,朱元璋的二子秦王,三子晋王已经相继死去,四子燕王朱棣就成了皇室中的最年长的人了。而且他的封地在北边,扼守防御蒙古的第一线,位尊权重,实权最强大,所以他也就成为新皇帝潜在敌人中最具危险性的一个。建文帝和他的三个亲信大臣商量后,得出的一致意见就是要迅速削藩。这个决定本来并没有错,错的是他们选择的削藩方式。就在建文帝登基的这一年,刚刚处理完朱元璋的丧事,就派出一支军队去奇袭周王朱文的封地开封,并把周王逮捕,废为平民后发往云南。这种像对付叛逆一样的严厉手段使所有的藩王都大吃一惊,心里全都非常惊恐。随后,建文帝又找各种理由处置了岷王、湘王、代王,撤销了他们的封国,有的被软禁,有的被废为庶人。这种疾风暴雨式的处置方式使封地在北京的燕王也感到胆战心惊,深知自己也离那一天不远了。

燕王朱棣本来就怀有异心,又听从了僧人谋士道衍和尚的劝告,终于下决心铤而走险。可是他又需要时间进行准备,不可能立即起兵。令人疑惑的是建文帝对燕王的处置上表现出了意料之外的优柔寡断。他派人去监察燕王的行动。燕王就装作精神失常,装疯卖傻、胡言乱语。建文帝得到这样的回报,心里更加犹豫。在此之前他用严厉的手段处置那些藩王,是因为那些藩王确实有一些或大或小的过错,使他师出有名。可是燕王却没有被他抓住什么把柄,反而因为镇守边疆为国家立有大功。这时又见燕王生病,心里更加不忍,对燕王的处置也一直迟迟没有决定。就在他还犹豫不决的时候,燕王却已经开始在自己王府的高墙深院中训练士兵,制造武器了。后来,在燕王几次请求之下,建文帝居然放回了燕王留在南京作人质的几个儿子。燕王这时再也没有后顾之忧了,甚至还高兴得振臂高呼"天助我也!"建文帝的这种妇人之仁被后代的史家们就评为最愚蠢的举动。燕王在做好一切的战斗准备之后,于建文元年七月公开发动叛变,率军南下,打着"奉天靖难"的旗号,以"清君侧"为名开始了他的篡位行动。建文帝到这时才如梦初醒,可是一切都已经来不及了。

建文帝哪儿去了

建文帝,名叫朱允炆,是明朝的第二个皇帝。但他实在没有当皇帝的命,不过短短四年,他就被自己的叔叔燕王朱棣篡夺了皇位,这就是历史上很有名的

"靖难之役"。这个短命皇帝一直过着提心吊胆的日子,直到他不再是皇帝。但是,在大明王朝的广袤土地上,竟然始终找不到建文帝的影子,建文帝就这么消失在战火纷飞的南京城中。他究竟是生是死?生,又在何方?死,又在何处?这可让他夺了皇位的叔叔一直放心不下,这皇位做得一辈子也不安稳。

对于建文帝的下落有两个说法流传的最为广泛,最著名的一个是"出亡为僧,流落西南"说,也以这个说法最具传奇色彩,最为人所津津乐道。这种说法认为,燕王陈兵南京城外,建文帝想求和,但是燕王不答应,建文帝被逼得走投无路,就想自杀,但却被身边的人拦了下来。有一个老太监王钺告诉他说:"你祖父临死时,给你留下了一个铁箱子,让我在你大难临头时交给你。我一直把它秘密收藏在奉先殿内。"群臣一听,急忙把箱子抬出来,打开一看,原来里面放了三张度牒,上面写好了三个名字。还放着三件僧衣,一把剃刀,白金十锭,遗书一封,书中写明:"建文帝从鬼门出,其他人从水关御沟走,傍晚在神乐观西房会集。"按照这封信的吩咐,建文帝和两个下人剃了头,换上了僧衣,只带了九个人来到鬼门。鬼门在太平门内,是内城的一扇小矮门,仅容一人出入,外通水道。建文帝弯着身子出了鬼门,其他八人也随着出了鬼门,就见水道上停放着一只小船,船上站着一位白眉白须的老僧。老僧招呼他们上船,并向建文帝叩首称万岁,建文帝问他为何到此等候,僧人回答:"我叫王升,是神乐观的主持,昨天夜里梦见先帝,他本也是我佛门中人,叫我特别在此等候,接你入观为僧。"至此,建文帝似乎是削发为僧,继承了朱元璋的祖业,也当了和尚,云游四方去了。建文帝失踪,可急坏了刚当上皇帝的朱棣。他在有生之年不断派郑和下西洋,据说就是为了寻找流亡海外的建文帝。他还派胡濙在穷乡僻壤、市井城镇之间搜寻了十多年,目的也是"隐查建文安在"。只要一日找不到建文帝,他就一日不能心安。偏偏由于建文行踪不明,加上当时的许多人对燕王夺位很不满,于是民间不断有假冒者出现,更让朱棣心神不宁。比如在正统五年,广西思恩州的知府岑英出巡,半路上忽然有一个老僧拦住道路,毫不回避,一问之下,老僧回答说:"吾建文也。"岑英不辨真假,只好把他带往京城,上奏给朝廷。经过仔细的查证,这个人的真名叫杨行祥,后来被判有罪,处死了。朱棣派胡濙秘访民间16年,一直都没有消息,直到他死的前一年,有一天晚上,他已睡下了,但忽听有人报胡濙回来了,便急忙穿上衣服,在卧室中单独召见胡濙。胡濙访得建文帝离开紫禁城后,确实是削发为僧了,但并没有去神乐观,也没有去云游四方,而是躲在江苏吴县的普洛寺内,此后一心为僧,毫无复国的意愿了。

另又有人说，明英宗时发现了建文的行踪，这时他年纪已经很老了，英宗就把他接进宫中颐养天年，死后就以一般的仪式葬于西山。关于建文帝下落的另一种说法是"阖宫自焚"说。这种说法见于很多的史料记载，正统的官修史书多采用此种说法。大概是说朱棣率兵打到宫门时，建文帝眼看大势已去，不得已下令焚宫，建文帝和他的皇后马氏携手跳入火中自焚，他的妃嫔侍从也大都投火而死。燕王朱棣入宫后，曾大肆搜查三日，寻找建文帝的下落。宫中未死的内侍都说建文帝已经自焚，并从火堆中找出了一具烧焦的尸体作为证据。燕王见到尸体，内心虽有怀疑，但也没有其他的办法。在他即位称帝后，只得以天子之礼安葬了这具尸体。但是，这种说法在正史的记载中前后矛盾，语焉不详，不能不让后人产生怀疑。就连明朝后来的皇帝也不能完全相信这种说法。史书记载朱棣以帝王之礼安葬了那具尸体，可是到底葬在何处，却又没有记载。被烧焦的尸体分不清男女，所以又有人说那具尸体其实是马皇后的，建文帝则外逃了。烧死在宫中的，到底是皇帝呢，还是皇后呢？谁也说不清楚。后世的史官在编写《明史》时几乎为此吵得打破了头，也还是没有定论。如果建文帝真的烧死了，那朱棣又为什么几次三番的派人到处去找建文帝呢？也有人指出，建文帝自焚身亡是史实，因为当时燕王军队兵临城下，把紫禁城团团围住，建文帝想逃也来不及了。更何况经过考察，紫禁城也并没有鬼门、御沟等逃路。建文帝也深知他的四叔是个贪权尚武、残暴无情的武夫，落在他手里绝没有好下场，不如一死了之。朱棣也决不能让建文帝继续活下去，否则，他就不能登上帝位。但是为了不留下"杀侄夺位"的骂名，朱棣在发现那具烧焦的尸体时又假装痛哭流涕，声称自己出兵只是为了诛杀奸臣，辅佐建文帝。可是后来他又苦心寻找建文帝的下落，留下了一段历史疑案。总而言之，朱棣在即位后，下令搜寻建文帝，这是历史事实，但他的真实用心和建文帝的真正下落，至今仍是一个未揭开的历史之谜。

永乐皇帝的生母是谁

明成祖朱棣，即历史上的永乐皇帝，是明朝的第三个皇帝。他是朱元璋的第四个儿子，在朱元璋即位不久就被封为燕王。朱棣勇武善战，十八岁以后受太祖之命就国北京，手握重兵，和秦王、晋王等一同成为明王朝北边抵御蒙古人入侵的钢铁长城，深得太祖的喜爱与信任。据说，在皇太子朱标病死以后，朱元璋还曾经考虑过把燕王立为太子,这给了雄心勃勃的燕王一个极大的希望。可是,朱元璋在选择继承人的问题上最终还是遵从了礼法的传统,立朱标的儿子朱允炆为皇太孙,在他死后即位当了皇帝。燕王十分不甘心皇位就这样被年幼的侄子夺去。建文元年,他以"清君侧"的名义举兵谋反,一直攻打到南京城下,逼得建文帝闭宫自焚,这才如愿以偿地登上了觊觎已久的皇位。因为他是用武力夺取政权,当时的许多人非常不满,称他为"燕贼"。于是永乐皇帝开始大规模篡改洪武、建文两朝的历史档案,希望能为自己的即位找到合理合法的依据。就是因为他如此胡改一通,给后世留下了无数的谜团。例如永乐皇帝的生母是谁?这样一个看似简单的问题,今天的人们也并不能给了出一个准确的答案。

关于永乐皇帝生母的第一种记载,也是明朝官方史料所认为的,是太祖的高皇后马氏。《明太祖实录》说:"高皇后生五子,长懿文皇太子标,次秦愍王,次晋王(木冈)次上,次周定王(木肃)"肯定朱棣是朱元璋第四子,为马皇后亲生。《明史·成祖本纪》也说:"文皇帝讳棣,太祖第四子也,母孝慈高皇后。"与前说如出一辙,但是由于朱棣曾经大肆篡改史料,许多学者都不相信正统史书上的这种记载,一生致力于明史研究的吴晗先生,认为其中有篡改之词,不能信以为真。而且更令人疑惑不解的是,有些史籍却说马皇后并非生五子,只承认四子朱棣与五子周王为马皇后所生。如《皇明世亲》说太宗与周王为高皇后所生,而懿文太子、秦王、晋王为妃子所生。《鲁府王牒》也说:"今鲁府所刻玉牒,又以高后止生成祖与周王。"然而,《皇朝世亲》与《鲁府王牒》皆已早佚,这个说法难辨真假。从朱元璋遗留下来的言行准则中,我们能够明确地知道他立太子的标准是"立嫡立长",并且在给他的子孙们留下的训言中对此也有明确记载。如此看来,说早死的懿文皇太子并不是马皇后所生恐怕立不住脚的。相应的,人们就更加质疑成祖是马皇后所生的事,也许正是这位皇帝想抹杀建文即位的合法性,使自己成为已故老皇帝的嫡子与长子,才使出这样的手段。

关于成祖生母的第二种说法是达妃说。黄佐的《革除遗事》说,懿文、秦、晋、周王均为高皇后所生,而太宗(朱棣)为达妃所生。王世贞的《二史考》也曾引用此说。但是,后人分析黄佐把明成祖说成是达妃所生也是别有用心的,不足为信。清代史学家朱彝尊就认为,黄佐的书对建文帝下台表现出非常明显的同情,而对明成祖夺权大加贬斥,明显有个人感情色彩,所记之事难免"虚传妄语"。

第三种说法是成祖为太祖的蒙古妃子所生。这种说法来自《蒙古源流》的记载，认为明成祖是元朝的最后一个皇帝顺帝的妃子瓮氏所生，是元顺帝的遗腹子。这个妃子是蒙古的一个部落首领瓮吉喇特托克托之女，名叫格呼勒德哈屯。元顺帝逃离北京都城时，她被朱元璋的军队俘虏，并被朱元璋纳为妃子。这时候，她已经怀胎七月，被俘虏后不到三个月就产下一子，就是明成祖朱棣。这种说法一看就令人觉得十分可疑，当时明太祖已经坐拥天下，他怎么会看上一个怀胎七月大腹便便的元妃呢？即使他真的对这个妃子发生了兴趣，以朱元璋多疑的性格，怎么可能把她"越三月而生"的皇子当作己子又委以重任呢？这恐怕是蒙古人编造出来的一出离奇故事，以此来证明元王朝的血脉犹在吗！当然也有另一种听起来较为可信的说法，它承认朱棣是明太祖的亲子，母亲仍是元顺帝之妃。又说因为永乐皇帝生母这种特殊的身份，而没有被列入祖宗祭祀的神庙中，而是隐其事，"宫中别有庙，藏神主，世世祀之"。说得很是传神，煞有其事似的。

第四种说法是硕妃说。持此说者，有何乔远的《闽书》，谈迁的《国榷》、李清的《三垣笔记》等。近人傅斯年、朱希祖、吴晗等也赞同此说。他们的根据是《南京太常寺志》，认为明成祖的生母是硕妃。按照《太常寺志》的记载，以明孝陵奉先殿的陈设为旁证，奉先殿中间南向列太祖、马后两神座，东边排列的是诸妃神座，西边则独列硕妃神座。按照封建王朝的传统，后妃地位最尊的是皇后，其次就是继位皇帝的生母，在明十三陵中到处可见一帝二后的墓葬形制。奉先殿祭祀神座如此排列，无疑表明了硕妃是成祖的生母，所以才得到如此的尊崇。这个推测是合情合理的。许多清代的学者也肯定了这种说法，还有人进一步考证说硕妃是高丽（今朝鲜）美人。但是这种说法仍然有着模糊不清的地方。首先，有关这位硕妃的记载历史上从无其他记录；第二，作这部《南京太常寺志》的嘉靖时的进士汪宗元，他生活的年代距成祖生年已经间隔了一百七十多年，他的材料从何而来？是否准确？还有一点可疑的是，这种说法仅见于《太常寺志》，为何别的史书从无相似记载？这些都是我们不能完全回答出来的。如此看来，由于成祖蓄意篡改史料而造成的生母之谜，也只能随着时间的流逝而被历史湮没了。

明成祖为什么要清洗后宫

　　明成祖是明代最具有雄才大略的皇帝,而且野心勃勃地想把明王朝建立成世界帝国。为此在他当皇帝的二十几年时间里,几乎都是在带兵征伐中度过的,就是死,也死在了回师的路上。也正是因为如此,明王朝在他的统治时间里无论是版图还是国力都达到了巅峰状态。这些当然都是成祖的功绩。但是相反的,成祖也有一些不为人知的行径,他对顺服于自己的属国态度十分蛮横,曾经多次明目张胆地向当时归顺明朝的朝鲜国王索要高丽美女,以供自己享乐。朝鲜国王对此很愤怒,但是又不敢反抗,于是只好多派送美女给他。这些朝鲜籍妃子在明朝的宫廷中也极为受宠。但是由于这些朝鲜妃子的到来,也在宫廷中引起了一阵阵的腥风血雨。永乐八年,宫中就曾经发生了一起诛杀朝鲜妃子的大清洗事件,明成祖朱棣几乎杀光他的朝鲜

明成祖朱棣

籍妃子,株连此案被杀者达三千人以上,而事情的起因仅为一个妃子的死。

　　这个妃子是个朝鲜人,死后被谥为"恭献贤妃权氏",生前被宫人称为"权妃"或"权美人"。这权氏长得如花似玉,却又不同于中原美女,别有一种迷人的异国情调,而且又善吹玉箫,所以深得朱棣宠爱。《明宫词》曾赞她:"琼花移入大明宫,旖旎浓香韵晚风,赢得君王留步辇,玉箫嘹亮月明中"。据《明太宗实录》记载,永乐八年,权妃随明成祖朱棣北征,却是天妒红颜,年纪轻轻的就病逝于途中,葬在峰县。

　　那么,权妃之死是怎样惹出了宫廷喋血惨案的呢?据朝鲜史籍记载,有两种说法:《李氏太宗实录》说是"吕氏谋杀案",《李氏世宗实录》则说是"吕氏诬告案",哪种结论更为可信呢?

　　一是吕氏谋杀说。

《李氏太宗实录》十四年（即明永乐十二年）记：吕婕妤与权妃本来都是朝鲜人，一同来到明廷。但她见权妃得宠，非常嫉妒，于是勾结宦官，从一银匠家里弄来砒霜，趁机放入权妃喝的茶里，结果使权氏在随征归途中病逝。这事干得十分隐蔽，本无人知晓。一直到永乐十一年，两宫官婢因吵嘴泄密，才真相大白。明成祖痛失爱妃，在暴怒之下，对吕婕妤及其宫人、宦官进行了残酷的报复，尽杀吕婕妤及后宫之人。从这段实录看，权妃是被吕婕妤亲下砒霜毒死的。事实清楚，不容置疑。

二是吕氏诬告说。

《李氏世宗实录》是根据明成祖死后遣送回朝鲜的一位朝鲜妃子的乳母金黑的口述记载的。据说，权妃死后，吕婕妤为泄私愤，诬告说一个姓吕的宫嫔把毒药放在茶中毒死了权妃。她的私愤是因其想与吕姓宫嫔结拜为姐妹遭到拒绝而生恨。然而明成祖当时正在伤痛之中，又听到这种密告，竟不问青红皂白，当时就诛杀了那个吕姓宫嫔及宫人、宦官多达数百人。那个吕婕妤因为达到了目的而非常得意。但事后不久，她的报应就来了，她与宫人鱼氏私通宦官，被人发觉，无颜而自缢。明成祖又大发淫威，亲自审讯，查知了吕嫔的死纯属冤枉，更加暴怒，凡是与此事略有牵连的朝鲜籍的妃子都被处死，株连此案被杀者达三千人以上。就连宫妃的佣人也被抓起来，直到成祖死后才释放。依此看来，由吕氏造成的谋杀案就被说成是成祖制造的冤案了。

那么，成祖的宠妃权美人究竟是被谋杀的，还是自己病死的呢？宫廷的斗争本就阴暗诡秘，这个问题恐怕是无论如何也弄不清了。我们只能说，权妃即使不是被人谋杀，恐怕也是活不久的。一个生活在皇帝后宫的女人，一旦受宠，将要面对的就是千女所指的怨恨，难免会感到忧惧。但如果不受宠，她将要面对的则是终生的孤独与寂寞。无论是走哪一条路，皇帝的女人们也逃脱不了红颜薄命的命运，她们恐怕是封建王朝的女人中最为可悲可怜的了。

明成祖为什么迁都北京

中国历史上的大多数皇帝都是从北方起家的，朱元璋却是一个例外。他最初在南京称王，从这里开始逐渐收服了整个中国。所以朱元璋当上皇帝以后，就把他发迹的地方南京定为首都。其实在当时的情况下把南京作为京城是不太适合的，因为蒙古的残余势力退出中原后仍旧保留了很强大的实力，而且就在北方边境上虎视眈眈,随时都准备卷土重来。南京却太靠南,与北方边界相隔千里,一旦有战事发生,住在这里的皇帝无论是想获知战场的情况还是发布命令都不可能及时传达,战争时期贻误了战机就会造成战争的失败。所以朱元璋做这个决定的时候也是很矛盾的,总是拿不定主意。最初他把南京定为临时都城,比较靠北的开封定为陪都,他总是在这两个城市之间不停奔走。后来他又想把他的老家凤阳建成首都,可是不久又放弃了。他还想把首都迁到西安去。这样反反复复的折腾了好多年,直到他的皇位已坐了十几年的时候,他才最终下定了决心,正式确定南京为首都。

燕王朱棣夺得了皇位以后,就完全没有这种种考虑。他直接下令开始修建北京城,建成之后就马上迁都到那里。至于他要把北京定为首都的理由其实很简单,因为北京是他还在当王子的时候的封地,从他 18 岁被封到这里作了燕王,许多年来他都一直住在这里,这里的一切他都熟知,这里已经成为他的根。况且,朱棣的皇位是从自己的侄儿手中夺过来的,南京正是建文帝从小生长的地方,朱棣却正好相反,他的一切权力的基础都来源于北方,对南京的一切他都十分陌生,所以他不只是不喜欢南京,而且更需要一个能够保证他的权力固若金汤的首都,北京当然是他的首选。当然也还有一些其他原因。南京也并不是什么都不好,它位于长江下游,是当时全国的经济中心,在经济方面比任何地方都具有压倒性的优势。但是它处在平原地区,远离北方和西部边陲,朱棣认为那里太容易受到攻击,而没有任何可以借以屏障的东西。再有就是出于政治和军事的原因,北京的地理位置优于其他一切地方,它既可以成为对付北方敌对势力入侵的堡垒,同时也可以作为皇帝在北方进行扩张性活动的最佳根据地。综合了以上种种理由,永乐皇帝几乎是没有任何疑惑的就作了迁都的决定。

但是,"迁都"说起来只是再简单不过的两个字,实际上要改造北京城却是一个非常艰巨的任务。元代的一些城墙和宫殿虽然仍然存在,但是城市的总体格局却一定要改。初登帝位的永乐皇帝心中正充满着雄心壮志,当然要建设一个能够匹配他这位雄才大略的皇帝的都城。所以一切新工程的设计和施工都必须满足皇帝的要求。与南京城正好相反,北京作为一个政治性或军事性的城市当然是上上之选,但它却从来不是一个好的经济基地,北京并没有足够的物质资料来供应如此浩大的工程,必须依靠从东南各省用船只运送大量粮食和其他物资供应。这种运输的工作是日后国家的命脉,当然不能交给一般人去负责,所以军队也必须改革,担负起这个重责大任。政府的机构也需要做出变动。

南京是开国皇帝选定的首都,当然也不能废弃,原有的一切机构设置都要保留,北京则需要重新建立起一套与之相同的政府班子,北京附近地区也要因为首都的变更而随着做出变动。凡此种种,都是复杂而困难的工作,迁都无疑对明王朝具有极为深远的意义。

从永乐皇帝登基的 1402 年开始,北京新都的建设已经开始了。一直到 1417 年,大部分的宫殿才算竣工完成。以后陆陆续续的又有工程完工。1420 年 10 月 28 日,北京正式被确定为国家的主要都城,而南京则降为留都。随后的三个月中,政府机构也被彻底改组。

新的都城有了,作为一个庞大帝国的首都,当然不能只有政府机构而没有多少居民。早在 1404 年,永乐皇帝就下命令迁当时以经商而富甲天下的山西九个府的一万户到北京居住,以求增加未来首都地区的人口数量,并且还可以同时带动经济的繁荣。永乐皇帝还时常减免京畿地区的赋税,设法使当地的人民富裕起来。对建设新都来说最重要其实并不是城市的建设,而是同时进行的大运河的修复工作。没有大运河这条生命补给线,要把北京建成首都无疑是纸上谈兵。北京城的建设速度其实在开始几年进度很慢。一直到 1415 年大运河主体工程完成以后,物资的运送顿时快了很多,从盛产粮食的长江下游运送粮食到北方更加迅速了。从这时起,新都的经济状况才有了极大的好转,工程建设的速度也快了起来,城市的主体工程在两三年中迅速地完成了。这让永乐皇帝十分高兴,重奖了当时负责建设的官员。

从 1420 年到 1441 年是北京作为主要首都的一个过渡阶段。1441 年以后,作为留都的南京大大丧失了它的政治重要性,大批的宫殿和宗庙从此都被废弃了。虽然它的主要政府机构设置和行政职能都保持不变,但都只限于象征性的意义了。从此时起,北京已经成为国家实际行政中唯一的首都。

永乐皇帝为何实行"瓜蔓抄"

明成祖夺了侄子建文帝的江山之后,自己登基作了皇帝,就是历史上有名的永乐皇帝。他知道自己做皇帝名不正言不顺,生怕拥护建文帝的大臣们起来反对自己,所以攻破南京后的第一件事就是列了一张黑名单,让手下去按名单抓人。

建文帝的重臣齐泰、黄子澄是成祖号称"清君侧"发动反叛的借口,成祖的名单上第一个就是他们的名字。南京城破之后，他们先后被抓，由成祖亲自审问，这两个人都抗辩不屈，被永乐皇帝下令同时磔毙。还有兵部尚书铁玄，被抓到南京，觐见新皇帝时居然背对着皇帝，不肯行礼，也不肯说话。成祖命令两边的人抓住他，让他回身正对着自己，可是铁玄大力挣扎，说什么也不肯回过头来。成祖暴怒，命人将他的耳朵、鼻子割下来，上锅蒸熟了，硬是塞入铁玄的口中，还问他味道怎么样？这可真是亘古未有的残忍刑罚。铁铉却忍住剧痛，反而大声回答说："这是真正的忠臣孝子的肉，味道怎么会不好呢？"成祖更加生气了，喝令手下当场就把他凌迟处死。眼见着自己身上的肉被一片一片的剜下来，铁铉竟然到死还是骂不绝口。成祖这时好像被气得失去了人的理智，非要看到铁玄向自己屈服不可。铁玄这时已经死了，成祖还命人搬了一口大锅放在殿上，里面盛满了滚烫的热油，把铁玄的尸体扔了进去，就见尸体立刻就被炸成了焦团，这时成祖才命人将铁玄的焦尸朝向自己坐的龙椅摆放，可是不知是不是铁玄的灵魂未散，尸体始终反身向外，不肯正对着殿上。后来两边的人用铁棒夹住了残骸，举着他让他面向殿上，成祖这才笑道："你现在终于肯来朝见我了吗？"话还没说完，就见锅中的热油飞溅而起，烫伤了那些用铁棒架住铁玄尸身的人的手足。那些人见了这种可怕的情景，都立刻扔下棒子退在一边不敢上前了，铁玄的尸身仍然反立如前。成祖这时也不禁为这种情况弄得大惊失色，实在没有别的办法，只好命人将尸身安葬了。其他在名单中的官员还有户部侍郎卓敬，右副都御史练子宁，礼部尚书陈迪，刑部尚书暴昭、侯泰，大理寺少卿胡闰，苏州知府姚善，御史茅大芳等，都被陆续地抓来，面对新皇帝残酷的手段却没有一个人肯屈服，结果都备受荼毒，不是被打掉牙齿，就是被割了舌头，也有的被截断手足，都受尽酷刑而死。等杀了这些人以后，成祖还是不满意，又怕被他杀死的这些人的亲属要向他报复，所以决心要斩草除根，于是这些人的亲属也都相继被杀了。这之中，死得最惨烈的要算是当时著名的文士方孝孺，他的倨傲态度彻底激怒了本就嗜杀的成祖，最后被灭十族。其他不在名单之内的官员像修撰王艮、王叔英，都给事中龚泰，都指挥叶福，衡府纪善周是修，江西副使程本立，大理寺丞邹瑾，御史魏冕等人，在燕王攻城时，都守节自杀。在这些以身殉国的人中，最奇怪的是一个东湖樵夫，谁也不知道他的姓名，只见他每天都背着木柴到城里来卖，从来都是口不二价。这时听说了建文帝自焚而死的消息，竟然趴在地上大哭了起来，柴也不要了，直接投湖自尽。不得不让人感叹就是如此小民也深知忠义二字。

建文帝这些忠诚的大臣中还有一个像战国时的义士荆轲一般的英雄人物，就是左金都御史景清。这个人平时倜傥洒脱，但最注重名节，燕王攻破南京即位以后，听说了他的名声很大，就让他官复原职。使大家都意料不到的是，他居然毫不推辞的就接受了新的任命。那些以前就认识他的人都大惑不解，也有人在一边偷偷地嘲笑，说他言行不一，贪生怕死，他也毫不为意。后来，宫中的钦天监夜观星象，发现天象有了异变，这在古代可是一件大事。负责的官员马上向皇帝报告了这个情况，说是有一颗星星发生异常现象，发出耀眼的红色光芒，而且直朝帝星而来。成祖听了这话心里也很害怕，所以对身边的人都很留意。这一天，他上朝的时候，远远地就看见景清穿着一身大红色的衣服迎面走来，心中马上就起了疑心。果然在殿上朝见时，景清忽然一跃上前，冲向坐在龙椅上的皇帝，成祖心中早有准备，马上起身闪开，命令身边的护卫将他拿下，一搜身，果真藏着一把利刃。成祖震怒地质问他想干什么，景清慨然答道："我本来想为先帝报仇，可惜没有成功。"成祖大怒，命人把他的皮剥下来，悬挂在长安门上示众。有一天成祖出巡，正巧路过了长安门下，本来吊在城门上的皮，竟然自断绳索，扑向成祖。成祖很是诧异，命人一把火把皮烧了。可是这天夜里，成祖刚刚睡着，就梦见景清手中提着一把长剑向他走来，他马上惊醒，心中惊恐不已，第二天一上朝，就命人把景清夷灭九族。以上这些死难的建文帝的遗臣都是忠臣义士。因为这一年是建文四年，岁在壬午，所以就叫作壬午殉难。

成祖对这些不肯向他屈服的人既恨又惧，所以加重对他们的刑罚，不但官员本人惨死在各种酷刑之下，而且辗转牵连，凡是和这些人有一点关系的人就统统被杀。成祖的这种做法被称为"瓜蔓抄"，被无辜株累的人非常多，不但是亲戚朋友子弟同学被杀，就连犯人的左邻右舍也逃不了死罪，甚至有时整个村子的人都被杀光了。从此以后，建文帝的旧臣，除了归附新皇帝的以外，其他不愿归降的人都死的死，逃的逃，大多难逃杀身灭门之祸。

明仁宗因何暴亡

永乐二十二年（1424）七月，明成祖朱棣去世，其长子朱高炽登位，即明仁宗。次年五月，仁宗暴卒，在位不足十月，享年四十八岁。仁宗去世前三天还在和大臣们商议处理政事。他从感觉不适到"崩于钦安殿"，前后仅两天时间。明代学者黄景称仁宗"实无疾骤崩"。壮年天子，登基未足一年，"无疾骤崩"，其中必有不为人知的缘由。但《明仁宗实录》《明史·仁宗纪》等明代一切正统的史书,都只字不提仁宗的死亡原因。有人指出,仁宗是死于纵欲过度。仁宗的贪欲好色人所共知,当时的大臣李时勉在仁宗即位不久上了一份奏疏,其中有劝仁宗谨嗜欲之语,并说:"侧闻内宫远自建宁选取侍女,使百姓为之惊疑,众人为之惶惑。若曰,天子之宫,古有常制,则大孝尚未终;左右侍御,不可无人,则正宫尚未册。恐乖风化之原,有阻维新之望。"仁宗览奏后,怒不可遏,当即令武士对李时勉动刑,李时勉险些丧命。仁宗直至垂危之际,仍难忘此恨,说:"时勉廷辱我。"由此可见,仁宗确实纵欲无度,李时勉奏疏确实触及其痛处,否则不会如此耿耿于怀。仁宗死后即位的宣宗皇帝,因为仁宗临死前留下的遗言,曾亲自御审李时勉,在殿上大骂道:"你一个小小的臣子也敢侮辱先帝!你的奏疏上到底写了什么话?"李时勉叩首答道:"我是说皇帝在守孝期间不应该近女色,皇太子不宜远离皇帝左右。"宣宗叹息着称李时勉是忠臣,恢复了他的官职。只因为李时勉所说的两件事也正是他深深忧虑的。可见,宣宗对仁宗嗜欲一节也一清二楚,不以李时勉所奏为非。仁宗因纵欲过度而得不治之症,这在明人陆钱《病逸漫记》中也有记述:"仁宗皇帝驾崩甚速,疑为雷震,又疑宫人欲毒张后,误中上。予尝遇雷太监,质之,云皆不然,盖阴证也。"这个说法出自仁宗身边的一个太监之口,应当有一定的可信度。当时治疗此等"阴症"并没有特效良药,这使一些奸佞之徒有机可乘,献上一些乱七八糟的"灵丹妙药"给病重的皇帝服用。所以也有人说导致仁宗死亡的直接原因,是服用治"阴症"的金石之方,而中毒不治身亡。还有学者经过精细的考察各种蛛丝马迹,指出仁宗是被其长子朱瞻基,即宣宗害死的。仁宗生性温厚懦弱,理政能力差,且嗜欲享乐,成祖生前已经对他大为不满,只因为他是嫡长子的关系,才立为太子,但成祖一直有废朱高炽储位之心。仁宗长子朱瞻基与其父的性格正好相反,他善骑射,谙武事,又热衷权利,工于计谋。成祖在世时,他就深得成祖赏识,他还竭尽全力为其父保全储位。成祖死后,仁宗即位,虽然是立朱瞻基为太子,但是已经开始察觉到他的非分之想,所以屡屡有劝诫之语。然而朱瞻基迫不及待地想为自己早日登位筹谋,根本不顾骨肉亲情。洪熙元年(1425)三月,仁宗命朱瞻基南下祭祀皇陵(凤阳的皇陵与南京的孝陵)。朱瞻基于四月十四日离京,随侍仁宗的宦官海涛,是朱瞻基的亲信,他按照和朱瞻基事先定下的密谋,着手加害仁宗,五月十三日仁宗就突然驾崩了。朱瞻基离开北京后,不按应循日程行进,而是直奔南京。在他还没有离开南京之前,南京城中就已经开始传言仁宗"上宾"。

须知当时北京还未发丧,那时也没有如今迅速地传播手段,可见"仁宗上宾"是在一些人预料之中的。当时,朱瞻基还说:"……予始至遽还,非众所测。"显示他有人们难以想象的重大安排。他匆匆北返,于途中等待携诏书而来的海涛,于六月三日回到北京。一到北京,就有大臣劝诫他说现在京城里人心惶惶,不可掉以轻心。朱瞻基回答说:"天下神器非智力所能得,况祖宗有成命,孰敢萌邪心!"(《宣宗实录》卷一)充分的显示出一切皆在其掌握之中,流露出对弑父谋位活动的自信和自得。

仁宗究竟因何暴卒,仍有待进一步考察。不过,现在历史学界流行的主流说法仍是认为仁宗死于纵欲过度,因为宣宗是明代历史上少有的几个有作为的皇帝之一,人们大概都不愿意相信这样一个皇帝的皇位居然是靠谋杀自己的父亲而得来的吧!

仁宗如何对待叛弟

明仁宗朱高炽是成祖朱棣的长子,早在朱棣还被封为燕王的时候,朱元璋就亲自指定他做了燕王世子。仁宗从少年时就沉静稳重,深得朱元璋的喜爱。据说有一次,朱元璋故意让这个还是少年的孩子在破晓时去检阅军队。可是朱高炽去后不久就回来了,太祖因为他的迅速而感到惊诧,问他为什么这么快就回来了。朱高炽恭敬地回答说:"清晨的天气太寒冷了,所以我就让士兵们先去吃完早餐再检阅不迟。"朱元璋听了显得非常高兴。还有一次,朱元璋要他审阅几份官员的奏章,他有条不紊地把奏章按照文武分类,并详细地向祖父做了报告。朱元璋又极为赞赏他优秀的行政能力。可是朱棣却并不怎么喜欢这个儿子,因为仁宗天生极为肥胖,大腹便便,行动迟缓,而且还有脚疾,这使他根本不可能跃马疆场奋勇杀敌。成祖却是一个天生的勇将,他的天下就是在马上得来的。所以他总是觉得这个儿子实在没用,就连他发动靖难之役陷入生死搏斗之时,仁宗也只能留守在北京城中,什么忙也帮不上。不过,因为他是朱元璋亲自给自己封的燕世子,为人又仁慈宽厚,深得众人的尊敬与信任,他也就一直没有废掉他。

不但父亲不喜欢自己,仁宗还要时时防备着来自两个弟弟朱高煦、朱高遂的暗算。这两个弟弟是成祖的二子和三子,他们都继承了成祖的优秀素质,是战场上的勇将。有一次成祖陷入建文军队的包围险些丧命,是他的二子朱高煦不远千里带兵来救才得以脱困的。因此,成祖私心里最喜欢这个酷似自己的儿子,还曾经许下诺言,答应靖难事成之后封朱高煦为太子。在成祖与建文帝的三年争斗中,建文帝见到成祖的军队英勇善战,朝廷的军队怎么也不能取胜,就使出反间计,离间为成祖固守后方基地的朱高炽和他父亲的关系。他派人送给朱高炽一封书信,劝朱高炽与自己联合,日后必有重谢等等。高煦和高遂早就在暗中虎视眈眈,命他们的党羽宦官黄俨千方百计地寻找机会害他。他们得知了这个消息,怎么能够放弃这么好的机会呢?他们马上派黄俨秘密地到前方阵地去向成祖通风报信,说世子暗中与建文帝勾结,现在朝廷的密使已经到了北京。朱棣听了非常生气,以为这个不讨人喜爱的长子果然卖父求荣投靠了朝廷,心中顿生杀子之意。谁知他刚准备派人回去,朱高炽的使者也来到了军中,送上建文帝写给世子的密信。成祖拿过来一看,信还没有开封,打开读后,他才知道自己险些中了建文的反间计,不禁感叹道:"我险些误杀了自己的儿子啊!"原来,朱高炽虽然为人忠厚,但却也不傻,他深知自己的弟弟们一心想找机会谋害他,所以凡事都非常小心,不让他们抓到把柄。

永乐元年,成祖终于打败了自己的侄子建文帝,登上了觊觎已久的皇帝宝座。到了第二年春天,他就把朱高炽立为太子。以后,成祖经常带兵到处征战,每到这时,他都吩咐由太子坐镇当时的首都南京,管理国家的一切事情。他开始展露自己过人的治国之才,凡事兢兢业业,听政治民,一切以百姓的利益为重。遇到地方上发生水旱灾害,他都及时地派人去安抚百姓,发放救济,赈济灾民,臣民都对他施行的仁政有口皆碑,称赞不已。但是虽然已经贵为皇太子,朱高炽却仍然时刻处在危险之中,随时要防备来自两个心怀不轨的弟弟的陷害。有好多次他都差点因为他们的谗言而被废。因为他从来不主动反击,只是一直被动地证明着自己的无辜,他身边的大臣看了都不禁为他担心不已,有的人问他:"你难道不知道你身边有一心想害你的小人吗?"他却坦然地回答道:"不知道,我只知道要恪守作为儿子的职责而已。"这一席话更是让大臣们暗自佩服他的宽宏大度。

有一年,成祖再次带兵北征胜利归来之后,因为太子派来迎接他的使臣在路上耽误了行期,而且上奏给他的文书措辞不当,成祖因此而大怒,下令把朱高炽的属下臣僚黄淮等人逮捕下狱。后来,黄俨等人又诬告朱高炽私放嫌犯,成祖又发怒了,许多牵连进这件案子的官员都被诛杀。成祖还派自己信任的官员

图文珍藏版

去监视调查朱高炽的行动，这位官员后来给成祖上奏了一份密书，其中列举了朱高炽诚敬孝谨的七件事，成祖这才相信朱高炽，没有处罚他。这样被陷害的事件在很长时间中层出不穷，但是朱高炽都淡然处之，只是更加小心地防范而已。一直到永乐十五年(公元 1417 年)，野心勃勃的朱高煦终于因为触怒了成祖而被治罪，朱高炽时刻面临的威胁才稍有减少。他不计前嫌地为朱高煦说好话，替他脱罪，才让成祖饶了他一命，只是把他逐出京去。永乐二十二年(公元 1424 年)，成祖在北征的途中去世，朱高炽终于登上了帝位，就是明仁宗。其实他在位只有短短不到一年时间，只做了一些纠正成祖过激行动的工作，例如释放了一些无辜被囚的官员之类的事情，实在没有什么充足的时间去进行他心目中的儒家制度的改革。他之所以被给予"仁宗"这个尊敬的谥号，多半是因为他对待他的两个弟弟的宽大态度。就像前面所说的，他在当世子和太子的期间一直受到手足骨肉之间的威胁，但是他当了皇帝以后，却丝毫没有怪罪这两个一直阴谋反对他的弟弟，反而在登基之初，就下令增加这两个亲王的俸禄，还封了他们的几个儿子爵位。这种豁达的心胸使他赢得了满朝大臣的尊敬与好感，在人们心中树立起了一个仁君的高大形象。他的这种谨言慎行和宽大为怀也同样使历史学家们所赞叹。

宣宗为什么火烧叔父

明宣宗朱瞻基从一出生据说就身怀异象，他的祖父明成祖朱棣甚至当时就断定这个孙子日后必能登上帝位，大放异彩。后来，朱棣因为立太子的事发愁，竟然因为深爱朱瞻基这个孙子，而立了他的父亲朱高炽为太子，只为了爱孙日后能顺顺利利地当上皇帝。朱瞻基也没让祖父失望，从小就聪明过人，文武双全，更是让朱棣喜出望外，随时都要把他带在身边。成祖死后，朱瞻基的父亲即位为帝，就是明仁宗。他当皇帝只当了不到一年就一命呜呼了。于是年轻的朱瞻基登上了皇帝的宝座，即明宣宗。

宣宗当了皇帝，朝中倒是十分平静，因为大臣们早已经认可了他是合法继位，而且也都折服于他的出色能力。可是在朝外，他却有着一个最危险的敌人，这个人就是他的亲叔叔汉王朱高煦。高煦年轻时经常随着成祖四处征战，立下了许多战功。因此成祖十分喜欢他，甚至曾在还未当上皇帝的时候就答应他日后要立他为太子。可是成祖即位后，却违背诺言，仍然按照立长的规矩立了宣宗的父亲为太子。这让朱高煦十分愤怒，觉得本应该属于自己的帝位被朱瞻基父子抢走了，所以一心想把帝位夺回来。本来仁宗即位后，他已经有了起兵反叛之意，只是还想再多观察准备一些时日再动手。不料短短几个月的时间，仁宗居然就死了，由年轻的宣宗继承皇位。朱高煦觉得机会终于来了，宣宗太年轻，没有什么实战的经验，朱高煦认为凭自己多年的争战经验，只要自己拉起叛旗，年少的侄儿一定不是自己的对手，到时帝位就唾手可得了。

宣宗登基还不到三个月，朱高煦就在自己的驻地设立了文武百官，还写了一封信送给宣宗，批评他无才无德，实在不配做皇帝，这可是对新皇帝的一封挑战书。宣宗对此的回应是颁布了一道诏书给汉王，大意是要求汉王悬崖勒马，皇帝必有重赐等等，语气十分平和。朱高煦接到了这封诏书，觉得小皇帝心里害怕了，更加趾高气扬，回信中更是语意嚣张，好像自己已经作了皇帝一样。宣宗没有办法，听从了大臣的意见，决定御驾亲征。其实宣宗刚开始时的做法都只是一种政治手段，暗地里他早已经做好了战斗的准备。一决定亲征，军队马上就调动整齐，立刻就向汉王的封地进发了。

在讨伐汉王的路上，宣宗还一直不断地写信给汉王，希望他回心转意。宣宗认为，如果汉王真能罢手投降，兵不血刃，无论对自己还是对国家都是最理想的结果，如果汉王还要一意孤行，自己也仁至义尽了。汉王却依旧对皇帝的要求不理不睬，也许他还不知道皇帝带着军队已经在讨伐自己的路上了，仍是每日逍遥快乐地做着皇帝的美梦。他一直认定皇帝最终肯定会向自己屈服，所以居然连战斗的准备都没有做。看来，与宣宗相比，汉王实在是有勇无谋至极，也难怪他会这么轻易地就输在宣宗的计谋之下。

等宣宗带着大批的军队出现在汉王居住的城下，朱高煦才大吃一惊，慌忙组织士兵抵抗，可是这时城内早已经人心大乱，许多人都逃出城去向皇帝的军队投降了。到最后，想谋反的朱高煦发现自己居然成了孤家寡人，只好出城向皇帝投降了。闹得轰轰烈烈的反叛，到最后竟然就这样不战而降了。

抓到朱高煦后，宣宗知道自己刚刚即位，根基未稳，生怕杀了汉王会引起议论，而且这正是显示自己宽宏大量的好机会，所以他并没有杀掉朱高煦，只是把他幽禁在北京城的一个隐秘的地方，叫作逍遥城。这样一连过了几年，宣宗对叔叔总算不错，按说谋反是要株连九族的死罪，宣宗不但没有杀他，反而对他很是照顾，除了限制朱高煦的行动以外，其他的一切供给都十分丰富，还时常赏赐一些东西给他。在逍遥城内，朱高煦还是过着王爷一样的生活。可是，朱高煦实在是一个鲁莽之辈，日子一过的舒服，他又忘了自己的囚犯身份，还以为自己和以前一样是王爷，对人颐指气使，好不威风。可是千不该，万不该，他实在不应该忘记自己能活到现在都是宣宗的恩赐，他的莽撞个性不但使自己在起兵谋反时一败涂地，还让自己在过了这么多年的幽禁生活后还是难逃被杀的命运。这一年，宣宗忽然兴起到逍遥城来看望朱高煦。皇帝来探视，本是莫大的荣耀，可是朱高煦这个莽夫一见到皇帝，就想到正是眼前这个人夺去了自己的皇位，心中的不平之意又再次升起。趁着皇帝走过他身边的机会，他竟然伸出脚去，拌了皇帝一个大跟头！这一下可惹怒了皇帝。宣宗盛怒之下，命人找来一口大水缸，把朱高煦扣在下面，大概是因为实在不想再看到他了吧。不料朱高煦仍是不服气，仗着自己力气大，居然把水缸顶了起来。宣宗这时觉得他实在过于藐视自己了，忍无可忍之下，叫人把水缸固定住，在周围架上柴火，点起一把大火，就这么把朱高煦活活烧死在水缸里了。

野心勃勃的朱高煦终于因为自己有勇无谋、莽撞无知而最终失去了悔过的机会，落得了如此一个可悲的下场。宣宗的做法虽然是狠毒了一些，可是朱高煦也实在没有什么能够让人产生同情冷悯之处。

熹宗贪玩误国之谜

明太祖朱元璋拼死拼活，费了九牛二虎之力，终于建立了朱家的大明王朝，他当然想让自己的子孙世世代代传下去，所以又废丞相，又是杀功臣地大忙特忙，可是他的子孙后代却都不怎么争气，把国家搞得一团糟。在十六个皇帝中熹宗朱由校被认为是最荒唐的一个。

有人说熹宗的智商可能有些问题，所以很糊涂，这种说法是根本站不住脚的。因为他不但不笨，反而还极聪明，这一点从他制作的精美工艺品，设计精巧的喷泉，改造的折叠床等工作上都可以得到证实，说他心灵手巧是绝不过分的。看起来他似乎有些晚熟，十五岁登基时仍是很孩子气，又被他的奶妈客氏和太监魏忠贤引导，纵情于花鸟鱼虫，声色犬马，爱玩儿的更加出格了。不过与其他皇帝或是强拖民妇，奸淫幼女，或是盘剥百姓、暴躁嗜杀相比起来，他的这种自得其乐反而要好得多了，实在没有理由说他是明代皇帝中最差的一个。

朱由校生性活泼好动，对什么事情都怀着浓厚的兴趣。他喜欢惊险刺激的游戏，把骑马射箭、踢球舞剑等都视为游戏。魏忠贤原本出身于御马监，这时就

图文珍藏版

投其所好,找来了许多名马供他骑着游玩。朱由校的兴致很高,逐一地为每匹爱马取了一个响亮的名字。为了方便他在宫中纵马驰骋,他还下令把宫中许多挡路的百年老树砍掉,一些低矮窄小的门洞也被拆毁。他有时还喜欢爬到树上去掏鸟窝,下面的人担心他掉下来,他却玩得十分开心。有一次爬树时,他不小心从高高的树上掉了下来,摔得头破血流,身边的人吓得半死。可是伤好之后,他仍旧兴致勃勃地去爬树。

他很喜欢划船,因此魏忠贤常常带他去太液池泛舟。他总是不肯安安稳稳地坐在船上,非要亲手划船不可。他出去玩时,通常都是身边的侍从坐船,皇帝却挽起袖子卖力划船。有一次,他又和两个小太监偷偷溜去划船,忽然湖上起了一阵大风把小船打翻了。朱由校和两个小太监都不会游泳,在水中拼命挣扎。有一个会游泳的侍卫从湖边经过,恰巧发现了他们,在最危险的时刻把他救起来,两个同船的小太监却被淹死了。这次之后,他大病一场,病好之后居然又去划船,只是这次身边的随从必须是会游泳的人。

像同龄男孩子一样,熹宗也酷爱打猎。他特别喜欢捕猎弱小的动物,例如兔子之类的。每次猎获之后,他都百般戏耍,玩儿够之后一刀砍下去,兔子已经死了,眼睛却还在惊恐不安的转动,看到这样的情景他总是高兴地拍手大笑,似乎未成年的男孩子们都有一种异常的破坏欲和虐待欲。

有时候他觉得一个人玩不过瘾,就鼓励皇后也来和他一起玩儿,他和皇后的各自统率一支三百人的"军队",他率领的是太监"军队",皇后统率宫女"军队",一边打龙旗,一连打凤旗,双方都旌旗招展,队伍整齐地列在宫中广场两侧,皇帝、皇后一声令下,双方就杀做一团,场面十分热闹壮观。皇后本来性情文雅,喜欢安静,可是皇帝让她如此戏耍,她也没有别的办法,只好尽力配合皇帝的玩儿性。

熹宗不好女色,也不喜欢大肆张扬的外出巡游。他总是窝在宫里,玩一些自己喜欢的游戏,吃过晚饭就去看戏观灯,有时还在灯下舞剑,或是亲手放几支烟花自娱。玩累了倒头便睡,什么也不管,当真是逍遥自在到了极点。也正是因为如此,他对自己到底有几个后妃都不清楚,也不关心她们的生活,有时他的妃子触犯了客氏,莫名其妙地失了踪,他也全不知晓。搞到最后,连一个儿子都没能生下,他也毫不在意。对他来说,这些女人只是他游玩的伙伴而已,少了几个也不要紧,反正他不愁没人陪他玩儿。

他最喜欢的事是做木匠活。所有木匠行当的手艺他全都精通,宫中匠人的手艺恐怕都没有他好。不过这也脱不了玩儿范畴。如他精心制造作的铜缸水戏、速滑冰床、水傀儡戏等等，都是供他玩儿时用的。有时他也做一些精美的工艺品，例如护灯屏，宫殿模型等等，每一样作品都精妙绝伦。所以有人说，熹宗实在不应该做一个皇帝，而应去当一个木匠，一定会成为一位杰出的艺术大师的。

他也非常喜欢养猫，他在位的时候，宫中还专门设了猫儿房，每一只猫都有专人伺候，受宠的猫简直比人的地位还要尊贵。

从以上种种行径看来，熹宗皇帝根本就是一个还没长大的顽童。如果他生在一般人家，一定会博得许多人的喜爱。他不喜欢受约束，讨厌朝廷上那些繁重的政务，也担不起治理国家的重责大任。一个人天真并没有错，错的只是他投生在了帝王之家，糊里糊涂地成了一个大帝国的皇帝。他承担不了这份重任，因此被世人责问，也实在是很无辜、很可怜。

隆武帝是在汀州被俘的吗

明朝灭亡以后，有些封在外地的王室子孙被当地的明朝官员拥立为皇帝或是监国，先后建立起了几个小朝廷，仍然想借此延续明王朝的正统统治地位。这几个政权被统称为南明政权。在福州称帝建号隆武的唐王朱聿键就是其中的一个。

在南明的几个小朝廷中，朱聿键被认为是比较有为的一个皇帝。史书记载他的性情豪爽，喜欢读书交游，非常健谈。比起其他几个昏庸荒淫的同行来，他总算有一些想恢复旧河山的心意，不过这也只是他个人的想法罢了。在南明的各个小朝廷中都有一个相同的现象，就是重臣秉政，皇帝不过是政治斗争中的傀儡，就连他的生死其实也是被大臣控制的。朱聿键也不例外，他朝中真正执掌大权的人是拥立他做皇帝的郑芝龙。郑芝龙原来是一个纵横东海的海盗，听命于他的人很多，足可以组成一支军队与明王朝对抗。明王朝实在不能奈何他，只好用高官厚禄招安了他的部队，封他作了一个总兵，还率领着他的原班人马。这样一来，不但没有削弱郑芝龙的实力，反而使他开辟了沿海陆地上的稳固根据地。崇祯皇帝吊死后，他就在福建拥立朱聿键建立了隆武政权。由于他手中握有兵权，所以他才是这个政权的真正主人。

本来，福建地方地广人稀，又有崇山峻岭相阻隔，是一个易守难攻的好地方。尤其是天险仙霞岭更是一道阻碍敌人攻势的天然屏障。隆武皇帝几次催促郑芝龙整顿军队，做好北伐的准备，但是郑芝龙总是以各种理由推托，始终按兵不动。后来，他冷眼旁观中原的战事情况，认为明王朝大势已去，无法挽回了，就私下里积极和清朝统治者通信，商议归降的事。等他们谈妥以后，他命令自己的军队退至二线，清军不费吹灰之力就越过了仙霞岭，长驱直入福建腹地，顺利的占领了隆武政权的首都福州。

据说清军攻占福州的时候，隆武皇帝并不在福州，而是在延平（今福建南平市）。他听到福州被占领的消息，惊慌失措地在随从人员的保护下逃亡，逃到汀州（今福建长汀）的时候，被清军派来的骑兵部队抓住了，并被就地处决。也有人认为隆武帝确实是在汀州被俘的，但却不是在汀州被杀。他毕竟还是一国之君，对清朝来说算得上是一个重要的犯人，不可能那么轻易地就被派去抓他的先头部队杀掉，应该是被带到大部队停驻的地方，有一个能做出如此重大决定的主帅，在请示清廷中央政府得到回复批准后，才可能就地杀了他。这在任何一个君主制的国家里都应该是一个必要的过程。坚持这种看法的人认为，隆武皇帝在福州被占领后，曾经带着他的皇后等人向南逃奔，一直到汀州附近，这时有一个人为了给被隆武皇帝杀死的父亲报仇。闻讯赶来，趁机抓住了他。后来隆武皇帝又被追踪而来的清兵押回福州，在那里被害。

无论说隆武皇帝是在汀州被杀还是认为他在福州被杀，其实都是不符合历史事实的。据史学家考证，清军占领福州之时，隆武皇帝确实不在福州。这是因为前一年冬天他想出省去与其他地区的明朝抗清力量联合，走在路上却被郑芝龙所阻止，只好回驻延平。清军占领福州，也攻占了汀州，但是汀州很快被隆武军收复了，这时候隆武皇帝还活得好好的。后来他率领的御营军队受到清兵的攻击，溃不成军，在混乱中，隆武皇帝身边的亲信扮成他的样子，隆武自己则换了便装趁机逃走了。这个代替他死掉的人，有人说是大学士杨鸿，有人说是一个叫张致远的人，还有人说是隆武皇帝的弟弟朱聿钊，总之隆武本人是活着逃出了福建。近年来有人考证，隆武皇帝后来到了广东，在那里继续进行抗清活动。早在清军进入福建之前，隆武就派自己的亲信张家玉到广东惠阳、潮州一带联络地方豪杰共同抗清，并在那里招兵买马，置备武器。当张家玉听说郑芝龙投敌叛变，清军已经进入福建的消息时，立刻派人去寻找隆武帝的下落。后来得知隆武帝已经逃到福建上杭一带，他马上带领着人马去迎接隆武皇帝。隆武皇帝对他及时前来救驾十分感激，马上给他以"登坛拜印"之宠，并跟随他回到了广东。此后，张家玉一直跟在隆武皇帝的身边继续联络抗清势力，与清军奋战。当地的许多地主武装也加入了他们的抗清活动中。后来，隆武皇帝的军队在平远与清军交战，隆武军战败，隆武皇帝本人也在这次战斗中英勇战死了。直到现在，广东平远一带民间仍然流传着隆武皇帝在此抗清的传说。这种说法在海外也一直流传着。据说，隆武皇帝率军迁移，在深夜之中被清军的骑兵部队追及，君臣全部被俘，后来被押送回福州，隆武在福州绝食而死。最具传奇色彩的是，当地百姓因为隆武的死而痛哭流涕，就连当地的竹林都被染上了红色斑点，这种竹子以后就被称为"隆武竹"，至今犹存，还在纪念着隆武君臣的死义和百姓的忠义。

弘光皇帝为何如此荒淫

崇祯皇帝在北京吊死之后，因为太子也不知所踪，许多南逃的大臣们就从逃到南方的皇帝宗室中选了一位，在南京重建朝廷，历史上就称这个朝廷为南明小朝廷。而这个被选中的宗王，就是福王朱由崧，他即位后，定年号弘光，所以又称作弘光皇帝。

按照皇室的血统来说，朱由崧确实和崇祯皇帝一家最为接近。他的父亲朱常洵是万历皇帝的第三子，当年万历皇帝因为宠爱他的母亲郑贵妃，执意要废长立幼，立朱常洵为太子，并为此与群臣对峙近二十年。后来他的愿望最终没能达成，就改而赏赐了朱常洵无数的土地金银财帛，并封他为福王。所以朱由崧是和天启、崇祯两人血缘关系最近的堂兄弟。这是他被大臣们推选为皇帝的原因之一。他的登基当然也还有其他原因。其中最重要的一点就是，当时的朝廷都陷入党派之争，其中的一派是魏忠贤死后的阉党余孽，他们看中了福王的懦弱无能，认为如果是福王当了皇帝，更有利于他们控制朝廷大权。所以，以马士英、阮大铖为首的一帮人先下手为强，最先在南京拥立福王即了位。其他大臣，如史可法等人本来不同意由福王继承皇位，想选一位比较有为能干的宗室，但这时已经为时过晚，他们只好承认现实，也改而投入弘光朝廷中。

福王既然是被怀有这样野心的大臣推为皇帝，他的本性也就不难推测了，实在也不应该对他寄予什么复国的希望。就福王自己而言，他也并不愿意被推上皇位。明代的皇帝宗室都被命令不能参政，所有朱家子孙都只是坐在家中等着朝廷发的俸禄过日子。所以大多数宗室王都昏庸无能，只懂得吃喝玩乐，福王也不例外。他对朝廷政治一无所知,对掌握大权也没什么兴趣。而且即使不当皇帝,他的财富也已经足够他任意挥霍了,再当皇帝对他又有什么好处呢?多出的只是一份他承担不了的重任而已。福王再无能,也还有一点自知之明,所以他对自己被推上皇位,内心是十分惶恐不安的。在他即位之初,他也为了这一份皇帝的责任做出了他的最大努力,他起用了许多正直有为的大臣,尽力组成一个合理健康的政府机构。他也认真地参加各种仪式,树立他自己的皇帝形象。可是不久之后,他就发现自己力不从心,再加上马士英、阮大铖等人的成心引诱,朱由崧开始疏远廷臣,缩回他的后宫,又过起那种纵情享乐的日子来了。他整日沉溺在声色犬马之中,国家大权落入马、阮之手,更加暗无天日了。

即位当年的除夕晚上,弘光帝一直闷闷不乐,前来朝见他的大臣以为皇帝在为外面不安定的局势而担心,都劝他不要过于忧虑。谁知他的回答却让大臣们都目瞪口呆,原来皇帝愁眉不展根本就不是为了国家大事,而是为了宫中没有好的戏班子!这样的皇帝,你又能指望他有什么作为呢?此后,投其所好的马、阮之流为他找来几个戏班,轮流入宫演戏,供他玩乐。弘光元年正月,他边看戏,边饮酒,醉意朦胧中竟大发兽性,接连淫死童女二人。二女俱是雏妓,由老鸨领走尸体了事。此后,这类祸害雏妓的事时有发生,宦官们怕张扬出去坏事,就随便将尸体在宫中埋掉。一天夜里,宫中大钟忽然响了起来。内臣们还以为出了什么大事,都惊慌失措地涌入内宫,结果是数十个戏班子的人装扮成牛头马面,在那里胡闹。因为是朱由崧允许的,大家哭笑不得,只得散去。苏州医生郑三山向朱由崧进献春药,深受朱由崧钟爱,被选进宫来,讲房中术,供春药,竟因此当了官。到了端午节,朱由崧不上朝,却下旨命人四处捕蛤蟆配房中药,令百官啼笑皆非。人们都称朱由崧是"蛤蟆天子"。宫中的后妃侍女不够,朱由崧又令太监"选淑女"入宫。这些如狼似虎的太监们,在街上见谁家少女美貌,便在其额上贴上黄纸,带着就走。他们还挨家挨户访查,或由地方官选定。隐匿者要治罪,选的姿色差要治罪,并限定数目、时日,必须完成。这样一来,弄得百姓人心惶惶,有女之家不分昼夜,仓促选婿,赶紧来个"拉郎配",官宦人家也忙着"抢新郎",一时间闹得鸡犬不宁,民怨沸腾。朱由崧整天有哪些抢来的美女陪伴,把往日的旧妃抛在一边。他的原妻童妃带着六岁的儿子来南京,朱由崧竟然拒不相认,还把童妃打入大牢,严刑拷打致死,满朝大臣都眼睁睁地看着,谁也不敢上前劝阻。女色不在话下,男色他也照样来者不拒,照单全收。当时,朱由崧身边有一个太监张执中,长的貌美如花,身段纤细宛如少女,朱由崧对他异常宠爱，总是把他带在身边，同食同寝。这个张执中仗着皇帝的宠爱，满朝大臣都入不了他的眼。只有马士英登门求见，他才开门迎客，但也只是以一杯清水待客而已。

弘光皇帝对朝政不闻不问，马士英和阮大铖作威作福，他们把朝中反对他们的官员全都遣到外面，朝廷就成了他们的天下。他们把各种官职全都明码标价，公开出售，只要有钱，什么人都能做官。当时民间有一首民谣说："都督多如狗，职方满街走；相公只爱钱，皇上但吃酒。"朝廷如此腐败黑暗，迅速灭亡是必然的。仅仅一年不到，弘光朝廷被清军的铁骑踏平。朱由崧也被叛将献给清廷，作了清廷的刀下之鬼。

崇祯为什么不南迁

明朝末年，国势飘摇，眼看着就要大难临头。崇祯皇帝急得像热锅上的蚂蚁。清军接连攻占了山东、河北的许多州县，张献忠一路沿湖北、湖南夺关占地，准备全面占领四川；更严重的是李自成已西进潼关，占领西安，控制了西北，并整顿兵马要直取北京，大有称王建国之势。国家社稷危在旦夕，如果此时崇祯皇帝权衡利弊，当机立断，迁都南京，也许尚可保住江南的半壁江山，明朝或许不会这么快就灭亡。但是崇祯却迟迟没有南迁，放弃了一条生路，亲手断送了大明江山，自己也吊死煤山。那么，崇祯皇帝为什么迟迟不肯南迁呢？他真的不想南迁吗？

这一年的正月初四，崇祯急召大学士及首辅大臣陈演、魏藻德、丘瑜等大臣到御书房议事，讨论兵部兵科给

崇祯帝

事中吴麟征、陕西总督余应桂和蓟辽总督王永吉三人提出的速调吴三桂入京勤王的三道紧急奏折。这本是一个拯救危亡的折中方略，虽然不得不因此放弃山海关，但能避免京城落入李自成之手。然而，崇祯却踌躇再三：面对外患，如果弃地守京，就会落下丢失国土的千古罪名；面对内忧，坐以待毙，又会蒙受失政

于寇的奇耻大辱。这个两难的选择使他犹豫不决，他还一心想作名垂青史的圣君呢，这种失地失国的重大罪名怎么能承受得起？因此，他把这个皮球踢给了这些大臣们，想让大臣们正式提出动议，他再顺水推舟做个表态，免得承担历史责任。可是，这帮长期生活在皇帝身边的大臣个个老奸巨猾，早都猜透了崇祯心里打的小算盘，竟无一人站出来表态！崇祯从他们口中得不到自己想要的答案，最后只好决定："早朝廷议公而决之"。于是，正月初九的早朝上，众朝臣展开了唇枪舌剑的争论，一派主张弃地守京，另一派主张决不弃地，结果相持不下，不欢而散。那么，主张决不放弃一寸国土的臣子们，真的是心口如一以死报国的忠臣吗？不然。当时的宰相、首辅大臣陈演就怀着不可告人的目的。他想，自己当庭表态不弃国土，日后就逃脱了丢失国土的罪名。而他后来又不公开反对"弃地守京"，则是遵照崇祯皇帝的心思。他想，说不定有朝一日秋后算账，这个刚愎自用又心胸狭窄的皇帝，为了开脱自己的罪责会找一个因弃地守京而丢失国土罪名的替罪羊，而他陈演则明哲保身，试想，这种满脑子为个人打算的人把持朝政，再加上个优柔寡断，只顾虚名的皇上，哪里会定下万全之策呢？退朝不久，左中允李明睿求见崇祯，为崇祯献上南迁之计。他认为即使弃地也难保京，大敌当前，应该效仿晋、宋南迁，以后再图恢复北方，以缓目前之急。实事求是地说，这个消极的应付对策略是当时确保朱明王朝的可行之策，崇祯心里也是赞同的。但是，他又认为南迁是丢弃宗庙社稷的大罪，比"弃地守京"更甚，他可不愿承担这个千古骂名，于是，这个正确的策略便被搁置一边了。

三月初，李自成势如破竹，攻克了宁武，明军一败涂地，京城已经岌岌可危，崇祯又连夜召诸大臣商议对策。这时，李明睿又奏请南迁。崇祯想，这次如果没人反对，他就可以下决心南迁了。不曾想总有人要和他对着干，左都御史李邦华竟提出，皇上应该守京师，让太子下江南。崇祯见自己的如意算盘被打乱，便怒斥道："朕经营天下十几年尚不能济，孩子家做得了什么大事？"众人顿时吓得哑口无言，其实人人心里都明白，皇帝自己本想南逃，却硬要众大臣说出来，死要面子。他们又一想，如果皇上南迁，一些大臣们便会留在京师辅佐太子，变成替死鬼；而那些随驾南迁的人，一旦京师失守，说不定也会因力主南迁而替人受过，这实在是个两面不讨好的苦差事。众人都看透了崇祯的心理，谁也不想背这个黑锅，于是个个沉默不语。崇祯却不知众人心里想些什么，见无人表态，还连连催促群臣想对策。结果群臣议来议去，还是说不出个所以然来，到了最后，也只是下了个"入京勤王"的圣旨，等待各路大军来京护驾。但是，此后的几天,勤王的军队没到,告急奏折却像雪片一样飞来,如再犹豫就什么都来不及了。这时李明睿又来紧急求见,力劝崇祯南迁。崇祯皇帝当然想马上南迁,可是他又总是盼望着大臣都一致赞成南迁,都来哭求时在半推半就地答应下来,这样虽然仍是不免"弃京南逃"之名,但总还能营造出一种不得已而为之的情景,使人对他这个皇帝的被动无奈深表同情。因此,在形势已经万分危急的关头,他还抱着一线希望,兴许这一次大臣们会众口一词的奏请他南迁的。可是他又一次失望了,大臣们来朝见他时,都仍是一副心事重重的样子,全都沉默着,谁也不肯开口。正在僵持之际,又有前方信使来报:"保定失陷了!"这一下,南迁的路被从中掐断,南迁之议已经成为泡影了,崇祯皇帝不禁呆坐在那里,一句话也说不出来,两行眼泪已然流下。

崇祯十七年(公元 1644 年)三月十八日,李自成率领的农民起义军攻入北京,崇祯皇帝无路可逃,最后在紫禁城后的煤山上自杀,屹立了两百多年的明王朝灭亡了。

后宫秘录

英宗钱皇后为何哭瞎眼

明代的大多数皇帝都是荒淫好色之徒,后宫宠妃无数,从来也谈不上什么专情,但是也有几个例外,英宗朱祁镇和他的皇后钱氏就是其中之一。

钱皇后是海州人氏,容貌秀丽,而且知书达礼,善良贤惠。英宗正统七年,她刚满十五岁的时候,被选进宫,在母亲的陪同下,经过隆重热闹的册封大典,成了英宗的皇后。这时候英宗也只有十六岁。两个人年纪相当,十分投缘,婚后恩恩爱爱,幸福无比。因为皇后温柔体贴,人又漂亮懂事,英宗非常尊重她。他们结婚七年,钱皇后却始终没有生下皇子,英宗也没有丝毫埋怨不满的意思,仍然很喜欢她。在封建王朝中皇后生下正统继承人是非常重要的,如果皇后不育可是很严重的事,甚至有可能因此被废。英宗对自己宠爱不衰,更让钱皇后心怀感激之情,两人的感情也更加坚定。他们唯一的分歧就是英宗宠信他以前

图文珍藏版

的启蒙老师太监王振。钱皇后对王振垄断朝政的情况十分担忧,好几次劝英宗不要过于纵容王振,英宗毫不理睬,钱皇后见皇帝这么固执也毫无办法。

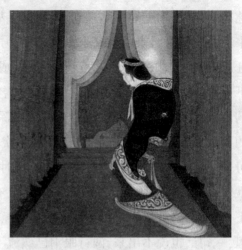

英宗钱皇后

果然,正统十四年,英宗受王振怂恿,率50万大军亲征蒙古首领边先,结果一败涂地,50万大军如鸟兽散,王振在乱军中被杀,英宗也被边先的军队俘虏。这个消息传回京师,引起了朝野的巨大震动。一时之间人心惶惶,许多富商大族都纷纷准备携带家眷逃离京城,朝廷上也乱成一片,一些大臣提出要把都城南迁。钱皇后听说了皇帝被俘,夫妻情深,更是五内俱焚。她把自己平日的积蓄全部拿出来,甚至变卖了英宗以前送她的珠宝首饰,交给朝中的大臣,希望能尽快凑齐金钱,赎回英宗。

但是边先倚仗着手握重兵,挟持着英宗皇帝,说什么也不肯得钱放人。他还想利用英宗迫使明朝大臣们打开北京的城门,放蒙古军队进城。在情势最危急的时候,以兵部侍郎于谦为首的主战派大臣在朝廷的争论中取占了上风。他们获得了皇太后的支持,改立英宗的弟弟朱祁钰为新皇帝,尊英宗为太上皇,以此来坚定军心,拒绝边先提出的入城要求,迅速集结民兵,共同保卫北京城,打败了边先的进攻。在这种情况,钱皇后深知营救皇帝无望,终日以泪洗面。她几次去请求新皇帝设法营救英宗回朝,可是新皇帝为了自己地位的稳固,极为不愿接英宗回来。

于是每当暮色四合,宫中万籁无声的时候,宫院中都传来一阵阵撕心裂肺的哀哭。那是英宗的钱皇后。钱皇后将饮食起居都忘诸脑后,终日只是祈祷和哭泣,哭累了就昏死在地。钱皇后就这样彻夜地跪在地上,为英宗祈福。持续了一年的时光。由于长期受寒,双腿受压、变曲,钱皇后的一条腿终于残废。又因为终日忧伤,以泪洗面,钱皇后的一只眼睛也因此失明。

钱皇后就这样折磨着自己,常常想起册立皇后时的美好时光。心中越发想起英宗,也越发悲伤。

后来,边先觉得把英宗留在手中毫无用处,就想让明朝派人把英宗接回去。

新皇帝还是十分不愿意,但在于谦的再三劝说下,终于勉强同意接太上皇回朝。被俘一年以后,英宗终于得以无恙归来。钱皇后当时万分高兴。觉得是自己的诚心感动了上天。然而,安然无恙的英宗见到钱皇后,却一下子愣在那里,差点认不出来,二十刚刚出头的皇后,时隔一年,竟面目全非。皇后蓬乱枯黄的头发下,一只眼睛黯然无光,一只眼睛完全失明。行动时,还被侍女搀扶着,一条腿已经残废。

英宗知道钱皇后对自己情深义重,为了自己弄成这样更加悲痛至极。归来以后,英宗作为太上皇,被幽禁在宫城外的南宫。南宫高墙深院,门锁封死,院外重兵把守,由靖远伯王骥专任守备。英宗在南宫过着惨淡冷清的日子。只有残废痴情的皇后守候在他的身边,照顾他的饮食,为他解去忧烦。南宫的生活供给贫乏,饮食很艰苦。钱皇后拖着病体,不停地做线活,让人拿出变卖,以此改善生活。英宗和钱皇后就这样相依为命,在南宫度过了将近八年,直到英宗重新从弟弟手中夺回了皇位。

当英宗再次登上皇位以后,他对与钱皇后在南宫八年相依为命的生活感念至深,并没有因为重登皇位就嫌弃身残眼瞎的钱皇后,反而更加爱惜尊重她,给她最好的待遇,以弥补钱皇后多年来所遭受的痛苦。无论英宗在朝政上做了什么错事,但是在对待钱皇后的问题上,他始终衷情不改,两人历经磨难,感情反而更加坚贞。后来,英宗病危,在临终之前还对钱皇后念念不忘。他嘱咐太子日后要好好善待钱皇后,而且留下遗命,等钱皇后死后,与自己同葬,这样两个人即使死了,也能够再次相会。本来皇后与皇帝同葬是礼法所规定的,但是英宗也知道,太子不是钱皇后所生,太子的生母日后很可能阻挠钱皇后与自己同葬,所以临死前犹不忘留下遗命,并让大学士当场记录下来,日后可以遵照办理。

英宗的预料并没有错,日后这件事果然又引起了很大的争执。他死后,太子朱见深即位,就是明宪宗。宪宗的生母周贵妃自然被尊为皇太后,但是周贵妃却百般阻挠廷臣们给钱皇后上尊号,想一个人独尊后宫。后来因为大学士们据理力争,才尊钱皇后为慈懿皇太后。几年以后,钱太后去世了。按照英宗的遗命,本应与英宗合葬。周太后却又想不遵英宗遗诏,不允许钱太后合葬裕陵。这又在朝廷上引起了巨大的争论。周太后一意孤行,大臣们就在宫前跪了一整天,得不到皇帝最后的圣旨就不肯退出。后来宪宗没办法,只好按照群臣的意思,仍把钱太后与英宗合葬。可是就是如此,钱太后墓穴通往英宗墓室的通路仍被堵死,使这对生前情意深重的夫妻死后不能团聚,这可真是造化弄人了。

万贞儿为何宠冠六宫

明朝的第八个皇帝宪宗朱见深是明朝皇帝中特立独行的另一个典型,他一生的感情和命运都同一个大他18岁的女人万贞儿纠缠在一起,演绎一场奇异的老妻少夫的生死之恋。

万贞儿

万贞儿是诸城人氏,4岁的时候就被送入皇宫。万氏面目清秀,为人聪明伶俐,入宫为宫女后便在英宗的母亲孙太后宫中服侍。万氏很得孙太后的喜爱,孙太后很疼爱她。朱见深出生不久,便被立为太子。朱见深立太子以后,孙太后就派万氏去侍候太子。朱见深小万氏18岁,他在这个乳母的精心照顾下一天天长大,渐渐长成为一个少年,两人从未有一刻分开过。

聪慧的万贞儿深深知道朱见深的价值,她要牢牢地将他掌握在自己的手里。于是,她处处迎合朱见深,努力琢磨养生以保持美丽的身材和容貌,无微不至地照顾朱见深的衣食住行。可以说,朱见深是在她温柔的怀抱中长大的。少年太子稚嫩而单纯,从未尝过感情滋味的他怎么能抵挡得住这样一个风情万种的成年女子的刻意挑逗?他依恋着万贞儿给予的温柔体贴,年纪渐长后又体验到万氏无尽的风情,沉浸在万贞儿温情和柔情的双重陷阱中不能自拔。万贞儿像母亲一样照顾着他,又像情人一样包围着他,让他纵情欢乐,别无烦恼忧愁。

天顺八年,朱见深登基,时年十七岁。此时的他,对万贞儿的爱情中混杂着缠绵的"恋母情结"。这种双重的感情足以抵挡住任何女性对朱见深的吸引。所以,尽管他身边有后有妃,有另外的性生活,但这位三十四岁的半老徐娘万贞儿在他心目中的地位,是任何女性都取代不了的。本来,宪宗是想立万氏为皇后,而且在他心目中,万氏实际上就是统领六宫的皇后。然而,朝廷不能接受万氏,皇亲国戚和臣民百姓也不能容忍一个大皇上18岁的随侍宫女成为堂堂天朝母仪天下的国母。因此，朝廷选择了吴氏为皇后，授权她正位六宫。

年轻漂亮的皇后入宫之初就得不到丈夫的喜爱，心里十分不满。再加上万贞儿倚仗着皇帝对她的宠爱，恃宠而骄，在宫中作威作福，更使吴皇后憋了一肚子的怨气。于是有一天，她抓住万贞儿一个不合礼仪的罪名，命手下的宫女们打了万贞儿一顿。

万贞儿哪里受得了如此对待，她哭哭闹闹，寻死觅活，不依不饶。朱见深对皇后本无感情，心思全在万贞儿身上，见到自己心爱的女人被打，岂能容忍？于是决定废后。立后不到一个月就要废后，而且只因为一件小事，很难令人心服。宪宗于是找了一个理由，说吴皇后是在太监牛玉的阴谋之下冒立的，不但把牛玉发配边疆，还趁机废除了吴氏的皇后称号，打入冷宫。万贞儿知道皇帝一心护着自己，在宫中更是横行无忌。继吴氏之后成为皇后的王氏本来就个性软弱，再加上目睹了吴皇后的前车之鉴，更是唯唯诺诺，委曲求全，小心谨慎地看万贞儿的脸色度日。于是万氏无名有实地把持了后宫。

随着年纪渐长，万贞儿青春不再，精心保养的美丽容貌也逐渐老去了。她原本苗条的身材开始变形，变成了一个饱硕丰满的中年妇人，说话也如破锣一般沙哑难听，可是她却依然能够抓住皇帝的心。她投皇帝所好，经常身穿戎装，骑着高头大马在皇帝的辇车前扬鞭开路，皇帝十分喜欢她这身装扮和不让须眉的豪气，不但没有嫌弃她，反而更加形影不离：对于这种诡异的情形，宪宗的亲生母亲吴太后感到十分奇怪，她曾经问儿子为什么那么喜欢和万氏在一起。皇帝的回答却很模棱两可，只是含糊地回答说："我也不知是为了什么，只知道有万贵妃在身边时就觉得心安！"

成化二年，万贞儿因生有一子，被册封为皇贵妃，朱见深欣喜之余，将万氏一门尽数封官，并赏赐万氏大量金银财宝，还一心想着要尽快立这个孩子为太子。他还兴奋地派人到全国各地去祭祀山川河海、天地神灵。万贞儿也喜滋滋的，觉得自己这回终于能成为名正言顺的皇后了，再也没有人能因为她出身低下而蔑视她。只要她的儿子将来当了皇帝，她就更是权集天下的皇太后了。

可是好景不长，美梦易碎。寄托了宪宗和万贞儿全部希望的儿子在一年之后就突然夭折了。万氏因为孩子的死，再加上她年纪已大，不可能再生育，心灵受到了巨大的打击。她的心变得更加扭曲，同时为了保住自己的地位，万氏便将一腔怨恨向后宫发泄，大施淫威。后宫中被宪宗临幸而怀孕的妃嫔美女因此受尽凌辱，被强行堕胎，个个痛不欲生。后宫中一提到万贵妃，无人不闻之色变。成化七年,她又毒死了贤妃柏氏生下的皇子,这也是宪宗唯一一个在世的孩子了。

皇帝没有子嗣,自己也很烦恼,朝中的大臣们更是为此而忧心忡忡,甚至有人还直言要皇帝"广施恩泽,博爱后宫",言下之意是要皇帝不能只专宠万贵妃一人。宪宗当然也知道没有皇子的严重性,但是要他放弃与万贞儿的多年感情却万万不能。对大臣们的直言上书,他给予的回答是"这是朕的家事,朕自己会做主。"大臣们见皇帝如此固执,也没有别的办法了。

后来,有一个宫女纪氏,偶然被宪宗临幸,居然秘密地生下一个皇子,在宫中隐藏了六年才被发现。正为没有儿子发愁的宪宗当然是大喜过望,马上布告天下说皇帝有皇子了,普天同庆,只有被蒙在鼓里的万贞儿气得咬牙切齿。皇帝也知道万氏很可能会对太子不利,特意将孩子给自己的母亲抚养。

万贵妃 58 岁时,变得喜怒无常。有一次对一位宫女恼火,怒冲冲地杖责宫女,但由于身体太过肥胖,心脏不胜负荷,加之气血冲顶,她竟然一时背过气去,再也没有醒来。宪宗闻讯赶来,不禁肝肠寸断,伤心愈绝。他下令辍朝七日,用皇后的礼仪安葬了万贵妃。从此,他日夜思念万氏,郁郁寡欢,常常独自发呆,长叹着说:"贵妃已去,我又怎能久在人世呢?"果然不到一年,宪宗因思念成疾,追随万贵妃去了,死时还不到 40 岁。他们这样生死相恋,誓死追随的深情在历代贪图美色的皇帝中是极为少见的。

孝宗生母为何惨死

孝宗是明朝的第九个皇帝,被评价为明代帝王中最具风范的明君,可是他的少年时代却过得危险而坎坷,他的亲生母亲纪氏更是在他年幼之时就遭暗害。这都是因为他的父亲宪宗皇帝宠信大自己十几岁的万贵妃所致。

纪氏是一个广西地方酋长的女儿。明军杀死了纪姓土司首领,将纪氏俘至北京,送入后宫。纪氏长得很美丽,为人伶俐聪慧,入宫以后,很快升任女吏。她秀美出众,颇有文才,但由于她是乱酋之后,她没有资格侍候皇帝和宫中后妃,所以被派往一处宫室,管理书籍。

宪宗喜好文墨,一天偶然去翻阅书籍,正好巧遇纪氏,两个人相谈之下,他发现纪氏知识广博,谈吐风雅,不觉暗自喜爱。他更为纪氏的姿色所动。就临幸了她。宪宗临幸纪氏,不过是游兴所致,临幸了以后转身便忘了,纪氏却因此怀了孕。

当时宪宗专宠年长的万贵妃。万贵妃因此恃宠而骄,在宫中横行无忌。她因为自己的儿子生下不久就死了,自己又不能再生育,所以十分嫉恨那些怀孕的年轻后妃。而且她决不允许任何一个女人母以子贵,夺走宪宗对她的专宠。所以她派人在宫中暗自侦察,千方百计地阻挠其他嫔妃宫女和皇帝接近,一旦发现谁被皇帝临幸,怀了孕,她就派亲信太监去逼那个怀孕的妃子喝下堕胎药。一时之间,被她强逼堕胎的宫人有好几个。她还毒死了宪宗唯一在世的儿子。于是,在她的淫威之下,宪宗当了多年皇帝,临幸了无数女人,却依旧没有一个儿子。

纪氏也同样不例外。万贵妃一听说她怀了孕,马上派太监张敏去打探实情。不知是同情纪氏还是因为一些别的什么原因,张敏并没有如实回奏纪氏怀孕的消息,他只是向万贵妃回报说,纪氏是因为得病,所以肚子肿胀。万贵妃这才放下心来。可是她还是不想放过这个引起皇帝注意的女子,命人将纪氏关到西内的冷宫中去。纪氏在冷宫中忍受着孤独寂寞,几个月后居然生下了一个儿子。孩子由于营养不良,所以一生下来就很虚弱,头顶上还少了一撮头发。这就是未来的明孝宗朱祐樘。

纪氏生下孩子,心中仍然很害怕,担心这个瘦弱的孩子早晚会被害。万贵妃一旦得知,不但皇子死于非命自己惨死不说,还会牵连身边好心照顾她们的人,纪氏经过痛苦的思虑以后,决定结束皇子的生命。她让张敏抱出皇子,将他溺死埋掉。张敏大惊,慌忙进言说,"皇上还没儿子,怎么能丢弃呢?"张敏不敢遵命,纪氏于是就留下了皇子。张敏买了一些粉饵饴蜜之类的食品,帮助纪氏将小皇子藏在一个隐秘的地方,细心喂养。宪宗的第一个皇后吴氏因为被万贵妃嫉恨而被废,这时也居住在西内的冷宫中。吴皇后心地善良,也很同情纪氏的遭遇。共同的命运将吴氏和纪氏连在一起,吴氏便加入到了纪氏的行列中,共同对付万贵妃和万贵妃的心腹。她们一起细心地抚养皇子,就这样苦撑时日,皇子在艰难的困境中一天天长大,一晃就熬过了六个春秋。宪宗对此始终一无所知。

成化十一年的一天,宪宗召张敏为他梳理头发。宪宗对着镜子,看着镜中的自己已经渐生白发,不禁长叹道:"老将至矣,无子!"张敏闻言马上跪伏请罪,"奴才罪该万死,万岁已有皇子!"宪宗不禁愕然,忙问皇子安在,张敏回答说,"奴才说了即死,请万岁给皇子做主!"站在一边的太监怀恩,也随声伏地顿首说，"敏言是，皇子潜养西内，今已六岁矣！匿不敢闻！"宪宗欣喜若狂，当即传令驾幸西内，并派使臣前往迎接皇子。

纪氏见到了皇帝的特使，知道苦日子熬到头了，不禁热泪盈眶。她抱着儿子，含泪哽咽着对儿子说，"事已磊白了，我也不久于人世，儿子去吧，那位穿黄袍，有胡须的就是你的父亲！"皇子穿上小红袍，坐着小轿，被一路簇拥着送到宪宗的面前。皇子长期幽禁，胎发都没有剃，在这冷宫的凄风苦雨中度过了整整六年，这时已是长发及地。皇子披头散发，摇晃着扑向身穿黄袍、长着胡须的宪宗。宪宗张开双臂，抱着自己的儿子，老泪纵横。宪宗悲喜交加，将儿子放在自己的膝上，细细端详。他看了很久，最后流泪说道，"是我的儿，很像我。"

宪宗马上将这件事飞报内阁。朝中大臣得知后万分欣喜，纷纷入贺。宪宗立刻颁诏天下，封纪氏为淑妃，立即迁出冷宫，住进了宫城内的永寿宫。一时间，冷寂多年的后宫又热闹非凡，宫禁也因此失去了平静。万贵妃得知此事，恨得咬牙切齿，终日破口大骂，"群小欺哄我！"不久，宫里出了一件特大的怪事：刚刚住进永寿宫的纪淑妃，突然暴死。紧接着，帮助纪氏潜养皇子的太监张敏也不知因为什么，吞金自尽了。尽管史书中对纪氏和张敏的死都写的含含糊糊，但明眼人都知道这必定是万贵妃心中怀恨而暗中下的毒手。宪宗明明知道事情的原委，但是他一直对万贵妃怀着一种又爱又怕的情感，这件事发生以后，他什么也没说，既不追究死因，也不追查杀手，事情就这么不了了之了。但是，宪宗对这好不容易得来的儿子却十分宠爱，为他取名为朱祐樘，并很快立他为太子。为了太子的安全，他也开始注意宫中的防范措施。因为多年来后宫中到处都是万贵妃的亲信眼线，他谁也不敢相信，只好把太子放到自己的母亲所住的仁寿宫去。尽管如此，太后和皇帝还是派许多人片刻不离地保护太子。太后也常常嘱咐太子说，如果万贵妃给你任何东西，都不要吃。太子年纪虽轻，但是从小生长的环境使他聪敏异常，每当这种时候，他都会反过来安慰忧心忡忡的皇帝和太后。万贵妃想尽办法也无法伤害到太子。有一天，她叫太子到她宫中去玩。临去之前，太后又不禁细细叮嘱了一遍，太子一一点头答应。到了万贵妃的宫中，他果然什么也不吃。万贵妃让他一起吃饭，他说吃饱了，万贵妃让他喝茶，他更直接地回答说怕有毒。这可把万贵妃气得要命，可是也没有办法。

后来，万贵妃死去，对她一往情深的宪宗也很快追随而去。饱经磨难的太子终于登上了皇帝宝座，成为一代明君，这也足以使他那命运凄惨的母亲纪氏的在天之灵得到一些安慰了。

嘉靖皇帝为何险被宫女谋杀

　　明朝的嘉靖皇帝信仰道教简直到了痴迷的程度,但是他的痴迷却给他身边的人带来极大的伤害,以至于宫女们群起反抗,险些把他勒死在睡梦之中。

　　一次,嘉靖皇帝带着他的方皇后和他最宠信的道士陶仲文到嵩山去寻找得道高人,刚过了黄河就遇到一阵怪风,随后皇帝的行宫就被大火烧毁了。嘉靖皇帝在随行人员的苦苦劝告之下终于下令回宫。可是回到北京后他又觉得白跑了一趟,很不甘心,就找来陶仲文,问他嵩山上是不是有什么得道的仙人,因为不愿凡间的人前去打扰,才施出怪风怪火来示警呢?陶仲文一向以欺骗皇帝为能事,这时见皇帝主动问起神仙降灾的事情,当然求之不得。他向皇帝打保票说,虽然

嘉靖皇帝

得道仙人不喜欢见外人,但是由他出面去请,仙人一定会赏光的。后来,他不知从哪里找来了一个老道士,据说已经年过八十,但是仍然健步如飞,红光满面。嘉靖见了又惊又喜,长生不老正是他一直追求的目标啊!他连忙向老道士请教长寿的秘诀。这位老道士就告诉皇帝说,修道讲究清心寡欲,他住在深山之中,不受尘世俗务打扰,每天早晨起来就接受朝阳的光华,口渴了就饮用天庭雨露,因此肠胃清洁,胸无积滞,得以神清气旺。嘉靖皇帝听了不禁大喜,清心寡欲是做不到的,他离了女人和权力简直就不能活,但是这每天饮用天庭雨露他还是做得到的。于是他命人每天率领宫女们在黎明时分去御花园采集甘露,供他饮用。

　　宫女们每天黎明就得早早起床,到御花园之中,左手持玉杯,右手持玉簪,在事先已经洗净的树叶上采集露珠。这些宫女们分班晨起执行任务,每天大约四十人,早晨天气很冷,宫女们穿着单薄的衣裳,站在晨风之中,听起来似乎意境很美,其实却是一件苦差事。草丛中的露珠沾湿了宫女们的衣服,她们浑身

发抖,但又不得不为皇帝采集玉露,一来二去很多人都因此病倒了。嘉靖皇帝每天就用这些宫女们采集来的玉露吃饭进药,好不逍遥。而且他果真觉得饮了这种玉露,就精力旺盛,神清气爽了,因此更加乐此不疲。

天长日久,采集玉露的宫女们不但相继病倒,而且心中都充满了怨恨。嘉靖皇帝本来为人就极为严厉,又因为长期服用有毒性的丹药,变得更加喜怒无常,采集玉露的事情因为极其辛苦,所以也就成了他用来惩罚失宠的嫔妃和犯错宫女的一种手段。宫中的人也因此更加畏惧被派去采集玉露。有一个姓王的后妃,本来也是嘉靖皇帝的宠妃,后来却失了宠,被嘉靖皇帝当众打得遍体鳞伤,最后还被派去每天采集玉露,不能违抗,如果稍有怨言就要被处死。这位王妃从此忍气吞声,加入了采露宫女们的行列。有两个宫女,一个叫杨金英,一个叫刑翠莲,因为犯了大错被罚每天都要早起去采集甘露,看到别的宫女还可以倒班休息,两人就更加心怀怨恨。王妃与她们同病相怜,三人也就更加地亲近了。

这三人团体后来又陆陆续续地加入了一些其他人,十几个人患难与共,成了很好的姐妹,在相互交流之中更加深了对嘉靖皇帝的憎恨,开始蠢蠢欲动地想找机会报复了。

这一年正是嘉靖二十一年,宰相严嵩的手下赵文华进献了一只五色神龟,据说是千年灵物,只有在深山之中才能偶然一见。嘉靖当然很高兴,命人把神龟养在宫中,时不时地带着宠妃前去观看。这个负责看守神龟的任务很巧合地落在了杨金英和刑翠莲两人的身上。过了没多久,这"千年灵物"的神龟居然死在了池中。杨、刑两人非常害怕,就去找王妃商量。王妃是个胆大心细之人,心中又充满了对皇帝薄情寡义的怨恨之情。她觉得机会已到,就给她们出了一个主意。因为皇帝每天都住在端妃的寝宫里,这端妃正是当初陷害王妃使她失宠的人,王妃自然是恨她入骨,所以一心想除掉她。王妃知道皇帝早上有睡懒觉的习惯,又听说每天早晨端妃都离开寝宫亲自去监督宫女们烹制用玉露做成的食品、药物,所以那个时候她的宫中只有两名宫女看守。王妃看准了这个机会,告诉杨金英她们趁这个时候进到端妃的寝宫里去,把守卫的宫女骗出来,把熟睡中的嘉靖皇帝勒死。这样一来可以报仇,二来只要皇帝一死,宫中必定大乱,到时就没有人追查神龟的事了。杨金英她们一听都吓坏了,谋杀皇帝的事可真是闻所未闻。可是仔细一想,又觉得没有别的办法可行了。嘉靖皇帝对下人极为严苛,神龟死了,他们肯定脱不了干系,反正已经是难逃一死了,还不如冒险一试，如果成功的话，说不定还可以趁着宫中大乱的时候逃出宫去。于是她们下定了决心，约齐了其他的姐妹，就按照王妃的计划行事。她们先骗出了看守端妃寝宫的两名宫女，再偷偷溜进宫去，用绳子勒住正在熟睡的嘉靖皇帝的脖子。可是她们太害怕了，绳子怎么也勒不紧，反而把嘉靖皇帝弄醒过来，发出了大叫声。守在宫外把风的王妃一听皇帝的叫喊，知道事情要坏，马上偷偷地溜走了。一会儿，事先听到风声的方皇后带着人赶来了，马上命人把正在行凶的杨金英等人抓起来，立即处死，又赶紧找来太医抢救垂死的皇帝。总算嘉靖的命大，半天之后居然慢慢地醒过来了，一直到两个月后才逐渐康复。方皇后当场就查出了这件事是王妃主使的，要把她当场处死。王妃知道逃不过一死，就一口咬定端妃事先也知情。于是，方皇后把端妃也一并处死了。王妃虽然没能杀了皇帝，但是总算在临死之前把曾经害过自己的端妃拉下水来，满足了一桩心愿，死也瞑目了。

熹宗张皇后定江山之谜

明熹宗朱由校的张皇后，名嫣，字祖娥，是河南祥符县清生张国纪的女儿，她长的丰姿绰约，美色天成，又知书达理，深明大义，是一位不可多得的聪明睿智的好皇后。她对客氏、魏忠贤横行霸道、扰乱朝政的恶行十分气愤，常常借机劝说熹宗，可是熹宗总是听不进去。

一天，张皇后正在读《史记》，朱由校玩得满脸是汗地跑进来了，问张氏读的是什么书？张皇后说在读"赵高传"。"赵高？谁是赵高？"朱由校每天只顾着游玩，不喜欢看书，他根本不知道赵高是何许人也。"大奸似忠，毒如蛇蝎，指鹿为马，颠倒黑白，坏秦家锦绣天下的小人！"张皇后气愤地一口气说了一串话。可是，朱由校才不管赵高是忠是奸，只是似懂非懂地朝皇后一笑，又去玩了。

朱由校很爱看戏，每天吃过晚饭他都会去看戏，百看不厌，非常开心。戏班中的编剧为了讨好魏忠贤，常常编一些闹剧，谀谄魏忠贤，把魏忠贤捧上了天。张皇后看了十分气愤，指斥魏忠贤横行霸道，乱国乱政，可是朱由校根本不听她的。以后这样的戏，她再也不看了。

客氏最担心张皇后控制朱由校，所以时时处处对张氏提防和限制。客氏在宫内大摆威风，以朱由校的母亲自居，根本不把嫔妃看在眼里，对张皇后也是如此。

对客氏的横暴,张皇后非常反感,她曾当面斥责过客氏,因此,客氏、魏忠贤与张后结下冤仇,必欲铲除而后快。

天启三年(公元1623年),张皇后怀孕了,客氏将张皇后宫中下人一律换成她的心腹,在侍候张氏时粗手粗脚。终于有一天,一个宫女给张氏捶背用劲过猛造成张皇后流产。

后来,客、魏二人又把毒手伸向了张皇后的父亲张国纪,想以此牵扯张皇后,废掉张皇后而立魏忠贤的侄子魏良卿的女儿为皇后。造谣说张皇后是被张国纪收养的一个在逃杀人犯的女儿。朱由校不辨黑白就下旨革去张国纪的爵禄,令其回籍了,但并未动张皇后。客、魏二人阴谋虽未能逞,但其狼子野心已昭然若揭了。

本来朱由校身体很健康,二十岁刚出头,从没得过病,可是不知什么原因,从天启六年开始,身体却日渐虚弱起来,脸和身上都出现了浮肿。到了天启七年,竟病倒在床,时发高烧,浮肿加重,饭量大减,说话有气无力,朝野上下惶惶不安。这时,京师又传出了魏忠贤预谋篡位的谣言,闹得满城风雨。张皇后更是忧心忡忡。

天启七年六月间,朱由校又一次病倒,这次更是严重,惧热怕冷,时发高烧,浮肿也更加厉害。这下可忙坏了御医们,也吓坏了魏忠贤一伙。他们本来想依靠熹宗这个大靠山,一辈子荣华富贵,可是熹宗这么年轻却眼看就要病重不治,自己又坏事做尽,触犯了众怒,怎么能不忧心如焚!

自从生病之后,长时间辗转于床第,朱由校有了反思的时间。大概出于良知的发现,自天启七年朱由校性格发生了某些细微的变化。他开始注意他周围的人,对张皇后的态度也渐渐转变了,张皇后因此可以经常陪伴在他的床边。

张皇后虽然也是二十几岁的年轻女子,但作为天下之母,她还是很有政治头脑的。她清醒地认识到,面对复杂的形势,必须沉着冷静,当务之急是解决皇位的继承问题,绝不能使客、魏的篡位阴谋得逞。

如今,朱由校的病眼看无望再起,又无子嗣,张皇后就想到了朱由校同父异母弟信王朱由检。遵照"兄终弟及"的惯例,信王是可以名正言顺地继承皇位的,况且他素有贤名,能当此大任。于是,张皇后就对病中的朱由校提起了信王,说他可以托付大事,朱由校点头同意。

到八月八、九日间,朱由校病情加重。魏忠贤等人时刻守在宫殿内外以防不测。张皇后劝朱由校召见信王一次,由于客、魏防范太严未成。后来她终于找到一个机会,偷偷地安排信王和熹宗见一面。

信王来到乾清宫,见到了他的哥哥。看到朱由校全身浮肿、气息奄奄,朱由检很难过。朱由校强打起精神说:"我弟将来要成为尧舜一样的君主,你要好好照顾你的嫂子。"信王听说皇帝要传位给他,还百般推辞,这时张皇后从帘后走出来,急声说道:"皇叔千万不要再推辞,现在正是国家最危险的时候,你一定要担起国家社稷的大任。"

信王只是伏地叩头不敢回声。接见结束后,张皇后叮嘱他多加保重,随时注意事态变化。朱由校昏昏庸庸过了20余年,只有接见信王确定继位人是他做的唯一一件明白事。

天启七年八月,朱由校驾崩,张皇后马上传旨,命人迎信王入宫,同时向天下宣告信王继承大统的遗诏。次日,朱由检登基,张皇后才放下心来。张皇后凭借自己的机敏果断,完成了一件力定社稷的惊人之举。

朱由检登基后,封张皇后为懿安皇后,尊养于宫中,其父张国纪也恢复了爵位。崇祯十七年,李自成农民军攻下北京。朱由检传令张皇后自裁,张皇后即刻自缢而死。

但是,后来的野史笔记中多谓张皇后未死,一说她归顺了李自成;一说她在李岩的保护下活了下来,后来才自杀;一说她流落于民间,沦为卖水者之妇。这些记载是真是假还不得而知,但张皇后危急时刻挽救国家的机智和勇气都完整地保留在人们的心中,也许就是这个原因,所以人们都衷心地希望她还活在世上,所以才留下了这些死里逃生的记载吧!

周皇后以身殉国了吗

崇祯皇帝是明代的最后一位皇帝。其皇后周氏祖籍苏州,后来徙居大兴。天启年间,神宗刘昭妃摄太后宝,宫中事务决于熹宗张皇后。崇祯朱由检是光宗的第五个儿子。12岁时,朱由检封信王。五年后即皇帝位。周氏是在朱由检为信王时选为王妃的。当时,张皇后见美艳沉静的周氏很单薄,担心她不能担当重任,母仪天下。刘昭妃却说,"今虽弱,后必长大。"这才册为信王妃。信王即皇帝位,周氏便被册为皇后。周皇后作为明帝国的末代皇后,在明覆亡时,毅然决然地以身殉国,万分悲壮。

周皇后年幼之时,就已经展现出惊人的美貌和柔婉的个性,深得家人的喜爱,被奉为掌上明珠。周皇后早年在家时,有一次被文士陈仁锡瞧见,陈仁锡惊叹周氏的美貌,对她的父亲说,"君女天下贵人。"陈仁锡便教授周氏《资治通鉴》和经史之书。因此,周皇后知书达礼,颇通文墨。崇祯也极好读书,各处宫室宝座左右,都遍置书籍,坐即随手翻阅,他还常作四书八股文出示群臣,并颁行天下,士子们争相传诵。拍马屁的大臣还写文称赞崇祯皇帝有书生风度。崇祯自己也非常骄傲,认为自己即使不当皇帝,肯定也是天下名士,轻而易举地就能金榜题名。书生风度的崇祯帝自然对才、色双绝的周皇后宠爱无比,视为红颜知己。

能与周皇后争宠的是贵妃田氏。田氏的美色与周皇后相当,但纤妍冷艳却过之,而且多才多艺。因此崇祯帝相比之下,对田贵妃更加着迷。两名女子都美色天成,不用修饰就已经容姿秀美,宫中其他嫔妃都远远不及。而且周皇后祖籍江苏,田贵妃则来自扬州,两人都喜欢穿南方服饰。一时之间带动了宫中风气,嫔妃宫女纷纷仿效,全着南装,一个个争艳斗丽,美景无限,而周、田二人仍然独领风骚。

周皇后果然没有辜负当初选她为妃的刘太后的希望,入主六宫以后,即以瘦弱单薄的身躯担任起治理后宫的重任。她仪态万方,天生威严,在宫中威望很高。而且她生性简朴,刚一入宫就着手裁减宫中用度,撤销不必要的费用。崇祯一朝内乱外患接连不断,周皇后就常常劝崇祯皇帝要爱惜百姓,安定人心,再团结对外。而且她还劝说崇祯皇帝要宽以待人,善待臣民百姓。可是崇祯固执自负,根本听不进周皇后的劝告,总是觉得全天下的人都辜负了他。因为当时四处用兵,军费紧张。周皇后关心着国家社稷,也常常拿出自己的私蓄和宫中节省下来的费用充作军费,崇祯对周皇后的深明大义十分感激。

但是宫中却仍不平静。皇后和贵妃争宠,两不相让。田贵妃恃宠而骄,谁都不放在眼里。周皇后对田贵妃的嚣张气焰和高人一等的态度不能容忍,日常就多加裁抑。据说有一年岁元日,天气寒冷,田贵妃去朝见周皇后,辇车直至庑下。周皇后故意拖拉,好半天才出室就座,受田贵妃跪拜。拜过以后,周皇后一言不发,竟自离去。而袁贵妃来朝时,周皇后则热情接待,相见甚欢,两人亲热地说话多时,久久方才离去。

田贵妃觉得受到了极大的污辱,从此就恨死了周皇后。她的地位比皇后低,受制于皇后,自己没有办法,便在崇祯帝前哭泣,倾诉委屈。崇祯皇帝当然不高兴,觉得皇后有些过分。有一次,皇帝和皇后在交泰殿谈事,两个人意见不合,崇祯皇帝怒火顿起,愤然推开皇后,扬长而去。可怜的周皇后金枝玉叶,哪里受住皇上一推?当即伤心欲绝,仆倒在地上,悲泣不已。自此躺在床上,拒绝进食。崇祯帝又后悔自己鲁莽,就派中使持貂凄赐赏皇后,算是谢罪,并询问皇后的饮食起居。周皇后这才结束绝食,帝后和好如初。

岂料两人刚和好不久,田贵妃又惹怒了崇祯帝,被斥居启祥宫,整整三个月不被召幸。周皇后这时又于心不忍。有一天,周皇后陪崇祯帝在永和门看花。周皇后见崇祯帝高兴,便乘机进奏,请召田贵妃。崇祯帝没有作声,其实心中已经想念美妃了,只是又不好自己直接去召见她,周皇后看透了皇帝的心思,用车迎来田贵妃。崇祯帝见到了爱妃,心中高兴,于是两人和好如初,恩恩爱爱。田贵妃也因为周皇后的不计前嫌而感激不已。两人之间前嫌尽释,从此和睦友好。

宫中的战火虽然逐渐平息,但是宫外的战火却愈演愈烈。崇祯八年以后,各路起义军迅速壮大,严重威胁了明王朝的统治,关外的后金(即后来的大清)大军也在虎视眈眈,伺机而动。崇祯皇帝为了朝廷上的政事和紧急的军情忧心不已,坚持茹素理政,因为过于劳累,日渐憔悴。周皇后看在眼中,急在心里,可是又知道皇帝不听劝,于是她只好让自己的母亲进宫,假称崇祯皇帝的亲生母亲李纯皇太后托梦给她,劝皇帝要注意身体,增强饮食。另一方面,皇后又在宫中提前置办好美食,等皇帝回宫后享用。崇祯皇帝回到后宫,见到如此情景,知道皇后为了自己费尽了心思,又想朝政的混乱,两人不禁相对而泣。

尽管崇祯皇帝殚精竭虑地想挽回败局,但是却已经无力回天,明王朝的灭亡之日一天天逼近了。崇祯十七年三月十八日,李自成的起义军终于突破重重险阻,来到了北京城下。许多文武大臣望风而逃,逃不掉的就投降了义军,被派去监军守城的太监更是见利忘义,大开城门,迎闯王军队进城。崇祯皇帝眼见大势已去,想逃出城去又告失败,无奈之下,他回到后宫,见了周皇后,痛苦地说道:"如今大势已去,不可挽回,你是一国之母,绝不能受辱,还是尽快自尽吧!"周皇后听了,也早知道会有这一天,只是跪在地上向皇帝告别,痛哭着说:"我服侍陛下十八年了,可陛下从来不肯听我一句劝,以致有今日!我能够以身殉国,也没有什么可说的了!"话说完,她抚着三个皇子又哭了一会儿,就毅然决然地转身进屋,把门锁上了。一会儿,屋内的宫女出来报告说,皇后已经遵旨自尽了。崇祯皇帝到这时想起多年的夫妻之情,也不禁悲痛的涕泪横流。他又命令三个皇子迅速改穿便装逃出宫去,其他妃子则一律赐死。然后他自己直奔皇宫后面的煤山自尽了。

周皇后这明王朝的末代皇后,生前深明大义,勤于治家,赢得天下人民的爱戴,当国家危急之时,又以身相殉,其悲壮凄美的一生,真是让人不能不由衷感叹。

懿安皇后的下落如何

明熹宗被认为是明代皇帝中最昏庸的,但是他有一个睿智聪敏的皇后却也是公认的。熹宗的皇后姓张名嫣,是河南祥符县人。她不仅容貌出众,聪敏过人,而且还知书达礼,深明大义,深受周围的人喜爱。她被选入宫与熹宗成亲后,变成了母仪天下的皇后。她和熹宗两个人,一个性情娴雅宁静,一个生性好动,嗜玩如命,两个性格不合,所以也不太亲近。但是尽管如此,熹宗始终还是很尊重爱戴她,这在一定程度上保护了她免受客氏和魏忠贤的毒害。原本他们对她很是忌惮,一直想把她除去。先是使手段迫使张皇后流产,后来又诬告张皇后是一个杀人犯的女儿,想让皇帝废掉她。可是熹宗皇帝只是半真半假地处分了她的父亲,却并没有触动她的地位。她毕竟是一国之母,客、魏二人对此也没有别的办法,只好暗自时时地提防她。

天启七年八月,年仅二十三岁的熹宗皇帝重病不起,眼看不行了。可是由于客氏在宫中对他的妃子们屡施毒手,皇帝仍是没有子嗣,日后由谁继承大统成了问题。这时候城内又有谣言说魏忠贤想篡位当皇帝,形势非常危急。张皇后这时挺身而出,极力主张由熹宗的弟弟,被封为信王的朱由检继承皇位,也取得了病床上的熹宗的同意。于是在张皇后的暗中安排下,熹宗与信王秘密地见了一面,定下了传位大计。熹宗死后,信王马上继承了皇位,即崇祯皇帝。

崇祯登基后,因为感谢张皇后在自己继承皇位的问题上出了大力,而且在后来消灭客、魏集团势力时又立了大功,所以对她非常尊重,尊她为懿安皇后,给予皇太后的待遇,仍旧住在宫里。

崇祯十七年(1644年)三月十八日,李自成领导的农民起义军攻入北京城,崇祯皇帝在煤山上吊自杀,他的周皇后也同时自杀殉国。据说崇祯在出宫之前,曾经传命让住在后宫的懿安皇后自缢,但是后来人们却发现懿安皇后下落不明,不知去向了,也因此引起了种种猜测,成为晚明的众多疑案之一。

关于她的下落,有各种不同的说法。有人说,在义军破城之时,懿安皇后主动出降,并献出了大量金银,随后不知去向。这是最为人所不齿的"出迎说"。根据张皇后的一贯行为和思想判断,大多数人都拒绝相信这种说法。后来根据史学家们的考证,这种说法被彻底推翻了,得出的结论是出迎献金的另有其人,是熹宗的任贵妃冒名顶替,而不是懿安皇后本人。

也有人认为她化妆出走了。这种说法认为她没有听从崇祯皇帝让她自缢的命令,反而趁着宫中大乱,宫人太监纷纷走避的机会,也换了便装,青衣蒙头,逃出了皇宫,避入成国公朱纯臣家中,后来沦为卖水人之妇。这种看法也向来不被人们采信,认为当时"青衣蒙头"出走的是一个宫女。

第三看法认为她确实听从了崇祯皇帝的命令,在皇宫即将陷落时上吊自缢了,有一个叫王永寿的太监亲眼见到了懿安皇后的尸体。

第四种也是最为人相信,并乐于接受的说法就是"义救说"。这个说法中又牵涉了另一个晚明历史中像谜一样的人——李自成起义军中的制将军李岩。据说在宫中大乱之时,懿安皇后并没有接到崇祯皇帝让她自杀的命令,也在混乱中避入了成国公朱纯臣家中。后来义军进城,到处搜寻崇祯皇帝的下落,却意外地在成国公家中发现了懿安皇后。制将军李岩听说了这个消息,因为他和张皇后同是河南人,又素知张皇后为人贤良,就告诫手下兵众不准侵犯,并命人用轿把她送回父亲张国纪的家中。当天晚上,懿安皇后在家中自缢殉国。也有人说城破时懿安皇后仍在宫中,她想自尽,却没有死成,被攻进来的义军找到,是李自成知道了她的身份,命众人以礼相待,并送回父家。李岩听说了这件事,出于封建伦理意识,连忙来到张国纪家中,以同乡的身份,劝懿安皇后追随熹宗,以身殉国。结果当天晚上,懿安皇后和她的母亲同时自尽了。这两种不同的说法中,一种说李岩救了她,另一种又说是李岩劝她自尽殉国。不管哪种说法是正确的,反正最后结局是相同的,都认为懿安皇后是以身殉国了。

这几种不同的说法都有人采用,但是"出迎说"和"化妆逃走说"无论是从史实角度还是从人们的感情角度上来说,都很令人难以接受,后来又有证实这两说的主人公都不是懿安皇后本人;而"李岩义救说"和"自缢宫中说"影响最大,其中又以前者相信的人最多。可事实上,各种不同版本的"义救说"都是后人追记的,并不是当时人的记载,是否属实仍属可疑。只有"宫中自缢"一说,由于目击者是当时在宫中任职的太监,又是亲眼目睹,似乎更加可信一些。

崇祯皇帝真的剑砍长公主了吗

凡是看过金庸先生的大作《碧血剑》的人大概都知道这样一个情节:走投无路的崇祯皇帝拔出身边的佩剑,砍向自己最疼爱的女儿。这一剑下去,刺偏了一点,结果砍掉了公主的一条臂膀,娇弱的公主立时倒在血泊之中。书中的这个情节是真实的吗?崇祯真的剑砍长公主了吗?

崇祯十九年三月十七日的北京城笼罩在一片愁云惨雾之中,人们都惊慌地四处奔走,却又无路可逃。李自成的大军就在城外,隆隆的炮声响了一夜,连皇宫深处也听得非常清楚,每个人都处在一种深深的恐惧之中。这天夜里,李自成派投降了他的明朝太监杜之秩和申芝秀从城墙上吊入城中,一起去皇宫中劝崇祯皇帝主动退位,结果却被皇帝大骂了一顿赶了出来。

崇祯皇帝

太监们退去后,崇祯皇帝一个人在寝宫里走来走去,急得像热锅上的蚂蚁,可是却什么退敌的办法也没有。正在他焦躁不安的时候,又一个坏消息传来,他所信任的太监曹化淳放弃了原本守城的职责,反而主动打开自己把守的城门,投降了李自成。崇祯听到这个消息,顿时如同五雷轰顶,外城一破,北京再无险可守了。

崇祯皇帝和太监王承恩来到皇城的高处四下眺望,只见外面到处火光冲天,喊杀声不绝于耳,看起来内城被攻破也只是旦夕之间的事了。他呆了半晌,又回到宫中,见了周皇后,才叹了一口气说:"大势去矣。"两人不禁相对落泪。崇祯又写了一道上谕:"命成国公朱纯臣提督内外诸军事,夹辅东宫。"让人送去内阁,却发现内阁班房早已人去楼空。他只好命太子,永王和定王都换了便装,派人把他们送到外戚周奎、田弘遇的府中去,希望他们能趁城中大乱之际逃得命去。周皇后一直陪在他身边默默垂泪,一言不发。等到打发了太子走后,她才过来跪下向崇祯磕头说:"我服侍陛下十几年了,你却从没听我一句劝。现在也没什么可说的了,我也唯有以一死殉君国了。"话说完,她就站起来转身回房去了。一会儿宫女出来报告说,皇后已经自缢身死了。崇祯听后,呆了一会儿,又说:"好!好!死得好!"他又命人叫来长公主,这是他最疼爱的女儿,被封为长平公主,今年刚满十六岁。"长平",长长久久地享受太平,这两个字中包含了多少父亲对女儿的爱和希望啊!他本来已经为爱女选了周显做女婿,两人马上就要成婚了,她拥有多么美好的青春和未来啊!可是这一切眼看就要成为泡影了。长平公主这时紧紧地拉住父亲的衣襟,满脸都是凄楚的泪水,十六岁的她已经开始懂得一些世事了。崇祯抚摸着女儿的秀发,看着她年轻却苍白的脸庞,不禁长长叹了一口气说:"你为什么要生在我家!"话刚一说完,他就抽出一直放在身旁的宝剑,用衣袖遮住自己的脸,看也不看地就向女儿身上劈去。长平公主被吓傻了,站在那里一动也不动。幸亏崇祯是闭着眼睛砍过去的,这一剑砍得有些偏,一下子从公主的左肩劈了下去,一条臂膀登时掉落地下,鲜血泉涌而出,喷洒得到处都是。公主已经昏了过去,就倒卧在她自己的血泊之中。崇祯皇帝也被溅得满脸满身都是鲜血,他看着女儿那痛苦的神态,染满了鲜血的手不禁颤抖起来,第二剑说什么也不忍砍下去了。他又转向袁贵妃,命她赶快自尽。袁贵妃遵命自缢,不料绳子却自己脱落了。崇祯见状,又挥着手中的剑砍伤了袁贵妃的左肩。之后,他又发了疯似的接连砍倒了几个嫔妃。看着满屋子的血和倒在血泊中的妻子女儿,他却像已经失去了痛感神经一样,什么都感觉不到了。他又唤来王承恩,两个人在这个满是鲜血的屋子里喝了几杯酒,谁也不说一句话,王承恩只是端着手中的酒杯默默垂泪。之后,两个人就相偕着一前一后离开了紫禁城。

当李自成的大军闯进内城,四处寻找皇帝的时候,有人发现在皇宫后面的煤山上吊着两具尸体。靠前的一具尸体身穿蓝衣,散发遮面,衣襟上用鲜血写着几行字:"我的德行浅薄,招致上天的责罚,这都是大臣们使我造成的失误。我死之后,没有脸面去见祖宗,只好自己摘去冠戴,用头发遮脸。我的尸体任凭贼寇任意处置,但不要伤害一个百姓。"在他的对面,则是一具老太监的尸体。

后来,崇祯皇帝和周皇后的尸体就被葬在昌平的田贵妃墓里。

那长平公主到哪儿去了?她并没有死。宫中大乱之际,一个太监救了倒在血泊中奄奄一息的公主,把她送到外戚周奎的家中。公主一连昏迷了五天才清醒过来。后来,长平公主上书给顺治皇帝,要求出家为尼。顺治没有答应她的请求,反而安排她和周显成了婚,又赏赐给他们不少田庄,车马和金钱。顺治三年,长平公主病死,死后就埋葬在北京的广宁门外。身受重伤的袁贵妃也没有死,清朝皇帝一直赡养她到终老。

崇祯太子哪儿去了

1644年3月17日深夜,借着浓浓的夜色,紫禁城中溜出了三个瘦小的身影,他们是崇祯皇帝的三个儿子。原来这一日的白天,崇祯得知闯王李自成的大军已经包围了北京城,他知道自己恐怕逃不过被杀的命运,却仍想着也许他的儿子能趁乱逃出城去。所以这一天晚上,他把自己的儿子都叫到跟前,让他们都换上平民百姓的衣服,赶紧趁乱逃出城去,到南方重建王师,再挥师北上歼灭叛贼。于是就有了本文开头描述的三个少年出逃的情景。第二天一大早,崇祯得到消息说守城的太监叛主投降,李自成的军队已经进城了,他知道这下自己是无路可逃了,就把皇后公主都叫来,挥剑砍倒了几个,自己带着一个老太监到紫禁城后面的煤山上自杀了。临死之前,他还在自己的衣服上写下遗书,要求各地的官员协力辅佐外逃的太子,重新振兴大明朝。他自己虽然死了,但是太子逃出去总还有一丝复国的希望存在,这是他死前心中念念不忘的事。

那么,这个出逃的太子和他的两个弟弟又到哪里去了呢?三个十多岁的少年,从一出生就生活在富贵乡里,他们能在纷飞的战火中生存下来吗?尤其是太子朱慈的下落更是各种势力高度关注和争夺的对象,因为一个国家的继承人如果仍然活着,那就不能说这个国家已经亡了,他随时有可能召集愿意追随他的人重建国家。朱慈的归宿到底如何?至今还是一个未解之谜,成为明末清初的一大疑案。对于这个问题,后人有几种不同的说法。第一,据说太子兄弟并没有逃出被李自成重重包围的北京城,外面到处都是战火,三个人没有办法,商量了一下,决定先到周皇后的父亲、也就是他们的外公周奎家里去躲一躲,等外面平静一些的时候再设法逃到南方去。不料,周奎见局势不妙,生怕引火上身,根本就不肯开门让他们进去。后来他们就被进城的李自成军队抓到了。李自成想把他们作为政治筹码,不但没杀他们,还封了朱慈为宋王,另外两个皇子也封了爵,一并交给大将刘宗敏看管。后来,李自成得到吴三桂叛清的消息,亲自带兵去讨伐他。他把崇祯皇帝的三个儿子都带在身边,想用他们劝说吴三桂投降。不料这一去,李自成的军队大败而逃,崇祯的三个儿子都在乱军中不见了,很可能已经被杀死了。第二,有人说太子逃出宫后,无处可去,被一个贫苦的老太太收养。但是老太太家里太穷,只好把他送到国丈周奎的家里。周奎很害怕,不但没有收留他,反而把他交给了清廷,清廷查明真相后就马上把他杀了以绝后患。第三,这种说法认为朱慈成功地逃出了北京,一路上不知吃了多少苦头,终于顺利的逃到南方。他天真地想去投奔福王朱由崧建立的小朝廷。朱由崧是他的叔叔,这时候已经当了监国。他听说崇祯皇帝的太子前来投奔,这还得了,如果证明这个少年真是太子,他就得归政于太子,那他就无法当皇帝了。于是朱由崧打定了主意,坚决不承认前来投奔的少年是真太子。虽然在朝廷上如何盘问,少年都对答如流。从北方逃过来的老太监也都指认少年确实是太子朱慈,朱由崧还是一口咬定少年是假扮太子,不由分说把他关进监狱,后来又把他偷偷害死了。这件事在南明小朝廷里引起了轩然大波,朝臣们分成两派,后来支持太子的一派见太子不明不白地死了,都对朱由崧很不满,于是这个小朝廷的大臣们分道扬镳,各走各的路去了,这也造成了小朝廷的迅速灭亡。第四,这一派说法认为朱慈一开始确实是被李自成所获,但是在李自成军队败退北京的路上,刘宗敏受了重伤,放松了对他的看管,他就找了个机会从闯王的军中逃了出来,跟随他的还有他以前的老师李士淳。因为李士淳原籍在广东嘉应州,他们就一路逃回了李士淳的老家,在嘉应州阴那山出家当了和尚。他们在人迹罕至的深山里建了一座寺庙叫作"圣寿寺",大殿就取名叫"紫极殿",处处都显示了寺中和尚的神秘出身。据说朱慈死后,庙里就开始供奉一尊"太子菩萨"的神位。这尊神位始终保留着,直到辛亥革命以后,清王朝覆灭了,人们才知道原来供奉的这尊塑像就是明朝的逃亡太子朱慈。李士淳的后人也声称他们的先祖确实在乱军之中救了太子,并把太子带回自己的家乡,两人一同出家做了和尚,李士淳一辈子都悉心侍奉着太子朱慈。

总之,关于崇祯太子的传说千奇百怪,各种各样的都有。甚至在清朝已经建立很久之后,还有人不断冒充是崇祯太子起兵造反,真真假假,假假真真,更加使人难辨真伪。看来,这崇祯太子的下落之谜也只能永远都是一个谜了。

客氏因何得宠

唐朝的武则天当上了女皇帝,从而控制天下,明朝也有一个女人,连宫中的后妃都不是,居然也想方设法地掌握了国家大权。这就是明熹宗朱由校的奶妈客氏。

　　客氏是一个非常聪明美丽的女人。她是河北保定府人，家道不怎么富裕，长大后就被父母许配给了一个叫侯二的农民为妻。客氏虽然不识字，但是因为长得很漂亮，人又伶俐，所以很不满意过这种穷苦平淡的生活，总想着有一天能飞上枝头当凤凰。在她18岁的时候，这个机会终于来了。这一年，客氏刚刚生了个女儿，可是没几天就死了，这时正巧宫中皇太子的王妃要生孩子，这可是皇太子的第一个儿子，说不定就是将来国家的皇帝。所以皇宫中对这件事非常重视。按照惯例，派出人来在民间为将要出生的孩子选择奶妈。这选奶妈可是有很多要求的，并不是每个刚生完孩子的女人就行，不但要求这人要年轻端正，身体健康，还要看她生的是男是女。按照惯例，是要把生男生女的人各找几个，都带进宫去，经过选拔后再确定用谁做奶妈。因为宫中定下的规矩是，皇子的奶妈一定选那些生女孩的，而公主则要选生男孩的奶妈，据说这样可以阴阳相济，使皇子公主更加健康。客氏非常幸运，以上的每一个条件她都符合，而且人又长得最体面，所以在许多人中雀屏中选，成了未来小皇子的奶妈。

　　后来，太子的王妃果然生了个男孩，就是朱由校，从他一降生，就被交给客氏负责照顾喂养。客氏很明白自己怀中这个嗷嗷待哺的婴儿的分量，一向不甘于现状的她当然不会放过这个大好机会，她还想借这个机会彻底改变自己的将来呢！所以，她格外尽心尽力地照顾着这位小皇子，对朱由校简直比对自己亲生的孩子还要好。这时她的儿子侯国光年纪还很小，正需要母亲照顾，可是她为了自己的将来，狠心抛下自己的孩子，全身心去关注朱由校的成长。就因为客氏对朱由校的照顾如此细致入微，朱由校的亲生母亲王氏也很放心把孩子托付给她照料，小小的朱由校也非常依恋她。本来，按照宫里的规矩，皇子一断奶就要把奶妈遣送回乡，可是因为客氏对朱由校实在太好，所以朱由校一离开她就哭个不停，不肯吃饭。王氏没有办法，而且知道客氏的丈夫正巧死了，也可怜客氏孤苦伶仃的一个人带着孩子生活，就破例让她带着孩子仍旧住在宫里，继续服侍朱由校。后来，王氏得了重病死了，朱由校简直就把客氏当作了自己的亲生母亲来看待，对她敬重非常，百依百顺。

　　朱由校十五岁时，他的父亲光宗朱常洛继承了皇位，可是作了不到一个月的皇帝就突然死了。这时最高兴的恐怕就是客氏了，因为她一手带大的孩子终于成了皇帝了。借着小皇帝对她的尊敬和依赖，她终于能够为所欲为了。不久，她又找到了一个跟她志同道合的伙伴，就是魏忠贤。他们两个一同控制小皇帝，逐渐控制了朝政。朝中一些正直的大臣对他们权力日益膨胀的趋势十分担忧，于是有些大臣联合上书，以皇帝即将大婚，成婚后就已经是成人的理由，请求把客氏送出宫去。朱由校迫于无奈，不得不同意大臣们的要求，让客氏出宫，小皇帝十几年来都始终和客氏形影不离，这时客氏不在身边，他就像失去了依靠似的，茶饭不思，还不到三天，就让人又把客氏接回宫中。有的人劝他，等娶了皇后，有人做伴，就不会想念客氏了。可是朱由校却固执地回答，就是娶了皇后也不能让客氏出宫，因为皇后年纪太小，也要靠客氏一并照顾，大臣们十分无奈，无论怎么劝皇帝，皇帝都不肯再让客氏离开了。

客氏因为小皇帝的坚持，终于在宫中站稳了脚跟，反过来，她又帮助自己的"丈夫"魏忠贤取得了皇帝的信任。有人在皇帝面前指斥魏忠贤的过错，客氏就在皇帝面前替魏忠贤求情。结果皇帝不但没有怪罪魏忠贤，还重重处罚了那个弹劾他的官员。于是这两人狼狈为奸，联起手来用各种新奇的手段去引诱小皇帝尽情玩乐，把朝政扔在一边根本不予理会。于是他们就趁机掌握了朝廷上的一切大事。这种情况发展到后来，魏忠贤和客氏说出来的话，简直就和皇帝亲口说出来的圣旨差不多了。因为不论他们在皇帝面前说什么，皇帝都一定会同意的。

客氏和魏忠贤合作默契，魏忠贤全力去对付朝廷里那些不服从他的官员，客氏则回过头来在宫中作威作福，宫中的妃嫔只要违背了她的意愿就一定会遇害。那时候，朱由校的张皇后怀了孕，客氏害怕她生了皇子，母以子贵，会动摇自己在宫里的地位，就命宫女偷偷地在张皇后的饮食中下药，令她流产。熹宗的裕妃也怀了孕，这次客氏的手段更狠毒，她命人把裕妃关在一个空房子里，不给吃，不给喝，裕妃只能从窗户接一点屋檐上流下来的雨水喝，不久就被折磨死了。还有熹宗的冯贵人、胡贵人都是因为得罪了客氏，被她假传圣旨赐死了。其他被她害死的宫女后妃更是不计其数。而朱由校根本还只是一个没长大的孩子，除了对他自己喜欢的游戏之外，根本就不关心别的事，对自己的这些妃子也不怎么感兴趣。所以，虽然隔一段时间，他的妃子就会"失踪"几个，他也全没在意。

于是就在熹宗皇帝的百般信赖纵容之下，客氏和魏忠贤形成了一个强大的政治集团，掌控了国家的命运，造成了明王朝的空前灾难。

政坛内幕

英宗夺门复辟之谜

北京保卫战之后,瓦剌大败而归,还把明英宗握在手里实在没用,想把皇帝送还给明朝,就主动要求明朝派来使臣把英宗接回国去。

这时已经登基的代宗其实并不想把英宗接回来的,他生怕自己的哥哥会重新夺回皇位。兵部尚书于谦劝皇帝说:"经过这一役,陛下的皇位已经稳固了,即使太上皇归朝,也不会影响到您的地位的。现在瓦剌要送太上皇回来,如果陛下把他拒之门外,这在道义上是说不过去的。"代宗没有办法只好派人把英宗接了回来。

英宗回来以后,本来还在想着只要他一回到朝中,他的弟弟应该马上让出皇位,还让他做皇帝。可是没想到,当他千辛万苦地回到北京,代宗不但没有把皇位还给他,反而把他视为眼中钉,肉中刺,名义上把他尊为太上皇,实际上就是把他软禁在南宫,不许他召见百官,不许他过问朝政,不许他和宫外联系,甚至日夜派人守在宫门口,不准他走出宫门一步。英宗面对这样与预想迥然不同的生活,也束手无策,只有忍受着这种囚犯式的生活。最可怜的是他当了十几年的皇帝,一向锦衣玉食惯了,身边总是围绕着许多人伺候。在这阶下囚生活中,唯一还一心跟在他身边服侍他的人就是他那为他哭瞎了双眼的钱皇后。代宗把他关在这里,恨不得他早一点死去,所以好像在刻意折磨他一样,这位前任皇帝不但没人照料,而且有时连饭都吃不饱。英宗因为这种些事情对弟弟恨之入骨。

这样的日子一转眼过了六年,景泰八年,代宗忽然得了重病卧床不起。在此之前,代宗强行废掉了英宗时立的太子,改立自己的儿子为太子。虽然这位新立的太子一年之后就病死了,但这件事在朝廷上引起了很大的争论,朝臣之间开始因为立储的问题产生了裂痕。这时代宗病重,"易位"的问题又成了大臣们私下里谈论的话题。武清侯石亨和宫内太监曹吉祥等人都主张让原来英宗立的太子即位。大臣徐有贞却认为现在太上皇健在,代宗又病重,不如趁此机会拥立太上皇复位。这样不但肯定能够成功,而且将来论起迎复之功,也一定能加官晋爵。石亨和曹吉祥本来就野心勃勃,想趁册立新君之机捞一些政治资本。他们听了徐有贞这一番话,觉得可行,马上就分头行动,准备发动政变。他们趁着代宗病重放松了对英宗的监视之机,偷偷地把消息传递给英宗,表明将在正月十五这一天发动政变,帮助英宗夺回皇位。英宗当然求之不得,马上回答一定按照他们的计划行事。

这天夜里,石亨、曹吉祥带着一千名兵卒闯到南宫,打破宫门强行进入。

嘉靖皇帝为什么要搞"大礼仪"之争

明武宗朱厚照荒唐了一辈子,在三十岁壮年时去世,却没有给江山社稷留下一个合理合法的继承人,于是明王朝陷入了一个极为危险的"大空位时期"。内阁首辅杨廷和经过各种考虑,选定了兴献王朱厚熜外藩入继大统,以此来维系皇朝的血脉。

兴献王朱厚熜这时年仅十五岁,他的父亲前任兴献王朱祐杬是宪宗皇帝的三子,武宗皇帝的弟弟,已经在两年前去世了。朱祐杬在世的时候,非常喜欢这个儿子,亲自教他读书,做什么事都把他带在身边,父子两人的关系非常亲密。朱祐杬很重视对儿子礼仪的培养,小小年纪的朱厚熜就已经着手参加王府中的管理工作了。父亲去北京朝见皇帝时也总是带他一起上朝,让他学习宫廷礼仪。父亲死后,刚刚十二岁的他就继承了王位,但他精明强干,把王府中的事务处理得井井有条。这种良好的教养在他刚当上皇帝的几年中也给了他极大的帮助。

根据祖制,继位的皇帝应该是前任皇帝的子嗣,称前一代皇帝为皇考。按照大臣们的意思,朱厚熜应该作为孝宗的过继子继承皇位。这样,朱厚熜就要称孝宗为父,称仍在世的孝宗张皇后为母,反而称自己的生身父母为"皇叔父""皇叔母"。对于这种安排,已继位为世宗皇帝的朱厚熜非常不满,由此展开了他和朝臣之间长达几年的"大礼仪"之争,并且让这种纷争延续了他的整个统治时期。世宗在自己的封地接到圣旨时,其实已经举行了仪式,继位为皇帝。可是当他随着前去迎接他的使臣来到北京时,在城外才知道自己将被作为太子迎入京城,他开始很不满,坚持不肯入城。他和大臣们以及张太后争论了好久,最终才答应入城。在城里重新举行了继位典礼后,他又被告知将称自己的父亲为"皇叔父",他表示坚决反对。继位后的第五天,他就下令让群臣们廷议,给他的父亲一个合理的称号。他的母亲蒋氏在被迎入京的途中听到此事,对陪同的官员大发脾气说:"你们受职为官,父母都得到了封诰,我儿子当了皇帝,却成了别人的儿子,我还到京城做什么?"不肯再向前走了。朱厚熜听后,哭着去禀告张太后说:"我要退位,您另选别人做皇帝好了,我要同母亲一起回安陆去,仍旧做兴献王。"皇位继承仪式都已经举行了,又怎么能容他这样儿戏地说不做就不做了呢? 于是张太后和大臣们一再地妥协退让,但是等蒋氏到了北京城外,这种矛盾变得更加激烈了。这时,张太后和大臣们已经无奈地尊皇帝的生父为兴献帝,生母为兴献皇后,但是心中却仍不情愿,仅以王妃之礼而不是应有的皇后之礼迎蒋氏入京。蒋氏大怒,说什么也不肯再前进一步了。世宗知道了自然又是一顿大吵大闹。

最后妥协的仍是张太后和大臣这一方,蒋氏最终从皇城中门入,谒见太庙,才算作罢。本来世宗对杨廷和辅助自己登上皇位还是很感激的,但是经过这一连串的纷争,他才开始意识到,他只是杨廷和借以治理国家的一个傀儡工具,杨廷和其实根本瞧不起他这个少年皇帝,只是把自己的意志强加给皇帝去实行而已。世宗在"礼仪之争"中明白了这一点,他开始疏远杨廷和。最后,在皇帝和大臣无休无止的争吵之中,杨廷和被迫辞去了官职,告老还乡了。

杨廷和辞职后,"大礼仪"之争达到了白热化的程度。一派以新任礼部尚书汪俊、大学士蒋冕、文渊阁大学士石瑶、大学士毛纪为代表,坚持恪守礼法,维护皇室血统的一脉相承。另一派以张璁和桂萼为代表,宁肯不顾传统礼仪,拼命维护朱厚熜。这时,朱厚熜决意抛开内阁,一意孤行,非要按他的旨意行事不可。他强令礼部追尊其父兴献帝为"本生皇考恭穆献皇帝",尊兴献皇后为"本生圣母章圣皇太后",并令礼部在奉先殿侧另建一室。安放皇考神主。汪俊、蒋冕不肯从命,愤然辞职。朱厚熜还采纳了张璁、桂萼的意见,传谕内阁除去父母尊号中"本生"二字,毛纪力言不可,朱厚熜大怒,限四日恭上册室。两派争斗水火不容。大臣每次上奏折,把他们商改的结果报告给皇帝,皇帝都觉得很不满意,每一次都予以驳回。可是支持皇帝想法的奏折得到了皇帝的批准,又被内阁驳回。于是双方陷入僵持状态。有一天早朝后,修撰杨慎说:"国家养士百余年,节杖死义,正在今日!"众人一致赞同,吏部与九卿以下二百三十七人一齐跪在左顺门下,高呼孝宗皇帝。面对如此众多的反对者,朱厚熜毫不动摇,他下令锦衣卫抓捕为首的人。群臣大放悲声,嚎哭不止。朱厚熜又派人抓了一百三十四人。两天后,朱厚熜又下令,将为首者发配边地,四品以上者夺俸,五品以下者杖之,结果十六人死于杖下。与此同时,兴献王朱祐杬的神主被迎奉入京,供奉在新建的观得殿里,尊号曰"皇考恭穆献皇帝"。朱厚熜终于在"大礼仪"之争中取胜。自此以后,他以群臣在"大礼仪"之争中的态度划线,开了"顺我者昌,逆我者亡"的滥觞。张璁被授予礼部尚书兼文渊阁大学士,桂萼被授予吏部尚书兼武英殿大学士,入主内阁,执掌大权;对反对派官员则进行排挤报复,动辄下狱廷杖。弄得朝风日下,邪气上升。朱厚熜不以为祸,反而洋洋自得,更加独断专行。

其实这场"大礼仪"之争并不只是为了一个名义的争吵,实质上这是一场皇帝与大臣之间的权力之争。大臣们坚持皇帝把生父当作叔父,是为了遵从祖制,维护皇室血脉的正统。一旦听从了皇帝的意思,以兴献王为帝,就等于是在皇室之外另辟宗室入断大统,皇位继承的确定性就会因此被动摇,为以后外藩篡权开了先河,制造了借口。而皇帝的一意孤行,除了因为对生身父母的孝敬,还有迫使满朝大臣向自己屈服,显示皇帝绝对权威的意义。这场争斗也确实是以皇帝的胜利而告终,表明了皇权的至高无上、不可侵犯。从此以后,皇帝更可以不顾大臣的意思而为所欲为了。

万历年间的"妖书案"之谜

万历皇帝在位时,皇后王氏没有子嗣,立长子朱常洛还是立郑贵妃的儿子朱常洵就成了朝廷和宫中争论的中心。这场争论持续了数十年,一直困扰着神宗万历年间的后宫和朝政。这就是万历年间有名的国本之争。这场国本之争牵连甚广,宫妃美人和朝野百官无不置身其中。围绕着所谓的皇储国本,各种势力一次次地重新分化组合,明代的门户之祸便是从这里兴起,并泛滥成灾。这场国本之争的中心是神宗的爱妃郑贵妃和她的儿子朱常洵,其高峰和热点便是《忧危竑议》案,也就是所谓的"妖书案",它把满朝大臣都卷入了空前纷乱的党争漩涡。

事情的起因是刑部左侍郎吕坤写了一本叫《闺范图说》的书,书中以图解的方式记载了历代一些贤德女人的故事。这本书被郑贵妃的心腹郑国泰看到,觉得这是一个讨好皇帝和贵妃的机会。于是他就把这本书重新翻刻,又加上了后妃的传记故事,并把郑贵妃也明目张胆的列了上去。这本来只是郑国泰拍马屁的手段,但是在这个选立太子的敏感时期,却成了党争攻击的对象。科臣戴士衡和全椒知县樊玉衡接连上书,弹劾吕坤和郑贵妃。郑贵妃坐镇后宫,耳目很多。她得知戴、樊二人的进奏,泪如滚珠,在神宗面前哭诉。神宗哪里受得了这个?立即下旨,将戴、樊二人治罪,一同削籍戍边。郑贵妃这才稍感欣慰。吕坤、郑国泰等也略松了一口气。

事情好不容易平息下来,京城中却忽然秘密流传了一种仿照《闺范图说》所做的书,叫作《忧危竑议》。也不知这本书的作者是谁,书中援引了历代嫡庶废立的故事,矛头直指郑贵妃,说她刻书的目的是为了"夺嫡",为自己的儿子立为太子作舆论宣传。一时之间,朝野上下闹得沸沸扬扬。郑贵妃的党人马上站出来指责,这本《忧危竑议》是支持戴士衡和樊玉衡,阴谋反对皇帝和贵妃的大臣所作,并列举出了长长的参与写书的大臣名单。万历皇帝本来就对这件事非常愤怒,郑党再这么火上浇油,再加上郑贵妃不断在他身边委屈哭诉,万历大发雷霆之怒,把名单上的大臣罢职的罢职,贬谪的贬谪,罚俸的罚俸,都进行了严厉的惩罚。

一时间,反对郑贵妃、语侵后宫的朝臣作鸟兽散,他们或被贬职,或被夺俸,或被远流戍边。他们既没有辩解的机会,又不可能申诉。这场《忧危竑议》案便疑云重生,不知道其真相究竟如何?是真的出自反郑派朝臣伪造?还是郑贵妃故意抛出此书,借此将反对派一网打尽,以封住众口,早日结束这场争议?不论这场疑案的真相如何,但此案一出,对郑贵妃确实是极为有利。后宫自此平静了两年,国本之争也因此有所缓和。

到万历二十九年,万历皇帝已经四十岁了,立太子的事再也不能拖延,万一哪天皇帝突然驾崩,却没有明确的皇位继承人,天下将因此而大乱。经过与群臣十五年的马拉松似的对抗,万历皇帝感到疲累绝望了,他终于同意册立皇长子朱常洛为太子,并于这年的十月十五日举行了册封仪式。国本之争到此似乎应该完全结束了。但事情的发展却出人意料,围绕国本之争的党争不但没有随着太子的确定而消失,反而有愈演愈烈之势。

太子册立以后,没有平静两年,一本托名"郑福成"写的小册子《续忧危竑议》就突然之间冒了出来,而且很快地就在京师流传开来,一夜之间就传遍了宫门街巷。此书以问答体写成,说皇上册立朱常洛为太子是出于不得已,还说郑贵妃与一些大臣勾结,欲废朱常洛另立自己的儿子为太子。整篇文章用词闪烁诡妄，"郑福成"的托名，也蕴含了"郑氏"的儿子"福王"朱常洵"当成"的意思，人称"妖书"。万历一见此书，当即怒斥为"胡闹"，命锦衣卫速速查办，一下子掀起了一股滥捕之风。许多人借此发泄党争仇隙、个人恩怨。这个与同僚不和，便说妖书是同僚搞的；哪个人看别人不顺眼，就报告说他是"妖人"；连和尚、医生都被抓了起来，一时廷狱人满为患。京城人人自危。万历皇帝也被弄得焦头烂额，不明就里。

当时的内阁首辅大学士沈一贯也是郑贵妃的人，他一向善于排斥异己。他与次辅沈鲤一向不和，沈鲤以前曾经做过万历皇帝的侍讲官，入阁以后也很受器重。他的门人弟子郭正城这时正在做东宫侍讲，也很受太子朱常洛的信任和尊敬。此时"妖书案"一出，沈一贯马上抓住机会，上奏说沈鲤勾结党人，反对朝廷，希望皇帝严惩沈鲤等人。

万历皇帝这时已经被闹得晕了头，一见到奏疏，就马上下令逮捕郭正城进行审问。沈一贯命人对郭正城严刑拷问，还派人劝郭正城自杀，都被郭正城严词拒绝。后来因为太子朱常洛屡次插手警告，郭正城才免遭毒手。沈一贯又派人去沈鲤家中搜查，也没查出什么东西。最后他只好把一个叫皦光生的人拉来做了个替死鬼，被皇帝下令凌迟处死了事。

这次案件的牵涉范围之广，使一开始持明确态度要求严查的万历皇帝也感到惊心不已。他到这时才发现，由于国本之争，由于他多年的拒不理政，朝廷上的党派之争已经达到了令人吃惊的程度。这时他已经无力改变这种状况，而且万历皇帝还梦想着让各党互相牵制，以利于稳固自己的统治。他这种姑息放任的态度更加促进了党争的发展，最终明王朝就在党派之间的吵吵闹闹之中灭亡了。

那么妖书令朝野震动，搅翻了后宫，究竟是何人所为呢？有的说此书出自清流之手，想倾覆沈一贯。有的马上辩说，认定此书出自清流之手，是想诬陷清流领袖郭正城，因为郭正城见忌于沈一贯，这是一个阴谋。沈一贯听命于郑贵妃，这妖书是出自反郑朝臣之手还是郑贵妃指人所为？这又是一个谜。不过，这场《续忧危竑议》案一出，拷掠牵连，众多朝官遭受荼毒，惨不忍睹。

移宫案揭秘

万历皇帝在位末年到天启皇帝继位之初，宫中因为频繁不断的权力之争，一直没有平静下来。宫中的妃嫔、太监、宫女甚至皇帝、太子全都或多或少地卷入争斗之中。

明宫三案，即梃击案、红丸案、移宫案全发生在这短短的几年之中。梃击案发生在万历四十三年。这一年五月，蓟州男子张差持梃闯入太子朱常洛居住的慈庆宫，打伤守门太监李鉴，直到前殿檐下，被内官韩本国擒获，交付东华门守卫指挥朱雄。严刑拷问之下，供出是郑贵妃宫监庞保、刘成指使。神宗不愿追究，先杀张差弃市，后杀庞保、刘成于禁宫。红丸案发生在万历四十八年。这年七月万历皇帝去世，太子朱常洛即位，为明光宗。不久，光宗得了痢疾。郑贵妃内侍崔文升进大黄药，服后病情加剧，鸿胪寺官李可灼进红丸两颗，名称仙丹，结果光宗服仙丹即死去，在位仅二十九天。再加上移宫案，便是闻名历史的明宫三案。

光宗朱常洛病重之时，非常担心他的宠妃李选侍。李选侍自己无子，曾经抚养过年幼的熹宗和崇祯皇帝。光宗病危，还特别坚持要封李选侍为皇贵妃，并当着大臣的面，告诉皇长子熹宗朱由校要视李选侍如亲生母亲，视为太皇后。但是，光宗也并不是宠爱她到理智全失的地步，他深深了解自己喜爱的女人，李选侍心计深沉，不甘心久居人下，在宫中一向以敢作敢为、大胆果断著称。所以，尽管李选侍一再要求皇帝立她为皇后，但是光宗始终没有答应，只是催促群臣赶快进行皇贵妃的册封之礼。这已是他肯给李选侍的最高地位了，在宫中仅次于皇后。

几天后，光宗死去了，李选侍却仍住在皇帝、皇后的寝宫乾清宫。她是想借年仅十五岁的光宗长子朱由校掌握朝政，坐镇乾清宫，进而统驭后宫。大臣们对她的心思很清楚，都在心里暗暗担忧。给事中杨涟对大臣周嘉谟、李汝华说，"宗社事大，李选侍非可托少主者，急宜请见嗣王，呼万岁以定危疑……移住慈庆为是。"两人深有同感，一起去见辅臣方从哲。群臣商量过后，又一起奔向皇宫，杨涟率先奔进后宫，太监们执棍拦阻。杨涟怒斥说，"皇帝召我等至此，今晏驾，嗣主幼少，汝等阻门不容入临，意欲何为？"太监们不知所措，只得让开，诸臣这才进入。众位大臣见了光宗的灵位，都痛哭了一番，然后就请求拜见皇长子朱由校。李选侍将朱由校留在暖阁，不让他出来。宫里耿直的老太监王安哄骗李选侍，这才把朱由校抱持而出，众人连忙叩头，山呼万岁。朱由校立在那里，不知道是怎么回事，嘴里只是说：不敢当！不敢当！群臣奏请进诣文华殿，王安拥长子而行，阁臣大学士刘一燝掖左，勋臣张维贤掖右，涌人文华殿。内侍李进忠三次奔来,传李选侍的命令,召皇长子回宫,并呵斥诸臣说,"汝辈挟之何往?"杨涟怒叱李进忠,拥着皇长子登舆。到了文华殿,朱由校西向坐定,群臣行大礼拜见,并请朱由校即日登基。朱由校不同意,吩咐出六日即位。接着,大臣们拥朱由校入慈庆宫。大学士刘一燝进奏说,"今乾清宫未净,殿下暂居此。"吏部尚书周嘉谟也说,"今日殿下之身,是社稷神人托重之身,不可轻易。即诣乾清宫哭临,须臣等到乃发。"朱由校也知道事态严重,就点头同意。

杨涟这时对随行的太监们说,外事缓急有诸位大臣,调护圣躬却在诸内臣,责任重大。太监王安则答应一定尽职尽责,众人这才退去。大臣们合议,还是得即日正位,让内官进奏,朱由校不允。众人便在殿中坐等。这时吏部尚书周嘉谟又联合众臣合疏进奏,请求李选侍移出乾清宫,迁往别宫。御使左光斗明白指出,殿下今已十六岁,内有忠直老成的内官辅佐,外有朝中重臣辅佐,哪里乏人,还须李选侍像照顾婴儿一般贴身相随?因此,伏请即早决断,如果李选侍借抚养之名而行专制之实,那武则天之祸就不会太远了!

皇长子觉得有理,发布上谕,说移宫已有圣旨,册封贵妃一事,尊卑难称,著礼部再议。给事中暴谦贞却毫不保留地坦白说,皇长子即将登上大宝,上有百灵呵护,下有群工拥戴,何用此妇人女子!而且李选侍并非忠诚爱国,万一封典得行,专权用事,恐怕难以抑制。好在宫中忙乱,没人理会,这一番话并没有引出风波。李选侍接纳心腹李进忠的主意,邀朱由校和她同宫,还愤然宣言,要逮捕杨涟、左光斗。杨涟在宫门遇见李进忠,询问李选侍何日离宫?李进忠摇手说,"李娘娘甚怒,今母子一宫,正欲究左御使武氏之说!"杨涟怒叱说,"误矣,幸遇我。皇长子今非昔比,选侍移宫,异日封号自在。且皇长子年长矣,若属得无慎乎?"李进忠默然无语。

科道官员惠世扬、张泼从东宫门出来,听了这件事也大惊失色,说今日选侍垂帘,下旨逮捕光斗。杨涟立即驳斥说,没有这事!宫禁一时人心惶惶。谁也弄不清楚是如何变局,皇帝是亲近李选侍对付朝臣还是倾向于朝臣疏远李选侍,大臣们一个个狐疑满腹。过了几天,李选侍还是住在乾清宫,逍遥自在,根本没有移宫之意。杨涟便直言上奏,说先帝过世,人心惶危,都说选侍假借保护之名,阴图专权之实,伏请殿下暂居慈庆宫,拔别宫先迁出选侍,然后再奉驾还宫。祖宗宗社最重,宫闱恩宠为轻。如今登基已在明日,哪有天子偏处东宫之处!这移宫一事,臣等进言在今日,殿下也当实行在今日。杨涟呈上奏疏后,拜见方从哲。方从哲认为这件事不用太着急,晚两天也没什么关系。杨涟却说,太子明天就要登基了,难道登基为天子后还要回到东宫的住处吗?选侍今天不愿离开乾清宫,难道以后就会主动离开了吗?方从哲被杨涟说服,两人统一了意见,又去促请太子颁下严令。于是登基在即时熹宗朱由校下令,命李选侍移出乾清宫,移住仁寿殿。他还下令收捕李选侍身边的几个亲信太监,理由是他们涉嫌偷盗大内库藏。这样一来,势单力孤的李选侍敌不过皇帝的一纸命令,移宫已成定局。群臣们又反过来劝皇帝,看在昔日光宗的旧宠之上,遵照光宗的嘱托,善待李选侍母女。小皇帝虽然对李选侍往日咄咄逼人的态度十分不满,但还是答应了。于是,这样一件震动宫闱的移宫案终于以李选侍的失败而落下帷幕。

万历皇帝为什么立下"玉盒密约"

明神宗朱诩钧 10 岁继位,年号万历,因此又被称为万历皇帝,是明代帝王中在位最久的皇帝,长达 48 年。他当皇帝的头十年中,完全被他的母亲慈圣皇太后和大臣张居正牢牢控制着,一举一动都受到监视,备受压抑,这造成了他暗藏在心底的反叛意识逐渐增强。

万历六年,皇帝 16 岁了,太后和大臣们主持着为皇帝行了冠礼,这说明皇帝已经成年了。紧接着就是皇帝的大婚。太后为他选择了皇后王氏和昭妃刘氏做伴侣。王氏和刘氏都知书识礼,端庄贤淑。可是她们却不对年轻皇帝的胃口,也许是对这种强加婚姻的反叛,从一开始,皇帝就对他的这两个妻子十分冷淡。尤其是过了几年,王皇后和刘昭妃都没有生下皇子,这更让皇帝有理由去找别的女人,再也不理会她们了。

万历皇帝

不久,年轻的皇帝终于找到了他心目中的红颜知己,这就是以后几十年中与他日夜相伴的郑贵妃。郑氏原本是一个宫女,在万历初年入宫。她容貌秀美,机智聪敏,而且喜欢读书,颇有谋略。年轻的皇帝在与她相遇后,立刻就陷入了这个温柔陷阱之中,很快封郑氏为贵妃。她处处显露出少女的纯真与大胆,引起皇帝的注意。万历在她面前,才终于觉得从一个高高在上的"神"变成了一个活生生有血、有肉的"人",感到摆脱了长期以来的孤独感,两人经常说说笑笑,互相奉为知音,朝夕相伴,简直一刻也不能分离。本来皇帝宠爱哪个妃子只是他的家事,外人不便置评,但是随着时间的推移,皇帝和他的妃子以及他所有的大臣都陷入了一场旷日持久的国本之争,这就不仅是单纯的皇帝家事了。

万历皇帝20岁的时候,偶然临幸了一个姓王的宫女,居然就这么糊里糊涂地生下了他的长子朱常洛。在正宫皇后没有生下"嫡子"的情况下,这个长子按照惯例就应该被立为太子。万历虽然并不喜欢这个宫女和她生下的儿子,但是对朱常洛的名分和地位倒也没什么异议,朱常洛被立为太子只是时间上的问题。可是后来,万历皇帝遇到了他这一生最爱的女人——郑贵妃,而且在他24岁的时候,为他生下了皇三子朱常洵。这个皇子的诞生一下子打破了宫闱和朝廷的平静,万历皇帝爱屋及乌,对这个刚出生的孩子表现出了极大的宠爱,还直接把郑贵妃晋封为皇贵妃,地位仅次于皇后。朱常洛这时已经5岁了。这时人们才发现了皇帝改立太子的私心,由此引发了一场皇帝与大臣之间长达二十年的"国本"之争。

传说万历皇帝曾在郑贵妃面前立下重誓,一定要设法使她的儿子成为太子,他们曾在大高元殿竭神盟誓,把立朱常洵为皇太子的誓言装入玉盒中交给郑贵妃。这就是所谓的"玉盒密约"。本来朝廷上下就为立太子的事情争论不休,这个传说的出现更是在朝野中引起极大震动,群臣们认为立皇三子是不顾祖宗礼法,为了社稷,就是罢官掉脑袋也坚持要立皇长子为太子。立储之争达到了白热化程度。

群臣们的立储之疏数以千计地向万历抛去,令他招架不迭,只好极力镇压。他把户科给事姜应麟、吏部员外郎沈璟、刑部主事孙如法等许多强烈反对的大臣都贬了官,治了罪。慈圣太后这才感到,儿子恐怕真有"废长立爱"的决心,就质问万历。万历说:"他(指朱常洛)是宫女的儿子。"太后申斥说:"你不也是宫女的儿子吗?"(万历的生母是宫娥李氏)吓得万历惶恐万分。于是,他就把册立太子的事推迟,采取"拖"的办法。理由是皇后还很年轻,说不定她会生个男孩,"立嫡"的原则是优先的,那时再立太子也不晚。

·明朝秘史·

图文珍藏版

其实,万历是耍花招,他根本不到皇后宫里去住,皇后又怎么会生出男孩来呢?

万历想把皇后废了,立郑贵妃为后,那时朱常洵就会变成"嫡子",可以名正言顺地立为太子了。可是他怎么也找不到废皇后的理由。他还希望皇后自己死去,可惜皇后偏偏病恹恹地活着,离死大老远呢。

为立太子的事,万历和他的全体朝臣相对抗,谁也压服不了谁。这使万历大伤脑筋,也大为恼火。后来赌气采取了跟大臣们消极对抗的办法,从此不再上朝。幸而官僚制度还起作用,就是没有皇帝,内阁及部府仍然照常工作。有事呈奏上去,皇帝不批,就等于默许,便照章办理。谁再上本说立太子的事,他就"留中",让那疏文自动作废,外间就无法知道真相了。

直到万历二十九年,万历已经四十岁了,再不立太子,如果他一旦殡天。朝廷非大乱不可,于是决定册立太子了。郑贵妃却没有忘记当年皇帝立下的誓言,她从锦匣中取出当年万历皇帝写下的手谕,却不料手谕放置多年,早已经被虫蚁咬坏了,尤其是写着"朱常洵"名字的地方更是被蛀成一堆碎屑,在手谕正中开了一个大洞。迷信的万历皇帝不由惊叹说:"看来这真是天意啊!"他至此终于死了"废长立幼"的心思,不久就下旨立长子朱常洛为皇太子,皇三子朱常洵则被封为福王,终于结束了这场旷日持久的"国本"之争。

这"玉盒密约"不但没有使他如愿的立爱子为皇太子,反而还使他下定了立长子的决心,这恐怕是他当年立下誓言时无论如何也想不到的。

"红丸案"始末

明光宗朱常洛是一个短命的皇帝,他刚刚即位还不满一个月就突然离奇而亡,许多人都认为他是被人下毒害死的。这也就是明宫三大疑案之一的"红丸案"。

红丸,又称红铅丸,是宫中特制的一种春药,据说这种春药是在嘉靖皇帝时期的一个道士陶仲文传进宫里来的。明代后期的皇帝一个比一个荒淫无道,都对这种春药爱不释手。不想这种药最后却断送了一个皇帝的性命。

光宗朱常洛本是万历皇帝的长子,按理应该早就被立为皇太子。但是万历皇帝宠爱郑贵妃,一心想让郑贵妃的亲生儿子福王朱常洵当太子,可是朝臣们说什么也不同意。这一争就是二十年。后来,光宗的太子地位总算被确定下来了。可是居心叵测的郑贵妃仍然想方设法要害朱常洛。只要朱常洛一死，万历皇帝就有充足的理由把这太子的宝座封给自己的儿子。她想的方法很简单，但是却很恶毒。她知道朱常洛本来就是一个酒色之徒，只是以前还没有被立为太子，行动上还有所收敛。现在他没有了后顾之忧，就开始花天酒地、尽情放纵了。郑贵妃就抓住他这个弱点，投其所好，送了八名美女给朱常洛。朱常洛丝毫不知郑贵妃的恶毒用心，再说他本来就贪色如命，怎么舍得放弃这到手的肥肉呢？从此以后，他整日与这些美女在一起厮混，纵情淫乐，本来就不太健康的身体变得更加衰弱了。平日里他没少服用这种红丸，以加强他原本羸弱身体。结果可想而知，这种红丸虽然在短时间内可以增强一个人的阳刚之气，但是因为它的主要成分是对人体有害的铅，长时间服用就会造成铅中毒，光宗就是这种情况。虽然他没有如郑贵妃所愿在万历皇帝之前死去，但是当他熬了几十年终于当上了皇帝以后，已经是病入膏肓了。登基不到半个月，光宗就一病不起，身体日渐衰弱。可是即使这样，他还是不愿放弃流连在美女丛中的享受，仍旧服食红丸，结果一天夜里，铅中毒的表征明显地表现了出来，一夜之间，光宗狂笑不止，情绪处于极度的狂躁兴奋之中。第二天，皇帝身边的太监请来御医崔文升给皇帝诊治。这位庸医诊断出来的结果是皇帝内火太旺，开了一副泻火通便的虎狼之药。结果皇帝一夜之间腹泻三十多次，马上性命垂危。光宗也觉得自己不行了，第二天就找来朝中的重臣准备交代后事。大臣们提出正是因为崔文升用药错误，才导致皇帝如今病体垂危，都主张要严惩崔文升。光宗此时倒是非常宽厚，他认为是自己的体质本来就太差，所以承受不了太医开的药方，丝毫也没有怪罪崔文升的意思。

当他与大臣们商量完正事后，又提起他听说有一个叫李可灼的官员，据说怀有仙丹，就叫大学士方从哲把这个官员找来。李可灼来了以后果然立刻拿出了一颗和红丸差不多的丹药，光宗不顾身边大臣们的反对，还是按照李可灼的话，用人乳调药服下了这颗丹药。据说光宗服用完后，顿时觉得浑身舒畅，连说这果然是仙药，还安慰各位大臣说不必担心，自己感觉好多了。大臣们看到皇帝的身体有了好转，当然都很高兴，都放心的回家去了。这天夜里，光宗又向李可灼要了一颗"仙丹"服用，本想减轻病痛，却不料这一次服用下去，马上腹痛如绞，在床上挣扎了几下，就一命呜呼了。

这下事情闹大了，大臣虽然都知道皇帝的身体恐怕已经支持不了多久了，可是却都没有料到仅仅一夜之隔，皇帝就突然死了。大家议论纷纷，认为皇帝是被人谋害的,否则不应该死的这么突然。

有人认为李可灼进献的"仙丹"其实就是红丸,这药药性强烈,能补一时之虚,却更加重了皇帝体内的毒性,结果使皇帝暴亡。还有人认为这种药服用后吉凶莫辨,单凭李可灼这样一个小官怎么敢这样大胆进药?都猜测他身后一定有人指使,而更巧的是这个李可灼以前就是郑贵妃的门下。显而易见,这个指使谋害皇帝的人虽然没有人明白说出来,但无疑与郑贵妃脱不了关系。这一派大臣都主张一定要严惩幕后凶手。还有人说李可灼可能并没有谋害皇帝之意,毕竟皇帝死了他肯定会是第一个掉脑袋的人。他只是想凭着这无名的"仙丹"碰一碰运气,如果恰好治好了皇帝的病,那日后荣华富贵就享用不尽了。再说,他的本意也不是用它来给皇帝治病,而是在皇帝未病之前就想进献给皇帝的,也只是想以另一种与红丸极为相似的春药讨皇帝的欢心罢了。不料皇帝病重才想起他的"仙丹",这时他已是骑虎难下了,只好献上丹药,不想皇帝一吃就死了,李可灼也实在是冤枉。也有人认为,李可灼是大学士方从哲找来的,所以应该追究方从哲的责任。大家众说纷纭,在朝廷上争论不休。说是郑贵妃派人谋害皇帝,又没有确凿的证据,最后这件事只好不了了之,只把崔文升外放南京,李可灼流放边疆了事。

不管是不是郑贵妃指使人谋害,光宗中毒而死是确实无误的。这个糊涂皇帝因为贪恋女色而服食红丸,最后导致中毒而死,是自寻死路,也怪不得别人。

清官道同为何被杀

道同,是明太祖朱元璋时期的一个清官。他小时候非常孝敬母亲,远近闻名,都称他是百年难得一见的大孝子。道同从小饱读诗书,立志长大以后要做个清官。他也真说到做到,在洪武初年作了广东省番禺县知县,把原来一团乱的番禺县治理得井井有条,当地的老百姓都拍手称快,说番禺县终于来了一个好官。本来当地的开发较晚,文治教化都不怎么样,驻军也都是由本地的少数民族组成,非常蛮横,经常鞭打侮辱当地的文职官员,后来以至于都没有人敢到这里来做官了。自从道同被派到这里以后,他申明法纪,执法严正,处事公允,得到了全县军民的认可与尊敬。

后来,朱元璋大封诸侯,把自己的子孙亲戚分封到全国各地,其中的永嘉侯朱亮祖就被分封到了番禺县。由于道同一向刚正不阿,不肯委屈侍奉权贵,惹得朱亮祖很不高兴,时常用皇亲国戚的高贵身份来压制道同,想迫使他屈服。可是道同却丝毫不为所动,依然我行我素,只是一心一意地按照国家法律办事。当地的一些恶霸在市场上公然强买强卖,逼迫卖家以低于实际价格十倍的价钱把货物卖给他。道同知道了,大为恼火,马上命令手下差人把那个恶霸抓了起来,要治他的罪。恶霸的家族看道同不肯徇私枉法放了犯人,就去用重金贿赂拉拢永嘉侯,希望永嘉侯能够出面向道同说情。朱亮祖于是就请道同到自己的家中来吃饭,在席间提出了释放恶霸的要求。道同知道了他的用意,厉声责问说:"您是皇室的宗亲重臣,怎么反而要受这些市井小民的支使呢?想要我放了那个恶棍,绝不可能!希望您也以国家事务为重。"朱亮祖见好言好语不能使道同屈服,说什么也不肯给自己这个面子,心里更加痛恨道同。他利用手中的权力,硬是强行放了那个恶霸,还找了个借口打了道同一顿。

没有多久,两人又发生了更直接的冲突。原来当地的一个富户人家把女儿嫁给了朱亮祖做小老婆,她的家人兄弟就借着朱亮祖的权势胡作非为,欺男霸女。道同得到报告,按照律令把他抓了起来准备治罪。朱亮祖一看道同竟然敢动自己的家里人,更加气恼,二话不说,又派人去把犯人夺了回来放掉了。道同几次三番认真执法反而受辱,觉得十分气愤,就写了一道奏折上报给朱元璋,其中罗列了朱亮祖在当地为恶的罪行。不料他的奏折还没有送到朱元璋的手里,朱亮祖就从朝中的眼线那里知道了道同参奏他的事情,他马上也写了一道奏折,反而弹劾道同傲慢无理,目无皇亲,藐视皇上,是逆臣贼子,应该严惩,写好后就命人快马加鞭地飞奔到京城去送给朱元璋。朱元璋看到这本奏折,听信了朱亮祖的一面之词,也认为道同确实太过无理,辱没了皇亲国戚,立刻派人去番禺县诛杀道同。圣旨刚刚被带走,道同的奏章就到了,朱元璋拿到手中一看,马上就明白了到底是怎么回事,知道自己冤枉了道同这个好官。于是,马上又下了一道圣旨,命人速去番禺救下道同,并且还准备要升他的官。

两个使者前后都带了一份圣旨,内容却是截然相反的,道同的命运此时已经完全掌握在这两个使臣的手里。但是非常不幸的,两个使者虽然是同一天到达番禺的,救道同的那一个却不知为什么还是慢了一步,等他赶到时,道同刚刚被押赴刑场处死了。他死的时候,刑场周围挤满了围观的老百姓,大家都在哭喊着要求放了道同,但是却无济于事,因为这是由皇帝亲自下的命令要求立刻行刑的。

道同死后,当地的百姓怀念他,为他建了祠堂纪念他,有的人还在自己家中刻了道同的雕像,摆在供桌之上,晨昏上香祷告。据说有一段时间,人们向道同的神像卜卦非常灵验,于是民间就有传说认为道同已经升了天做了神仙,人们也因此更加虔诚的膜拜他的雕像。他的一生既忠且孝,虽然被明太祖枉杀,但是生前被百姓尊敬爱戴,死后又被人尊为神仙一样的顶礼膜拜,他这一生也不枉了儿时立下的誓言了。

冯胜为何被明太祖毒杀

冯胜,是朱元璋手下的大将,在明朝的开国功臣中位列第三,仅次于大将军徐达和早死的大将常遇春。他跟随明太祖南征北战几十年,纵横杀场,为明朝的建立立下了不可磨灭的功绩。然而,在全国局势稳定下来之后,朱元璋不再需要这些功臣了,并把毒手伸向了这些跟随他几十年的功臣宿将,冯胜也在劫难逃,终于死在了明太祖朱元璋的谎言与毒酒之下。

冯胜原名叫冯国胜,又名宗异,史书说冯胜出生之时也有异象,满屋黑气数日不散。他还有个哥哥叫冯国用。这两兄弟出身于地主家庭,家中也有几百亩良田。两人都喜欢读书,同样精通兵法,哥哥深沉稳重、有计谋,弟弟则彪悍勇猛、多智略。元末大乱,冯国用和冯国胜兄弟两人带着队伍投奔了朱元璋的起义军。在军中,冯氏兄弟始终跟随在朱元璋的左右,策划军国大计,成为朱元璋的心腹亲信。据说朱元璋曾有一次为了收服降兵的心,让五百名降兵作自己的亲兵,宿在大帐周围,而把平时所用的卫士全都换掉,只留冯国用一个人在床旁服侍,可见朱元璋对这兄弟俩的信任。不久,冯国用病死在军中,朱元璋亲自祭奠痛哭,后来还追封他为郢国公。冯胜此后接任了哥哥的职位,替朱元璋统领亲军。开始时冯胜始终跟在朱元璋身边,经常为朱元璋谋划战事,机智勇敢,和哥哥一样,深受朱元璋的赏识和信任。后来,冯胜又被派去辅助大将军徐达,南征北战,立下赫赫战功,为朱元璋登上皇帝宝座打下了基础。

公元 1368 年,朱元璋登基称帝,开创了大明王朝。冯胜因为深受太祖信任,在担任军事将领的同时被任命为太子的老师。当时,虽然江南、中原等地已经并入明王朝的版图,但周边地区还没有归附,继续进行统一全国的战争仍是当时的首要任务。冯胜几次跟随大将军徐达渡过黄河,平定山西、陕西地区,每战必胜,让朱元璋非常高兴。按照他的功劳,朱元璋授予他开国辅运推诚宣力武臣,特进荣禄大夫,同参军国事,又封宋国公,年禄三千石。后来,冯胜又奉命带领二十万大军去征讨元将纳哈出。他精心筹划，谨慎运兵，并亲自观察地形，掌握敌我双方的情况以做出正确的分析，节节胜利，到最后更是兵不血刃地降服了纳哈出，并把二十万降军带入关内。朱元璋知道后很高兴，马上派出使者迎接慰问冯胜。但是冯胜的这次大胜利招来了一些人的妒忌和猜疑，一些谣言不时传出，有的说冯胜藏匿了战争中俘获的许多好马，有的说他乘机骗取了很多财宝，又有人说他强娶蒙古王子的女儿。这样一来二去，本来猜疑心很重的朱元璋也不禁相信了，他不但没有奖赏冯胜的大功，反而下令收回冯胜的大将军印，让他到凤阳去居住。冯胜从此被安置在家，时刻受到监视，再也没有带兵打仗。

这时的朱元璋已经基本稳定了全国的局势，南方的割据势力和北元的残余力量都先后平息下去了，明王朝的统治更加巩固，再也没有一支外部力量能和明王朝相抗衡了。朱元璋一直对外的目光转向了这些跟随他几十年，替他出生入死的大将们，总是猜疑他们有一天会夺他的皇帝宝座。因为在长达几十年的战争中不免会有一两个武将叛变，朱元璋因此更是小心翼翼，对诸将越发不放心了。他不断编一些劝人作忠臣孝子的书籍，要求人们对自己忠诚，花费了许多心力。但是最终，这个强权皇帝还是觉得说教远不如斩尽杀绝的效果好，只有杀光了那些威胁他地位的人，他才能安心地睡觉。这时，诛杀功臣已经成为他心中的第一要务了。

此时的官僚集团也形成了各种小集团，有文武之间的矛盾，也有淮西集团和浙东集团的矛盾，官员们互相攻击倾轧，排斥异己，这正好为朱元璋提供了很好的借口和机会，利用官员之间的矛盾，各个击破。宰相胡惟庸死了，开国功臣李善长死了，朱元璋又怎能允许冯胜独活呢？

洪武二十六年，朱元璋召冯胜进京居住，便于就近监视他。后来，冯胜因为闭门独居实在无聊，他很怀念以前那些跃马疆场的日子。这位寂寞的老将就在自家门前修了一个稻场，把瓶子埋在地下，又架起木板做走廊，整日在稻场上骑马追逐，发出轰隆隆的响声，仿佛自己仍在战场上纵马飞驰一样，自娱自乐。不想这个天真的举动落在有心人的眼里，却又成了攻击冯胜的口实。有人向皇帝密奏说，冯胜怀有异谋，他家的稻场下面藏有武器，他每天都在训练兵士。朱元璋听了这种诬告，根本就不查问事情的真相，只是暗自在心中下了杀害冯胜的决心。他把冯胜召进宫里，摆了酒席与他对饮。他一边饮酒还一边安慰冯胜说："我知道现在外面有些人一直在说你的坏话。你径自放心好了，我是信任你的，绝不会相信那些流言。"冯胜听了不禁感激涕零，直称赞皇帝的圣明，也放下心来和朱元璋开怀畅饮，君臣二人好像回到了许多年前称兄道弟，把酒言欢的日子。冯胜从宫中回到家后，为皇帝的厚待而还满心欢喜，不想当夜就七窍流血，暴病而死。这一代功臣，没有如愿地死在沙场之上，反而死在了他始终尊敬信任的明太祖朱元璋的毒酒之下。他死了以后，朱元璋不准他的儿子承袭他的官职，也不得录用为官，冯家这功勋之家很快就在太祖的有意压制下衰落下去了。为明王朝立下汗马功劳的大将最后竟然落得这般下场，真是令人可悲可叹。

李善长真的谋反了吗

李善长是明朝的开国功臣，在明朝建立以后官居文官第一，他的儿子娶了明太祖朱元璋的女儿，他自己又几十年兢兢业业地辅佐太祖打天下，成了明朝的开国宰相，这样的荣耀和富贵简直无人可此。但是他的功高盖主、权重一时，却引起了政敌的仇视，就连朱元璋也对他有些不放心了。最后，在他老态龙钟之年，终于被皇帝以"莫须有"的罪名杀死了，制造了这一起李善长冤案。

李善长本来深受朱元璋的宠信，他的厄运是来自胡惟庸的谋反一案。胡惟庸和李善长同是淮西派官僚地主集团的重要人物。他们有几十年的交情，又有那么一点曲折的姻亲关系，因此两人关系很好。李善长因为年老体病，不能再当宰相的时候，他就向朱元璋大力推荐胡惟庸。洪武七年，胡惟庸终于当上了宰相，他因为权势日大而横行无忌，在身边笼络了一批追随他的死党，在朝中则努力打击排斥异己，见到上奏给皇帝的奏本中有对自己不利的内容，就隐匿不报。后来，他的野心渐大，与亲信们秘密商议起兵反叛的事。为了争取更多人支持，他几次三番派亲信去劝说李善长

李善长

帮助自己，但李善长这时年纪已老，只想安安稳稳地度过余生，直截了当地拒绝了他的要求，还劝他要"好自为之"。不久之后，胡惟庸因为擅杀无辜被太祖怪

罪，迫不得已提前叛反，却被朱元璋提前发觉，叛乱的人被一网打尽，全部被处以极刑。

胡惟庸案发生以后，就有人攻击李善长，说他是胡的死党，建议皇帝杀掉他。这时的朱元璋理智尚存，对李善长也还有些感情，他不为所动，反而向群臣说："李善长在我刚起兵的时候就跟随我，帮助我出谋划策。后来天下平安，我封他作国公，又把女儿许配给他的儿子。他是我患难时期的心腹之交，我实在不忍心加罪他，你们不必再多说了。"因此，李善长在朱元璋对胡党的第一次大清洗时才没有受到牵连，又安安稳稳地享了近十年的清福。

洪武十八年，又有人控告李善长的兄弟李存义父子是胡党残留分子，应该处死。由于李善长的关系，朱元璋并没有处死他们，只是把他们迁到崇明一带去居住。太祖如此做，李善长却没有去向皇帝谢恩，所以朱元璋很不高兴。后来李善长又向汤和借了几百名士兵修建府第，一向猜疑心重的朱元璋知道了这件事，又在心中暗暗疑虑。紧接着又有人向太祖报告说，当初胡惟庸谋反，不但勾结了日本国，还与北元的蒙古人有秘密联络。当时驻守边塞的大将军蓝玉截获了一份他们之间往来的书信，就马上将详情寄报给了李善长。但是因为李善长与胡惟庸关系很好，又是姻亲，就把这件事隐瞒了下来，没有上报给皇帝。之后，又不断有朝臣上奏胡惟庸贿赂李善长，而人交往密切等等情况，朱元璋本来疑心病就很重，也很忌惮李善长的德高望重，在这一系列的密告之下，也不禁动摇了保住李善长的心，觉得他对自己不忠不义，开始想杀了他以免除后患。

不久，有大臣面奏太祖，说近日星相将有异变，必须杀一些朝中重臣以避免灾祸。这种荒唐的说法近乎儿戏，明眼人一看就知道是另有图谋。朱元璋也明白，这是大臣在请求他杀掉李善长的借口。他这时也终于下定了决心，以李善长勾结胡惟庸企图谋反的罪名逮捕了李善长。洪武二十三年（公元 1390 年），李善长被赐自缢而死，他的家人亲属一共七十余口全部被下令处死，唯一的活口是那娶了公主的儿子李祺，总算为李家留下了一点血脉。

其实，李善长被杀时，已经是一位白发苍苍、行动不便的八十老翁了，他又怎么可能谋反？再说这时距胡惟庸案已经十多年过去了，又有什么理由非要去追究不可呢？归根结底，说他谋反而加以诛杀，只是明太祖的一个借口罢了。朱元璋在有生之年以杀尽功臣，为子孙开路为己任，又怎么会独留下李善长这个开国功勋呢？当时的大臣都知道李善长是冤死的，可是谁都不敢明确向朱元璋提出来。只有一个叫王国用的忠直大臣，直言敢谏，在李善长死后的第二年

图文珍藏版

向太祖上奏了一份奏折,逐条详细地分析了李善长之冤,认为他是绝不可能谋反的。奏折中说:"按照常理,人们喜爱自己的儿子一定胜过喜爱兄弟的儿子,这是人之常情。李善长与胡惟庸的关系,不过是侄子辈的姻亲。而与陛下却是儿女姻亲。假使李善长确实想辅佐胡惟庸谋取大业,事成之后也不过是开国第一功臣而已,他自己能当上太师或国公,他家的男人不过能娶公主为妻,女人也不过封为妃子罢了,这些他不是已经都得到了吗?况且李善长又怎么可能不知道,不可以侥幸心理谋求成功的道理?当年元朝混乱之时,想要谋求大业的人多得难以计数,可结果没有一个能成功的,这些事情都是李善长所亲眼看到的。人的年纪大了,精力自然也不如从前,谁不想过的安逸一点呢?苟且偷生,得过且过的想法,李善长是有的,他又怎么会被那些亡命之徒诱惑呢?况且,他的儿子还在侍奉陛下您,而凡是做这种反叛朝廷事情的人,必定与您有深仇大恨,或是因形势突变所致,都是迫不得已而为之。假如李善长父子真的想谋反,那他们一定不会像往常一样起居自若,谁都没有发觉他们有丝毫不轨的迹象,若说他们有意背叛陛下,是很难让臣民信服的。如果说天象显示出将要发生叛乱,朝中大臣必须应天而死,这种以杀人应验天象的做法,又怎么能被认为是上天的意思呢?如今李善长已经不幸被杀身亡,臣在这里恳求陛下您能明察此事,希望您能在将来再处置这种事情时,以李善长的事作为借鉴。李善长被冤杀了,天下的人都说:'为国家立下汗马功劳的李善长,他最后的下场又怎么样呢?'我担心这样的想法会使天下大乱,国家将陷入四分五裂。"这份奏折上报后,把太祖朱元璋说得哑口无言,实在不知该用什么话来回答他,所以只好将奏折一直扣压在宫中。其实朱元璋自己也清楚,李善长是不会谋反的,杀他也的确没什么充足的理由,说他勾结胡惟庸谋反也只是一个借口罢了,总之就是一句话,皇帝老爷说"我要杀!",天下又有谁能够阻拦的了呢?

焦芳为什么痛恨余姚人

明孝宗去世后,年仅十五岁的太子朱厚照继承皇位,是为武宗。皇上登基伊始,总要大赦天下、广选人才。武宗即位时虽然只有十五岁,但也依照先人的做法,颁布了"举怀才抱德之士"的诏书,谕示天下。各地方官员立即行动起来,纷纷上书举荐德才兼备的优秀人才。江西一地,余姚人周礼、徐子元、许龙及上虞人徐文彪以德才出众被举荐为官。有司考核后同意起用,并上报给内阁，由大学士刘健草拟奏疏上呈皇帝。当时的翰林学士、吏部尚书焦芳听说几个余姚人受到举荐，极为恼怒。

焦芳

焦芳自从依附太监刘瑾以后，与之相互勾结，朋比为奸，玩弄权术，排斥异己、陷害忠良，不一而足。他的党同伐异发展到了大搞地方宗派的地步。本来，在封建社会中，朝廷大臣热衷于拉帮结伙、亲同疏异、拉山头、结团伙，属于司空见惯之事，不足为奇。但焦芳的地方宗派却与众不同，他排挤南人，举用北人，是有其政治原因的。当初，焦芳进入翰林院时，大学士彭华曾经提出过反对意见。后来，有人又阻止提升他为翰林学士，他又猜疑是彭华从中作梗，故意跟他过不去。通过这几件事，焦芳对彭华简直恨之入骨。还有谢迁，在翰林院时常常弹压焦芳，处处限制他，焦芳要求复入翰林院，谢迁与刘健又极力阻止过。所以，焦芳对谢迁也刻骨仇恨。焦芳出于私怨深恨彭华和谢迁二人，因为他们二人都是江西余姚人，所以，焦芳对江西人，尤其是对余姚人，甚至南人都一概仇视，一概排斥，不仅限于他势力范围内，而且还借刘瑾之势排斥南人、江西人。他时常对刘瑾说："宋人曾经说过一句话'南人不可为相'，南人心胸狭隘、性格狡诈、奸贪邪恶。"他还特制了一张"南人不可为相图"献给了刘瑾。在焦芳的影响下，刘瑾也开始对南人有了偏见，不喜欢南人了。此时，焦芳见又有一些余姚人受到举荐，他觉得自己有责任进行阻止。他找到刘瑾，怂恿刘瑾出面干涉。刘瑾就上疏弹劾刘健，并连带上谢迁，诬以"徇私援引"的罪名，又摆出司礼监大太监的派头，扬言要将刘健、谢迁逮捕抄家，把周礼等人下狱。大臣李东阳认为罪名纯属莫须有，不能无缘无故处治朝臣，从中极力劝解，而焦芳却在旁边急切地调唆，恶狠狠地说："纵然从轻处治，也该将他们除名"。结果，刘健、谢迁被罢黜为民，周礼、徐子元等人被发配戍边。本是一件利国利政的大好事，到了刘瑾、焦芳手中，便成了他们玩弄权术、铲除异己的阴谋手段。

此事过后，为了从根本上限制南人，防止南人占据重要职位，刘瑾、焦芳私自规定，两广、南直隶、浙江的官员选授不许选用邻省人担任；漕运都御史不许

国学经典文库

中国古代秘史 · 明朝秘史 ·

图文珍藏版

选授江南人担任;更有甚者,他们竟然下令余姚人不得授京官。据史料记载,这个荒唐的主意正是出自焦芳。正德五年,刘瑾、焦芳假借皇帝的名义,裁减江西乡试名额五十名,使一大批大有前途的读书人断了仕进之路;而乡试录取的人也没了机会和可能进京做官。同时,刘瑾和焦芳又擅自决定增加刘瑾家乡陕西乡试名额一百名,增加焦芳家乡河南乡试名额九十五名,美其名曰"优其乡士"。焦芳的地方宗派思想简直是不可理喻、极端好笑的,不论是不是他的同乡,只要是北人,他就有好感。凡听到北人升官晋阶了,他就喜形于色;凡是出自北人的观点,他就大加褒扬,表示附和。相反,不论何地的南人,他一律厌恶,南人的观点他反对,南人罢免他欢喜。总之,只要是与北人沾边的,他就赞同;只要是与南人有关系的,他就反对。在议论古人的时候,他也以是北人还是南人为标准;是北人,则满口赞誉;是南人,则恶语诋毁。但在对待具体的人时,焦芳又不论南人、北人,只要与他有害有碍的朝臣,一概视为异己。

　　刘健是河南洛阳人,也算焦芳的同乡,但刘健为人正直,又自恃是顾命老臣,所以不巴结讨好焦芳、刘瑾等人,而且与阉党针锋相对,因此,焦芳、刘瑾将他视为眼中钉,千方百计陷害他、排挤他。在刘瑾专权时,焦芳为了讨好他,向他推荐了张彩,这张彩不仅是刘瑾的同乡,而且与阉党臭味相投,属一丘之貉。他们结为同党,手操重柄,为非作歹。张彩靠着是刘瑾的同乡,百般逢迎、曲意奉承,大得刘瑾欢心,很快地,刘瑾便把吏部尚书的位置替他捞到手。官职提高后,张彩的势力也渐渐强大起来,而焦芳自以为对张彩有推荐之恩,经常找张彩办事,不是保荐亲信,就是安插私亲,张彩依仗刘瑾的宠信,逐渐不买焦芳的账,焦芳暗中蓄恨,天长日久,两人的矛盾越来越深。分赃不均是狼狈为奸者最忌讳的事,焦芳借刘瑾之名受了不少贿赂,张彩向刘瑾揭发了他,刘瑾听后,顿时心生嫌恶,经常找焦芳的茬儿。焦芳因为他的儿子焦黄中廷试未得一甲而常常大骂主考官李东阳,刘瑾故意"公正"地指责焦芳。有一次还说:"黄中昨日在我家试石榴诗,非常拙劣。自己的儿子不争气,怎么反怪李东阳呢?"正德五年,四月间,宁夏安化王真潘的叛乱被平息,朝廷想派使者前去安抚,焦芳打算让他的儿子焦黄中出使,乘机捞得升官进阶的资本。刘瑾便在众人面前申斥焦芳,并怪罪礼部官不该迁就焦芳的无理要求,焦芳感到万分窘困,他知道大势已去,朝廷中再没有他的立锥之地,再留下去也没有好日子过,便上疏乞归,辞官回到老家。焦芳的政治生涯虽然结束了,但他却侥幸保住了一条命,就在他辞官去职三个月后,刘瑾及其同党因为谋反而被捕,这一伙人恶贯满盈,全都被送上了断头台。

杨继盛为何含冤而死

明朝嘉靖皇帝在位时,大奸臣严嵩把持朝政,时间长达二十年。他贪污受贿、为非作歹,对弹劾检举他的官员肆意迫害,造成了许多冤案,而其中之最就是杨继盛案。

杨继盛出生在一个贫苦的农民家庭里,从小受尽了后母的欺凌虐待,几次向父亲要求,才得以进入学堂学习,家境贫寒、条件恶劣,使他更加珍惜来之不易的学习机会,更加刻苦努力。功夫不负苦心人,几年以后,他参加乡试中了举人,被选送到北京的国子监继续学习,深受当时的国子监祭酒(校长)徐阶的喜爱。嘉靖二十六年,杨继盛终于考中进士,被封为南京吏部主事,不久又被升为兵部员外郎。

杨继盛

当时的明朝已经处于没落的中后期,朝政腐败,政坛黑暗,奸臣当道,而荒唐的嘉靖皇帝却缩在深宫中,不理朝政,一心想求得长生不老,得道成仙。嘉靖二十九年,蒙古军队进犯内地,直达北京城下,使全国受到巨大震动。负责统率军队的平虏大将军仇鸾与奸相严嵩商议过后,决定按兵不动,拒不出战,使蒙古军队在城外大肆劫掠而去。敌人退去后,仇鸾又假装追击,杀了沿途的几十个百姓,以此向皇帝冒功讨赏,嘉靖皇帝不问事实,还十分高兴,对仇鸾大加赏赐。后来,仇鸾又力主和蒙古的俺答汗讲和,设立互市,理由是可以借此获得战马和较长的军队备战时期。当时仇鸾正是皇帝面前的红人,大臣们明知道这样做有问题,却没有人敢站出来,提出反对意见。只有杨继盛不畏仇鸾的威福,立即上疏给皇帝,极力反对议和,提出了与蒙古议和的"十不可",说这将使天朝大国颜面尽失,有损国威,而且他还认为以倾国之力去供应外虏,这并不能最终解决边境冲突,日后肯定会再起冲突。奏折送上后,嘉靖皇帝拿给严嵩、仇鸾等人传看,仇鸾恼

图文珍藏版

羞成怒,大骂道:"杨继盛一个书生,乳臭未干,也敢这样狂发议论!应该撤职严办!"随后,他又向嘉靖皇帝密奏,捏造罪状,诬告杨继盛图谋不轨。糊涂的皇帝不分青红皂白,见到密奏后大怒,马上命人将杨继盛撤职逮捕,投进大狱。后来因为根本找不到任何谋反的证据,嘉靖皇帝就把他贬为一个偏远不毛之地的典史。这是他第一次遭贬。

杨继盛到了属地之后,卖掉自己的家资,请来先生教当地子弟读书,开导淳朴的平民,劝解地方上的矛盾,赢得了当地百姓的尊重和爱戴,人们都称呼他为"杨父"。没有多久,仇鸾力主的互市就失败了,蒙古人毁约进犯,仇鸾无计可施,焦虑攻心,很快病死了。嘉靖皇帝得到消息后愤怒异常,不但剥夺了他的官职,还鞭尸泄愤。这时皇帝又想起了杨继盛当初的话,觉得他说的全都有理,转过头来又想重用他。于是在一年之中,杨继盛四次升迁,从一个小小的典史直升到刑部员外郎的职位。

严嵩这时也正在得宠,他深知皇帝想要重用杨继盛的意图,就想拉拢杨继盛,使他为己所用,为此还特意委以杨继盛军权,以示亲近信任。他却不知道,杨继盛是一个性情耿直、忠君为国的人,他一向认为严嵩倒行逆施、欺上罔下、祸国伤民,对严嵩的痛恨超过了对仇鸾的痛恨。升到兵部还不到一个月,杨继盛就不顾妻子家人的反对,向皇帝上奏,弹劾严嵩破坏祖制、纵容恶子、冒领军功等十项大罪,还指出严嵩控制拉拢了皇帝身边的一切耳目,用各种手段蒙蔽皇帝。他把严嵩作为内贼与外贼的俺答相并列,认为内贼之害尤胜于外贼,只有先除去内部奸贼,才能最终除掉外寇。

这篇奏折一上,就像在平静无波的湖水中投入了一颗巨石,一时间在朝廷上激起了千层波。严嵩这时正处在权力的顶峰,是炙手可热,口含天宪的人物,朝臣们都不禁为杨继盛的胆大而吃了一惊。严嵩的恼怒就更不用提了,原想提拔他作自己的亲信,不料却反而被重重咬了一口。他马上到皇帝面前数说杨继盛的"罪恶",使得接到奏折有些不快的嘉靖皇帝更加暴怒,下令将杨继盛逮捕到锦衣卫大牢中,严刑拷问他谁是主使。杨继盛大怒道:"为皇上尽忠全是我自己的主意,哪还有什么主使之人?"并坚称自己所言句句属实,审问人员也知道这个案子根本就不必详审,只是狠狠打了他一百杖,就送交刑部定罪。刑部尚书何鳌不敢违背严嵩的意思,就按照严嵩的嘱托,把杨继盛定罪关入诏狱。

杨继盛在锦衣卫的大狱中一关就是三年。这是个暗无天日的地狱,全部建在地下,墙厚数尺、防守严密,即使里面呼号连天,外面也什么都听不到。而且这里死几个犯人就像死掉几只老鼠一样普通,根本就不会有人查问。因为按照明朝的规定,凡是关在诏狱中的人犯,都是皇帝的钦犯,刑部、大理寺和都察院等正式的司法机关是不能过问的。杨继盛一进诏狱,就知道自己再无生还可能,心中早就做好了准备,神情自若,面不改色。他在狱中受尽了种种酷刑,浑身肌肉都腐烂了,鲜血淋漓,深可见骨,狱中没有医药,他就自己动手刮下腐肉。挑断伤筋,就连替他掌灯的狱卒都觉得惨不忍睹。就这样,每一次用刑,杨继盛都被折磨得死去活来,却又一次次挺过来了。他坚持不向严嵩屈服,也不肯承认自己那些莫须有的罪名。

杨继盛的案子在当时流传很广,影响极大,人们都知道他是冤枉的,都称他为"天下义士",也都因此更加痛恨严嵩。几年过去了,严嵩见仍不能迫使他屈服,也不由得从心里感到恐惧,他决心使用诡计杀掉杨继盛。

后来,当杨继盛被杀的时候,他仍在谆谆教导自己的儿子,一定要好好读书,报效国家,不要因为自己的为忠身死而心怀怨恨。他临刑前还留下了一首荡气回肠,震人心魄的绝命诗,广为人们所传诵:"浩气还太虚,丹心照千古。生平未报恩,留作忠魂补!"嘉靖皇帝死后,继位的隆庆皇帝追悼前朝直谏忠臣,杨继盛被列为第一名,赐谥号为"忠愍"并建立祠堂来纪念他,他的沉冤终于得以昭雪。

周延儒为什么变成了大奸臣

万历四十一年(公元1613年),三年一次的科举会试刚刚落下帷幕,参加会试的四方学子焦急地等待着考试结果。发榜后,名列榜首的是宜兴才子周延儒。接下来的殿试,这位周延儒又独占鳌头,由皇上钦定为头名状元。当周延儒披红挂彩、身骑高头大马游历京城之时,人们才亲眼看见这位状元郎的风采,竟是位二十来岁的青年书生。

周延儒机敏过人,是少年得志,一心想在官场中混出个名堂来。

他的仕途也还一帆风顺,一直官运亨通。天启年间,周延儒被派往南京掌管翰林院,他为人机巧,善辩风色,在处理与东林党和阉党的关系时,他左右逢源,两面不得罪,虽与东林党人时有往来,却从未受到阉党的排挤,因而乌纱帽一直稳戴头顶;就是后来的东林党祸和阉党逆案,他也都圆滑地逃过了。

熹宗在位只有七年,便短命而死。崇祯皇帝登基后,坚决查处党私之徒,整顿朝纲,在惩治魏忠贤逆党之时,唯恐网疏有漏,凡是与魏忠贤集团有过一两次交往的人,一概连坐罢黜,一下子牵连进去百十余人。由于阉党一案惩罚的官员过多,造成朝官严重缺员,于是,崇祯将南京的一大批官员调到京都,各派其职。就在此时,周延儒也被召进京,升任礼部右侍郎。地位改变了,官职提高了,使他有机会能够接触皇上,他利用这绝好的机会,察言观色、伺机而动,积极创造条件,为实现其夺取朝中大权的野心做准备。

崇祯元年(公元 1628 年)的冬季,锦州边防军发生哗变。抚臣袁崇焕闻讯调查后得知,因军官们层层克扣粮饷,士兵们忍无可忍才采取这种过激行动,以引起朝廷的重视。袁崇焕在奏章中详细汇报了事件的起因、性质和危害性,建议朝廷从速补发粮饷,以解燃眉之需。

边地军心不稳,自然事关重大,崇祯皇帝紧急召集朝中大臣,在文华殿论证此事,商议办法。大臣们一致赞同袁崇焕的建议,请求皇上速发内帑,以解救边地之急。听了大臣们的意见,崇祯脸色阴沉,一言不发。崇祯虽然雄心勃勃、励精图治、致力于振兴朱明王朝、一心想做个贤明君主,但是他生于明王朝的末世,生长在皇室中的他目睹了一出出夺权争宠的丑剧,心里留下了浓重的阴影,从而养成他敏感多疑、刚愎自用的性格,加之他初登帝位,年纪轻、阅历浅、不善识人,所以处理朝政时往往失于明察,但他却偏要自作圣明。此时此刻,崇祯对锦州边防兵闹事的成因仍然表示怀疑。

老谋深算的周延儒,非常了解崇祯的脾气,他见崇祯对大臣们的意见不表态,早已揣摸透了皇上的心思。于是,他不慌不忙地站出朝班,发表了与众不同的意见。他阴阳怪气地说:"朝廷设立边防,旨在防御敌兵。不想,如今敌兵未犯,边防先乱。宁远哗变,连忙发饷,锦州哗变,又急忙给饷,倘若各处边关都来效仿,该当如何是好呢?"崇祯一听周延儒说出了自己所想,大为高兴,便问他有何上策,周延儒只回答道:"此事有关边防安危,粮饷不得不发。只是,须得谋求一长久之策。"细想周延儒的话中意思,也不过是赞同发饷以息兵怒,并没有什么特别的高见。不同的是,他提出了一个"经久之策"的说法,就显得与众不同。其实,那个没有一点实际内容的说法,不过是他哗众取宠的借口,就这样,周延儒骗取了崇祯的好感,在皇上心里留下了一个急公负责、站得高、看得远、能处置事情的好印象。崇祯当场褒奖了周延儒,责怪了众朝臣。

过了几天,崇祯又把周延儒召到宫中单独密谈,商量给饷一事,现在他非常信任这位深谋远虑、见识出众的周延儒。周延儒再一次替皇上分析说:"军饷首先是粮食,而山海关并不缺粮,那么军兵哗变,是为缺银,其中必有原因。恐怕是下级军官从中作梗、煽动闹事,以此要挟袁崇焕,迫袁崇焕向朝廷要银。"崇祯听后,大为赏识,感到周延儒分析情况真是入木三分。周延儒又一次受到皇上的青睐。

其实,此事与袁崇焕毫无关系,戍兵哗变,是由辽东巡抚措置失当酿造的,三个月后,袁崇焕才到达山海关,着手处理了善后事务。他以抚为先,罢斥了几个有责任的将领,斩首了十几个破坏性最大的肇事者,辽东巡抚引罪自杀。由此看来,周延儒的分析完全是自作聪明,毫无根据。

时隔不久会推阁臣,周延儒与温体仁早已觊觎入阁,但由于资历较浅,未被推荐,二人心中十分不满,便相互勾结,结成政治联盟。先由温体仁发难在先,继之以周延儒从中协助,旧案重翻,借题发挥,矛头所指,集中攻击钱益谦,使崇祯疑心此次会推掺有结党营私之嫌,从而否定了全部会推名单,并罢黜了钱谦益。通过此次事件,周延儒又进一步取得了崇祯帝的好感,不到一年,周延儒被"破格"任命为礼部尚书兼东阁大学士,准许参预机务,从此挤入了最高决策层。但是,野心勃勃的周延儒并不以此为满足。为了达到独揽大权、夺取首辅地位的目的,他又施展了一系列的阴谋诡计,竟然不顾国家、民族的利益,勾结温体仁、利用皇太极的反间计杀害了大将袁崇焕,其真正目的在于除掉权势居于自己之上的钱龙锡等人,以便夺取内阁首辅的最高权位。果然,袁崇焕一案了结后,周延儒的异己力量也被消灭,不久,他被加官晋爵,当上了太子太保,阁阶由东阁改为文渊,最后到武英殿大学士,真可谓一路顺风、青云直上,将崇祯朝廷的大权尽揽在自己手中。

周延儒一朝大权在握,便迫不及待地任用私人,安插亲信,他所荐用的大同巡抚张廷拱、登莱巡抚孙元化等人都属私亲之流。他还让自己的哥哥周素儒冒籍锦衣卫,并授以千户之职,周延德还荒唐地把家人周文郁委任为副总兵,简直是一人得道,鸡犬升天。

周延儒当上内阁首辅后,只顾沉湎于权力所带来的快乐,而忘乎所以,自以为老谋深算、位高宠固,不曾想被他亲手提拔起来的温体仁一脚踢翻。贯于玩弄权术,要弄阴谋的周延儒栽倒在另一个更为奸诈阴险的小人温体仁手中,在这出黑吃黑的丑剧中,周延儒灰溜溜地退场了,从而中断了他不可一世的政治生涯。

几年后,随着温体仁的垮台,周延儒又靠着阴谋手段东山再起,官复原职,再度把持朝纲,遂使朝政一误再误,加速了明王朝的灭亡。就在周延儒机关算尽之时,崇祯帝终于发现了这个误国奸臣的真实面目,于是将他逮捕入狱,最后降旨赐死。

于谦保卫北京之谜

在明朝 276 年的历史里,最有名的大臣大概莫过于于谦和史可法了。他们在人们的心目中,就像南宋的岳飞和文天祥一样,是支撑起一个国家脊梁的民族英雄,他们所做的一切无论其最后结果如何,单就他们的精神就足以成为当时人们的精神支柱,也给我们后人留下了一篇篇可歌可泣的动人史诗。

于谦是浙江钱塘人,他从小就很仰慕岳飞和文天祥,还将文天祥的画像悬挂在书房中,决心学习文天祥舍生取义,以身殉国的民族气节。他在年纪轻轻的时候就留下了一首永留史册的明志之诗《石灰吟》:

"千锤万凿出深山,烈火焚烧若等闲。

粉身碎骨浑不怕,要留清白在人间。"

于谦聪明好学,在科举的道路上走的很顺利,刚刚 32 岁的时候,就已

于谦保卫北京

经做了兵部尚书。当时宦官王振专权,官员们贪污受贿成风,但是于谦不管别人如何,不管世情如何,总是一尘不染,唯一拥有的就是自己的两袖清风。他的刚正也得罪了当时的权臣,所以有一段时间他被王振关进了大牢。

1449 年,明朝与北方边境的瓦剌军队发生激战,明朝军队大败,连御驾亲征的皇帝都被瓦剌俘虏了。紧接着,瓦剌又耀武扬威地带着被俘的明朝皇帝包围了北京城,要求明朝守门的将士"开城迎驾"。北京的形势真是危险到了极

点。大臣们都聚集在朝堂上商议对策，有些胆小怕死的人已经在私下里偷偷地把家属送出城去，还有的人在朝上说，瓦剌的军队太强大，北京城眼看已经保不住了，还是先退出北京到南方去，然后再想办法。在这关乎国家存亡的关键时刻，身为兵部侍郎的于谦挺身而出，痛斥那些想南迁的人，他认为京师是国家的心脏，京师一丢国家的根基就不保了。他强烈要求立英宗的弟弟朱祁玉为新帝，改英宗为太上皇，以此断绝瓦剌的妄想，并且建议坚决抵抗，立刻召集在外的勤王之师，誓死守卫京城。于谦的这些主张得到了多数大臣的一致支持，也打动了一直举棋不定的皇太后。于是，在皇太后的主持下，英宗的弟弟成为新皇帝，就是代宗，同时还任命了于谦为兵部尚书，全面负责北京的保卫工作，那些要求南迁的人被当场处死，表明了君臣上下对抗瓦剌的坚定决心。

于谦担负起保卫京师的重任之后，迅速地从各地调集士兵，召集民兵，同时下令日夜加紧赶制武器。北京城中的老百姓也积极行动起来，全力支持军队的守城工作。在君臣百姓同心努力下，北京城的守卫部队很快就增加到了 22 万人，防御体系也在于谦的精心部署之下完全准备就绪。北京城中君臣百姓上下一心，每个人的心中都充满了昂扬的斗志，就只等着瓦剌的军队前来了。

瓦剌人果然来了。他们把英宗押到城外的高地上，要守城的官员摆出队伍迎接。站在城墙上的代宗和大臣们都觉得十分为难，这摆明了就是一个圈套，只要城门一开，北京城内的人就等于是案板上的肉一样任人宰割了，可是不开城门，难道真的不理会英宗的生死了吗？正在犹疑不定的时候，又是于谦站出来说话了，他知道现在正是守城的关键时刻，如果稍一动摇，军心就会大乱。他坚决地拒绝了瓦剌的要求，高声宣布国家已经选立了新君，瓦剌人手中的皇帝已不再是皇帝了，所以明王朝决不接受瓦剌的任何威胁。有的大臣担心这样严词拒绝会伤害到英宗，于谦厉声回答道："现在是国家生死存亡的时候，是国家重要还是一个皇帝重要？"城下的英宗也明白这场灾祸正是由于他自己任性妄为而招惹来的，这时他倒有些明理了，他在城下也高声告诉城内的人千万不能开门，自己的生死无关紧要，但是一定要保住祖宗社稷。经过这一番斗争，城上的士兵都在于谦的带动之下坚定了信心，按照于谦的部署，主动出城去迎战瓦剌的军队。经过几天的激战，瓦剌军队死了上万人，损失惨重，明朝的军队损失也很惨重，战斗的胜利正是用那些英勇无畏的将士们的鲜血换来的，不过这时已有好消息传来，各地的勤王之师马上就要赶到了！

瓦剌人本来以为有明朝的皇帝在自己手中，北京城被攻破只是旦夕之事，可是他们完全没有想到,不但手中的皇帝毫无作用,北京城的守卫更是固若金汤,明朝的军队也与以前交战的军队完全不一样,人人不畏死,越战越勇。这时候瓦剌人反而不敢伤害英宗了,因为他们如果这时杀了英宗,不但于事无补,反倒会坚定明朝坚定守城的决心。他们不但在战斗中受到了很大的损失,在城外驻扎还时常受到城外百姓的袭击,防不胜防,又听说各地的援军马上就要到来,害怕退回草原的后路被截断,瓦剌人只好带着英宗急忙撤离北京。于谦派人乘胜追击,终于一口气地把瓦剌人赶出了塞外。

敌人退去了。在这场战斗中无疑是于谦的功劳最大,他拒绝了代宗给他的封赏,还提醒皇帝瓦剌还在塞外蓄势待发,随时都可能再侵袭边境,现在还不是庆功的时候,应该马上着手整顿军队,修筑防御设施,防备瓦剌随时可能发动的进攻。代宗对他极为尊敬,这一切事情都交给他去自行办理。于谦也不辱使命,经过他的大力整顿,军队的战斗力果然有了明显的改善。正是有于谦这样忠直有才的大臣,明王朝才得以逃过了自建国以来的第一次灭顶之灾。

李自成失败内幕

1644 年 3 月,闯王李自成经过多年的征战,终于攻下了明王朝的首都北京,迫使明朝的最后一个皇帝崇祯在皇宫后面的煤山上吊自杀了。李自成得偿夙愿,终于成了中国的新主人。可是又有谁能料到,只是在短短的两个月之后,李自成在山海关之战中大败而回,匆忙即位称帝后就逃出了北京城。在以后的两年中,他被清军追击的无处藏身,最后终于失败。人们不禁要问,李自成经过了十几年的艰苦努力才有了今天的地位,怎么会如此轻易地就失去了呢? 他为什么会这么迅速地走向失败?

在长年的征战中,李自成的军队因为纪律严明,一直受到所过之处百姓的欢迎和爱戴,人们都高喊着"吃他娘,穿他娘,闯王来了不纳粮"的口号,打开门户,摆出酒菜,欢呼着闯王大军的到来。这本是李自成区别于其他义军队伍,成功的壮大队伍,赢得百姓的信任,最终成为皇帝的最重要保证。可是,在进了北京城之后,李自成和他的将士们都忘记了这种从困苦中成长起来的经历,被胜利冲昏了头脑,忘记了南方有明朝的残余政权,北方更有虎视眈眈的后金大军。军队的迅速腐败,也许正是闯王在短短两月中从天堂跌入地狱的最重要原因。

据说,李自成刚进城的时候,还有一点理智,他在城门之外弯弓射箭,正中城门上方,然后就向兵士宣布,入城后不得烧杀抢掠,违令者斩首示众。围观的百姓听到闯王这么说,都高兴得拍起手来。这时候,他已经得到崇祯皇帝吊死煤山的消息,所以不慌不忙的整顿队伍,率领着几十万大军徐徐入城。百姓都在道路两旁欢呼迎接,明朝一些怕死的官员也跪在地上表示臣服。李自成这时真可谓是志得意满,在大军的簇拥下,骑着高头大马直奔皇宫。紧接着,他颁布命令,让明朝的在京官员第二天到宫门外集合,由他的部将进行挑选,能留用的就留用,那些恶名昭彰的大官则被逮捕下狱严

李自成

加惩治。留用的官员和他原来已经带在身边的文人都派到已经控制住的省份去做地方官,建立起大顺朝的地方政权。还收殓崇祯皇帝和皇后的尸身,放在宫门口示众三天,然后安葬到京郊田贵妃的墓中去,清点宫中财产等等事情。一切安排妥当,就等着文官们制定好登基的礼仪,李自成就要正式当皇帝了。

在这种情况之下,历经坎坷、饱尝磨难的将士们都长长地松了一口气,觉得终于苦尽甘来,到了应该享福的时候了。也有人提醒闯王,占领全国的战斗还没有结束,日后还有很多艰苦的战役要打,不应该现在就松懈下来。可李自成这时已经变得骄傲起来,他觉得只要占领了明王朝的心脏北京,就等于自己已经名正言顺地得到了这个国家,其他的反对力量都只是跳梁小丑,只要大军一到,马上就会跪地投降,根本不用放在心上。即使有一些抵抗,凭大顺军这几年所向披靡的势头,肯定也能很快的攻克。所以根本没有什么值得担心的事情,他的这个天下几乎已经坐稳了。眼前最要紧的就是赶紧制定登基礼仪称帝。他想的是很好,不过却忽略了关外的清军,总以为自己建国后再修书与对方结好,就可以轻松地保持边境的安定。一向精明的眼睛不知为何这时却看不清严峻的事实,清朝的统治者早已经动员了全部力量,率领大军开到山海关之外了。

李自成进城之初,本来立下严令,努力整顿军队,刚开始几天,命令还是得到了执行的。有两个士兵抢劫了前门的一家绸缎庄,被告到李自成那里,李自

成立时大怒,命人杀了那两个违反禁令的士兵,吊在城门外以示警诫。但是正所谓上梁不正下梁歪,李自成麾下的将领们自从进了北京,都被这种繁华的景象迷住了眼睛,整天只想得到更多的珠宝,抓到更多的美女。上司如此,士气很快的低落下来,再也没有人愿意遵守禁令,辛苦打拼了这么多年,现在终于到了享受的时候了,哪个人不想多抢一些银钱呢?于是城中的秩序大乱,士兵们闯入百姓家,又砸又抢,奸淫妇女,烧人房屋,无恶不作。一支纪律严明的义军就这样变成了一支土匪的军队。北京城里原来开门欢迎闯王到来的百姓们不禁大失所望,觉得受到了欺骗,一时间城内哀号遍地,一片凄惨之景。李自成见局势大乱,再想严加申饬已经来不及了。再说,这时的李自成也忙得很,整日躲在深宫中为众多美色包围,根本没有时间理会政事了。牛金星是李自成的主要谋士,义军进城后,他位列文官之首,本应该负担起全部政务,可是他却每日坐在家中等待着那些以前作了明朝高官而嘲笑他的人来拜访他,羞辱这些从前瞧不起他的人成了他最大的乐趣。刘宗敏是义军的武将之首,他本来应该一攻下京城就应马上到山海关重地去镇守边关,可是他贪恋京城中的安逸生活,迟迟不肯去上任,原本是一员猛虎之将,现在却已经变成了女人的裙下之臣。李自成自己更是沉溺于女色之中,据说正是因为他强占了吴三桂的爱妾陈圆圆,才使得本来已经准备投降的吴三桂"冲冠一怒为红颜",叛向清朝那一方去了。

等到边关传来吴三桂反叛的消息,李自成才慢慢悠悠的整顿军队想去讨伐他。队伍整顿了好几天才开出京城。可是走在路上还是不慌不忙的,本来三天就能赶到的路程却足足走了十天!等他带领着军队来到山海关,吴三桂早已经和清朝统治者达成协议,做好一切战斗准备等在那里了。试问这样的情况下,李自成的军队又怎么可能取胜呢?而且现在大顺军的士兵们不再是像以前一样身无分文,只能拼着性命去战斗才能获得生存的机会,现在每个人的口袋里都装得满满的,一旦有了钱,大家都想带着钱平平安安地回家去,谁还肯拼命去打仗呢?战斗的结果可想而知,李自成几十万大军一败涂地,仓促地向北京逃去。从此以后,李自成就带着他的残余部队四处逃命,他的皇帝美梦只做了短短的一个月零十几天就彻底结束了。

土木堡之变内幕

明英宗时,皇帝宠信自己的启蒙老师,宫中的司礼监太监王振,尊敬的称他为先生，认为他"性资忠孝，度量弘深"，对他言听计从，不料后来却险些因此给自己招来杀身之祸。

本来当时明王朝与北方的劲敌瓦剌的关系还是不错的，瓦剌不断地派人入贡，双方经济往来不断，关系还能够维持。其实那时瓦剌的实力已经逐渐强大起来了，周围其他的少数民族都已经被他们控制住，隐隐约约之间已经成为明朝在北方边境上的强大敌人，随时都在想借机侵入明朝境内。但是王振并没有这种长远的战略眼光，他只看到了眼前的一些微不足道的利益。瓦剌和明朝在边境上开设有马市，双方就在这里进行贸易。王振认为瓦剌送来交易的马匹太少，而要的回报又太多，觉得十分生气，就下令给驻守边境的官员，让他们拒绝付给贡使财物，并且停开马市，不再与瓦剌进行贸易。这一下正好给了一直怀有野心的瓦剌一个良机。使臣回去之后，瓦剌的首领也先立时勃然大怒，还因为明朝本来答应把公主嫁给他的儿子，现在却出尔反尔，他以这两点理由为借口，在这一年七月就发动了他的全部军队，分成四路向明朝进攻。这一年是明英宗正统十四年，公元1449年。

明朝因为太平已久，天下无事，军队的纪律都松弛了，不但缺乏训练，甚至连兵额都不足实数。在这种情况下，在边境驻守的部队根本就不是强悍的蒙古部落士兵的对手，纷纷不战而逃，防御战线很快就崩溃了。瓦剌军队因此得以长驱直入，一直攻到了内地，包围了西北重要的军事基地大同。前线战败的消息传到北京，做惯了太平皇帝的英宗一下子慌了手脚，他赶紧派出军队去支援前线，可是不久又传回消息说派去增援的部队全军覆没了。英宗不得不把大臣们都召来商议对策。这时候王振出了一个主意，他建议皇帝御驾亲征，这样一来肯定能够激起军队的士气，到时就可以打退瓦剌的进攻。实际上，王振出这个主意是认为边境的形势并没有将领回报上来的那么严重，他总认为那是将领们为了日后请功而故意夸大其词的。如果他能够使皇帝亲自到战场上去，战斗一定能很快结束，那时建议皇帝亲征的他就成了最大的功臣。而且在他的私心里，他希望皇帝能借这次机会到他的家乡去转一转，这样他的回乡可真是荣耀无比了。所以尽管朝中的多数大臣都极力阻止皇帝出行，因为这样太过轻率冒险，皇帝可是一个国家的根本，决不能出现任何差错。但是王振仍是鼓动皇帝马上起身奔赴前线。英宗一向就只信任王振一个人，他听王振说到前线去并没有什么危险，还可以亲身尝试一下战斗的滋味，而不是总在宫里和太监们假装玩儿战争游戏，所以他不顾大臣们反对，几乎立刻就批准了王振的提议，马上下令开始做亲征的准备。只筹备了三天，英宗就像以往做游戏时一样，带着他懒懒散散，缺乏武器的50万大军上路出发了。随征的文武大臣不过是做做样子罢了，军中的一切事务都由王振全权处理，他这时好像变成了一个驰骋沙场的大将军，威风凛凛，好不过瘾。

也先听说了明朝皇帝御驾亲征的消息，就准备好了陷阱，假装败退，想引明朝军队进入他的包围圈。随征的大臣们一路上还在不停地劝英宗皇帝改变主意，班师回朝，却都被王振拒绝了。直到一个被派到前线监军的太监狼狈地逃回来，向王振说了前线惨败的危险状况，王振才开始害怕了，于是他又怂恿皇帝班师回朝。本来按照王振的安排，大军得胜之后回朝要走紫荆关这条路，正好可以经过他的家乡蔚州，他本想有皇帝的大驾光临，足以光宗耀祖了。可是大军往回走到半路上，他忽然又想起如果50万大军全都从他家乡路过，肯定会踩坏他家的田地。因此他急忙找到英宗，要求改变回朝的路线，改走宣府一线。宣府比起紫荆关来更加接近边境线，走这条路危险性很大，说不定在哪里就会遇到敌人。可是王振仍旧不顾众人的反对，命令大军掉头，转走宣府。这一来一往耽误了很多时间，也先听说明朝军队撤退了，就派出骑兵追击，很快就追上了明朝行动迟缓的大部队。明朝大军一见敌人忽然出现，都不禁惊慌失措，很快就被人数并不算多的瓦剌军队打散了。英宗在身边护卫的保护下且战且逃的退到了土木堡。瓦剌的军队很快追了上来，王振在乱军中被杀，英宗和他身边的几个太监都被敌人俘虏了。土木堡这一战，明军几乎全军覆没。

英宗被俘的消息传回北京以后，整个朝廷都被震动了。国家不能一日没有君王，在群臣的催促下，由皇太后颁布懿旨，改立英宗的弟弟朱祁玉为新皇帝，即代宗。改称英宗为太上皇。这样一来，等到也先带着原来的老皇帝来到北京城下借此要挟的时候，明朝就告诉他们本朝已经立了新皇帝，使他们无法借此威胁。代宗即位之初，马上着手进行抵抗瓦剌进攻的准备。特别是他任命于谦为兵部尚书，全面负责军队的整顿和防御体系的建立。全城的人力、物力都被调动起来了，北京城从来没有像现在这样上下一心过。凭着这种团结抵抗的坚定决心，明军终于打退了瓦剌的进攻。不久之后，瓦剌军队见包围京城捞不到什么好处，外地的勤王之师又要到了，只好带着老皇帝匆忙地退出了明朝的领土。

英宗如此宠信王振，终于落了个身陷敌手的下场，暂时失去了他的皇位。而王振的下场就更加凄惨，正是由于他自己的一意孤行，不但没能光宗耀祖，反而使自己惨死于乱军之中，正可谓是"天作孽尤可为，自作孽不可活"。

荥阳大会是否子虚乌有

闯王李自成发迹的过程中有一个至关重要的转折点，这就是荥阳大会。明末的农民起义队伍很多，本来大家都各自为政，力量都不算很强大，所以总是很容易就被人数占优势的明朝军队围追堵截，各个击破。农民起义的局势并不十分乐观。但是据说在崇祯八年，大江南北的各路义军首领都齐聚在河南荥阳，开了一次改变农民起义军最终命运的大会，称作荥阳大会。这次会议的与会者包括13家72营的义军首领，几乎囊括了当时全国的义军力量。这次会议一开始并不十分顺利，各家义军首领吵吵嚷嚷，谁都对别人不服气。之间有私怨的甚至还在会上吵了起来。就在会谈即将破裂的时候，李自成站了出来，当时他还只是一个小股义军的首领，是13家中的一支，并没有太大的名气。不过在这次会上他却大出风头，他劝各家义军首领应该舍弃个人恩怨，求同存异，联合起来分工合作，共同对抗明朝军队。这个建议得到了大家的一致认可，当场就分配了各家今后的斗争方向和任务。由于做出了统一部署，在这次会议后，各家义军密切配合，战争的天平终于开始倾向农民起义军这一方，义军纷纷走出困境，发起对明朝更猛烈的攻击，反明的斗争从此进入了高潮时期。在这次会议上，由于李自成的出色表现，他的威望迅速上升，成为农民军中力量最强大的一支，为他日后最终推翻明王朝的统治奠定了基础。

可是，就是这样一次重要的大会，史书中却极少记载，最初只见于明末文人吴伟业一人的书中，而同时代的其他文人著述中竟没有任何一条相似的记载。到了清初，甚至有些书中直接指出荥阳大会是子虚乌有的。那么，这次具有重要意义的大会究竟是否存在呢？这个问题让后代人绞尽脑汁。

记载荥阳大会的作者吴伟业信誓旦旦的说明确有此事，还说消息是从闯王军中逃出来的人所讲述，按说这是当时人记当时事，又有亲身参与其中的证人，应该是不会有错的。可是如果我们细细思考这位作者的记载，其中确实存在着很多难以解释清楚的疑点。比如说，他记载荥阳大会召开是因为朝廷派出镇守边关的重兵去河南镇压农民起义，义军首领们为了设法渡过难关，才在荥阳召开大会。可是实际上，朝廷商议派边关重兵到河南是崇祯八年正月的事情，而吴伟业记载的荥阳大会却是在此之前的崇祯七年年底召开的。明朝政府都还没有讨论过这件事情,义军又怎么会已经提前知道并且召开专门会议商讨如何应付官军呢? 这岂不是一件大大的怪事?

认为荥阳大会子虚乌有的第二点理由是当时的河南一地是明王朝的腹心,自古就有"中国之中"的称号,向来是兵家必争之地。明王朝在这一地区派了重兵把守,部署的兵力极多,直到那时河南的大部分地区还在明王朝的控制之中。而此时农民军的力量还并不十分强大,二三十万大军想有计划有步骤地开进河南而不被明王朝探知是不可能的。明朝政府这时还具备相当雄厚的实力,如果起义军真的轻率地把大军开进明朝的腹地,只要明王朝调动大批军队实行包围,那么恐怕全国的义军主力都将成为瓮中之鳖,如果荥阳大会是真实存在的,这无疑是一个非常危险的举动。

再从参加大会的人员来说,当时在河南活动的只有13家义军中的少数几支,大多数义军都是活动在别的省份中,以吴伟业记载的那个开会的时间,恐怕大多数记载中提到的与会成员都是无法赶到现场的。就是在河南活动的几支队伍,在会议期间,按照其他的史书记载,也并没有活动在荥阳一带。如果与会的成员被证明在那个时间里根本不可能参加会议,那这隆重的大会又是如何召开呢?

我们还可以从李自成的身上探讨这个问题,他在起义之初,是老闯王高迎祥的部将,自称"闯将"。直到高迎祥死后,他才继承了高迎祥的地位和称号,改称为"闯王"。在荥阳大会召开的时候,以他的身份地位是不太可能像吴伟业描述的那样是这次会议的发起人。而且,按照正史的记载,在崇祯七年、八年这两年里,李自成在陕西被朝廷新派去镇压农民起义的洪承畴追的四处逃窜,有好几次都被逼入危境,险些丧命。在他不断逃亡的这段时间里,他又哪有时间组织召开这次会议呢?

如此看来,吴伟业的记载确实是漏洞百出,难以使人信服。荥阳大会规模如此宏大,为什么偏偏只有他一个人记载下来了,而在明末的诸多官方或是私人的书籍中却没有任何记载呢? 可是,如果这次大会根本是子虚乌有,那吴伟业又为什么要撒下这个弥天大谎呢? 还是他被那个从李自成军中逃出的士兵的谎言所骗了呢? 那个士兵又为什么要编造谎话? 吴伟业就生活在那个时代,他又怎会轻易相信一个关于如此重大的事件的谎言呢? 这一系列问题仍然是我们无法回答的。历史上实在有着太多的谜团,不知我们何时才能找到确凿的证据,来解开这些历史的之谜。

靖难之役内幕

明太祖朱元璋在他的生前,用自己的子孙组成了一个几乎覆盖全国范围的军事统治集团。当他在世时,这个家庭式的军事集团运行良好,他既是皇帝又是父亲,指挥着在外地的儿子们,十分得心应手。可是,他刚刚死去,这个军事上的平衡状态就被打破了,他的儿子和孙子之间发生了一场争夺皇位的血腥战争,这场内战在历史上被称为"靖难之役"。

朱元璋死后,他的孙子朱允炆继承了皇位,就是建文皇帝面对着他的皇叔们割据地方,拥兵自重的严峻形势,他采取了迅速地削藩措施。刚开始,这些行动还是顺利的,但是削藩的行动遇到封在北京的燕王时似乎就停顿了来。皇帝这时被燕王的一些装疯卖傻的行动蒙蔽了,因此迟迟没有动手。而燕王却在同时磨刀霍霍,做着发动内战的准备。1399 年 7 月,这场酝酿已久的内战爆发了。本来皇帝抓到了燕王手下的两个军官,得到了燕王准备谋反的消息,他密令在北京的朝廷官员立刻秘密逮捕燕王。可是这个被派去执行任务的官员在最关键的时候叛变了朝廷,投向了燕王,使燕王得以首先发难。他打出了"奉天靖难","清除君侧"的旗号,宣称自己只是遵循朱元璋定下的祖训,发动正义之师去诛杀皇帝身边的奸臣——坚决支持皇帝削藩政策的大臣黄子澄、齐泰,而毫无对皇位的觊觎之意。这话恐怕真的只是骗鬼罢了。敌对双方都清楚地知道,这是一场叔叔与侄子之间的皇位争夺战。

在叛乱刚刚开始的时候,燕王其实并不占军事上的优势。尽管他早有准备,他的军队仍然只是十万人,他唯一真正可以进行统治的区域就是他的封地北京。与之相对的,建文皇帝拥有一支三倍于他的庞大军队,这还只是在南京直接指挥的军队,并不包括各地忠于他的军队。而且建文皇帝也控制着除北京以外全国大多数地区,拥有丰富的人力物力资源。从这个角度看来,势单力薄又固守孤城的燕王实在是应该必败无疑的。但是在现实的战争中,许多并不能用一个准确的数字来衡量的不确定因素是随时存在的,而且很容易改变战争的格局。把这场战争中双方的行动比较起来看,就可以发现建文皇帝一个最大的致命弱点就是他没有一个可以完全信赖的、有能力的军事将领。而正好相反的是,燕王本人就是一个优秀杰出的军事指挥家,他的几个儿子也个个能征善战。而且他的军队基本上是由强壮勇敢的北方人组成的,其中更包括了一些彪悍的蒙古骑兵。还有最重要的一点是,他起兵谋反是背水一战,根本没有后路可退了,跟随他的人也都深知这一点,因此都勇往直前,全军上下充满了不可动摇的必胜决心。建文帝却是一个年轻的文弱书生,毫无实际的战争经验,手下又没有可靠的军事人才,他先后派出老将耿炳文、曹国公李景隆、盛庸、徐辉祖、陈植等人去指挥军队平叛,但是这些人没有一个是燕王朱棣的对手,总是大败而归。这些人中的盛庸,可算是建文帝手下最能征善战的将军了,可是也只能勉强和燕王打个平手,互有胜败,也是略占下风。而且这些人指挥的军队不能协调作战,都只是独自作战,很容易被燕王各个击破。军队行动迟缓,经常贻误战机,南方征召的士兵又不适应北方寒冷的气候,自然是输多赢少了。尽管如此,也不能说建文帝这时就一定会输,全国的大部分地区还是控制在他手中。直到1402年以前,双方还是势均力敌的。这时候一个偶然因素出现了,也因之改变了历史的进程。那就是建文帝身边的太监在战争发展到这时叛变了。本来建文帝对待后宫太监十分严厉,所以这些小人始终怀恨在心,却又敢怒不敢言。正好燕王发动叛乱,有的太监就偷偷跑到燕王的军队中,向他告密说南京城守备空虚,如果能长驱直入,一举攻下,肯定能获得战争的最终胜利。燕王经过深思熟虑之后,果真下决心直捣黄龙,绕过沿途那些久攻不下的州城,率军千里南下,直指建文帝居住的南京城。等他包围了南京,拒绝了建文帝的求和而使双方陷入僵持之时,又是一些太监偷偷为他打开城门,让大军顺利地进城。等燕王终于带人赶到皇宫时,建文帝已经绝望地自杀了。又有多少人能想到,建文帝的江山就如此轻易地葬送在一些太监的手里,而这些太监之所以叛变,只是因为皇帝平日对待他们过于严厉!历史在这里和人们开了一个大玩笑。假使建文帝能够在最后时刻逃出南京城,他不是没有卷土重来的可能。可是他死了,明朝的几百年历史也因为他的死而随之被彻底改变了。

王振如何得掌大权

　　王振是明朝的第一个有名的权宦,后代的人在考察这段历史时总是不住叹息说,明朝的宦官干政最早就是从王振开始的。

　　王振是山西蔚县人,本来是个儒生,很喜欢读书,功课也学得很好,年少时总是想日后一定要考取功名,光耀家门。可是也不知为什么,他虽然学问不错,但却总是与功名无缘,考来考去也只是一个秀才。后来他见中举无望,不得不另谋出路。正巧这时宫中正在招收太监，民间凡是已经有子的人如果愿意就可以进宫当差。王振就自己阉割了，进宫当了太监。因为他有学问，所以进宫之后就成了宫内教喻，教宫女们读书识字。也有的史书说，王振是自幼净身入宫，成了一个小太监。当时宣宗在宫中兴办教育宦官的内书堂，挑选聪明灵秀的小太监入堂学习，王振就在入选之列。因为他聪明好学，为人又很机灵，很快就成了书堂中的佼佼者，被宣宗选为东宫侍读，陪伴当时的太子朱祁镇读书，这位太子就

王振

是后来的明英宗。不管是哪种说法，总之王振是在英宗年幼的时候起就一直随侍在他的身边。太子非常喜欢这个有学识而有善解人意的宦官，总是和他形影不离，对于王振的聪敏狡黠、花样百出更是佩服得五体投地，身陷其中。渐渐的，朱祁镇越来越离不开王振了，王振对于未来的小皇帝来说，不只是侍从，同时更是尊敬的师长，亲密的朋友，对他的依恋和信任远远超过了其他的人。所以后来宣宗在壮年去世，年仅9岁的朱祁镇即位成了新皇帝，王振自然成了太监中首屈一指的人物，掌握了权力极大的司礼监。

王振这时虽然已经掌握了大权，也拥有皇帝的充分信任，但并不能够随心所欲。他最忌惮的人是仁宗的张皇后，本朝的太皇太后。张太后早在仁宗还是太子的时候就经常帮助丈夫处理政事，以后又帮助自己的儿子宣宗，政治经验非常丰富，她的出色才干也得到了朝廷大臣们的尊敬和信赖。本来宣宗病死，英宗幼年即位，大臣们就想请太皇太后听政，但是张太皇太后却以太祖明训后宫不得干政的理由拒绝了，只是嘱咐当朝的三位大学士一定要好好辅佐小皇帝。不过，她虽然不直接参与朝政，却还是对朝政很关心，在朝中有着举足轻重的影响力。王振其实很善于做人，那时的每个人都觉得他是一个忠厚老实的人，就连宣宗托孤的三位内阁大学士都深信王振虚怀若谷，谦逊谨慎，是皇帝身边的好帮手。但是只有张太皇太后一个人看到了王振真正恶毒的一面，知道这个人阴险诡谲，日后必成大患。所以宣宗刚死，她就把小皇帝、王振和三位阁老

图文珍藏版

请来，痛斥王振有擅权之心，要当着大臣前处死王振以消后患。这时就可以看出王振平日里的伪装功夫实在不错，不但小皇帝马上跪下为他求情，就连几位大臣也都替王振说好话，王振自己更是痛哭流涕，表示绝无此心。太皇太后没有办法，只好答应暂且饶王振一命，但还是警告他日后要小心服侍皇帝，听从阁老们的安排。王振这才算逃过了一次杀身之祸，以后更加注意收敛行迹，谨言慎行，不使太皇太后起疑心。过了几年，张太皇太后去世了，王振这才长长地吐了一口气，觉得自己终于可以放下心来了。

太皇太后死了，接下来王振面对的对手就是先朝遗下的三位阁老。这三人是杨荣、杨浦、和杨士奇，被人合称为"三杨"，是明朝少见的几位贤相。后来这三杨一位老死，一位老病在家，朝中只有一杨，孤掌难鸣。王振终于得以毫无顾忌地执掌政事。他把与自己作对的大臣，像兵部尚书王骥，兵部侍郎于谦，礼部尚书胡滢等人全都关进大牢。朝中其他的大臣一见这种情况不由都噤若寒蝉，什么反对的话也不敢说了。有些厚颜无耻的人就开始趋炎附势，纷纷投靠到王振的门下。一时间，王振的气焰十分嚣张。

本来明朝创建之初，太祖朱元璋吸取了前代的教训，严令禁止宦官干政，还在宫门前铸了一块大铁牌，上面刻着"内臣不得干预政事"这几个大字，用来警告内臣安分守己。王振自从得掌大权以后，一直觉得这块铁牌太过碍眼，好像只要这铁牌竖在宫中一天，他就做贼心虚一般的不能安心。后来，他终于找了个机会，令他手下的人把这块祖训毁去了。从此以后，朝中更加无人敢说话，一个个巴结讨好王振还都来不及呢。有一个叫王佑的大臣，长的面白无须。王振有一次和他开玩笑地说："你为什么没有胡须呢？"王佑极善察言观色，这时他就讨好地回答说："老爷您都没有胡子，儿臣我又怎么敢长胡须呢？"王振听了这奉承的话，马上乐得合不起嘴了，王佑的官职从此以后自然是青云直上了。

王振能得势的最大原因就在于英宗对他的宠信。出于对王振这个启蒙老师的尊敬，英宗即使当了皇帝以后也从不直呼其名，而总是称王振为先生，凡事无不听从。当时朝臣谁反对王振，不论是任何正当的理由，英宗都一概不加理会，由王振自己去任意地处置反对者。王振不顾当时北方边境的严峻形势，一定还要在西南启衅，有大臣站出来反对，王振二话不说就把反对的人都杀了。正是英宗对他的这种放任的态度，最终酿成了明朝政府的第一次大危机"土木堡之变"，险些葬送了英宗皇帝自己的性命。

刘伯温执法是否铁面无私

　　刘伯温是明朝的开国功臣,明朝建立后,明太祖派他去负责中央政府的司法工作。刘伯温的性情刚烈,疾恶如仇,尤其痛恨非法之事,只要被他抓住了,无论是谁都决不放过,因此经常与他人发生冲突,也因此得罪了不少人,甚至后来因此而丧了命。

　　刘伯温认为宋元几朝的最终崩溃,其原因都在于法制废弛,刑狱过宽,世人没有畏惧之心,以致最终酿成天下大乱的局面,一发而不可收。所以,他建议朱元璋,在建国之初就应该建立起严密的法律制度,并且要严格执行,这样才能使朝政振作,官民一心,都不敢为非作乱,在这个基础之上,才能谈到对百姓施行仁政的问题。他的说法很接近法家的学说,主张以严刑治国,使臣民畏惧听从。这在建国之初局势还没有稳定下来的时候是

刘伯温

有一定的合理性的,只有百姓迅速安定下来,才有可能谈到休养生息或是国家建设的问题。从历史的发展表明,他的这个意见受到了朱元璋的大力赞同,他命刘伯温等文人制定了完备的法律,并多次亲自厘定,在以后数十年的皇帝生活中也是毫不犹豫的身体力行着。

　　在具体的执法问题上,刘伯温总是保持着一种刚正严肃的作风,也要求他手下官员的都要如此做,作为国家耳目的御史,纠察百官时必须要铁面无私,无所畏惧,只以朝廷纲纪为准绳,只以事实根据为凭证。遇到有官吏犯了法,他就马上收捕,加以无情的惩治。正因为他的铁面无私,执法时的六亲不认,当时朝中的官员、侍卫、内官无不惧怕他的威严,力求行事正经,就怕被刘伯温抓到了错处。

　　当时中书省有个官员叫李彬,他利用手中的权力贪污受贿,违反了国家的法纪,按照律令应该被处以重刑。但是这个李彬很受宰相李善长的信任和喜

爱,李善长知道他犯了法被人揭发,很怕刘伯温对他不利,就亲自去找刘伯温求情,希望刘伯温放过李彬这一次。但是刘伯温一向疾恶如仇,又怎么肯徇私情而放了犯人呢?他不假思索地拒绝了李善长的请求,还马上派人去向此时正在外地巡视的朱元璋报告,要求尽快处理李彬这个案子。朱元璋也和刘伯温一样憎恨贪官污吏,见到报告,立刻就批准了刘伯温的请求。

当时正值金陵一带大旱,因为皇帝不在城中,所以就由李善长主持搭建了一个高台作为祈雨之用。朱元璋的文书到后,他知道李彬就要被处决,想以祈雨之时不能杀生作为借口,尽量拖延李彬被处死的时间,再另寻解救他的办法。刘伯温却是毫不动摇,坚持要立刻处决李彬,并且说正是因为有了李彬这样为非作歹的人在,老天爷因此很愤怒,才以干旱作为惩罚人们的手段,所以只有立刻就杀了李彬,才能消解上天的不满,才能祈得降雨。如此一说,使李善长再也没有什么话可以回答。刘伯温见他不再出言反对,就立刻命令手下把李彬推到祈雨的高台之上,当着众多围观的百姓宣布了李彬的罪状,并且命人将他就地斩首。这一下,台下的百姓都拍手称快,纷纷叫好。

李善长因为这件事,对刘伯温更是恨之入骨。本来刘伯温所显示出的聪明才智已经很让他非常忌惮,朱元璋又很信任刘伯温,常常与刘伯温单独关在密室里长谈,谈话的内容从没有人知道,所以他总是担心有一天刘伯温会抢了自己手中握着的大权。通过李彬这件事,他更觉得非尽快锄掉刘伯温不可。朱元璋一回到京城,他就马上去告状,说刘伯温在祭神之日杀人,是对上天的不敬,触怒了神灵,因此到现在还没有下雨。其他一些吃过刘伯温亏而嫉恨他的人也纷纷趁机落井下石,在朱元璋的面前说刘伯温的坏话。朱元璋一听果然不太高兴,就找来刘伯温询问此事。刘伯温也知道皇帝现在正宠信李善长,必定会对自己产生不满,他对这件事的解释是因为那个地方有数万士兵家属居住,因此阴气汇集造成不雨,只要解决这个问题就会有降雨的。朱元璋采纳了他的意见,不知是否真是刘伯温的神机妙算,还是因为他精通天文,早已算出会有降雨,不久果真天降大雨,朱元璋才转怒为喜。

虽然险险过了这一关,刘伯温明白只要自己在朝中,还是会有许多奸诈小人设法陷害,这次虽然平安过关,但是难免早晚会触怒皇帝而招来杀身之祸。正巧这时他的妻子去世了,他就以自己哀伤过度、精力衰竭为借口,请求辞官回乡养老。朱元璋亲自颁布一道诏书,表彰他的功绩,并赏赐了他很多东西,允许他辞官回乡,并派专人护送他离去。刘伯温谢绝了皇帝的一切封赏,孑然一身的离去了。

刘伯温真是被谋杀的吗

刘伯温是明太祖朱元璋的开国功臣。在民间的传说中,刘伯温通晓阴阳之术,辅佐太祖做了许多大事。而且在明朝建国之后,有未卜先知之能的刘伯温放弃封官封爵,功成而身退,终于逃脱了被朱元璋大肆诛杀的功臣之列。然而事实上,刘伯温虽然有通天之能,也确实功成身退,但却最终也没能逃得一死。那么,历史上的刘伯温又是如何死的呢?

刘伯温博古通今,善观天象,又有丰富的行政经验,深知功高盖主的危险,特别是朱元璋性好猜忌,自己更应该及早抽身。于是在洪武四年,也就是他被封为诚意伯的第二年,刘伯温以年老多病为由,请求解甲归田,并谢绝了太祖的一切赏赐。朱元璋见他没什么野心,也就让他带爵回乡养老了。

刘伯温回到青田老家后,仍然谨言慎行,小心翼翼。他知道明太祖派出很多特务,在各地巡行,监察官员们的言行。无论官员在朝还是在野,都逃不掉这些特务的监视,许多大臣就是因为在日常生活中不谨慎而遭到严惩的,严重的甚至为此而丢了性命。刘伯温深明此中利害,担心言多必失,所以回家后闭口不谈政事,也不与任何地方官员往来,尽可能地避免一切嫌疑。据说当时的青田知县一直想找机会拜见他,但几次都遭到刘伯温的拒绝。后来,知县换上农夫的便装,终于在山中见到了刘伯温。可刘伯温一听他说出真实身份之后,马上自称草民,辞谢而去,从此避而不见。尽管他如此谨慎,却还是遭到的朝臣的陷害和皇帝的怀疑。

刘伯温在朝中时一向与胡惟庸不和。刘伯温素有识人的精准眼光,他一直认为胡惟庸这个人是个害群之马,成事不足而败事有余。当朱元璋在李善长辞去宰相之职后,向他询问新宰相的人选时,刘伯温就向朱元璋如实地说出自己的想法。这件事后来被胡惟庸知道了,认为刘伯温是有意阻碍自己当宰相,因此心里十分憎恶他。而且刘伯温在初任司法官员时,铁面无私,不徇私情,也很让胡惟庸心生忌惮。尽管这时候刘伯温已经辞官回乡了,但是还十分受到朱元璋的宠信,常常写信给他询问一些事情。这对于一心想掌握大权的胡惟庸来说,仍是一个巨大的潜在威胁,所以胡惟庸总想找机会致刘伯温于死地。这个机会终于来了。

事情的起因是刘伯温的一道奏疏。当时刘伯温的家乡附近有一片三不管的不毛之地,后来是盗贼的聚集地。刘伯温上奏折给朱元璋,请求在这个地方设立巡检司,以防止盗贼在那里聚众起事。为了这件事,刘伯温派他的长子刘琏进京面见朱元璋。刘琏到京城后,没有先告诉胡惟庸掌管的中书省,而是由通政司直接上达给朱元璋。胡惟庸知道了自然更加不满,认为刘伯温眼中根本没有自己。他到朱元璋面前恶意诬陷,说刘伯温看中了那块地,那地方有帝王之气,风水好,刘伯温想抢过来做自己的基地。当地的百姓不让给他,他就想以设立巡检司为名,把百姓都赶走,借以实现他日后让子孙称王的目的。朱元璋听了胡惟庸的造谣,虽然当时表面上没什么反应,心里却也在暗暗怀疑,因为他深知刘伯温精通阴阳天象之理。不久之后,朱元璋就借故剥夺了刘伯温的爵位和俸禄。刘伯温知道皇帝对自己起疑了,心中十分害怕,赶忙亲自到京师谢罪,然后就一直住在京城中,不敢再提返回家乡的事。

刘伯温在京城中,每一天都提心吊胆,战战兢兢,深知自己处在危险的境地之中。这时胡惟庸已经当上了宰相,大权在握,表面上虽然对刘伯温很客气,暗地里却在虎视眈眈。刘伯温不久就忧虑成疾,一病不起。他一再请求朱元璋让他回乡养老。一直到洪武八年,朱元璋才准许他返回青田。刘伯温回到青田后一个月,就病重死去了,死时还不到六十五岁。他在临死之前,曾经把二子刘璟叫到床前,告诉他说:"为政之道,有时要宽大一些,有时要严猛一些,应该宽严交替并用。数年来,皇上以严猛治国,现在的要务则是在于修德省刑,实行宽大之政,以安抚民心,使国家长治久安。"他还说,现在正是胡惟庸当政之时,他无论说什么都是没用的,不过日后一旦胡惟庸失势,皇帝一定会想到他。他叮嘱儿子如果那时皇帝来问他死前说过什么,就把这些话上奏给皇帝。果然,洪武十三年,胡惟庸因谋反大罪被杀,朱元璋又想起了当年刘伯温对他的评价,于是派人去刘伯温家中去探问。刘璟按照父亲的遗嘱,把他死前的话密奏给朱元璋。朱元璋看到后不禁感慨万千,更加佩服刘伯温的先见之明。

据说,刘伯温在京中病重之时,胡惟庸曾特地带了医生去为他诊治。他们回去后,刘伯温服了这个医生开的药,从此更是一病不起,药石无效,不久就病重而死。因此,刘伯温的被害,也成为日后胡惟庸伏诛的一个重要罪名。而朱元璋在胡惟庸死后,才想起他来,因为感念他的忠诚,破例让他的子孙世世代代传承爵位,而不是一代即止,一直延续到明朝灭亡。

刘伯温真的才通鬼神吗

刘基,字伯温,青田人。刘伯温自幼就聪明异常,他的老师曾对他的父亲说:"这个孩子福德深厚,日后必成大器。"元朝末年,他考中了进士,当了一个小官,很为当地人民所爱戴。后来,因为正值乱世之秋,刘伯温干脆弃官不做,归隐回家了。在家中闲住期间,他更是博览群书,通读经史,尤其精于对天文学的研究。这个本事使他日后在一般人的眼中简直成了无所不知的活神仙了。

朱元璋在元末农民起义中力量逐渐壮大起来后,听说了刘伯温的本事,一心想请他到自己的军中,多次不惜血本的邀请他出山。但是最初刘伯温却说什么也不答应。后来,朱元璋几次三番地盛情邀请,颇有一股刘备三顾茅庐的劲,不请出刘伯温誓不罢休。刘伯温为他的诚心所感动,加之自己又有一展雄才的远大抱负,所以就答应了。朱元璋听说刘伯温来到军中,高兴得喜出望外,连夜修建了一所礼贤馆让他居住,对他礼遇非常。刘伯温到朱元璋身边后,马上就向朱元璋讲述了自己对当前局势变化的估计和预测,向朱元璋提出了当前急需着手进行的十八条政策。这让朱元璋非常满意,知道自己得到了极为罕见的济世人才。从此他对刘伯温言听计从,让他为军师,真好像是昔日的刘备与诸葛亮君臣重生了一般。

刘伯温对当时全国的形势做了一番估计,他认为朱元璋必将后来居上,成为未来国家的领导者。其实当时的朱元璋还只是红巾军中不太起眼的一支,朱元璋一直恭奉韩林儿为自己军队的领导者,并以韩林儿的小朝廷为正统,接受了韩林儿的册封。恐怕这时就是朱元璋自己也没有想到有一天会成为皇帝吧?刘伯温相信自己的眼光和判断,所以他对朱元璋尊奉韩林儿十分不以为然,即使是去朝见韩林儿,他也从不肯跪拜,还时常对朱元璋说:"韩林儿不过是一个牧童罢了,尊奉他干什么呢?"他常劝朱元璋一有机会就应该自立为王,脱离韩林儿的控制。

朱元璋的势力日渐壮大之后,也逐渐有了夺取天下之意。他向刘伯温求教征伐的策略。刘伯温就给他出主意说:"现在这几支起义军的力量,张士诚和方国真都只顾据守一方,根本不足为惧。只有陈友谅一支队伍,名不正、言不顺,却霸取长江水上力量,又始终抱着并吞我们的野心,他才是我们最大的敌人。只有先灭了陈友谅的势力,使张士诚和方国真独立难守,才能各个击破,一举即

图文珍藏版

可平定南方,然后再挥师北上,这样霸业可成。"朱元璋听了十分高兴,日后果真按照刘伯温的策略一步步消灭了敌对力量,终于成就了一番霸业。

在与陈友谅的征战中,朱元璋的队伍面临强大的威胁,许多人想逃跑或者投降,这时又是刘伯温力排众议,坚持抵抗到底,并以诱敌深入之计重挫陈友谅的大军,挽救了朱元璋的危机。尤其奇妙的是,刘伯温真的好像如有神助,很能预测吉凶祸福。在鄱阳湖之战中,他陪伴着朱元璋亲自登船督战,忽然之间一跃而起,急声催促朱元璋转到别的船上去。朱元璋莫名其妙地听从他的安排,刚转到别的小船上,还没坐稳呢,就见他刚才乘坐的御船被敌人的炮火击中,烈火瞬时熊熊燃烧起来。朱元璋不禁大惊失色,从此也就更加的信任刘伯温。

在朱元璋征战的岁月中,他始终与刘伯温形影不离,即使偶尔分开,也时常写信去向刘伯温询问事情。在辅佐朱元璋夺取天下的过程中,刘伯温料事如神,所以有很多人都把他比喻为诸葛孔明重生。在朱元璋终于成为皇帝之后,刘伯温却推却了朱元璋要他当宰相的美意,也谢绝了朱元璋的赏赐,辞官回乡了。刘伯温之所以如此小心翼翼,就是因为他在朱元璋身边多年,深知朱元璋的脾气秉性,知道功成之后必遭杀身之祸,所以才一意辞官回乡,闭门隐居,不问世事。果然还是不出他所料,朱元璋皇帝当了没几天,就开始大杀功臣宿将,刘伯温虽说已经隐退,却仍然受到了怀疑。不过比起那些遭到杀身灭门之祸的功臣来说,他虽受怀疑,但仍以寿终,这不能不说是一个较好的结局了。

刘瑾如何做得"立皇帝"

明武宗正德年间,朝中出了个"立皇帝"刘瑾,他是有名的"正德八虎"之一。这是指武宗身边的八个掌有大权、最得武宗信任的太监,其中又以刘瑾最为得宠,朝廷之上又有"立皇帝"之称。

刘瑾是陕西兴平人,从小就自宫入宫当了小太监。武宗的时候,刘瑾执掌宦官二十四司中专管娱乐活动的钟鼓司。明武宗即位的时候还是一个 15 岁的孩子,刘瑾想尽了办法,准备各种歌舞技艺去取悦武宗,武宗因此非常喜欢他,总是跟他在一起尽情玩乐。

朝中的大臣们都很为这种状况担忧,可是无论谁说什么武宗也听不进去。后来正巧发生了一起天灾,一个风雨之夜,雷电把祭坛的大门、奉天殿的屋顶、太庙的镇脊兽都劈坏了。古代人最相信这些灾祸,认为是人做错了事,上天借此来发出警告。所以武宗也按照惯例，允许百官陈述朝廷政治上的弊端。于是大臣们趁机进言，指斥武宗荒芜政事，整日与八虎嬉戏，要求武宗下令把八虎斩首示众。武宗却还是置之不理。大臣们私下商量以后，联名写了一些措辞非常严厉的奏折，说正是由于太监们的引诱，使武宗贪于享乐，不理朝政，以致天生异变，仍旧要求皇帝把八虎送到三法司审判，以求能够提前消除后患。武宗毕竟年纪还小，看到大臣们不达目的誓不罢休的姿态也有点慌了手脚。他和大臣们商议对八虎的处置问题，武宗仍然想尽

刘瑾

力保护八虎，大臣们则坚决要求一定要把他们处死，双方争议了很久也没有得到统一的意见。这时就连宫中其他比较受信任的老太监都站出来附和朝臣们的意见，武宗终于有点动摇了。第二天，武宗颁下了一道诏旨，称赞大臣们为国分忧，说的意见都是正确的。但是话头一转，又说刘瑾等八人一直尽心的服侍自己，所以自己也不忍心把他们置之死地，希望大臣们能把要求稍微放宽一点，自己一定会尽量地惩处他们。这说明皇帝已经有了向大臣妥协的意思了，只是这个结果离大臣的要求还差很多，所以以内阁三位大学士为首的朝臣们又陆续觐见，强烈要求处死八虎。宫中的太监也纷纷表示赞同。武宗实在没有办法，终于答应处决八虎，并许诺第二天一上朝就宣旨逮捕八虎。大臣们这才心满意足的各自退去了。

在大臣交相弹劾的这几天里，刘瑾他们始终坐卧不宁，寝食难安。这天朝议完毕，刘瑾看出情况对自己越来越不妙，心急如焚。当天深夜，他干脆豁出去了，带着其他的七个人，一直闯到皇帝的寝宫中，跪在地上痛哭失声。武宗做出这个决定本来就是被逼的，一看以前陪自己玩耍的伙伴一个个可怜巴巴的样子，心里也觉得很不是滋味。刘瑾见皇帝也有点不忍的样子，又接着说，朝臣们之所以一定要把他们置之死地，就是因为宫中有人嫉妒皇帝对他们的信任，所以勾结了外朝的大臣想除去他们。武宗仔细回想朝堂上的经过，认为刘瑾说的话很有道理，也不觉认为刘瑾他们根本就没有做过坏事，是被人陷害的。刘瑾

看出皇帝的心思,更加卖力的鼓动说:"他们如今敢这么放肆的逼您处决我们,就是想孤立皇上,使皇上以后不得不听从他们。如果我们替您掌管司礼监,他们就不敢对您这么无礼了。"武宗听了连连点头,他也早就厌烦了大臣们总是在他耳边唠叨,让他做这做那,刘瑾这么一说,正合了他的心意,他马上下旨,命刘瑾掌管司礼监,兼提督团营,其他的七个人也都被任命掌管重要的职位。

第二天早朝,大臣们还满以为今天宣旨是要捉拿刘瑾等人,没想到圣旨的内容却正好相反。昨天强烈要求处斩八虎的人都被革职拿问,大学士们被勒令退休回家,刘瑾等人则掌管了各个内府的重要衙门和东、西厂。情势急转直下,朝臣们一时之间都惊呆了。

刘瑾毫不留情的消灭了他的敌人,终于掌握了朝廷的大权。他一方面使出各种手段讨好武宗,一方面在朝中大发淫威。朝臣们都噤若寒蝉。他还独创了罚米法,那些违背了他的意思的大臣,就被迫用自己的家产买米向边疆输送,结果一个个都倾家荡产。每当皇帝上朝的时候,刘瑾就站在皇帝的身边,一同接受大臣的朝拜,一点也没有退让在一旁的意思,所以人们都在私下里称他为"立皇帝",意思就是他是站着的皇帝。有一次,一个太监实在不满刘瑾等人作威作福的嚣张气焰,就写了一封匿名信,等刘瑾走过的时候,偷偷地扔在刘瑾的脚下。刘瑾看了信中的内容顿时大怒,命令当时跟随在他身边的大臣们全部都在奉天门外跪着,直到找出写这封信的人为止。当时天气炎热,大臣们从早晨一直跪到下午,一些年老体弱的人当场昏死了。这天没有查出写信的人,刘瑾又把这些无辜的大臣都关进大牢,一定要查出这个人是谁。第二天刘瑾终于找到了写这封匿名信的太监,才把大臣们放了回去,可是有的人因为受不了这种酷刑死了。当时在场的一些太监很同情这些大臣,发了一些冰镇西瓜给大臣们解暑,刘瑾知道了也很生气,下令把这些太监发送到南京去了。

当时这正德八虎在皇帝的庇护下,运用手中特务机关的大量密探四处侦察,发现有不利于自己的人就想方设法除去。许多无耻的大臣,像焦芳,杨玉,曹元等人都投靠到刘瑾的门下为虎作伥。朝廷内外到处都遍布着刘瑾的密探,这场宦官乱政的闹剧一直到正德五年刘瑾被处死才算结束。

刘瑾为何被凌迟处死

明武宗正德初年,以太监刘瑾为首的正德八虎无恶不作,气焰冲天。但是尽管他们嚣张一时,最终还是没有逃过凌迟处死的报应。

正德五年,安化王起兵叛乱。武宗命都御史杨一清和太监张永去平叛。时间不长,他们就带着军队得胜而归。杨一清是朝中的老臣,这几年刘瑾的所作所为他都看在眼里,也很为朝廷的状况担忧。只是杨一清的心计很深,他知道皇帝信任刘瑾,如果没有绝对的把握是不能和刘瑾正面冲突的。他深知近年来刘瑾想一人独掌大权,一直都借着武宗最宠信自己而设法排斥那些以前和他一起分享权力的人。张永就是昔日的正德八虎之一,近年来一直受刘瑾的排挤,十分不得志,心里很恨刘瑾。杨一清知道这件事,当然要抓住眼前这个难得的机会。他假装叹息着说:"现在外乱虽然已经平了,但不知内乱哪一日能够平息?"张永明白杨一清话中的意思,但是没有搭腔。杨一清接着又说:"张公公您昔日本来是刘瑾的伙伴,想不到现在他居然这样对待您,连我们这些外臣都要替您抱不平了。"张永这一次总算答话了,他回答说:"您的意思我明白,只是皇上最信任刘瑾,恐怕不是那么容易就能扳倒他。"杨一清一听这话,知道张永已经动心了,就接着劝道:"现在就正是一个扳倒刘瑾的好机会。皇上也是因为信任您才派您和我一起去平叛的。眼下安化王的供词中提到了他和刘瑾有勾结,您不妨借着回朝后面禀皇上的时候,私下里和皇上谈起这件事,再详陈刘瑾一切不法之事,皇帝肯定会相信您的。到时我再联络外朝众臣一起弹劾刘瑾,想必大事可成。"他还诱之以利,说明只要刘瑾一死,以后宫中的大权肯定会都归张永一人所有。张永仔细想了想,觉得这个办法可行,就答应了。于是两人结成了铲除刘瑾的联盟。

张永一回到朝中,武宗皇帝果然立刻就召见了他,慰劳他平叛的功劳。在武宗专门为张永准备的庆功宴后,刘瑾先走了。张永就趁此机会把安化王叛乱的檄文和供词都呈上给皇帝过目。本来安化王和刘瑾有往来这件事许多人都知道。这几年来,安化王一直都小动作不断,许多大臣都提醒武宗应该注意安化王的行动,以防他犯上作乱。但是刘瑾总是在武宗身边替安化王说一些好话,使皇帝相信这些大臣弹劾安化王都是诬告。由于刘瑾的庇护,安化王的实力才有可能壮大到今天的地步。但是这件事却没有人敢告诉武宗,就是有不怕死的人想冒死说出,刘瑾也不会给他这个机会。所以武宗一直也不知道安化王叛乱的幕后黑手正是他身边最信任的刘瑾。武宗这时已经有了几分醉意,他看着手中这些刘瑾谋反的罪证,还是不太相信,喃喃地念道:"朕不相信,刘瑾为什么要背叛朕?"张永回答说,刘瑾正是想夺得天下啊!武宗更加心烦意乱,随口说道:"他想要就让他夺去好了!"张永听皇帝这么说,简直是哭笑不得,但还是提醒喝醉了的武宗说:"天下让他夺去,陛下您又怎么办呢?"武宗这才有些明白过来,同意了张永的奏请,命他带人去抓刘瑾。张永得到圣旨马上连夜就带人闯到刘瑾的家中,把他从被窝儿中抓了起来。他生怕等到皇帝酒醒了,一见到刘瑾又会改变主意。

第二天一大早,张永还是怕皇帝会临时改变主意,就请皇帝一起去查抄刘瑾的家。在刘瑾的府中,武宗果然亲眼看见查出了大量的武器盔甲,还有许多僭越了自己身份的只有皇帝才能用的物品,金银财宝更是无数。本来刘瑾就准备在为自己的哥哥办丧事百官前来吊唁的时候就起兵谋反,先把朝中的大臣一网打尽的。想不到却被张永抢了先,这下人脏并获,谋反的证据一下子都摆在了武宗的面前。武宗本来还是不太相信刘瑾想谋反,还想对他从轻发落的,这会儿眼看证据确凿,不禁勃然大怒,说:"刘瑾果然反了!"对刘瑾再不留情,直接交给审判机关去定罪。刘瑾的一些同党也都被抓进了监狱。这时被刘瑾压抑了很久的监察御史们纷纷上书陈述刘瑾的大罪,多达三十多条。

正式审判这一天,又出现了戏剧性的场面。刘瑾被五花大绑地带到公堂之上,却昂然挺立,不肯下跪。在场负责审判的官员几乎以前都设法巴结过刘瑾,也都受过刘瑾的提携。这会儿见刘瑾如此狂傲,久处淫威之下的大臣们居然面面相觑,谁也问不出一句话来。刘瑾看到这种情况更加得意,十分嚣张地说:"满朝公卿都出自我的门下,你们哪一个没有受过我的恩惠?看你们今天谁敢问我!"堂下犯人的态度居然比坐在上面的法官还强硬有理,这可真是少见,足以传为笑谈了。幸亏在场还有一个驸马都尉,他站出来大声说:"我是驸马,出自皇室,总不是出自你的门下了吧?别人不敢问你,我来问!"他命人先上前对刘瑾用刑,要先打击一下刘瑾的嚣张气焰。受了刑之后,刘瑾果然老实多了,开始回答堂上法官提出的问题。由于谋反的证据非常明确充足,刘瑾没有什么狡辩的余地,不久就承认了自己的罪行。他这时才开始有些害怕了,在堂上哭着要求见皇帝一面,可是武宗却再也不会救他了。结果刘瑾的罪状很快被确定下来,被判处凌迟处死,三日后在杀头。他的亲属和同党几十人也一并被处死刑。在行刑的那一天,刑场上站满了围观的群众,那些曾经受过刘瑾迫害的人家纷纷前来花钱买刘瑾身上被削下的肉,当场就吃了泄恨。可见刘瑾当权的这几年之间确实做尽了伤天害理的事,以致使人们恨之入骨,恨不得吃了他的肉来出气。如此看来,他死的也实在不冤了。

郑和为何下西洋

郑和,是中国历史上很有名的太监。他的本名叫马三保,所以有人又称呼他为三保太监。郑和生在云南一个信奉伊斯兰教的穷苦之家。他们一家子十分虔诚,祖父、父亲都曾经亲身到过圣地麦加朝圣,因此郑和从小就从长辈的口中听闻了许多海外的奇人逸事,对航海有着很大的兴趣。后来郑和被明朝的军队俘虏带到了北京,在燕王府里做了一个小太监。他为人很聪明,无论是读书还是习武都学得很快,所以燕王朱棣很喜欢他,并且赐他姓郑,改名叫郑和。

在燕王起兵发动的"靖难之役"中,郑和因为作战勇敢更是受到燕王的信任和赏识。燕王最终打败了他的侄儿登上了皇帝的宝座,郑和因为有大功也被升了官,作了宫中的主管太监。永乐三年,皇帝第一次派郑和为使者,与另一个太监王景弘一起带领一支船队出使西洋。郑和带的船队有士兵两万七千多人,还有各种技术人员、医生、工匠、翻译人员等等。他们乘坐着六十二艘大船,最大的一艘长四十四丈,宽十八丈,可以容纳千人,还配有当时世界上最先进的航海图和罗盘等资料、仪器,能够充分保证航向的正确和船队的安全。因为船上还带了大量的金银财宝,所以就起名叫作"宝船",是当时世界上最大最先进的远航船舶。船队从苏州刘家河扬帆出海,经过福建后离开海岸线远行,到了今天的越南、泰国、印度尼西亚、斯里兰卡等地,在第二年九月,经过一年零三个月的航行,返回了当时的首都南京。这次返航,随船带来了许多国家的使节来朝见中国皇帝,这使永乐皇帝非常高兴,给了各国使节很多赏赐,郑和也受到了奖赏。回来刚刚几个月,郑和就再次被派出使,从此以后欲罢不能,先后一共七次出使西洋,历时三十年之久。郑和的船队历经风险,到过三十多个国家和地区,最远曾经到达非洲的东海岸和红海沿岸,比西方航海家远航发现新大陆还早半个多世纪,是我国航海史上的一次壮举。

郑和的航海船队如此之庞大,每一次都耗资巨大又耗费了无数的人力物力,同时还担负了很大风险,那么,这到底是为了什么呢?

本来这个问题并不难解答,郑和的航海每一次都有详细的航海记录资料,保存在中央政府的资料库里。人们只要看看这个记录,就不难发现一切问题的答案。但是历史的发展并不能总是尽如人意,这件明明很简单的事也同样如此。明孝宗的时候,皇帝觉得没有远方的国家来朝见进贡,觉得很没有面子,很想学他的祖辈的做法,派人去宣谕远国,使之威服,就叫人去查档案库中保存的当年郑和远航的航海资料。当时的朝臣,认为这只是空耗人力,对国家没有好处,因此都很反对。其中有个激进派的官员叫刘大夏,更是干脆一把火烧了郑和的航海资料,以此来阻止皇帝的一意孤行,皇帝见资料都烧了,也没有办法,只好放弃了这个念头。这个举动在当时是有着他的正当理由的,但是却给我们后人留下了一个又一个的难解的谜团,只能依靠当时的具体情况进行各种推测。

关于郑和下西洋的目的,历代都有各种各样的不同说法,最常见的就是寻找流亡海外的建文帝。燕王谋反攻占了南京城后,传说并没有找到侄子建文帝的尸体,为了安抚人心,他只好发布诏书,说建文帝已在皇宫大火中丧生。但是朱棣顶着"篡位"的恶名,真正的皇帝却有传言说已流亡海外,他这个龙椅又怎么能坐得稳呢?他时时担心建文帝会从海外号召反对他的力量卷土重来,所以一直不断地派人四处寻找建文帝的下落,派往海外的就是郑和。近年来有的学者还考证说,郑和为了找寻建文帝,不但多次下西洋,还曾经三次东渡扶桑,到日本去过。

有的人很不赞同这种说法,认为建文帝根本不可能在燕王的严密监视追捕下逃出南京城,肯定已死在城中。就是建文帝未死,以他一个文弱书生,也并不值得成祖耗费这么巨大的心力去寻找他。反过来,这一派的观点认为郑和远航主要是为了军事目的,根据就是《明史》中记载的成祖"欲耀兵异域,示中国富强",否则他仅仅为了寻找建文帝,也不用带这么多的士兵。正是这支强大的海军力量充分显示了中国泱泱大国的军事威慑力,使得那些小国纷纷派使臣随船来中国朝见。如果真是以此为目的而进行远航,那么无疑已经达到了目的。

还有人说,郑和的航海主要是以经济目的为主。船队远航既可以满足明朝政府扩大对外贸易的要求,也可以建立起西方国家对明朝的"朝贡贸易"体系,借此增加财政收入。而且除了官方之外,普通的沿海缙绅百姓也从中大大受益。若只是这个原因,理由是不够充分的。明朝的历代皇帝都向来遵守祖训,坚持以农立国,从未把贸易收入视为政府财政收入的主要来源,更别提主动地去拓展海外贸易市场了。而且朝贡贸易中,中国本着大国的姿态,一向薄来厚往,若想以此增加财政收入,岂不是白日做梦一样?

近年来学者的看法认为上述几种说法都有失偏颇,对郑和的七下西洋应有一个具体全面的分析。其中的前三次,可能是以安抚海外未降的臣民、加之寻找传说逃往海外的建文帝为主要目的,同时也有联系海外各国的目的。因为这三次远航实际上走的都并不太远,只是在东南亚各国中逡巡而已,后四次则是以猎奇为主要目的。通过前三次的航行,不但带回了很多外国的使节朝贡,而且带来了中国前所未见的异域珍奇之物,这时已经坐稳皇位、国泰民安的永乐皇帝对这些奇珍异宝十分感兴趣,也想了解一下中国以外的世界,所以又派郑和进行更大规模的远航,证据就是第四次、第五次远行到了非洲的东海岸和红海沿岸国家。总的看来,这种说法似乎更接近事实真相,成祖不太可能仅以某一个单一的目的而进行耗资如此巨大的远航,若说以政治目的为主,兼以其他各种目的而进行远航,还是说得通的。

明朝的特务机构

明太祖朱元璋戎马征战十几年,终于建立了大明政权。但是,他总不放心那些帮助他开创基业的功臣,总是在心里暗想:"你今天没有谋反的心,难道能够保证日后也不会生出谋反的心吗?与其让你日后有谋反的机会,还不如今日就将你杀了。"皇帝有了这种心思,难免会整日疑神疑鬼,为了监视臣工,他就设立了一个叫"锦衣卫"的特务机构,专门监视、侦察大臣的活动。最初,这锦衣卫不过是皇帝的护卫亲军,负责掌管皇帝出行的仪式。后来,朱元璋赋予它更大的权力,可以不经通报直接查办各种案件,也可以不经任何手续任意逮捕、审讯和杀人,根本不必遵守太祖亲手定下的大明律例。锦衣卫直接隶属于皇帝,不听其他任何人的命令,皇帝派自己的心腹大臣担任指挥使的最高职务,下面设有官校,专司侦察。大臣在外面或家里有什么动静,他们都打听得一清二楚。一旦谁被他们发现有什么嫌疑,就会马上被抓进监狱,甚至杀头。这一下,虽然大臣们每天都过的战战兢兢,但是皇帝却可以高枕无忧了。

后来,明成祖朱棣连一个大臣也不敢相信,就用身边的太监为提督,建立了一个新的特务组织,叫作东厂。这个机构不但负责检查百官,甚至是一般的平民百姓的家长里短也一并监视。宪宗时又设立了与东厂相对的西厂,人数比东厂多一倍,他们的侦察范围,除了京师之外,更是扩展到全国各地,甚至是民间的斗鸡骂狗一类的小事,都在他们的缉拿之列。本来这三个机构互相牵制,互相制约,就已经很复杂,但皇帝为了更加稳妥起见,又专门设立了一个内厂,也由皇帝身边的亲信太监直接指挥,除了监视臣民之外,还监视着锦衣卫和东、西厂的活动。

锦衣卫、东厂、西厂和内厂组成了明代的四大特务机构体系,成为皇帝控制、镇压臣民的有力工具。随着时间的推移,厂卫的权力越来越大,特务多如牛毛,遍布全国各地、大街小巷,严密的监视着朝野官员、士绅、百姓的一举一动,人们防不胜防,整日都提心吊胆的过日子。恐怕那时天下唯一能够睡一个安稳觉,而不必担心因为夜里说了什么梦话就被抓进大牢的人就是皇帝本人了。史书上常常记载着这样的事情,可以让我们看到明朝的特务统治下人们的生活。

建国之初,太子的老师宋濂是全国有名的大学者,他已经跟随了朱元璋十几年了,但是朱元璋对他还是不放心,常常派人在暗处监视他。有一天宋濂在家中宴请客人,边吃边聊,十分高兴。第二天一大早上朝,见了面,皇帝第一句话就问他昨天请了什么人,吃了什么菜,聊了些什么话。宋濂一向诚实,认认真真的回答了皇帝的问题。朱元璋听了十分高兴,对宋濂大加赞扬,还说:"宋濂跟了我十几年,从没有对我说过一句假话,真是一个大大的忠臣啊!"就是这样一个忠臣,后来也险些死在他的强烈猜疑之下。

有一次,一个叫钱宰的大臣在家闲来无事,吟诗自乐,作了一首诗道:"四鼓咚咚起着衣,午门朝见尚嫌迟。何时得遂田园乐,睡到人间饭熟时。"是在描写每日晨起上朝的辛苦。第二天见了朱元璋,皇帝直截了当地说:"爱卿,你昨天吟的那首诗似乎有一个字不妥吧?把'嫌'字改为'忧'字怎么样啊?"钱宰一听,当时就吓出一身冷汗,连忙跪下请罪,幸亏朱元璋这天心情还不错,没有再追究,否则恐怕这钱宰往后的日子就要不好过了。

还有一次,朱元璋忽然在朝上问起一个大臣说:"你昨日为什么事生气啊?"这个大臣觉得很莫名其妙,仔细想了半天,忽然想起来一件事,马上回答说:"昨天有一个仆人打碎了我一件心爱的茶具,所以我发怒责骂了他一顿。"答完还奇怪地问皇帝是从何而知。朱元璋笑眯眯的没有回答,只是让人拿来一幅画,这个大臣接过来一看,不禁大吃一惊,原来画上画的正是昨天他生气发怒的样子。等他下了朝回到家里,才发现自己的衣服都已经湿透了。

就这样,官员们每天都小心翼翼地说话做事,生怕不小心说错了一句话,被皇帝知道了,就会招来杀身之祸。后来,明朝的皇帝一个比一个昏庸,整日躲在深宫里饮酒作乐,厂卫的大权就落在掌权的太监手里,他们有了这个利器,更加胡作非为,不知制造了多少冤狱,又有多少无辜的人惨死在他们的刀下。这种情况在魏忠贤掌权时愈演愈烈,一时之间全国的人都缄口不言就怕引来杀身之祸。据说有一天晚上，有四个人在一起喝酒，其中的一个人喝醉了，不由自主地把白天不敢说的话都借着酒兴说了出来，尤其是大骂权势正如日中天的魏忠贤。其他的三个人听他大骂魏忠贤，都吓得大气也不敢出，唯恐窗外有人听见。果然，喝醉的这个人话还没说完呢，就见有几个身穿便衣的人闯了进来，不由分说，把四个人一起绑走了。后来这件事被报告给魏忠贤，他命令把辱骂他的那个人立刻抽筋剥皮处死，其他三个人因为没敢说话，就饶了他们一命放回去了。这三个人亲眼目睹自己的同伴被活生生地剥皮抽筋，都吓得魂飞魄散，回家都病了好几个月才能下床走路。

这些例子都真切地表明了明朝特务机构的罪恶，明朝的灭亡不能不说有很大一部分原因都是这种没有人性的统治方式造成的。

李岩是否确有其人

盼星星，盼月亮，盼着闯王出主张，

吃他娘，穿他娘，吃穿不尽有闯王，

不当差，不纳粮，大家快活过一场。

这首歌谣是明末农民起义时百姓歌颂闯王李自成的，它的作者就是李自成义军中非常有名的将军李岩。

据说李岩本名李信，河南开封杞县人，是明朝兵部尚书李精白之子，曾经中过举人，但是一直在家中闲居，并没有做过官。由于他的学识很好，为人又很慈善，经常周济邻里，所以当地的人都尊称他为李公子。当时河南大旱，官府却不肯开仓发放救济粮，而且在这样的情况下还在催逼钱粮。李岩为了救当地的居民，就打开自己家里的粮仓，倾囊而出，赈济灾民。饥民们听说了，就要求其他富户也开仓放粮，遭到拒绝后，有的地方发生了劫掠富户的暴动。地方官连忙派兵镇压，还应那些被抢富户的要求，把李岩逮捕下狱，定了他一个收买人心、唆使暴动的罪名。当地的百姓一听说李公子因为放粮被抓，都很气愤，联合起来冲进县衙，把县令杀了，从狱中救出了李岩。李岩本来并没有要反叛朝廷的意思，但是这一下事情闹大了，被逼上梁山，逃出来后马上就变卖了家产，带着救他的饥民一起投奔了李自成。他在起义军中很得李自成的信任。他编了许多脍炙人口的歌谣，教给小孩子们到处传唱，起到了很好的宣传作用。他还编了"十八子当享有天下"的谶言，暗示李自成将来会做皇帝，使当时的许多人都深信不疑。据说均田免粮的政策就是李岩向李自成提出来的。等到义军攻下了北京，李自成给他的官位很高，仅次于丞相牛金星。他在进城之后，努力保护明王朝的文化财产，尽量不让人去进行破坏。他还救了住在宫中的熹宗张皇后，并派人护送她回到娘家，禁止士兵对张皇后无礼。李自成带兵去攻打吴三桂时，就派李岩留守京城，可见他的地位还是很高的。

可是李自成败退出北京后，疑心渐重，再加上丞相牛金星和李岩有私怨，总是在李自成身边说李岩的坏话，还说李岩有谋反篡位之心，证据就是他编的谶言"十八子"指的并不是李自成，而是指的他自己。可怜李岩当年一心为闯王营造宣传攻势的手段，这时反而成了他想篡位的证据。李自成相信了牛金星的谎话，设毒计害死了李岩和他的弟弟。军中的将士们知道了这个消息都非常气愤，尤其憎恨牛金星的小人行径，从此以后，李自成的军中将相失和，人心涣散，义军的势头一天不如一天了。

记载以上这些李岩的事迹的明末书籍很多，许多正史、野史、笔记、小说的一致记载肯定了李岩的真实存在。记载这些情况的文人也都是当时的大家，治学严谨，而且是当时人记当时事，所记载的内容应该是十分可信的。清朝政府编写的《明史》也同样详细记载了李岩加入起义军的经过，这些材料都是当时的一手材料，应当视为信史。可是，同样也有当时人写得一手材料否认了李岩的存在，使得李岩的存在与否成了一个历史之谜。

最早提出李岩根本不存在的是当时的学者郑廉。他的理由是他的家乡与传说中李岩的家乡相距不到百里，他却从未听说过有李岩这样一个大名鼎鼎的同乡。而且郑廉曾经在李自成的军队中生活过，在军中也没有听说有哪位李将军是杞县人。据此认为李岩原是个"乌有先生"，是野史小说家的杜撰。后来认为李岩不存在的人除了郑廉的这段记载证明以外，还有一点证据是杞县的地方志上并没有记载有李岩这样一个人。地方志一般都会详细记载历年本地的举人和进士，其中也没有李岩的名字。此外，李精白也根本不是杞县人，而是安徽阜阳人。李岩事迹中记载着饥民救他出狱是杀死了杞县当时的县令，这个人姓宋。而据明朝的官方记录调查，崇祯年间杞县的县令没有一个姓宋，也没有一个县令是死于义军之手。

还有的人认为李岩作为一个独立的人物是不存在的，因为李岩是李自成的别名，李岩和李自成根本就是一个人！

明清以来，反驳这些看法的人也大有人在。有些人认为郑廉记载只能证明杞县没有李岩这个人,但并不能说明李自成军中就没有李岩其人。更多的人认为。李岩不仅是真实存在,而且就是杞县人无疑。他们认为郑廉只是凭自己一个人的见闻来评断李岩存在与否是不科学的,一个人不可能尽知同一时代的所有人和事。与他同时代的一些文人的笔记中却都记载了李岩的事迹。比如有一个叫赵世锦的明朝低级官员,在义军攻破北京时他正在城内,被李自成的军队俘获,曾经被关押了一阵子,后来又被放了出来。他的笔记中就记载了他曾经听到看管他的义军士兵们谈起李岩的事迹。还有其他一些人也同样记载了李岩一些活动的时间、地点、情节。这些身在义军之中的人实在没有什么理由编造李岩其人其事。若说是道听途说,可是未免人数太多了。至于《杞县志》没有记载李岩的问题,大概是因为编写县志的人认为本地有李岩这样的人物存在并不是地方的光荣,所以刻意抹去了,后代编写县志就照此一直延续下去,这也是很有可能的。

总之,至今为止,基本上可以认为李岩这个人物是确实存在着的,但是至于他是不是杞县人,是不是李精白的儿子,则需要再做进一步的考证。

李自成真的出家了吗

李自成是我国 17 世纪中叶叱咤风云的农民起义军领袖。他在 1644 年 3月,率领百万大军一举攻破明王朝的首都北京,使得崇祯皇帝在煤山上吊自杀,这可以说是李自成一生中最辉煌的时刻。此后不久,他在山海关大败于叛臣吴三桂和清军的联合攻击。从山海关逃回北京后,李自成急急忙忙地登基称帝,然后就带着残余的队伍退出北京,向西北方逃去。之后的一年多时间里,他率军转战南北,抵抗清军,但是最终还是被清军消灭了。李自成从此却下落不明,引起了众多的猜测,有的认为他被地主武装所杀,有的认为他战死沙场,也有人确信他改头换面遁入了佛门。反正这一代名将好像忽然就在人间销声匿迹,再也不见踪影了。人们不禁要追问,李自成究竟到哪里去了呢?

清朝的官方史料都记载着李自成殉难于湖北通山九宫山中。当时奉命追击李自成的是清朝的靖远大将军阿济格,他在送给皇帝的奏报中说,他一路追赶李自成直到进入九宫山地区失去踪迹,清军在山中四处搜索也没有发现。后来据一些李自成军中投降的士兵说,李自成带着随身的二十名护卫独自向前观察地形,却在山中被农民围困,脱身不成,自缢而死。还有的说李自成是在搏斗中被村民程九伯砍死的。阿济格听说后派人去辨认尸体,可是尸体已经腐烂无法辨认了。后一种认为李自成被程九伯所杀的说法情节极为详细,描述得活灵活现,真让人不得不信。但是,这个"尸朽莫辨"的说法让清朝的最高统治者十分不满,李自成是清朝在中原站稳脚跟的心腹大患,他的生死绝对是当时的重大事件,尸体腐朽不能辨认又怎能使人信服?当时清朝的实际统治者摄政王多尔衮就因为只是见到奏报而没有亲眼见到李自成的首级而恼怒不休,对李自成的死表示出了极大的怀疑。不过此后无论清朝派出多少人力寻找,就是无法发现李自成的踪迹。这件追剿的事情总要有个结论,多尔衮无奈之下在一年后终于承认了阿济格的报告,宣布李自成已经死于九宫山中。

这种说法连清朝政府都不敢深信,那又怎么能够让全国的百姓们相信呢?而且值得一提的是李自成尽管当时兵败逃亡,但是他的手下还有 40 万的大军,所以清政府才把他视为心腹大患。李自成经历了十几年的战斗磨炼,对敌经验非常丰富,说他只带了 20 名护卫离开大部队去查看地形实在让人难以相信。而且如果李自成真的在山中被农民所杀,那他带领的几十万大军又怎能轻易地善罢甘休?还不把整个九宫山给翻过来?可是实际上,据清朝官方的记载,九宫山一带此后一直十分平静,根本没有任何动静。这也可以从另一个方面说明李自成根本就没有死在九宫山中。

那么,为什么又会传出这种说法呢?据说这正是李自成安排的金蝉脱壳之计,用这个办法,他才得以从清王朝的围追堵截中脱出身来。在这之后,他又去了哪里呢?大多数人都认为李自成从此削发为僧,隐居在湖南石门夹山寺中。学者们为证明这种说法找到了许多令人信服的证据。据说,李自成出家后,取法号为"奉天玉",人称"奉天玉大和尚",正是取了他以前曾经自称"奉天王"之意。而且据说清初有人去夹山寺访查时,遇到了一位服侍过奉天玉大和尚、带着一点儿陕西口音的人,他曾经出示过奉天玉和尚的遗像,和人们描述中的李自成的相貌极为相似。还有人说,当时清朝的一个官员到京上任曾经路过夹山寺,和寺中的方丈相谈甚欢,奉为知己。几年以后,他再去探访这位方丈时,方丈却已经去世了。方丈的徒弟还告诉他,方丈正是当年名扬天下的闯王李自成。

近代以来,不断出土一些文物证明了李自成出家的传说。1981 年,人们在夹山一带发现了奉天玉大和尚的坟墓,其中一墓三穴的墓制格局不同于当地风俗,反而与陕西米脂一带的风俗相近,而李自成的家乡正是陕西米脂县。在更大一点的范围里，人们还发现了一些刻有李自成年号的铜币、香炉等东西，也是证明李自成曾经在此生活过的物证。还有一些寻访李自成遗迹的人，在当地发现了一些据说是奉天玉大和尚所作的诗词，其中的一首《梅花诗》有这样的诗句："

> 金鞍玉镫马如龙，
> 徐听三公话政猷。
> 子门徒以数千指中兴，
> 况值戎马星落雨旧天。"

这样纵横捭阖的诗句实在不像是一个佛门中人的口吻，反而是一个身经百战，功名显赫的风云人物，甚至还隐含着浓厚的帝王之气。这些侧面的证据似乎也能证明李自成曾经在此生活。

不过也有人并不相信这种说法，单凭一首不能确定作者的诗词并不能证明就是李自成所作。发现了奉天玉和尚的坟墓，只能说明这个和尚确实存在，也同样不能证明奉天玉和尚就是李自成，所以也不可信。李自成兵败时已经称帝，他又为什么不引用帝号而用王号呢？这都是存有悬疑的地方。

又有人认为李自成既未战死，也没有出家，而是因为一路奔波劳累，身染重病，最后病死在湖南黔阳。这种根据当时情况做出的推断也有一定道理，但同样不能使人完全信服。

总之，以上几种说法虽然都有一些依据，但实际上都是建立在推断的基础上。而对于严肃的科学考证来说，这些证据还是远远不够的。所以，李自成的归宿问题到现在仍不能说已经完全揭开了，还需要我们进行更深一步的发掘和考证。

方孝孺惨死之谜

方孝孺是建文帝时期有名的文学博士，才高八斗，学富五车。早在明太祖朱元璋当皇帝的时候就已经崭露头角。有一次，太祖让方孝孺的老师宋濂写一篇文章，结果当天晚上宋濂喝醉了酒，睡得人事不知。方孝孺担心老师明早起来来不及赶写这篇文章，就代替老师写了一篇交差。第二天早上，宋濂果然因为没有完成皇帝交代的任务而十分着急，方孝孺就拿出自己写好的文章让老师带去。结果在朝上，朱元璋看了这篇文章之后，马上就问宋濂说："这不像是先生的手笔啊？到底是谁写的？"宋濂听了大吃一惊，连忙如实回答说是自己的学生方孝孺代写的。朱元璋不但没有怪罪宋濂，还连连称赞方孝孺的文章写得比老师还好。从这时起，朱元璋已经有心把方孝孺培养成自己心爱的皇太孙将来继位称帝后的得力助手。不过，因为方孝孺很有一点恃才自傲的性格，为了磨掉一些他身上的锐气，朱元璋不但没有重用他，反而把他派到边远的蜀王府中去做教谕。后来，建文帝继位后，果然像

方孝孺

当年他的祖父交代的那样，把方孝孺召回京来，重用他。

　　建文帝继位不久，就因为撤藩的事和拥兵在外的诸侯王发生了冲突。方孝孺一如既往的支持建文帝的政策。后来，南京城中莫名其妙地出现了一首谶谣似的诡异儿歌，听说这是一个游方的和尚最早传唱的，歌词道："莫逐燕，逐燕日高飞，高飞上帝畿。"开始，南京城中的人都不知这是什么意思。有心思细密的人体察到了将来的潜在危险，心中都在暗暗担忧。当人们回过头再想找那个最先传唱的和尚细问时，才发现那个和尚早就不见踪影了。据说他就是被燕王朱棣重用为军师的邪僧道衍。

　　后来燕王攻破了南京城，他下令清宫三日，宫中的宫人、女官、太监，多半都被杀死。燕王又召来宫人内侍，询问建文帝的下落。这些宫人们也都不知道建文帝的下落，有人就把建文帝马皇后的遗骸，当成是建文帝的尸身。燕王下令把建文帝的尸身从灰烬中找出来，就见尸体满身焦烂，四肢残缺，根本辨不出是男是女，只觉得惨不忍睹。燕王也不禁垂泪道："痴儿痴儿？何为至此？"也不知道他是真心还是假意说出的这番话，后来，他就命人以帝王之礼埋葬了这具尸体。

　　不管是真是假，总算是解决了建文帝的下落问题，这样也好给天下人一个明确的交代，他也才能找到借口继承皇位。接下来急着要办的事就是清除建文帝身边的遗臣了。其中方孝孺的名字首当其冲。燕王这时还记着自己的军师姚广孝在自己临行之前的秘密请求。姚广孝请求燕王攻破南京城之后不要杀了方孝孺，还说如果方孝孺死了，天下的读书种子从此就绝了。燕王也当场就

答应了他,所以这时他虽然也下令逮捕方孝孺,可是却不想杀他,反而想让他为己所用。正要派人前去呢,忽然有一个人穿了满身的重孝走上殿来伏地大哭,声震天地。燕王赶快喝令左右把这个人抓住。一问之下才知道,这个人正是自己要派人去抓的方孝孺。燕王凝视着在殿上哭泣的人问道:"你就是方孝孺吗?我正要去抓你呢,你就自己跑来送死了。"方孝孺闻言大声道:"名教扫地,不死何为?"燕王回答说:"我答应了别人不杀你。你愿意就死,我偏偏不让你死,你又能怎么样呢?"说完,就命左右把方孝孺带下去关进监狱。为了使方孝孺屈服,燕王还找来他的门徒廖镛、廖铭等人,让他们到监狱中去劝方孝孺投降。方孝孺反而怒骂这两个门徒道:"小子事我数年,难道还不知道君国大义吗?"廖镛等把他的话回报给燕王,燕王因为早知道他不可能这么容易屈服,所以也不以为意。

后来,燕王在朝臣的再三请求之下,虚情假意的推辞了一番,然后就决定了登基的日子。因为需要起草即位诏书,廷臣们全都举荐方孝孺,认为他的文笔最好。于是,燕王就命人把狱中的方孝孺带上殿来。方孝孺来了以后,看到殿上物是人非,仍然悲恸不已。燕王就亲自走下座来安慰他道:"先生不要在自寻苦恼了,朕是要学周公辅佐成王呢。"方孝孺答道:"既然是这样,那成王在哪里?"燕王道:"他自焚死了。"方孝孺又问道:"那为什么不立成王之子呢?"燕王道:"国家需要年长的君王,一个小孩子怎么能治理国家!"方孝孺再次质问道:"那为什么不立成王的弟弟呢?"燕王这一次再也无话可答了,只好十分勉强地说道:"这是我的家事,先生就不必为此操心了。"不等方孝孺再说出什么话来,燕王就命令旁边的人拿来纸笔,温和地对他说道:"先生是一代儒宗,今天我的即位诏书,还要烦请先生起草,请你千万不要推辞!"方孝孺却一把将纸笔扔在地上,边哭边骂道:"你要杀我就杀吧,我决不会给你起草诏书的!"燕王也不觉气愤,威胁说道:"你不怕死,难道你的家人朋友也不怕死吗?"方孝孺厉声道:"你就是灭我十族,我也不怕。"说完,马上把地上的笔拾起来写了几个大字,掷给燕王说:"这既是我给你写的诏书了!"燕王一看,只见纸上乃是"燕贼篡位"四个大字,触目惊心,不由得气往上冲,大怒问道:"你敢叫我是贼吗?"马上喝令左右用刀子剒方孝孺的嘴,一直割到耳旁,又把他投进监狱。然后就真的命人去抓方孝孺的九族,加上朋友门生,作为十族。每收一人,就带去给方孝孺看看,方孝孺却始终不屑一顾,于是这些无辜的人一律被杀死了,仅和方孝孺有直接关系的人就杀了八百多个。等到能杀的人都杀光了,眼见方孝孺还是不肯屈服,燕王没有办法,只好违背自己对军师的诺言,将方孝孺拉到聚宝门外,处以极刑。方孝孺慷慨就义的时候,仍是毫无惧色,临刑前赋了一首绝命词道:"天降乱离兮,孰知其由?奸臣得计兮,谋国用犹。忠臣发愤兮,血泪交流。以此殉君兮,抑又何求?呜呼哀哉!庶不我尤。"他死了以后,他的妻子郑氏,和他的两个儿子中宪、中愈,都自杀身亡,他的两个尚未成年的女儿被逮住后,在过淮河时都投河溺死了。方孝孺的死难是建文遗臣中最为惨烈的,方氏一门忠烈,就这样被燕王杀得一干二净了。

徐达真是吃鹅毒死的吗

徐达是明太祖朱元璋最为倚重的大将,他本来是朱元璋儿时的玩伴,朱元璋起义以后就把徐达叫到自己身边,从此两人一起出生入死,拼杀在元末的农民起义浪潮中。徐达不知为朱元璋立下了多少战功,被朱元璋视为左膀右臂。朱元璋当了皇帝以后,李善长被称作文臣第一,徐达则被称作武将第一。可是就是这位"武将第一"的大将军,最终也没能逃脱掉朱元璋的毒手。

徐达,字天德,濠州人。史书描写他身躯高大,颧骨很高,棱角分明。他和朱元璋是从小一起放牛的朋友,也和朱元璋一样,从少年起就胸怀大志。

元至正十三年(公元1353年),徐达参加农民起义军郭子兴部,隶属于自己的伙伴朱元璋。跟着朱元璋取滁州(今属安徽)、和州(今和县)等地,智勇兼备,战功卓著。十五年,从朱元璋渡长江,克采石,下太平(今当涂),俘元万户纳哈出。而后率军攻克溧阳、溧水(今均属江苏)。第二年,跟从朱元璋攻克集庆(今南京),继奉命以大将军领兵取镇江,号令明肃,授淮兴翼统军元帅。十七年,率军克常州,取常熟、江阴等地,阻止江浙周政权首领张士诚军西进。次年,留守应天(今南京),升任奉国上将军、同知枢密院事。二十年五月,长江中游汉政权首领陈友谅兵攻池州(今安徽贵池),徐达与中翼大元帅常遇春在九华山下设伏兵,俘虏斩杀陈军万余。又从朱元璋设伏应天城下,大败陈友谅军,俘7000余人。二十一年,取江州(今江西九江),率师先行,迫陈友谅退兵武昌,并追至汉阳,升中书右丞。二十三年,从援安丰(今安徽寿县),败张士诚部将吕珍,移师围庐州(今合肥),旋从援洪都(今南昌)。在鄱阳湖之战中,冲锋陷阵,败陈友谅军前锋,杀1500人,士气大振。二十四年,朱元璋自封为吴王,封徐达为左相国。从此以后,朱元璋有了后方基地,不再像以前一样亲自冲锋陷阵,而是改为坐镇南京,统一指挥调动部队。而徐达和常遇春两人就成为他远伸向外的手臂,随着他的命令转战各地。

朱元璋准备派兵征讨张士诚时,右相国文官李善长建议暂缓动兵,从长计议。徐达却坚定地支持朱元璋的决定,并且分析说:"张士诚贪图享乐,待人苛刻,他部下的大将军李伯升等人只知道抢占美女金钱,没有什么真才实学,军队也缺乏训练,这些人都很容易对付。再说,他属下的几个军官都是文弱书生,不知天下大计,不了解战斗的事情。臣如果能奉主上的命令,率领大兵前去征讨,三吴很快就会被平定。"朱元璋听了他的话,非常高兴,马上下令拜徐达为大将军,常遇春为副将,率领二十万水师进逼湖州,数次大败张士诚的军队,迫使守将李伯升、张天骐开城投降。张士诚逃到平江,想再聚集兵力进行抵抗。十一月,徐达挥师北上,合围平江,并申明军纪,禁掠民财。他和常遇春、华云龙、汤和、王弼等人把平江城围了个水泄不通。还在军营中建起了比城中的佛塔还要高的瞭望台,用来监视城中的动静。他还在各处营地架设弓弩火枪和大炮,随时都可以向城中的张士诚军队发动最后的进攻。虽然胜利在望,徐达仍然保持着一贯的冷静谨慎,他派使者去向朱元璋请示攻城计划,朱元璋命人带来了回信,信中大大称赞了徐达的进兵神速,还勉励他说:"将军一向有勇有谋,能够迅速地剿灭叛乱,削平群雄。现在你事事向我请示报告,这是你忠心的表现,我感到很安慰。但是战场上的形势瞬息万变,再说,将在外君令有所不受,军中的轻重缓急,还是由将军相机行事最好。我不会从中制约你的行动,这一点请你放心。"于是不久之后,徐达发动攻势,率将士破城,活捉了张士诚,一共收服了二十五万降兵。他带兵回到南京后,因为功勋卓著,被封为信国公。

后来,朱元璋已经占领了江南的大部分地区,他的实力也越来越强大。徐达又奉命以征虏大将军的身份与副将军常遇春率师 25 万,北伐元军,连战皆捷,一口气把元顺帝赶进了大漠。这时,朱元璋已经在南京称帝了。徐达回来后,因功授中书右丞相参军国事,改封为魏国公。第二年,他受命镇守北平,练军马,修城池,总领北方军事。以后又多次带兵出征北元,为朱元璋立下了汗马功劳。

朱元璋称帝后,每年春天都命徐达率军出征,冬天来临时就召回京城,成为常例。徐达对朱元璋保持着恭谨的态度,一回来就马上将帅印呈上,朱元璋因此很高兴,亲热的称他为"布衣兄弟",而徐达却更加恭谨,事事小心谨慎。朱元璋曾经很随便地对他说:"你的功劳很大,却还没有合适的住宅,我赐给你一

中国古代秘史 · 明朝秘史 ·

图文珍藏版

幢旧宅吧!"徐达后来发现,皇帝想赐给他的旧宅竟然是朱元璋在做吴王时居住的旧邸。他大惊失色,马上跪在地上连称不敢,坚辞不受。其实朱元璋这么做就是为了试探他的忠心,因为徐达一直手握重兵,当了皇帝的朱元璋总是害怕他心怀不轨,所以总是故意地试探他。徐达就是因为非常了解朱元璋的这种个性,才凡事都小心翼翼。可是朱元璋却总是疑心,还要试一试他。他命人把徐达灌醉,趁机把他抬到吴王府邸中的床榻上休息,并让人在暗中监视着徐达的行动。徐达一醒过来,发现自己居然睡在以前朱元璋休息的地方,吓得一下子就滚落床下,跪在地上连连谢罪。朱元璋听人回报说他如此反应,才终于感到满意了。

可是,徐达虽然用自己小心谨慎的行动表示了自己的决心,但他最终仍然没有能够逃脱朱元璋的毒手。朱元璋是抱着一种"虽然你今天不谋反,但是不能保证你明天也不谋反"的极端心理,在明朝的江山逐渐稳固下来时,终于下定了决心要除掉徐达这个功高盖主的潜在威胁。那时徐达正好得了背疽,按照民间的习惯,得这种病的人决不能吃鹅肉,据说一吃就会毒性发作,很快死去。朱元璋却假意的派人来探望徐达,还特意赐一只蒸鹅给徐达吃。徐达明白皇帝的心意,当着使臣的面,流着眼泪把整只鹅吃的一干二净。当晚,徐达就毒发病重去世了。朱元璋这才放下一直悬着的心,觉得自己终于能睡一个安稳觉了,因为这时他的所有功臣都已经被杀光了。其实,朱元璋赐给徐达的那只鹅并不一定就有毒,得了背疽也不一定吃了鹅就会死,但是朱元璋却在徐达生病的时候派人送来病人最忌讳的东西,徐达心里明白皇帝想赐死又不便明说,即使吃了鹅没事,也可能在当晚服毒自尽了。

鲁穆为什么被称为"鲁铁面"

鲁穆是明朝时的一位官员,他为人有智识,而且不畏权贵、执法不阿,刚正清明的名声传遍各地,地方上的百姓和官场上的同僚都敬佩的称他为"鲁铁面"。

他在福建做官时,专门负责刑狱司法工作,在他手中解决了不少冤假错案,很为人称道。

有一次,他接到一个分家产的案件,原告是一个带着小孩的女子,状告她的侄儿谋夺家产,还把她们母子赶出家门。鲁穆接到案宗详细询问,原来这个女子是一个叫周允文的小妾。这个周允文年过半百却还没有子嗣,无奈之下只好过继了一个侄儿到自己名下。谁知道这边的事还没办完,家中的小妾就给他生了一个儿子,他顿时喜出望外。可是时间不久,周允文自觉快要死了,恐怕不能照顾妻儿,就把侄儿叫到自己的床前,把照顾妻儿家小的事托付给了侄儿,并且答应分一部分的财产给侄儿作为答谢。这个侄儿也满口称是的答应了。可谁知道,周允文刚死,侄儿贪图周家的财富,马上背信弃义,还造谣说那个小妾生的孩子不是周允文的亲骨肉,而是小妾与仆人私通生下的孩子,并将她们母子两人逐出家门,独占了周家的全部财产。那个小妾带着孩子,无以谋生,只好告上官府,要求归还周家的财产。在当时那种落后的情况下,很难像现在一样准确的判断一个孩子的生身之父是谁,也没有其他的证据足以证明,所以很多经手这个案子的官员都束手无策,搞不清这个孩子到底是不是周允文的骨肉。后来案子转到鲁穆的手中,他也觉得很为难,没有什么明确的验证办法让所有人都心服口服。他根据案件情况判断,这个小妾所生的孩子确实是周允文的儿子,周允文在未死之前也已经承认了这个儿子,那个侄儿在周允文死后反悔,指认孩子是小妾与人通奸生的,纯粹是为了霸占周家的财产。难就难在没有什么好办法可以确认孩子的血统,好让霸占财产的恶人俯首认罪。后来鲁穆想出了一个简单的办法。他找来许多和那个小孩同年纪的孩子,把他们混在一起,让周家的众多亲戚、朋友、邻居来认人,问他们哪一个孩子长的最像周允文。结果,大家都不约而同地指着小妾生的孩子,说他最像。鲁穆说,既然大家都看出来了,可见这个孩子确实是周允文的儿子无疑,那个坏侄儿到这时也无话可说了。然后,鲁穆就下令严惩了霸占家产的侄儿,并把周家的财产判还给了小妾和她的儿子。

还有一次,鲁穆接到了一个谋杀的案件。原来,泉州人李某和林某是好朋友,两人经常在一起喝酒谈天,关系很是亲密。可是知人知面不知心,这个林某仗着家中的权势在外面做了许多坏事。无意之中,他看到了李某的妻子非常美丽,就动了抢夺之心。后来,李某有事要到外地去,他就派仆人偷偷地跟在李某的后面,想方设法地要治李某于死地。这个仆人一路跟随,终于在一个偏僻的驿站把李某毒死了。林某得到这个消息高兴万分,马上就到李某的家中去献殷勤,假情假意地安慰李某的寡妻,体现出无尽的温柔爱护。李氏正处在丈夫死掉孤苦伶仃的惨境中,这时得到林某的关怀,一时心中无限感激,时间不长,就嫁给了林某。林某终于如愿以偿,把美人弄到手了,很是志得意满。李某的族人都把这件事情看得一清二楚,知道是林某用诡计害死李某的,大家也都从林某对李妻大献殷勤的行为中猜到了林某的卑鄙用意。于是就联名把林某告上了公堂,希望官府能够查出李某的真正死因,严惩罪犯。但是,林某家中很有钱,他花了大把的银子贿赂了负责处理案件的官员,不但获得无罪释放的判决,糊涂贪财的官员还按照林某的意思,把带头上告的李氏族人当作杀人犯关进了监狱。鲁穆负责监督一省的刑罚,并且最后亲自审批,当他看到这个案件的卷宗时,顿时觉得疑窦丛生,马上命令当时处理案件的官员来见自己,并且命人把监狱中的李氏族人也一起带来。这时无辜的李氏族人已经在监狱中关了很久,就等朝廷的批文下来就要处决了,他一见到鲁穆,就大喊冤枉,求鲁穆为他洗刷冤屈。鲁穆详详细细地询问了事情的经过,很快查清了事情的真相。由于他一向铁面无私,从不收受贿赂,林某毫无办法可想,只好俯首认罪,承认了自己杀人夺妻的罪行。最后,鲁穆判处杀人者死刑,还严惩了那些贪污受贿的官员,终于还李氏族人一个清白,也替无辜被杀的李某报了深仇大恨。

名士谢缙因何被杀

谢缙是明初的大才子,他从小就表现出出众的聪明才智,为人又极为好学,被人誉为"神童"。直到现在,民间仍流传着许多关于他的有趣传说,比如"墙上芦苇""山间竹笋"的笑话就与谢缙有关。据说当时谢缙的名气很大,有一个年轻的士子听了非常不服气,总想找个机会好好羞辱谢缙一番。有一天他正巧在街上碰到了谢缙,就出了一个对子想难为谢缙一下。他的对联是:

"牛跑驴跑跑不过马,

鸡飞鸭飞飞不过鹰。"

很不客气地把谢缙比作牛驴鸡鸭,嘲笑谢缙没有什么真本事。谢缙心里很生气,但是脸上却不动声色,只是淡淡地说:"既然你不吝赐教,我就也答上一联以表敬意吧!"说着略一思考,随口念道:

"墙头芦苇,头重脚轻根底浅,

山间竹笋,嘴尖皮厚腹中空。"

谢缙说他是墙上的芦苇两头倒,山间的竹笋空有一张厉嘴而没有真才实学。那个举子一听,顿时羞愧得满脸通红,赶紧偷偷地溜走了。谢缙的这一联至今仍然被人们广泛应用,用来讽刺那些不干实事,只是耍嘴皮子或是做事没有原则的人。

谢缙在洪武年间中了进士,朱元璋也很欣赏他的过人才华。不过,谢缙这个人很有一点恃才自傲的性格,这让朱元璋不太喜欢,所以虽然欣赏他的才华,却没有委以重任。一直到明成祖朱棣当了皇帝,他才终于有了发挥才能的机会。明成祖是一个野心勃勃的帝王,在治理国家各个方面,他希望能够超过前代的众多帝王。所以,他对外开辟北方战场,袭击北元的残余势力,东南六次派太监郑和出使西洋,在国内也实行严刑峻法。有了武功,当然也不能少了文治,明成祖又

谢缙书画

下令朝廷的众多文臣编订一部旷古未有的大型图书集成性质的巨著,这就是《永乐大典》。而这部书的主要编纂者就是谢缙,这时他已经被提升为翰林学士,入职文渊阁,威望极高。能够承担如此重任,足可见皇帝对他的信任与赏识,光是一部《永乐大典》就已经可以让谢缙名垂千古了。但是谢缙倨傲自负的性格却最终害惨了他。他平日说话办事无所顾忌,不懂得如何给别人留下面子,在朝中得罪了很多人而不自知。这些人见他现在得宠,都隐忍不发,但是却暗暗怀恨在心,只是等待机会,好报复他。在他得罪的人中最紧要的一个就是成祖最喜爱的儿子汉王朱高煦。汉王为人一向心胸狭窄,没有容忍之量,是一个有仇必报的典型人物,尤其他又是成祖最宠爱的儿子,成祖对他几乎是有求必应,他憎恨的人往往也都被皇帝所厌恶疏远,甚至是被无故治罪,谢缙就是这样的一个例子。

说起谢缙与汉王朱高煦的结仇,到也不能说是谢缙的过错。原来,朱棣即位之后,马上面临着确立继承人的问题。按理说,他的长子朱高炽早在朱元璋当皇帝的时候就已经被立为燕王世子,朱棣即位之后顺理成章的应该把他从世子之位改为太子之位,这是明朝立嫡立长的一贯传统,没有任何疑问。但是矛盾就出在朱棣并不喜欢这个儿子,因为朱高炽身体肥胖,还有脚疾,根本连马都骑不了,而朱棣却是一位地道的马上皇帝,对这样一个儿子他是极不满意的。

比起长子来,朱棣更喜欢他的次子朱高煦,这个儿子弓马娴熟,一直跟在他身边南征北战,尤其是燕王发动靖难之役后的几年中,他更是屡立战功,而世子朱高炽却根本不能出战,只能留守在北京城里。因为这些原因,朱棣很想将来传位给自己喜欢的高煦,还总是说儿子中只有高煦最像自己年轻的时候,在战争岁月中,他也曾经随口答应过高煦日后要立他为太子。可是真到了要立太子的时候,朱棣又有些犹豫,因为世子虽然不能征战,可是因为为人忠厚,很得臣子们的爱戴,当初朱元璋正是喜欢他这一点才把他立为世子的。再说如果改立太子,又势必要打破立嫡立长的规矩,朱棣也很担心会引起朝臣的不满与争论。正在他矛盾的时候,一个偶然的机会,他问起谢缙对这件事的看法。谢缙是正统的儒家学士,自然赞成恪守儒家的伦理规范,立长子为继承人,可是因为皇帝喜欢次子,不喜欢长子,他又不能直说,所以他用了一种委婉的说法来说服皇帝。原来,朱棣虽然不喜欢他的长子,却极为宠爱朱高炽的儿子、他的孙子朱瞻基,据说这个孙子是命中注定的真命天子,一直被朱棣认为是上天派来他身边的吉祥之兆。现在太子虽然还没有立,但是朱棣早已经决定将来必让朱瞻基登上帝位。谢缙正是从成祖的这种心思入手,劝皇帝立长子为太子,日后朱瞻基就可以顺理成章的当上皇帝。这一番话一下打动了成祖的心,时间不长,就宣布立长子高炽为太子,立朱瞻基为太孙。而高煦被封为汉王,封国远在云南。

朱高煦没能当上太子,不由得怒气冲天。他认为都是谢缙搞的鬼,才使成祖下定决心立长子为太子,自然把谢缙恨之入骨,一心想把他除去。朱棣虽然确定了太子之位,可是对汉王的宠爱仍是不减。朱高煦就借着朱棣的放任,总是在父亲面前诋毁谢缙,说谢缙和太子相互勾结,意图不轨。一来二去,朱棣果然开始起了疑心,他先是把谢缙远远的贬到外省去做官,后来禁不住朱高煦的屡进谗言,干脆把谢缙逮捕入狱,严刑拷打。谢缙心里明白,汉王是想从他身上找太子的毛病,所以无论如何被拷打,他都拒绝写下任何口供。汉王也拿他没有办法,可是又不愿放了他,于是谢缙在监狱中一呆就是五年。到了永乐十三年,朱棣无意中在监狱囚犯的名册中见到了谢缙的名字,就问道:"谢缙还在吗?"旁边的人明白皇帝的言下之意,等皇帝一走,马上就私下里用狠毒的手段把谢缙杀死了。

谢缙死后,成祖还下令没收了他的家产,把他的家人都发配边疆。太子眼看着谢缙被残害致死,可是却一点办法也没有。可怜这一代名士,就这样死在了皇室争权夺利的罪恶斗争之中,成为兄弟相残的牺牲品。

沈万三真的修筑南京城了吗

沈万三是元末明初的天下第一大富翁,现在虽然有很多人听都没听说过他的名字,可是在那个年代里,他的名字可是家喻户晓,尽人皆知,他的天下知名,固然是因为他的富甲天下,同时也因为他作了一件当时轰动全国的大事,那就是以私人之力修筑了南京城墙,这到底是真是假呢?

沈万三原本不叫沈万三,他本名叫沈富,字仲荣。他在兄弟中排行第三,所以人们又称他为沈万三,或是沈三秀,人们习惯了沈万三或沈三秀的名字,至于他的真名反而没人知道了。

根据明人书籍中记载,沈万三确实曾经出巨资,以私人之力修建南京城墙。关于他为什么要这样做的原因则有两种不同的说法。一种说法认为沈万三在明朝建国之初,想巴结讨好新皇帝,以求得日后更多的庇护,所以他主动献上万旦粮食,数千白金,又主动要求承担筑城的任务。也有人认为沈万三之所以修城完全是迫不得已的,认为是朱元璋在南京当了皇帝后,听说了沈万三富甲天下的大名,就想掏空这个大富翁的钱口袋,因此不断

沈万三塑像

让他上缴金钱,最后又命令他出资帮助修建南京的新城墙,不管以上哪种说法更接近历史事实,总之沈万三确是因为财富招眼而做出了筑城这样的贡献。

沈万三承建南京城西南的一段。有人说当初他夸下海口,要与皇帝对半筑城,也有说他筑的城是三分之一,其他由工部和应天府(即南京城)修建。可是最后沈万三修建的实际长度差不多是占全城的四分之一,既不满三分之一,更不够当初夸大的对半筑城的海口。以朱元璋极度斤斤计较的脾气,怎么会允许他食言不完工呢?

事实上,在沈万三承担的筑城任务还没有完成的时候,他就惹怒了朱元璋,一张圣旨下来,就把他流放云南,没收了他的全部家产。按说沈万三捐资筑城,本来应该受到朝廷的表彰,甚至能因此捞到一官半职的。可是为什么最后落得一个家破人亡下场呢?

其实在筑城伊始,矛盾就已经产生了。沈万三是以私人之力和公家同时筑城,缺乏了必要的权威支持,他支使不了人数众多的筑城兵士和监管人员,有时物资供应也接济不上,常常因各种原因而停工、误工。沈万三害怕延误了事先已经订好的工期,可是又不敢私下给官员发放奖金,促使他们加快工作步伐。因为当时朱元璋正在大抓贪污受贿的官员,只要有人非法占有的钱财超过60纲,就要被处以死刑,而且还要被剥皮示众。沈万三实在没有办法,只好向朱元璋提出"犒军"的要求,请求皇帝给予他公开发放奖金慰劳士兵的权力。不料这个举动却激怒了皇帝。《明史》的《马皇后传》中记载着,有一天皇帝回到宫中,气冲冲地对马皇后说,沈万三这个老儿竟然想犒赏天子的军队,他是什么身份,居然敢如此大胆!还说一定要杀了沈万三。这时马皇后就劝元璋说不必如此发怒,她向皇帝说,沈万三富过了头,已是不祥之人。不用皇帝治他的罪,很快他就会有报应了。朱元璋这才稍微平息了怒火,没有立时命人砍了沈万三的头。

至于最后沈万三为何获罪,也有各种不同说法。《明史》就是认为沈万三正是因为"犒军"招祸,朱元璋虽然当时听从了马皇后的劝说没有杀他,但是心里总是不舒服,找机会杀他只是时间早晚的事。也有人认为,沈万三因为和朱元璋对关筑城,居然比皇帝提前三天完工,惹恼了皇帝,被下狱治罪。还有人认为,朱元璋本来很恨沈万三,因为在他未登上帝位的时候,沈万三正是为他的死对头张士诚服务的。他这么富有,自然成为张士诚反抗朱元璋的强大经济后盾,朱元璋本来就十分善于嫉恨,当了皇帝后,怎么能饶了昔日的敌人呢?还有人说,沈万三是被无辜牵连进了国初的胡蓝谋反大案。原来,沈万三曾经请一个叫王行的书生作自己家中的私塾教师,几年来都把王行奉若上宾。后来王行离开沈府,就到蓝玉的府中做幕僚。后来胡蓝案发,王行被屈打成招,成了蓝党的"骨干分子",而曾经与他接触密切的沈氏家族自然也脱不了干系。朱元璋本来就憋了一肚子火想找沈万三的麻烦,也觊觎着他的巨额家财,正好抓住这个机会,敲光了沈家的财产,把能杀的人全杀,老幼妇孺则被充军的充军,没官的没官。这种说法看起来似乎更加可信些，毕竟朱元璋在胡蓝案中已经杀了几万人，也不在乎多杀一个沈万三。

可怜沈万三这一代富豪，本想通过筑城求得政治上的庇护，最后反而落了个家破人亡的可悲下场。

史可法的生死之谜

史可法是明末抗清的著名民族英雄，在中国历史上，他足以与岳飞、文天祥并称。

史可法

史可法，字宪之，号道邻，是祥符县人。他在崇祯年间中了进士，初任西安府推官。后来做到南京兵部尚书这个比较高的职位。明王朝在北京的朝廷被农民起义军推翻以后，朱明皇室的一些子孙逃到南方，建立"南明"政权，史可法就继续在南明小朝廷中任职，希望有机会能为国尽忠。弘光帝朱由崧即位后，史可法升为内阁大学士。但是在朝中，他遭到把持朝政的奸党马士英、阮大铖等排挤，以督师之名，被遣往扬州。顺治二年，清军围攻扬州，他困守孤城，英勇抗击，立誓"城存为存，城亡与亡"。四月二十五日，清兵攻破扬州，屠城十日，无数百姓及守城将士惨遭杀害，而对督师史可法的结局却其说不一。

有的说他是被俘不屈而死，有的说他缒城出去，不知所终，有的说他战死，有的说他投水而亡。其中以前二者的说法流传较广。

第一种是殉难于扬州之役。

一些官修史书和野史稗乘的记载，都说史可法是被俘后不屈而死的。《明史》记载了史可法在城破之时本来想拔剑自刎，但是被身边的随从拦了下来，被护持着向城外逃去。不幸的是,史可法和部下一行人刚出扬州城的东门,就被迎面而来的一队清兵抓住了。为了避免无辜的人受到牵连,史可法大呼:"我史督师也。"于是当场被擒杀。《清实录》中也有"攻克扬州城,获其阁部史可法,斩于军前"的相同记载。史可法在扬州城破之前,因为自己没有子嗣,曾经收了一个部将史德威作为养子。后来这个史德威曾经写了一部纪念史可法殉难的书,其中详细记载了史可法被俘不屈而死的过程。书中写道:"扬州城陷时,史可法自刎未遂被执,清军统帅多铎对其相待如宾,口称先生,并诱之以'为我收拾江南,当不惜重任也',史可法大声怒斥:'我为天朝重臣,岂肯苟且偷生,作万世罪人哉!我头可断,身不可屈……城亡与亡,我意已决,即劈尸万段,甘之如饴',遂遭杀害。"还有一些当事人和目击者的记述也是如此。如原史可法的幕下杨遇蕃及清军将领安珠护皆亲眼目睹史可法被杀的情形,还有其他一些当时人的笔记也留下了相同的记载。如《自靖录》和《池北偶谈》和《青磷屑》等也都记载史可法是被俘不屈而死的。特别值得一提的是,史可法在扬州屠城前曾写下的五封遗书,给他的母亲和妻子,其中都抱定了"一死以报国家"的决心。他后来不屈而死的实际行动对此做了证明。

关于史可法下落的第二种说法是"缒城出走,不知所终"。

计六奇在《明季南略》里记载了史可法缒城出走的情况:"阴历四月二十五日,即城破当日,大清兵因为连续多日攻城不克,就改穿被俘虏来的明军的衣服,诈称是史可法等待已久的援兵赶到,史可法于是准其从西山入城。清兵一进到城里,就马上拿出武器进行攻击,并趁乱打开了扬州城的大门。史可法立于城上见到这种情况,又看到后援的清军像潮水一样涌进城来,知道扬州城守不住了,不禁长叹一声,即拔剑自刎,即被左右救下,同总兵刘肇基一起缒城潜去。《石匮书后集》则说,史可法"过钞关""走安庆"。《江都志》则说城破时,史可法骑白骡出南门。《圣安本记》认为,城破时,史可法"不知所在"。

这些说史可法趁乱脱逃的看法,后来经过史可法身边的将领随从的证实,都是不符合事实的。那为什么会产生这种说法呢?这有许多原因。有人说,是因为在清军攻占扬州城时,就开始大肆屠城,城中陷入一片慌乱惊恐之中,谁又能够确定史可法的下落到底如何呢?于是有人道听途说史可法可能已经逃出扬州城了。这种未经证实的说法流传开来。并被一些人在自己的书中记载下来,造成了这个疑问的出现。当然,人们认为史可法未死并不是对他的脱逃感到愤怒失望什么的,而是真心地希望受人尊敬的督师能逃出,再举义旗,抵抗如狼似虎的清军。这种"不愿言其死"的情绪在当时的百姓中是广泛存在着的,"大江南北,遂谓忠烈未死"。惊恐无助的人们在清军的蹂躏下,急切的需要一个精神领袖做支柱,所以在扬州独守孤城抗击清军的史可法就成了这面旗帜。后来,盐城、庐州等地百姓还都托史可法之名举起抗清大旗。这与秦末百姓打着公子扶苏的旗帜去反对秦二世的道理是如出一辙的。当然也还有一些别的原因。例如当时清军屠城,扬州城内尸骨遍地,血流成河,加之天气炎热,尸体都已经开始腐败了。所以当史可法临死收的义子史德威冒险重回扬州城时,并没有如愿地找到史可法的尸首。至今梅花岭埋葬着的也只是史可法的衣冠冢。正是因为尸骨无着,也让人们不禁产生了一种"督师未死"的希望。

无论如何,不管人们希望怎样,史可法还是不可避免地死在了扬州城下。但是他的英勇不屈的形象却永远保留在了人们的心中。就是当初恨他入骨,亲手杀害了他的清朝统治者,为了安定人心,后来也不得不把史可法的神像搬进忠烈祠,供奉不断。

谁是天安门的设计者

天安门是明初成祖朱棣迁都北京时修建的皇城正门,至今已经经历了六百多年的风霜,却依然挺立在北京城中心。它已经不只是一座饱含历史文化的古建筑物,而是已经上升为中国的象征,成了国徽图案的一部分。今天,天安门的形象仍然如此高大,影响如此深远,可又有多少人知道,它最初的设计者是谁?

设计天安门的人是明初的大建筑师蒯祥。他生于洪武末年,出身于工匠世家,他的父亲就是一个技艺高超的木工,善于设计和建筑寺庙厅堂。蒯祥家学渊源,深受父亲的影响,年纪轻轻就已经在当地小有名气,尤其精于建筑结构的设计和制图。正巧这时成祖为了兴建新的都域,在全国征集能工巧匠到北京效力。蒯祥就在应召之列,跟随着成祖来到了北京,成为数十万建筑大军中的一名工匠。在工作过程中蒯祥的才华很快显露出来,虽然年纪还不到二十岁,但是因为手艺出众,而且设计制图信手拈来,不知不觉地就已成为伙伴中的领导者。这种情况很快被反映到当时主持北京城建设的工部官员宋礼那里,宋礼马上召见了这位年轻的工匠,经过深谈,宋礼从心里称赞这个年轻人头脑灵活,极

图文珍藏版

富创造力,觉得他可堪重任。于是他交给了蒯祥一个重要的任务,就是设计皇城的正门。蒯祥自己也知道,这正是可以让自己一展才能的大好机会,他果然不负众望,很快就拿出了一整套的建筑结构设计图和周密的施工方案。宋礼看后很高兴。马上命人把设计方案送给成祖过目。朱棣看过设计图后也觉得十分满意,马上拍板决定采用这个方案,并且命令立即开始动工。对于蒯祥这个没有见过面的设计者,皇帝也封了一个工部的官职给他,让他在新都建设中多出些力。

其实北京城的建设在成祖继位之初就已经陆陆续续的在进行中了,可是直到永乐十五年,因为大运河修缮完毕投入使用,北京城的建设才进入施工高潮阶段。到永乐十八年,城市宫殿的建设就已经基本完成了。天安门的修建也是在四五年的时间里完成的。

天安门最早并不是叫这个名字,而是按照中国古代传统的命名方法取名"承天之门"。直到清朝初年对其进行大规模维修时才改名为"天安之门",后来就简称为"天安门"了,并且被一直沿用至今。

天安门位于北京城的中轴线上,是皇城,也就是今天紫禁城对外的第一扇大门。它是一座传统的宫殿式建筑,最初的建筑结构只是一层的,下面是用砖砌成的高大城台,城台上则是九开间的重檐歇山式宫殿建筑,整个都是木制的,靠一根大梁支持着整个建筑物。城台前还立有华表和石狮,美丽的金水河从城楼前横亘而过,上面建了五座精巧华丽的汉白玉石桥,与城台的五扇大门一一相对。宏伟和华丽相结合,沉稳与精致并行,它是一个完美的矛盾结合体,正好体现了皇家"九五至尊"的高不可攀和神秘气质。后来,这座原本被称为"承天之门"的城楼在明英宗在位时被雷击烧毁了,几年之后,蒯祥再次受命重修城楼。这一次,他在原有的建筑基础上又改进设计方案,把原来一层式宫殿建筑改为两层,更加突显了它恢宏雄伟的皇家气派。

此后,天安门又屡次经过翻修,不过基本上都沿用了原来的设计结构。近代以来,人们给天安门周围修建了红色的高大围墙,改进了一些细微的装饰图案,但仍然保持了天安门的原始风貌,最大的一次改变恐怕就是20世纪80年代的重修工程中把建筑高度稍稍提高了不到一米。可以说,我们今天所看到的天安门绝大部分仍然保留了明初的建筑样式,它就像是一位饱经了六百年风霜的老人,依旧沉稳静默地屹立在那里,注视着它脚下川流不息的人们。

天安门的设计者蒯祥因为在修建北京城的过程中表现突出,很快就升任工部侍郎,位列正三品,从一品的俸禄,可以说受到了无尽的荣宠。在修建北京的工程结束以后,他又担任了很多宫殿陵寝的修建任务,内城的宫殿,京郊的陵寝,到处都留下的蒯祥的智慧和汗水。他的一生精力都扑在了建筑艺术上,勤耕不辍,一直到明宪宗成化年间,他才满载着荣誉含笑而去,一共历仕七朝,享年八十三岁。他的一生,也许只有一个评价是最恰当的,那就是明宪宗朱见深赐予他的称号——"蒯鲁班"。

魏忠贤如何成为"九千九百岁"

明代一向以宦官乱政闻名,而魏忠贤是这些太监中最著名的一个。在他气焰最嚣张的时候,一些无耻的官员竟然公开的称呼他为"九千九百岁",只此"万岁"少了一点。那时候,全国各地都建满了他的生祠,他的塑像被当作神一样供奉,他的干儿义孙遍布天下。他究竟是如何成为这"九千九百岁"的呢?

魏忠贤原名进忠,是直隶河间府隶宁县人。他从小就是乡里的一个有名的无赖,鸡鸣狗盗,胡作非为,而且阴狠狡诈,睚眦必报。他平生最得意的有两件事,一个是千杯不醉,一个是弓马娴熟。他整天只顾吃喝玩乐,不事生产,原本父母为他娶妻冯氏,生了一个女儿,可是后来因为他实在不成气,妻子毅然与他离了婚,从此他孤家寡人一个,更是无牵无挂的逍遥自在了。有一次,他和人赌博输了钱,被人满街追着讨债,他实在没有办法,又觉得这样下去也混不出什么名堂,就一咬牙举刀阉割了自己,找了个门路入宫作了太监。

入宫以后,魏忠贤极力巴结讨好在东宫小有权力的太监魏朝,跟魏朝拜了把兄弟,借着魏朝的推荐,成了太子的长子朱由校身边的管膳太监。他巧手逢迎,想方设法从各处找来美食、玩物供给朱由校母子,以博取他们的欢心。在宫中一段时间,他也观察出朱由校的奶妈客氏深得朱由校的喜爱,日后定能发达。所以他又尽力地去讨好勾搭客氏,客氏也喜欢这个新来太监的豪气与果敢,两个人臭味相投,一拍即合。本来客氏和魏朝是宫中公认的一对"夫妻",这时魏忠贤硬是横刀夺爱,把客氏抢了过来。魏朝见他如此忘恩负义,顿时被气炸了肺,两个人大吵了起来,一直吵到已经作了皇帝的朱由校面前。小皇帝也觉得十分为难,就命人找来客氏,问他究竟喜欢哪个人。客氏选择了魏忠贤,于是皇帝就宣布客氏和魏忠贤是合法的夫妻。魏朝气得要命,可是皇帝发了话,他也没有别的办法,只能怪自己以前瞎了眼。后来魏忠贤掌握了大权,做的第一件事就是假传圣旨,把他贬到凤阳去看守皇陵,然后又派人,在半路上就把他偷偷杀了。

再说朱由校即位当了皇帝,他把自己喜爱的客氏封为"奉圣夫人",又因为客氏极力推荐魏忠贤,所以他让魏忠贤掌管了太监机构中权力最大的司礼监。可笑魏忠贤本是目不识丁,却替皇帝担起了批改奏折的秉笔之责。后来魏忠贤又掌握了太监组成的特务机构——东厂,更是极尽迫害忠良、排斥异己之能事。

朝中一些正直的大臣对这种状况非常担忧。都察院的左都御史杨涟写了一道严辞弹劾魏忠贤 24 条大罪的奏折上奏给熹宗皇帝,希望小皇帝严惩客、魏。可是魏忠贤事前就听说了这个消息,他知道这个杨涟是先帝信任的大臣,而且对熹宗登基有护佑之功,因此心中也有些害怕。他想小皇帝最听客氏的话,就赶紧把客氏找来,两个人一起赶到皇帝的寝宫中去。这时朱由校刚刚午睡起来,脑子还没明白过来呢,就见他最亲近的两个人并排跪在床前,痛哭流涕,觉得十分奇怪,连忙问他们这到底是怎么回事。魏忠贤赶忙说自己受了奸人陷害,外廷有人编造了一大堆谎言诬陷他,想离间他和皇帝的关系。客氏也在旁边添油加醋的说魏忠贤一向忠贞不贰,所做的事都是为皇帝出力,不想却因为深受皇帝信任而遭人嫉恨排挤,请皇帝一定要严惩那个在外廷造谣的大臣。魏忠贤又虚情假意地说,自己愿意辞去东厂的职务,以避免他人的猜疑。朱由校看着这两个把自己从小带大,无微不至地照顾着自己的两个人,又怎么可能真的忍心处置他们呢?他劝两人擦干眼泪,不必担心,还答应他们一定会严责那个造谣的官员。第二天一上朝,果然就见御史杨涟上殿奏事,奏折中说的都是魏忠贤的罪恶。熹宗连听都没仔细听,不但没有责问魏忠贤一句,反而还严厉斥责杨涟胆大妄言。皇帝如此不明事理的袒护魏忠贤,使朝中的大臣们都感到十分愤怒,继杨涟之后上书弹劾魏忠贤的人接连不断,不到两天,上书的大臣就多达一百多个。可是魏忠贤知道自己已经控制住了小皇帝,所以一点也不担心,反正不管言辞多么激烈的奏折,熹宗是一件不会看的,还把这件事交给他全权处理。这时他可完全不怕了,反过来要向这些指责自己的人施手段进行报复了。他先后抓了许多正直的大臣,把他们关进东厂的监狱里,用严刑酷法折磨他们,许多大臣都在狱中含冤而死。

魏忠贤打击了这些反对自己的人后变得更加不可一世了。他在全国各地派出骑校去秘密探访，谁反对自己，说了自己的坏话，就把他抓来严刑处置。一时之间，全国人心惶惶，谁也不敢再开口说话了。一些无耻的大臣则都倒向客、魏，什么五虎、五彪、十孩儿、四十孙等等，都聚集在魏忠贤和客氏的邪恶旗帜下，形成了为害极大的"阉党"集团。全国各地都遍布了魏忠贤的爪牙。许多地方上的官员为了巴结他竞相为他建造生祠，到熹宗末年，魏忠贤的生神祠已经遍布天下。魏忠贤一朝大权在手，横行天下，号称"九千岁"仍觉不够，非要呼为"九千九百岁"才觉得满意。北京城里的老百姓私下里都说，大明朝的皇帝早已经不姓朱了，魏忠贤才是真正的皇帝！

吴承恩与《西游记》

《西游记》一书在中国可谓是家喻户晓，不知道的人恐怕没有几个，就连外国的文学评论家也把这部书和托尔斯泰等世界著名文学家的作品并称。如果有人问你，《西游记》的作者是谁，你一定认为这是一个再简单不过的问题了，直接大声地回答——吴承恩。可是大多数熟知并喜爱《西游记》的读者并不知道，它的作者在学术界至今仍有争议，不能最终确定。

吴承恩是明朝山阳人，字汝忠，号射阳山人，大致生活的年代是1500~1582年。他的先人居住在涟水，曾祖和祖父都是地方上管理教育的官员。到了吴承恩父亲这一代，家道中落，只好弃学从商，做了一个本分的小商人。虽然家中贫穷，但总也算是出身于书香世家，所以吴承恩从小非常喜欢读书，尤其喜欢市井的野言稗史，志奇鬼怪。又怕父亲师长看到了会挨骂和没收，只好偷偷地找一个隐蔽的地方读这些闲书，长大了就变本加厉，所以虽然年纪轻轻，但却见闻广泛。他自己也常说，自己胸中充满了这些神仙鬼怪的离奇故事。青年的吴承恩心高气盛，不甘心继承父亲的职业，做一个平凡的小商人。他也确实不适合做一个默默无闻的人。

吴承恩自己的仕途虽然很不顺利，但是因为他自幼就有文名，所以交往了一些当时非常有名的文人，例如他和嘉靖状元沈坤，诗人徐中行都是挚友。这也说明虽然他科举不成，但还是一个非常有才的人。以他这一生有才能、有条件、有时间的情况来看，《西游记》确实很有可能是他所作。而且在他去世后四

图文珍藏版

十多年编的天启朝《淮安府志》中明确记载了《西游记》是吴承恩的作品之一，学者们通过分析书中的语言，认为大多数都出自淮安的俚语，以此推断作者应该是淮安人无疑，清代的大学问家纪晓岚也从书中提到的司礼监、锦衣卫、兵马司等机构设置推测其应为明代人所作。综合以上这种种条件，似乎吴承恩是《西游记》作者已经成了必然的答案。

可是在《西游记》上署"吴承恩著"这个字，只是近代的事情。在清代以前的主流看法中，这部神怪小说的作者是元初的名道士丘处机。丘处机少年出家，自号长春子。从师于王重阳，是全真七子之首，他在南宋末年名气很大。元太祖铁木真也慕名请他去蒙古传道。据说，丘处机抱着"救世"的想法，率领十八个弟子前去蒙古草原，朝见铁木真大汗，并讲解道法，使铁木真十分钦佩。后来，他又游走于蒙古各地，宣扬道教真义。在这数年之中，他也写成了一本《西游记》，详细记录为成吉思汗西行讲道的经过和途中的经历见闻。这样一本《西游记》实际上是一本纪实的游记，和我们所谈的神怪小说《西游记》实在扯不上什么关系，后人却因为这两本书的同名而糊里糊涂地把它们连在一起。数百年来，许多研究《西游记》主流的学者都认为丘处机才是该书的作者。

真正明确提出吴承恩才是《西游记》真正作者的是民国初年的文学大家鲁迅和胡适。他们提出了一些证据，胡适也详细考证了吴承恩的生平事迹，无外乎是一些认为吴承恩有能力、有条件、有时间，所以有"可能"是该书作者的说法，仍旧没有确凿的证据，但因为鲁迅和胡适两人在近代中国文学史上地位，所以他们的看法得到了广泛的认可。从此以后，再出版的《西游记》上都署上了吴承恩的名字。

可是，《西游记》的真正作者的问题仍然没有得到完全的证实。因为最早证明《西游记》是吴承恩所做的《淮安府志》中把吴承恩的《西游记》一书归入地理游记一类，而非神怪小说一类。那么，既然可能出现丘处机《西游记》之误，又怎么能够确定吴承恩的《西游记》不是另一个误会呢？而且无论是吴承恩的好友还是后人子弟的文集中都丝毫没有提到过吴承恩写作《西游记》的影子，这实在让人不能不感到奇怪。如果一两个人忘了还可以理解，怎么会大家都不约而同地忘了提呢？所以近年来又有人提出了一种新的看法，即《西游记》的真正作者是嘉靖时期有名的"青词宰相"李春芳。这种说法分析了书中的一些诗词，认为其中隐含了是李春芳作品的痕迹。而且有的版本的《西游记》上面有"华阳洞天主人校"的字样，而李春芳正好曾经在华阳洞读书，自号为"华阳洞天主人"。这样两相对比，所以提出了李氏所作一说。

可是，无论以上哪种说法，其实都没有明确而直接的证据可以证明，因此目前的《西游记》出版中虽然都署着"吴承恩"的名字，但也不过是约定俗成的习惯而已，《西游记》的真正作者是谁仍然是一个谜。

施耐庵与《水浒传》

《水浒传》是我国古代的四大名著之一，现在流行的各种版本上作者的名字都有"施耐庵"这三个字，那么，这个施耐庵是什么人，他又为什么要写《水浒传》？《水浒传》真的施耐庵写的吗？这一个个谜团至今仍困扰着我们。

施耐庵是元末明初的一位著名的文学家，据说他从小博览群书，才华横溢，颇有过目不忘之能。他生活的那个时代，民间的说书艺人很多，施耐庵从小就十分喜欢围着那些说书艺人转，听到了许多优秀而精彩的历史故事和民间传说。在那些充斥了民间英雄揭竿而起反抗暴政的故事中，小小的施耐庵明白了官逼民反的道理，所以一心想将来长大之后做一个好官，使百姓都过上好日子。他的志向远大，学问也很出众，但是仕途却不太顺利，属于那种大器晚成的类型，一直到29岁才考中举人，又继续努力到35岁终于考上进士，被元朝任命在钱塘县做一个小官。可是等他真的当了官，才明白了朝廷的腐败、官场的黑暗并不是他一人之力就可以挽回的，就失去了做官的兴致，既然不能兼济天下，难道还不能独善其身吗？于是，在任上只呆了两年，他就找了个借口，辞官不做了。回到家乡，不做官，今后又做些什么呢？赋闲在家中无事可做的施耐庵无意中翻出了儿时收集记录的故事资料，又重新燃起了对这些青少年时期记录编写的故事的莫大兴趣，于是就一头钻进自己构思的水浒世界中，正式开始了《水浒传》的创作。

就在施耐庵在家闭门著《水浒传》时，元朝的统治已经摇摇欲坠，各地的农民起义风起云涌。农民起义领袖之一的张士诚听人说起施耐庵的才干，起了爱才之意，就想学刘备的三顾茅庐，亲自登门拜访，想请施耐庵出山。但这时的施耐庵经历过一段黑暗的官场生涯，早对做官失去了兴趣和信心，就以母亲年老无人照应为理由婉拒了张士诚。施耐庵和朱元璋手下的谋士刘伯温曾经在一

图文珍藏版

国学经典文库

中国古代秘史

·明朝秘史·

图文珍藏版

起读过书，是同窗好友，刘伯温就向朱元璋推荐施耐庵，说他的聪明才智远远胜过自己。朱元璋听了不禁大吃一惊，在他眼里，刘伯温已经是神机妙算胜过神仙了，那施耐庵又该如何厉害呢？他马上叫刘伯温拿着自己的亲笔书信去请施耐庵。但是施耐庵事先就知道了这件事，老早就出门躲避去了。刘伯温白跑了几趟，实在没有办法，只好打消了这个念头。从此施耐庵就得以更加清净地在家一心著书了。

就这样，施耐庵深居简出，闭门谢客，终于心无旁骛地完成了这部古典名著。事情到此，似乎再无可疑，《水浒传》确是施耐庵所作无疑。但是后代人对这部书仍有着很多的疑问。现在通行的《水浒传》的版本作者有几种不同的写法，有的只写施耐庵著，有的写施耐庵和罗贯中合著，有的书干脆空着著者一栏。为什么会出现这种情况呢？这其中是否另有隐情？

最早提出施耐庵是《水浒传》作者的是明代的胡应麟，许多后人的著作都采用了这种说法。现在通行的所有版本上也基本上都署有施耐庵的名字。另有一种意见认为，《水浒传》是施耐庵和罗贯中共同写成的，而罗贯中正是施耐庵的学生。也有人认为，《水浒传》的作者是罗贯中，因为罗贯中写的另一部小说中有二十一篇赞词，而《水浒传》中就引用了其中的十五篇。人们以此认为两书的作者应是同一个人。如果是施耐庵引用了罗贯中的，那就说明施耐庵的脸皮太厚了，盗用了学生的文章。除了施耐庵和罗贯中的争议之外，还有人认为这本书根本不是元末明初的作品，而是明代中叶成书，是明代的官员郭勋组织门人编写的。他们坚持的理由是书中的许多地名是明代才有的，元末的人根本不可能知道或写出来，这说明作者只能是明代改地名之后的某个文人，既不可能是施耐庵，也不可能是罗贯中，因为他们都是生活在明初的。至于使用"施耐庵"这个名字，则只是后人的杜撰，不可能是真名，而罗贯中也是无辜被硬拉进来的。以明朝特务机构网罗之严密，像《水浒传》这样倡导人们起而反抗的书，作者大概也不敢署上真名吧？但是这种说法缺乏材料的佐证，学术界仍有很大的争论。至于《水浒传》的真正作者到底是谁，这至今仍然是一个谜，在图书出版时遇到的作者署名这个问题也只好沿用人们所熟知的名字，总不能像有的古书那样，把作者的名字一栏给空置起来吧？

张居正为什么死后被抄家

张居正是明朝万历年间的政治改革家。他本人有卓越的政治行政能力,背后又有太后和皇帝的支持,于是针对明朝日愈衰弱的局势,对国家的军事、政治、经济等各个方面都进行了大刀阔斧的改革。在政治上他采用逐层考绩法,层层审核官吏的政绩,再予以合理的提升和处罚,而不是像以前一样,官员只要在任上做足几年,就能自动升级。在经济上,他实行了著名的"一条鞭法",把农民的各种赋役全部折合成银两,并入田赋之中,每年在固定的时间内交纳。这样就减少了农民被贪官污吏压榨的机会,在一定程度上减轻了农民的负担。在军事上,他把抗倭名将戚继光调到北边训练士兵,修建城堡,巩固边防。在他当政的十年间,明朝的国势开始有了上升的趋势,金银稻米满仓,军队的实力也大大增强。不过,这一切的主导者张居正自身,在他生前死后却经历了戏剧性的命运转变。

张居正雕像

万历十年,张居正因为多年勤政,积劳成疾而病逝。他死后,万历皇帝朱翊钧下诏罢朝数日致哀,赠其"上柱国"荣衔,赐谥"文忠公",赐银千两,并命专人护定归葬江陵,简直是恩崇备至。然而,不久之后,朱翊钧却翻脸不认人,对张居正家大肆查抄,希图挖出巨金,并引出了一串冤案。这是怎么回事呢?

万历皇帝登基时还只是个十岁的孩子。张居正是进士出身,学问很好,就被太后委任为小皇帝的老师。他对待自己的皇帝学生要求十分严格,日常起居,一举一动都要受到老师的监视督导。张居正时时刻刻都用圣贤的要求去规范自己学生的行为,一言一行都要有帝王的风范。在这种严格的教导之下,万历皇帝对这位老师从心里即尊敬又畏惧,朝政大事全部交给张居正,自己则专心于读书学习。这样一般师生君臣之间的亲密关系本来可以传为美谈,但是事情总不能尽如人意。张居正实在对皇帝太严厉了。万历皇帝从小学习书法,而且字写得极好。常常写一些字幅送给身边的亲信大臣,张居正也是经常得到皇帝赐字的人。小皇帝把书法当作爱好,非常引以为自豪,但是没过两年,张居正就以书法只是末技为理由,劝皇帝不要过于沉醉其中,还强硬地撤去了皇帝每天必上的书法课。从这样的一件小事中,张居正的强硬、说一不二的作风已经伤了小皇帝的心。后来又有一次,小皇帝和身边的两个太监一起深夜醉酒,在宫中胡闹,结果第二日受到皇太后的严厉斥责,还由张居正做主,把皇帝身边陪他玩耍的太监全部调走了,他还逼着皇帝向全国百姓发布了一篇"罪己诏",措辞十分严厉,让小皇帝觉得实在受不了。就在这样的一次次打击中,万历皇帝对张居正的感情慢慢从敬畏转变为怨恨。

万历十年,一直左右着朝政的张居正死了,已经二十岁的万历皇帝信心十足,开始亲政了。但是不久万历皇帝就发现,张居正虽然已经死了,但是他的阴影却仍影响着朝廷。万历皇帝仍旧不能按照自己的意志处理朝政,朝中到处是张居正一手栽培的官员。而且他逐渐发现,以前一直被他视为圣贤,也要求皇帝成为圣贤的张居正并不像他外表看起来那样神圣。张居正仪表非凡,为人极好修饰,一切享受都要最好的,而且张居正自己也喜好女色,也钟情于他口上一直批判着的房中秘术。张居正也有受贿的经历。这一切都让他头上神圣的光圈脱落了。皇帝开始觉得张居正对人对己是完全不同的两种标准,他要求别人节俭,自己却极尽奢侈;他要求别人不近女色,自己却贪图美色,凡此等等。而且,现在皇帝想亲政,他就必须要扫除张居正在朝中的影子,消灭他遗留下的影响力。

于是,他首先向张居正的坚定支持者、帮助他与后宫沟通的总管太监冯保开了刀。当初,李太后对朱翊钧读书修行约束极严,处处监管,动辄罚跪、责打。其时,冯保作为太后的耳目,常常向太后打小报告汇报朱翊钧的毛病,太后则是每告必罚。为此,朱翊钧非常害怕冯保,有时还得讨好冯保,但他内心深处却埋下了对冯保仇恨的种子。如今他大权在握,立即抓住冯保的一些劣迹,将其贬到南京,并听信太监张诚的密告,从冯保家中搜出金银一百余万,珠宝无数。

尝到了整人、查抄甜头的朱翊钧又把矛头指向了死后的张居正。他想来个"一箭双雕",一方面能借此树立自己的权威,总揽朝纲;另一方面,还想从张居正家中在敛聚一大笔钱财。万历十一年三月,朱翊钧借有人攻击张居正为官时专横跋扈,以权谋私之际,下令追夺张居正"上柱国""太师"荣衔,又下令追夺他"文忠公"的谥号,并罢免了一批当年与张居正关系密切的朝臣。张居正的儿子也被贬为庶人。之后,他派人南下抄张居正家,害得张家子孙十几人被关在屋子里活活饿死。结果,仅查出黄金万两,白银十几万两。被派去办理这件事的太监觉得这个结果不好向皇上交代,遂把张居正的长子、礼部主事张敬修抓来严加拷问。酷刑之下,张敬修乱咬一通,说还有三十万两银子藏在曾省吾等三人家里,结果这三家也成了这次抄家的牺牲品,都被查抄。张居正的一个儿子被逼自尽,另一个儿子两次自杀未遂,惨状令朝野惊悸。

万历十二年八月,朱翊钧下诏书宣布张居正的所谓罪状,并把其弟、子、孙统统发配边地。至此,一场抄家闹剧才算收场。朱翊钧终于拂出了张居正在他心理上投下的阴影。只是张居正改革的一番心血也随着付之东流了。

张献忠藏宝今在哪里

张献忠是明末农民战争中与闯王李自成并称双雄的著名农民领袖,崇祯十七年,他在成都登基称帝,建立大西政权,年号大顺,成了明末割据一方的霸主。据说在清军南下进攻四川时,他主动弃守成都,率军迎战清军。在进军之前,他把皇宫中积存的大量金银财宝统统运到锦江埋藏,为后人留下了一个难解之谜。数百年来,不断有人到锦江河道掘宝,却从未有人成功,张献忠的藏宝真的存在吗?这些宝藏在哪里?

张献忠,字秉吾,号敬轩,是起义军里著名的"八大王",他在明末农民起义的风浪中迅速崛起,很快发展成义军的主力之一。崇祯八年,他和老"闯王"连手夹攻明朝王室的龙兴之地,明太祖朱元璋的老家凤阳,义军一

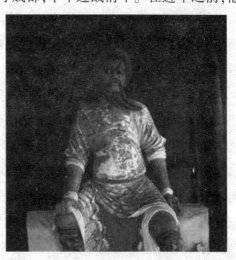

张献忠

举得手，掘了朱家的祖坟，使朝野大为震惊，崇祯皇帝终于觉悟到起义军已发展壮大成明王朝的致命敌人了，后来张献忠使用缓兵之计，暂时接受了明王朝的招抚，在短时间的部队休整之后，他又重新举起义旗，势如破竹的攻占了四川，迫使曾经极力主张招抚张献忠的明军主帅杨嗣昌负罪自杀。崇祯十六年。他攻占武昌，开始自称大西王。第二年他就在成都称了帝，建立了大西国，这几年的战斗时光可以说是张献忠一生中最辉煌的时刻，到他登基称帝则达到了顶峰。这之后，张献忠的军队迅速走上衰亡之路，主将们只顾纵情享乐，士兵们也士气低落，无心应战，纪律散乱，而且张献忠在当皇帝的短暂时间中，性情变得更加暴躁多疑，制造了极为残忍的"屠蜀"事件，在自己的统治区域里引起了人心的不安定。等到清军南下进攻四川时，张献忠的大西政权实际上已经处于风雨飘摇的崩溃边缘了。再加上之前与李自成的义军也发生了正面冲突，张献忠心里也清楚地知道，成都是无论如何也守不住的。所以他决定放弃成都，带领几十万大军出蜀进行游击战争。可是没多长时间，享受惯了的张献忠轻敌大意地带着几个人出营侦察，被清军的侦察兵发现，一箭射下马来被俘，很快就被处死了。

传说在张献忠死前，曾经把一千船的金银财宝埋在锦江江底。这条锦江又称流江或汶江，是岷江的支流之一，水势比较平缓，如果不是在洪峰季节，确实有可能实行截江断流，在河床挖洞藏宝的。清初的许多史料中都记载了张献忠断江藏宝的事情，就连清朝的正史《明史·张献忠传》中也同样记载了张献忠断江藏宝的事，可见藏宝一事并非空穴来风。有的书中甚至提到张献忠藏宝之后，屠杀民夫以防泄密的情节，使故事显得更加真实可信，而且张献忠在离开成都前做出一些奇怪的举动，他把一些无关紧要的官妃、侍女、太监和杂役全部杀死，名义上说是为了避免他们被清军抓住后受辱，但却让人不得不更加怀疑他这样做的理由是杀人灭口，以防宝藏之事泄露。

这批巨大宝藏数百年来一直吸引着无数贪婪的目光，不知有多少人花费了大量金钱和精力去寻找它，就连统治着中国的清政府也曾经两次派人去挖掘这笔宝藏。第一次是道光年间派出官员沿江考察，希望找到藏宝的准确地点，可是最后却无功而返。到了太平天国时期，清政府为了弥补急剧增长的军费开支，义再次旧事重提，希望找到宝藏以解燃眉之急。不知道是什么原因，受命办理这件事情的官员却好像没有一点动静，事情后来也就不了了之了。后来在民国年间这笔宝藏又引起了一场新的闹剧。当时民国四川政府的几个官员成立了一个"锦江淘金公司",凭着一张突然出现的"藏宝图"在锦江江底热火朝天地挖了起来,可是最后却依然毫无收获。

数百年来的不断搜寻却毫无结果,这不禁又让人对张献忠藏宝的真实性产生了疑问,回过头来看看历史,又觉得这件事确实也充满了疑点。张自忠撤离成都是被情势所逼不得已的,并不是有计划、有准备的行动,而断江埋宝需要长时间的周密准备,工程庞大、耗时也很长,不是突然之间下了决定,一朝一夕之间就可以完成的。而且,以其"千船"的藏宝规模,是不可能神不知鬼不觉的完成的。如果确有其事,知情者一定不在少数,张献忠尽管已经先杀了一批人,但也不可能如愿地堵住所有人的口。清军攻占成都后,也俘虏了大批的大西政权遗民,他们却对这件事毫无所闻,这难道不是很奇怪的事吗?

近年来,又有人对张献忠藏宝之谜提出了新的看法。一些学者通过实地考证研究认为,数百年来人们不断挖掘却毫无所获的原因,在于挖错了地方。人们知道宝藏是埋在锦江底,可是锦江那么长,宝藏究竟被埋在哪一段了呢?专家们通过分析认为,张献忠藏宝的准确地点是在彭山县的江口镇,离原来人们挖掘深锁的地点还有七十多公里的路程。这也难怪那些人费尽力气也找不到宝藏了。据说近几年四川省的地质部门已经派专家勘测过锦江河道,水底存在着异常反应,如此看来,张献忠的宝藏恐怕是确实存在的。既然专家们已经发现了藏宝的准确地址,那这批宝藏重见天日的日子肯定不会很远了。

沈万三真的有聚宝盆吗

沈万三是明初的天下第一大富人,家资雄厚,富甲天下。他本来是一个普普通通的农民,可是似乎在很短的时间里突然发家致富,传说就是因为他在无意之间获得了一件奇珍异宝——聚宝盆。这个传说是真的吗?沈万三真的是因为获得了聚宝盆而成为天下首富的吗?

传说中沈万三得到聚宝盆是来源于一次放青蛙的善举。据说有一日,他从一个打鱼的渔夫手中买下了他刚刚打来的一百多只青蛙,一股脑地把它们都放回了水里放生。这些青蛙似乎知恩图报,说什么也不肯直接回到水里。都聚在岸边,一只只持续不断地往一只破瓦盆中跳。沈万三看到这种情景觉得很奇怪，就把瓦盆翻转，把青蛙从里面倒出来。可是他刚把瓦盆放下，青蛙就又都跳进瓦盆里。沈万三看得莫名其妙，但是直觉告诉他这只瓦盆一定有一些古怪的地方，就把瓦盆带回了家。回到家中，他和妻子研究了半天，也搞不清楚这个破破烂烂的瓦盆到底有什么用处，最后只好扔在一边不再理会了。可是后来一个偶然的机会，他的妻子不小心把一只银戒指掉在了瓦盆里，就见瓦盆中忽然之间装满了一模一样的戒指。沈妻一看大吃一惊，连忙告诉自己的丈夫。沈万三也觉得这件事实在不可思议，他将信将疑地把一小块金子投进盆去，就见盆中立刻充满了金块。后来，沈万三就用这个聚宝盆生出了无数的财富，成了当时的天下首富。

这个传说的确非常诱人，很符合中国人传统观念中积德行善的福报观念，而且这个传说还有后续故事，据说后来明太祖朱元璋听说了沈万三家中藏有聚宝盆的事，十分眼红，就下令让他沈万三进献这只宝盆，可谁知这见金生金，见银生银的宝盆进了宫中什么作用也没有，朱元璋没办法，让人把这个破瓦盆又送回给沈万三。沈万三清楚地知道，宝盆不起作用已经惹怒了皇帝，如果自己继续把它留在家中恐怕会招来祸患，于是只好上奏皇帝，请求将聚宝盆埋在南京新建的一个城门下面，说是用来增长南京城的帝王之气，后来这个城门就被人称为聚宝门。可是就是这样，朱元璋还是不高兴，觉得沈万三用一个破瓦盆愚弄了他。后来，他终于找了个理由治了沈万三的罪，把沈万三发配到当时的蛮荒之地云南去了，抄了沈万三的家，也不算是空忙一场了。

故事发展到这里虽然已经完整无缺了。可是，稍有一点科学知识的人都知道，这个青蛙报恩，瓦盆变宝盆的传说肯定不会是真实的。在这个传说中，唯一真实的是沈万三确实是元末明初的天下首富。据现存的各种史料记载，这一点毋庸置疑。那么，下一个疑问跟着产生了：既然用聚宝盆发家致富是不可能的，沈万三又是用什么方法在不长的时间里攀登上财富的顶峰呢？

有人说，沈万三年轻的时候曾有奇遇，得到当时的道教奇人张三丰的青睐。张三丰和他很投缘，就教给他一些简单的法术，通过特殊的方法炼出金子来，沈万三因为受了张三丰的指点，从此有了点石成金的能力，一举成为天下第一大富翁。

有人说，沈万三曾经给江南一位姓陆的富翁管理事务，后来这位富翁临死前就把这些财产全送给了沈万三和另一个为他管理事务的人，沈万三就以这些分得的财产做本钱,靠着自己精明的商业头脑,终于创造了那个时代的财富神话。

还有一种说法,也是听起来最为可信的,认为沈万三是以与外国进行通商贸易而致富的。不止一种材料记录了沈万三"通蕃"的事情,根据这种说法,沈万三家本来并不富裕,他的父亲带着家人是为了逃荒而来到后来的定居地苏州的。当时这里荒地很多,他们一家就住下来开垦荒田,过了十多年,通过一家人的辛苦努力,沈家终于成了当地的一个小地主。沈万三的父亲死了以后,儿子们就分了家,各自去发展了。沈家的孩子虽然没念过什么书,从小就是跟着父亲种地,但是一个个都有经济头脑,后来都成了居住的地方的首富。兄弟中又以沈万三最为精明,他看准了当时海外贸易的广阔市场,就常携带一些江浙盛产的丝绸、瓷器、茶叶等货物到外洋去交易,后来他渐渐就以此致富,手中有了银子后,沈万三又把目光投向了陆上贸易,他借钱给许多人,收取高额的利息,他还逐渐在全国各地建立起自己的商业体系,各种生意无所不做。沈万三投资的眼光极为精准,无论投资什么好像都一本万利。只赚不赔,如有神助。这样,经过近二十年的财富积累,到朱元璋建立明王朝的时候,沈万三已经从一个不名一文的农民变成了天下首富。

可是过多的财富并没有给他更大的快乐,相反的倒成为招来灾难的祸柄。无论朱元璋是因为什么让他家破人亡,大概总不会与他的巨额财富无关吧?这真是应了那一句"人为财死,鸟为食亡"的俗语了。

李贽为什么晚年自杀

李贽,是明末社会的一大文化奇人。他的一生极富传奇色彩,被认为是这个时代中最杰出的反对传统封建思想的斗士。

李贽于 1527 年生于福建泉州,字卓吾。他的家族原姓林,后来改姓李。六世祖林驽是泉州的巨商,以贸易往来于波斯湾,娶"色目女"。在其后相当长的时间内,他的祖先仍然和伊斯兰教的信仰者往来密切,一直到曾祖父一代,他家庭中的国际色彩才消失,李贽本人从小就在中国传统文化的影响下长大成人。这时他的家道已经中落,他七岁丧母,跟着父亲一起过着贫寒的日子。1552年,他考中举人。中举后因为经济困难,不能再耐心去走漫长的科举及第的道路,即按照循例在政府中任职。但是在很长时间里他都只能做一个中下层的小吏。后来他总算得到了一个国子监教官的职位。在他得到这个职位之前的候补期间里,李贽以教书糊口。他生有4个儿子3个女儿,但除了大女儿以外,其他都不幸夭殇。据李贽自己说,有一次他7天没有吃到多少东西,最后甚至饥不择食,不能分辨"稻粱"和"黍稷"的差别。1563年,他的祖父去世。他没有足够的钱为祖父置办丧事,后来还是上司和朋友送给了他一笔钱作为葬礼的费用。

李贽

他用其中一半的钱在他做过教官的河南购置了一处地产,作为妻子女儿的衣食之资,让她们留在河南,余下的一半则由他自己携回福建。他所需要安葬的不仅是新去世的祖父,而且还有祖先三代的灵柩五口。他的妻子想和他一起返回泉州的家乡,但是李贽手中的钱实在太少了,不可能在丧葬之外再携家往返,所以只能忍心拒绝了她一起返回泉州的请求。他们一别三年,等到再见面的时候,妻子才伤心地告诉他两个女儿因为已经长期饥饿而死。

这样又熬过了几年艰苦的日子,李贽终于被任为云南姚安知府这样一个正式的官职。在就任知府以前,他的官俸极为微薄,甚至不足以糊口。只有在知府任上,才有了各项"常例"和其他收入,逐渐有了积蓄。可是不到两年,因为受不了上司的敲诈勒索和官场上的繁文缛节,李贽不顾妻子的反对,毅然辞去了官职,全家迁到黄安的好友耿定理家中去做家庭教师。后来和他交情深厚的耿定理去世了,李贽和这个地主家庭的大当家闹翻了,于是又迁到湖北的麻城,在朋友的资助下,建了一座名为"芝佛院"的寺庙,就此出家当了和尚。不过,李贽虽然身入空门,却没有受戒,也不参加僧众的诵经祈祷。他喜爱清洁成为癖好,衣服一尘不染,经常扫地,以至"数人缚帚不给"。在很多方面,李贽保持着官僚学者的生活方式。例如,即使是短距离的外出,他仍然乘轿;对于书本不愿亲自阅读,而是让助手朗诵以省目力。芝佛院创建和维持的经费,也都是来自他一人向外界的捐募。他常常写信给朋友,要求得到"半俸"的援助,或者以"三品之禄,助我一年"。有的朋友,周济他的生活前后达20年。他过去没有经历过富裕的生活,但在创建佛院之后,由于他享有思想家的盛誉,受到不少文人学者的崇拜和资助,却反而没有再出现过穷困的迹象。他在这里一住就是许多年,写出了《藏书》《续藏书》《焚书》《续焚书》等有名的著作。

不过,麻城的绅士地主们却并不欢迎李贽的到来,他们觉得李贽行迹放荡,教坏了年轻人。1601年初春,芝佛院被一场人为的火灾烧得四大皆空,纵火者就是当地官吏和缙绅所指使的无赖。因为李贽结交的友人多是当时社会的上层人物,这些人不敢明目张胆地对他怎么样,就只好使出这种卑鄙的手段来,想赶走李贽。

他的一位任御史的朋友知道了这个消息,马上赶来邀请他到北京城外的通州去居住。但是通州是天子脚下,怎么能容许李贽这样一个"离经叛道"的人存在?礼科给事中张问达向皇帝递上了一本奏疏,参劾李贽邪说惑众,罪大恶极。在他给李贽罗织的罪名中最为耸人听闻的一段话是:"尤可恨者,寄居麻城,肆行不简,与无良辈游庵院。挟妓女白昼同浴,勾引士人妻女入庵讲法,至有携衾枕而宿庵观者,一境如狂。又作《观音问》一书,所谓观音者,皆士人妻女也"。接着,张问达提醒万历皇帝,这种使人放荡的邪说必将带来严重的后果:"后生小子喜其猖狂放肆,相率煽惑,至于明劫人财,强搂人妇,同于禽兽而不足恤。"此外,由于李贽妄言欺世,以致佛教流传,儒学被排挤,其情已极为可怕:"迩来缙绅大夫,亦有噤咒念佛,奉僧膜拜,手持数珠,以为律戒,室悬妙像,以为皈依,不知遵孔子家法而溺意于禅教沙门者,往往出矣。"而最为现实的危险,还是在于李贽已经"移至通州。通州距都下仅四十里,倘一入都门,招致蛊惑,又为麻城之续"。简直把李贽看得比洪水猛兽还要可怕。皇帝看罢奏疏之后批示:李贽应由锦衣卫捉拿治罪,他的著作应一律销毁。李贽由此成为中国历史上很少见的以思想获罪的文人之一。

从各种有关的文字记载来看,李贽在监狱里没有受到折磨,照样能读书写字。一天,李贽要侍者为他剃头。乘侍者离开的间隙,他用剃刀自刎,但是一时并没有断气。侍者看到他鲜血淋漓,还和李贽做了一次简单的对话。当时李贽已不能出声,他用手指在侍者掌心中写字做了回答:

问:"和尚痛否?"

答:"不痛。"

问:"和尚何自割?"

答:"七十老翁何所求!"

据说,李贽在死前饱受痛苦,在自刎两天以后,才最终脱离苦海,魂归极乐天去了。然而东厂锦衣卫写给皇帝的报告,则称李贽"不食而死"。

李贽为什么在如此高龄自杀?其实他在狱中和在外面的世界中过得似乎并没有什么不同,也没有受刑,为什么在看破红尘这么多年之后,又走上了这样一条不归之路?有人说,他的死并不是因为被关进大牢,而是因为长期以来思想上的苦闷和孤独无以排解,才最终选择了这条路。在之前他写给侍郎周思敬的信里,他悲观地说道:"今年不死,明年不死,年年等死,等不出死,反等出祸。然而祸来又不即来,等死又不即死,真令人叹尘世苦海之难逃也。可如何!"这可能就是他真实心情的写照,那么他选择这样一种方式结束自己的生命,也就不是一件奇怪的事了。

帝王之死

无疾骤崩,明仁宗猝死留疑团

仁宗朱高炽是一个仁爱宽厚之君,他在位仅十个月,虽然时间很短,但史书对他评价很高。公元1424年(永乐二十二)年八月十五日,朱高炽登基做了皇帝,当时正值壮年,但未足一年,却"无疾骤崩"。仁宗去世前三天还"日理万机",这么一个好皇帝,这么一个壮年天子,怎么突然之间就死了呢?这给后世留下了永远无法破解的种种疑团。

1.登上王位的艰辛历程

公元1404年(永乐二年),几经周折,朱棣册封朱高炽为太子,出征之时令其监国。在以后的20年间,朱高炽与朱棣在权力的分享上本来就产生诸多矛盾,再加上朱高炽的两个弟弟暗中争夺储位,不断伺隙谗害,所以朱高炽的皇储位子坐得并不很舒服。

朱棣在位 22 年,朱高炽刚为太子时只有 27 岁,一直等了 20 年。到公元 1424 年(永乐二十二年)7 月,朱棣病死,朱高炽即位时已经 47 岁。明朝诸皇帝中,多是青壮年即君临天下,个别者甚至是幼年即位,这是明朝皇位传承的一个鲜明特点。朱高炽这种 47 岁才登上皇位的情况,在明代是十分罕见的。

朱棣有三个儿子:长子朱高炽,次子朱高煦,三子朱高燧。朱棣是一位雄才伟略的皇帝,而朱高炽身体肥胖,他不善弓马,没有上过战场,有足疾,走路困难要人搀扶,特别

明仁宗洪熙帝

是上了年纪之后有些行走不便。朱高煦则能征惯战,在靖难之役中数次救朱棣于危险之中,颇为成祖所倚重,事实上成为皇位的有力争夺者。

朱高炽从小性格宽厚仁慈,柔弱寡断,自幼就体弱多病,与父亲刚毅果敢的性格截然相反,因此朱棣不是很喜欢他。在立皇太子的问题上,朱棣始终犹豫不决。永乐二年虽然立为皇太子,但朱棣一直有废储之心。两个弟弟又勇武过人,能征善战,况且这两个弟弟居心叵测,自恃功高,又得父亲的信任,对皇位觊觎已久,虎视眈眈。常在父亲面前拨弄是非,说长道短,这对朱高炽非常不利,皇太子的地位岌岌可危。

朱棣南京登基之后,没有马上册封世子朱高炽为皇太子,因此不免引起更立太子的猜测。按照常理,朱高炽早在洪武年间就已经为世子,如今册立为皇太子乃顺理成章之事。可是,朱棣认为朱高炽儒雅有余而英武不足,朱高煦随自己南征北战,屡立奇功,勇武之气与自己相仿,所以朱棣在两子之间动摇不定,确定不了立谁为太子。早在靖难之时,朱棣就曾流露过改立朱高煦为太子的言语,但世子朱高炽没有什么过错,找不到合适的废掉借口。另外,废长立幼也不符合太祖定下的嫡长子继承制度,而成祖即位前后处处以恢复太祖祖制相号召,如今改立太子,等于在天下人面前自己打自己嘴巴,这也是他难以下定决心更立太子的重要因素。

成祖的做法引起了朝臣的担心。淇国公丘福和驸马王宁等人以为朱棣不

立太子的做法是在暗示更立人选,所以多次建议成祖立朱高煦为太子。这是因为,他们多是靖难功臣,与朱高煦共同征战多年,相互熟悉。文臣则大多支持朱高炽,希望储位早定,这有助于国家的安定。公元1403年(永乐元年)正月,群臣上表请求册立太子。朱棣借口朱高炽正是求学上进的阶段,以后再议,暂时搁下。三月,群臣再次上表,请立朱高炽,成祖仍然没有答应。四月,周王亲自上书,请求册立朱高炽为皇太子。周王是朱棣的同母弟,关系最为密切。然而,成祖依旧没有答应。由此可见,朱棣当时的确非常犹豫,还没有决定册立人选。

据说后来朱棣下定决心,与解缙有很大的关系。青年解缙才华横溢。曾上万言书,对洪武年间的政治局势有着深刻的见解,受到太祖赞赏。太祖死后,解缙也就做了建文朝的翰林待诏。成祖即位,解缙与杨士奇、杨荣等7人组成内阁,成为成祖的核心顾问。成祖曾经私下里征求解缙皇太子的人选。解缙是支持朱高炽的,他说:"皇长子仁孝。天下归心。"朱棣闻言,没有说话,也没有什么表情。解缙接着说道:"好圣孙。"这里的"好圣孙"指的是成祖之孙、朱高炽长子朱瞻基。原来朱瞻基自幼聪颖机敏,为成祖所钟爱,后来成祖亲征蒙古时,特意带上他,有历练之意,为日后为君积累经验。朱棣听此言后,连连点头。有一天,朱棣命人把一轴《虎彪图》的画送到内阁,让解缙题诗。他看到图上画着一只大虎,正在亲昵地凝视着身边的幼虎。解缙立即抓住题画劝谏的机会,展平画卷,挥笔题诗一首:"虎为百兽尊,谁敢触其怒?唯有父子情,一步一回顾。"朱棣看了诗句深为感动,心肠不禁软了下来,从此父子关系逐渐亲近起来因此主意才最。公元1404年(永乐二年)4月,朱棣正式册立朱高炽为皇太子,同时册封朱高煦为汉王,朱高燧为赵王。

朱高炽虽然已经被立为太子,但是争夺储位的斗争并没有因此而结束。汉王朱高煦和赵王朱高燧时刻窥视着皇储的宝座,暗中监视朱高炽,合谋夺取皇太子位。他们对太子身边的近臣极力诬陷迫害。工部左侍郎陈寿,向监国的朱高炽提出过一些很有见地的意见,朱高炽很欣赏他,曾经看着他走出的背影,回过头来对左右说:"侍郎中第一人也。"永乐九年(公元1411年),汉王朱高煦向成祖进谗言,陈寿被捕入狱。他的家境实在是太贫寒了,连吃饭都成问题,但他坚决拒绝一些官员的馈赠,最后竟然死在狱中,直到仁宗登基后才给他平反。

朱高炽与他的父亲朱棣的多年父子嫌猜以及两个兄弟有夺嫡之心,使他从当太子到登上王位的路程极为漫长和曲折、艰辛。朱高炽不得不时时小心,事事留意。做太子的 20 年间处境艰难万状。成祖不在南京之时，由太子朱高炽监国。实际上太子并没有什么权力，大小政事仍由朱棣亲自决定，他只是处理些常事，如祭祀活动等。

永乐三年，朱棣还对太子的权力进一步限制，明确申谕太子不能治臣下罪，不得授官。而且，朱棣还特别强调，自己不在京师之时，大小官员不许私自觐见太子，违者严惩不贷。这是因为朱棣担心太子监国会损害自己手中的皇权。在册立皇太子时，朱棣命丘福为太子太师。丘福与朱高煦的关系非同一般，多次请立朱高煦为太子。朱棣让他为太子太师似乎有监视朱高炽的意思。公元1414 年（永乐十二年），朱棣北征回师，太子朱高炽遣使迎驾稍迟，朱高煦乘机进谗言。朱棣下令将东宫官属全部下狱，只有兵部尚书兼詹事府詹事金忠因在"靖难之役"中功勋卓著被赦免，密令他监察太子。金忠没有按照朱棣的想法去做，而是极力为太子美言，朱棣大怒。金忠摘掉乌纱，顿首流涕，以自己身家性命担保，劝阻成祖不要废太子。朱棣最终没有废立太子，但是东宫官属黄淮等人入狱达 10 年之久，直到朱高炽做了皇帝才重见天日。

公元 1417 年（永乐十五年）太子监国南京，当时有个陈姓千户，因害民取财被朱高炽谪贬往交趾。然而朱高炽后来又念其曾在靖难中立有军功。因此宽大处理。此事被追随朱高燧的太监和臣僚们得知，便大肆造谣陷害太子。一时谣言纷起，并秘密奏报朱棣，说太子与陈千户有私情，不请示父皇，私自将皇帝贬谪的罪人释放。朱棣闻知后，又是大怒，下令将陈千户处以极刑，并将辅佐皇太子的朝臣以及与太子关系密切的侍读等人，以不劝阻太子的行为之罪，下狱处死。

显然。朱棣是在杀鸡给猴看。为了彻底查明情况，朱棣密令礼部侍郎胡淡前往南京调查，特别交代他要认真察访，秘密奏报，奏书的字体要写得大些，为了夜间接到奏报，可以及时阅览，可见朱棣对皇太子的言行，给予了极为特殊的关注。经胡淡明察暗访后，亲眼目睹了朱高炽在处理政务时的一言一行，均井井有条。他便密奏朱棣："太子诚敬孝谨。"朱棣阅后，从此不再怀疑朱高炽有异心。到了公元 1422 年（永乐二十年），朱棣虽然没有了更立太子的想法，但是对太子仍有防范之心。这年九月，礼部尚书吕震的女婿张鹤朝参失仪，太子没有怪罪他。后来成祖知道了这件事情，将礼部尚书吕震和吏部尚书蹇义以在侧不言的罪名问罪，逮捕下狱。

公元 1424 年(永乐二十二年)七月十八日,朱棣在第五次亲征蒙古的归途中,病逝于榆木川。大军在外,皇位未定,如果稍有不慎,消息外泄,内忧外患随时可能发生。随军的大臣处变不乱,将军中的锡器收集起来,铸成一个锡棺,将朱棣的遗体装殓在锡棺里,放在龙辇中。十日,朱棣的遗体被迎入北京城,停放到皇宫中的仁智殿内,全国开始隆重的祭奠仪式。

八月十五日,太子朱高炽奉遗诏,在朝臣的簇拥下登基,改明年为洪熙元年。朱棣的逝世使朱高炽终于坐上了盼了 20 年的皇位,然而,他在位仅一年,便匆匆撒手西归了。

2.仁慈宽厚的胸怀

朱高炽的祖父朱元璋和父亲朱棣虽然功绩显赫,但都是性情暴戾的暴君,往往乾纲独断,十分武断和粗暴,常因为小事就将大臣逮捕下狱,甚至动辄杀戮,滥杀无辜,制造了好几起血腥大案。但他们的接班人朱高炽的性情却截然相反,他的性情温和、仁厚。

朱高炽从小未长在深宫,接近百姓的机会较多,了解他们的疾苦,且性格宽厚仁慈,柔弱寡断。史书记载:朱高炽册立为燕王世子后,来到南京祖父朱元璋的身边。一次,朱元璋命他与秦王、晋王、周王三个世子分别检阅武士卫卒。其他三人很快检阅完毕回来交令,而迟迟不见朱高炽归来,待他回来后,朱元璋冷冷地问他:"为何迟迟不归?"高炽认真地回答:"早晨天气寒冷,我等着士卒们吃饱饭后,才开始行动,所以回来晚了。"祖父微笑着点头称道。

后来朱元璋又命几位世子分阅大臣的奏章,高炽向祖父禀报的都是与军民百姓利益相关的大事。而奏章中的错别字从不挑剔。朱元璋指着奏章对他说:"孩子,你疏忽了,这几处错误你没有看出来。"他却直言不讳地回答:"孙儿没有疏忽,这不过是小毛病,不是对皇祖的不恭敬。"祖父又问他:"怎么你选的尽是些上报灾情的奏文?"他回答:"孙儿觉得民以食为天,现下有的地方灾情严重,民不聊生,这是最紧急的事,才请皇祖优先处理。"

朱元璋有一次试探他:"古代尧、舜时候,水旱灾严重,百姓靠什么生活呢?"高炽毫不犹豫地说:"靠的是圣明天子恤民之政。"朱元璋听后非常高兴地说:"孙儿有仁君之识矣!"对高炽更加另眼看待,在朱棣面前经常夸赞高炽的仁慈宽厚和爱民如子的胸怀。这对日后能够保住摇摇欲坠的皇太子之位,也起到了有利的作用。

当时朱高炽在朱元璋身边,以一个青年王子的身份,能够爱惜军卒、体恤百姓,是非常难能可贵的。

朱高炽仁慈宽厚的胸怀还表现在对他的两个弟弟上。他的两个弟弟高煦和高燧为了夺取王位千方百计陷害他,而朱高炽却能宽厚对待,以德报怨。

朱高煦和朱高燧当太子的梦想破灭,心中十分恼火,也不甘心就此罢休。朱高煦一方面迫害拥戴皇太子的大臣解缙等人,解缙不久就被害致死,另一方面,想方设法寻找机会,加害于朱高炽。朱棣把朱高煦封到云南,他以地远为由,不肯就藩,后改封山东青州,他仍赖着不走。朱棣训斥了他一顿,命他必须到封地去,他假意应允却仍不离京。趁朱棣北征之机,私造兵器,招募士卒3000多人,准备谋反。事情败露后,朱棣将他囚于南京的西华门内,打算废为庶人。当时竟没有一个大臣为他求情,反而是受尽了弟弟陷害的皇太子朱高炽出面讲情,朱高炽不但不落井下石,而是向父亲陈情力救,终于说服了父亲,保住了胞弟的王位。永乐五年,朱棣把朱高煦封往山东的乐安州,并限令即日启程。

皇太子朱高炽的地位,在朱棣心里虽然已巩固,但三子朱高燧仍不死心。朱棣因经常有病不能临朝,内外政事都交与皇太子朱高炽处理。他曾裁减了一些不法的太监。这使朱高燧及其同伙更加心怀不满,不但到处编造谣言,说皇上有意传位给朱高燧,且在暗地里策划了一起宫廷政变。永乐二十一年五月,常山中护卫指挥孟贤,纠合羽林前卫指挥彭旭等人,秘密串通朱高燧的心腹太监黄俨,图谋用毒药害死朱棣,并伪造诏书昭示天下,拥立朱高燧为帝。

一切都布置停妥,常山中护卫总旗王瑜,是黄俨的外甥,得知此事后,力劝舅父千万别参与这起诛灭九族的勾当,但黄俨不听劝阻。王瑜急速报知朱棣,参与的人全部处死,一场政变被彻底镇压下去,并搜出了伪造的诏书。朱棣怒气冲冲地质问朱高燧,朱高燧吓得浑身颤抖,一言不发。还是这位仁慈的兄长、皇太子朱高炽再次为三弟解脱,推说都是下面的人干的,与朱高燧无干,从而保住了赵王朱高燧的王位。

3.在位一载,善不胜书

仁宗即位后,选用一批品行端正、德高望重的大臣。他一改其祖父和父亲乾纲独断,武断和粗暴,任用贤臣,虚心纳谏,得到了众多朝臣的拥戴。即位之初,他为了鼓励群臣直言陈事,不要有任何顾虑,特意刻制有"绳愆纠谬"四个字的五枚银章。愆是过失,谬是错误,"绳愆纠谬"是纠正过错的意思。他把刻字银章分别赐给吏部尚书蹇义、户部尚书夏原吉和大学士杨士奇、杨荣、金幼孜五位大臣。

他们都是辅佐明成祖朱棣的元老,是办事秉公、直言进谏的老臣。仁宗再三叮嘱他们,要同心协力参政议事。凡察觉自己的言行有失当之处,可写好秘奏,加盖此章,就能立即传达给他,便于及时纠正错误。

夏原吉是仁宗重用的一位大臣。他尽职尽责,敢于直言,不怕犯上。公元1421年(永乐十九年)冬天,成祖准备征讨瓦剌,向他询问边镇粮草情况。夏原吉告知粮草只够边军,不足以供应大军,并借机劝谏成祖身体欠安,不宜出征。成祖大怒,将其下狱,籍没家产。当查抄他的家产时,除了皇帝的赐钞之外,别无余财,家徒四壁,只有些布衣瓦器。后来成祖在军中病逝前,想到了夏原吉,不禁慨叹:"原吉爱我!"朱高炽得知成祖的噩耗后,立即将他从监狱中释放出来,官复原职,共商丧礼之事。后来"罢西洋宝船,迤西市马及云南、交陆采办",都是"从夏原吉之奏也"。

杨士奇也受到仁宗的倚重,他任礼部侍郎兼华盖殿大学士。一次,蹇义、夏原吉在便殿奏过事情后还没有退下。仁宗看见杨士奇来了,对他们说刚任命的华盖殿大学士前来一定有事要奏,让他们一起听听。杨士奇进奏说仁宗下旨减岁供刚刚二日,惜薪司就征枣80万斤,因此请求减免。仁宗觉得有道理,马上下诏减其半。

仁宗在即位的第三个月,为了广开言路,使朝臣不要有后顾之忧,敢于大胆直言,进谏除弊革新之策,专门颁布诏书:

朕承大统,君临亿兆,亦惟赖文武贤臣共图大业。嗣位初首诏直言,而涉月累日,言者无几。夫京师首善地,民困于下而不得闻,弊胶于习而不知革。卿等宜尽言时政之得失,辅以至诚,勿虑后遭。

他这种求贤若渴的精神,使朝野上下吏治清明,百姓得以安居。

在他即位的第四个月,针对一些地方官吏,执行恤民政策不得力的情况,遂即派出御史十数人分巡各地,考察官吏的政绩。要求他们不可徇于私情,不要惧怕权贵淫威,要查明事实秉公处断。他们之中,如有违犯法纪之事,一律严惩不贷。仁宗把"为君以受直言为明,为臣以能直言为忠"当作座右铭,经常告诫群臣和官吏,使他们能够尽职尽忠。

有一个太监在四川采办木料时,贪赃枉法,侵扰百姓。仁宗得知后,特命弋谦为副都御史前往查办,并特意交代弋谦,不要心存任何顾虑,只管严处。后来仁宗不仅严惩了这个太监,而且停办了四川的采木之役。

仁宗非常重视农业生产,与民休息,多次下诏宽恤百姓,减轻百姓的困苦。仁宗之前,经历了元末战乱、靖难之役和成祖出兵安南、五入漠北,战事连连,加之修建北京,民力凋敝,百姓贫困。在他为太子的时候,就格外关心百姓的疾苦。大约在永乐十八年,高炽做太子时,朱棣召他前往北京。他由南京出发,没有游山玩水,而是关注百姓的生活。他沿途详细查访当地军民的实际情况,趁机沿途访问民情,察看政事。一天,来到山东邹县境内,看到男女老幼都在路旁挖野菜。高炽下马询问,百姓告诉他因遭荒年,只好以野菜充饥。他又到农民家里查看。只见个个面黄肌瘦、衣不遮体,颗粒粮食全无。他不禁心里难过,感慨万千,遂命太监分赐宝钞给每个人。这时山东布政使正好前来迎接,高炽一见面就责备他身为地方官员,见到人民挨饿受冻,竟不设法救济。布政使告诉太子,凡是受灾的地区,都已奏请减免了今年的秋税。高炽听后气愤地说:"人民都快饿死了,减税能救百姓于水火吗?赶快开仓放粮,一刻也不准耽误。"布政使准备每人发给三斗,高炽嫌太少,命令每人发六斗。还对他说:"不要怕皇上降罪。我回朝后会奏明一切。"

仁宗在位期间,更加体恤民间疾苦,凡是遇到自然灾害的地区,都下令减免赋税,发放官粮赈济灾民。洪熙元年四月的一天,仁宗正要出宫办事,走到故宫西角门时,听到奏报山东、徐州、淮安等地遭受灾害,人民忍饥挨饿,而地方官吏还强迫饥民交税。

仁宗立即命太监取来笔纸,命大学士杨士奇在门楼里代写诏书。免去山东、徐、淮地区的夏税和一半秋税。杨士奇对仁宗说:"这虽是皇上对百姓的恩赐,但也要通报户、工二部才是。"而仁宗却说:"救民之苦如同救火,不能迟延。如果通知二部,不知又要拖延多久。"杨士奇写好诏书后,仁宗亲自加盖玉玺。命人即刻送往灾区,并免除一切官买物料。仁宗在位的短暂期间里。先后对受灾的大名府和昌邑等地区的22个县,或开仓赈济,或减免赋税。

仁宗还十分重视节约,采取了减少开支的一系列措施。例如:为宫廷进行采购、烧铸、织造、供应等一切花费，一律停止，给人民减轻了很多负担。

对于遭受天灾的地方，仁宗要求当地官府马上上奏，赈济饥民。他告诫官吏，凡是地方受灾而不能马上请求赈济灾民的官员将严惩不贷。洪熙元年，隆乎饥荒，户部请旨要用官府的麦谷贷给灾民，仁宗却说："即赈之，何贷为？"开封黄河决口，淹了许多地方，仁宗下诏免除税粮，派遣右都御史王彰前去抚恤。

成祖朱棣与太祖晚年用法较重，大臣动辄下狱。仁宗受儒家学说影响较多，认为开明的君主要实行仁政，讲求法律的公正，避免滥用酷刑。洪熙元年三月，他下诏严禁官吏滥用刑法，处理案件要依据事实，依据法律，秉公办案。诏书中说，刑法的作用是要禁止残暴邪恶，引导人民向善，而不是专门用来杀人的，所以今后断案都要依律拟罪；办案部门不得鞭打囚犯，不得使用宫刑，有敢自宫的人以不孝论处；除非是谋反大罪，其他罪行一概不许株连亲属；对于民间议论，不许以诽谤罪加以压制；如果皇帝因为过于嫉恶而法外用刑，那么法司要上奏劝阻，五次上奏不准，须同三公、大臣联名上奏，必须等到皇帝答应停止为止。这是一道让臣下和老百姓欢欣鼓舞的诏书。

仁宗爱惜民力，对自己也要求严格。礼部奏请在冬至时接受大臣的朝贺，他没有同意。他时常以历史上的明君自励，以历史上的昏君自警，曾经谕蹇义、杨士奇、夏原吉、杨荣、金幼孜等人，说："前世人主，或自尊大，恶闻直言，臣下相与阿附，以至于败。朕与卿等当用为戒。"他体恤民情，担心自己的行为加重了百姓的负担。一次，太常寺上奏祭祀用的纯金色的羊越来越少，请求内库拨发钱钞到市场上购买。仁宗想起去年采购的官员用洪武朝的价格从市场上购买物品，使得百姓受到了损失，因此没有同意，并告诫以后必须按照市价从百姓手中购买物品。严禁低价收购，损害他们的利益。

后人对仁宗朱高炽的评价很高，认为他在位短短的一年间改变了朱棣的治国方策，结束了朱棣屡出六军、军民疲惫的状况，使明朝过渡到稳定发展的环境；同时在用人行政方面也有很多可以写入史书的地方。甚至许多人相信，如果他更长寿些，"德化之盛，岂不与文、景比隆哉"。虽然他治理国家的时间只有一年，但是他的儿子宣宗朱瞻基继承了他的传统，沿着他的道路继续前进，迎来大明盛世的"仁宣之治"局面。

4.疾骤崩之谜

仁宗去世前三天还"日理万机",他从不预想到"崩于钦安殿",前后仅两天时间。明人黄景防称仁宗"实无疾骤崩"(《国史唯疑》卷二)。壮年天子,登基未足一年,"无疾骤崩",其中必有缘由。但《明仁宗实录》《明史·仁宗纪》等,皆只字不载其死因。仁宗正当壮年,怎么会"无疾骤崩"?这不能不引起人们的猜测。

有人指出,仁宗可能死于嗜欲过度。当时有大臣李时勉在仁宗即位不久上一奏疏,说:"侧闻内宫远自建宁选取侍女,使百姓为之惊疑,众人为之惶惑。"因劝仁宗"谨嗜欲"。仁宗览奏后,怒不可遏,即令武士对李时勉动刑,使李险些丧命。仁宗直至垂危之际,仍难忘此恨,说:"时勉廷辱我。"由此可见,仁宗因为纵欲无度,李时勉奏疏触及其痛处,否则不会如此耿耿于怀。继仁宗即位的宣宗皇帝曾御审李时勉,史书记述了这有趣的一幕。

当时有人对朱瞻基(宣宗)说起李时勉得罪先帝的情况,朱瞻基不由大怒,命令使者:"缚以来,朕亲鞫,必杀之。"使者去后,他愈想愈气,又令王指挥前去将李时勉绑赴西市斩首,不必入。王指挥出端西旁门时,使者正巧带李时勉由端东门入,没有碰上宫。朱瞻基见到李时勉,骂道:"尔小臣敢触先帝!疏何语?趣言之。"李时勉叩头道:"臣言谅圈中不宜近妃嫔,皇太子不宜远左右。"听了这两件事,朱瞻基怒气稍解。李时勉说了几个事便说不下去了,让他接着说完,他回答说:"臣惶惧不能悉记。"这时,朱瞻基已怒气全消,"是第难言耳。草安在?"他甚至想再看一遍那份疏草。"焚之矣。"李时勉答道。朱瞻基不由叹息,在他的心目中,李时勉已经完全是一位忠臣了。等到王指挥去狱中提人不见,回来复命时,李时勉已冠带立于阶前。

也有人认为,导致仁宗猝死的原因是服用治"阴症"的金石之方,中毒而死。这在明人所著《病逸漫记》中有记述:"仁宗皇帝驾崩甚速,疑为雷震,又疑宫人欲毒张后,误中上。予尝遇雷太监,质之,云皆不然,盖阴证也。"当时治疗此等"阴症"恐无特效良药,使一些奸佞之徒有机可乘。《明史·罗汝敬传》中记:"宣宗初,(罗汝敬)上书大学士杨士奇说:'先皇帝(仁宗)嗣统未及期月,奄弃群臣,揆厥所由,皆险壬小夫献金石之方以致疾也。'"可见,仁宗是为了治疗阴症而服用金石之药,最后可能中毒身亡。由于病症比较特殊,正史中也就无法加以记载了。

但是也有一些学者认为，说仁宗贪恋女色，恐怕证据不足。有些史书上记载，仁宗每日勤于政事，建弘文馆，与儒臣谈论经史，终日不倦。后宫除与张皇后相敬如宾外，仅有谭妃一人。

还有一些学者经考察各种蛛丝马迹，指出仁宗很可能是被其长子朱瞻基，继仁宗登位的宣宗害死的。当然，仅仅是后人的猜测而已。不过仁宗刚刚做了九个多月的皇帝就"无疾骤崩"，实在令人怀疑。

对于仁宗死亡的原因，野史中也有记载：洪熙元年四月初七，是皇后张氏的生日。按照明朝定制，皇后寿诞之日，妃嫔、宫女、命妇等人，都要到皇后面前行礼祝贺。其中一位贵妃郭氏，是明初勋臣武定侯的孙女，入宫后很得仁宗的宠幸，曾先后生有皇子三人。郭贵妃也按照礼仪前来拜寿。可能后妃二人早有宿怨，当郭氏给皇后敬酒时，皇后执意不饮。此时仁宗只好从中斡旋，他从郭妃手中接过酒杯，对皇后说："贵妃敬酒，你还怀疑什么？"于是举杯一饮而尽，当时郭妃大惊失色。

时隔一个多月，仁宗身感不适，于五月十二日病逝，郭妃也自刭而亡。明人祝枝山著的《野记》一书中，也是这样记述的。

按《明宣宗实录》记载：仁宗死后，有五妃殉葬。其中贵妃郭氏曾生育三个皇子，依例不在殉葬范围，但在仁宗死后，也被列为从葬亡妃。不知是《野记》所载毒死仁宗一事确有其事，还是在官方文献中以从殉掩盖事实真相"衔上恩，自裁以从天上"。

亲奸任佞，明熹宗惊吓而死

明熹宗也算是历史上比较出名的皇帝。他几乎是一个文盲，16岁时懵懵懂懂的被推上了皇帝的位置，但他对国家大事没有丝毫的兴趣，他最喜欢干木工活，也确实是个令人叹服的天才木匠；他另一个爱好就是疯玩：玩捉迷藏、玩打仗、玩木偶戏，玩的全是小儿科，但他却玩得不亦乐乎。把国家大事全交给了他最信任、最宠爱的奶妈客氏和她的情夫、同样是文盲的无赖太监魏忠贤去处理，其结果是奸佞当道、忠臣遭殃，国家被搞得乌烟瘴气、民不聊生。而贪玩的小皇帝呢，最后也玩丢了性命。

1.懵懂的文盲皇帝

明神宗死后，他的长子朱常洛继承了皇位，是为明光宗。但这个皇帝运气太差，好不容易等到登基，却只过了一个月就死了。

明光宗死后，他的儿子朱由校就应该即位为帝，但这时却出现了一个波折。明光宗宠爱的一个"西李"选侍，居然把持了太子，要给自己弄个太后当当。她把朱由校关在乾清宫里，不肯让他和大臣们见面。最后，大臣杨涟等人联合司礼监秉笔太监王安，乘她不备，把小皇帝抢了出来，住进慈庆宫。但是，此时西李还占据着乾清宫，皇帝没法登基，于是大臣们连骗带吓，好不容易才让她挪开，让朱由校住进了乾清宫。这就是"移宫案"。之后，朱由校前往奉天门即皇帝位，改明年为天启元年，是为明熹宗。

朱由校从皇长孙到皇帝的角色转换只用了两个月的时间完成，对于一个16岁的少年，尤其是对一个没有受过教育、几乎是文盲的懵懂少年来说，实在有点勉为其难。早在万历年间，朱由校的父亲朱常洛不为神宗所喜，这个皇孙自然也常在神宗的视野以外。直到神宗临死，他才被册立为皇太孙，有了出阁读书的机会。没想到他的父亲登基一个月就撒手西去，连册立他为皇太子都没来得及，更别提读书的事情了。他像一个木偶般被养母李选侍和一帮大臣抢来抢去，最后在5天之后变成了一个大国的君主。他名义上统治了这个国家整整7年，但是实际上只是他信任的一个太监在掌控着政治权力。

在他统治期间，宦官专权达到了极限。宠信乳母客氏及宦官魏忠贤，屡兴冤狱，迫害忠良。而农民起义此起彼伏，后金又攻占辽阳、沈阳。大明朝濒于溃灭的危机之中。他将他的所有心智，都放在自己的玩乐中去了。实际上，除玩乐之外，他不关心别人，更不关心朝政与大臣的死活。整整7年中，他的心智似乎一直没有成熟，对于世界的认识始终肤浅。他喜欢在宫中做他喜欢做的事情，比如说做木工，熹宗朱由校的水平很高，"巧匠不能及"。人们认为，如果明熹宗朱由校他不做皇帝，肯定会是一个很好的木匠。

2.对奶妈的特别宠爱

皇帝的生母王才人在他出生后没多久就去世了，他一直在奶妈客氏的抚养下长大，对于这个奶妈也特别亲近。即位后不到十天，就封客氏为奉圣夫人。

图文珍藏版

后来皇帝大婚,按规定作为奶妈的客氏应该离开,可小皇帝离了客氏就哭哭啼啼,吃不下饭去,只好又把她召了回来。于是,客氏就仗着皇帝对她的宠爱,在宫中横行霸道起来。

客氏原是河北定兴一个农民的妻子。客氏当时产一女婴没有成活。朱由校寻找奶妈,客氏长得眉清目秀、肌肤白皙、奶汁充足,就被选入宫中,做朱由校的乳母,当年客氏只有 18 岁。

客氏虽是农家妇女,不识文字,但却心灵手巧,聪明机敏。她对朱由校的照顾格外留意,精心服侍。原来小皇子断奶后,奶妈就应出宫回家,但由于客氏对朱由校的体贴入微,朱由校离开她就大哭大闹,不吃不喝。朱由校的生母王氏无奈,只好破例将客氏留在宫中,王氏不幸去世后,朱由校竟不自觉地把客氏当成了自己的母亲。

朱由校自幼失母,又为西李所虐待,他的精神依靠就是客氏。当时朝廷内外一片混乱,关于朱由校出阁读书之事,根本无人过问,所以他从小就没有受过良好的教育,只是一个贪玩的孩子,乳母又不识字,只知哄他高兴。客氏做得一手好菜,就给朱由校做他爱吃的东西。如果客氏几日不在宫中,朱由校便不思饮食,因此,朱由校一刻也离不开客氏。

客氏发现朱由校已为自己所控制,内心十分高兴。待朱由校即位后,她的野心却膨胀起来,在后宫摆出不可一世的气派,使那些有名分的妃嫔贵妇,谁也不敢招惹这个农家妇女。

按说客氏不过是个奶妈,应该和宫女们住在一起,小皇帝却特地让她住在咸安宫,而且出入仪仗都拟于后妃。客氏也大摆排场,侍从如云,比皇后还气派,连侍从的衣服都华丽非常,插金戴银。客氏喜欢打扮。她喜欢效仿江南妆,广袖低髻,极为妖冶,宫中嫔妃宫女竞争相模仿。她每次梳洗,都有数十个侍女环伺左右,各有所司,不敢懈怠。她还经常选三五个美人的津液,充作脂泽,来湿润鬓边的头发,据说此方传自岭南老人,名叫“群仙液”,可令人到老都没有白发。

小皇帝有个毛病,就是头脑总是晕晕乎乎的,不太记事儿。即使是他比较亲近的人,忽然失踪了好几天,他也不闻不问。客氏就看准了他这一点,开始对他的妃子下起了毒手。皇帝的裕妃张氏,性格严正,对客氏从来不假以辞色,客氏怀恨在心。后来张妃怀了孕,客氏便暗进谗言,说她怀的孩子来路不明。张妃被打入了冷宫,客氏又派人断绝了她的饮食,最后张妃饥渴难耐,只好靠喝屋檐上流下来的雨水解渴,此时她身体虚弱已极,就倒在檐下死去了。冯贵人曾经劝阻皇帝不要在宫中设立内操,被客氏与魏忠贤嫉恨,没有告知皇帝,就诬陷她诽谤圣躬,迫令自尽。皇帝开始不知道,后来成妃李氏告诉他,他也不闻不问。客氏得知,又假传一道圣旨,把成妃幽禁起来。幸好成妃已有裕妃的前车之鉴,早在壁间预藏食物,所以半个多月后还活着。一天皇帝难得想起她来,去问客氏,才知道她被幽禁。皇帝想想以前和成妃感情不错,还生过两个女儿,也不由地伤心起来,就向客氏求情,成妃才被放了出来,但客氏不解恨,把她贬斥为宫人。就这样,后宫嫔妃的生命,全都操纵在了客氏手里。

不但是嫔妃,就是熹宗的皇后,客氏都不肯放过。熹宗皇后是张氏,她入宫之时十五岁。这位皇后体态颀秀,知书达理,对客氏那一副妖艳的样子特别看不惯。客氏喜欢广袖低髻的江南妆,皇后就命令自己宫中的女子一律窄袖高髻,以示对抗。有一次她还把客氏召入宫中,告诫她要好好做人。客氏感到害怕,就想借机报复。令手下散布谣言,说皇后本是一个盗犯的女儿,根本没有母仪天下的资格,还买通了几个大臣给皇帝上奏章弹劾。不过,熹宗虽然糊涂,却对皇后始终存有一份夫妇之情,下旨谴责了那些大臣,客氏也就不敢轻举妄动了。

但客氏并不甘心,她还在寻找机会。这时,张皇后怀孕,客氏便买通了皇后宫中的宫女,趁皇后腰痛的时候给她捶腰,暗中下了重手,将胎孕伤损,过了一天,张皇后便小产了。对于其他妃子,客氏也用各种办法不让她们怀孕,或者暗地损伤腹中胎儿,甚至于害死皇子,所以,虽然熹宗妃嫔众多,最后却弄到绝嗣的下场。

客氏不但和皇帝关系暧昧,还让太监为她醋海生波。当时宫中的规矩,太监不能在宫中起火做饭,宫女却可以。于是,太监就经常找一个宫女搭伙,久而久之,彼此之间产生感情,就像夫妻一样生活在一起了,叫作"对食"。"对食"原来属于非法,不过后来渐渐流行,就成为一种宫中的风气了。如果谁没有"对食",还要受到大家的嘲笑。客氏的"对食"原来是个叫魏朝的太监。但后来客氏又喜欢上了另一个太监。魏朝大为吃醋,就和那个太监扭打起来,一直闹到了皇帝那里。皇帝得知,也不生气,对客氏说:"客奶你心里看上谁,说出来朕替你做主。"于是,客氏毫不犹豫地向那个新欢一指,那个太监就成了她的"对食"。这个人,就是之后大名鼎鼎的"九千岁"魏忠贤。

3.喜欢玩闹的天才木匠

明熹宗虽然文盲,却有一门鼎鼎大名的好手艺,那就是做木工活儿。

要说皇帝在这上头还真有天才。当时工匠们造出来的床都极为笨重,要十几个人才能搬动,还很费原料,样式也极普通。皇上就自己琢磨开了,亲自设计图样,动手锯木钉板,立刻就做出一张新床。这床及其精巧,床架上镂刻着各种花纹,床板还能折叠,便于移动携带。皇帝的新设计一出,连那些老工匠都赞叹不已。他还喜欢用木头做出各式各样的小玩具。他曾经雕刻过很多栩栩如生的小木头人,五官四肢,无不具备,男女老少,神态各异。他还能做漆工的活儿,给这些木头人涂上五色油漆,更是显得彩画如生了。他派内监拿到市面上去出售,市人都以重价购买,更令皇帝兴奋不已,信心十足,从此干得更欢了。

皇帝对木工活儿精益求精,还有更加精巧的"作品"。他曾在庭院中仿照乾清宫的样式,建造了一座小宫殿,高不过三、四尺,曲折微妙,巧夺天工。又曾做沉香假山一座,其中池台林馆无不具备,雕琢细致,堪称一绝。他不光做模型,还把这份天分用在真正的宫殿建造上,公元1625年(天启五年)到公元1627年(天启七年),朝廷对中极殿、皇极殿和建极殿进行了规模巨大的重造工程。从起柱、上梁到插剑悬牌,整个工程中皇帝都亲临现场,对宫殿的修建提出了不少意见。他的雕镂技术也不差,曾经做过十座灯屏,上面雕刻着"寒雀争梅图",细致精巧,形象逼真。他还会刻印,曾经给奶妈客氏和她的"对食"魏忠贤各做过重三百两的金印,一个的印文是"钦赐奉圣夫人客氏印",一个是"钦赐顾命元臣忠贤印"。

小皇帝特别喜欢玩。不过他的很多游戏都显得十分孩子气。比如,他曾经在大殿上悬挂一枚银铃铛,然后让宫女们蒙着头在殿里随便乱跑,谁要是碰到那个铃铛了,就把铃铛赐给她,再挂一枚接着玩。他还很喜欢捉迷藏,经常藏起来让宫女们找他。他又喜欢花,袖子里常常揣着很多花花草草,老远就能闻到香气。所以,尽管他藏得隐蔽,宫女们也早就从香气里判断出他在什么地方了。不过为了不让他扫兴,就故意装作找了好半天才找到,逗得小皇帝十分高兴。到了冬天,皇宫花园西苑的池子就冻住了,冰冻得十分坚硬。皇帝就让一群太监和他一起玩冰戏。他亲自设计了一个小拖床,小巧玲珑,上面只能坐一人,再涂上红漆，安一个顶篷，周围用红绸缎为栏，前后都设有挂绳的小钩。皇帝坐在拖床上，让太监们牵引绳子，一部分人在上用绳拉引，一部分人在床前引导，一部分人在床后推行，一起用力，拖床行进速度极快，一会儿工夫就能往返数里，皇帝玩得十分高兴。

后来，他把自己的精巧手艺也运用到各种游戏中来。他曾经设计过一个精致的喷泉。用大铜缸盛满水，在缸底凿洞并设置机关。机关一开动，水就喷了出来。先是倾泻如瀑布，接着散落似飞雪，最后则拥起一股高高的水流，笔直而上，有如一股玉柱。这时，事先藏在缸底的许多镀金木球也翻滚而出，拥上水柱的顶端，盘旋上下，好长时间都不落下。皇帝经常和嫔妃们一起欣赏，到了精妙之处就喝彩不已。

他还设计过精巧的"水傀儡"。其实就是由艺人直接操纵木偶在水面上表演故事的木偶戏。当时这些偶人已经雕刻的十分精巧细致，表演也十分繁复，但皇帝还要精益求精，又加以改进。他亲自雕刻大约二尺高的彩画木像男女，神态不一，都是只有双臂而无腿足，在木人底部安置一个机关，用长约三尺的竹板作支撑。有了"演员"，就要设计"舞台"。他又用大木头凿钉成一个长宽各一丈的方木池，里面的水灌到七分满，还在水中放上鱼、虾、蟹，让它们游来游去。又放进水草，使之浮在水面上。接着在这个木头池子下面放上凳子支起来，周围用纱围成屏幕，就成了水傀儡的戏台。

于是表演开始，艺人们随剧情将木人用竹片托浮水上，让它们进行各种表演，皇帝在一旁津津有味地观看，不停地喝彩。据记载，当时宫中常演的剧目有《东方朔偷桃》《三保太监下西洋》《八仙过海》《孙行者大闹龙宫》等，听着名目，就知道都是一些"热闹戏"，装束新奇，扮演巧妙，活灵活现。忽而妖魔毕露，忽而神鬼乱出，正对了小皇帝的胃口，他就更加如醉如痴了。

不但是这种"水傀儡"戏，小皇帝对真正的戏剧表演也兴趣不浅。他这种兴趣是从对军事的爱好上来的。他本性好武，在魏忠贤的撺掇下，就在宫内设立内操。挑选年轻的太监排兵布阵，玩打仗游戏。而且还玩得像模像样，规模越来越大。后来竟凑到了上万"勇士"，个个身披铠甲，服饰鲜明，整天操练不休，喊杀声不绝于耳，锣鼓之声响彻宫内外。皇帝自己还骑马亲自上阵，作"大军"的统帅，顾盼神飞，得意扬扬。看到皇帝把好好的皇宫弄成了大练兵场，大臣们都觉得太荒唐了，纷纷上奏请皇上结束内操。可皇帝正玩得高兴，根本听不进去大臣的忠言。

不过如此闹腾,毕竟上不了战场,也就和做戏一般。所以皇帝看到关于打仗的戏也就特别兴奋,热切地希望在里面扮演一个角色。皇帝很有专业精神,演起戏来也一丝不苟。他曾经排演过一个戏。其中有一场是"雪夜访普",就是宋太祖赵匡胤在大雪之夜拜访宰相赵普,商议如何统一全国的事。既然叫"雪夜",可见是冬天,剧中的人物都要穿冬装。可皇帝拍戏那会儿正是初夏,天气热得要命。不过小皇帝一定要演得像,所以冒着酷暑,披上厚厚的大氅,又戴上了棉帽子,尽管汗流浃背,依然坚持演了下来。

"万岁"在这里投入地玩,国家大事是不管的。不过这也不用他管,因为有一个"九千岁",已经都替他料理了。

4.倚重宦官,惊吓而死

明熹宗特别宠爱奶妈客氏,她的"对食"魏忠贤也就跟着鸡犬升天,做了司礼监的秉笔太监。这个职位权力极大,不但是宫中的太监头儿,还因为对大臣们的上奏有批答的权力,甚至于相当半个皇帝,要是皇帝是个不管事的,如熹宗这样的,那就几乎是整个皇上了。不过既然叫"秉笔",可见从事这个职位的太监得有很高的文化素养才行,否则也看不懂那些写给皇帝的奏章是什么,更不要说批答。熹宗又是个文盲,这秉笔太监的作用就更加重要。但是,巧得很,他这个秉笔太监魏忠贤,竟也是一个文盲。

魏忠贤本是一个酒色无赖之徒,没有读过书,曾娶妻冯氏,生一女。在一次赌博中输了个精光,因不堪忍受一帮赌徒的欺辱,一怒之下自宫,更姓李进忠。来到北京后,22岁时被选入宫中,复本姓魏进忠,天启二年改名忠贤,隶于司礼监秉笔太监。后来通过行贿,在太监魏朝引进下,做了熹宗生母王才人的一名办膳太监。公元1620年(泰昌元年),光宗即位册立东宫,魏忠贤升为东宫典膳局官。当时,太监魏朝是熹宗倚重的老太监王安所得宠的红人,魏忠贤为拉拢魏朝,和他结拜为兄弟。熹宗的乳母客氏原与魏朝相爱,后魏忠贤与客氏相私。不久,魏忠贤由惜薪司迁司礼监秉笔太监。明代宫中有二十四监,司礼监冠于首,领东厂、内书堂、礼仪房、中书房等。一般人司礼监者须能读书识字,但魏忠贤目不识丁,之所以得入司礼监,乃客氏之助。司礼监权势甚重,其中秉笔太监掌章奏文书,照内阁票拟批注,这给魏忠贤弄权提供了方便之门。

"秉笔"太监而不识字,怎么批答奏折呢。这倒也难不倒魏忠贤,他自有办法。他让亲信把奏章上晦涩的文言给他用口语讲出来。然后他发号施令,再由那人翻成文言,给他用朱笔写在奏折上。这么一番折腾,倒也弄得有模有样。小皇帝也是文盲,又糊糊涂涂地爱忘事,自然不会和他计较这些。魏忠贤还和他的前辈刘瑾公公学了一招,也是等皇帝正玩得高兴,比如说正在拿着刨子锯子大做木工活的时候,就拿上公文奏折请皇帝批示,皇帝兴致正高,哪里想看这些玩意,总是不耐烦地挥挥手,让他去自行处理。于是,魏忠贤就把朝中大权牢牢地掌握在自己手里。

魏忠贤胡作非为,朝中大臣们自然不干。左副都御史杨涟弹劾魏忠贤二十四大罪。说:"宫中、府中,大事、小事,无一不是忠贤专擅",一时间百官响应,弹劾魏忠贤的呼声甚高,连魏忠贤都有点害怕,对皇帝说自己要出宫避祸。皇帝哪里肯放,温言劝谕,百般挽留,还为此辍朝三日。后来又传下圣旨,敕诸臣不得擅出奏事。于是群臣大哗,又开始纷纷上奏。

可皇帝就是铁了心要留魏忠贤,大臣们也没有办法,首辅叶向高还因此辞职。而魏忠贤看到皇帝对他如此支持,胆子就越来越大了。他总揽朝内外一切大权,人称"九千岁",还有人称他"九千九百九十九岁",和"万岁"只差一岁。朝中官吏多投奔到他的门下,有"五虎""五彪""十狗""十孩儿""四十孙"等等名号。他的死党从中央到地方,自内阁、六部至四方总督、巡抚皆有。当然,魏忠贤也不是得到所有人的附和,和他做激烈斗争的,就是"东林党"。

东林党由其领袖顾宪成所讲学的东林书院而得名。顾宪成曾经给东林书院题写了一幅很有名的对联:"风声、雨声、读书声,声声入耳;家事、国事、天下事、事事关心。"由此可见此"党"人的抱负。他们往往不畏强权,为民请命,大胆弹劾朝中权贵,甚至敢于冒犯"龙颜"。魏忠贤乱政受到了他们的极力弹劾,就对他们恨之入骨,疯狂迫害。他捣毁了东林书院,还把全国的书院都关闭了,又诬陷已经退休的东林党领袖高攀龙贪赃枉法,派遣锦衣卫骑快马去加以抓捕。高攀龙却十分镇定,写好两封信交给孙子,让他们明天交给锦衣卫的人,之后便投入池中而死。

魏忠贤又指使爪牙去苏州抓另一位东林党人周顺昌,结果在当地激起民愤,数千人聚集在官府衙门外,以颜佩韦等人为首击鼓鸣冤。太监们骄横不法,与民众产生了冲突,当场被打死了一个。于是,巡抚毛一鹭向朝廷报告"吴人尽反",派军队镇压,逮捕了颜佩韦等五人,污蔑他们是"首乱者",随即加以杀害。为防止民众再次造反,竟将五人首级悬于城门之上,来威慑民众。但当天晚上魏忠贤就做了一个噩梦,梦见五人索要他的首级。他极为恐慌,害怕自己就要死掉。这时手下人给他出了个主意,劝他给自己建祠堂,一来自己的肉身化成了塑像,可以镇住这些鬼魂;二来可以更好地控制民众,增添他们的恐惧心。一般祠堂都是为了纪念去世的人而建的,但魏忠贤还活着没死,所以就叫作"生祠"。于是魏忠贤就命令心腹在苏州为自己修建生祠。生祠建得富丽堂皇。匾额上是皇帝的御书"普德"两字。祠堂里面供奉着魏忠贤的肖像,用罕见的香木雕刻,眉眼口鼻,四肢衣着,都与本人一般无二。肖像的肚子里,装满了金玉珠宝。在头髻上留下一小孔,里面插着四季的鲜花,芬芳扑鼻,香气四溢。一帮马屁精每天都要到生祠烧香叩拜,命令凡是路过的人,也要行五拜礼,呼九千九百岁。

有了打头的。别的马屁精自然纷纷仿效,都把这当成了向魏忠贤献忠心的手段。一时间"九千岁"生祠满天下。一座比一座富丽,"极壮丽庄严,不但朱户雕梁,甚有用琉璃瓦,几同宫殿",祠中都供奉魏忠贤生像,头戴官帽,身穿朝服,手持玉笏,竟是帝王的规格了。各地官员在迎奉塑像时也庄严肃穆,俨然如迎接皇帝一般。不仅为官者如此,一般商人、土豪,乃至地痞、无赖也都跟着凑热闹,规模越搞越大,装饰越搞越华丽,有的地方甚至出现了拆民房、庙宇甚于学校来争建生祠的。公元1627年(天启七年)五月,松江监生陆万令,居然奏请在国子监里为魏忠贤建造一座祠堂,还在奏章中肉麻地说"九千岁"功德盖世,堪比孔子,把魏忠贤和孔子并提。顾炎武在总结明亡原因时,说很重要的一条就是"士大夫无耻",可谓在此得到了淋漓尽致的表现。

但是,魏忠贤虽然是"九千九百九十九岁",比"万岁"就差一点,但到底不是"万岁",一旦皇帝不在了,他通天的权力也就没有了。公元1627年(天启七年),小皇帝一次在宫中花园里的湖中划船,不慎掉到了水里,魏忠贤吓坏了,赶忙跳下水去救皇帝,其他人也纷纷跳入水中。皇帝捞上来了,却因为惊吓,不久就生了大病。魏忠贤十分担心,他从宫中府库里找出大红寿字纱,做成衣服让宫中上下都穿上,来为皇帝祈福。还不停地让人对着皇帝的寝宫大喊:"圣驾万安矣"。但这一切都没有用处,八月二十二日,熹宗去世。因为他没有子嗣,皇后张氏主持立他的弟弟信王朱由检为帝,是为崇祯帝,也是明代最后一位皇帝。

魏忠贤十分忌惮信王,对他即位百般阻挠,但在张皇后的坚持和周旋下,没能得逞。后来崇祯终于设计扳倒了魏忠贤,将之赶出宫廷,安置在凤阳。魏忠贤畏罪自杀。客氏则被赶到浣衣局乱棒打死。二人的亲族也大多被杀,依附他们的无耻之徒则被逐出朝廷。被魏忠贤排挤的东林党人再次上台,崇祯帝也有心励精图治。但已经太晚了,明朝已经是危机重重,从根子里腐烂了。

一生玩闹,明武宗累死"豹房"

明武宗朱厚照(公元 1491~1521 年)是荒淫皇帝的典型,他在短暂的一生中腐化堕落,荒淫无耻,花天酒地,抢男霸女。他对于自己的皇帝地位并不感兴趣,自即位第二年就搬出了皇宫大内,居住在自己选定的"豹房",把那里变作了一座大妓院,肆意玩乐。因明武宗过度追求声色之乐,重用太监刘瑾等"八虎",致使朝纲混乱,百姓遭殃。国力衰弱,宦官专权,在他在位期间表现得相当突出。最后,荒唐好色的明武宗终因纵欲过度而死去。

1.先王托孤,昏主登基

弘治四年(公元 1491 年),刚满 21 岁的弘治皇帝明孝宗朱樘喜得贵子,这就是明朝的第十一任皇帝明武宗朱厚照,他的母亲是皇后张氏。由于他是皇后亲生的,因此是嫡长子。

朱厚照是明朝开国以来第一个以嫡长子的身份成为皇帝的。而且,朱厚照的生日也很巧,是在辛亥年甲戌月丁酉日申时,

明武宗

按照时、日、月、年的顺序来读他生日,恰好是"申、酉、戌、亥",按照星命官的观点,这种"贯如联珠"的生辰是大富大贵之命的人才有的。根据当时人的传说,朱厚照的生日与太祖朱元璋的生日有类似之处,而朱元璋创立大明基业,恢宏朝运,大有作为,因此,这位嫡长子亦被寄予厚望。

据说朱厚照相貌奇伟,面质如玉,容光焕发,性情仁和宽厚,孩提时,便已举止异常,大有帝王风度。8 岁时,在大臣的请求下,朱厚照正式出阁读书,接受

严格的教育。朱厚照年少时以聪明见称,讲官所授之书次日他便能掩卷背诵。数月之间。他就将宫廷内繁琐的礼节了然于胸。孝宗几次前来问视学业,他率领官僚趋走迎送,娴于礼节。孝宗和大臣们都相信,眼前的这位皇太子将来会成为一代贤明之君。但是,事实的发展完全相反,朱厚照后来成了历史上少有的一个放荡不羁、胡作非为、荒淫无度的皇帝。为什么他会堕落到如此地步呢?

由于武宗是孝宗唯一的儿子,(他原有一个弟弟朱厚炜,在3岁时不幸夭折)所以孝宗对自己的独子宠爱有加。孝宗对这个独子非常爱护和关心,孝宗外出的时候,总是带上他一路同行。谁曾想频繁的外出却给朱厚照提供了认识外面世界的机会。使他逐渐觉得宫廷的生活枯燥乏味,对他失去了吸引力。

朱厚照生性好动贪玩,频繁的外出使他的性情越来越"野"。他喜欢骑马射猎,在太监的教导下,很快学会了打马飞奔、挽弓搭箭的本领。有人把朱厚照的这些行为报告了张皇后,张氏有些担忧,但孝宗却不以为然,他认为儿子这样做倒是件好事,小小年纪就能学习军事知识和战斗本领,这是居安思危的行动,所以没有多加干预,反倒给以鼓励。于是更助长了他的放荡不羁、胡作非为的习性。

公元1505年(弘治十八年)5月,孝宗在弥留之际,最放心不下的就是自己15岁的儿子。他特意把大学士刘健、谢迁、李东阳召至乾清宫暖阁,委以托孤的重任:"东宫聪明,但年尚幼,好逸乐,先生辈常劝之读书,辅为贤主。"第二天便撒手西去。

明孝宗病逝,年仅15岁的朱厚照登上皇位,改年号为正德,将第二年定为正德元年。当时悲伤的顾命大臣可能并没有太把孝宗的话放在心上,也许在他们看来,这个"粹质比冰玉,神采焕发"的皇太子绝对会成为一位圣君。然而他们却没有想到,这个15岁的少年,居然会在以后十五年的岁月里,把大明朝搅得乱七八糟。使他自己也成了中国历史上少有的最能恶作剧的皇帝。而他的年号还偏偏叫"正德"。真是一个绝妙的讽刺。

2.八虎蛊惑,宦官横行

朱厚照即位后,根本听不进去这些顾命大臣的劝谏。他喜欢的是当年在东宫做太子时的游伴太监。父亲一死,再也无人可以对他加以管束。这个没有经过良好教育,而且心已玩疯了的孩子,像是一匹脱缰的野马,陡然做了皇帝,根本无法适应终日繁复的朝廷礼仪和群臣枯燥的奏疏。他向往的是昔日自由自在骑马射箭、游逸玩乐的生活。

在他的身边,有刘瑾、马永成、高凤、罗祥、魏彬、谷大用、邱聚、张永等八位近侍。在这八人当中,以内中刘瑾为首。刘瑾是陕西兴平人,本来姓谈。自从景泰年间入宫之后,便投到太监刘顺的名下,改姓刘。刘瑾很有知识,口才也很好,在孝宗时,与谷大用等七人一起侍候朱厚照,他千方百计讨好太子,深得朱厚照的喜爱。朱厚照即位后,刘瑾、谷大用等八人被分到各处宫禁掌管具体事务。

武宗刚即位时,刘瑾在太监中的地位也不高,但此人性格阴险、手段毒辣、品德恶劣、狡诈多端,善于揣摩主子的心理,极力迎合主子的癖好。他知道朱厚照贪玩喜乐,就千方百计地设法引诱他沉迷于声色犬马。弄来鹰犬、歌伎、角抵之类供朱厚照玩乐,后来还带他出宫兜风,因此取得了朱厚照的信任和宠爱。不久,刘瑾又收罗了马永成等七人,相互勾结、恣意横行,人称"八虎",又称"八党"。

明武宗初即位,刘健等大臣受先皇所托,"厘诸弊政",凡明孝宗生前欲兴革者,"悉遗诏行之"。但这时武宗信任"八虎"。在刘瑾等人的引导下,朱厚照即位不久,对朝事就由厌烦发展到不闻不问。

"今梓宫未葬,德音犹存,而政事多乖,号令不信。"

刘瑾最受武宗信任,在内宫监任职,最后做到司礼监秉笔太监,而且掌管着京城的精锐守卫部队。明代百官向皇帝上书,要先送内阁,由内阁辅臣做出初步的处理意见,叫作"票拟",再交给皇帝批阅。皇帝用朱笔(即红笔)在奏章上批示,叫作"批红"。有的皇帝如果不勤于政事,便让司礼监太监代笔,这就给太监胡作非为提供了可能性。另外,司礼监的太监还有一个其他部门无法比拟的特权:传达皇帝旨意。有时,由秉笔太监记录下皇帝的话,然后让内阁起草,或者由太监口头传达给有关大臣。这种制度直接给宦官造成了篡改圣旨的机会。刚开始,刘瑾也不敢擅专,但每有请示,武宗就要怒斥他:"用你是干什么的?为什么老是来烦朕?"以后,刘瑾就不再上奏,事无大小,任意裁断,都以皇帝圣旨行事。武宗则乐得清闲,搬出皇宫,通宵达旦地寻欢作乐,刘瑾得以代替皇帝朱笔而取得大权,最后索性拿回去"于私宅拟行"。

群臣见明武宗不顾朝政,不思进取,于是纷纷上书劝谏。这一年的六月,雷声震得奉天殿的鸱吻、太庙的脊兽和天坛的树木四下摇动,宫门房柱也被摧折甚至焚烧了几根。人们都觉得天变异常,是上天震怒以此示警。于是,武宗按照惯例下诏自省,请求臣下进谏。群臣领旨上书,大学士刘健、李东阳、谢迁等人相继上书言事。总结起来主要有五类不同的事情,一是单骑驱驰,轻出宫禁;二是频行监局;三是泛舟海子;四是鹰犬弹射不离左右;五是内侍进献饮膳,不择而食。对于阁臣的进言,明武宗虚应了事,而对一般臣下的进言则不理不睬,甚至加以责罚。因此,很多大臣的进言根本不起作用,明武宗依然我行我素。

同年八月,皇帝准备大婚,册立夏氏为皇后,遣官迎入大内。群臣的进言渐少。不久,大学士刘健等又上疏指出武宗要改正的三件事,武宗虽然表示接受他们的建议,但并未改正。

九月,武宗重开经筵,但就在重开当日就想废除午讲。刘健等人极力劝谏,惹得武宗很不高兴,勉强应付。

身为顾命大臣的刘健等上疏极谏,而武宗虽以"温诏答之",实际上却并不采纳,并且变本加厉地信用那些太监,"左右宦竖日恣,增益且日众。享祀郊庙,带刀被甲拥驾后。内府诸监局金书多者至百数十人,光禄日供,骤益数倍"。在这种情况下,不仅遗诏中所列当兴革者"废格不行",而且孝宗时的善政也"变易殆尽","建言者以为多言,干事者以为生事,累章执奏谓之渎扰,厘剔弊政谓之纷更。忧在于民生国计,则若罔闻知。事涉于近幸寅戚,则牢不可破"。刘健等身居高位,但徒拥虚衔,或旨从中出,略不预闻,对军国政事有所拟议,往往被径行改易,得不到批准。面对这种局面,他们只好愤然乞休。武宗虽然不同意他们退休,但却依然信用"八党",排挤正直官员。比较正直的大臣一派与以八党为核心的奸邪一派之间,斗争日益激烈。

弘治朝的一批正直大臣见到这种情景非常痛心,他们一再进谏,武宗却全当耳边风,根本听不进去,有些大臣开始心灰意冷。正德元年四月,吏部尚书马文升首先提出辞职,要求退休;兵部尚书刘大夏也上疏乞归,这正中刘瑾等人的心愿,他们劝说武宗降旨同意,武宗照办,把马文升、刘大夏这样正直忠心的老臣打发回家。

自此,武宗日益放纵自己,倦于视朝,新政不行,诏令不信,而且不知省改,嬉戏玩乐,甚至在宫中模仿市集,设立各种商店。

眼见"八虎"环侍在他的左右,朝夕蛊惑,成为肘腋之患。廷臣深以为忧,忍无可忍。此后,李东阳、刘健、谢迁等多人连续给朝廷上奏章,弹劾"八虎",请求正德帝诛除刘瑾等人,清除朝廷的内患。十月十二日,忠直的韩文率领众多大臣上疏,指出朝廷最近一段时间由于太监刘瑾、马永成等人诱惑皇帝,沉迷游乐,荒怠政务,请求武宗将刘瑾等人拿问,明正典刑。武宗接到疏奏后,伤心不已,竟不想进食。但因事关众怒,只得把奏疏交内阁议批,但武宗却提出条件,要从轻发落刘瑾,罚他去南京服苦役。而内阁大臣坚持要杀刘瑾以正朝纲。传达皇帝与内阁意见的司礼监太监王岳、范亨,平时也非常憎恨刘瑾。他们向武宗报告说:"群臣的态度非常坚决,没有商量的余地。"在这种逼人的形势面前,武宗只得忍痛割爱,同意处死刘瑾等人。

群臣虽然力争得到武宗的同意,铲除"八虎"这一毒瘤,但他们却低估了"八虎"的实力。武宗做太子时,就与"八虎"相依为伴,形影不离,可见他们在皇帝心中的位置和分量。这对一个不满 16 岁的孩子,怎能做出理智而正确的判断呢?当刘瑾的死党焦芳得知这一消息后,连夜告之尚蒙在鼓里的刘瑾,刘瑾听后大惊失色,惶恐不安,八人惊恐万分,相对而泣。急忙带上另外七人,深夜闯入武宗寝宫。见到武宗,刘瑾很快明白了武宗的心理,便用激将法使武宗迁怒于王岳等朝中大臣。他们跪地放声大哭,乞求皇上饶命。刘瑾哭诉着说:"群臣指责我们进献鹰犬,这鹰犬和朝政有什么关系?"并恶毒地挑拨说:"他们胆敢这样肆无忌惮,就是因为司礼太监与他们勾结,想限制皇上外出宫门,先除掉我们。就能控制陛下的行动了!"武宗听到群臣要控制自己的行动,勃然大怒,马上改变了主意,终于倒向了"八虎"。立即任命刘瑾掌管司礼监,马永成、谷大用分别掌管东、西两厂,将王岳等人发配到南京去看守祖陵。

一夜之间,乾坤颠倒。第二天早朝宣读圣旨,刘瑾等人不但不被处死,反倒提拔升官,控制了武宗身边的要害部门。刘健、谢迁、李东阳等一批前朝老臣,见事情无可挽回,失望到极点,纷纷上书辞职。武宗也不挽留,在辞呈上大笔一挥,写了"钦准"二字。这些正直的老臣带着无限的遗恨回归乡里。随后,刘瑾派人一路追杀王岳等人,只有徐智幸免。自此,朝中大权全部由刘瑾为首的八虎掌握,刘瑾权倾天下。

刘健、谢迁诛八虎未成,反倒让八虎掌握了朝政大权。武宗贬斥顾命大臣的决定,遭到了言官和群臣的激烈反对,不少人冒着生命危险,向武宗进言,请留刘健、谢迁,以肃纲纪、以保朝政。武宗不但不听,还认为这是对皇威的冒犯和轻蔑,立即下令对进谏的官员施以杖刑,然后降级或削职。那几日宫廷内哭号震天,血肉横飞。京城外的土路上,时时有载着被贬官员和家眷的马车匆匆驶过,卷起阵阵黄土和飞尘,一时间京城内外一片乌烟瘴气。自此,虽然很多有良知的官员不满武宗的所作所为,但敢于挺身而出、上疏武宗的人却很少。

此后,为了阻止朝廷命官上疏言事,武宗下令让六科给事中守科,不许大臣出衙门。此外,还经常让锦衣卫特务进行暗中监视,如果发现有人在酉时前走出衙门,立即上报皇帝。但是,远在南京的言官并不知北京的局势,纷纷上疏营救谢迁、刘健等人。武宗和刘瑾等人气得暴跳如雷。为震慑百官,刘瑾假天子手下发敕书,将刘健、谢迁等五十三人定为"奸党",张榜公示于朝廷,以此来打击言官。自此,刘瑾成为"内相",又被人称为"立地皇帝"。武宗贪玩好动,不理朝政,将臣下奏章转由刘瑾代为处理,此后,刘瑾权势如日中天。

朝中大臣有如与一只老虎搏斗,未能成功,反被虎吞噬,刘瑾窃取朝廷军政大权后,对朝臣肆意报复,利用东、西厂和锦衣卫诛除异己。

刘瑾为了排挤异己,特别是儒生文臣,只要他们犯有小的过错便严厉惩处。公元 1508 年(正德三年),刘瑾改变旧例,规定凡是省亲、丁忧、养病的人都作托故营私旷职处理,三个月内可以宽恕,四五个月则罚其俸禄,六七个月则逮捕讯问,八九个月则算自动去职,十月以上则作削去官籍处理。此后,吏部共查出违例文武官员一百四十六人,都按照刘瑾制定的新规则处理,因此而罢官的人特别多。

刘瑾这一招翻云覆雨的毒辣手段,不仅把大学士刘健、谢迁,尚书韩文等几十名大臣定为奸党,而且以此为借口把包括阁臣在内的大批官员更换清除掉。自此朝臣势力从根本上被削减,而他把自己的心腹和同党,全部提拔到重要岗位上,以扩充自己的势力范围。刘瑾控制了武宗以后,便开始进行报复。

刘瑾首先把户部尚书韩文罢官,兵部主事王阳明曾为保护言官,当面斥责过刘瑾,结果被处以杖刑,后又贬到贵州。他在赴任途中,发现有刘瑾的杀手追踪,便在半夜将鞋帽抛入水中,伪装成投河自尽,才得幸免一死。

明武宗花钱如流水,加上宦官巧取豪夺,不久国库空虚,内库告急,北部边防地区粮储空虚,边防危机随时可能爆发。在这种情况下,宦官刘瑾给明武宗提出了一个绝妙的主意,这就是官吏罚米法,以罚代罪。

明武宗颁布的罚米法对缓解国家财政危机确实帮助很大,由于所罚米数从一二百石到上千石不等,因此,仅公元1508年(正德三年)就有一百八十二名官员被罚俸禄,运往京师的约有六千多石,加上那些尚未缴纳的罚米所得超过一万石。此外,还有近百倍的粮食运往边镇地区。对官吏胡乱罚米,虽然一时奏效,但弊病特别多,最后受损的还是国家。由于罚谁、罚多少的大权操纵在刘瑾的手中,因此刘瑾成了最大的受益者。此外,这种对官吏漫无标准的罚米法也成为刘瑾及其党徒公报私仇的有力工具。许多忠臣被削职为民,很多清廉官员因此倾家荡产。因公事受到罚米的人为求免罪避祸,往往向刘瑾行贿,就连平日号称忠直的人士也常为免受械杖之苦而走后门。刘瑾因此大发横财。

为镇压官民的不满情绪,谷大用等人派出大量特务四出侦察。消息传出后,各地惊恐万分,只要看见口操京腔的人,便奔走相告,甚至以重金贡献以求自保。

此后,内行厂和东西二厂等特务机构成为刘瑾专权的工具。他不仅派特务胡作非为,而且让特务刺探官员的隐私。大学士王鏊对刘瑾的所作所为心怀不满,但又清楚自己无力回天,整日长吁短叹。不久,王鏊见刘瑾派特务暗随,自觉无趣,请求罢官归隐。刘瑾因未能抓到他的罪证,只好让其体面退休,这在当时也是一件令人称奇的事。

刘瑾自从利用东西二厂排挤异己之后,不需再经过吏部、兵部和礼部审查,可以直接传旨让他所亲信的人升官。罢黜官吏也由刘瑾决定,吏部、礼部和兵部只需备案。

如果吏部要升任重要官吏,一定要让刘瑾过目,他每次都要吏部再三推举数人,从中选出自己满意的人,否则就不经过吏部直接选人。可以说刘瑾用人完全根据他自己的意愿,想用就用,不想用就废。

刘瑾又于公元1508年(正德三年)在荣府旧仓创立了"内行厂",东、西二厂内行厂和东西二厂三大特务机构串通一气,利用他们手中的职权,专门四处打探,到处搜捕,内行厂中还设置了各种刑具,其中有一种叫反枷具,重达150斤,一旦套在身上,就会被活活压死。对那些反对他们的官员百姓,动辄抓捕入狱,不分轻重,一律拷打。

他们使用各种酷刑,滥杀无辜,监狱内血肉飞溅、尸横遍野。几年内,被他们处死的官民竟多达几千人。自此朝廷上下,人人自危,噤若寒蝉。大小官吏、黎民百姓,见到他们,纷纷躲避,犹如惊弓之鸟。

刘瑾为了进一步掌握朝政大权,每当武宗玩兴正浓时,他便把各种送上的疏奏递交武宗御批。对此武宗非常扫兴。经常这样,使武宗大为恼火,他暴躁地呵斥刘瑾:"无论大小事物都要我来管,要你们这些人干什么?"这恰好中了刘瑾的奸计。从此,刘瑾就将武宗的御笔抓在自己手中,所有文武官员的奏章,实际是经刘瑾过目。而刘瑾却是不学无术之徒,很多奏折看不懂,更不会批答,只好将奏疏带回私宅,让妹婿礼部司务孙聪代为处理,再交给同党吏部尚书焦芳加以润色后执行。

刘瑾有了这样的权力,等于把朱家王朝的官职攥在自己手中。他收受贿赂,卖官鬻爵,一时擢升的官校达 1560 人之多。又假借武宗御旨,私授锦衣卫官吏数百名。都御史刘宇本是一名小官,一次竟贿赂刘瑾万两黄金,刘瑾喜出望外,立即封他为兵部尚书,不久又提拔他为吏部尚书。地方官员上京朝觐,也要先向刘瑾行贿。刘瑾大权在握,把他的死党焦芳保举进了内阁。朝内朝外,遍布刘瑾"八虎"的党羽。

武宗成了刘瑾操纵的傀儡皇帝,他对刘瑾的横行跋扈、为非作歹,闻之不怒。见而不怪,还认为刘瑾对自己忠心耿耿。有人写了揭发刘瑾贪污受贿、鱼肉百姓的匿名信,武宗看过之后,竟然交给刘瑾去处理,以表示自己对刘瑾的信任。正德朝政,完全被刘瑾"八虎"团伙玩弄于股掌之间,当时有武宗是"坐皇帝",刘瑾是"站皇帝"的传言。

公元 1510 年(弘治五年),朱寘鐇继承他父亲的王位,成为安化王。

朱寘鐇很有政治头脑,他见武宗失德,刘瑾擅权,朝廷纲纪败坏,于是决意取而代之。从此,他礼贤下士,结交陕西宁夏右卫军官何锦,又联络宁夏卫的儒生孙景文以及被罢黜的生员孟彬、史连等人,将当地军权掌握在自己手中。此外,他利用远近闻名的巫师王九儿,宣称自己有帝王相貌,远近之人正不满朝廷的专制,纷纷归附。

同年四月,朱寘鐇誓师,自立为帝,由孙景文起草檄文,发动叛乱。宁夏游击将军仇钺率军驻扎在玉泉营,朱寘鐇差人前往招降,仇钺诈降,很快用计杀死周昂、孙景文等十一人。四月二十三日,朱寘鐇反叛被平定。

刘瑾虽然广植党羽,但是不能很好地团结其余七虎。不久,七虎见刘瑾专权越来越严重,对刘瑾很不满,都离刘瑾而去。刘瑾为与张永争权,准备将张永调往南京。张永知道后,立即跑到武宗面前,诉说刘瑾准备谋害自己。虽然武宗后来让谷大用置酒劝解了此事,但是,刘瑾因为得罪了七虎,特别是因为他得罪了同样拥有实权的张永,从而加速了他的覆亡。

刘瑾是个贪得无厌之辈,他对自己这种一人之下万人之上的权势仍不满足,又担心日后武宗对他失去宠信,竟然生出了造反的主意。他暗中增置兵器,联络党羽,准备在正德五年的中秋节发动政变,篡夺皇位,自己坐上皇帝的宝座。

朝廷官员听说朱寘鐇反叛后,公开斥责刘瑾罪行的人很多,刘瑾等人因并不知叛乱已经平定,成为惊弓之鸟。杨一清游说业已与刘瑾反目的张永,终于让张永倒戈。八月,刘瑾之兄刘景祥去世,刘瑾打算趁八月十五为其兄发表之机挟持百官以图大计。张永得知后,于八月十一日赶回,当天,武宗摆宴犒赏,张永趁刘瑾离去,张雄、张锐等人立即向武宗告发了刘瑾图谋不轨的计划。

武宗这时酒醉得昏昏沉沉,迷迷糊糊地问:"刘瑾他要干什么?"张永忙说他这是要篡位。武宗仍半信半疑。张永急忙劝说:"已经大祸临头,若再迟疑,明天奴辈就要粉身碎骨,陛下也不能长享安乐了!"武宗被他一激,不觉酒醒了大半,下令连夜把刘瑾逮捕。并将刘瑾关押到菜市场。但武宗仍不能相信刘瑾会干出这样大逆不道的事,打算把刘瑾贬到凤阳了事。

第二天,在张永和阁臣的鼓动下,武宗亲自带领锦衣卫查抄刘瑾之家。在刘瑾家中,搜出了伪玺、龙袍、蟒衣、衣甲、弓弩等无数违禁品。还有黄金 24 万多锭,元宝 500 多万锭,宝石二斗,奇珍异玩不计其数。最为奇怪的是有两柄貂毛扇,扇柄上均藏有寒光闪闪的匕首。武宗这时才恍然大悟,对刘瑾恨得咬牙切齿:"好胆大的狗奴,果然是想谋逆!"

正德五年八月二十五日,武宗下令将刘瑾凌迟处死。刘瑾临刑之日,京城官民为发泄心中之大恨,竟向刽子手买他的肉吃,顷刻之间,被抢一空,只剩一具白骨。

不久,刘瑾的所有朋党也身败名裂。但是,武宗并未醒悟,再次任用宦官,"三张"成为此后最受宠的宦官团伙。

3.建造"豹房",游乐无度

天性好玩的明武宗再也不能忍受刻板规矩的"标准"皇帝生活了。他也不喜欢皇宫。按照孝宗的遗诏,在公元 1507 年(正德二年)8 月,他举行大婚,迎娶皇后夏氏,后来还娶了两位妃子,但他却对她们毫无兴趣。而且,明代宫禁管理严格,皇帝的一举一动都有人管,还要专门记下来以备后来查对。武宗对这种束缚人的制度简直深恶痛绝,但他领教过朝臣的"功力",知道要改变这种制度是根本不可能的,于是,武宗觉得宫中无聊乏味,于是在宦官的建议下建起新宅,这就是所谓的"豹房"。

豹房坐落在皇宫西华门外太液池的南岸,豹房并非是武宗的创建,本来是皇家豢养猛兽的地方,外国进贡的稀奇动物,也放在这里,其实就是一个皇家动物园。元朝时期已有此风气。另有虎房、象房、鹰房等处,房又称为坊,如羊坊、象坊、虎坊等,北京至今尚存此类地名。更多的学者相信武宗兴建的豹房原址就在皇城的西苑太液池西南岸,临近西华门的地方,即今天的北海公园西面。武宗就选择了这个动物园来建立自己的安乐窝,还在原来的基础上加以扩建,非常高兴地称这里是自己的"新宅"。豹房新宅始修于正德二年,至正德七年共添造房屋 200 余间,耗银 24 万余两。

武宗对豹房进行了长时期的修整扩建工程,浪费财力极多。史称,这个时期"内臣犹用事,导上嬉游如故,皇子未生,多居宿于外,又大兴豹房之役"。公元 1512 年(正德七年)10 月,工部报告:"豹房之造,迄今五年,所费白金二十四万余两。今又增修房屋二百余间,国乏民贫,何以为继!乞即停止,或量减其半。"武宗对这一正确建议的回答却是"不听"两个字。举行郊祀典礼本有斋宫可用,而明武宗却别出心裁,传旨让镇守陕西太监廖堂等另造帐篷式的斋宫,正德九年九月制造完毕,共 162 间,重门、堂庑、庖湢、户牖之属,无不悉具。这项制造所费银两数字很大,仅廖堂扣下来准备贿赂权幸者的就有数万金。正德九年正月,乾清宫等失火,十月为修复乾清宫和坤宁宫,派官员远至四川、湖广、贵州、江西、浙江、徽州等处采买材料。同年为此而向全国加赋一百万两。正德十年,不顾"乾清、坤宁"二宫之修建已造成"役重费繁"的情况,武宗根据太监的提议,又修太素殿、天鹅房、船坞等,御马监、钟鼓司、火药库等也"皆一新之"。这些工翟都修建得很讲究,如太素殿"比旧尤华侈,凡用银二十余万两,役军匠三千余人,岁支工米万有三千余石,盐三万四千余引"。除了工程本身费用浩繁之外,经手人还"因缘为利,权奸、奄人所建庄园、祠墓及香火寺观,皆取给于此"。当封人因此而有"木妖土灾"之说。

公元 1508 年(正德三年),武宗不甘宫内枯燥的生活,就离开了禁城,住进了皇城西北的豹房。从此以后，一直到死，武宗都住在这里，明朝的政治中枢实际上也从皇宫中心搬到了豹房。

豹房虽然从广义上也可以算是在皇宫的范围之内，但毕竟不属于大内，所以武宗在这里就再也不用受那些繁文缛节的困扰，可以从此自由自在了，并且也在玩乐之余批批奏章公文什么的。他的兴趣也十分广泛，而且天资聪颖，对什么都是一学就会。只要是和做皇帝无关的，从斗鸡走狗，骑马射猎到吹拉弹唱，甚至于梵文和阿拉伯文，都无所不通。豹房既然原本是动物园，武宗搬进去又养了不少凶猛的虎豹，他闲来无事便观赏这些猛兽斗来斗去，有时还亲自下场跟虎豹斗上几下，甚至不惜被抓伤。皇帝当然不能自个跟虎豹打架，还得有不少保镖、陪斗的，于是就召集天下善搏虎豹的人，入豹房做"勇士"。选进京的有上万人，武宗又从万人中选出了一百名勇士，将他们养在豹房中，还把他们都封为自己的"义子"。

武宗和历史上所有的昏君一样荒淫好色，但是他也有自己的特别之处，那就是他对后宫的嫔妃完全不感兴趣，却喜欢带点异国风情的调调。锦衣卫都督同知于永是个色目人，擅长房中术之类的，武宗把他召入豹房，宠幸无比。于是向武宗推荐色目女子，说她们各个姿容美艳妖娆，皮肤白皙细嫩，比起中土的女子来，简直要胜过一百倍，于是武宗大为心动。那时都尉吕佐也是色目人，于永就矫诏叫他把家里擅长西域歌舞的舞女进献上十二个来。等到美人一来，武宗一看这西域美人果然不同凡响，十分高兴，天天没日没夜地观赏歌舞。他觉得这十二个美人还不够，就在京都那些色目人家大肆搜索，把他们的女子招来歌舞，其中尤其美艳的，就留下来供他玩弄。后来，他听说于永的女儿特别漂亮，就让他把女儿也献上来。于永不愿，就把邻人白回子之女冒名顶替地送进宫去。皇帝也没觉察出来，看那女子很美，还挺高兴。可是于永自知犯了欺君之罪，成天提心吊胆。后来他就装作风痹向皇帝辞职，让他的儿子承袭了自己的职位。于永劝诱皇帝大肆搜索色目女子，搅得那些色目人家鸡犬不宁，把于永恨得咬牙切齿。现在看他居然全身而退，还不失富贵，就更是心中不平。可迫于皇帝威势，也没人敢告发他，只好任他去了。

明武宗喜欢的另一个女子叫作王满堂，她的故事更加离奇。她是霸州百姓王智的女儿，从小生得俏丽动人，本来参加过皇帝选妃，但却落选了。王满堂自恃貌美，对这样的打击有点受不了，就做了一个梦，梦见一个叫赵万兴的人要迎娶自己,这个人将"贵不可言"。于是她不肯随便嫁人,天天等着这个"赵万兴"。看来,这个小姑娘是受了刺激,变得有点神经错乱了。但她的家人却对她这番胡话深信不疑,就到处给她打听这个叫赵万兴的人。这时,有个道士听说了这件事情,又得知王家姑娘貌美如花,就兴起了冒名顶替的念头。他先贿赂了一个和尚,让他对王家人说:"你家明天有个大贵人要来了。"第二天。他到了王家,问他姓名,就说:"我就叫赵万兴。"王家人一听,就是这个大贵人呀,高兴地围着他拜了起来,马上让他和王满堂成婚。

按说这个道士拐骗了个漂亮媳妇,也就该知足了。但可能是王满堂经常和他说贵不可言之类的话,弄得他也晕晕乎乎起来,全然忘记了自己是骗子,居然把自己当成真正的贵人,于是竟准备起谋反来。还煽乎了不少人跟从他,改元"大顺平定",自己当上了皇帝。当然,这种神经病式的折腾不会有什么好结果,他们还没有什么实质行动,就已经被当地的官府抓得一个不留。

谋反是了不得的大罪。但皇帝听说了这事,也觉得挺荒唐,就释放了那些跟从的愚民,只把那个"赵万兴"和跟从他的两个儒生处死。而王满堂本是"祸首",但武宗听说她是个美人,就动起心来,特地降旨赦免她。为了掩人耳目,先把她送到了宫中的浣衣局,接着又把她召入豹房,大加宠爱,甚至戏称她为皇后。王满堂想嫁个大贵人的梦,这时倒是实现了。

由此看来,明武宗喜欢的都是这些来历不明、稀奇古怪的女人。这样的女子在朝臣眼里统统是荒谬绝伦,自然不能纳入皇宫循规蹈矩的嫔妃编制中去。武宗就把她们统统安置在豹房。一时佳丽如云,豹房就由动物园变成了大妓院,不过主顾只有这大明天子一人而已。但即便如此,武宗也要它看起来像模像样。他豹房里开设个一条街市,建有定和、宝延等六个店铺。他自己就穿着商人的衣服,戴着小太监的帽子。在这六个店铺里跟他们做买卖,持簿算账,讨价还价,假戏真做,玩得好不高兴。这个街市还很热闹,街头有各种杂耍,跳猿扁马、斗鸡逐犬。沿市还有当垆卖酒的美妇人。但武宗还觉得不过瘾,就又让那些豹房的美人们都扮作歌伎粉头,他就挨家挨户地进去听她们唱曲。

明武宗玩够了美女,忽发奇想,又打算尝尝这男色的滋味。他在内臣里选取那些长相俊美,聪明伶俐的,还给他们起了个名字叫"老儿当"。尤其受他宠幸的,就叫"金刚老儿当",还能干预政事,权势很大。他最宠爱一个叫钱宁的,天天和他在一起。在豹房里经常枕着他的大腿睡觉。百官们见不着皇帝,就通过钱宁的举动来判断皇帝的下落。一看到钱宁打着哈欠走出豹房,就知道皇帝也快要出来了。

公元1509年(正德四年),湖广、四川、陕西、江西和两广因天灾人祸,造反者无数。公元1510年(正德五年),天下已经局势混乱,农民起义成为朝廷的大患。

畿南虽地处天子脚下,但由于皇室贵戚广占民田,明朝政府强迫养马,徭役差役繁重,百姓苦不堪言,河北起义首先于霸州爆发。公元1509年(正德四年)以来,官府将矛头对准文安响马刘六、刘七兄弟。两人被招安后不久,刘瑾的家人因向刘六索贿未成,诬陷他们兄弟,刘六等人被迫投入大盗张茂的门下。不久,张茂被宁杲设计斩杀。刘六、刘七等人因自首需献银数万两,方能免罪,被迫四散逃走,其家被毁。自此,刘六与官府决裂,聚众数百人,起兵反抗,队伍很快增至数千人,这就是畿南霸州起义。

刘六等人起义后,迅速吸纳了文安生员赵和赵镐兄弟,部众逐渐增多,畿南大震。公元1511年(正德六年)三月,刘六率军攻打博野、饶阳、南宫、无极、东明等县,官兵望风而逃。

此后,农民军一万多人从畿南到达山东,抢夺马匹,一昼夜疾驰数百里,倏忽往来,势如山雨。官军势单力弱,进退迟缓,常常败北。农民军受到山东农民的欢迎,粮草武器全部由当地农民供应,而且很多人加入队伍中。

公元1511年(正德六年)夏,农民军因人数众多,分为两支活动,一支由刘六等人率领,另一支则由杨虎等人率领。两支队伍转战数千里,往来于天津、山东间,驰骋纵横,杀官吏,释囚徒,如入无人之境。同年七月,两支农民军合兵一处,进攻文安,将明朝天下闹得天翻地覆。直到第二年七月,起义军才被镇压下去。

经此一变,明武宗对边军的战斗力大为惊叹,就把那些立功的将领召到豹房里来。

这些军官中有一个叫江彬的,身材魁梧,孔武有力,勇猛善战。有一次作战时身中三箭,其中一箭穿过面颊,从耳朵里穿了出来,他却全然不顾,拔掉箭继续和敌人作战。武宗听说了他这段传奇经历,啧啧称奇,就特地召他来要看看那个剑疤。谈起了军事,两人特别投机,皇帝就把江彬留在了身边。

武宗从小就对军事感兴趣,当太子的时候就经常在宫里演习骑射。大臣们劝孝宗皇帝管管他,但孝宗皇帝却说太子关注武事是安不忘危,也是好事,就听之任之了。后来他当了皇帝,还在豹房里操练小太监们搞军事演习。但这些都是玩闹,他并没有亲自到过战场。现在有了江彬,协助皇帝指挥演练军阵,把原来武宗训练的那些小太监都换成了从边镇中挑选出来的精兵。经过江彬一段时间的训练指导,皇帝懂得了不少实践经验,在一次次对抗演习中,他对领兵打仗更是着迷了,渴望能有机会走出皇宫,真正体会一下沙场征战的感觉。

机会居然不久就来了。公元 1514 年(正德九年)6 月,鞑靼小王子率领蒙古骑兵进攻宣府,明军初战不利,后来使用前后夹击的战术,迫使蒙古退兵,但是代价惨重。到了公元 1516 年(正德十一年),蒙古再次进犯,杀掠百姓,掠夺牲畜,大肆骚扰一番后撤兵。武宗听说此事,觉得正好给自己操练了多时的宫中"军队"一个实战演练的机会。再加上江彬和钱宁互相争宠,江彬害怕钱宁害他,就向武宗吹嘘边军如何英武善战,宣府的歌女是多么窈窕迷人,更使皇帝对边境充满了神往之情。于是,皇帝做出了决定,他要亲自去征讨蒙古人。

公元 1517 年(正德十二年)8 月 1 日的清晨,武宗皇帝偷偷换上便服,和江彬一起,带了几个心腹之人,趁人不注意,溜出了北京德胜门,直奔昌平。对此朝廷百官一无所知,第二天上朝发现皇帝没了,都大惊失色,三个内阁大学士立即上马出城去追,一路狂奔却依然见不到皇帝的踪影,只好给他上了一个奏疏,说皇帝这种行为相当危险,应该赶紧回来以安民心。皇帝当然不会被一本奏疏被劝回去,他的目标是宣府。

皇帝甩下了一帮大臣,却在居庸关被挡住了。居庸关的巡关御史命令关门紧闭,不准放任何人通过,武宗派人去传旨让他开关,他却拿了敕印,仗剑坐在关门之下,号令关内说:"有言开关者斩!"并立即写奏疏劝皇帝返回。武宗没有办法,只好返回。

只是皇帝虽然回去了,却很不甘心,还在找偷偷出去的机会。半个月之后,他打听到那个御史出巡去了,不在居庸关,便溜出北京城,火速赶到了居庸关,混出了关门,向宣化方向加速奔驰。为了防止那些大臣们又跑来把自己拉回去,他留了个宦官镇守居庸关,不准任何的官员出关。大臣们无可奈何,武宗终于实现了自己的夙愿,来到了宣府。

按说皇帝出征也是正大光明的事。何必搞得这么偷偷摸摸,大费周章。原来,在传统的观念中,皇帝是九五之尊,地位重要,不能轻举妄动。若是为了消灭几个小小毛贼而动摇了"国本",就得不偿失了。再说,明朝本身就有一个惨痛的先例:当年明英宗曾经在太监王振的蛊惑下出征蒙古,结果兵败被擒,蒙古大军直逼北京,史称"土木之变",闹得差点亡国。所以,武宗一有了出征蒙古的念头,大臣们就纷纷劝阻。就在武宗"奔逃"到宣府的一路上,还接到了不计其数地劝他回去的奏章。对于道德通天的大臣们的聒噪,武宗不胜其烦。于是,为了使自己巡边合理化,武宗想出了一个"绝妙"的主意。他下了一道圣旨,封自己为"威武大将军总兵官",还改名朱寿,用这种孩子气的办法来对抗大臣们:你们不是看不惯皇帝巡边吗,现在出去作战的可不是大明皇帝朱厚照,而是威武大将军朱寿。

皇帝给自己的封官,而且还只是一个小小总兵,可是从来没有过的事情。武宗此举让大臣们啼笑皆非。"威武大将军"给内阁发了一个旨意,要求调集钱粮和军队,准备应战。大臣们就集体给他上书,纷纷指出他这么做是违反祖制。但皇帝已经跑到了宣府,大臣们又都被阻挡不得出关,四个月里,北京的臣僚几乎和皇帝完全失去联络。虽然大臣们的奏本都被送到皇帝那里,但皇帝却只有极少的御批,所以这些大臣们的抗议毫无用处。"威武大将军"踌躇满志,准备和蒙古人展开一战了。

一场激战下来,战果如何,众说纷纭。由于皇帝出关与蒙古人交战,身边没有带一个大臣,所以满朝文武官员没人肯承认皇上御驾亲征的胜利。根据《明武宗实录》的记载:在这次战役里只打死了16名鞑靼军人,而明朝却伤亡了600多名士兵。而且,战斗中"乘舆几陷",武宗差点跟英宗皇帝一样被抓了去,所以这样的战果根本不值得宣扬。

但皇帝本人并不这么想,他自己感到大获全胜,不虚此行,便兴致勃勃地准备班师回朝。在回朝前夕,武宗下了一个别出心裁的旨意:命宦官将各种绸缎遍赏百官,要求他们马上制成新的朝服,穿来接驾,还亲自设计了帽子的式样,发下去让他们照着做来戴上。于是到了皇帝大驾归来那天,朝廷百官身着乱七八糟之服,头戴稀奇古怪之帽,齐聚德胜门外迎接。远远望去,倒也五彩斑斓,花团锦簇,像极了一班杂耍队伍。

偏偏天公还不作美,那一天天气突变,雨雪交加,一直傍晚,皇帝才穿着盔甲,带着佩剑,在火把交映中出现。他迫不及待地跟阁老们吹牛:"朕还亲手砍了一个鞑靼兵呢。"估计那些大臣们哭的心都有了,却也只能顿首称赞,恭维皇帝圣明。皇帝虚荣心得到满足,饮过首辅杨廷和递来的一杯酒,就径直驰回豹房休息。而那些大臣们则在风雨泥泞中乱成一团,个个狼狈不堪。明武宗终于报了上次不让自己出去的一箭之仇。

虽说大臣们对皇帝的战绩并不看好,但前方官兵的围困却因此而解,而且终明武宗一朝,蒙古再也没有进犯过。这么看来,不论伤亡如何,这位皇帝倒的确取得了战略上的成功。看来"威武大将军"没有白进行军事训练,还是很称职的。功成自然要赏,于是武宗下旨:加封威武大将军朱寿为镇国公。并决定第二年继续巡边。

大臣们这回可不干了。对于皇帝的命令,四位内阁大学士都不肯接受。其中有一位还匍匐在地,泪流满面,说是宁可任凭皇上赐死,也不能做这种不忠不义的事情。两位大学士提出质问:陛下放着皇帝不做,却自我降级当什么镇国公,如果追封三代,岂非要使先皇三代同样地降级。而首辅杨廷和愤激之余,在奏折中严厉抗议:所谓威武大将军朱寿究竟是何人,请开列他的履历,如果不能解释清楚,就是伪造圣旨,依法当处死刑。对大学士的抗议,武宗仍旧是置之不理。

自公元1518年(正德十三年)正月21日起去宣府,二月因慈寿太皇太后王氏(宪宗的皇后)去世,只好赶回京城处理丧事。这次出巡历时较短,只有二十一天。公元1518年(正德十三年)三月,武宗又开始了第三次出巡。他先去昌平。四月,到密云。五月,至喜峰口。初十,自喜峰口出京。这一次出巡历时共四十天。

比较大规模的一次外出游幸,是正德十三年七月。正德十三年一月初二,明武宗因怀念宣府的"镇国公府",在江彬诱导下,遂准备第四次出巡,当即传下圣旨:"北寇屡犯边疆,诚恐四方兵戎废弛,其辽东、宣府、大同、延绥、陕西、宁夏甘肃,尤为要害。今特命总督军务威武大将军总兵官朱寿,率六军往征。"并让内阁起草敕令。其"圣旨"中的所谓"朱寿",乃是明武宗为自己起的名字。接到这样荒唐的圣旨,内阁大学士们从维护明朝的统治出发,当然不能接受。但还是阻挡不住明武宗的出巡。七月初九,天还未亮,武宗就带领江彬和护卫们,悄悄地走出东安门,沿着已经走熟的路线,经居庸关,历怀来、保安等诸城,到达宣府。

在宣府折腾了一阵之后,又自万全,历怀安、天城、阳和,再到大同。十月,巡游大队的人马西渡黄河，至陕西榆林。十一月，再由榆林南下米脂、绥德。十二月又东渡黄河，到达太原。

一路之上，江彬及随从人员，到处为武宗物色美女歌伎，无论官家民家，已婚未婚，武宗只要看着顺眼，便丝毫不顾，全不在乎，都留在身边。他们所到之处，造成官府民宅巨大的灾难，搞得民不聊生、民怨沸腾。

这次巡游时间，长达半年之久，正德十四年二月，武宗的"远征"结束。满载金玉珠宝、鹰犬虎豹、美姬情女，自宣府而归。武宗最宠爱的美女"刘娘娘"，就是这次出巡太原时，带回豹房的。

欣赏够了北地风光，武宗又开始对风景秀丽的南方感起了兴趣。于是，从西北回来后，他就开始酝酿南巡。"威武大将军朱寿"去了两回宣府，已经把朝中大臣们折腾得晕头转向，面临崩溃了。现在他又要到南方，大臣们就更是五雷轰顶，于是想尽各种办法，说什么也不让他去。先是大学士杨廷和率领高级官员出来反对，把所有能想到的理由都想到了，什么不合祖制啊，江南灾荒啊，塞北的蒙古人又要来啊之类，总之万万去不得。接着，科道言官们发动了政治请愿，集体跪在皇宫门要求皇帝停止南巡。之后，在京官员又征集到一百六十余人联名上疏，其中颇有难听的话语，指着鼻子骂皇帝是孟子所说的"残贼之君"，还说皇帝若是不听他们的话，就会"不知死所"。这还不算，又有一位管皇宫警卫的金吾卫都指挥金事张英，在皇宫门前以死相谏，幸好让武士抱住，没有成功。几次三番下来，终于惹毛了皇帝，他下令对一百多名官员施行廷杖，当下就打死了十一人。不过，在打了臣下一顿屁股之后，皇帝也觉得没趣，南巡的事就暂时搁下来了。

这时，江西宁王朱宸濠在南昌发动了叛乱，消息迅速传到了北京。皇帝听说后，大喜过望，这下，他可找到南巡的借口了。于是他宣布要御驾亲征，讨平宁王的叛乱。

这回皇帝的理由正大之至，而且下旨，谁再敢反对他南征，就一律砍头。被他折腾的精疲力尽的朝臣们只好认命，听之任之了。

武宗用不着偷偷摸摸，也就犯不上疲于奔命。皇帝大军出发，一路浩浩荡荡，从北京到涿州，就足足走了四天。原来，这中间还有一段小插曲，皇帝在路过卢沟桥的时候，把刘娘娘留给他的信物丢了，到了涿州才发现，于是就停下来四处寻找。

国学经典文库

中国古代秘史

·明朝秘史·

图文珍藏版

这边皇帝正在找簪子，那边却接到了一个"坏"消息，宁王的叛乱，已经被大名鼎鼎的阳明先生王守仁平定了。

武宗拿着这份捷报，真是郁闷之极，自己连战场的边还没摸到呢，这宁王都已经被抓住了，实在太不好玩。而且，叛乱既然已被平定，"御驾亲征"也就毫无必要。不过他也有自己的鬼主意，下令将捷报隐匿，不得对外泄露，接着继续他"总督军务威武大将军镇国公"的旗号，率军向江南进发。

不过叛乱已定，皇帝的南巡就由出征变成了一场游乐，于是一路上晃晃悠悠，顺便观赏沿途景色。先到了保定，和当地官员比赛喝酒。几天后又到了临清，当地官员没想到皇帝突然驾临，非常意外，只好匆匆准备了一桌差劲的宴席宴请皇帝，在皇帝的座位连筷子都忘了摆。皇帝倒也不恼，还笑对他们说："你们怎么这样慢待我?"也就算没事了。

这期间他还回去接了刘娘娘。十二月，皇帝一行到了扬州。

这位刘娘娘的来历颇为神秘，有的说她是大同代王府的歌伎，又有的说她是太原晋王府乐工的妻子。她被叫作"刘良女"，不知道这就是她的名字，还是因为她是刘良的女儿，或者根本就是把刘娘娘的"娘"字拆成"良女"。不过，可以肯定的是，明武宗对她十分宠爱，把她带回豹房，天天寝必同床，食必同案。豹房中有谁犯了错，让她向武宗说了情就好了。

因此，虽然她没有皇家正式的封号，但是大家都尊称她为刘娘娘。这次皇帝御驾亲征，出师照例是不能带内眷的，于是武宗和刘娘娘相约在潞河会面。临别之时，刘娘娘送给武宗一支玉簪，作为信物，相约迎接的时候以此玉簪为凭。结果皇帝把簪子丢了，到了山东临清，派人去接刘娘娘，她却不肯去，一定要见到簪子才成行，于是皇帝就亲自乘船回去迎接。由此可以看出刘娘娘在他心中的地位，武宗虽然有皇后，却把她看成是自己正式的妻子，在之后南巡的所有场合，他几乎都和这位刘娘娘在一起。在寺庙里祈福，也写上"威武将军镇国总督"和夫人刘氏的名字，表示这是他和妻子共同所做的功德。看来这武宗倒也是个痴情种子，后来戏剧家李渔就曾把他和刘娘娘的故事写成过传奇《玉搔头》，成了一段风流佳话。

扬州是著名的出美女的地方，好色的皇帝自是不肯放过，当即下令在当地搜索。他"天良发现"，居然知道拆散人家夫妻不对，就命令只搜索少女和寡妇。此举弄得民间惊恐万分，老百姓纷纷"突击"嫁女，一夜之间差不多把所有的少女都嫁光了。于是他让太监暗中记着寡妇和倡优家之所在,待到半夜,打开城门,传呼皇帝驾到,命市民燃烛接驾,如果发现有逃匿的,则破垣毁屋,直到搜到为止。当时,全城寡妇几乎无一幸免,哭声震动远近。知府蒋瑶冒死恳情,情况才稍微平定一点。抢来的女子太多,武宗也有点顾不过来,就把她们关在尼姑庵里当肉票,让家里拿钱来赎。有些女子绝食而死,以示抗议,尸体就堆在尼寺中。蒋瑶只好把她们的家人找来,悄悄地收尸埋葬。扬州名胜很多,皇帝想起了杨广的故事,要看琼花,蒋瑶就说那不是什么好东西,已经绝种了。皇帝又要搜罗扬州的稀罕物品,蒋瑶就说扬州是正经地方,不产稀奇古怪的东西。皇帝没法,嬉皮笑脸地说白布总算扬州特产了吧。于是蒋瑶就进献白布五百匹,给他一个台阶下。皇帝虽然糊弄过去了,但他身边的太监可不那么好通融。他们向蒋瑶索贿,蒋瑶不给,他们就拿铁链子把蒋瑶捆了好几天,后来还是蒋瑶的属下向皇帝告状,皇帝才把他放了。

离开扬州,武宗就到了南京,在那里住了二百多天,自然是大玩特玩,扰得当地鸡犬不宁。不过皇帝在玩闹之余总算想起正事来:他这次南巡是为了平定宁王叛乱,虽然他压下了报捷的奏折,但全天下的人都知道宁王之乱已经被王阳明平定了,与他这个"威武大将军"没有半点相干,这让皇帝心中极为不爽。而那边王阳明的处境也十分尴尬,本来他是立了大功的,可逆了皇帝的心意,却弄得像是犯了大罪一般。而且皇帝身边那帮太监向他索贿不成,竟在皇帝面前诬陷他和宁王勾结图谋不轨。于是,这个宁王在他手上就像一个烫山芋。这时,武宗太监张永去和他交涉,想把宁王要过来,还让他再写一封奏疏,说明是在那位"总督军务威武大将军镇国公朱寿"的英明领导下,靠他老人家的威德和方略,以及身边一干功臣,才迅速平定了宁王叛乱。王阳明正不知道该把宁王怎么样才好,一看这个机会,乐得把手里的烫山芋抛掉。不过他也有自己的原则,臣子归功于皇帝是天经地义,但却和那个乱七八糟的什么"威武大将军朱寿"不相干。皇帝无可奈何,但人家已经退让了一步,自己也只好勉强接受了。

现在宁王到了皇帝手里,可皇帝一想自己千里迢迢地只为接个俘虏入京,也太窝囊了。于是他身边的江彬给他出主意,让他再把宁王放回去,给他点兵,然后皇帝亲征。再把他捉住。荒唐的皇帝居然也会觉得这个建议太荒唐,就没答应。不过他也没有放过这个玩乐的机会。在献俘大典上,皇帝威风凛凛地登上了点将台。台下的军队将宁王押了上来,解除了所有的刑具,让他在场中自

图文珍藏版

由行动。然后,"威武大将军朱寿"再挥着令旗,指挥军队,把这个俘虏抓获。这么一番折腾,才算是给皇帝找回一点满足。他在南方也玩得差不多了,于是才准备回京。

4.落水受惊,豹房丧命

闰八月初七,武宗决定回京。武宗在回京的路上依旧东游西逛,到了淮安清江浦,又兴起了泛舟捕鱼的念头。初八,他正在船上玩得兴高采烈,不知道为什么,船却突然翻了,皇帝掉进了水里,周围的人吓得要命,纷纷下水,七手八脚地把他救上岸。但皇帝却因为受惊而生了病,而且病得越来越厉害。

这下武宗不敢再耽搁了,他立刻回到北京,但不肯回宫,而是去了豹房。十一月二十九日,王守仁、伍文定等人平叛的功劳全部被抹杀,而成了武宗亲征大捷。此后,武宗令朱宸濠等人自尽。十二月初十,武宗回到京城。公元1521年(正德十六年)正月初一,武宗赐群臣假,免宴。正月初六,武宗病重。正月初十,由于武宗病重,郊祀礼改为占卜。

二月初一,武宗因病罢朝。二月初二,捕获妖人段及其妻王满堂。武宗见王满堂长得娇美艳丽,抱病临幸,不顾性命。公元1521年(正德十六年)三月,武宗在豹房驾崩。这个酗酒好色、荡游无度、荒唐一世的明武宗走完了他的一生。他生前没有子嗣,由首辅杨廷和与张太后一起决定拥立兴献王之子入继大统。五月初八,武宗被尊谥为"毅皇帝",庙号为武宗。九月二十二日,葬于康陵。

明武宗生前一直以与文官集团作对为己任,屡次把他们捉弄得晕头转向,啼笑皆非。现在他死了,首辅杨廷和以他的名义拟了一份遗诏,在里面把他十五年来的所作所为统统否定:令京师的边兵归镇,罢遣豹房的蕃僧和乐工,散四方进献的女子,收宣府行宫金宝归诸内库……其结果是"中外大悦",成了武宗所有诏书中唯一令人满意的一份。不知这个爱玩爱闹的皇帝死后有知,对此将做何感想。

景泰帝为何暴亡

明朝1449年发生了土木堡之变后,为了保住江山社稷,不受俘虏了明英宗的瓦剌人威胁,在皇太后的主持下,由英宗的弟弟朱祁钰即位当了皇帝,即为明代宗,年号景泰,所以也被称为景泰帝。英宗则改称为太上皇。

朱祁钰正式登基称帝后,马上就面临着瓦剌大军兵临城下的威胁。面对内忧外困的局面,他接受了兵部侍郎于谦的建议,决定固守京城。他把于谦升为兵部尚书,让他负责一切抵御瓦剌侵袭的战斗准备。经过整个北京城居民的团结努力,终于打退了瓦剌的进攻,北京保卫战获得了辉煌的胜利。此后,景泰帝对内实行开明政治,广开言路,招纳贤士。当时黄河连年决口,许多沿河百姓都深受其害,景泰帝又采取轻徭薄赋的政策,减轻赋税,赈

景泰帝

济灾民,并派出专门的官员疏通河道,修筑堤防,取得了治河的成功。经过了两年的整顿,国家开始出现稳定的局面。景泰帝尤其相信北京保卫战中的功臣于谦,朝廷的许多大事他都能听取于谦的正确意见,做出对国家有利的决定。就比如景泰帝从内心讲十分不情愿接英宗还朝,怕他会影响自己的统治地位。可是在于谦的几次劝说之下,他仍然以国家大义为重,接回了英宗。

景泰帝当皇帝的这几年着实做了一些好事,但是他也做错了一些事。影响最重大的事就是他废除了英宗原来立下的太子朱见深,而改立自己的儿子朱见济为太子。这对一个父亲来说并没有什么错,但是却带来了朝廷政治的不安定因素。他刚一提出这个想法,第一个反对他的人就是他的正宫皇后。他不顾多年的夫妻之情,废掉皇后,改立朱见济的生母杭贵妃为皇后。宫内的老太监们也都不同意,他就赏给每人五十两黄金,希望以此来堵住众人之口。朝中的大臣也都不同意,但是景泰帝仍旧一意孤行,谁敢反对就把谁革职拿问。最后他终于力排众议,把自己唯一的儿子立为了太子。但是他的儿子显然没有皇帝命,被立为太子仅一年就得病去世了。景泰帝没有办法,又不愿重新立英宗的

儿子当太子,就只好让太子之位空着。他改立太子这件事在朝中引起了很大争论,几乎没有一个人赞成他的做法。这件事也最被身为太上皇的英宗记恨,时刻不忘夺回帝位。

景泰八年,久居南宫的英宗盼望已久的机会终于到来了。这时景泰帝身染重病,卧床不起。英宗勾结了宫中的太监曹吉祥和宫外掌管京师守卫工作的石亨发动政变,复辟帝位,重新登上了皇帝的宝座。景泰帝一夜之间失去了帝位,被幽禁在西宫里,成了阶下囚,心中怒火难平,病得更重了。可是就是这样,英宗还是觉得不放心,只要景泰帝一天不死,他心里就一天不能得到安宁。他派人去告诉景泰帝,说他已经被废除了帝号,重新恢复他以前的称号。他想尽量刺激景泰帝,加重景帝的病,最好能很快地病死才好。可是没想到,景帝的病虽然没有好,但是也没有变坏,在太医的调理之下反而能够坐起身来吃些东西了。英宗见景泰帝似乎一时死不了的样子,心里总是觉得不舒服,总想杀死景泰帝以除后患。

一天下了早朝以后,英宗找来他的一个亲信太监蒋安,小声地交代了一些话,就见蒋安心领神会的马上转身离去了。不久就传来消息说,景泰帝已经病重不治身亡了。英宗这才长长出了一口气,觉得这次终于能够安心坐稳皇位了。那么,景泰帝到底是如何死的呢? 他真的是病死的还是被英宗派人所杀?

史书上对景泰帝的死因始终有两种说法。第一种就是有疾而终说。这种看法认为曹吉祥和石亨之所以敢于发动政变,就是因为这时景泰帝已经病重,眼看就要死了。他们为了讨好英宗,所以才帮助英宗复辟帝位。本来即使不发动政变,景泰帝死后因为没有太子,基本上也可以确定应该是由英宗复位的,他们的这种做法只是为了使英宗可以提前复位,而且从景泰七年年底开始直至景泰帝去世,皇家的记录中关于景泰帝病重的记载多达 20 处。这些都可以说明景泰帝的病确实日益严重,最后终于不治身亡。这种记载本来已经使事情很明确了,让人起疑的却是英宗的奇怪态度和做法。英宗对景泰帝的死十分避讳,禁止人谈论这件事。他还拆除了景泰帝生前已经建好的陵墓,改以王礼把景泰帝葬于京西的金山。有人记载,景泰帝下葬之前,被人穿上了沉重的靴子,两腿也被绑在一起。这又是为什么呢? 据说这正是英宗命人如此作的。英宗很迷信,生怕景泰帝死后来找他,听说只要给死人穿上沉重的靴子,死人就走不动路了。英宗如果没有做亏心事,又怎么会如此害怕呢? 所以关于景泰帝的死一直也存在着另一种说法，就是景泰帝是被英宗派人活活勒死的，这个杀人的凶手正是前文提到过的太监蒋安。英宗总怕景泰帝日后也像自己一样重新复辟，所以先下手为强，派人杀了景泰帝以除后患。这种说法的证据是明代许多人的书中都十分避讳谈到景泰帝之死，即使有时谈到，也笼统地记载景泰帝"薨"，却从来没有人写出景泰帝因何而"薨"。这种史书中常用的曲笔手法是不是也说明了景泰帝之死另有内幕呢？人们不禁怀疑，英宗复位之初的实录中如此频繁的记载景泰帝病重、"有疾而终"的情况，是不是有欲盖弥彰之嫌呢？就是境外属国朝鲜国的历史文献上也清楚记载了"景泰帝之崩，为宦官蒋安以帛勒死"。这么看来，景泰帝之死应该是被英宗派人谋杀一说更为可靠，只是英宗在位时根本就没有人敢于揭露这个事实，而众多本应如实记载历史的史官也"为尊者讳"，不能也不敢直书其事罢了。

福王朱常洵死因之谜

福王朱常洵是明神宗万历皇帝朱翊钧的第三个儿子，他的母亲郑贵妃是万历皇帝最爱的女人，朱常洵也是万历皇帝最钟爱的儿子。在万历皇帝在位的四十多年时间中，福王朱常洵与他的大哥朱常洛的储位之争一直困扰着皇帝、后妃和朝中的大臣们。万历皇帝一心想立爱子为皇太子，大臣们则恪守着祖宗的传统，坚持应立长子朱常洛为太子。双方的斗争激烈而长久，甚至导致了万历皇帝因为自己的心愿不能达成而二十年不上朝的恶劣后果。经过了差不多二十年的斗争，疲惫的皇帝终于向顽强的大臣们认输了。他在万历二十九年正式立长子朱常洛为太子，并同时封朱常洵为福王。

立太子的愿望没有实现，神宗就在经济上对他百般施惠。按常规，藩王一过十八岁，就应该到自己的封地去居住。福王已经长大，应该到他自己的封地——洛阳"就国"。但是神宗就是不让福王走，硬是要把他留在自己身边，这让大臣们都很不安。他送给朱常洵结婚的费用就达白银三十万两，在洛阳为他建宅邸，花费二十万两，比朝廷的规定高出九倍。就是这样，福王还是不走。这时还不断地有人写匿名信，要求让福王朱常洵当太子，还有人搞诬咒，要让太子朱常洛死掉，好让福王当太子。在这种情况下，以叶向高为首的大臣不断向神宗要求让福王就国。

万历四十二年,神宗又提出,要给福王四万顷良田做田庄,才能让他就国。大臣们听了此话大吃一惊,这需要剥夺很多百姓的土地。叶向高等人据理力争,福王朱常洵自己也表示可以少要一点。这样,总算同意减到二万亩。洛阳附近的肥沃土地凑不够,就从山东、湖广等地搜罗凑数。还规定他三年可以回京二次。这些条件都满足了,朱常洵才在这一年搬出北京,到洛阳就国,这时他已经二十八岁了。临行的时候,神宗仍是依依不舍,走一段就把他叫回来看看,一连叫回来好几次。

朱常洵对自己获得的赏赐予仍不满足,又提出要把从江都到太平这一段长江两岸的杂税和四川的盐井税、官卖茶钱等等也都得给他。因为郑贵妃的缘故,神宗都答应了。

另外,福王还要了一千三百引(重量单位,每引约四百斤)盐,在洛阳开店出售。从淮阳提盐的时候,又比应给的数字多提了几倍。洛阳人原来吃的是河东(治所在今山西省太原市)地区产的盐,他就下令不是他的店里卖的盐百姓就不准买。河东的盐税本来是作军费用的,由于他不让百姓买河东的盐,河东的盐卖不出去,搞的军费都不够了,负责用河东盐务的官也被免了职。有的大臣要求用河东的盐供给福王,并且要求福王不要再自己卖盐了,但是神宗根本不予理会。

神宗在位期间疏于政事,下面送上来的奏书很多,他都不愿意看,大臣们不断地要求他批阅,他还是不看,结果宫中的奏折堆积如山,一件也没处理,只有福王朱常洵的奏章,一送到他就看,并当场予以批准。那些势利小人,看到福王受到神宗如此钟爱,便纷纷投奔到他的门下。

崇祯元年(1628年),各地灾荒不断,朝廷政治腐败,人民生活很困难,爆发了以高迎祥为领导的农民起义。此后农民起义风起云涌,接连不断,而且规模越来越大,明王朝的统治摇摇欲坠。起义军发布的征讨檄文中对明王朝提出很多指责,其中重要的一条就是说神宗"耗天下以肥王",就是说他搜刮了天下的财富以肥福王,并且指出洛阳(福王封地)比北京的皇宫大内还要富有。

当朝廷派去镇压农民起义的军队路过洛阳的时候,士兵们都纷纷指责说,福王的财产数以百万,富甲天下,却不肯拿出一点钱来犒军,让大家都饿着肚子上前线去为朝廷卖命。当时的南京兵部尚书吕维棋正在洛阳的家里,他见到士兵们气势汹汹,怕发生兵变,对明朝统治更加不利,就去拜访福王,把当前的严重形势和利害关系分析给福王听,建议福王拿出一部分财产作军饷。可是福王朱常洵继承了他的父亲爱财如命的贪婪习性,说什么也不肯掏钱出来,对吕维棋的建议毫不理会,照样花天酒地,纵情享乐。

崇祯十三年,李自成的农民起义军逼近洛阳,朱常洵还不知大祸临头,一连几天宴请洛阳城里负责镇压起义的军队将领。这时李自成的军队已经团团包围了洛阳城。一生安安稳稳、享尽清福的朱常洵哪晓得人间俗事,还以为有了钱就能解决一切问题。虽然还是十分舍不得,但他还是拿出一千两金子招募了一些亡命之徒,夜里用绳子从城墙上吊下去突袭李自成的大营。刚开始时起义军稍稍退了一些,但是很快就稳住阵脚,又围了上来。双方就这样对峙了几天。洛阳城里的守军一向对福王一毛不拔、贪婪成性十分不满,根本就不想替他卖命。夜里,城上的守军就和城外的义军喊起话来,甚至还谈笑风生。双方士兵都是穷人,出来当兵讨生活,当然不愿意自相残杀。于是几天以后,守城的士兵发动叛变,杀死了一些官兵,烧坏城门,放农民军进城。朱常洵一见洛阳失守,知道情势不妙,也用绳子吊出城外,躲在一座破军庙里。天亮后,义军派出的人马在庙里找到他,当着全城百姓、士兵的面,把他杀了,并没收了王府中的全部财产。福王尽管家财百万,但糊涂的他终于也没有用钱财换得性命,死在了义军的快刀之下。

国破身亡,崇祯皇帝自缢之谜

崇祯是明朝最后一个皇帝,同时也是最为勤勉,最具悲剧色彩的皇帝。"无力回天"这四个字,可以概括崇祯的一生。十六岁登基的崇祯执政时,明朝处于内乱、外患、地方势力割据、庞大的文官集团把持朝政。整个明帝国可谓内忧外患,风雨飘摇。崇祯勤俭勤勉,兢兢业业,付出全部的精力与明末庞大的文官集团抗争,十七年来用尽心力意图复兴明室,最终城破自缢。

1.崇祯的境遇

崇祯即位之初,这个16岁的少年天子以雷厉风行之手段收拾了魏忠贤。民间欢呼不已,称颂他为"圣人出"(《五人墓碑记》),然而明朝庞大的文臣集团对君权的限制,使这个末代帝王无能为力。

据有的史学家分析,崇祯是我国最勤政的皇帝,平均每天睡眠时间不到2小时。据史书记载,他二十多岁头发已白,眼长鱼尾纹,可以说是宵衣旰食,朝乾夕惕。

崇祯执政时期,对于满清,群臣分为主战主和两派。崇祯在用人方面,起用了主战派袁崇焕。袁崇焕是中国历史上著名的忠臣良将,然而对清用兵,明朝几近崩溃的财政几乎无法支撑。把持朝政的文官集团使得军中之将只重出身门第,不重能力战功。几次大规模对满清的军事活动均遭惨败,削弱了明朝的军事力量,最终无力镇压农民军起义,加速了明朝灭亡。

有传崇祯天性多疑,刚愎自用,嗜杀成性,史书中有相关证据证实。然从另一方面而言,崇祯即位时,曾经强盛的明帝国已经风雨飘摇,阉党文官把持朝政,君权受到极大的限制。两党分庭对抗,却难寻能用之人。崇祯即位之初在文官集团的帮助下诛灭魏忠贤阉党,却间接推动了文官集团的权利膨胀。

崇祯与臣子的关系或可说是历史上最为尴尬诡异的——相互仇视,相互依存、相互利用。崇祯在位的十七年,除了镇压农民军以及抵抗满清入侵外,将更多的心力用于削弱文官集团的势力,并取得了一定的成效。

造了崇祯十几年反的李自成曾这样形容他的:"君非甚暗,孤立而炀灶恒多;臣尽行私,比党而公忠绝少。"(《登极诏》)李自成是在明朝统治下活不下去才铤而走险,与崇祯皇帝有不共戴天之仇,但他这段话却说得客气之极,分明就是"君非亡国之君,臣皆亡国之臣"的文雅说法。

清张廷玉在《明史·流贼传》中这样评价崇祯:"呜呼!庄烈非亡国之君,而当亡国之运,又乏救亡之术,徒见其焦劳瞀乱,子立于上十有七年。而帷幄不闻良、平之谋,行间未睹李、郭之将,卒致宗社颠覆,徒以身殉,悲夫!"

2.不动声色铲除魏忠贤

朱由检是当时的太子朱常洛的儿子。5岁时,他母亲死了。当时朱常洛的太子地位并不稳固,万历皇帝曾想废掉他改立郑贵妃之子。后来,朱常洛历尽坎坷而位尊九五,但在即位的当年就因纵欲过度病死了,皇位传到朱由检的哥哥朱由校身上。朱由校对治理天下根本没有兴趣,将朝政大权一股脑儿地交给了自己的奶妈客氏和太监魏忠贤。

魏忠贤很快结成了包括宰相和大多数政府官员的"阉党",魏忠贤要打击的是东林党以及反对阉党的人物。他采用特务手段,以皇帝的名义随便抓人,包括左都御史杨涟都死于非命。当杨涟的尸体被家属领出时,胸前有一个压死他时用的土壤,耳朵里还有一根横穿脑部的巨大铁钉!

阉党到处贪污纳贿,鱼肉百姓,搞得天怒人怨,民不聊生。如果不是天启皇帝朱由校在位才七年就死了,阉党一定会把明朝闹亡。

公元1627年(天启七年)八月二十一日,朱由校驾崩,遗诏由他弟弟信王朱由检继位。魏忠贤不敢公然加害朱由检,但是暗中的毒害还是有可能的。所以,16岁的朱由检在八月二十三日入宫当天,一夜未眠,取来巡视太监身上的佩剑以防身,又牢记皇嫂张皇后的告诫,不吃宫中的食物,只吃袖中私藏的麦饼。

登基之后的朱由检,深知要除去魏忠贤,必须先稳固自己的地位并保证自己的安全。他一面像他的哥哥朱由校一样,优待魏忠贤和客氏,一面将信王府中的侍奉太监和宫女逐渐带到了宫中,以保证自己的安全。

魏忠贤对于朱由检,始终无法揣透其心意。他的策略,就是送一些美女给朱由检。崇祯帝将送来的4名绝色女子照单全收,但很仔细地搜了身。结果,4名女子的裙带顶端都系着一颗细小的药丸,宫中称为"迷魂香",实际上是一种能自然挥发的春药。朱由检命4人将药丸毁去。魏忠贤一计不成,另生一计,派一个小太监坐在宫中的复壁内,手持"迷魂香",使室中自然氤氲着一种奇异的幽香,以达到催情的效果。这一招,同样被朱由检识破,并大发感叹说:"皇考、皇兄皆为此误矣!"

朱由检一直不动声色,任由着大臣们攻击魏忠贤的高潮一浪胜过一浪,中间还得面对魏忠贤的哭诉,依然无动于衷。十月二十六日,海盐县贡生钱嘉征上疏攻击魏忠贤十大罪状:一,并帝;二,蔑后;三,弄兵;四,无二祖列宗;五,克削藩封;六,无圣;七,滥爵;八,掩边攻;九,伤民财;十,亵名器。

朱由检召魏忠贤,命令太监宣读了钱嘉征的奏疏。次日,魏忠贤请求引疾辞爵,得到朱由检的允许,后又下诏将他贬往中都凤阳祖陵司香。

然而,魏忠贤是过惯了有权有势生活的人,出京的时候竟然还带着卫兵1000人、40余辆大车浩浩荡荡地向南去了。一个戴罪的太监竟然还敢如此跋扈,无疑进一步刺激了朱由检敏感的神经。于是,朱由检命锦衣卫旗校将魏忠贤缉拿回京。

十一月初六日,得到消息的魏忠贤在旅馆中绕房疾走,自缢而亡。他死后,朱由检下令将其磔尸于河间,同时客氏也被赐死。此后,气焰嚣张的阉党一举被铲除。

这一系列有胆有识的举措,使得朝野上下精神为之一振,人们仿佛看到了明朝中兴的希望。这位年仅16岁的小皇帝,在清除阉党中表现出的老练成熟,的确应该给人们这样的期待。

3.多疑擅杀的性格

纵观朱由检的一生,他16岁当皇帝,当了17年,死时年仅33岁,人生刚好分成两截,而这两截是有必然联系的。

少年时的经历使他渐渐养成了人格分裂式的双重性格:一方面,他身为位尊爵重的亲王,自可以呼奴唤仆,形成了他性格中严厉而刻薄,既对手下人薄情寡义又自以为是的一面。

另一方面。从小的孤独寂寞和难于主宰自己命运的无奈处境让他敏感、多疑,从而因内心深处的过分软弱和自恋造成极度的自尊,一意孤行而完全听不进别人的意见。

后来,他在重大关头常常首鼠两端,既怨天尤人又怀疑自我,最后往往是毫无主见地把一切交给命运安排。

面对危机四伏的政局,崇祯帝求治心切,很想有所作为。

每逢经筵,恭听阐释经典,毫无倦意,经常召对廷臣,探求治国方策。勤于政务,事必躬亲。他对朝务的勤勉和生活上的简朴在中国几千年皇帝史上都是罕见的。他总是鸡鸣就起床,深夜都不睡觉,往往积劳成疾。

他节俭自律,不近女色,宫里从来没有宴乐之事。

崇祯帝曾把宫中万历时所储藏的上等辽参在集市上卖掉,换回数万两银子聊补国用。某日听讲官给他讲书时,所穿内衣袖子已破损,留在外面很不雅观,不时把它塞进去遮掩。崇祯帝的这种节俭,有时发展到吝啬的地步了。他小时候用仿影的方式练字,如果纸张较大而范本的字较小的话,他一定会先将纸的一边对齐范本,写完后再把剩下的地方都写满,以免浪费。

明朝官员薪水之低是历朝罕见的,海瑞晚年东山再起,被任命为正二品的南京右都御史时,为了置办一身官服,竟然不得不变卖家产。

在这种超级低薪的前提下,官员们如果不集体贪污受贿,绝对无法生存下去。而明朝的官僚制度,本身对一定程度的受贿是默许的。因而在明代,各个州县在征收上交国家的正税以外,还得向百姓多征不少钱粮。

崇祯帝本身拥有丰厚的内帑,不入国库,甚至到李自成大军逼近北京城的时候,也不肯拿出来,可以说是要钱不要命,吝啬到极点。但他却大谈节俭,要求所有官员都廉洁,真是迂腐可笑。

公元1628年(崇祯元年)七月,户科给事中韩一良不知出于何种原因,在上疏给崇祯帝时指出,说到害民,就将这归咎于知府和知县等地方官的不廉洁,是很不公平的,因为这些人没法廉洁。他们薪水极低,而上司却想方设法要勒索,过往官绅要打秋风,进京朝觐一次至少要花三四千两银子,这些钱又不能从天而降,叫他们如何廉洁呢?韩一良举证说,他本人两个月以来拒收的赠金就有500两。而他还不喜欢交际,其他人就可想而知了。因此他建议,只有严惩少数罪大恶极的贪污受贿者,让大臣们把钱当作祸水,才有可能出现廉洁爱民的情况。

崇祯帝对韩一良的说法深以为然,专门为这一奏折开了一次现场会,他让韩一良站在大臣面前摇头晃脑地朗读了这一奏折,然后又让大臣们互相传阅,并决定要破格提拔此人,当场就要任命他为右佥都御史。

负责官员升迁的吏部尚书一面连连称善,一面却别有用心地说:韩一良所奏一定是有所指的,请皇上命他挑出最严重的贪污受贿案例来,以便以此为例进行重处。韩一良哪敢触众怒?他只得支吾着说折中所言俱是风闻,并没有一个准确的事实。这下崇祯帝不高兴了,限他五日内奏明。五天后,韩一良只得纠弹了几个已被打倒了的阉党死老虎交差,崇祯帝看出他在打马虎眼,再次责令他当着众臣朗读那本奏折,当韩读到他两个月收到赠金500两时,崇祯帝立即打断他,厉声追问这500两银子到底是谁送的?韩一良推说记不清了。崇祯帝龙颜大怒,韩一良的右佥都御史没做成不说,还差点丢了命。

到崇祯帝即位时,在关外的东北,后金贵族早已崛起,努尔哈赤的子孙正虎视眈眈觊觎着关内的大明朝。所以朱由检登极伊始,就起用了抗辽名臣袁崇焕。

之所以称袁崇焕为"名臣"而不是"名将",是因为袁崇焕其实是科举出身

图文珍藏版

的文人,并没有武艺,但他很有军事指挥才能。

袁崇焕在公元1628年(崇祯元年)七月接受皇帝召对时,夸下"五年平辽"的海口。在当时明朝与后金的对抗中,明军能在辽东抑制住后金军队的进攻已属不易,"五年平辽"无异梦呓。袁崇焕这么说,据他自己讲,不过是为了暂时宽慰宽慰皇帝而已,却引起了朱由检无端的猜忌。

另外,他曾擅杀大将毛文龙,也让朱由检不安。而后金皇帝皇太极效仿《三国演义》中周瑜利用蒋干盗书的模式,让被俘的太监杨某偷听到"袁经略有密约"的对谈,再放杨某逃跑。杨某一回京城向皇帝汇报,朱由检对于袁崇焕的容忍与信任就荡然无存了。

十二月初一日,朱由检在平台召见了袁崇焕,着锦衣卫拿下袁崇焕监禁起来。公元1630年(崇祯三年)三月十六日,崇祯帝命将袁崇焕凌迟处死,妻妾兄弟流放到福建。

崇祯帝的多疑、擅杀,无异于自毁长城。

到了崇祯朝后期,随着局势的日益严峻,朱由检的滥杀也日趋严重。一个城市沦陷,就把守城的将领杀掉,一个地方沦陷,就把守地的首长杀掉。陕西省华亭县(今甘肃华亭)县令徐兆麟,到任只七天,照样依法处斩。朱由检对饥饿的武装群众恨入骨髓,坚决地指控只是一撮奸邪分子煽动起来的。有人向他提及饥馑和官员乡绅贪暴,他就发怒,发怒的原因是他无法解决,所以他不愿听到。他不断地宣布"避殿""减膳""撤乐",不断地声言流寇也是他最亲爱的赤子,不断地下令政府官员自我检讨。有一次还把宰相们请到金銮宝殿上,向他们作揖行礼,说:"谢谢各位先生,帮助我治理国家。"然而不久就大发雷霆,把被他感谢的"各位先生"杀掉。

朱由检的急躁性格,使他迫不及待地追求奇迹,并且认为重刑是促使他部下创造奇迹的动力。但有才干的部下又使他如芒刺在背,他其实只能用恭谨无能之辈,在这种人面前,他才心情愉快。朱由检经常叹息他无缘得到岳飞那样的将领,其实,恰恰相反,他已得到了一位岳飞,那就是袁崇焕,结果却用冤狱酷刑对待他。就像一个勤快的笨蛋总是要比一般的笨蛋干出更多的不可收拾的蠢事一样,一个自以为是而又事必躬亲的专制君主给这个千疮百孔的帝国造成的伤害,远远要大过一个平庸、惰怠、无所事事的皇帝。

朱由检成为亡国之君,固然是历史趋势使然,但也有其性格因素。他勤民听政,旰衣宵食;他艰苦朴素,乃至于吝啬;他只希求苟安,长年救火……但他的性格弱点作为帝王来说同样是致命的,首先是多疑擅杀、薄情寡恩,导致臣子们无所适从、离心离德。他性子很急,急于求成,根本不切实际,导致官员动辄得咎,脑袋随时可能搬家,根本没法干好工作。

4.无力回天,自缢身亡

公元 1643 年(崇祯十六年),发展壮大的李自成在西安建立了大顺政权,百万大军相继攻陷了平阳和太原,大明帝国的心脏北京城已指日可下。

无计可施的崇祯帝特地召见了吴三桂的父亲吴襄。但吴襄提出:如果让吴三桂进卫北京,大约需要 100 万两银子的军需。崇祯帝向户部提出要解决这一问题,但国库里的存储竟然仅有区区 40 万两。而与此同时,崇祯帝个人的财产却丰厚无比。

为此,大臣们反复上疏恳请,希望崇祯帝能拿出属于他个人的内帑以充军饷。崇祯帝向大臣哭穷说:"内帑业已用尽。"左都御史李邦华真着急了,他说:"社稷已危,皇上还吝惜那些身外之物吗?皮之不存,毛将焉附?"

话已说得再明白不过了,崇祯帝却顾左右而言他,始终不肯拿出一分一厘来保卫他的江山。

等李自成攻占北京后,从宫内搜出的白银即多达 3700 多万两,黄金和其他珠宝还不在其中。这么多钱,若真是放出来赈灾助饷,可能李自成也不反了,清兵也进不来了,崇祯自己也不用在景山自尽了。

四月二十三日,起义军在隆隆的炮声中对北京全城发起攻击,只一夜之间,北京外城就被攻破。李自成决定给崇祯帝最后一次投降的机会。已投降义军的太监杜勋,奉命进城,代表"大顺王"入宫谈判。

崇祯帝接见了这位太监,他曾是皇上的亲信,首辅魏藻德也在场。杜勋说明了交换条件:明朝封李自成为王,赐银 100 万两,承认陕西和山西为其封国。李自成则负责平定国内其他起义军,并为明朝抗击满清,保卫辽东。

这些条件很有诱惑力,崇祯帝转向魏藻德问道:"此议何如? 今事已急,可一言决之。"魏藻德却一言不发,皇上顿感不快,再次问道:"此议何如?"魏藻德仍沉默不语,拒绝为此决定分担责任。皇上气得发抖,转身打发了杜勋。

杜勋刚一离开,皇上就当着魏藻德的面猛击龙椅,将其一把推倒。他在这一天下了最后一道圣旨,一方面痛骂诸臣误国,一方面轻描淡写地做了自我批评。最后却无异于痴人说梦似的宣布,他赦免除李自成以外的所有起义人员,而如果有谁能将李自成生擒或杀死,则封万户侯。魏藻德慌忙退出,谈判之事也不了了之。

公元1664年(崇祯十七年)三月十八日,李自成见谈判没有结果,便下令全线攻城。守城太监曹化淳按照"开门迎贼"的公约,首先打开了彰义门,向农民军投降。与此同时,德胜门、平则门也随即开启,北京外城全部陷落。三月十八日夜,一时各门俱开,炮声顿绝,农民军控制了全城。京城上空烟火弥漫,微雨不绝。

在殿陛间徘徊的崇祯,得到内侍报告内城陷落的消息,似乎将信将疑,便带了心腹太监王承恩跑到煤山(景山)上,四处瞭望,但见烽火烛天,内城确已陷落,才返回乾清宫,布置应急善后事宜。

他对皇后说:"大事去矣,尔为天下母,宜死。"周后伤心地恸哭:"妾事陛下十八年,卒不听一语,今日同死社稷,亦复何恨!"崇祯听了凄怆得不能抬头对视。过了一会儿,命左右侍从进酒。他正襟危坐连饮十几杯。崇祯命他们立即传旨给后宫嫔妃及懿安太后,要她们自尽。

再说崇祯从坤宁宫来到南宫(仁寿殿),命宫女逼懿安太后张氏自缢。此时张氏并不知道外间消息,没有遵旨自缢,次日晨望见火光,宫女哗言内城已陷,沸哭如雷,张氏才知大势已去,本想拔剑自刎,无力下手,就悬梁自尽了。

崇祯从张太后处出来,已是深夜,在司礼监太监王承恩陪同下,来到煤山(景山),在寿星亭附近一棵大树下上吊自杀,王承恩也随之自缢。时间在十八日后半夜,即十九日子时。这一行动极其秘密,所以宫内宫外都不知皇上下落,一直到二十二日才被发现。

朱元璋炮制"胡、蓝党"案

自从朱元璋做了皇帝以后,那些和他一起冲锋陷阵、驰骋沙场为大明王朝的创建立下汗马功劳的弟兄们,大部分都做了开国元勋,而且在朝廷中占据要职。渐渐地,这些人就由开国元勋变成了达官显贵,成为执掌朝廷军政大权的最高统治集团的成员。淮西勋贵集团势力和非淮西集团势力就是在这种情况下形成的。

淮西集团势力主要是指最早参加朱元璋起义队伍的淮西人,他们在朝中占着绝大多数,如李善长、徐达、汤和等。因为朱元璋本人就是淮西人,所以这些淮西人在明朝的政治、军事、经济等很多方面,都有压倒一切的优势。

朱元璋渡江后,浙东地区的大批儒士、地主加入了朱元璋的起义队伍。他们文化水平较高,经常给朱元璋出主意,为他制定各项政策。他们在明朝建立的过程中,同样做出了不可磨灭的贡献。朱元璋建国后,他们形成了代表非淮西集团的浙东集团势力,并同淮西集团势力相互对立。朱元璋的亲信谋士、开国功臣刘基是浙东集团的领袖。

淮西集团的核心人物是李善长,他是左相国、左丞相,在朝臣中位列第一。后来,其亲戚同乡胡惟庸继任丞相。在李善长和胡惟庸掌权的十七年中,他们竭力排挤非淮西人,不让非淮西人当权。刘基作为浙东集团的核心人物,是朱元璋身边最受宠的谋士。但封爵时,刘基只封诚意伯,岁禄二百四十石;而李善长则封韩国公,岁禄四百石,二人相差甚远。非淮西集团的将臣长期受到排挤、压制,但他们仍不肯善罢甘休,而是千方百计取得朱元璋的信任。朱元璋恰好利用这种矛盾,重用淮西人,同时用非淮人来监视淮西人的举动,使自己的权力更加稳固。因此,在封建统治阶级内部,由于乡土观念而形成的淮西集团与非淮西集团争权夺势的政治斗争形成了洪武初期政治上的显著特点。而这种封建统治阶级的内部矛盾集中表现为相权和皇权的斗争。淮西集团中的重要人物胡惟庸任中书右丞相时,相权和皇权的矛盾异常尖锐,甚至不可调和。朱元璋从巩固自己政权的角度出发,不惜采取流血手段,于洪武十三年(公元1380年)杀丞相胡惟庸,洪武二十六年(公元1393年)又杀了功臣蓝玉,并涉及蓝党、胡党,约四万人受到牵连。这就是历史上的"胡、蓝党案"。

其实胡惟庸本没有什么重要功绩。他是定远人,早年曾在元朝做官。龙凤二年(公元1356年),朱元璋到达和州时,他才来投奔。史书记载,胡惟庸"为人豪爽、有大略,而阴刻险鸷,众多畏之"。当初,朱元璋决定不下来该由谁任丞相,便同刘基商讨。朱元璋首先问杨宪如何,虽然刘基平素与杨宪关系很好,但他认为杨宪不能担此重任,便回答说:"宪有相才,无相器。夫宰相者,持心如水,以义理为权衡,而己不与焉者也。今宪不然,能无败乎!"朱元璋又问汪广洋合不合适,刘基回答说:"此人褊浅甚于杨宪。"朱元璋接着就问胡惟庸可不可以,刘基回答说:"小犊子,必将弄个辕翻车破!"然后,刘基劝说朱元璋全心全意去找,只要慢慢寻找,就一定能找到合适的丞相人选。

然而,朱元璋没有听刘基的忠告,于洪武六年(公元1373年)七月任命胡惟庸为中书左丞相。中书省是明初承元制设立的执掌全国大政的管理机关,中书省的丞相有专决一切庶务的权力,统率百官,只对皇帝负责。按理说,丞相是辅佐皇帝治理天下的,而实际上,丞相和皇帝的职权没有划分清楚,导致相权与君权很容易互相对立、发生冲突。在胡惟庸以前,明朝中书省第一任左、右丞相分别是李善长、徐达。李善长谨慎小心,而徐达常以大将军身份守边,常年统兵在外,不参与理事,所以他们和朱元璋的冲突还不十分明显。接着便是汪广洋,此人嗜酒,平庸而无所建树,又不理朝政,后被朱元璋杀死。胡惟庸继任后,真可以说是年少得志、大权独揽。他上台后不久便结党营私,排除异己。

胡惟庸排除异己的计划首先从刘基开始。当刘基得知朱元璋任胡惟庸为丞相后,万分焦急,他说:"使吾言不验,苍生之福也;言而验者,其如苍生何?"刘基日夜为此事担心,病上加病,身体日渐不好。胡惟庸知道刘基劝说朱元璋不要任自己为丞相后,一直怀恨在心。得知刘病重的消息后,他便假惺惺地来慰问,并替他请医生、开处方、熬药,甚是关心。胡惟庸走后,刘基喝了胡惟庸开的药,顿感胸腔异常难受,像被一个拳头大的石头堵住了一样。刘基把这事告诉了朱元璋,但并没有引起朱元璋的注意。三个月以后,刘基病入膏肓,已不能起床。他心里很清楚,这一定是胡惟庸搞的鬼。朱元璋便派人护送刘基回老家青田,不久刘基就去世了。杀了刘基,胡惟庸觉得消除了自己的一块心病,可这还不够,他又将矛头指向徐达。胡惟庸为了达到目的,就竭力讨好徐达,但徐达鄙视其为人奸邪、不忠厚,对他的所作所为不予理睬。他并不善罢甘休,而又贿赂徐达的守门人福寿,让福寿谋杀徐达。但他万万没想到,福寿竟把此事告诉了徐达。从此,徐达便对胡惟庸严加防范,因为他不想重蹈刘基的覆辙。徐达还就此多次劝告朱元璋免掉胡惟庸的丞相一职。胡惟庸竭力巴结李善长,他将自己的侄女嫁给李善长的侄子李佑,同李结为亲戚。胡惟庸靠着与李善长的关系,贪贿弄权,骄横跋扈,威福随心。胡惟庸门下的故旧僚友也慢慢形成了一股以胡为核心的庞大势力。各地失职的文臣武夫和想升官发财的官吏,纷纷投靠胡惟庸,送给他不计其数的金帛、名马和玩好。

胡惟庸依仗自己的权力和地位为所欲为,完全不顾别人的利益,甚至连皇上他也不放在眼里。他的这种做法,直接危及皇权的利益,这是朱元璋绝对不能允许的。朱元璋对此事早有察觉,为了削弱胡惟庸的势力,防患于未然,便采取了一些措施。洪武十年(公元1377年)五月,他召李文忠与李善长共议军国要事,将胡惟庸排斥在外。九月,又将中书省衙署内的佐理官全部调走。洪武十一年九月,又命令六部所属诸司"奏事毋关白中书省",从根本上切断上中书省与六部诸司及地方官员的联系,使中书省成了一个空架子,同时也大大削弱了胡惟庸中书省丞相的权力。

胡惟庸也非等闲之辈,他清楚地知道,朱元璋这一招完全是冲他来的,但他绝不是那种轻易臣服的人,他也要让朱元璋尝尝他的厉害。他暗想:"主上草营功勋旧臣,何有我耶,死等耳,宁先发,毋为人束手寂寂。"不久便与中丞涂节、御史大夫陈宁等人策划谋反。也许上天有意帮助,就在胡惟庸最得意的时候,在他家乡旧宅的一口枯井中,忽然生出石笋,而且出水数尺,为世间少有的现象。当时献谀的人都说这是瑞符、吉祥的兆头,又说其祖上三世冢上夜里有火光跳动。听了这些话,胡惟庸心中窃喜。他想,这就是我会谋反成功的预兆啊!这时,胡惟庸的爱子在闹市中骑马飞奔,不小心坠马,摔死在一辆车下,胡惟庸一气之下杀了挽车者。朱元璋知道这件事以后非常生气,认为责任不在挽车者,胡惟庸错杀了人,应该以命偿命。胡惟庸想给死者家属一些钱财来敷衍了事,朱元璋不许。胡惟庸非常害怕,他知道朱元璋会借机除掉自己,遂与陈宁等人加紧密谋,策动叛乱。

谋反尚在计划中,不料朱元璋已先发制人。洪武十二年(公元 1379)年九月,越南国王阿答阿者派遣使臣阳须文且向明朝进贡。因为没有及时报告朱元璋,中书省及胡惟庸被宦官告了一状。朱元璋知道后火冒三丈,痛骂中书省诸臣。胡惟庸及汪广洋磕头谢罪,佯装要痛改前非,但却说是礼部失职所致,而礼部却说是中书省之事,双方互相推诿,谁都不想担负责任。朱元璋愤怒至极,把他们全部囚禁起来,并追查谁是主谋。不久,汪广洋被赐死。第二年的正月,御史中丞涂节偷看朱元璋的手谕,知道胡惟庸必死无疑后,就向朱元璋全盘托出了胡惟庸与御史大夫陈宁阴谋造反的事情。与此同时,被贬为中书省吏的商暠也对胡惟庸谋反之事进行了揭发。朱元璋怒不可遏,下令对胡惟庸等人进行审讯,并让大臣们当朝共议,大臣们一致同意该诛杀他们。经过一番审讯,朱元璋宣布胡惟庸犯有“窃持国柄,枉法诬贤,操不轨之心,肆奸欺之蔽,嘉言结于众舌,朋比逞于群邪,蠹害政治,谋危社稷,私通日本、蒙古”等罪状,下令赐胡惟庸与陈宁死刑,株连三族并诛涂节,余党皆连坐而死。被杀的胡惟庸的党羽共有一万五千余人。接着,朱元璋借此机会废除丞相、取消中书省,国家政事直接由皇帝来管理,并立下法度,永不再设丞相一职,以告诫子孙后代。罢中书省,提高了吏、户、礼、兵、刑、工六部的地位。六部分理朝政,直接对皇帝负责。朱元璋从此便独揽了全国的政事。

除掉胡惟庸后,朱元璋大开杀戒,任何有违皇家统治的文武官员、贵族地主都被怀疑为胡的党羽,株连了很多人。胡案初期,事情与吉安侯陆仲亨、韩国公李善长等也有关,朱元璋鉴于他们功大,并曾同甘共苦过,决定免他们一死。到了洪武二十三年(公元 1390 年),有人仍不放过李善长,揭发他与胡惟庸结党营私。于是朱元璋下定决心,赐死李善长,至此这场大屠杀达到了高潮。77 岁高龄的开国元勋、太师韩国公自缢,全家老老少少七十多人受株连而死。陆仲亨等二十余人同时被杀。至此,已有三万人遭到杀害。

洪武二十六年(公元 1393 年),因大将军蓝玉专横跋扈,被告谋反,朱元璋又兴起了蓝玉之狱。蓝玉是定远人,他的姐夫就是常遇春。刚开始他在常遇春麾下领兵,骁勇善战,屡立战功,由管军镇抚一步步升至大都督府佥事。洪武二十年(公元 1387 年),以征虏左副将军的身份跟随大将军冯胜征讨纳哈出;洪武二十一年(公元 1388 年)他击退北元主脱古思帖木儿。在常遇春、徐达死后,他接任大将军之职,统领全军征战南北,多次立功。可是,在这些荣誉面前,蓝玉却没有把持住自己,逐渐变得居功自傲、乘势专横、飞扬跋扈、越礼犯分。他自恃功高、胆大妄为,在军中擅自陟罚臧否,不把朱元璋放在眼里。北征归来到喜峰关时,关吏没能及时打开关门迎接,便率军打坏关门冲了进来。据说,投降的元主妃自缢而亡,就是因为被他奸污了而无颜面苟活于世。朱元璋原本打算封他为梁国公的,但因他屡犯错误,便改封为凉国公。朱元璋把他的过失镌刻在颁赐给他的铁券上,以示警诫。他不但毫无悔改之心,反而更加傲慢。西征回朝后,朱元璋任命他为太子太傅,仅次于傅友德、冯胜。但他还嫌官小,心怀不满。蓝玉提出的意见,也没有被朱元璋采纳,为此,蓝玉越发闷闷不乐。

洪武二十五年(公元 1392 年)八月,蓝玉的亲家、靖宁侯叶升因胡案被杀,蓝玉担心叶升把他给招出来,怕被朱元璋治罪,便想先发制人,起兵谋反。于是便与心腹密谋策划,决定在第二年的二月十五日朱元璋外出藉田时起事。洪武二十六年(公元 1393 年)二月初,离蓝玉计划谋反的日子不远,早已有所察觉的锦衣卫特务做好了逮捕蓝玉的准备。二月初八日,蓝玉入朝,立刻被逮捕,十天后就被处死,其家人亦全部被杀。朱元璋又借此机会除掉了功臣、文武大官二万人。

经过胡、蓝之狱,明初的元勋宿将被消灭殆尽。朱元璋下令将案犯的口供编辑成册,以胡案有《昭示奸党录》、蓝案有《逆臣录》。

利用这二起大案,朱元璋几乎将朝中的文臣、武将斩尽杀绝,侥幸逃生的屈指可数。朱元璋就是用这种惨无人道的方式来维护朱家王朝的统治的。被杀的人中虽然有谋反的。但更多的是被枉杀的无辜者,尤其是那些被株连的人。这些都生动地反映了封建社会中央集权制的残暴无情。

明代"空印案"与"郭桓案"

明朝建立以后,朱元璋在强化、巩固封建专制主义中央集权的过程中,一方面加强对广大劳动人民的专制统治,另一方面则加强对统治阶级本身的控制和管理,对于一切足以危及新生政权的因素,都及时加以清除。为此,朱元璋从惩治贪污腐化的官员着手,专杀立威。"空印案"与"郭桓案"就是两个典型的例子。

　　从封建政治体制产生之日起,贪污腐化便成为封建社会官僚政治的痼疾,几千年来,没有哪个朝代能够根治。参加科举考试的人一旦侥幸混个一官半职,就目无法纪,开始不择手段地收敛财富,然后买田蓄奴。官做得越大,对金钱的欲望也越大,贪污腐化也就越厉害。明初的文武官员,任职于新建的政权,就热衷于擅权弄法、贪污受贿之事。他们靠山吃山、靠水吃水,"掌钱谷者盗钱谷,掌刑名者出入刑名"。种种枉法行为,不仅损害朝廷的经济利益、妨碍国家机制的正常运行,而且由于官吏的横征暴敛,激起了人民的强烈不满。洪武年间各地人民起义此起彼伏,官吏们的贪污剥削就是其中很重要的一个诱因。面对这种形势,朱元璋产生了极大的警惕性和忧患意识,他对大臣们说,在民间的时候,他看到县官"由儒者多迂而废事,由吏者多奸而弄法,政厉民,靡所不至,遂致君德不宣、政事日坏。加上凶荒年累,弱者不能聊生,强者起而为盗"。如果"不禁贪暴,则民无以为生",不革除贪污腐化的弊政,"欲成善政,终不可得"!

　　为了使国家吏治清明,巩固封建统治,缓和广大人民群众和封建统治阶级的矛盾,朱元璋集中力量对贪污腐败、营私舞弊的中央和地方官吏,进行了全面而大规模的打击清除。其中,"空印案"和"郭桓案"的声势尤为浩大,影响最为深远。两案中受牵连、被杀的官吏达七八万人之多。各地、各级官员以及大地主的势力遭到削弱和打击,失去了往日的威风。

　　"空印案"发生在洪武九年(公元1376年)。明初规定:每年各布政司、知府、州、县都必须派计吏到户部报告包括钱粮、军需等款项在内的地方财政收支项目,而且必须是从府到政司,再到部,层层上报。直到户部审核的数目与各布政司收支款项总和的数目完全没有出入,方准许结账。如果钱粮数字有一丁点不相符的地方,整个表册便被打回来,重新填写。布政使司和府离京师远的不下六七千里,近的也在千里上下。重新填写表册还不要紧,最麻烦的是重新填好的表册必须得盖上原衙门的官印,而要盖这颗印,来回时间至少要一个月甚至一年,如此一来就会错过报账的日期。为了节省时间、减少麻烦、逃开户部的挑剔,各地的计吏按照习惯都带有先盖好官印的空白表册,以备驳回时填写。这种盖有骑缝印的空白表册,除了向户部报账外别无他用,没有人觉得这里会出现什么问题;各地计吏年年如此,虽然不合法,但合情合理,又方便省事,并已成为惯例。不料这一年,多疑的朱元璋忽然发觉了这个秘密,觉得这里面一定有什么文章可做。于是他大发雷霆说,如此作弊瞒我,肯定是属官徇私舞弊,所以布政司才敢填写空印纸,尚书与布政司官都格杀勿论！由于朱元璋对此严惩不贷,大行杀戮,各地衙门主印长官数百人一律被处死,佐理官则被打一百大杖后发配到边疆充军。

案发后,朝廷上没有人敢说出真相。有一个老百姓冒死上书把事情解释清楚,但也于事无补。地方上的长官还是被斩尽杀绝,上书之人亦被罚做苦工。当时屈死的就有最著名的好官方克勤。此案辗转株连,持续的时间相当长。

"郭桓案"是指洪武十八年(公元1385年),御史丁廷举、余敏告发北平布政司、按察司官吏赵全德、李彧等与户部侍郎郭桓及王道亨、胡益等人串通一气,私吞官粮的事件。朱元璋接到告发,看到朝廷命官竟然贪赃枉法、鱼肉百姓,非常气愤。于是朱元璋下令逮捕他们,并交法司拷讯。受到牵连的礼部尚书赵瑁、兵部侍郎王志、刑部尚书王惠迪、工部侍郎麦至德等被弃市。朱元璋为达到杀一儆百的目的,将六部左、右侍郎以下的官吏数百人都处以死刑,追回赃粮七百万石。此案牵涉到各布政司官吏,几万人入狱被杀,被追赃牵涉到的大地主和中等以上的地主多不胜数。归纳起来,郭桓主要有两大罪状:

一是收受地方钱钞,据为己有。郭桓等人在收受浙西地区的秋粮时,实有四百五十万石上仓。但郭桓只将六十万石上仓、银八十万锭入库(以当时折算,相当于二百万石),余有一百九十万石未曾上仓。郭桓等人收受五十万贯浙西等府钞,参与作弊的府、州、县官黄文通等均获得赃款。

二是分受夏税秋粮,归己所有。应天等五府、州、县有没官田地数十万亩,征收夏税秋粮时,官吏张钦与郭桓等共同作弊、共同分享,皇上却没有得到一粒粮食。

郭桓等人私吞官粮约七百万石,"以军卫言之,三年所积卖空"。如果将榜上公布的全部写上,恐怕没有人会相信,因此七百万石只是大概写一下,记报而已。若将其余的全部计算在内,数目将会大到令人吃惊的地步,如"除盗库见在金银宝钞不算外,其卖在仓税粮,及未上仓该收税粮及鱼盐诸色等项,共折米算,所废者二千四百余万石精粮"。定案后,三吴一带、浙东西地区的一些豪门望族、故家巨室,多被牵连进去,并因此亡族。案件株连人数之多、打击面之大,朱元璋事先也不曾料到。许多官僚和地主纷纷上告,表示不满和恐慌。他们当然不敢说买卖官粮这一严重犯法行为是合法的,而是告发处理这起案件的御史和法官,并说"朝廷罪人,玉石不分"。一时间民怨沸腾,情况严重。朱元璋也觉得如果任由矛盾发展下去,不利于自己的统治,便一面下诏将郭桓等人的罪状公布于众,一面将原审法官右审刑吴庸等人处以碟刑,以平民怨,并下令:"朕诏有司除奸,顾复生奸扰吾民,今后有如此者遇赦不宥!"以此缓解同地主官僚的矛盾,而这起大案也就此结束。

在封建社会里,这两起整治贪污的案件虽然不能完全将贪官污吏除尽,但对于安定社会秩序、澄清吏治,还是起了很大的作用,并且确实为贪赃枉法之人敲响了警钟。

但是,这两起大案也冤杀了不少好人。近年来,有的学者认为,"空印案"完全是无中生有、定性错误的案件。因为朱元璋没有拿到证据,只是凭自己的怀疑就定了罪。比如案发时,湖广按察使佥事郑士元无辜被牵连进去,他弟弟郑士利上书为之鸣冤。朱元璋不但没有听其申诉,反而把他们兄弟俩都罚到江浦去做苦工。郑士元,刚直而有才学,任职期间,荆、襄卫所军队掳掠妇女,官吏个个都吓得不敢过问。他找到卫所军官,叫他们释放所有掳掠来的妇女;而安陆有冤狱,他又不惜冒触怒御史的风险为之平反。又如方克勤,就是后来的大臣方孝孺的父亲,一生艰苦朴素,一件布袍穿了十年也没有换新的,一天只吃一顿荤菜。但他为官有方,提任济宁知府三年,"吏不得为奸,野以日辟",人丁兴旺,富庶一方,所以老百姓称颂他是"我民父母"。这两位能干的清官都死于"空印案"。因这两起大案持续时间很长,到后来,朱元璋一旦怀疑某人不轨,就不分青红皂白地立斩不饶。如洪武七年(公元1374年),苏州知府金炯认为全府的税粮,官、民田之间太过失衡,主张两者均分。这个想法深为户部尚书滕德懋赞赏,他便奏请朝廷施行。朱元璋接得奏书,担心国家收入减少,坚决反对,并怀疑他另有图谋。于是派人暗中查访金炯,发现他家的官田多于民田,遂以"挟私自利、罔上不忠"的罪名问斩。而且还把滕德懋抓进大牢,不久便以"盗用军粮十万石"的罪名将他处死。滕德懋被处死以后,朱元璋又派人暗中侦察滕的妻子。当时滕的妻子正在家里纺麻,来人告诉她,滕德懋因偷盗军粮十万石,已被处死。滕的妻子也非等闲之辈,以略带讽刺的口气说:"我丈夫偷盗国家那么多粮食,我们妻儿老小却一点都没见着,是该死!"官员告诉朱元璋,朱元璋不敢相信,便派人检查滕德懋的肠胃,发现里面不是粗粮就是草菜。朱元璋不由惊叹道:"原来他是个大清官啊!"于是,又下令买来棺材,将滕的尸首送至家乡安葬。即便是定性没错的"郭桓案",牵涉那么多省的官员,死者数万人,而且把地主搞得倾家荡产,必定也存在株连过甚的问题。

明国本之争引发的《忧危竑议》案

明神宗朱翊十岁时登基,在位长达四十八年,是明代帝王中在位时间最长的一个。神宗二十岁时,妃子王氏生下了长子朱常洛。神宗二十四岁时,宠妃郑氏生下了朱常洵,神宗便加封郑氏为皇贵妃。当时的皇后、余姚人王氏却没有生儿子。因此满朝上下、前宫后院都在争论太子之位的归属。这场争论持续了数十年,使得神宗年间的后宫、前朝鸡犬不宁。这就是历史上有名的万历年间的"国本之争"。这场国本之争如一张弥天大网,将后宫嫔妃和朝野百官全部牵扯进去。围绕着所谓的皇储国本,一个个阴谋相继酝酿又破产,势力也一次次地重新分化组合。明代的门户之祸正是从这时兴起并日渐泛滥成灾的。这场国本之争的中心是郑贵妃和她的儿子朱常洵,而《忧危竑议》案则把争论推向了顶峰。

郑氏是大兴人。她原来只是作为一个宫女在万历初年进入后宫的。那时的她风华绝代,神宗当即为之倾倒,并封她为贵妃。万历十四年,郑氏生出皇三子朱常洵,晋封皇贵妃。国本之争便是从朱常洵出生的第二个月开始的。当时,神宗宠爱郑贵妃,而把朱常洛的母亲撇在一边。祖传的原则是有嫡立嫡,无嫡立长。因此大臣们都主张立皇长子朱常洛为太子。但神宗宠爱郑贵妃,一谈立太子的事他就转移话题,长子已经五岁,还没有一丝册立的意思,但对郑贵妃的儿子却宠爱有加。朝臣们便难免犯嘀咕:皇上是不是有意立郑贵妃的儿子,郑贵妃是不是因集三千宠爱于一身,就谋划着立自己的儿子为太子?

辅臣申时行会同群臣请求皇上早立长子为太子,以抚民心。申时行的奏疏中说:为了尊宗庙、重社稷,当早立太子。申时行接着举出先朝历代早立太子的先例,说英宗是两岁立太子的,孝宗是六岁,武宗才一岁,成宪具在,没有什么可以推脱的了;长子朱常洛已经五岁,最好选一个好日子,命令礼部立太子。神宗不愿意立长子为太子,但又不好明说原因,于是便敷衍批复道:常洛还年纪太小,过两三年再立不迟。

朝臣当然知道,皇上敷衍是为了废长立幼,便想方设法劝阻神宗。户科给事中姜应麟、吏部员外郎沈景上书道明真相：贵妃虽然贤惠，但她生的是次子，而恭妃生的是长子，应立为太子，这是祖宗的规矩，并请皇上仔细斟酌。神宗不能接受，盛怒之下，贬姜应麟为广昌典史，沈景也被发配外地，远离京师。他对臣子的批评余怒未消，就对众臣说："降处他们不是因为册封，而是因为他们揣摩圣意，怀疑我废长立幼。我朝立储君自有成宪，我怎么会破坏祖宗的规矩呢？"神宗说得冠冕堂皇，以为能蒙混过关，岂料刑部主事孙如法当场反驳说："恭妃生下长子，五年来仍是恭妃，而贵妃郑氏生下皇子，马上晋封皇贵妃。贵妃能靠儿子享受到富贵，而恭妃为什么不能子贵母仪？皇上如何让天下不怀疑呢？"但神宗闻听又是大怒，当即贬孙如法为潮阳典史。御史杨绍程、孙维城也尽忠进谏，结果双双被贬。

礼部侍郎沈鲤婉转地请求，说晋封郑妃的同时，恭妃王氏也一同加封。神宗未置可否，只说等到册立太子时再一起晋封。显然，沈鲤火候掌握得很好，进言恰如其分，所以既没被夺俸，也没有被贬职。正当神宗和朝廷百官因建储相持不下、互不妥协时，皇贵妃郑氏的父亲郑承宪却又横生枝节、惹弄是非。郑承宪援引中宫永年伯王伟的旧例，为他的先父奏请恤典。朝臣们那时正在怀疑神宗以私坏公，偏袒郑贵妃，郑承宪显然选错了时机。礼部毫不客气地驳回奏疏。神宗当然不能为这事与百官对抗，否则正中百官所说的以私坏公，但他又不能坐观其变。于是，神宗下旨，给予郑承宪坟价五百两。

礼科都给事王三余，御史何倬、王慎德、钟化民又先后上奏立储，神宗仍没有理睬。辅弼大臣也奏请建储封王，神宗还是敷衍了事。山西道御史陈登云奏请册立东宫，并奏郑承宪骄横自傲，应当治罪，神宗连看都不看。这样，立太子之事又拖了四年。万历十八年正月，神宗御临毓德宫，在西室召辅臣申时行、许国、王家屏、王锡爵询问册立东宫事宜。神宗知道辅臣心里怎么想的，坐定以后，他便迟疑地说："我虽然没有嫡子，但长幼自有定序。郑妃怕惹外人起疑心，也多次请求立长子为太子，但长子还小，大一些再立也不迟。"辅臣立即伏地奏说："皇长子已经九岁了，正是立太子的时候。"神宗只好默默地点头答应了。

这一次西室会谈，辅臣们觉得有希望了。申时行眉头舒展，在有彩画的朱漆游廊中稳健地行走着，并浏览着廊外的景致。这时，司礼监太监跑过来叫住了阁老们，并宣读了圣旨。身为辅臣的阁老们听到宣旨都喜笑颜开，觉得国本之争终于要结束，储位大概十有八九能定下来了。

申时行等回到宫内。不一会儿，皇长子朱常洛皇三子朱常洵，被太监带到御榻前拜见神宗。然后，神宗拉着站在右边的皇长子的手站到了光亮处，好让辅臣们看。辅臣注视良久，诚恳地奏说："皇长子龙姿凤表、气度非凡，可以仰见皇上昌后之仁了。"神宗听后很欣慰地说道："这是祖宗德泽、圣母恩庇，与我无关。"辅臣们趁热打铁，说皇长子已经九岁，应该找个老师教他读书了；并说神宗六岁登基时就已经读书，皇长子这时教读已经有点迟了。神宗无限感叹，说他五岁就能读书。接着顺手指指皇三子，说他也已五岁了，却还整天赖着乳母。说罢，神宗将皇长子拉到膝前，注视、抚摩了很长一段时间。辅臣们久久感动于这一幕父子深情之中，忙跪伏叩头说："有这等美玉，当早加琢磨，使之成器。"神宗欣然点头表示同意。申时行等也欣然跪拜告辞。

西室感人至深的情景令群臣激动不已。朝廷百官无不欢欣鼓舞，开始着手准备长子的册典，都觉得国本之争到此结束。然而春去秋来，册立太子的圣旨还是没有下来。大臣们的热情渐渐降了温，如同春花凋谢、秋叶飘落，欢快的心情成了回忆。礼部尚书于慎行、吏部尚书朱熏再也坐不住了，便在这一年的十月率领群臣郑重其事地合疏上奏，请求册立太子。国本之争死灰复燃。神宗见奏以后，勃然大怒，下旨将于、朱两位尚书和全体上奏官员夺俸！辅臣申时行百思不解，对此痛心疾首却无能为力，觉得自己再也无颜做阁老了，便称病请辞。大臣王家屏等连忙出面调解。神宗这才怒气渐消，拿出郑国泰的请求册立疏对满朝文武说："明年册立东宫，如果有人再上奏，就到十五岁再谈册立！"

圣旨确立第二年册立，群臣都翘首以待，这一年风平浪静，没有进奏之事。到了第二年十月，平静了整整一年的宫廷又开始活跃起来。万历十九年十月，工部主事张有德率先进奏，要求准备东宫仪仗。首辅申时行顾虑重重，次辅许国感叹地说："小臣尚以建储奏请，我们怎能袖手旁观？"于是便领众臣上合疏，并把申时行的名字写在了最前面。申时行知道以后，忙写密折申明道："我已休假，列上我的名字，并不是我自己的意愿。"明代宫中规定，阁臣密折只有皇上才能拆看，看后留禁中。但这份密折和合议疏却不是以特件送入后宫的，结果密折内容被大臣们知道了。礼科罗大宏就上疏痛斥申时行曲意奉承、明哲保身；武英中书黄正宾等也上疏弹劾。神宗怒火难平，便吩咐将罗大宏削籍，杖责黄正宾。神宗和百官又一次闹得不可开交。辅臣王家屏再次充当和事佬，奏请一年之后再讨论这件事，但没有结果。

　　万历二十年正月,礼科都给事李献可上书请求欲教皇长子,结果被削籍。大学士王家屏的奏折也被皇帝退了回来。神宗非常生气,拒绝收回命令,给事钟羽正、陈尚象、舒弘绪等又上疏奏请,结果都被贬调或削籍。科臣孟养浩上疏之后被削籍,并加罚一百大棍,被打得昏死过去。从此,便再也没有人上书了。大学士王家屏也请求告老还乡,神宗答应了他的请求。吏部主事章嘉祯、顾宪成等认为王家屏为人忠厚平和,不该让他离去,应立即召回。神宗发怒,将顾宪成削籍,章嘉祯谪调罗定州州判。

　　国本之争到此已非常明显,神宗为了爱妃和爱子,竟然与满朝的文武百官对抗。而忠君爱国的百官们宁愿被贬、被削、被打,也决不能容忍皇上以私害公。于是整个皇宫上下笼罩在国本之争的阴影之中。多情的神宗与郑妃及其爱子也深受困扰。皇后为国事、家事思虑,王恭妃和皇长子感到迷惑,而郑贵妃和皇上都在谋划着。整个后宫阴云密布。

　　万历二十一年正月,辅臣王锡爵恭敬而又委婉地奏请册立太子。神宗答复说,他本来打算今年春天就册立,但近期读了《皇明祖川》,上面说立嫡不立庶。皇后尚年轻,如果立了太子,而皇后又生了儿子,那国家岂不是有两个储君了吗?现在把三皇子都封为王,如果几年后皇后还是没有生出皇子,再立太子也不迟。王锡爵连忙力争,说当年汉明帝让马皇后收养贾氏的儿子,唐玄宗让王皇后收养杨良媛的儿子,宋真宗的刘皇后自己收养李宸妃的儿子,最后都继承了大统。神宗不听劝告,继续坚持自己的主张。

　　国本之争于是又相持了五年。万历二十六年五月,全椒知县樊玉衡、吏科给事戴士衡因指责吕坤的《闺范图志》,被发配到边疆。国本之争由此进入白热化阶段。吕坤是山西按察使,他编辑了一部《闺范图志》。郑国泰看到后,觉得正好,可以用来迎合皇上和郑贵妃。于是,郑国泰在原来基础上补上了后妃部分,汉明德皇后居第一位,最后是当今的郑贵妃。新版《闺范图志》的面世,无疑为国本之争火上浇油。科臣戴士衡立即上奏,斥责吕坤只知迎合后宫而不知祖宗历法。奏章上有些话冒犯了郑贵妃。全椒知县樊玉衡也参与到这场争论之中,他的奏章中更是正面指责皇上,简直不把皇上和皇妃放在眼里。朝廷之乱,可见一斑。

　　郑贵妃虽然只在后宫,但她对朝廷中的事了解得一清二楚。她得知戴、樊二人的进奏后,便在神宗面前哭得花枝乱颤。神宗非常心疼,便下旨将戴、樊二人发配充军。郑贵妃这才感到一些欣慰。吕坤、郑国泰等也稍稍安下心来。

然而，京城这时却发生了大变故。不知道是什么人编著的一部书秘密传播，轰动了整个京师。该书传入后宫，引起了后宫嫔妃们的惊恐，后妃美人们惊得发呆，不知该怎么办。这部书名《忧危竑议》，将历代嫡庶废立的事都写在里面。书中引用历经故事痛斥了张养蒙、刘道亨、魏允贞、郑承恩、邓光祚、洪其道、程绍、白所知、薛亨、吕坤等人。很显然，这本书的矛头是指向郑贵妃及其爱子的。

《忧危竑议》在京师引起如此大的轰动之后，也把后宫、朝廷搅得鸡犬不宁。戚党怀疑此书是由张位密授、戴士衡亲写的。被书中言辞激怒了的郑承恩马上借机反攻，说戴士衡假造伪书，诬陷大臣，樊玉衡颠倒是非，二人是可恶的"二衡"。神宗被郑贵妃和郑氏私党郑承恩等人的上奏所激怒，立刻下旨命令对此事严加查办。御史赵之翰这时进奏，说《忧危竑议》确实出自戴士衡之手，并由张位密授，另外参与密谋的还有徐作、刘楚先、刘应秋、万建昆、杨廷兰等人。神宗十分恼怒，不假思索便下了圣旨：都察院右都御史徐作、礼部右侍郎刘楚先罢职；国子祭酒刘应秋降调；礼部主事万建昆、吏科左给事杨廷兰贬为典史；张位先有密荐杨镐东征失利，现又犯罪夺职，并值赦不宥。

反对郑贵妃的朝臣全都受到牵连。他们或被贬职，或被夺俸，或被流放戍边，一时间作鸟兽散，这是他们万万没有想到的。他们既不可能申冤，又没有辩解的余地。这场《忧危竑议》案便成为一桩迷案。是反郑派朝臣伪造了此书？还是郑贵妃故意抛出此书，乘机灭掉反对派，这场争议早早了结？不论这场疑案的真相如何，但此案的出现就已经对郑贵妃十分有利了。此案也让后宫自此平静了两年。国本之争也从此平息。

万历二十八年，皇长子正好十八岁。礼部尚书余继登奏请皇上先册立皇长子，然后再为他举行婚礼。大学士沈一贯也出面支持余继登。南京礼部侍郎叶向高等也奏请皇长子行三礼。神宗不听他们的劝告并吩咐皇长子入住慈庆宫，他还下令，说册立皇太子的事早已有安排，不许群臣再执意不听、继续上奏。谢廷赞执意不听，结果被谪调贵州，贬为布政司照磨。大学士沈一贯密谒神宗，认为不该如此重罚谢廷赞。神宗答复说："谢廷赞狂妄，册封一事稍微等一等，以使天下臣民知道出自我心，可他太心急了，而不知道我的想法。"接着，神宗降谕："皇长子身体脆弱，大礼需要再等几天，百官不要再为了此事上奏烦我。"

图文珍藏版

工科都给事王德完不理会神宗的旨意,继续上奏,结果被送入锦衣卫狱,严刑拷打,逼着他说出主谋是谁。郑贵妃的哥哥郑国泰也来凑热闹,主张皇长子成婚后再立为太子。科臣王士昌马上站出来反对郑国泰。署礼部朱国祚则认为郑国泰故意颠倒其词,一定有不良企图。郑国泰半年以后竟破天荒地奏请先立太子再完婚,神宗十分恼怒,当即下令夺去他的俸禄。礼科右给事王士昌、杨天民等也因继续为立太子上奏被谪贵州。

第二年,大学士沈一贯晓之以理,动之以情,中肯进奏,才使神宗改变了主意。神宗读完奏折不禁潸然泪下。神宗当即下旨,过几天举行册典,满朝文武都十分高兴,以为这次神宗被大家劝服了。可是没过几天,神宗以典礼没有准备充足为借口,想延期册立。沈一贯封还圣旨,力争册立皇太子。于是,同年十月十五日,皇长子朱常洛终于被册立为皇太子。至此,国本之争似乎已经结束。

但神宗依旧独宠郑贵妃。《忧危竑议》案仍然没有结束。万历三十一年十一月,即太子册立后的第三年,京师又突然出现一本名为《续忧危竑议》书,全书共三百余言,说的是神宗准备重立太子,动摇国本。书中怒斥郑贵妃。一夜之间,这本书的内容贴遍了宫门、巷衢,立刻就惊动了后宫。此书末尾署名:吏科都给事中项应祥撰,四川道监察御史乔应甲刊。

这本书出现后,满朝震惊,神宗龙颜大怒,吩咐厂卫严加搜捕,务必查出造书主谋,并责令项应祥、乔应甲回奏,向神宗禀明此事!项应洋、乔应甲慌忙进奏讲明缘由,说这一定是书的作者诬陷好人,世上哪有写书诬蔑人还署上自己名字的?于是,神宗就没有惩罚他们二人。那么,这本令朝野震动、后宫失色的书作者究竟是谁呢?有的说此书出自清流之手,想倾覆沈一贯。有的马上反驳,说此书并非出自清流之手,而是想诬陷清流领袖郭正域,原因是郭正域与沈一贯有嫌隙。沈一贯听命于郑贵妃,那么这本书是郑贵妃指使人写的,还是出自反郑朝臣之手呢?这又是一个谜。不过,这场《续忧危竑议》案把众多拥立太子的朝官害得惨不忍睹。

明代于谦冤死案

明景泰八年一月的一天,景泰帝身患重病,卧床休养,新年的皇宫里死气沉沉,全无以往新春佳节的喜庆气氛。当天夜里,移居南宫长达八年之久的太上皇英宗登上奉天大殿，这便是轰动一时的明朝"夺门之变"。

于谦墓

英宗复位后，便把大学士王文、兵部尚书于谦执付法司。没过几天，都御史萧惟桢、主审官石亨等以谋逆罪把他们俩斩首。

王文、于谦一死，朝野震惊。想到这十年来的沧桑巨变，大家都好像做了场噩梦。

英宗正统十四年八月中秋翌日的夜里，一匹骏马快速奔跑，打破了京城平常的宁静，马蹄声经过西长安门，一直奔向皇宫内院。

一个月前，年仅二十三岁的大明皇帝英宗不听劝阻，受自己佞臣王振的唆使，下令御弟郕王朱祁钰驻扎京师，自己亲自点精兵五十万挥师北上，迎战蒙古瓦剌部。

大家只知道瓦剌来犯之敌世代戎马倥偬，这次挑衅肯定蓄谋已久，可英宗九岁继位，十几年深居皇宫，根本没有什么作战经验，跟其出征的王振只是个斗大的字不识得个宦臣，因此觉得英宗这回出征定凶多吉少。正因如此，当传来疾驰的马蹄声时，大家都从睡梦中惊醒，他们的心也悬了起来。

俗话说，好事不出门，坏事传千里。皇帝在土木堡被也先所擒的消息一经传出，不久便传遍了京城的大街小巷。大家都惊呆了，一部分人居然像疯子一样号啕大哭起来。

对于留守京师的郕王朱祁钰来说，土木堡之变却别有一番滋味。天刚蒙蒙亮，郕王佯装镇定，和平日里一样来到午门左门接见众臣。

还没等郕王坐定，群臣便你一言我一语地吵得像炸开了锅。他们一致高呼,要求马上处死佞宦王振整个家族的人,以慰悲愤的百姓和受难的英宗。

本来就不知所措的朱祁钰听了,心里更加慌乱:他早已厌恶王振,可那人就像英宗的喉舌、耳目,或者说心肝,在东宫时,王振教过英宗读书写字,英宗登基后,他便以英宗的"先生"自居。我如果将灭了王振家族,英宗回来怎样交代?

郕王想到这里,突然站起来准备回宫,还下令马上关闭午门。

众臣听罢,也不顾平日礼仪,激愤之下,起身拦住了郕王的去路。

郕王朱祁钰从来没见过这种阵势,顿时手足无措。正在这时,兵部侍郎于谦上前替郕王解了围。

于谦看到众臣情绪激愤,便快步上前,挡在郕王与群臣之间,诚恳地劝郕王道:"殿下,此刻是国家存亡的关键时刻,若你稍有差池,日后将以何面目见那为国蒙难的英宗皇帝?尽管今天群臣有些失礼,可大家全都是为大明江山着想啊。土木堡之变,正是王振一手导致的,不抄没他家怎能平民愤啊!"

朱祁钰听了于谦的话,马上定了定神,随即答应了群臣的请求,而后就急匆匆地起驾回宫了。

锦衣卫领令径直来到王振家。满朝文武也统统散了,吏部尚书王直却始终没离开。他看见于谦因保护郕王,被群臣扯破了的袍袖,不禁感慨地说:"今日之事幸好有贤弟,挽救国家危难此刻正需要你这样的人啊!"

午门事件为北京城增添了紧张的气氛。古语说得好:天下不可一日无主。可是此时此刻,英宗已成异邦阶下囚,皇太子尚年幼无知,也先部落随时都可能兵临北京城,这怎能让大臣们不忧心如焚呢?

当年九月,在大臣们的拥戴下,郕王登基,是为景泰帝。可虽然这样,依然无法平定民心:英宗带领的五十万精兵已全军覆没,京城仅余不足十万的兵力,且都是些羸弱之卒。一些贪图享受、贪生怕死的大臣这时候怂恿王公富族向南逃,侍讲徐珵甚至公开地散布谣言,声称天降灾祸,唯有南逃才可以消灾免祸。

大臣们不停争吵,景泰帝无所适从。就在这时候,新任兵部尚书于谦再次站出来,厉声喝道:"凡倡议南迁者,立斩不饶!"

顿时一片宁静。然后,于谦对景泰皇帝说:"京都是人心所系,天下根本,怎能说弃就弃呢?莫非陛下忘记了宋朝南渡之事了吗?眼下,唯有从速调集军队,积极备战,安定民心,稳定局势,才能争取主动。"

于谦镇定自若,讲话掷地有声,终于说服了景泰帝。

形势非常严峻，土木堡战败，明军产生了畏怯情绪，且兵力严重不足，战具、工事都已年久失修，可这一切都难不住于谦，他以军国大事为己任，还向皇帝立下了军令状。

就在于谦积极备战之时，也先挟持英宗率领大军南下了。他们一路上势如破竹，不到十天，他们就攻破了重重关隘，然后跨过卢沟桥，直达北京城，此时是十月十日。

北京保卫战是一场巧战，一场血战。于谦毅然否决了京师兵马总帅石亨准备将主力放在城内固守的方案，反把主力列阵于九门之外，城中仅留一小部分守卒。也先一到，果然误以为明军集中在城内，所以贸然攻城，反而陷入了于谦的埋伏，顷刻间也先部主力成了瓮中之鳖。

也先大军屡攻不克，反而损失惨重，在北京只撑了五天时间就拖着败将残兵逃回老家了。由此，于谦不仅解了北京之围。而且由于其周密部署，所以在以后的七八十年中，尽管也先曾大举起兵，但北京城却没再受到敌骑的蹂躏。

翌年，也先惨败，向明朝请和。因此，在瓦剌过了一年游牧生活的英宗被迎回北京，被迫接受了"太上皇"的尊号，住到了南宫。

景泰八年一月，皇帝突然身染重病，卧床不起，这便为新年的宫廷罩上了一层阴云。景泰帝登基，废了英宗皇储，立自己儿子为太子，不料未满一年，他唯一的儿子却死了。从这时起，皇储之位始终未定，这理所当然地成为宫廷阴谋活动的极好温床。

就在正月十六夜里，武清侯石亨、太监曹吉祥、都御史徐有贞等趁皇帝卧病休养、朝廷内外人心浮动之机，把做梦都想复辟的"太上皇"朱祁镇迎回了金銮大殿，而朱祁钰在其兄复位的欢庆声中撒手人寰。

英宗复位后，徐有贞、石亨等少不了加官晋爵。他们大权在握，就着手下一步的行动：陷害忠良，排除异己，首当其冲的就是于谦和王文。石亨始终嫉恨景泰帝让于谦做兵部尚书，再加上北京保卫战中于谦明智地否决了自己拥城固守的方案，石亨对此耿耿于怀。而那徐有贞正是那时候散布谣言，鼓吹南逃的徐珵。他们忙着陷害王文、于谦之情可想而知了。

石亨、徐有贞等捏造说王文、于谦"逢迎景泰篡位"，并且声称于、王二人看到景泰帝一病不起，就阴谋迎立襄王等。英宗对那两个奸臣毫不怀疑，所以命石亨和他的党羽都御史萧维桢主持会审。

萧维桢、石亨对王文、于谦进行严刑拷问,逼迫其承认一切罪行。王文对其无耻行径非常气愤,厉声质问道:"召迎亲王必须有金牌,派人也要有马牌才行,现在这两样东西在哪里?"问得那两个奸臣无言以对。于谦冷笑着对王文说道:"你无须费口舌了,这是他们的诡计,目的就是置你我于死地,辩解也是徒劳。"

一连审了几天,于、王二人依然不招供,石亨等人又缺乏证据,只好以于谦和王文阴谋迎立外藩为名,请求凌迟处死这二人。明英宗听后不赞成,说:"保卫北京,于谦是立了大功的。"奸险的徐有贞说:"倘若不杀于谦,陛下复位用什么作名目呢?"英宗听后倒吸口冷气,然后默不作声,不太情愿地签发了处死王文、于谦的旨令,然而,他把凌迟改为斩首。

几天后,王文、于谦慷慨就义。临死之前,于谦还作了一首诗,诗末尾两句是:"顾我于今归去也,白云堆里笑呵呵",其凛然之气不难看出。

土木堡之变时,一直没离开皇宫的皇太后听到王文、于谦被斩首这一消息,十分哀痛,英宗见此情景才稍有悔意。

于谦死后,石亨、曹吉祥、萧维桢等奸人就开始钩心斗角了。先是曹、石合谋除掉萧维桢,接下来是曹吉祥和石亨明争暗斗,英宗渐渐觉察出其险诈。他们发现失宠于英宗,就狗急跳墙,相继策动谋反,最终失败,石亨死在牢里,曹吉祥被诛。

曹吉祥叛乱平定之后,北京城如同血洗。明英宗目睹眼前惨状,仰天长叹。这时候,他仿佛真的看到有人正冲着自己冷笑,那就是"忠肃公"于谦。

袁崇焕通敌叛国冤案

明朝崇祯二年十月,京城没有了往日的繁荣安定,到处都是恐慌。人们成天提心吊胆,到处都在议论纷纷。

最近一些日子以来,接连发生的几件事情让京都臣民大吃一惊:先是被后金军俘虏的几个明宫太监从后金军中逃了回来,报告说袁崇焕通敌。紧接着,又在城中抓到两个后金奸细,一个承认他受袁大帅的命令给后金军送信,另一个则说他知道袁崇焕想要造反。

几天后,城楼上的卫兵惊慌失措地向皇帝报告说,在广渠门外,看到了插有"袁"字帅旗的营帐,离那儿不远处,有金兵驻扎。这下,举国上下都愤怒了。

皇帝下圣旨召袁崇焕大帅立刻进宫商量军饷的事。袁崇焕犹豫了一会儿，立刻骑上马进宫，没想到刚踏进宫门，就被早已埋伏好的卫兵五花大绑起来，随后皇帝下旨以叛国罪将袁崇焕逮捕。第二年八月，袁崇焕被处以磔刑，也就是被肢解而死。

大家都以为，除掉了"通敌叛国"的袁崇焕，城门外驻扎的数万后金兵

袁崇焕墓

就会撤退了。可是，谁也没有想到，他们中了皇太极的反间计，失去了一位忠君爱国、能征善战的将领。

万历年间，萨尔浒战役之后，后金军长驱直入，很快攻占了辽东重镇沈阳和辽东首府辽阳，还占领了辽河东面的七十多座城市。随后，努尔哈赤以明朝降将做内应，不费一兵一卒便夺取了辽东重镇广宁。

广宁失陷的消息传出以后，关内关外一片混乱。关外的百姓和大批的守边士兵纷纷逃回关内。朝中大臣们的意见不统一，许多人主张放弃辽东，退守山海关。这时，刚提任兵部职方主事的袁崇焕，只身一人到山海关考察地形，此时他已年近四十。

袁崇焕小时候就酷爱兵书，并立志驻守边关保家卫国，后来考上进士，当了三年知县，又凭借他超常的胆识和才略，被破格提升到兵部任职。当时正遇上广宁失守，朝中大臣各说各的，崇祯皇帝也没办法，袁崇焕认为纸上谈兵只会错失战机，于是一个人出关考察。几天以后，袁崇焕赶回京城，他顾不得休息就面见皇帝，详细地阐述了自己的抗敌计划，并自告奋勇防守辽东。

自从广宁被占领后，军中的将领大部分都因害怕而不敢前进，朝中的大臣也束手无策。明熹宗正愁没人担此大任，见袁崇焕自愿前往，喜出望外，立刻越级提升他为辽东巡抚，命令他带兵防守关外。

袁崇焕认为，应将防守重心放在关外，关外守住了，才能保住关内。他将河西走廊的咽喉之地宁远设为基地，以此加强关外的防务，这个主张得到兵部尚书孙承宗、辽东经略王在晋的大力支持。于是，袁崇焕把关外流亡百姓都召集到宁远，积极加强战备，大力发展宁远的农业和商业，没过多久，宁远城竟然成

为辽东人人都向往的乐土了。

可是不久后，太监魏忠贤排挤孙承宗，撤除关外的全部防务，但袁崇焕坚决抵制，才保留了宁远。

努尔哈赤见明军突然撤除防务，只剩宁远，就抓住这个战机，率三十万大军直扑宁远。当时正是天启六年正月，宁远城外战旗蔽空，努尔哈赤的使者穿过防守森严的城门，来到袁崇焕帐前。

金使说："我们有三十万大军，宁远势单力孤，不如早早投降，不仅保全性命，还能得个一官半职。"袁崇焕早猜到他的来意，干脆地说："三十万大军算什么！我修建宁远城的时候就下定决心要与城共存亡，让我投降，做梦！"

袁崇焕的回答，如同向努尔哈赤下了战书。金使走后，袁崇焕写下血书，激励全城军民，誓死保卫宁远。

第二天，金军发起猛烈进攻。在袁崇焕的冷静指挥下，守城军民浴血奋战，终于大败金军，威震天下。

努尔哈赤久久不能攻克守远，只好撤回沈阳，他万分沮丧："我努尔哈赤二十五岁就带兵打仗，从未失败，现在竟然攻不下一个小小的宁远。"此后，努尔哈赤整天闷闷不乐，又加上伤势恶化，于同年八月去世了。

九月，努尔哈赤的儿子皇太极登皇位。袁崇焕为了争取时间，假意派人往沈阳吊丧，并提出议和。皇太极刚死了父亲，同意暂时停战。

袁崇焕利用这段时间，抓紧时间修筑城池，时刻准备迎战。

果然，次年五月，皇太极率兵包围锦州。袁崇焕防守宁远，派部将祖大寿增援锦州。皇太极久久不能拿下锦州，于是又率兵攻打宁远，又被袁崇焕打败。这场战役被称为"宁锦大捷"。

此后，皇太极认识到袁崇焕是个不可多得的将才，可惜此人不为自己所用，只有除掉他才能入关，于是想出了一条反间计。

两年后，也就是崇祯二年，皇太极再一次南征。这次他避开了宁远、锦州，取道内蒙古，由喜峰口入关，直奔京城。

袁崇焕得到消息后率军追击，赶在皇太极前面来到蓟州城。皇太极一方面感叹袁崇焕用兵神速，一方面暗自高兴袁崇焕已经中计。皇太极并没有进攻蓟州，当天晚上突然率军向西出发，三天后到达北京。

袁崇焕发现皇太极向西进军，急忙率军追赶，两天两夜马不停蹄，于十一月十六日到达京城，但此时身边只剩下九千人了。

就在袁崇焕驻兵广渠门外稍事修整时，皇太极已派人在京城中散布谣言，说是袁崇焕引金兵入的关，崇祯皇帝信以为真，不许袁崇焕进城。皇太极把军队驻扎在袁军附近。袁崇焕发现不了，在城上却看得一清二楚。城中抓住的两个奸细也是皇太极安排的，而逃回的太监，也是皇太极设的计。

原来，皇太极抵达北京后，活捉了两个太监。他故意派人在看守太监时说："今天暂时撤兵是计，和袁督师早商议好了，这回大事可成了。"太监听到了狱卒的话。后来，太监发现墙上有一个暗洞，便逃回宫中，向崇祯报告了他们听到的话。当然，这两个太监也是皇太极有意放走的。

崇祯皇帝本来就多疑，现在又有这么多证据，足以证明袁崇焕通敌是事实了。

袁崇焕被捕后，部将祖大寿害怕事情有变，急忙带兵逃出山海关。崇祯帝怕事情不好收拾，就让袁崇焕亲手写了一封信给祖大寿，祖大寿接到信后，失声痛哭，全军上下立刻哭声震天。祖大寿八十岁的老母擦干了眼泪，悲愤地说："我儿努力杀敌立功，也许还能赎回督师的命。"

可是，祖大寿的战功终于没能保住袁崇焕的性命。受审期间袁崇焕受尽折磨，但始终不承认自己叛国通敌，崇祯皇帝没有办法，只好杀了他。就义前，袁崇焕写了一首诗：

一生事业总成空，半世功名在梦中。

死后何愁无名将，忠魂依旧守辽东。

十五年后，崇祯皇帝死于景山。虽然南明政权缅怀袁崇焕，为他平反，但是直到清军入关后，才真相大白。崇祯皇帝如果地下有知，一定会后悔当初杀了袁崇焕，以至于自己落得这个下场。

奸妇熔锡灌喉害夫案

明代广西新兴县有一位李县令，他体恤民情，对百姓爱护有加。一天，他因公到乡下去，来到一座山脚下，见一个打扮得花枝招展的少妇在一座坟前哭泣。李县令不解，就问随从，随从们说："是个服丧的妇人。""既是服丧，怎么能打扮成这样？"李县令觉得其中定有隐情，就叫差役把她带回衙门。少妇说："乡亲们都知道,我丈夫因祸而死,就葬在山脚下。今天是七七(死后49天),我穿重孝去给他上坟,怎么还有心情打扮呢?"李县令又问了她的邻居,都说:"她的丈夫确实是病死的。"但是他们都不太清楚死者死时的情形,问到少妇平时的行为,也不能明确地回答。李县令依然心存怀疑,就没有放少妇回去。少妇被无故关押,邻居们为她抱不平,就把李县令告上知府。知府限他半个月之内查明真相并上报,否则就上奏弹劾他知法犯法,故意栽赃于民。

李县令非常着急,连夜赶到乡下,私下察访。谁知道死者一个亲人都没有,具体情况邻居们也不太清楚。查了几天,还是没有一点线索。一天,李县令来到山脚上的一间茅屋前,想避个雨,借宿一宿。一个二十多岁的汉子开门请李县令进了屋,寒暄之后,互通了姓名。李县令说自己是个算命先生,想在这儿住一宿,说着就把钱放在桌上,求主人做顿便饭充饥。这时,从里屋走出一位老妇,说道:"我家不是开饭店的,酒和鸡都是山村风味,绝不能要你的钱。"汉子说:"这是我的母亲。请你收回这些钱,不然,她老人家会不高兴了。"酒菜摆好之后,李县令与汉子两人对饮相谈甚欢。几杯酒下肚,汉子有些醉了,突然对县令说:"你从县城来的吧,应该知道新上任的县令是谁吧?"李县令说:"李知县还在,怎么会有新官?"汉子说:"听说李知县因为一个少妇的案子可能要被罢官,他是个好官,受冤枉了!这个案子就是包青天也束手无策,因为只有我一个人知道内情。"李县令非常吃惊,汉子又接着说:"不敢相信吧?其实,我是个小偷。因为家里穷,只好靠偷东西养活老母亲。那个男人死的当天晚上,我正在他家偷东西。当时,那个男人躺在里屋,病得很重的样子,少妇却在外屋焦急地走来走去,好像在等什么人。没多久,一个男人走进来和她调笑,我偷偷一看,那男人原来是武举人,就住在我们邻乡。后来听到少妇的呻吟,少妇说:'药煎好了,趁热喝罢。'说完就把药端进屋里。当时她丈夫躺在床上,昏迷不醒。少妇将他的头抬起来,喂他喝下药。男人大叫一声就死了。我偷偷地看了一眼盛药的铜勺,原来里边盛的是熔化的锡水。我惊恐万分,趁着他们忙着掩盖罪行的时候,慌慌张张地逃了出来。这件事,只有我一个人知道,官府是查不出来了。"李某说:"你为什么不出来作证,为他申冤呢?"汉子说:"我三更半夜闯到别人家,非奸即盗,说出去,不自己打自己嘴巴子吗?"李某说:"我们只不过刚刚认识,你就告诉了我实情,说明你把我当成了朋友。老弟,希望你以后别再偷东西了。我把我的积蓄给你,你做点小生意,奉养老母,你觉得怎样?"汉子高兴地答应了，对他十分感激。

第二天，县令带他进了城，才透露了自己的真实身份。李某说："你是我的朋友，没必要害怕。你帮我破了这桩案子，立下了大功，就是上报朝廷，也会给你奖励。"汉子答应出面作证。李县令于是派人追捕武举人和那个少妇，然后，汉子当堂作证揭露了他们的罪行。接着又命仵作开棺验尸，果然，死者喉咙里满是锡块。原来，用毒药害人，很容易检查出来，把熔化的锡水灌进喉咙，不会有任何痕迹。两个凶犯在物证、人证面前，只好也从实招认了。

真假女婿案

明朝年间，赣州府石城县曾发生一案。在石城县有一个读书人，姓鲁名学曾。其父在世时任廉使（提刑按察司），曾为他订下一门亲事，此女乃是佥事（按察司幕僚）顾远酞之女。自父亲去世后，家财耗尽，鲁家越来越贫困，以致鲁学曾根本拿不出钱来下聘礼准备婚事。顾远酞因此便想退掉鲁家这门亲事，但女儿阿秀认定自己是鲁家之人，坚决不肯毁婚。阿秀的母亲孟氏知书达礼，生性贤淑，对女儿疼爱有加，眼见女儿已到二十却仍深居闺阁，不免为此着急，想尽快了此心事，快点让女儿成亲。于是派人捎信去给学曾说："老相公嫌你家贫，想要退亲。如今他正外出办事，你可来我家，我拿些金银细软给你，作为聘礼，明日你便可下聘求亲，管保可以成亲。"学曾听后既叹且喜，当即准备前往。但看到自己穿着寒酸，怎好去丈人府第，如此有失礼仪，急忙跑到姨家向表兄借衣帽来穿。学曾向姨说明了此事的原委，姨听后十分高兴，赶快给学曾做了午饭，一边让儿子梁尚宾取套新衣服给学曾。怎知梁尚宾心术不正，本是个歹人，听学曾说起此事后贪欲已起，心生歹计，他脑筋一转，假意对学曾道："表弟难得到我家，这次多住几天，再说婚娶大事应从长计议，何必急于前往呢。今天我与一个朋友有事要办。你与我娘先商量好了，明日一定回来陪你，衣服先不急于借你。"学曾虽然心中着急，却也无可奈何，只好在姨家住下。

梁尚宾一出家门，就径直向顾家奔来，说自己是鲁学曾，命家人通禀。孟夫人和阿秀听说学曾已到，连忙出来相迎。言谈之中却见他不知礼节，举止鲁莽，言谈粗俗，孟夫人不禁心中起疑，道："贤婿是廉使公子，出身书香门第，饱读诗书，为何礼仪荒疏？"尚宾连忙掩饰道："非也，非也，财是人胆，衣是人毛。小婿家道中落，晚生虽是读书之人，但生性胆小，第一次来到相府，又是婚姻大事，心中不免慌张，故有所疏忽。"孟夫人觉得有理，也没了疑惑，当日留他住在女儿院侧的房窗之中，并默许女儿夜里与之私会。夫人心想如此一来，木已成舟，不怕丈夫不答应。第二天一早，又拿出八十两纹银及价值百两的金银首饰，交给尚宾，并叮嘱他快来提亲。孟夫人母女认为尚宾是真女婿，怎知其中蹊跷，失了金银又送了女儿的清白。尚宾把金银藏在身上，才慢慢走回家。见到学曾只说是看望友人回来，说要与学曾聊天缠住学曾又待了一天一夜。到第三天，学曾心中着急再也无法等待，坚持要走，尚宾才不得不把衣服借给他。

学曾穿戴一新，急忙来到顾家，命家人通禀鲁学曾前来拜见夫人及小姐，孟夫人心中甚是疑惑，赶快出来向他问个究竟。问道："你称自己是鲁学曾，你可说说家里的事给我听听？"学曾不知岳母是何用意，便一一道来，说得条理清楚，有根有据。孟夫人暗暗观察，只见学曾言辞文雅，举止得体，为人谦和，人物超群，确似出自官宦之家，是饱读诗书之人，这才明白眼前之人才是真学曾，而先前来的那一个肯定是光棍所冒，不由追悔莫及，稍安心神便进去对女儿说："事已至此，已无其他办法了，你就出去与他见上一面吧。"阿秀不肯出来，只是在帘内问："公子为何迟了两日才来，不守约定呢？"学曾道："准备拜访之礼，拖延了时日，所以到今日才来。"阿秀道："公子早来三天，既得妻，又得金银。现在一切都晚了，或许是你我本无姻缘，命该如此了。"学曾听后大惑不解，心中略有不快，说："是小姐嫌我不守约定，还是见我穷酸，故意托词，令堂派人来说想尽早完婚，可赠金银与我，所以才有今日之造访。如果小姐不想赠予金银，也没有关系，为何要以这三日之差为托词呢？我若不给你退亲文书，你就要守到三十岁，不能下嫁他人。令尊虽想退亲，我若不肯，你就还算是我的未婚妻子。"说罢转身就欲离去。阿秀道："公子且慢！我并无此意，是我与你无缘，公子以后定会得到好妻子的。这里有金钿一对，金钗二股，希望能当此钱财，供公子读书之用，希望来生能与公子结缘，再做夫妇。"学曾听后心中更不快，说："小姐怎么如此绝情，这首饰难道是给我的退亲财礼吗？"阿秀道："公子不要误会，这不是退亲，等到明天，一切就清楚了。现在你速速离去留下这金钿，稍迟一些就怕有事要连累到公子了。"学曾怎信她所说，反而坐下不走。片刻，忽然有人从里面慌忙跑出，说是小姐自缢身亡。学曾怎会相信，进内堂一看，只见刚把阿秀从梁上解下，孟夫人正抱着女儿哭泣不已。如此情景，学曾又怎能不伤心难过，顿时泪如雨下，心似刀绞，却怎么也想不明白阿秀为何要自缢而亡。孟夫人见他进来，忙对他说："还留在这里干什么？"学曾施礼拜别，又向小姐拜了拜。回到姨家，脱了衣服还了尚宾，又向姨叙述了刚才在顾府发生之事，便转身回家去。学曾姨听闻此事，不禁叹息连连，旁边的尚宾心中倒害怕了几分，便对母亲将自己前日到顾府之事说明，他本想骗取钱财，又得以奸宿，怎知道顾小姐刚烈如此，竟然以死明志。梁母听尚宾述说此事，犹如五雷轰顶，厉声痛骂了尚宾一番，一时怒气攻心，当场晕倒，不几天竟惊扰而死。尚宾妻子田氏刚刚过门一月，贤良淑德，而且貌美如花，知书达礼，听说丈夫干此伤天害理之事，婆婆也被气死，怒骂道："你冒表弟之名不但骗去人家金银，还糟蹋人家女儿的身子，做出这猪狗不如之事，上天岂能容你这种人！我不愿再做你的妻子，速速休书一封让我回娘家。"尚宾听罢大怒说："不知好歹的东西，我有这么多金银衣食，还怕娶不到媳妇？"便写了休书赶田氏回家。

数日之后，顾远酖才返回家中，见女儿竟已命殒黄泉，悲伤至极。待心绪稍缓，便去找夫人问女儿自缢之故，孟夫人早已想好了一番话，便说："女儿平日太过娇贵，眼界甚高，前些天鲁女婿前来下聘求亲，女儿见他衣衫褴褛，聘礼微薄，举止粗俗，面目可憎，想必是以为下嫁此人实难，所以宁可一死。说起来也是她一时看得不开，和女婿无关。我们也责怪不到他。"顾远酖听闻此言，心生怒气吼道："当初就是嫌他破落要退掉这门亲事，你偏偏唆使女儿不答应，如今却害得女儿送命。现在他又想轻薄女儿，坏了我们家的清誉，害死我女儿，你却要替他说话，我就是要出这口恶气，要了他的贱命以慰女儿在天之灵！"提笔写了状纸，让家人备轿直奔官府，告鲁学曾逼奸致死人命。

鲁学曾知道后立刻写状反告，说顾远酖诬告自己，用心险恶。其状述道："学曾自幼读书，明圣贤之礼。先父曾为学曾聘顾远酖之女为妻。远酖见学曾家境贫寒，便欲毁弃婚约，屡屡逼女儿退亲。其女明理守节，坚守婚约，便遭打骂，致使其女忧郁日甚，自缢而死。顾远酖逼死其女，又怕他人议论，便诬告学曾逼奸，害死顾小姐，此实属污蔑，望大人明察。"

顾远酖得知学曾反告自己，便送钱到府衙，打点上下，想让知府处死学曾。虞知府受了好处之后，当然按顾远酖之意，将鲁学曾判为死刑，并且不许上诉。秋后问斩之时将近，顾远酖连忙给巡按陈濂修书一封，望其处死学曾，为女儿报仇。孟夫人得知此事后，瞒着老爷忙派人给陈濂送出口信，请他先别杀学曾。

陈濂觉得非常奇怪,都是女婿,老爷想杀,夫人却又不让,想必其中另有原因。于是提学曾于内堂审问,仔细询问此案。听了学曾所述案情,便责问道:"当日顾小姐怪你迟了两日,你为何迟呢?"学曾道:"因学生家贫,无一件像样的衣服,便去表兄梁尚宾家借,他留学生在那里住了两日,所以到第三天才去。"陈濂听闻如此,便猜出了个大概。

第二天,梁尚宾闲在家中,见一个卖布客路过门口,就向他买二匹布,布客却抬高价格。尚宾计较了半天,嫌价高不想买时,布客又说价格还可商量,诚心想做这买卖。如此反复几次,倒引起了尚宾心中怒火,骂道:"你这布客真可恶!快闪开,别挡住我家大门!"布客故意激他道:"看你也不想买我这布。我这里的布值二百两银子,你要是买得起,我就便宜五十两卖给你。"尚宾说:"我又不是买布之人,买这么多布有何用处?"布客道:"我料想你也买不起。"尚宾被他激得心火上升,便欲将他一军,心想家中有银七八十两,再有从顾家得到的金银首饰,合计已超过一百五十两。便对布客说:"我已借出去了不少银子,现在手中还有一些不到一百两,我有几样首饰,你若肯收下相抵,我就将你的布全部买下,你看如何。"布客道:"只要真金真银,首饰也可以。"尚宾便拿出现银六十两,再用那几样金银首饰抵了九十两纹银,买下布客的二十担好布。

其实乃是陈濂假扮布客,他设计得到赃物后,便叫顾远酞前来辨认这些首饰。顾远酞细细端详了一番,他认得几件首饰是自家所有,甚感奇怪,便问:"这些钗饰是我家夫人所有,为何在此?"陈濂向顾远酞说了其中缘由,送他回府,又立刻命人捉来梁尚宾,升堂审问,喝道:"你这恶贼,冒名曹学曾骗得顾家钱财,赃物已用来买布,有无此事?当日你入顾府,是否还玷污了顾小姐的清白,快快从实招来!"尚宾认出审问之人乃是那一日的布客,知道真相败露,情知难逃,只得如实招供。

陈濂听罢梁尚宾供述,心中大怒:天下怎有如此可恶之人,命差役打他的板子,尚宾怎受得住这顿板子,尚未打到数,就已经毙命。顾远酞得知此中细情之后,怒气冲天,道:"此人太过可恶,骗取金钱我倒可饶他,只有女儿被他侮辱,含恨自缢,女婿又险些因此丧命,此恨难消。定要追回所有财物,要他妻儿赔上性命,方能解我心头之恨。"梁尚宾所休之妻田氏闻后,独自一人来到顾家,前去拜见孟夫人说:"我进梁家门未满一月,得知梁尚宾冒名来贵府,骗取金银,污了小姐清白,我恨其不义,便要他休了我。至今已回娘家一年,和梁家已无任何瓜葛,望夫人明察。"顾元酞细细看了休书,果然如她所说,不由得叹息道:"此女心性高洁,不慕富贵,不取不义之财,不居恶门,知理知义,甚是难得,名门之女也不过如此啊。"孟夫人日夜想念女儿,见田氏貌美贤淑,心中极是喜爱,便对她说:"我原有一女名为阿秀,爱如掌上明珠,只因此事自缢身亡。如今我想收你为义女,安慰我心,不知你可愿?"田氏见二老待人甚好,忙俯身下拜,愿做义女孝敬父母。不久在顾氏夫妇的撮合下,鲁学曾答应入赘顾家,与田氏结为夫妇。

郭子章审猴辨凶案

明朝某年,郭子章刚刚上任建宁府知府。一日,他前去水西路,行至前桥一带,但见四周山色秀丽,群山环绕,奇峰怪石,苍松翠柏,令人赏心悦目。郭子章见了如此秀丽景色,再联想自己平步青云,仕途顺畅,不由得心情舒畅,便下轿信步走去,一边吟诗,一边四下欣赏沿途景色。

郭子章正在兴头上,突然从山上奔下一只猴子,速度极快,眨眼间便跑到郭子章及随从之中,逐一仔细审视,前窜后蹦,动作轻巧却一直啼叫不止。役人均怕这猴子伤到郭子章,纷纷跑去威吓驱赶。可那猴全然不理,仍四下张望,啼叫不已,且叫声越来越凄厉。郭子章仔细看去,觉得此猴有所不同,不像山中的野猴,却似是为人驯化颇通人性的,忙命随从不得追打,仔细观察那猴的行动。只见那猴跳到各个人的面前细细审看后,便跃到众人前面慢步向山上跑去,边跑边回头向众人张望,似是等待众人随它上山。郭子章觉得此事甚是奇怪,便命身边的一个差役随猴上山,那猴见有人跟上,转身便向山上奔去。

郭子章

不一会儿,役人抱着那猴匆匆跑下山来,向郭子章施礼道:"禀告老爷,这猴引小人到了山中一片树林之中,悲鸣不已。小人四处观看,不免吓了一跳。在树林深处有一男子已死多日,尸体腐烂,面目难辨。小人已经查过,尸身之上分文皆无,只有一些耍猴用的小家什,再无其他。"郭子章听后,稍加思索说:"看来此人是被人所杀。这猴想必是死者生前所驯养，主人虽死却不愿离去，一直守在此处等人经过。如此看来，主人被杀之时，它大概就在主人身边，应该记得凶手的模样。"便令一名差役将猴送回府中好生喂养。

当晚，郭子章反复思索此事，无心入睡。他想，凶杀之案乃是大案，这可是我上任之后所遇的第一桩大案，能否明断，可大大关系着自己的政绩前程和百姓对我这知府的看法，当细细地想，不可鲁莽。可这案子唯一的线索就是这只猴子，怎样才好让这猴子帮我找出凶手呢？牵了猴子到街上去找，必是惹人笑话，况且消息传出，那凶手必会躲避的。闭目沉思了一会儿，他猛一击掌，计上心头，我何不审审这猴子。升堂审猴荒唐怪诞，人们心中奇怪，必会前来观看，几日之中前来观看者定会络绎不绝，那凶手应该会在其中，到时必让猴子细细观看定会从中辨认出凶手。

第二天早晨，郭子章命衙中所有差役于城中各处显眼的地方张贴告示，称本府将连续三天审理猴窃库银案。建宁府大街小巷之中传开此事，众人皆觉奇怪，新官上任三把火，可这新任的知府却如此荒诞，也不知他葫芦里卖的是什么药。审人的见过，审猴却从未听说，审猴能审出名堂吗？那猴子盗得库银做什么？这可是建宁府从未有过的怪事。不解归不解，人们却都等着审猴那天去弄个清楚。那日刚刚天明，男女老少便纷纷赶往建宁府衙，想看个究竟。

众人来到堂前，只见知府大人端坐一旁，却有一只猴子站在堂中椅子之上，目光炯炯，四处张望，哪像升堂受审？这时郭子章见人已不少，时机已到，便升堂问道："你这刁顽之猴，是受何人指使？库银是不是你偷的？"那猴子哪知道他吼什么，理也不理，又道："你这泼猴倒是嘴硬，如不用刑，看来你也不招，大刑伺候！"这猴子哪知道这些，仍是到处张望在人群堆里巡视。这时，堂外的百姓议论纷纷，窃窃私语。人群之中一个男子与他人说："知府老爷是不是得了病了，升堂审猴，可是闻所未闻啊……"话音未落，却见那猴忽地从椅背上高高跃起，穿过众人，直向他扑去。那人顿时慌了手脚，大惊失色，急忙用双手抵挡，分开人群想逃走。

郭子章坐在堂上看得一清二楚，急命两旁差役擒住他，押到堂前。然后厉声问道："你这恶徒，可知本官为何拘你？"那人连忙跪下，不停磕头，连声求饶："小人无知狂妄，言语冒犯老爷，请大老爷开恩，饶小人的性命。"郭子章冷笑道："言语冒犯我倒不计较，可你谋财害命，我却不可放过。快说，前桥山林中男尸,可是你劫杀之后弃于林中的?"男子还以为是自己言语冒犯而激怒知府,万万没想到知府所问乃是自己杀人掠财之事,心中毫无准备,乱了方寸,手脚发抖。正寻思如何抵赖,只听知府又说:"死者生前驯养此猴,颇通人性。它已辨认出你是凶手,你有何话好说,若想抵赖狡辩,断然不会有什么好结果!小心你皮肉受苦。"另一边,猴子向他前冲后跳,龇牙咧嘴,怒啼不已。

男子心情慌乱,知道难以逃脱,只得将自己如何杀人劫财之事叙述一遍。原来被杀之人本是乞丐,就在建宁城中,名陈野,驯养了一只猴子,靠耍猴在城中赚钱糊口。天长日久,这陈野攒了些银子。一日,陈野在水西徐元店中秤银,却被这路过的轿夫无意中看见,这轿夫名叫涂起,顿起图财害命之心。便藏在店外,偷偷跟踪陈野到前桥山下,见四下无人,便上前将他打死,取了银子又把尸体抱到山上树林之中,自己则携银逃跑。他处处小心,以为此事定无人知,殊不知这猴子却记得此人,为主人报了仇。于是郭子章立刻升堂,判处涂起死刑,报请朝廷秋后问斩。

至此,建宁府的百姓才明白了郭大人乃是借审猴之名寻杀人之人,由此对郭子章敬佩不已。

县令智断轮奸案

明代广州府龙门县有一员外,名杨立,家财万贯,富可敌国,生下一个儿子叫继祖,仗恃有钱,经常横行乡里,恣意奸淫妇女。有一年,杨立突然得病,不能到各庄放谷,不得已,就叫儿子替自己去,以免自己辛劳。继祖领命以后,让仆人带着马匹在后跟随,到南庄放谷。

忙了几天后,他想休息一下,便出外游玩。远远地看见两个女子,年纪都在二十岁上下,从远而近,淡妆素服,整洁大方而不失雅致,让人看了之后还想再看。继祖问庄上人说:"这两女子是谁家的?"庄人说:"是山后刘胜家的,走在前面的是刘胜的妹妹,后面的是刘胜的妻子。"继祖问:"她们家住何处?要去哪里?"庄人说:"刘胜外出经商已两年没回了,她们经常到下面关王庙求签祷告。"继祖问:"那她家里没别的亲人了吗?"庄人说:"没有。除了一个雇来种地的,每天夜里只叫小姑来伴她睡觉。"继祖问:"小姑嫁给了什么人?"庄人说:"前村的张升。"继祖说:"你去问他家里需多少银钱粮食,他要多少,我就借他多少。"庄人说:"他们家里很富,即使有时周转不灵,自己一定会想办法,何况他们生活也很宽裕,哪用向别人借呢?"这天夜里继祖。因为想念这两个女人,竟然彻夜不眠。

第二天吃过早饭,继祖拿着一锭约十两的银子,到刘家想调戏奸淫。两位妇人坚决不同意,而且正颜厉色,高声大骂,又要喊叫邻人。继祖没办法,只好匆匆离去。

他想了许久也想不出办法,就让仆人添庆去请狐朋狗友滑巧、通方、高智三人来庄,当晚三人便到了。继祖令人备酒,酒至半酣之时,滑巧说:"今天承蒙盛情款待,不知有何见教?"继祖说:"我今天遇到一件很扫兴的事,特地将三位请来,想让三位帮我想个办法。"三人说:"兄长有什么事请快说。"继祖说:"昨天我闲游时,遇见刘胜的妻子和妹妹,觉得她们很漂亮,她们俩朝拜关帝从此路过。今天上午我拿一锭银子,到她们家去,只求一时欢乐,他们不只不肯,还出口伤人。"通方说:"这事最容易。"继祖喜出望外地问:"兄长有何妙计,就请快说。"通方说:"等到三更之时,咱四人分两组,让两个人到后山呐喊,两个人从前门进去,捉住这两个妇人,带到一山洞,你就可为所欲为了。"众人都附和说:"这个计策很妙。"夜里四个人饮酒,等到三更时,他们悄悄出村。继祖、滑巧在后山呐喊,通方、高智从前门冲入院内。佣工警惕地起床察看,他们便将他捆绑结实,让他不能叫喊活动。然后就来到房中,只捉到柳氏一人。张升因家中有事,傍晚便接妻子回去了。四人将柳氏挟持到山中,找了一个很平的山洞,四人肆意轮奸,毫无顾忌,柳氏苦不堪言。一直到天亮时,四人才慌忙离去,继祖不小心掉下一块手帕在旁边。

第二天早晨,邻居才发现刘胜家被劫,众人发现佣工被绑着,忙给佣工松绑,佣工二话没说就去禀报张升夫妇,张升夫妇马上赶来,到院里各处察看,但没发现柳氏踪影,便四下寻找,找到山洞,只听见里面传出阵阵凄惨的哭声。二人走近一看,发现柳氏衣不遮体,又不能行动,张升将柳氏背回家中。柳氏一时说不出话,只用手拍打肚子。小姑马上明白了,因为精液过多,肚子膨胀,所以她去拿了根扁担,帮她轻轻压肚子,使精液全部流出,过了很久,柳氏略微苏醒,才能说话。小姑问她:"到底发生什么事了?"柳氏因害羞而不说话,小姑再三询问,柳氏才说:"昨夜三更,有两个人强行闯进来,我以为是贼,起身要走,衣服还没穿好,两个人进房,把我捉上山去,四个人强奸,我丝毫反抗不得。"小姑说:

"这四个人你认识吗？"柳氏说："当时月色昏暗看不见。"张升把拾到的手帕拿出来，解开一看，里面有个小账本，里面有放谷欠户的人名，四处打听、询问，才知道是继祖在庄上放谷。张升的妻子知道后便告诉张升说："昨天上午，杨继祖这厮拿一锭银子来这里，要求寻欢，被我们骂走。想必是他气不过，纠集恶棍，晚上捉去强奸，幸亏我不在，不然，也逃不出他的魔掌了。"张升写状子告到县上说：

告状人张升，所告之事为强奸致伤。奸淫恶棍杨继祖是个风流浪子，恃其富有，色胆包天，恣意淫乱，经常奸宿。他看我妻舅出门在外，拿银子来家调戏舅妇，意图奸淫，柳氏忠贞不屈，将他赶走。杨继祖怀恨在心，串通同党三人，半夜硬闯进家中，将舅妇挟持到山洞，四人轮轩，使舅妇差点丧命。第二天早晨找到时命已危在旦夕。有杨继祖遗留手帕为证，希望县太爷公正执法，为民除害。

县令曾唯为官清廉，且办案公正迅速，就批准张升的诉状，差兵丁孙丙、魏享二人捉拿杨继祖。继祖呈诉状说：

诉状人杨继祖，为恶人诬陷冤屈事上诉。本人平素遵纪守法，安守本分。讼棍张升几年前曾与我父亲争买田庄，但没得到，就费尽心机，想诬害我。我偶然遗失一块手帕，被他拾到，他就趁机捏造事实，以图报复。恳请青天大老爷维护小民的清白。

县令准其上诉，就拘留原、被告听审。又找来柳氏左邻右舍萧兴等人问道："你们都是近邻，知道此事的始末吗？"萧兴说："这夜里的事小人确实不知道，第二天早晨从门口经过，听见佣工的喊叫声，大伙进去一看，看见佣工被绑着躺在地下，遂即解开，佣工马上通知张升夫妇寻找到山洞，发现她躺在那已不能行动。旁边遗留一块手帕是实。至于其他的就不清楚了，不敢乱说。"县令说："既然在现场发现手帕，帕内既有杨继祖的账本，必然是他无疑了。"杨继祖说："小人三天前不小心弄丢了这块手帕，并不在山上。再说我一个人怎么能绑人捉人，这都是因为张升要报以前的恩怨而诬陷我。"张升说："白天分明是你想用钱诱奸两个妇人，她们又喊又骂，才把你吓跑。晚上遭劫，如果是贼人抢劫，一定要抢财物，为什么单单强奸妇女，并未丢失财物，更何况有手帕作证，希望老爷用严刑拷问出同党，为小民申冤。"县令喝令将继祖重打二十大板，杨继祖仗着他们证据不足仍然像刚才一样巧言争辩。县令将原告被告、一起收监，其余的人均回家。私下嘱咐狱卒说："你们小心看守好这监狱门,看有什么人来探望杨继祖没有?如果有人来,就拿来见我,不能让他们见面,明天肯定有赏。如果走漏风声或受财将此人放走,重打六十大板,革去职役。"禁子说:"不敢。"

县令退堂后,禁子就尽职尽责地守在监狱门口,不一会儿有三个人慌慌张张地来探望杨继祖。禁子马上机警地关了门并唤守堂的皂隶一齐出来,毫不费劲便把三人抓到了县衙正堂。禁子说:"抓到三个人,都是来探望杨继祖的。"县令说:"你们三人共同强奸柳氏,杨继祖现已招认,本官正要出牌缉拿你们,没想到你们却送上门来了。"三人吓得脸都变白了,两方也不能照应。滑巧说:"小人三个并没有参与强奸柳氏之事,杨继祖怎么能胡编乱扯呢?"县令说:"杨继祖说,如果没有你们三人从中协助,他一个人一定干不了这个事,你们若不速速招供,本官将严刑伺候。"三个人异口同声说:"他自己干的,怎么能把罪都推到我们身上?"县令见他们巧言争辩,不肯招供,就命令各打二十大板,三人仍未招供,县令令绑着三人,带到远远走廊下,同时将继祖从狱中提出。继祖一见被绑着的三个人,心就慌了,县令传他上堂,大声喝道:"分明是你这贼人强奸柳氏,我已经审出,这三个人是你的同伙,他们已经招认,并说是你指使他们干的。"杨继祖还想死不承认,县令用夹棍夹起,继祖忍受不了大刑,才招供说:"那天,小人拿银子到她家求欢,被她们骂出,觉得丢脸,且色迷心窍,就叫来三人一块商议,通方出的计策,乞求老爷宽刑。"县令说:"是谁进柳氏家捉她的?"继祖说:"通方、高智去捉的,四人轮奸。"县令又让差役将三人押来,对证于公堂之上。县令说:"你三人还想隐瞒事实吗?杨继祖现在已经招认清楚,你们每人快快如实招来。"四人面面相觑,无言对答,只得招认。

县令判决说:"审得杨继祖是放荡不羁的浪子,恃仗富有,荒淫无耻,倚仗爪牙,强奸妇女,目无王法。光棍滑巧等人,非但不好言忠告,反而帮助杨继祖为非作歹,设计以纵其淫欲,强行闯入柳氏家中,绑缚工人,捉走柳氏,四人轮奸她于山中。四人视纲纪于不顾,强奸罪决不宽容。不分首从,四人都处以死刑。"

董廷神断葛叶案

江西南丰县有一人,名鞠躬,乃是举人出身。南京按察使梅先春乃是鞠躬的表亲,权势显赫。一年夏天,鞠躬买了一批贵重精美的铜器玩物,前去南京看望梅先春,同行的还有三个仆人,贵十八、章三、富十。这一日,行至瑞丰县,主仆四人找了家店住下。鞠躬说:"梅按院公务繁忙,常在省内各地查办案件,不一定就在南京。章三、富十可走旱路先行一步,看看按院可在南京,问清之后,来芜湖接我和贵十八。"章三、富十见主人如此吩咐,便收拾行囊,嘱咐鞠躬路上多加小心。

次日,鞠躬、贵十八二人来码头乘船,水手葛彩忙替主仆二人搬行李上船。葛彩搬运之时觉得行李沉重,猜测定是金银之物,连忙到舱内对船主艾虎说:"他们行李沉重,里面定是金银。"艾虎听说皮箱中全是金银,贪欲便起,心生图财害命之意,便对葛彩说:"别再搭别的客人上船,你我好在途中动手。"二人商议一番,就对鞠躬说:"我想相公是读书的人,喜好清静,相公若是多赏些钱,我们就不搭别的客人,免得扰了相公,不知相公意下如何?"鞠躬说:"船家想得倒是周到,如此甚好,到芜湖时定会多付些船钱给你。"二人见鞠躬这样说,心中甚喜,愈加认定皮箱中一定是金银无疑,便谋划如何动手。

这一日,已过九江,船只稀少。夜色将至,艾虎将船驶到僻静之处。直到夜深人静,主仆二人已经熟睡,艾虎、葛彩悄悄潜入舱中,将他们杀死,弃尸江中,又将船收拾干净。艾虎找出钥匙,将皮箱打开,心中甚是失望,原来箱中全是铜器,有香炉、花瓶、水壶、笔山等精致玩物。葛彩说:"我倒说这满箱的全是金银,咱们二人便不用再做这水上生意,享荣华富贵去了,原来是这些铜家伙。"艾虎说:"这铜器可都是好东西,运到岸上,还愁没有卖的地方。你我明日便起船前去芜湖,每到一处便找牙商卖几件,就变成了银子。"二人第二日一早便启航,依计办事。

章三、富十来到南京,打听到梅按院已去苏州巡历,立刻启程赶往芜湖,在客店中住了半个多月,不见主人来,心中着急,忙雇船沿江而上,一路上也未见到主人,直到瑞丰原店询问。店主说:"那位公子第二天便结账雇船走了,怎么能等到现在?"二人惊慌失措,急忙赶往南京,又转向苏杭一带寻找。此时二人盘缠用尽,只好把衣帽饰物典当了作路费。刚到苏州就听说梅按院已到松江巡视,二人又到了松江,仍没有主人的任何消息。二人想见按院,无奈当地官员对按院保卫极严,只好返回南京。

二人来到南京,四处打探主人的消息,一日却在一店铺中见到一只香炉,二

国学经典文库

中国古代秘史

· 明朝秘史 ·

图文珍藏版

人觉得眼熟,仔细一看乃是主人礼物中的一件,问道:"这个香炉肯卖吗?"店主说:"二位玩笑了,摆在此处当然是要卖了。"章三说:"你可有其他的器玩?我们想看看。"店主说:"有。"章三说:"快拿来我们看看。"店主还以为来了大买主,忙提出一只大箱子,任其挑拣。二人仔细看过,更加确认是主人之物,问道:"这货你从哪里得来的?"店主说:"前几日去芜湖买的,为何要问这个?"富十忽然用双手扭住店主,店主不知其故,就说:"你这二人,怎么如此无礼,胡乱动手,是何缘故?"三人便在店中吵闹厮打起来,直打到门外。有兵马司官吏朱天伦从门口经过,命官差制住三人,问道:"你们三人光天化日大打出手,眼中可有王法吗?"双方急忙说明各自的缘由,朱天伦命差役把三人押回司里,仔细盘问。章三把与主人分开,又找不到主人,在店铺却见了主人的东西之事,细细说了一遍。朱公提审店主问:"你叫什么姓名?"店主慌忙说:"小人叫金良。"朱公说:"这批货从何处得来的?"店主说:"这批货是前几日妻舅买来的,是从芜湖买的。"朱公说:"这些东西又不是产自芜湖,怎么能从芜湖贩来,其中有何缘故?快快讲来。"金良说:"小人并不知道其中明细,只有找来妻舅吴程,才能弄明白。"朱公连忙命人前去传唤吴程,又将这三人暂且收监。次日便将吴程提到兵马司。朱公问道:"你是从何处为金良寻得这批铜器?"吴程说:"这批货本是产于江西南县,恰巧有船客把这批玩物贩到芜湖,小人是在牙行用40两银子买来的。"朱公说:"你可知道那卖货之人哪去了吗?"吴程说:"萍水相逢,我们只是买卖货物。"朱公闻言,觉得事关重大,不敢擅做决断,只好把四人关在监狱,等待按院回来查办。

当时,梅按院正忙于工作,案件甚多,又要考查官吏,没有功夫审问,只好让推官董廷审问,查明以后上报于他。董推官立刻升堂审问,富、章二人呈递诉状说:

"告状人富十、章三,状告金良、吴程图财害命,害死我家主人。恩主鞠躬祖居南丰县城,数日前,欲来南京探望表亲梅按院,用五十两银子买有铜器、丰篼等物。我主仆四人便启程赶来南京。行至瑞丰,主人命我们先来打探梅按院可在南京,约定在芜湖相见。我和章三在芜湖等了半个多月也不见主人到来,原来主人已被强贼金良、吴程害死。小人先前并不知主人遇害,四处奔走找寻,一日却在金良店中见到主人之物。主人定是被他们所害,恳求青天大老爷替小人做主,找到恩主原尸,严惩恶人,以正国法。衔恩上告。"

吴程递诉状说:"小人江陵吴程,递状上诉,以洗小人冤屈。小人守法经商,在芜湖一带贩卖货物,在牙行偶遇客人带了一批铜货,小人用钱买来,贩给金良,牙人段克已及金良可以为证。岂料富、章两个恶人前来金良店铺,凭空冒认,诬陷良民。这批货若是我劫杀得来,又怎敢当众买卖。望大人明鉴。恳求老爷替我做主,洗刷冤情,杜绝诬陷。"

董廷接下诉状,研读审讯一遍,将众人暂押监中。次日,下令前去芜湖将段克已拿到,再次提审各人。推官说:"段克已,你做牙行,这批铜货乃是吴程经你手得来的,一定知道卖货之人的姓名。"段克已说:"这些客人来去匆匆,货物今天进,明天卖。若是常来的客人倒是认得,可这人只来过一次,怎么能久记他们的姓名?"推官说:"这一案按院大人特令我审问,又是图财害命的大案,你若知情不报,必然与其同谋。你们如实招来,免得皮肉受苦。"吴程说:"牙行有句俗话'有眼人无眼客',当时,这铜器是经他买来的。"克已说:"当时,你见他货物卖得便宜,主动与他买卖的,我不过为你们说和说和,把价格变妥,我怎么可能盘问他的底细?"推官说:"为了图利而运带货物沿途买卖,这是人之常情。若不是这点利益,谁又肯辛辛苦苦奔走江湖呢?你作为牙行,与四方客人买卖商谈,怎会不知他们底细。你们俩互相推脱,其中定有蹊跷。如知是何人所为,迅速报上姓名;如是自己,从实招认,还可轻办,何必要等待刑罚拷问呢?"二人也说不出什么,命令各打三十大板,又上夹棍,敲狼头三百下,二人仍是连喊冤枉,不肯认罪。推官见二人在如此酷刑之下,还是不招,只好命人将二人押下堂去,暂时收监,衙役已将段克已拖出堂口,推官却见一阵风吹进门一片葛叶,还把门上挂的红彩一起吹下,恰好落在克已身上,猜不出这是怎么回事。自己蹙眉细想:衙门内并未栽有葛树,哪里来的这葛叶,这事甚是蹊跷,一时却怎么也想不明白。第二天再次提审几人,又用重刑,仍然不招,遂成了难断之案。便将案情写明上交按院,按院发文,令其细细查访,慎重处理。

推官及随办衙役只得前去芜湖查点船只,不料所有官船都已派了用场,只得命捕快临时捉船应急。恰好却捉到了艾虎的船,推官登船问道:"船家如何称呼?"艾虎说:"大人客气了,小人名叫艾虎。"推官见船上另有一名水手又问:"他又叫什么名字?"艾虎说:"他是水手,已跟我行船多年,名叫葛彩。"推官听后,心中的谜团突然解开:葛叶随彩而下,就是葛彩,定是他谋财害命,真乃天助我也。就不再去芜湖,令差人停船靠岸,擒住这两个恶人转回衙门拷问。二人不知为何突然被捉,做贼心虚,吓得瘫软在地。推官说:"你谋财害命,杀死主仆二人,牙行段克己和买货之人吴程已经供认是你们二人,只因你二人行踪不定未能缉拿。今天正好被我抓住,快快从实招认,不必多言。"艾虎说:"小人怎会认得什么牙人段克己呢?他谋害别人,何故陷害我等?"推官知他们狡辩,不肯招认,就令两旁差人将二人各打四十大板,暂押入狱内,等待提审。回到府衙以后,就发牌特令差人前去提审二犯。二人仍不招,便将段克己、吴程几人提来与艾、葛二人上堂对质。吴程说:"你这恶贼,杀了他们主仆二人,抢劫财物,转手卖给我们,却连累我们这些无辜的人受这些痛苦,幸而苍天有眼,大人英明。"葛彩说:"你胡说什么,我从未见过你们,怎么把此事赖在我们头上?"吴程说:"铜货和丰箧,你我交易四十二两,段克己可以作证。"艾虎二人眼见人证物证俱全,狡辩不得,不得不从实招来:"事情是因葛彩而起的,当时主仆二人登上船来,葛彩为他搬了三只皮箱上船,皮箱甚重,以为是金银之物,所以想杀人劫货,便没让别的客人搭船。经过湖口,趁二人熟睡时,便用刀杀了,弃尸江中。后来打开皮箱,见是铜货,不过才十两银子,二人心里追悔莫及,将余下的货物在芜湖卖了,得到吴程的银子四十两。当时,只想便宜些将货都卖掉,段克己却察觉其中必有隐情,要挟分银十五两。"段克己低头无言,推官令各人认供画押,富十、章三叩头拜谢说:"大人办案如神,明察秋毫,恩主亡魂终得安慰。"推官审判说:"水手葛彩,性凶似鹰犬,估财物的轻重而起贪欲;心狠如豺狼蛇蝎,设下害人计谋。多要船钱,以试客人囊中虚实。不搭其他船客,泊船于僻静之处。夜深人静,杀死主仆二人,弃尸江心,孰不知天网恢恢,怎能逃脱!芜湖卖货牙人段克己知情而骗分金银;南京转卖,仆人识出货物。不得贼人姓名,葛叶飘下以示天意;犯人踪迹难获,审官查访而遇真凶。葛彩、艾虎两个凶犯,劫财害命,应斩首示众。吴、段二犯,贩卖赃物,诈分金银,依法发配远方。金良乃是无辜之人,放其回家。"

并记录文案,详写审案过程上交按院。梅巡按看到案件审问翔实,按所拟罪名,于秋后将葛彩、艾虎斩首示众,吴程、段克己发配边疆。

嘉靖含冤自诬抢劫案

嘉靖年间,朝廷设置巡检司于各府、州、县的关隘、渡口及重要之处,负责缉捕盗贼,盘查过往,安定一方。巡检虽是九品小官,却掌管巡检司,职责甚大,尽忠职守之人,可保一方安定;贪赃枉法的巡检,却包庇罪犯,中饱私囊,坑害百姓。

镇江府是水陆交通要地,吴凤便是这地方的巡检。这个人为人精明,官低人微有时也不得不装糊涂,他不与其他官员共收贿赂,但若是独占的好处,他也经常收一些。平日里与各官员的关系都不错。他的独子叫吴一光,没学到父亲的圆滑,却喜欢占便宜,在家时经常听父亲说些巡检司里的事,闲散之时也去巡检司玩玩,时间一长便和司里的差役们混熟了,看多了巡检司拿人办案,大体便知道了如何办案及其过程。

嘉靖御瓷葫芦式瓶

嘉靖二年八月十八日,吴凤带人出去查访办案,忽有丹徒县民章爵前来巡检司找吴凤告状,吴一光刚好来巡检司玩耍,当值的官吏出去买东西尚未归来。吴一光觉得好玩,也想办一办案,便代他父亲接受了章爵的告状。章爵对吴一光一一说明缘由,原来昨日大风把他捆在江边的木排吹动碰撞散了,不少木头顺水漂走,他顺江寻找没有找到,定是让别人捞去了,便来巡检司请官府帮他寻回木头。吴一光心想这事不难,木排吹散之后,定是顺水而下,只有住在下游离章家不远的村民,才能捞取木材,此案容易,自己便可办成。于是他暗中到下游邻近章家的居民中查访,略施小计便从一些孩子的口中套出了木材的下落。连忙回巡检司,召集差役去各家搜寻,在温春家便找出了大半的木材,共有二十余根,便把温春押入狱中。又在其他村民家中搜出木材,共有八人:刘恩、刘宝、刘信、刘智、刘采、王礼、温勉、朱宝,全都拘押在巡检司狱内。经审问,温春离章家最近,捞得好处较多,刘恩和刘宝各捞获一根,刘信捞到二根,刘智捞取四根,其他四家木材乃自己所有,并非从江中捞得。吴一光心中起了个歪念,便说要动刑,还说若把他们送去县衙审问,定下了罪名,这辈子都别想出来。这些人都是些老实农民,从未见过如此情形,更是怕有官司上身,恐惧之余,不知如何是好。吴一光心中生气,苦于他们不懂玄机,就委婉说出如果有百八十两银子给他,他便可暗中放了他们,免去牢狱之灾。

这些被囚之人忙托人带出信来,让家人快快准备银两。家人四处奔走借钱,以保住亲人免受牢狱之苦,刘智家凑到十五两,朱宝家出五两,王礼家十二两,刘信、刘采家各十两,刘恩、刘宝家各二两,温春、温勉两家共三十六两,共九十二两银,并找到差人王恩,许以二两银子,请他把九十两银子送给吴一光,再美言几句,快快把各村民放出来。吴一光收到了这么多银子,心中极是高兴,没想到银子如此容易便得手,应允一有时机便将众人放了。十四日,吴一光终于想到个主意,他让巡检司不行防御,待到天黑无人之时,潜入狱中与其他九人协力推倒了监狱墙,叫他们趁着夜色离开镇江,前去通州,隐姓埋名,在一个偏僻的小旅店里暂住下来。十六日,吴一光绝口不提受贿及助九人越狱的实情,假父亲之名写了文书上交巡捕黄通判,称关押于巡检司的刘恩等九人深夜推倒狱墙逃脱。

黄通判见了文书方知这八名犯人越狱脱逃,张贴告示差人四处追捕。刘恩等人各家的亲属看到吴一光说话不算数,各家均借了重债救人,钱已经给他了,现在又要抓人,各人心中又气又急,不知如何是好,就去找总甲长张坤,一一细说了吴一光捕人、索取贿赂、毁弃约定的事。张坤知道这几家四处借钱去官府救人的事之后,也觉得吴一光有些欺人太甚。十九日,各家联名去官府上告吴一光。官府忙派人前去吴府拿下吴一光。吴凤知道详情后,便到官府走动,送些银钱,找自己的故交打点一切,还到狱中见吴一光,告诉如何应对审问,怎样认错等。审问时,吴一光按计划承认了自己所受银两的真实数目,因为吴凤早已告诉他张坤的状纸中有明细的账目,各家所用银两数目均在其上。为免去自己冒充官员捉人办案的罪名,吴一光依父亲所教,说刘恩他们是一伙强盗,自己才做主将一干人等拘捕。在嘉靖元年八月十八,刘恩和刘福、刘信、刘智、朱宝、温春、温勉、刘采、王礼九人,躲在岸边,趁一只桨船靠岸之际上船劫掠,取得衣物布匹,并掠银二十二两之多。嘉靖二年闰四月,刘恩他们如法炮制,又劫下一条沙船,劫得棉布四十匹。同年七月,一条桨船遭刘恩一伙劫掠,被夺布匹衣服等物及纹银七十余两。每次打劫完毕,便分赃散去,这伙人若不是强盗,只是靠耕地种田,哪会有这九十几两银子来疏通关系,贿赂差人。官府一听,觉得有理,并不细想,与他父亲一处为官,也有些交情,就以他所说为实,认定他是为官府缉拿强盗,无罪。黄通判的差役四处查寻,终于擒住了刘恩、刘宝、刘信、刘智和朱宝。连忙提审几人,刘恩、刘宝、刘信、刘智只承认自己捞到河上的木材私自留下，并不是偷盗抢劫，坚决不承认吴氏父子所炮制的三次抢劫之事。官府怎会相信他们所说，也不深查细究，只是用刑，刑讯拷问之下，五个人承受不住只得含冤自诬抢劫。官府立刻便判了这五人强盗得财罪，斩监候。而吴一光只轻判了一个受财枉法罪，绞刑，准徒五年。王恩受贿，助人行贿，知法犯法，叛徒罪。吴凤管教不严，有失职之罪，被革职。结案，上报朝廷以待回复。

嘉靖九年，皇上命刑部郎中应戚前去江南各州府巡察案件，与地方官员复审各犯人。在镇江府复审各案时，审到刘恩等人一案，其中刘信、刘智和朱宝已不堪重刑，丧命狱中，刘宝也因重刑一只脚残废了，只能靠拐杖走路。审问时，刘恩、刘宝连声喊冤，又把实情述说一遍，再传询各级甲长、邻里乡亲、亲戚朋友，都说刘恩等人，为人都很本分，也无恶习，不会做劫掠之事。再去翻查原来的案卷，所供的三次抢劫案情，情节不详，既无确切地点，也无失主姓名，更没有赃物、人证，而且也没有被抢劫的人报案和报失被抢的银两和财物，那吴一光既非巡检司中供职的官员，更非随从差役，只是那巡检吴凤之子，根本没有巡检的官守职责，怎能接受章爵的诉讼？为了图谋钱财冒充官员接下诉讼，受了重贿，故意支开狱卒，协帮囚犯越狱，罪责难逃。吴一光在此次提审之时，不得不承认冒充官员、受贿、诬告之罪行。案情大白，百姓甚喜，只判了刘恩、刘宝杖罪，改拟吴一光斩监候。刑部郎中将案情一一写明，上书朝廷，请皇帝裁定。

饶代巡智破抢劫杀人案

明代有兄弟二人，居住在岳州府巴陵县崇政乡，一叫姚升，一叫姚礼，一直以挑担为生。姚升年幼时与同乡的沈仁交往甚密，交情颇深。一日姚礼找到姚升说：“咱们兄弟二人整天靠挑担挣钱，勉强可以糊口，到底不是长久之计。我们如今年轻，还能做得此事，如果年老体弱，以后的日子怎么生活？咱们虽没有做过生意，各种买卖你我都还知道一些，也许能做得来，无奈没有本钱，为了将来的生计还得想个办法，如何是好呢？”姚升说：“我年幼时与沈仁交情不错，倒可找他帮忙，只因为家贫，不便拉扯来往，如今陌生了些。他家经常放债取利，我前去与他叙叙旧情，向他借些本钱，再许些利钱还他，念在旧日情义，又不欠他利钱，他必会借的。”姚礼说：“既然如此，哥哥还是尽快前去，你我兄弟也好早过上好日子。”姚升听从了弟弟的话。

第二天,姚升收拾一下就到沈仁家去拜访,沈仁听说姚升来到,两人久未相见,急忙出来迎接。姚升说:"早就想来拜访兄长,只怕占了兄长的时间。如今小弟有一事想与兄长商议,只是不知如何开口才好。"沈仁说:"你我二人自幼相交,都是老朋友,有何事但说无妨,不必客气。"姚升说:"如今小弟仅以挑担为生,勉强糊口,现在年纪尚轻可凭这点力气挣点儿用点儿,可是等到年老体衰又怎么办呢?现在我想做些小本生意去贩卖货物,希望能赚下些钱财,以供养老之用。只是眼下没有银两做本钱,所以前来麻烦兄长借几两银子,小弟自当按月加利奉还,不知道兄长能否答应此事?"沈仁说:"你是自己来做这门营生,还是另有合伙之人呢?"姚升便说了是与自家兄弟合伙来做。沈仁本想答应此事,后来听他说与弟弟合伙干,他知姚礼并非老实之人,便推托说:"兄长向来无事求我帮忙,现在本该答应,只是眼下我的钱粮也并不多,虽然积攒了些余钱,都已借了出去,还没拿回来,身边没有剩余,小弟也是有心无力呀。"姚升知道他并不想借钱给自己,多说也没用,便告辞回家。

姚礼原想哥哥一定能借银回来,一直在家中等候。待到兄长进了家门,见他一脸的不快,便猜出了八九分,就问道:"哥哥可是去了沈家,沈仁可答应借钱给我们?"姚升说:"我到他家以后,他倒是十分客气,我与他说了此事,看他似乎肯答应,后来问我可有合伙之人,我就直说与贤弟一起干,他却转了口风借口拒绝,像这样用心计划好的事,却没有办成,如今只会被人耻笑,因此心中郁闷。"姚礼说:"他不允本钱也就是了,却又如何要耻笑你我兄弟,他也欺人太甚了,难道凭你我兄弟的本事,没他的本钱做不成这门生意,我们先去挑货,攒些钱来再行商议。"

过了几日,沈仁之子时彦,年纪不大,到庄上讨债,欠债之人连忙摆下酒菜款待,时彦喝了几杯酒,不觉已醉,待走到炭岭亭,已挪不动身子,倒头便睡在亭内石凳之上。恰好姚升兄弟二人挑担回来,也来亭中歇息,那姚升认得时彦,对弟弟说:"那个醉在凳子上的就是沈仁的儿子。"姚礼正在气头上,恨他的父亲不肯借钱还要耻笑自己,心里正想如何出这口恶气,听说眼前这只醉猫就是沈仁的儿子,心中起了杀机,就对哥哥说:"你别怪弟弟太狠毒,沈仁无礼耻笑你我兄弟,弟弟心中恶气难平,现在趁天色已晚,此处又僻静,让我杀了这小子,以泄心中愤恨。"姚升心中也甚是不快,便说:"此事你要小心一点儿,不要使事情暴露,否则你我会有杀身之祸。"姚礼往四下看了一下,确定无人后,便拿起一把打柴的利斧，劈头砍下，一下便打在时彦头上，鲜血四溅，时彦立刻断了气，并从他身上找出十七两银子，他将亭子收拾了一下，又把尸体抛在路上。

有一人名叫徐荣，住在岭下的村中，以木匠为生。这一日，他起早到城中人家做活，带着斧凿尺锯，顺着岭上小路疾步前行，忽然看到一具尸体横在路上，遍体是血，甚是恐怖，知道是被人所杀。这徐荣本就胆小，看见眼前这情景，早吓得天晕地转，想到：今天早晨出门，怎碰上了这事，回家为好，明天再去。急忙转身往回奔去，当时天还未大亮，徐荣慌忙逃走，脚却踩在一摊血水上，一路走回，都是血迹。直到上午时分，沈仁知道有一年轻人死于路上，急忙跑来看，正是自己的儿子，只道昨夜儿子未归是出去玩乐了，可没想到是被人害死在路上，沈仁号啕大哭。待平静下来，忙请邻里一同验看，分辨出了乃是斧伤致命，又看见一条小路上有血脚印，随着血迹寻觅，正来到徐荣的家门口，邻居都说沈时彦必是被徐荣所杀，沈仁就托众位邻居将徐荣送去官府审问。沈仁写了状纸上告徐荣，说：

"告状人本县百姓沈仁，状告徐荣劫掠钱财，害死我儿沈时彦。我儿沈时彦去庄上取银子回来，走到炭岭之上，突然遇到徐荣，徐荣为谋取钱财用斧子将我儿杀死，掠去金银，剥去衣服。我与众位邻里循着血迹，直到徐荣家门，各位邻里均可以作证。死者与徐荣并无冤仇，却命丧九泉，生者万分悲痛，冤屈无处可申，望县衙老爷为草民做主，严惩杀我儿之人。"

朱县尹准其上告，经过反复审问，邻里都来作证，指证徐荣便是杀人者，徐荣有口难辩，连声喊冤。县尹心生怀疑，只好将徐荣暂押狱中，再细细查访此案。几年已过，唯有此案还没有决断。就在此时，饶代巡出来巡查各府，处理疑难案件。代巡到衙门落座以后，问："此县可有疑难案件吗？"朱县尹起身回禀说："本地几年之内也没有多少案子，倒没有什么疑难案件，只有几年前沈仁告徐荣劫杀其子，徐荣一直不招，案情确有可疑之处，但下臣派手下四处查询也无进展，只得把徐荣暂押狱中，至今尚未判决。"代巡说："不明白的案就将人押在狱中，多则关押数年，少则一年半载，百姓如何受得了呢？应速作决断，这样对上才不辜负朝廷的委任，对下才能安抚百姓。如果天下尽是此类案件，有多少人会蒙冤狱中？"官吏无言以对，惭愧而去。

待到第二日，代巡脱去官服，带着一两个公差来到监狱，仔细询问徐荣事件经过，徐荣连称冤枉，泣不成声，呜咽着将事情说了一遍。代巡暗暗琢磨：死者若是与徐荣厮打至死,怎会只有头上一处斧伤,再说若是徐荣杀人,又怎么不收拾血迹,让别人寻到他家,被告不肯伏罪,其中定有隐情,我得多加审问。代巡离开监狱,次日再次入监审问徐荣,一连数日,徐荣的供词都是一样,并无什么出入。代巡想此事要细细查询,不可轻易决断。正在他反复思索之时,见一个小孩将一块手帕送给狱卒,又悄悄跟狱卒说了几句话,狱卒点头答应,忙送小孩出去。代巡上前询问狱卒,那孩儿与他说了些什么?狱卒不敢正言对答,只是找话胡乱说来应付。代巡料想其中定有内情。便径直回到县衙堂上,命随行差役分散在两廊之下,又命人寻来那个孩子后当堂细问道:"刚才你偷入狱中,可知是不对的?你都和那狱卒说了些什么?"儿童说:"今天中午我在东街玩,遇见两个人在酒店坐着,看见了我,就让我进去,那人拿了一些碎银子给我买果子,让我来监狱问问狱卒哥哥,说有一个巡按在审理抢劫杀人的案子有没有什么新消息,有个叫徐荣的可招了没有,就是这些事,再没有别的什么了。"代巡让随从拿出二两银子赏他,让他带着公差去酒店捉那两个人。孩子便领着许东、崔贵两个差役来到了东街酒店,姚升兄弟仍在那里等候孩子的消息。孩子给公差指出两人,公差立刻进去将二人捉住,押回公堂来见代巡。代巡见了两人,心中已是明白。代巡说:"你们二人为何害了那时彦的性命,为什么连累他人偿命,快快从实招来,免受皮肉之苦。"姚升说:"草民冤枉,望大人明察。我们兄弟俩,终日挑担为生,平素守法,怎会干这杀人的事。大人无故捉来草民,又说我俩杀人,正是半天下雨,不知道来头。"二人都说冤枉,怎么也不招,代巡也不着急,命人将那儿童领来,证明他们二人在酒店所讲之言。二人大惊,知道已隐瞒不住,只好招供。姚礼说:"我们兄弟二人确实杀了那沈时彦。因为沈仁家很是富裕,经常放债。沈仁与我哥哥从小玩到大,交情不浅,哥哥向沈仁借些银子当本,好做个生意,沈仁起初有答应的意思,待哥哥说明是与小人合伙,那沈仁却托词没钱,不想借了,小人因而怀恨在心。那日见沈仁之子酒醉睡在亭中,左右无人便杀了他,取了他身上的银两。"代巡立刻捉来沈仁问话,问及前事,沈仁方才明白其中缘由,回答说:"多谢大人将此事查明,找出真凶。徐荣乃是被我错告入狱,请大人放了他吧,让那姚氏兄弟为我儿抵命。"判词说,审得姚升姚礼,因沈仁不愿借给他银两,一直怀恨在心。却遇见其子沈时彦醉酒亭内,拿利斧劈头致命,以图泄愤,歹毒至极,甚为凄惨。应处斩首之刑,以正国法。徐荣误踩血迹,含冤入狱数年,难以申述冤屈,应将无罪之人释放回家,沈仁不明其实，诉告徐荣，实为诬告。

凶僧因奸杀人案

明朝湖北郧阳府孝感县有一秀才许献忠，年方十八，长得眉清目秀，举止大方文雅。在许献忠住的同一条街上有一屠户萧辅汉，有一女名淑玉，年方十七，不仅通晓女红，而且体态轻盈，相貌端正秀美。淑玉每天都在楼上绣花，一日许生路过，见到淑玉，淑玉也看到许生，四目相对，彼此心生爱意。日子久了，两人开始言语交谈，一日许生用言语有意无意地表示自己想进淑玉房内叙情，淑玉爱慕许生，便娇羞默许了。许生十分高兴，盼望夜幕降临，等天黑后，从楼下架起梯子，爬上楼去。和淑玉行鱼水之欢。两人情意缠绵，不知不觉天已破晓，许生难分难舍地准备下楼回家，并和淑玉约定明晚再来。淑玉说："在楼下架梯子，夜里过路人发现了，事情就会败露的，那就麻烦了。我已准备一根圆木和一匹白布，到时我会将圆木系在白布上，把白布悬在楼下。你只需抓紧白布，我在楼上把你拉上来，岂不比架梯子更方便。"许生听后满心欢喜，次日晚便如此上楼。二人这样偷偷交往了半年，邻居们都有所觉察，唯独萧屠户还蒙在鼓里。

一夜，许生去朋友家喝酒，一直喝到深夜都没回家。当夜有一个号明修的和尚，巡街叫更，行至淑玉楼下，见楼上有白布从窗口垂下来，以为萧家白天晒布，夜晚忘记收回，就想把它偷走。他停住敲打木鱼，悄悄走到楼下，就用手拉扯白布。不料却觉得上面有人用力往上拉一样。当下心里明白，心想一定是偷情女子以此接应意中人。明修顿时起了色心，便一言不发，听任楼上拉扯上去。上楼一看，果然是一美貌女子。明修心中大喜，便色眯眯地对女子说："小僧与娘子有缘，今日娘子若肯留我一宿，一定会功德无量，纵在九泉之下也不会忘记。"淑玉见是一和尚，心中既感惊讶，又感羞耻，又听得这和尚的污言秽语，更是恼怒，说："我已鸾凤相配，怎会失身于你这秃子？我现在送你一根簪子，你快点下楼去。"明修道："是你把我吊上来的，今夜我是不想走了。"说罢就要和淑玉交欢。淑玉大怒，高声叫喊："有贼！"可是萧辅汉夫妇已睡熟，没听见一点动静。明修见淑玉高声叫喊，担心被人发觉，即拔刀将淑玉杀死，并把她的值钱首饰都拿走了。第二天早饭后，淑玉母亲见女儿迟迟未起，就上楼来叫。她推开房门时被眼前的惨状惊呆了，只见女儿倒在血泊中，不知为何人所害。萧辅汉的邻居中,有一人素来对许生和淑玉的暗中交往看不惯,这次像逮着机会似的对萧辅汉说:"你家女儿平日和许献忠交往,已经有半年多了。昨夜许献忠在朋友家喝酒,想必是醉酒后行凶杀人的。"萧辅汉闻后大怒,当即赶到县府告许献忠奸杀女儿。

他在状纸中写道:"学中恶少许献忠一贯淫荡风流,好色奸邪,见我女儿淑玉年轻貌美,便想尽办法想奸污她。昨夜他酒醉乱性,持刀潜入我女儿卧房,搂抱强奸。我女儿反抗,他毫无人性地用刀将她刺死,还劫走首饰,邻里可以作证。许献忠犯下滔天之罪,我女儿冤情似海,恳请大人明察。"

当时张淳任孝感县知县,此人清廉公正,为政勤勉,断案既公正,又快速,人称"张一包",就是说告状的人从告状开始,只要带一包饭,当你把饭吃完时,他也把案子判完了。张淳当日接了状纸后,马上派差役传来与案件有关的人。张淳先提讯证人,萧屠户的左邻萧若、右邻吴范都称萧淑玉闺房在路边楼上,她和许献忠偷偷交往已有半年之久,周围的人都知道了,只有淑玉父母不知,因此不能说是强奸。至于萧淑玉为何被杀,夜深之事,大家又都不知道。又问被告,许献忠道:"我承认和淑玉有私情,我甘心认罪。但淑玉不是我杀的,我和她虽无夫妻之名,却有夫妻之实,我怎么会忍心杀她呢?我和她背地偷情是因为彼此相爱,本来就担心别人知道,怎么还会做这丧尽天良之事而杀死她呢?"萧辅汉说:"许献忠诡言狡辩。楼上除了他再没外人去过,不是他杀的又是谁?我女儿之死,不是被强奸致死,就是因不愿再和许献忠交往而被他恼羞成怒而杀死的。况且年轻人任性,既起杀意,哪里还会顾及女子和他有情?世上先和女子相好,以后相怨的事情多得不可胜数,不用严刑逼供他是不会说出真相的。"

张知县见献忠眉清目秀,性情温和,不像那种凶暴的人,就问道:"你和淑玉往来时有什么人从楼下经过而发现吗?"献忠答:"一般没人发现,只是本月有个巡街和尚,常常在夜间巡街敲木鱼经过。"张知县闻后心生一计,脸上却收起温和的表情,厉声对许生道:"是你杀死萧淑玉,事已属实,今天定你死罪,你甘心不甘心?"许献忠被这突如其来的惊吓吓呆了,慌乱中答道:"甘心"。于是张知县命打许生二十大板,关入监狱。

众人见许生被判入狱,都认为案破了。张知县却暗中叫来差役王忠、李义,问:"近日巡街和尚住在哪?"王忠答:"在玩月桥观音庵前。"于是张知县对二人如此这般耳语一番,并叫他们小心把事情办好,事成则有赏。

当晚，僧人明修仍然敲木鱼巡街，大概三更的时候才回到桥下休息。这时四下一片死寂，夜色黑得惊人，忽然桥下发出三鬼叫声，一叫"上"，一叫"下"，低声啼哭，声音凄凉惊人。僧人心虚，急忙打坐且口念佛经。这时又听第三鬼哭叫，好像是妇人的声音，叫声中混杂着哭声道："明修明修，我阳数未尽，你无缘无故杀死了我，还抢了我的首饰。我已向阎王告你，阎王命二鬼使陪我来要你偿命。现在你应该给我钱帛，并打发鬼使，这才可以私了。否则我将再奏天官，定要你命，到时就是大罗神仙也保不了你"。明修早已吓得魂飞魄散，急忙手执佛珠，合掌答道："我本是一孤僧，但六根不净，要奸你不成，但怕别人抓我，因此一时急昏了头才杀你。现在首饰还在，明日再买布帛并念经卷超度你，请千万不要再奏天官，放过贫僧一次。"女鬼又啼哭不已，二鬼也附和似的呼叫，声音更加凄惨。明修又急忙念经拜佛，再次许下诺言明日超度。这时两公差突然出现在明修面前，僧人以为是鬼使来到，吓得魂飞魄散。王忠说："我们不是鬼，张爷命我们来捉你。"明修顿时吓得面如土色，连忙哀求官兵看在佛祖面上放过他。两公差哪里肯放，用铁链锁住僧人，又收取其衣物、蒲团等物，押解他回县衙。

原来张公命两公差雇一妇人，三人抓住时机在桥下装鬼，吓僧吐露实情，使案情大白。第二天张知县实现了自己的允诺，叫人取一些库银，赏给妇人和二公差，接着又搜出明修藏在破袄内的首饰，让辅汉辨认，萧屠户看过后，确认是他女儿平日所用之物。明修见无法辩驳了，只得一一承认杀人的罪行。

张知县这才从狱中提出许献忠道："案情已真相大白了，是那个和尚杀了淑玉，该由他偿命。但是你身为秀才，却不遵纪守法，和女子私下偷情，应该革去功名。不过你尚未娶妻，淑玉尚未嫁人，虽是私下偷情，也如结发夫妻一般。更何况淑玉是因为要和你偷情才垂布下楼，以误引来杀人凶僧，但她为你守节而死，并没被奸人玷污，为你妻子也当之无愧。现在你若想再娶，必须革去功名。如果你还想将来有所发展，就将淑玉作为正妻，由你收埋供养，不许再娶。这两条路你选哪条？"许献忠答道："我知道淑玉一向贞洁贤惠，只是因为我才有私情。我也独钟情于她，在她生前，我们曾发过誓，待金榜题名时我一定娶她。可没想到遇见这贼僧，淑玉为守节而死，我本已痛不欲生，岂忍心再娶！再说如果不是大人明察秋毫，知道我受人冤枉并为我洗冤的话，我也必死狱中。求生尚且无暇，哪里还顾得上再娶呢？现在我只想收埋淑玉，并立她为正妻，终身不娶。至于是否保留功名,全听大人裁夺。"张知县听后十分高兴,说:"你确实知书达礼,我会尽量为你保留功名的。"随后即作文书,向提学道禀报此案,拟判明修死刑,请求保留许献忠功名。提学道批示,赞张知县办案妥当,并同意他的请求,保留许的功名。

此后到万历年间,许献忠参加乡试,不负众望,得了第一名。他对张知县感恩不尽,谢道:"如果不是大人,我许献忠早已作孤魂野鬼了,哪里还会有今天。"张知县问:"现在是否考虑再娶了呢?"许说:"绝无此想法。"张知县说:"你今日成名,萧夫人在天之灵一定会十分欣慰的。"于是令和许献忠同年考中举人的田在懋为媒,纳霍氏女为妾,仍然以萧淑玉为正妻。

和尚杀人盗尸赖凶案

明朝年间,在北京大名府内有座资福寺,寺庙很大,僧人众多,僧人的生活费用除官府所拨银两外,主要是靠把地租给周围农民,收取租粮维持。年景好时,倒能如数收取。但若是遇上旱涝之年,田租便很难收齐了。收成不好之时,寺里只得接连派人,加紧向农户催租。这年适逢大旱,寺里派出僧人催租,其中有一个叫海昙的,虽每日里吃斋念佛,但遇事仍脱不掉原来的脾气,不能平心静气,宁静淡泊。这天他来到定福庄,便先来到佃户潘存正家索取租粮。

海昙走进潘家门中,见潘存正唉声叹气,愁眉不展,闷头坐在院中石头上抽旱烟。他明白潘存正可能为田租发愁,但寺中僧人口粮就全凭这些田租了,便走上前去,开口对潘存正说:"潘施主,主持方丈命我前来讨要租粮,你快些准备好了,明日送到寺里去。"潘存正本来就在为全家老小如何度过灾荒发愁,见海昙前来讨租,这不是雪上加霜吗?不由得火往上蹿,便没好气地说:"你这僧人又来讨租。今年我家颗粒无收,吃都没得吃,拿什么交租!"海昙一听也来了气:"我管你去吃什么,不管你想什么办法,也得把租粮交齐。"结果两人你一言我一语,吵闹起来,唇枪舌剑,争执不休。争吵中海昙难压心中怒火,凶性大起,冲上前去劈头便打。潘存正哪里肯让,当胸一拳,和他厮打作一团。这海昙本就年轻力壮,又练过些武功,一阵拳打脚踢,潘存正便瘫倒在地上,口吐鲜血,奄奄一息。海昙心中火气未消,又重踹几脚,潘存正哪还受得住,当即气绝身亡。这时闻声而来的邻居周才等人,尚未进门,却见和尚海昙已走了出来,以为二人各让一步,不再争吵了,便没进潘家,四下散去忙各自的事去了。

当日,潘存正之兄潘存中来到弟弟家商量田租之事,却发现他倒在地上,满身是血,身体冰冷,已死多时了,而且身上还有伤痕,便马上去找各位邻居询问,得知今早与前来索租的海昙和尚争吵过,便猜到定是那和尚狠心打死存正。存中为存正处理完后事,将尸身葬于庄外,然后立即具状向巡按府告海昙杀死其弟。

和尚海昙赶忙跑回资福寺,回想起来心中甚是害怕。虽无人亲眼看到自己打死存正,但那几个邻居都看到自己跑出潘家,况且又都听到自己与潘存正争吵,潘家人肯定不会轻易放过自己。若是报了官,自己杀人是实,又怎么逃脱得了。与其等官司上门,不如先去报官,告潘存正赖租,自己与他说理不过,才与他吵闹起来。不想他突然急病而亡,和自己毫无关系。海昙定好这计策,心中倒安稳了些。可蓦地转念一想,甚觉不妥。报官之后,官府定要开棺验尸,潘存正浑身是伤,一看不就知道是被殴致死的? 对,我可先去窃走尸身,天明之后,便去报官,这样官府找到棺墓,也无尸可验。无尸可验,又怎能判我打死潘存正呢? 妙,妙,又仔细琢磨了一番,定下计划步骤。主意打定,海昙极为得意。当夜悄悄起身,手拿铁锹,离开资福寺赶到定福庄外墓地,挖出尸身,移往山林中掩埋。

第二天,巡抚大人命大名府刑馆受理潘存中状告资福寺僧人海昙殴杀其弟一案,并差人来资福寺锁了海昙押回见官。海昙心中有数,写下状纸跟随差役来到府衙。

海昙被带到堂上,却见潘家众人已站在一侧,都对自己怒目而视。大名府理刑官舒润大人正襟危坐于书案之后,上方悬一匾额,上书"明镜高悬"四字。数十名差役手持刑杖,分立左右两侧,神情威严。海昙从未见过此等情形,心中有些胆怯。待心情稍稳,心中盘算,此事依计而行量也无事,只要拒不承认,想必这官长也定不了我的罪,便壮起胆走到堂前。这时舒润问:"僧人海昙,定福庄村民潘存中告你殴杀其弟潘存正,并有邻人周才等人作证,你可知罪?"海昙听后装作吃惊的模样,忙从怀中掏出状纸递上道:"贫僧正要告潘存正家不讲道理,不肯交租,如何被潘家告上官府? 那日贫僧去定福庄讨收租米,那潘存正不讲道理与贫僧争吵起来。他坚持不交,贫僧又说他不过,无奈之下只好离开潘家,出门之时正巧遇见了周才等人。贫僧并无动手,潘家怎能诬告贫僧是杀人凶手呢？潘存正身体不好，病痛缠身，众人皆知。他的死一定是重病所致，潘家人怎能胡乱上告，说潘存正是被我打死的呢？贫僧乃出家之人，不敢破戒杀一虫一鸟，又怎会杀人呢？这真是冤枉至极。大人明镜高悬，定能查明真相，为贫僧洗刷冤屈。"

舒大人道："你们两方各执一词，你说被杀，他说病亡，看来只能打开棺墓，验看尸身，才能辨明真伪。"然后向潘存中问明墓葬所在，令几名差役前去开棺验尸，其余人在堂内等候。过了一会儿，一名衙役飞奔回衙，禀告舒大人，掘坟开棺后，发现棺中并无尸体。潘存中闻听尸体不翼而飞，猜出定是这和尚所为，极为愤怒，对舒大人说，定是这和尚害怕尸身上有伤痕，偷偷窃去尸身，以此布下迷阵疑惑众人。海昙见事情如计而行，心中窃喜，却并不表现出来，嘴上分辩道，潘存正定是病重而死，潘存中为了不交田租诬告自己，便事先转移尸体，企图掩盖真相。

舒大人见难以再审，便喝令退堂，寻回尸身之后再审。退堂后舒大人思忖，是何人移走尸身呢？唤来差役，嘱咐多派人手分别在资福寺和定福庄四周仔细寻找，并派人盯住原告和被告，看看他们可有可疑举动。同时张榜告示，如有知情之人速来报官，必有奖赏。两天后几个村童与衙役说，说是常去玩耍的树林中突然出现一个土堆，几个孩童在那里玩耍，挖开土堆，里面却是一具尸体，把他们吓了一跳。舒大人闻后大喜，立刻起身携着仵作和差役前去寻尸验身，并传令潘存中也前来辨认。潘存中辨出那便是弟弟的尸体，仵作验尸证实死者确实是被殴打致死。

案情已十分明白。舒大人马上回府，传令抓捕海昙。铁证面前，海昙还想抵赖，一顿严刑拷问，只得将自己如何打死潘存正及移尸的经过一一讲明。舒大人依据大明律，判僧人海昙杀人盗尸之罪，斩首示众，上报皇帝核准执行。

盲儿拦驾为父喊冤案

明朝末年，张肯堂任河南浚县县令。这一日他出巡路过一个村子，忽有一人拦路告状，仔细打量却是一个衣衫破烂的盲人，他状告村长张安及其子张克亮无故打死了自己的父亲张才，请县大人为民做主，昭雪洗冤。县令便问盲人的姓名，他父亲又是何时何地如何致死的。盲人回答说："小人张克化，状告本村村长张安。我家穷困，父已老迈，我又有残疾，田少地薄，打的粮也很少。我们家中一直没有什么余粮，去年征粮，村长几次来催，我父想尽办法也没法按时交纳。十一月初七，村长又来催，我们便想去求村长，请他看在堂兄堂弟的情分上再多给些时间。听说村长正在张克勤家，我父便去张克勤家寻他。刚去不久，几个人把父亲抬了回来，抬的人放下我父亲，一句话也不说转身就走。我不知发生了什么事，忙寻脚步声上前去抓住一个人，问发生了什么事，他说是被打伤了，就挣脱我的手走了。我忙蹲下身在屋里到处摸。我摸到父亲之时，他已奄奄一息，昏死过去了，第二天就去世了。"张县令便问道："都已过了三个月，你为何现在才来告状？"张克化忙又跪下磕了个头道："当时不明父亲死因，我便去找村长问，他却说我父不守法令不按时交粮，已触国法，一再拖延，是有意抗交征粮，罪加一等，又说当日我父不讲道理，破口大骂，争吵起来误伤我父，也不是什么大事。他又说出钱安葬我父，也算对得起我们一家。我一再追问是何人伤了我父，他才说是他儿子张克亮。我说到官府去告他，他却说这只是误伤人的案件，县里不会把他怎么样，顶多判他出钱安葬。还说，若不是看在我父与他是堂兄弟的份上，早就送官问罪了。次日，保长张克让派人叫我去他家，村长和他儿子也在。保长说，他是保长，出了事由他定夺，叫我听他安排。说张克亮误伤我父，已经悔过，而且主动出了二十千安葬费，已算是尽心了。又说我家不按时交征粮，又故意拖延，应上告官府，现在人已死了，便不再追究了。这件事就此了结，不再追究。我不同意，说我父亲年纪虽大了，但身体也算强健并无病痛，定是他们把他打成重伤致死的。保长说我身有残疾，不能视物，怎么知道当时情形。他乃一保之长，这族内的事情不能不管，才出面消灾解祸的。他写好了解决此事的契约，又是哄骗又是吓唬让我按了手印。当时我还不知他们打死父亲的实情，也不知该怎么告状，何况我身有残疾，又无人敢帮我，我还得安葬父亲，就没及时告状。"县令又问："你可确切知道是何人出钱安葬你父的？"张克化说："确是张安。他知我看不见，怕我不信，就找来我舅舅胡可明经管办理丧事。丧事料理完后我曾向舅舅问过，村长都说了什么，我父如何受伤，怎样被打，张安可拿出了二十千钱，舅父说确实给了二十千钱办丧事，又对我说人死不能复生，事情就算过去了，丧事办得也算体面，什么都不要再追究了。后来又有人对我说，若是再要计较此事，就对我不客气。我觉得父亲死得冤枉，便悄悄跟一些熟识的人问，一些心肠软的便跟我讲了实情，我才慢慢摸清真相。前几天有人悄悄告诉我，县令大人今天路经此地，我一早就在此处等着，终于等到大人来到。真是老天有眼，我能遇上大人为父申冤，请大人为小人做主。"张县令很是可怜这盲人，听他所述之事，又怒又悲，感叹贫苦的百姓受官长欺压，便只能含冤受苦，随即命人去村中抓来相关人等，传讯证人，审理此案。

县令首先审问胡可明，问他张才被打后身上伤情如何。胡可明仔细回想了一下说，张才右脑门、额角、太阳穴、后脑等处有致命的重创，身上也有不少青紫之处。当时村长张安父子和保长张克让一再威胁他，他不敢向张克化说出实情，也不敢向官府控告。他怕他们对自己和张克化不利，想到人已死了，唯有保活人平安。县令又审张克让，张克让说出是村长指命自己帮助压服张克化的。他说是村长保举他当上保长的，这次又给他好处，为报答村长，他只能尽力帮助村长，压制张克化，所以就以保长的身份出面，让双方私了，写下契约，典押钱财。并拿出好处给知情人和参与人，让他们不要向别人说，用那些钱帮张克化办完丧事。他当场写下知情人的名单并交出两份供参考的私账。县令命人按名单找到各人。他们供认：十一月初七，张才来到张克勤家，村长张安一再催迫张才交粮，张才苦苦哀求村长看在堂兄弟的面子上宽容几天，张安闻听此言，却大骂张才，两人争吵起来。在旁的张克亮操起张克勤家的柳木椽子，便朝张才身上打，张安也过来一起动手。张才前后脑、太阳穴、额角等处都被打得很重，前后胸也受伤不轻，直到支持不住晕死过去，张安父子才停手，告诉在场的几个人将张安抬回家去。众人不想抬人回去，既怕受牵连又怕张才家人问起不好回答。张安就说张克化是个瞎子，你们放下人就走，他怎会知道你们是谁，没有办法我们只得把张才抬到他家去。此事过后不久，张克让便拿了钱或布暗中分别找了我们，让我们不要说出张安父子打死人的事，要是说了就有我们好看。人证物证俱在，案情确凿，张安父子不得不招认殴打张才致死的事实。案情经再次核定审问后，县令宣布结案。张克亮恶意殴打尊长张才致死，拟判斩刑。张安年迈，作为从犯拟判流刑。张克让瞒骗官府不上报，犯有渎职罪，又与他人私吞丧葬钱十千文，犯有贪赃枉法罪，拟判张克让流刑。王乐丘、赵明奉、陈家齐、张克勤、徐万良等人，受其贿赂，知情不报，帮助私了命案，处以杖刑，并追还赃款。胡可明接受二十千钱经办丧事，虽没有收得好处，知情不报也触犯了刑律，亦判处杖刑。

义弟以奸还奸案

明正德、嘉靖年间,直隶镇江丹徒县曾发生一案。有个人名叫虞鹏,在丹徒县的一个小镇上开了间杂货店。他对人极为友善,热情宽厚,心地很好,人缘不错,生意也很兴隆。他有一个独子叫虞伯康,十多岁时就经常帮父亲在店里干活。他的小伙伴中有两个孩子,一个叫虞秀另一个叫杨旺的与他最为要好。两个孩子经常来店中寻虞伯康去玩,也经常和他一起帮店铺做些事情。虞鹏特别喜欢虞秀,经常说这个孩子很乖巧机灵,与自己同姓与自己的儿子如同孪生兄弟。后来干脆认作了干儿子。

正德十二年,虞鹏来到淮安府办货。街边有一个逃荒的妇女,病弱不堪,正在乞讨,身边站着个干瘦的小儿子。虞鹏看这母子太过可怜,拿了些散碎银子给了他们。这妇女见虞鹏给这么多钱,心中感激,又见他行为端正、一身正气,就给他跪下,求他收留儿子,给口饭吃,能让她得以活命。这妇人又说自己家乡大荒,丈夫支持不住病死他乡,自己流落此处也染了重病,快不行了。虞鹏本就心肠很软,又想自己正要雇个伙计,这孩子无亲无故,收留了他,他也会全心全意地给自己做事。这孩子很是可怜,收留他也算做了件善事,帮了他母亲一把,就对这妇人说自己可留下这孩子。母亲千恩万谢,叫儿子给虞鹏磕头谢恩,小男孩抬眼望望这陌生人,怯生生地跪地磕头。虞鹏把这孩子扶起来,见他虽瘦小些但很是听话,就问他叫什么,几岁了等等,男孩回答说叫朱二汉,六岁。虞鹏看着那妇女泪水盈盈,就说:"我见这孩子心中喜欢,就算过继给我当义子吧,你放心,我会好好待他,如亲生儿子一般。"那妇女一把抱住儿子,哭得更是悲惨,嘱咐孩子一定要记住义父的活命大恩,到了义父家乖乖听话,多多做事,不要惹义父生气,让娘放心。小男孩大哭起来,跪在地上说:"娘,我不走,我哪也不去!"母亲双手扶着儿子让他站好,说:"娘病得太重,就要死了,娘死了你就会成为没人管的野孩子的,能遇上这个好心的义父,是咱们全家的福气,能让朱家留后不断香火,快跟义父走吧。"虞鹏心中更是难过,给了那妇女一两银子,然后拉住男孩的手亲切地说:"走吧,跟义父回家去,以后你改名叫虞通了,好不好?"那妇人趁机躲了起来。孩子四处望去也不见母亲,哭着跟虞鹏走了。母亲躲在暗处看着,直到什么都看不见了,才呆呆地坐在了地上,默默地落泪。

虞鹏带这小男孩返回家中，把儿子叫到跟前，告诉他，这是新雇来的小伙计，已经认他做义子，以后好好相处。虞鹏待虞通的确很好，如同亲父子一般，虞通和大家也相处得不错。

转眼已过去十年，两个孩子也长大成人。嘉靖六年二月，虞鹏给虞伯康娶妻杜氏，虞伯康便搬出自已单住了。没过多久，虞伯康攒足了钱，开了个染绸布的染房。他很会做生意，店内生意忙碌，他晚上常常住在店铺里。嘉靖九年，邻人之女马氏因未生儿女，被丈夫休了。虞鹏见其生得很漂亮，便为虞通娶了马氏做妻子。虞伯康时常来探望虞通，有时也请他帮着打点生意。马氏见虞伯康家财甚多，就向他献殷勤，虞伯康见她貌美，心中也是喜欢。日子久了，二人接触越来越多，竟然勾搭通奸。虞通偶然发现了此事，极为气愤，本想告知义父，休了马氏，但念及义父养育之恩，怕义父知道伤心，左思右想便定了一个直接报复虞伯康的方法：与嫂子杜氏通奸。他知道虞伯康常常夜间住在店中看管生意，杜氏独宿在家，再无他人。于是，一天晚上，确定虞伯康不在家中，来到杜氏房里，将事情说明，又将来意讲出。杜氏与虞伯康互相都不喜欢双方，所以虞伯康才常常住在店铺里，将她一人留在家中。和马氏通奸后，虞伯康就更不关心杜氏，用尽心思讨好马氏，杜氏更是不快。虞伯康还经常拿杜氏出气，发泄在外受的恶气，两个人更加疏远。后来，杜氏也渐渐知道丈夫与马氏通奸之事，心中气愤，既恨丈夫，也恨马氏。现在马氏的丈夫为报复虞伯康找她通奸，她也可拿此事来报复丈夫和马氏，便一口答应了。过了不久，二人相处甚洽，都觉对方不错，报复之意渐消，情意却生了出来。虞伯康一去店中过夜，杜氏便立刻让使女去约虞通偷偷来奸宿，两人越来越舍不得分开，如胶似漆。怎料此事却被隔壁的杨旺发现了。杨旺不知如何是好，告诉了虞秀。这二人与虞伯康是最好的朋友，和虞通交情也不浅，不想直接告诉虞伯康真情。二人反复商议，决定找些理由，好好劝说虞伯康回家来住。虞伯康依了二人之言在家住下。

嘉靖十年元宵节那天，虞伯康和店中众伙计去逛灯会，杜氏事先约好虞通。虞通躲在虞伯康家附近，一见虞伯康出门，便进了杜氏房中。一番温存之后，刚要离开，正巧遇见虞伯康观完灯回家。虞伯康倒没有多想，笑呵呵地问虞通这么晚来家干什么。虞通见了虞伯康心中便已十分害怕，神色慌张，支支吾吾胡乱说了几句。虞伯康心中疑惑，正要细细问，虞通猛地一拳正中虞伯康的左眼，趁机逃走了。虞伯康被打得身子一晃，险些跌倒，等站稳身子睁眼看去，虞通已然逃走。虞伯康左眼极为疼痛，赶忙进屋照镜子。虞伯康怕别人见了问及此事不好回答也就待在家中，不愿出门。他也猜想虞通与杜氏可能有奸情，但怕弄错，转而想到那日虞秀和杨旺突然劝他回家来住。想他们定是知道实情，不好告知自己，就立即去虞秀家询问。虞秀见虞伯康左眼睛青肿，再听他说完昨晚之事，心中也很气愤。虞伯康又说二人交情最厚，有事不要隐瞒，便追问当日为何一再劝他回家来住，虞秀只好将实情说出，虞通杜氏确有奸情。虞伯康为出心中气打定主意要捉奸，便找来虞秀、杨旺一起商量了捉奸的办法。

二月初八，用晚饭之时，虞伯康对杜氏谎称今日店中活多，他要在店中住下照应，吃过饭便出门了。杜氏跟出来相送，跟丈夫说了几句话就一直站在门口，看到丈夫确实向店铺方向走去，便兴冲冲地回院关门。天黑后，又让使女约虞通偷偷来会。虞伯康走到店里，天黑后便又绕路来到隔壁杨旺屋内，细细观察家中动静。二更天，见虞通跳墙进入院内，便想一同进屋捉奸，没想到出来之时，碰翻了门口的桶，虞通听动静不对，心中害怕，转身跳墙逃走了。

虞伯康一直心中不快，二月初十，又找到虞秀和杨旺，摆上酒茶，说道："虞通与那贱人通奸，而且又知我捉奸未成，我要先下手为强，不能等他抢先害我，你我先行动手打死他。你我平时最好，此事也帮了我不少，这次便再帮我一次，骗他到城外五圣庙。"这天晚上，虞秀和杨旺依计骗虞通到城外，虞伯康先躲在庙中等着，等虞通去到五圣庙的山后，三个人便乱棍将他打死，把尸体抛到山后一个无人之处。

几日后，一个砍柴之人发现了尸体，立刻就去报官。镇江府衙门查知死者是虞通，就传虞家众人前来问话。杨旺知事发远逃了。虞伯康和虞秀被捕，招供实情，马氏和杜氏也都认了通奸之罪经过。反复审问取证，案情属实，镇江府衙门判虞伯康故意杀人罪，处绞刑。虞秀是杀人从犯，处绞刑，具报上级；杜氏徒罪，马氏杖罪，按律处罚。派专人缉拿杨旺，捕获后另审结案。

邻人奸淫窃银案

明朝南直隶溧水县，有一女子名林三娘，年纪轻轻，有沉鱼落雁之容貌，是当地和周围一带年轻小伙子的梦中情人。待到三娘出嫁年龄，本县一生意人陈德不惜花掉他多年积蓄，娶得林三娘为妻。从此，陈德再也没心思做生意了，朝

图文珍藏版

夕和三娘厮守在一起,卿卿我我,缠绵不已。

一转眼半年过去了。一日,陈德打开银柜,发现里面像被盗窃一样,空空如也。他这才意识到,本来为娶三娘就已花掉了大部分积蓄,新婚半年期间每天又只顾着吃喝玩乐,结果现在连生意本钱都吃完了。再这么下去,以后夫妻怎么过日子呢?当晚,陈德和三娘缠绵过后说:"娘子,家里没钱了,这样下去,日子会一天比一天难过的。所以我想,我明日去临清做些生意,赚些银两回来。只是这半年来的吃喝玩乐已经连我做生意的本钱都用光了,所以去临清只能干那种给人介绍生意的活了。这样一年半载可能就回不来,娘子你……"

陈德想说,但有些话又觉得说不出口。他担心两点,一是自己长期外出,三娘一娇弱女子能否照顾好自己;二是三娘年轻貌美,能否承受刚新婚不久就要独守空房的寂寞。所谓知子莫如父,知夫莫如妻。虽然刚结婚不久,三娘也看出了丈夫的心思,安慰他道:"你尽管放心去,我可以在家做些绣活,来维持我自己的生活,你攒够银子就早些回家,我等你回来。"陈德见三娘这么说,一颗悬着的心便放下来了。第二天一早,他就带些盘缠上路,前往临清。

陈德走后,三娘刚开始也安分守己,每日里只做些绣活补贴家用,一到晚上便早早关上大门。但时间久了,寂寞、空虚便开始侵袭她,她的心便活动起来。陈德的左邻居是一个年轻后生,名张奴。张奴早就对三娘垂涎三尺,只是平时见陈德与她寸步不离,故虽怀恨、忌妒,但始终无法接近。得知陈德因为没钱了而要外出做生意时,张奴心中暗喜,觉得这是天赐良机。随后他不断地向三娘大献殷勤,还经常说一些挑逗性的话。三娘见张奴长得一表人才,家里生活还挺宽裕,加上寂寞难耐,就将对丈夫的许诺抛至脑后,和张奴眉来眼去,且很快就发展到同床共枕。张奴第一次尝到偷情的甜头,高兴得差点昏了头,发誓要将三娘从陈德手中抢过来。自从尝到和张奴偷情的乐趣后,三娘也不再思念陈德,情愿委身张奴,甚至希望有朝一日能和他结为夫妻。

三年后,陈德终于积攒了三十余两银子,而且每天思念家里的娇妻,再也无心生意,便兴冲冲地踏上了归乡之途。走到离家十五里的水心桥时,天都黑了,而且下着滂沱大雨,四周空无一人,陈德不由地害怕起来,暗忖:我身上带着这么多钱,而且又在黑夜里赶路,如果遇上强盗,这三年的辛苦就算白费了。不如先将银子藏着,等回家看了娘子后,第二天再来取。他看了看四周,确认周围都没有人时,就把银包藏在水心桥的第三个桥洞内,然后继续赶路。

陈德摸黑赶路，到家时已是三更半夜了，他焦急而又掩不住兴奋地连连敲门喊道："三娘，开门。三娘，是我。"屋内三娘正和张奴沉浸在鱼水之欢里，忽听有人敲门，不觉一惊。三娘连忙竖起耳朵仔细听，辨认出是丈夫陈德的声音，不由大惊失色，慌慌张张地对张奴说："你快藏起来，是我家官人回来了！"张奴也慌了手脚，嘴里嘀咕着，但也没办法，只得急忙穿衣下床，藏到夹壁之中。三娘又掩饰一番，觉得没什么破绽之后，这才假装打着哈欠出来开门。开门后见果然是离家三年的丈夫，虽然久视离家已久的丈夫，三娘一点都不惊喜，反倒是又怕又愁。怕的是陈德一旦得知她和张奴的奸情，肯定不会放过自己，愁的是丈夫回家，自己怕是不能和张奴再做夫妻了。三娘心中盘算着，脸上却装出一副盼夫已久，终于等到他的归来的笑脸，烧水做饭，侍候陈德。

陈德见到朝思暮想的娇妻真如她当初所说的那样，一个人守在家里，又为他忙前忙后，顿时把自己三年受的苦都忘了，心里还觉得特别幸福，便对妻子说："三娘，我这次到外面干了三年活，每天省吃俭用，终于挣了三十多两银子。我们有了些银子，足够在一起过一段日子了。"三娘其实也不怎么在乎他挣了多少钱了，但还是装作不信，问："你两手空空回家，银子在哪里呢？"陈德道："你莫急，听我慢慢说。外面天那么黑，又下着雨，我又是一个人赶路，怕强盗打劫，故将银子和行李全部藏在水心桥下第三个桥洞内，待明日我去取来给你，然后咱就可以过一段幸福的日子了。"藏在夹壁中的张奴闻听此事，心中暗喜。心想：上天太厚爱我了，让我既得美人，又得钱财。等到陈德夫妇睡熟后，便抽身从夹壁中走出，蹑手蹑脚地打开后门，直奔水心桥而去，他毫不费劲便找着了陈德的银两和行李，全部都带走了。

第二天，陈德兴冲冲来到桥下，却发现自己藏在桥洞内的钱物已不翼而飞了。他四下寻找，怕自己记错地方，但还是不见有任何线索。陈德顿时觉得天昏地暗，跌坐在地上，心中悔恨交加。有谁会知道这桥洞内藏有银两呢？他百思不得其解，只得回家将此蹊跷事说给三娘听。本想得到三娘的安慰，谁知三娘根本不信，反而怨他道："你明明没有银两，空手回家。我又不会责怪你，何必设个圈套来骗我呢。"陈德见自己辛苦三年挣来的银子不翼而飞，本来就烦恼，这也不算什么，令他着急的是三娘居然不信他，激愤不过，便投状县衙，把自己藏银两而被偷之事一五一十地说了，请县衙缉查窃贼。

溧水县知县吴复受状后，也觉得此案奇怪，一时找不出破案点，就问陈德

图文珍藏版

道："你回家是否对众兄弟说起过藏银之事？"陈德答："小人没有兄弟。"知县又问："家中都有何人？""小人家中只有妻子一人。""你是否对妻子说过？而且还是只对她一人说吗？""是，小人确实只对妻子一人说过。"

吴知县问罢，心中已明白几分，心生一计，便命差役将三娘传来，然后劈头喝道："大胆贱妇，你丈夫在外三年，辛苦地挣钱，为与你过好日子，你竟敢在家招引奸夫，快快从实说来！不然的话，大刑伺候。"三娘猛然一听，心中害怕无比，本想招供认罪的，但想起和张奴的海誓山盟，心想，不吃点苦，哪来将来的幸福，便矢口否认，坚决不招。吴知县见三娘不招，就要动用大刑。陈德一听，吓坏了，他可不想让妻子受刑，连忙跪下求饶道："小人情愿不要银子了，只求大人放了小人妻子。而且小人妻子不会偷银两的。"吴知县骂道："你这刁民，本无银两失窃，居然敢捏造虚词，来报假案？你欺骗本官，连累妻子，理应当罚。"然后当堂将陈德因禁入监，开释三娘。

三娘回家后，愁也不是，喜也不是，正不知如何是好，又见一乞丐到门下要饭，心里烦躁，就挥手呵斥乞丐走开。这时张奴悄悄溜进房内，把门一关，对她好声道："三娘你受惊了。告诉你，桥洞里的银子是我拿的。这下可好了，陈德蹲了大狱。而我们不仅得了他的银子，以后还能做永久的夫妻了，真是三全其美。"三娘这才恍然大悟，还赞张奴聪明，当即应和张奴，承诺和他做长久夫妻。

二人正在得意，以为各自做得天衣无缝之时，忽见大门开了，几名差役如从天而降，当场将二人捆绑起来，押往县衙。原来吴知县料定三娘有奸夫，见她不招，便来一个欲擒故纵之计，假意关押陈德，放回三娘。三娘回家后奸夫必定会来打探风声的，令一差役化装成乞丐，潜入陈宅窃听，果如所料。吴知县见犯人押到，立即升堂审讯，各人都招供后判张奴徒刑三年，归还陈德三十余两银子和他的行李，三娘卖给官府做奴婢，陈德无罪释放。

私通乱伦毙命案

明朝嘉靖年间，在直隶广德州建平县的一个小镇上，住着李家两兄弟，哥哥叫李祥三，弟弟叫李祥八。两家相邻而居，关系甚为融洽，就像是一家人一样。李祥三有个女儿叫李小仙，长得虽说不上羞花闭月，却也俊秀，而且做得一手好针线，绣出来的衣物，附近的女孩没有一个不自叹不如的，再加上人又温柔善良,大家都很喜欢她。李祥八的女儿叫李福妹,比李小仙小三岁,生性活泼,经常爱和别人搭讪。因为她母亲特别宠爱她,便养成了任性的性格,她长得虽然不如李小仙,却比李小仙娇媚、轻浮。文静的李小仙确实像个大姐姐的样子,总是让着她,两个人虽然性格相差甚远,但却很合得来,像亲生姐妹似的。

镇里有个叫杨宪一的,已到了该娶年龄,找了个媒人向李祥三家提亲。李祥三觉得杨家和他家也门当户对,就把女儿李小仙许配给了杨宪一。为筹办婚事,两家来往密切,看上去就像一家人似的。李祥八帮哥哥家的忙,杨宪一的堂兄杨十八帮堂弟的忙。一次,杨十八去李家办事,无意中看到了李福妹,很喜欢她,觉得她和自己的儿子挺配的。一问李祥八,知道李福妹年十四,比自己儿子杨彩五小不了几岁,就托人做媒,向李祥八家求亲。杨十八也想让对方看看自己的儿子,便带儿子来李家,李祥八见过,觉得杨彩五知书达礼,很是满意,就答应了这门亲事。李福妹的母亲说女儿还小,等过几年后女儿长大了,再论婚事,杨家也同意了。李小仙婚前忙着做出嫁的衣物,李福妹平时都没怎么学,针工刺绣都不行,所以帮不上李小仙的忙。她看着要成婚的李小仙,想到以后自己就要孤孤单单,没人陪了,真不想让堂姐走。李小仙也舍不得离开这个她看着长大的小堂妹,说以后只要有机会,一定和小堂妹一块好好的住些日子,叙叙姐妹之情。

嘉靖元年八月,杨十八见李福妹已经到了婚嫁的年龄了,儿子也该成家立业了,就向李祥八提出要择个良辰吉日娶李福妹过门,李家也同意了。大婚的日子很快定下来了,就在十二月,杨李两家又在忙着准备婚事了。李小仙自从出嫁后,特别思念堂妹,得知她快要出嫁的消息,很为她高兴,准备帮她做些嫁衣。李福妹也想在出嫁前让堂姐教教自己缝纫刺绣,以便将来好过日子,而且两个人也可以借此在一起住几天。于是,李小仙就去娘家把自己的意思和婶母说了,让李福妹到自己家住半个月。李福妹也趁机向妈妈撒娇,母亲就答应了。李福妹到了堂姐家,就像在自己家一样,有说有笑,于事也挺随便的,李小仙知道她向来如此,也不在意。杨宪一却心怀不轨,他虽然平时说话不多,表面上看也很老实,可内心就不一样了,就喜欢年轻漂亮的女孩子。当初刚结婚时,倒还把心思都花在妻子身上,时间一长,喜新厌旧的本性就开始暴露出来,只是平时几乎没有机会接近女孩子。现在家里来了充满青春活力的女孩子,天天在眼前跳来蹦去的,弄得他心痒痒的,真想把她弄到手。他暗中讨好她,亲近她,看出这个女孩单纯之余还轻浮,很容易得手,于是他大献殷勤,很快就和李福妹通奸成孕了。渐渐地,李福妹有些心慌了,觉得万一出事怎么办。李小仙感到丈夫似乎也有点不对,但心地善良的她却又看不出什么问题,问堂妹怎么了,李福妹也不敢说出事实,只是借口说不舒服想回家。不到半个月,李小仙就把堂妹送回家了。

十二月,在杨十八家如期举行了婚礼,杨彩五和李福妹结成夫妻。嘉靖二年四月二十六日,才出嫁不到五个月,李福妹生下了一个女孩。杨彩五母亲心思细腻,察觉出有点不对劲,便问儿子婚前是不是和李福妹有来往,杨彩五十分肯定地说没去过李家,也没和李福妹交往。杨母就把李祥八请到了家中,寒暄过后,问他李福妹过门刚五个月,却不可思议地生了一个已足月的女孩,这是怎么回事?还说明自己的儿子婚前并没有和李福妹有任何关系,这事实在太奇怪了。李祥八也满心疑虑地去问自己的女儿,李福妹见实在瞒不了了,只好把事情真相说了出来。杨彩五的母亲痛斥了李祥八父女,骂他父女无耻,还说让她儿子休了李福妹。李祥八感到万分羞愧,却又不能发作,忍辱回到家中,骂妻子柏氏管教女儿不严,以致羞辱家门,还气得打了柏氏一顿。夫妻俩互相埋怨,气恼万分,却无处出气,闷在家里,怕家丑外扬。

二十八日,杨宪一从李祥八家门口经过,被坐在门边的柏氏看见,柏氏气恼已极,就冲出去,揪住杨宪一,撕扯揪打,还大声喊叫,骂他没人性。李祥八见了后,也是一股怒气冲昏了头,顺手抓了一把斧子,就向杨宪一胸口砍去,杨宪一顿时血流如注,倒在地上,不一会就死了。这时李祥八夫妇才意识到出了人命大事,也吓得坐在地上动弹不了。

官府捉了李祥八,李祥八不想多做隐瞒,便招供了,官府已检验了尸伤。案情清楚确实,很快了结。官府拟判李祥八故意杀人,处以绞刑。李祥八的案卷公文送到了刑部,刑部复审时,觉得判得不妥,便交回,命令重审,但官府重审后,还照原罪判了。

嘉靖九年,刑部署郎中应贾,奉皇上旨意到江南各府,配合地方官,复审在审重大案件。在审到李祥八死刑案时,他觉得这需商榷。察及李福妹的丈夫杨彩五确是杨宪一堂兄杨十八的儿子,从血缘关系上说,李福妹并不是杨宪一的近亲,但确是杨家媳妇的妹妹。杨宪一视伦理道德不顾,私通乱伦,虽然没被抓奸于现场,但李福妹所生的女孩已是证明,这显然已经违反伦理道德,也伤风败俗。李祥八盛怒之下杀死了杨宪一,这可说是维护伦理道德而造成的。原来拟判的绞刑,虽然斗殴杀人应该如此判刑,但于情于理,确实过于重判了,应该改判。应贾就写了一篇疏文,上请皇帝裁定。

悍妇赖奸致命案

明朝河南登州府露照县一个村子里,住着黄氏两兄弟。哥哥叫黄士良,其妻名李秀姐。这李秀姐是周围一带出了名的悍妇,不仅常对丈夫呼来骂去而且嫉妒成性,还疑心特别重,人们都惧其三分,敬而远之。黄士良的弟弟名黄士美,其妻张月英性情温和,贤惠善良,村子里的人都称赞她好。黄氏兄弟都住在一个院子里,李秀姐和张月英轮流打扫院子。如果今天该李氏扫地,扫帚和簸箕就放在李氏房内,第二天再交给张氏。张氏扫完,第三天再交给李氏。如此久了,妯娌俩都对此习惯了。

一日,黄士美外出买苗,好几天都没回家。到重阳日,李氏又去小姨家喝酒,家里只剩黄士良和他弟媳俩。这天恰好轮到张氏扫地。她把地扫完,心想现在也闲着,干脆就把扫帚簸箕送过去,省得明天再临时交付,于是就将扫帚簸箕直接送到了大伯房内。当时士良也已外出,根本不知道她送过来。

快到天黑之时,李氏喝罢酒归来,一进门就看见了扫帚簸箕,疑心病就犯了,琢磨开来:今天该她扫地,按理说扫帚簸箕应该在她房内,为什么现在却在我房里呢?莫非是我男人拉她来屋里成奸,而她无意带来这,结果完事后又忘了带走?李氏想到这里,不禁升起一股嫉恨之火。劈头便问黄士良道:"你快老老实实交代,今天干什么事来着!"黄士良被问得一头雾水,感到莫名其妙说:"我干什么来着,我什么也没干哪。"李氏指着他的鼻尖,厉声喝道:"今天趁我不在,奸了弟媳,还想瞒我!"黄士良平时在李氏面前不敢大声透气,是出了名的怕媳妇。但这时见李氏诬陷他强奸弟媳,这可不是小事,不免也急了,斥道:"胡说八道!你是不是喝酒多了,醉了,别在这里耍酒疯了。"李氏冷笑道:"不是我耍酒疯,而是你色胆包天了,将来你因犯法断送了你这条命,别来连累我!"士良心想,我身正不怕影子歪,行得直,坐得正,没有的事还怕你乱说,就又骂道:"你这泼皮贱妇,少在这说这些无凭无据的事,你要是有证据也罢,如果没事找事的话,看我不活活打死你!"李氏说:"你自己干了这种不知羞耻的事,还想用打来吓唬我。好,我就给你个证据。按理说,今日应该弟媳扫地,扫帚簸箕应该在她房里,无缘无故怎么跑到我们房里来了?难道不是你和她通奸,无意拿进来,却忘了拿出去了吗?"士良一听,差点被不成证据的证据气得说不出话:"当时我也在外面,她送簸箕来,我怎么会知道。况且这能说明什么呢,你赶快给我住口,再不要说这些无凭无据、让人丢脸的话,让别人知道了笑话。"李氏见丈夫口气有些软,更加肯定事情是真的,便放开嗓门毫无顾忌地大骂,士良也终于忍无可忍,跳起来将李氏拉倒,一通乱打。李氏虽然强悍,但始终不是丈夫的对手,只能把满腔怒火发向张氏,破口大骂。

这边张氏本来早已躺下睡了,听大伯屋内吵闹声、叫骂声不断,就起身想去劝劝,于是她便起床穿衣。她开门走到大伯家门前,正要敲门,却突然听见里面李氏正骂她,说她和大伯有奸。她觉得这简直不可想象,气得浑身颤抖。她想进去辩解,又怕二人正怒火中烧,这时进去肯定只会火上加油,没人听自己的,就又悄悄回到自己房中。可回房后她又自思:大嫂可能已经听见我开门的声音,可我又没进到她屋去,如此一来她一定会怀疑我真的是有奸,所以才不敢去她那说清事实。假如现在我再去,像她这样多疑嫉妒的人,肯定会一口咬定我是有奸情,天天骂我的。唉,这事我也有错,谁让你自作主张,提前把扫帚簸箕送到她房里的呢?看来这不贞不洁的名声是背定了,我只有一死,才能表明我的清白。随后即悬梁自缢,含冤死去。

第二天一早,李氏将早饭做好,不见张氏起来,觉得有点奇怪,就来推门叫,却发现她已吊死在梁上,手脚早已冰冷了。士良见后吓得手足无措,李氏却没认识到事态严重,不但不觉得有错还以为抓住了把柄,理直气壮地说:"你说无奸,她又何必怕羞而死?"士良此时已无心和她争辩,急忙派人将士美找回。士美心神慌张,风尘仆仆地急忙赶回家来,见往日恩恩爱爱,贤淑无比的妻子此刻已和自己阴阳相隔了,不禁失声痛哭。然后又问妻子因何而死。士良和李氏也不知怎么说,只说夜里也不知什么缘故,她就自缢而死。士美不信,当即赴县告状。

陈知县传来士良夫妇,审问张氏的死因。黄士良不知怎么说,只得随口道:"弟媳偶然染上了心痛病,可能是因为忍受不了痛苦而自缢而死。"士美不信,反驳道:"小人妻子一向身体健康,无甚疾病,即使有此病,怎么会不请大夫看,反而自寻短见呢?这完全不可信。"李氏说:"弟媳性子急,丈夫出门在外,心痛但夜里又不敢叫人来医，所以想到用死来解脱痛苦。"士美道："小人妻子性情温和，虽然怕羞，但也不至于有病而不敢叫人来医，大嫂说的也不可信。"

陈知县见士良夫妇简直像编故事一样，便对手下喝道："大刑伺候！"众差役就对夫妇二人施夹指之刑，一时间夫妇二人的十指血肉模糊，惨不忍睹，痛得他们叫苦连连。士良知道自己无罪，所以仍不认罪。李氏则受刑不过，于是说出实情道："我和弟媳每日轮流扫地，初九日正好轮到她扫，所以扫帚簸箕也应该在她房间的。我在小妹家喝酒，晚上回到家时，见扫帚簸箕放在我房内，我便怀疑我丈夫和她有奸情，因此和男人吵架、厮打起来。但弟媳到底怎么死的，我真的不知是何缘故。"士美闻后道："这话可信。不过还请老爷查明真相，看他们是否有奸情，这样小人妻子也好死个明白。"陈知县见李氏已经受不了刑罚而招供了，可黄士良仍然不认罪，不肯招供，大声喝道："如果没有奸情，张氏为何上吊自杀呢？黄士良你丧尽天良，竟然欺奸弟媳，毫无人性，当判死罪？"当即令差役用大刑拷打，黄士良实在承受不住了，只得含冤认了。

五年后，河南新来了一位巡按大人，叫姚尚贤。姚巡按为官清廉，执法公正，当官这么多年，声名颇佳。他上任后，马上开始清理各种冤案、重案。待审到黄士良欺奸弟媳案时，黄士良上诉道："今年小人该刑满出狱了！但人生在世，当活得堂堂正正。小人如果要背着强奸弟媳的罪名，含冤而死，死了也不心甘。"姚巡按问："你已经上诉好几次了，今天还有什么没审清吗？"士良道："我可以对天发誓，甚至把心掏出来给大人看，我和弟媳根本无奸。小人关押在此已有五年，我死不足惜，但要我终身背负罪名，弟媳承受不贞不洁之名，兄弟对我和他妻子的疑心不解，一案三冤，怎么能说无冤呢？"说罢又连连磕头，恳请姚大人明察此案。

姚巡按听罢，又将卷宗认真仔细地看了后，便提审李氏道："你因为看到扫帚和簸箕在房内，就硬要说你丈夫有奸情。现在我问你，你要如实回答，当天该张氏扫地，她是否把地都扫完了？"李氏答："整个院子差不多都扫完了。"姚巡按又问："簸箕放在你房内，里面有垃圾没有？"李氏说没有。姚巡按立即做出判断道："地已扫完，粪草已倒，这说明是张氏自己把扫帚和簸箕送到大伯房内的，而不是士良强拉她进屋进行强暴的。如果是士良拉她，当时地面应该还没扫完；如果是扫完以后拉她，簸箕里一定还有粪草，但事实上却没有，如果是倒完粪草后拉她，更没理由带簸箕入房。由此可见，士良和张氏之间没有奸情。

此后张氏上吊自杀，想必是知道不该将簸箕送到大伯房内，而使李氏产生怀疑。此妇人一定是那种很害羞、内向的人，当她觉得不能辨明真相、洗脱自己污名时，便用死来保护自己名节，绝非因有奸而羞愧自缢。李氏为人之妻，诬陷自己丈夫，使之受不赦之罪，使弟媳蒙受不白之冤，小叔长年不消疑兄之怨，真是泼妇贱人，万死不赦。李氏乱造是非害死人，当处绞刑，黄士良无罪释放。"

黄士美即叩头谢道："大人今日断案的结果，一可解我心头之疑，二可雪我兄之冤，三可明亡妻之节，四可定妒妇之罪，真是明察秋毫也。"李氏听自己被定为死罪，后悔莫及，连忙跪地求饶道："当时丈夫说的理由没现在大人说的充分，所以我才怀疑他有奸情。如果早说清楚，我也不会和他争吵。大人既然已定我夫无罪，恳请宽恕我的无知之罪。妇人愚鲁，以致胡乱猜疑，今后我一定痛改前非。"士美也说："死者不能复生。我妻死得明白，我已心无疑虑，要她偿命又有什么用呢？"姚巡按道："按照法律，她应当死，我又如何能使她活。"仍对李氏判以绞刑，等候终审。

奸夫怒杀淫妇案

明朝时，德安府孝感县一个名叫林雄的人，在本县当精兵，妻子赵氏长得非常漂亮，但却是水性杨花，和本县南街一个叫李逢春的人私通。当时正好是十月上旬，轮到林雄值班守城门，赵氏想林雄晚上一定会值了班后顺便上城门睡觉，就约李逢春晚上来。

到了晚上，赵氏先做好饭菜让林雄吃完去守城。黄昏时，李逢春前来赴约，赵氏已经备好酒菜等候多时，见逢春到来，便佯装嗔怒地说："酒已经热了几次了，怎么才来呀？"逢春笑着说："现在应该不早不晚吧。"二人携手入房，双双坐在床上喝酒，你恩我爱，搂抱抚摸，什么事都干了。每倒一杯酒，两人就各饮一半，动情之时就翻云覆雨，兴尽后又饮酒调情，到二更才各自尽兴，且酒足饭饱了，赵氏撤下酒席，二人上床就寝。

林雄在城楼睡到半夜，突然兴致来了，想行房事，又加上寒气逼人，就想妻子在家独宿，可能也会觉得很冷，于是对同伴说："今天夜里天气寒冷，我想应该不会有人出来巡察，你好好看守，我回家去睡。明天晚上咱们换过来，我守城你回家去睡。"同伴说："你想回去就回去，但别忘了明天一早就来。"林雄便回家。

赵氏和李逢春因为酒醉睡得很死，林雄敲了半天门，没人答应，又怕吓着妻子，只得低声喊叫。李逢春做贼心虚，先被惊醒了，就推起赵氏。林家只有一个门，二人见出不去，一下急得六神无主了，赵氏只好一边答应，一边取被褥在床下铺开，让逢春睡在床下，等掩饰好一切，才出来开门。林雄进屋后，心存不满地说："怎么睡得那么死啊，我叫门叫了好大一会，你都没听见吗？"赵氏恼怒地说："你不是不回来的吗？怎么回来了，而且要回来干什么不早点回来？把我叫起来半夜三更冷飕飕地给你开门。"林雄说："我在那睡觉觉得很冷，担心你也冷，所以才回来和你做伴。"赵氏很不高兴地上了床，面对墙，背对着林雄，林雄用手摸她想干房事，赵氏用手使劲一推，说："你那么凉的身子，好意思碰我啊！"林雄说："不好意思，我的身子确实挺冷的。"二人就分开睡觉，林雄等身子暖过来了，又靠近赵氏又求云雨，而且再三恳求。赵氏骂骂咧咧地说："这么晚了，我还想睡觉呢，你唠唠叨叨地没完没了，到底让不让人睡？"林雄只好不出声睡觉了。天刚蒙蒙亮赵氏就连声叫林雄说："天亮了，快起床，快起床。"林雄起身看看天色说："天还没大亮。"想和赵氏玩玩再走，赵氏就是不同意。林雄也不强迫妻子，就披衣起床，又担心妻子脚冷，从厨房拿来一个火笼，放到妻子的被下，告诉妻子说："天冷，没事不要早起，以免受了风寒。"说完就关了门值勤去了。

赵氏见丈夫走了，便赶忙叫逢春上床来睡，还狠狠地说："真可恶，天杀的！他一回来，害得你在床下冻了一夜，我真觉得过意不去。"逢春身上很冷，赵氏用身体贴着，千般温柔，百般奉承，欲再行云雨。李逢春有点怀疑，心里想道：这个妇人不是好人，要论才貌我不如林雄，论温存我也不如林雄，她丈夫对她是百般呵护，她对待丈夫却毫无情意，我对她也不过如此，她反而这样奉承我，想必对我有所图谋。愤然就想起身，赵氏紧抱着他，请求云雨过后再起床，逢春已没心情了，只是应付式地完事。赵氏说："我还没尽兴，干什么那么早就起床，莫非怀恨昨晚的事吗？"逢春不答话，就起床穿衣，穿衣时，腰刀碰到床头而发出响声。逢春问："什么东西响？"赵氏说："腰刀。"逢春被自己刚才的想法冲昏了头，拿着刀厉声说："你这无情的泼妇，我要杀你。"赵氏认为他和她闹着玩，不想逢春一刀砍来，想躲已来不及了，头随刀落。逢春杀了赵氏，慌忙跑回家，待心神定下来后，懊恼不已，心想这事一定要暴露，就逃往外地了。

林雄家本来一直雇佣东邻徐銮挑水，那天早上，徐銮像往常一样，把水挑到林家，叫林娘子开门，无人答应，发现门只是关着没锁，心想林娘子现在可能睡得正香,不应扰人清梦,就推开门进去,把水倒在厨房缸内,又关门出去了。

当时,县令彭同魁刚刚上任,办事严谨,常常是黎明时分就在衙门升堂,此时各城门皆锁着,等案办完后,大伙才能各自离开。林雄回到家,见妻未起,叫她又不答应,进到屋内,发现妻子的头在地上,满床是血,吓得肝胆俱裂,加上悲愤交加,于是抱着妻子的尸体放声大哭,四邻来看,都被眼前惨状惊呆了,议论纷纷,林雄又见厨房新打的水,便说:"定是徐銮想强奸我妻子,但我妻子不从,以致被杀。"围观的人也都认为是这样,林雄就告到县衙,状子说:

告状人林雄,告状为强奸杀人事。我在本县充当精兵,雇佣徐銮挑水,不想这厮本性凶残,手段毒辣,我昨天夜里守城未回,他今天早晨挑水来我家,见我妻赵氏未起,顿起色心,想强奸我妻子,但不成功,便用刀杀了我妻子,使她身首异处,景象惨不忍睹,厨房的新挑的水可以证明。希望父母官依法断处,令其偿命,我和死去的妻子都感激不尽。

彭县令接到诉状,派差役郑纲、汪福将徐銮捉来。徐銮上诉说:

诉状人徐銮,上诉为冤屈事。因为我家境贫穷,没有生计,只好以挑水为生。今天早晨我挑水到林雄家,叫门没人答应,而且见门只是关着,没上锁,于是我就进去,将水倒在厨房缸内,又挑水到别家。我根本不知道当时他妻子已死,更不知道是谁杀的,他实在是在捏造事实来诬陷我,望县太爷为小人申冤。

彭县令接了徐銮的诉状。林雄禀告说:"希望县太爷到小人家中验尸,以便断案。"县令便到了林家,果然看见一具女尸,且身首异处。就唤仵作将尸体抬到堂前光线较好的地方检验,仵作仔细检验后禀报说:"阴户内有余精。"检验完之后,彭公只大概问了原告和被告二人几句话,就将二犯带回衙门。彭公心想:如果因强奸不从而杀,怎么会有余精?赵氏若顺从,又必然不会被杀。大概不是因强奸未遂,而是因别的争执而使凶手杀人了。就先问林雄:"你妻子有外遇吗?"林雄说:"她一向守妇女之道,并无外遇。"彭公又问道:"你家有人来往吗?"林雄说:"一般没和什么人来往,只有徐銮每天早晨挑水送来。"再问徐銮,徐銮说:"今天早晨,小人叫门没人答应,心想林家娘子可能睡得正香,况且见门没插,就挑水进厨房,将水倒在缸里就出来了。小人进房尚且不敢,又怎么敢杀人呢?"县令对徐銮用小刑法之后,见徐銮仍没招认,就先押在狱中。

彭县令坐轿到城隍庙祝拜说:"朝廷命令我为一县的父母官,上天令我主管一县的祸福。现在有林雄的妻子赵氏被人杀死,众神灵肯定知道凶手是谁,希望告知我使我不致冤枉无辜的百姓。我一定会准备香火祭品,诚心叩头拜谢。"

祷告完后,他便回县衙了。彭县令这天夜里做了一个梦,梦中仿佛有个声音说:杀死林雄妻子的,是桃杏一时人。梦醒后,他反复思考,忽然恍然大悟,凶手莫非姓李,因为李花是和桃花、杏花同时开的,桃花、杏花是在春天开,桃杏一时人,那人的名应该是一春字了,必是李春无疑了。

第二天早晨县令升堂,唤林雄问道:"你的近邻中有叫有李春的吗?"林雄说:"我家附近没有。"县令说:"其他街有吗?"林雄左思右想,半晌才说:"只有南街有个李逢春,但他和我关系挺好的。"县令一拍桌案说:"杀死你妻子的就是这个人。"就差王英、胡胜将李逢春抓来。二位公差到了他家,没见着他,只见到他家人,家里人说:"昨天一大早出去后,就没见他回来。"二人没办法,只好回衙门禀报县令,县令说:"他家里有亲人吗?"林雄说:"有个父亲叫李恭,有一个兄弟叫李成实。"县令说:"马上把他父兄抓来。"公差去了片刻,即把人抓来了。李恭说:"小人父子三人,靠卖力气生活,并没做违法之事,县太爷抓我们来,不知为什么?"县令说:"你的长子李逢春杀死赵氏,现在藏在哪,快老实交代!"李恭说:"犬子昨天外出,没说到哪儿去。况且并没证据证明他杀人,林雄上告,也没有提犬子的姓名,怎么知道不是别人? 况且即使一人有罪,为何要把一家捉来?"县令恼怒说:"你儿子杀人逃走,还自己犟嘴。"喝令将李成实重打三十大板,并把李恭囚在监狱里,对李成实说,限你三天,把你哥哥找来。李成实禀告说:"如果不是他杀的,不用多久,他就会回来了。如果是他杀的,他决不会回来。希望县太爷下一份批文给小人,并借公差两名,小人会同公差去捉拿亲兄。不过要宽限几个月,或许可以拿来,如果只限三天,根本捉不到。"县令同意他的要求,就差精兵王英、胡胜领批文拿人,但限一个月内必须捉到人并回报县衙。之后让林雄回家收殓妻子。

李成实与公差领到批文以后,四处查访了半个月,几乎找遍了邻近三个县还是不见李逢春的踪影。一天他们到随州酒店安歇,三人在楼上饮酒。正巧那天晚上李逢春也来这个店借宿,店主说:"你一个人可以到楼上房子里去住。"李成实等人辨认出是李逢春的声音,而且知他要上楼,就把灯先藏了。等到李逢春拿灯上楼,他远远地就照见到兄弟和捕快,转身就往楼下走,只觉得死去的赵氏仿佛抓住他一样,走不动了,逢春一时心慌,连说:"可能我的宿命到了,走不了啦。"成实拿灯走到跟前,捕快用铁索锁住逢春,李成实把事情的始末缘由说了。逢春说，"我一人做事一人当，怎么能连累你和父亲，我明天回家，去自首偿命。这也是命中注定的，刚才见到二位公差，想下楼逃走，但觉得被赵氏扯住，不然我也走了。"就吩咐店主上酒菜款待公差，次日一同回去。几天后，回到县城，公差与成实一早把逢春押上堂。县令说："李逢春，你为何杀死赵氏，从实招来，免动刑具。"李逢春说："赵氏原与小人私通，那天晚上该林雄守城，赵氏约小人晚上去与她幽会，黄昏我去赴约，赵氏备酒与我同饮，而且非常热情，二更时酒足饭饱，便上床睡觉了。三更时小人梦中听见林雄叫门，连忙推醒赵氏，二人慌张，我一时逃不了，也想不出什么对策，于是赵氏铺被褥让小人睡在床下才出去开门。赵氏见丈夫回来，显得特别冷淡，林雄三次求欢，赵氏都不答应，小人心中已有恼怒之意，等到天刚蒙蒙亮，赵氏就急着催林雄起床，林雄又要求欢，赵氏还是不肯。林雄也没有强迫赵氏，起床以后，想到妻子的脚可能会冷，又取来火笼，送入被下，而且嘱咐妻子不要早起，以免染了风寒，多么关怀备至啊！等林雄出门以后，赵氏马上叫我上床同睡，见我身上冷，便用她身体来温暖我，百般奉承，小人一时觉得过意不去，要起床回去，赵氏再三挽留，要等房事结束。事后我起床披衣服时，无意碰到她家床头挂着的腰刀，想起刚才的情景，不由大怒，抽刀将她杀死。小人后悔已来不及了，也知杀人偿命，但一人做事一人当，怎么能连累父亲、弟弟呢？希望县太爷释放他们，我愿伏法认罪。"

彭公写判词说："据审察，得知赵氏生性淫荡，不守夫妻之间相亲相敬的规矩，只知道私情的欢爱，她的死不值得怜悯。李逢春凶狠残忍，只知道赵氏不守妇道，不知道国法如山。赵氏该死也不应擅杀，再说赵氏纵然做了不义之事，李逢春作为奸夫也不应将其杀死。因此，观其案情，根据法规，处斩刑稍重；推究犯罪动机来比拟律文，判绞刑适宜。林雄诬告无罪的人，又不奉公守卫城门，此乃擅离职守，应该处以杖责。李恭对儿子管束不严，因年已六旬，姑且免罪。徐銮、成实本无罪，都应释放回家。"

丈夫擅杀淫妇案

明朝时江西某县，一日，在通往县城的大道上，一辆马车飞驰而来。车内坐着一位年轻的官吏，此人名张英，本地人，当初新婚不久就赴陕西上任了。两年来因新官上任，事务繁忙，再加上路途遥远，始终没有机会回乡看望妻子。上个月,张英因政绩显著被提升为知府,于是便利用上任前一段休假的时间,赶回江西老家,准备接妻子莫氏和侍婢同赴陕西上任。由于刚新婚就离开妻子,两年都未相见,所以恨不能马上见到妻子。此时见快要到家了,更是急声催促车夫快马加鞭。车夫懂主人的思妻之切,连连抖动手中的缰绳,马儿疾驰如飞。

张妻莫氏也早接到了丈夫的家信,说是这几天将回家接她和侍女爱莲共赴陕西。莫氏和丈夫新婚即别,此后便独守空房,按说听到这消息应该非常高兴才是。可她却面无喜色,心事重重,整天在屋内唉声叹气,不知该怎么办。侍女爱莲知道莫氏的烦恼事,却也不知怎么帮忙。

原来莫氏与张英成亲后,张英即赴陕上任,家中只有莫氏与爱莲两人了。莫氏因思念丈夫,整日泪流满面。眼见得人渐憔悴,衣带渐宽。爱莲担心夫人的身体,便常常说一些安慰她、令她高兴的话,又经常带她去城内的严华寺游玩,以解其思夫之苦。

一日,主婢二人正在寺内游玩,被暂住在寺内的广东珠宝商丘继修看见了,丘继修见莫氏肤若凝脂,容颜艳丽,当时起了色心,于是便大献殷勤,以博其芳心。莫氏见丘继修五官端正,言谈虽有些轻浮但并不粗鲁,对他倒也没什么恶感,只是掩口拂袖而去。这以后丘继修便茶饭不思,做生意也心不在焉了,三天两头地带着珠宝来到张府,一边拱手相送,一边言语挑逗,屡次三番,莫氏终于经受不住寂寞的煎熬与珠宝的诱惑了。这一切只有侍女爱莲知道,因此莫氏知道丈夫要回来的消息后,不免心慌意乱,担心一旦奸情败露,丈夫定然不会饶恕自己。于是再三嘱咐爱莲,她通奸之事决不能向张英透露半句。

当日傍晚,张英风尘仆仆地赶到家中,见到新婚即别的妻子,心里特别高兴,对莫氏是百般温存,情意缠绵。次日晨起,张英见妻子正梳妆打扮,便悄悄地踱过去,再思温存。突然,他看到了梳妆桌上的诸多珠宝首饰,便起了疑心,心想自己并未给她买过这些珠宝首饰,如此贵重之物从何而来?就问莫氏道:"这首饰煞是好看,娘子是何时添置的?"莫氏听后一惊,怕丈夫有所察觉,忙道:"是用你给的银两买的。"张英更加怀疑,心想以前给家里的钱,除去衣食花销,不会剩下许多吧,如何还能买得起这些珠宝呢?几天后,张英也觉察到莫氏虽对自己很好,但老心神不定,有时还怔怔地望着门外发呆,料定她有奸情。于是就追问莫氏,莫氏自然矢口否认了。

一日,张英趁莫氏外出,便逼问侍女爱莲,问她夫人是否有奸情。爱莲见张英动怒,心中十分害怕,可想起莫氏的嘱咐,又不敢说出来,一时吞吞吐吐不知说什么。张英见爱莲如此,更加气愤,便取来鞭子要动家法。爱莲没办法,只得说出广东珠宝商丘继修与莫氏通奸的实情。张英见自己的怀疑得到了证实,气得暴跳如雷,火冒三丈。他喝令爱莲退下后,一人独坐堂上仰天长叹:可怜我对她一片真心,却想不到她对我如此无情。随后他一股怒气往上冲:我堂堂七尺男儿,岂能受此窝囊之气,我要不除去这淫妇,真是愧对苍天,无颜见父母!就这样,他决定杀了妻子和侍女。

再说爱莲被张英一番逼吓,无奈吐露实情后,整日坐立不安,不知将会发生什么事情。但过了几天后,见张英对莫氏一如从前,也未对自己有何异样,就渐渐地放下心来。这天黄昏时分,莫氏悄悄叫她去华严寺向丘继修传话,转达相思之苦。爱莲本不想去,但惧于莫氏威严,只得遵命。不料这一切都被暗中尾随其后的张英发现。待爱莲从寺中出来,行至一池塘边时,突然被人从背后猛推一把跌入塘中,挣扎了几下便沉入塘底。

张英见杀死爱莲毫不费工夫,便匆匆赶回家中,假装在朋友家喝醉了回来,也不与莫氏多说,独自倒在床上便睡。莫氏左等右等不见爱莲回来,心急而暗骂爱莲,但又不敢流露,只好陪张英睡下。睡到三更了,张英推醒莫氏道:"娘子,我还想吃酒,你帮我去倒些来吧。"莫氏毫不怀疑,便披衣起身,为他去拿酒。因张英早已有计,先将酒坛中酒倒尽,所以莫氏见坛中无酒,便去后院,打算从酒缸中取酒。她走到酒缸边,刚掀开缸盖弯腰取酒,早已跟在她后面的张英便猛抱住她的双腿,将她倒揿入酒缸中,莫氏当即气绝毙命。

张英确认莫氏已断气,便把现场布置成莫氏不小心跌入酒缸中溺死的,随后又回屋假睡。天亮后,仆人打扫后院,发现夫人栽倒在酒缸内,已死了好长时间了,吓得面如土色,马上慌慌张张地告诉张英。没过多久,又有人飞奔来告,说在华严寺旁的池塘里发现了爱莲的尸体。一夜间,张府主婢二人接连不知因何而死,人们顿时议论纷纷。张英也佯装不知内情,悲痛万分地为妻子侍女备丧。随后为莫氏大办丧事,将其盛装入验,还故意寄存于华严寺,准备择日安葬。

当夜,华严寺四处静悄悄的,殿堂里的灯火忽明忽暗,映照着横放在殿堂中央的莫氏棺木。突然一蒙面人闪入,径直走向棺木。他刚要动手撬棺,忽闻有脚步声传来,急忙找了隐蔽的暗处藏起来,注视着眼前的一切。原来来人是丘继修。这丘继修虽身为商贾,人也有些轻浮,但还不是那种毫无良心的人。他与莫氏偷情半载,情意渐深,还有点难舍难分了,不料自从莫氏丈夫回家后,她便和他断了往来。接着又听到莫氏主婢突然死了的消息,不由地悲痛难抑。今晚他偷偷地来这哀悼莫氏,想起与莫氏的昔日欢爱场景,不禁泪流满面。良久,他才站起身来,回房安歇。蒙面人见丘继修离去,便闪身而出,撬开棺木,将里面值钱的东西都拿走了。

第二天,张英便叫仆人告状去了,称亡妻棺木寄存于华严寺,珠宝商人丘继修见财起意,竟丧尽天良开棺窃财,把亡妻身上珠宝全部盗走了。亡妻本来就死于非命,尸骨未寒又遭劫财,若不严惩窃贼丘继修,将难服民心,自己也不会罢休的。原来那蒙面人乃是张英属下,张英与他早已商量好了,撬棺窃财,嫁祸丘继修,以此报夺妻之恨。张英自恃为新任知府,官在县衙之上,因而言词傲慢,咄咄逼人。县衙不敢得罪自己上司,马上将丘继修捕来,严刑拷打。丘继修见莫氏已死,自己也索然无味了,便承认自己和莫氏确实有奸,但声称自己绝没有撬棺窃财。知县又加大刑,丘继修受刑不过,便道:"我没有开棺窃财,但莫氏与我通奸而致身亡,我情愿以死谢罪。"当场把所有的罪都认了。知县见其认罪,就判处丘继修死刑,关入监狱等候复审。

张英见案子完全按照自己所设计的结束了,目的已经达到,便安心地离乡赴任。

当年,江西巡按洪大人复审死刑犯,发现丘继修案像是因威逼诬告而认罪的,就调来全部卷宗重新细审。经审,洪大人发现其中有很多疑点:莫氏和丘继修长期通奸,侍女爱莲不会毫无所知,但一直没事发生,可为何在张英回乡不久后,爱莲就突然死在池塘中呢?还有据张府仆人说,莫氏曾多次从酒缸取酒,从没发生什么事,为何在张英回家后就意外地溺死其中呢?以酒缸的高度,人根本不会失足栽入。又据莫氏家人反映,出事那天他们来到张府议事,闻见张英浑身上下散发着酒气,问其缘故,张英一时有些慌张,说是前夜在朋友家喝了很多酒,故酒气久久不散。但经调查,张英那晚根本没在那个朋友家喝酒。洪大人根据以上各疑点认为张英有重大杀人嫌疑,于是传来张英家人一一仔细地审讯,终于使案情真相大白。原来张英发现莫氏和丘继修有奸后,便怀恨在心并且起了杀机,随即先溺死爱莲,又溺死莫氏,再诬告丘继修以报夺妻之仇。

洪大人审毕此案,仍判丘继修死刑斩首,又弹劾张英凶残地杀死妻子和婢女,提交刑部议处。刑部审议,认为张英治家不严,致使妻子在家与人私通,以致伤风败俗,故罢免张英官职,永不再用。而对其杀人诬陷之罪,则没做出明确裁决。

父亲误奸亲女案

明朝年间的一日,某村晏姓人家门口张灯结彩,宾客往来,热闹非凡,晏家主人晏谁宾正为儿子晏从义举办婚事,新娘是束家女儿。入夜,宾客都散去了,晏从义和束氏步入洞房。晏从义满心欢喜,慢慢地掀开新娘的红盖头,只觉眼前一亮,但见束氏唇红齿白,肤如凝脂,秀色迷人。从义不禁大喜,发誓要好好照顾她,与她白头偕老。

第二天一早,新人双双拜见父母。晏谁宾端坐在椅子上,道貌岸然地应酬着,眼睛却不老实,老往束氏身上瞅,而且心生邪念了。这以后只要是旁边没人的时候,晏便厚颜无耻地纠缠束氏,不仅用言语挑逗她,而且动手动脚,还三番五次地要求奸宿。束氏又羞又怕,起初怎么说也不肯,但禁不住晏谁宾恫吓威逼,最后只好委屈答应了。这晏谁宾也不是草野莽夫,他也知道自己违反了伦理道德,大明律对此有严格规定,如果事情败露的话一定会被砍头。但无奈欲火焚身,好色本性难移,因此只要是儿子一外出,他必定要在夜里潜入儿媳的房内行奸。束氏每次被奸污后,心里又恨又怕。想把事情和丈夫说了,又羞于启齿;想狠心拒绝,又怕公公恶人先告状,自己反倒落个不清不白的污名。实在没办法,只得忍气吞声。时间长了,她便萌发了报复晏谁宾的念头。

一日,是束氏父亲大寿的日子,晏从义一大早就赶往岳父家祝寿。束氏见丈夫出门,心里又不免慌乱,料定那老禽兽夜里一定会来糟蹋自己的,正束手无策时,忽见晏谁宾的小女儿金娘在院中玩耍,便心生一计,走过去对金娘说:"你哥哥今日去我娘家,夜里不回来了,我一个人睡害怕,你过来和我一起睡好吗?"金娘一向喜欢嫂嫂,听见束氏这样说,便满口答应。

夜深了,四周静得惊人。束氏看着睡得正香的金娘,内心充满了报复的欲望。她翻来覆去的不敢睡着了,等候着晏谁宾的到来。不一会儿,她便听到开门的声音了,便悄然起身,藏到暗处。晏谁宾摸进门来,便饿狼般扑向床去。待发泄完兽欲,心满意足,刚要穿衣下床,突见一缕雪白的月光照在床上,他定睛一看,被吓傻了,那躺在床上的女子根本不是束氏,分明是自己的亲生女儿金娘!晏谁宾顿时手忙脚乱,后悔不已,急忙穿衣离去。

第二天早饭时,金娘不肯出来吃饭。晏谁宾更是做贼心虚了,胡乱地吃了几口便起身离去。金娘母亲见女儿不来,不知何故,便亲自起身去叫。推开房门一看,却发现女儿已悬梁自尽,死了多时了,一时晏家上下大乱。束氏见闹出了人命,不由得也害怕起来,就急忙跑回娘家,将事情的始末缘由一一说与家人,这时束家长子束棠道:"妹妹你不用害怕,此事是他家父亲先不守伦理道德的。我们去告他,就说老禽兽欲奸污你,却没想到误奸了自己的女儿。老禽兽已丧尽人伦,我们要求和他家断绝关系,判决你和晏从义离异。"束氏听后左右为难说:"老禽兽虽死有余辜,但从义一向对我呵护备至,要和他离异,我于心不忍。"束棠道:"事已至此,你还有什么可留恋的,不然金娘之死你脱不了干系。"束氏一听,也只好随他哥去了。

严县令接到束棠的诉状后,立即派人去捉拿晏谁宾。没想到他自知罪孽深重,天理难容,已畏罪自杀了。严县令又将束氏兄妹传讯到堂,详细审问。束棠道:"晏谁宾自知罪孽深重,如今已自缢身亡。我妹虽然和他儿子结为夫妇,但终究不敢在恶人家里长久居住,也不敢和恶人之子做长久夫妻,因此希望大人准许他们离异。"

严县令也是个心细之人,他细察案情,觉得十分蹊跷:束氏与小姑睡在同一张床上,公公误奸小姑,束氏明知这是违背伦理之事,为何不喊不叫? 莫非与公公以往有什么纠纷恩怨? 于是严县令道:"束氏你从实招来,你和晏谁宾是否早有奸情?"束氏听县令一针见血地说出了她隐瞒的真相,顿时张口结舌,不知如何回答是好。束棠见状忙答道:"禀告大人,小人妹子和他无奸。""既然无奸,现在晏谁宾已死,为什么还要离婚? 束氏,我再问你,你和金娘同睡一屋,晏谁宾到底想奸谁? 你若不老实交代,看本官大刑伺候!"束氏答:"他想奸我,结果误奸金娘。"县令又问:"你与金娘同睡一屋,见公公奸小姑,为何不出声?"束氏答:"民女当时心里害怕,而且有点害羞,所以没有喊叫。"

县令见束氏所答仍不合情理,便大喝一声:"来人,夹棍伺候!"差役们便上前对束氏用刑。束氏一个瘦弱女子,如何能忍受如此钻心之痛,不一会儿就脸色惨白,汗流浃背了。严县令见状,再问道:"还不快说,是不是你先被公公奸污,为图报复,才设下圈套,让公公做出乱伦之事?"束氏受刑不过,只得如实招供了。严县令听罢,当堂判道:"束氏,你与公公有奸,本已不贞不洁,罪该万死;又设计叫小姑陪睡,导致如此乱伦之事,小姑含羞自尽,实在当死!本官依律判你死刑。"宣判完毕,又派人去捣毁晏谁宾坟墓,以示对其乱伦败俗罪行的惩罚。

可怜晏从义,刚娶得一娇美的妻子,还想与之白头偕老,结果却只得与老母相依为命。

中国古代秘史

清朝秘史

马昊宸 ⊙ 主编

线装书局

帝王秘事

努尔哈赤为何也姓佟

　　清太祖的母亲是他父亲塔克世的正妻,姓喜塔他氏,名额穆齐。她为塔克世生有三子一女,长子即是努尔哈赤,还有三子舒尔哈齐,四子雅尔哈齐。此外,侧室李佳氏,生次子穆尔哈齐。继室纳拉氏,生五子巴雅喇。

　　努尔哈赤十岁那年,他的生母额穆齐突然去世,而由此带来的不幸,远远超过丧母的悲哀。开始是继母纳拉氏的白眼,继之是父亲的辱骂,努尔哈赤不再拥有家的温暖。加上家道中衰,生活的艰辛,使他过早地成熟。努尔哈赤十岁的时候走出了家门,加入了采集山货的行列。

　　传说当年努尔哈赤曾同七人结成挖人参的弟兄,但尽管八兄弟每天不辞辛苦,却是一支人参也没见到。一个晚上,坐在窝棚里的八兄弟愁眉不展。突然,外面刮起一阵狂风,接着又是一声吼叫,八兄弟往外一看,见是一只斑斓猛虎,蹲在窝棚外面。

努尔哈赤

　　山里人称老虎为山神爷。按照山里的规矩,挖参人遇到老虎,须轮流向老虎投掷帽子,谁的帽子被老虎叼走,谁就作为老虎的点心。于是,八兄弟一个接着一个地把帽子投向老虎,可是老虎概不理睬。但当努尔哈赤把帽子投出后,老虎叼起帽子,慢腾腾地走了。

图文珍藏版

努尔哈赤告别了众兄弟，跟着老虎走去。他爬过一座山，又是一座山，老虎始终与努尔哈赤保持一定的距离。终于，努尔哈赤被带到了一座悬崖的平台上。只见平台上长着一片绿茸茸的草，每棵草上都顶着一团红红的花。这时，老虎不见了。第二天，努尔哈赤领着七兄弟在平台上一共挖出了六十四颗大人参。

几年过后，十五六岁的努尔哈赤已经长大成人。尽管他作了种种努力，但家中仍然没有他的容身之地。他不愿再看到纳拉氏那冷若冰霜的面孔，于是，带领小他四岁的胞弟舒尔哈齐寄居到外祖父王杲的家中。后来，明廷派兵俘获了王杲，努尔哈赤也在其中。就在王杲身陷险境之际，努尔哈赤拉着弟弟舒尔哈齐一同跪倒在李成梁的马前，痛哭流涕，求赐一死。李成梁见努尔哈赤乖敏可怜，询问之后，免去他的死罪，将他收在帐下，充作亲丁。

据说，后来李成梁发现努尔哈赤脚底有七颗红痣，认为他便是星相所显示的真命天子，想要将其杀害。在李成梁小夫人的帮助下，努尔哈赤逃了出去。不知是为了躲避李成梁的追捕，还是为了躲开纳拉氏阴沉的面孔，努尔哈赤并未在家中立足，他第二次走出家门，开始了真正的游子生涯。

努尔哈赤重新走进了山林，掘人参、采山货，捕鱼猎兽。他也常常走出山林，隐姓埋名出入辽东官市，佣工于大户乃至府衙。漂泊的生活，丰富了努尔哈赤的人生经历。

传说，努尔哈赤十八九岁时，有一次在山里迷了路，漆黑的夜晚，不时传来令人毛骨悚然的兽鸣。努尔哈赤正在不知所措之际，遇到了一位抚顺的商人佟老翁。佟老翁见其可怜，遂将其带回抚顺家中，收为佣工。

佟家虽然不是辽东巨富，却也家资富饶，是个良田万顷、牛马成群的地主兼商人。家里有着百十人的长工、短工。但佟老翁却不以佣工待努尔哈赤，时而携他下乡收租，时而与他家中闲谈。时日越长，佟老翁对努尔哈赤越器重，于是便将独生孙女嫁于努尔哈赤。

虽说这也是个传说，但是努尔哈赤娶了佟家之女却是史实。他作了佟家女婿，在佟家他找回了久已失去的温馨。但继母纳拉氏却仍然把冷漠和无情推给他，在努尔哈赤结婚这一年，父亲塔克世在纳拉氏的挑拨下，与努尔哈赤析产分家，努尔哈赤几乎没有得到任何财产。正是纳拉氏的刻薄寡恩，斩断了努尔哈赤对家的最后一点依恋，他甘愿入赘佟家。而且，从此以后，努尔哈赤不但姓爱新觉罗，也姓佟。

入赘女家，而又改变姓氏，这不仅有辱开国皇帝的龙颜，且为封建道德规范所不容。更何况，佟氏并非女真人，而是世居辽东女真化了的汉人，只因为后来佟氏家族追随清朝有功，才划归满族，佟氏也就改为佟佳氏。但在当时，还不曾被封建礼教陈规所束缚的努尔哈赤，却从不以自己改"金"姓"佟"为耻，甚至在他起兵之初给明朝的文告中，也毫无顾忌地写着"佟努尔哈赤"。

当然，佟姓并没有为努尔哈赤的后代继承下来，而努尔哈赤为何以佟为姓，却引起了后人种种猜测。有人提出努尔哈赤的五世祖董山是"佟山"的谐音，故而"佟努尔哈赤"乃是继佟山而言，根本不是努尔哈赤入赘佟家所致。但是无论哪种说法，都证明了努尔哈赤确曾以佟为姓。

努尔哈赤为何虎毒食子

努尔哈赤一共有十六个儿子，所宠爱的有长子褚英、次子代善、五子莽古尔泰、八子皇太极、十四子多尔衮、十五子多铎，以及七子阿巴泰、十子德格类、十二子阿济格等。在女真部族中，虽然没有形成固定的立嫡长的规矩，却也常常因循这种中原传统制度。于是，元妃的佟佳氏所生的长子褚英，以其既嫡且长的身份顺理成章地成为努尔哈赤王位的继承人。

褚英幼年时，正是努尔哈赤东征西讨、披甲起兵的征战岁月。他常听父亲讲述征战故事，也曾与弟弟代善和姐姐东果，一次次被父亲藏到柜子里、炕沿下，以躲避敌人的夜袭。自幼见惯刀光剑影的褚英，有着过人的胆魄和勇猛。当褚英能够替父打仗时，便成为努尔哈赤很好的帮手。

万历二十六年（1598 年），年仅十九岁的褚英第一次带兵出征，随同叔父巴雅喇一同攻伐叶赫所属安楚拉库等地。褚英率领部众，星夜疾驰，以闪电般的速度一举夺取安楚拉库、内河的二十多处屯寨，并掠夺万余人畜，以赫赫战功崭露头角。努尔哈赤高兴的赐号为"洪巴图鲁"，意思是"大勇士"，并封他为贝勒。此后，褚英成为努尔哈赤身边的一员大将，开始协助努尔哈赤征讨天下。

万历三十五年（1607 年），在乌碣岩大战中，褚英的兵马只有三千，而敌兵逾万。这时，主帅舒尔哈齐又拥兵五百滞留山下不战。褚英与弟弟代善率领众将兵英勇拼杀，不顾一切地沿山奋击，终于以少胜多，获得乌碣岩大捷。凯旋而归,努尔哈赤更加赞赏褚英,再赐"阿尔哈图土门"的称号,意思是"广略之人"。

此后,褚英被称为"广略贝勒",这意味着他的才能获得了努尔哈赤的认可。十年之中,努尔哈赤两次赐予褚英封号,也奠定了褚英在兄弟之中的地位,以及无上的荣宠。这时,努尔哈赤已经五十岁,他开始注意培养儿子们,并决定从中选出继承人。

但努尔哈赤很快发现,屡立战功、在战场上骁勇无敌的褚英,却是个心胸狭窄,争强好胜的人。为此,努尔哈赤忧心忡忡,他实在拿不定主意。于是,他决定给褚英一个机会,试试他是否是一位合格的继承人。

万历四十年(1612年)六月,努尔哈赤将执政大权交给了褚英,并且封给他多于其他兄弟的人畜和银钱。然而,江山易改,本性难移,褚英掌权以后,变得更加残忍,与战场上飒爽英姿的他判若两人。

为了尽早独揽大权,褚英不惜使用卑劣的手段。他先是凌辱努尔哈赤擢用的五大臣额亦都、费英东等,并力图使其不和。然后又威胁四位弟弟——皇太极、莽古尔泰阿敏和代善,谁要是不服,就整死谁,并强迫他们发誓效忠自己。褚英如此对待五大臣和弟弟,不但使自己陷入完全孤立的境地,并且过早地暴露了自己赶尽杀绝的险恶用心。深感性命不保的五大臣和四位兄弟,决定联合起来向努尔哈赤告发褚英。对于他们所说的话,努尔哈赤心中有数,因为他很了解自己的儿子。当努尔哈赤把五大臣和四位兄弟的奏文拿给褚英看,并提醒他如果奏文所告不实,可以上书辩驳,褚英却毫不在乎地回答道:"我无言可辩。"

努尔哈赤顿时怒气冲天,不仅将褚英所得人畜银钱与众兄弟平分,还命令他不准领兵出征,连留守的资格也被取消。褚英受到如此待遇,心中自然不满,他发誓一定要报复。

恰逢努尔哈赤带兵出征,褚英便将父亲努尔哈赤、五大臣,以及诸位弟弟的名字都写在纸上,附有咒语,然后对天焚烧。这样他还不满足,又恶狠狠地诅咒道:"但愿我军战败,当父亲和弟弟们兵败而归时,我将不会让他们入城。"

如此大逆不道的狂妄之词,使得左右侍卫深为恐惧。他们预感难逃干系,于是,为褚英书写咒语者自杀身亡,其余三个人立即将褚英的行为向努尔哈赤告发。努尔哈赤震怒了,他万万没想到,希冀储位的褚英居然走上了与父为敌的道路。由于害怕遭到褚英的暗算,他决定将其斩首。但又顾虑到这么做,恐为后代子孙效仿。于是,万历四十一年(1613年)三月,褚英被囚禁狱中。

本是死罪难逃的褚英,被囚禁后仍然执迷不悟,毫无悔改之心。努尔哈赤担心,这会带给国家、大臣和众位儿子以灾难。于是,在褚英被囚两年后,将其处死,当时褚英仅三十六岁。

努尔哈赤为何杀害自己的兄弟

清太祖努尔哈赤历经三十余年,统一了女真各部,创建了八旗制度,建立了大金帝国。人们常将功劳都归于努尔哈赤,其实,大清国的缔造,还离不开他的三弟舒尔哈齐。那么,舒尔哈齐作为一代功臣,为什么他的下场却是遭到努尔哈赤的残忍杀害呢?

努尔哈赤弟兄五人,他是长兄,四弟雅尔哈齐早亡,其余穆尔哈齐、舒而哈齐、巴稚喇三人皆先后追随努尔哈赤起兵征战,并屡获战功。舒尔哈齐排行第三,比努尔哈赤小四岁,二人同母所生。自从母亲死后,两人感情更加亲密,成为形影不离的好兄弟与好伙伴。在险象环生的环境里,舒尔哈齐始终是大哥的得力助手。他为努尔哈赤赴汤蹈火、冲锋陷阵,二十岁时成为努尔哈赤身边最勇敢的战将。

努尔哈赤雕像

由于出身十分相近,生活环境也是如此相似,努尔哈赤与舒尔哈齐有着过多的相同之处。他们都很勇敢、顽强,最重要的是,他们还有着相同的雄心。事实上,舒尔哈齐的权势和地位,与努尔哈赤不相上下。就在努尔哈赤称王的同时,他也称"船将",处于努尔哈赤的副手地位。对外,他与努尔哈赤一样,是建州女真的"头目",并数次作为建州女真的代表赴京向明廷朝贡。万历二十三年(1595年),舒尔哈齐第一次作为建州女真代表赴京朝贡,当时他的势力已经可以与努尔哈赤相抗衡。舒尔哈齐手下精兵强将逾万,自己又因为战功显著,颇得民心。因此,在明廷的官书中,常常把舒尔哈齐与努尔哈赤并称,并冠以相同的都督头衔,称他们是"都督努尔哈赤""都督舒尔哈齐"。就连近邻朝鲜人也把他们两个分别称作"老乙可赤"(即努尔哈赤)和"小乙可赤"(即舒尔哈齐),或者称"奴酋""小酋"。

舒尔哈齐的锋芒外露,是努尔哈赤所不能容忍的,于是他开始冷落、故意贬低舒尔哈齐。由于舒尔哈齐实力不断增长,他越来越不甘心居人之后,只是碍于兄弟的情谊才强压欲火。而努尔哈赤却无端对其削位夺权,这无疑挑起了舒尔哈齐心中的欲望与怒火。万历二十四年(1596年)元旦,当努尔哈赤设宴款待明朝使者申忠一后,舒尔哈齐立即提出他也要设宴接待,于是有了"两都督府"的分别宴请。宴会结束后,舒尔哈齐向申忠一说:"如果以后你要送礼,不能忘记我。"从这儿开始,同根生的兄弟俩已经出现了嫌隙。

万历二十七年(1599年),努尔哈赤借口哈达贝勒孟格布禄背弃盟约,想要娶叶赫美女东哥,于是发兵讨伐。舒尔哈齐奉命率领先头部队二千人攻城,由于哈达兵事先已有准备,当舒尔哈齐到达城下时,哈达兵已经出城迎战。舒尔哈齐正在犹豫是否攻城时,努尔哈赤率领大军赶到。当他看见舒尔哈齐兵临城下,却未发一矢,心中大为不满。他勃然大怒,呵斥舒尔哈齐靠边,自己亲率大军攻城。虽然最后哈达城被攻破,但努尔哈赤也付出了惨重的代价。他不仅失去了上千的勇士,也失去了胞弟舒尔哈齐的心。

当努尔哈赤兄弟俩的不和成为公开的秘密时,又发生了一件意外的事情。先是明朝总兵李成梁的儿子李如柏纳舒尔哈齐之女为妾,双方结为姻亲。随后,舒尔哈齐的妻子病故,李成梁又亲自命令手下置办了20桌酒席,外带牲畜前往吊祭。舒尔哈齐逐渐成为"拥明"派,这与努尔哈赤期望"叛明"背道而驰。

万历三十四年(1606年)十二月,在努尔哈赤已连续几年没有亲自到京朝贡的情况下,舒尔哈齐第三次代表建州女真入京。当明廷以"建州等卫夷人都督都指挥"的名义向他照例赏赐,他何尝不为那煊赫的头衔而陶醉,进而萌发了拥明自立、借明自立,将一切权利揽入自己手中的想法。这种想法无疑加剧了他们兄弟之间的矛盾,结果导致军事上的各自为政。

万历三十五年(1607年),舒尔哈齐作为统兵主帅与努尔哈赤的长子褚英、次子代善,以及大臣费英东等率兵三万接应东海女真瓦尔喀部蜚优城部众归附。行军途中,舒尔哈齐突然借口军旗发光,不是吉兆,提议班师回朝。各位将领战士都信以为真,士气不佳。由于褚英和代善的努力,才稳定军心,继续前行。但当建州兵率领蜚优部民众返回到钟城附近的乌竭岩,突然遭遇乌拉数万兵马的拦截时,舒尔哈齐开始裹足不前。当褚英、代善率领不足敌人四分之一的兵力奋死拼搏时,舒尔哈齐却带领五百人滞留山下,他最信任的两个将领也率领百人在一旁观战。

经过这一役,努尔哈赤以不力战的罪名将那两个将领处死,并不再让舒尔哈齐带兵打仗。被剥夺了军事权力,舒尔哈齐满腔幽怨,不时与努尔哈赤发生口角。舒尔哈奇不服,努尔哈赤不满,他们俩已经完全决裂。努尔哈赤厉声斥道:"你所有的东西都不是父祖遗留的,而是我给你的!"对于大哥过于苛刻的责备,舒尔哈齐心里感到十分愤懑。既然大哥已经不念兄弟之情,自己又何必矮人一等。于是他找来三个儿子,共商大计。他们想到了依靠明朝,于是很快踏上了第四次通往京城的道路。

正当舒而哈齐以为自己找到靠山时,努尔哈赤突然下令剥夺了他的家产,并杀死舒尔哈齐的两个儿子,又将与此事有关的部将处死。之后,努尔哈赤佯称新宅落成,邀舒尔哈齐赴宴。自知难逃活命的他,仍寄希望大哥能顾念手足之情,对他"宽恕"。然而,舒而哈齐刚刚走进新宅的大门,还未来得及向兄长倾诉愧悔之情,就被推入内寝,锁了起来。从此,舒尔哈齐过着暗无天日的牢狱生活,简直虽生犹死。两年之后,即万历三十九年(1611年)八月十九日,舒尔哈齐死在了因狱中,年仅四十八岁。

努尔哈赤是病死的吗

一代英杰努尔哈赤是明末建州女真的首领,他凭借十三副祖传铠甲打天下,开疆拓土,驰骋沙场四十余年,并在1616年建立后金政权,称大汗。1626年,努尔哈赤与袁崇焕对阵,终以失败告终。努尔哈赤也在这一年八月与世长辞,终年六十八岁。关于努尔哈赤的死,历来有很多说法,清代的历史中又没有详细记载,给努尔哈赤的死罩上了一层朦胧而神秘的面纱。

明朝末年,政治腐败,烽火四起。崇祯皇帝继位后,希望励精图治,但由于他刚愎自用,不善用人,再加上长期的积弊甚重,因此一时的勤勉并不能挽救危急局势。1625年,明廷的党争再次祸及边疆。这年十一月,边关守将孙承宗被陷害免职,依附宦官的高第赴辽阳任经略。高第立即做出撤走锦州、右屯卫、大凌河、宁前卫等重城的守军、放弃关外四百公里疆土的决定。明军仓皇撤防,如临大敌。袁崇焕表示坚决反对,他发誓与宁远城(今辽宁彰武)共存亡。至此,宁远成了一座独居关外的孤城,仅有两万余守兵。

努尔哈赤看准了这一时机,于1626年正月十四日,带领将士,冒着凛冽的寒风,在诸贝勒大臣的前呼后拥下,统领着十三万八旗兵,号称二十万,向宁远城扑去。一路上,努尔哈赤所向披靡,势不可挡,连续攻克锦州、凌河、杏山、连山、塔山等,这更使努尔哈赤雄心勃勃。他派人给袁崇焕送去招降书,声称凭借自己的二十万大军一定能攻下宁远城,希望袁崇焕投降,保证封他高官。然而,袁崇焕给他的答复却是:"城在人在,城亡人亡!"努尔哈赤为此怒不可遏,发誓一定要攻下宁远城。

二月,努尔哈赤来到宁远城下,他亲自指挥攻城。随着一声震颤人心的号角,八旗兵蜂拥而上。与此同时,明军震耳欲聋的大炮声也在城上响起。颗颗炮弹在后金军中落下,阻止着后金军进攻的步伐。激战自清晨持续到深夜,城上城下的士兵都在狂呼中酣战。努尔哈赤从未见过如此英勇顽强的明军,心中暗想着这场战争的艰巨。第二天、第三天,战势仍然没有任何转机。努尔哈赤不断变换着打法,环城寻找着薄弱之处,但宁远城就像是铜墙铁壁,不管怎么攻,就是攻不破。

努尔哈赤无奈决定率领全军班师。但这次宁远之战,实在是努尔哈赤心中的痛。因为自起兵之后,努尔哈赤从来都是战无不胜,这是他的第一次失败。

自宁远战败回来,努尔哈赤便陷入不可名状的苦闷之中。他开始变得沉默寡言,曾几何时的赫赫战功成了努尔哈赤唯一的安慰。作为后金汗国的汗父,努尔哈赤认为必须为宁远城的惨败洗刷耻辱,找回补偿。于是,他决定将战火烧到背金助明的喀尔喀蒙古巴林部。由于忧郁伤神,再加上劳师远袭和政治结盟,这样接连不断的操劳,已经搞得努尔哈赤疲惫不堪,体力不支,积郁成疾,最后竟然染上了痈疽。

七月,努尔哈赤前往清河温泉疗养,他让侄儿阿敏宰牛烧纸,祈祷天地神明的保佑。但是不久,努尔哈赤病重。他自知将不久于人世,一面命人传大妃阿巴亥前来,一面乘船顺太子河而下。在船上,努尔哈赤已经不省人事。八月十一日,这支队伍走到距沈阳四十公里的瑷鸡堡,努尔哈赤终于走完了他的一生,享年六十八岁。

关于努尔哈赤的死,上述说法是比较常见的。但也有人认为:努尔哈赤在起兵伐宁远时,明军在城上频频施放西洋大炮。努尔哈赤的部队伤亡惨重,连他自己也被袁崇焕的红衣大炮击中,最后不治而死。这主要是依据宁远大战前夕,朝鲜曾派遣使团来明,使团中有一位名叫韩瑗的翻译官,他说自己在宁远曾亲眼看见努尔哈赤身受重伤。但这种观点也受到反驳,他们认为如果袁崇焕在宁远之战中的确击中努尔哈赤的话,他一定会向明朝廷邀功。然而在袁崇焕给崇祯皇帝的奏折中,却丝毫未提及努尔哈赤在宁远受重伤一事。

此外,还有一种观点认为,努尔哈赤很可能因为宁远战败,积愤成病,最后抱恨而终。因为努尔哈赤率领二十万大军,一心攻下宁远。但围城三日,明军奋力抵抗,努尔哈赤只得弃城而走,退兵沈阳。努尔哈自征战以来,战无不胜、攻无不克。宁远战败,必定为努尔哈赤所愤恨。如果他确实是因愤懑而死,清朝方面的官书也只能含糊其词、秘而不宣了。

另一种说法与前不同,认为努尔哈赤既不是死于炮伤复发,也不是死于积愤成疾,而是痈疽夺走了他的生命。最有意思的是,努尔哈赤的对手袁崇焕在写给明朝廷的奏折中说,正是努尔哈赤在宁远之战中失败,忧愤成疾,最后才患上痈疽而死。巧妙地将努尔哈赤的死与自己的指挥成功联系起来,不露声色地表白了自己的功劳。但是,努尔哈赤如果真的死于痈疽的话,为什么清朝的官书、正史中从未记载呢?其中是否另有隐情,已经不得而知了。

但努尔哈赤在宁远一战中遭到从未有过的惨败,是千真万确的。他因此而忧郁成疾也是情理之中的事情。至于有没有患上痈疽,这已经无从证实。

努尔哈赤真的让大福晋殉葬了吗

大福晋阿巴亥是努尔哈赤最宠爱的妃子,其地位只居元妃之后。她的一生,充满了曲折与辛酸,努尔哈赤死后,据说还让她殉葬。历史上关于努尔哈赤是否真的让她殉葬,至今众说纷纭。那么,究竟有没有这回事呢?

阿巴亥是乌拉贝勒满泰之女,万历二十九年(1601 年)十一月,年仅十二岁的阿巴亥被叔父布占泰作为政治交易的礼物送到建州,成为努尔哈赤的妻子。这年,努尔哈赤四十三岁,尚存孩提稚气的阿巴亥,常常使努尔哈赤感到生命的活力。随着年月的增长,努尔哈赤一天天老去,而阿巴亥却日益青春妩媚。当她长成一位丰姿卓越、聪明智慧的少妇时,便很快成为努尔哈赤的宠妃,位居大福晋的地位。在阿巴亥眼里,努尔哈赤既是丈夫,也是令人敬佩的英雄。但老夫少妻的生活,常常令阿巴亥十分担心,她害怕努尔哈赤死后自己一无所有,更怕成为宫廷斗争的牺牲品。当阿巴亥听努尔哈赤说死后要将自己和儿子托付给大贝勒代善,她感到生活从此有了依靠,并且竭尽所能地接近代善。正是由于她处处在代善面前表现、想方设法吸引代善的注意,终于酿成了大祸。

天命五年,努尔哈赤的小福晋德因查告发阿巴亥私送宫中财物给外人,并指责阿巴亥与代善有暧昧关系。努尔哈赤得知此事,想要惩治阿巴亥,却又不想家丑外扬。当他想到阿巴亥涉嫌私赠布匹之事,于是下令搜查阿巴亥的居所。当时阿巴亥正随军在外,这只是她在军中的临时居所。于是,努尔哈赤又以阿巴亥私藏绸缎、蟒缎、金银、财物甚多为由,派人回阿巴亥寝宫查抄。

为了掩盖罪行,阿巴亥开始转移所藏物品。她将三包财物送到界凡山上达尔汉侍卫的家里。因为达尔汉受努尔哈赤器重,负责审理她的"私藏物品案",搜查者决不会去达尔汉家。果然,搜查者一无所获地回去了。但当阿巴亥派人去取时,奉命取物之人误入达尔汉所居的西屋,被达尔汉碰个正着。达尔汉为了不连累自己,便将被抓住的人交给努尔哈赤。

这件事情无疑是加重了阿巴亥的罪过,使努尔哈赤更加愤怒。他命人杀死为阿巴亥收藏财物的达尔汉家奴,并开始了更加严厉的追查。于是,相继有人来报,在阿济格(阿巴亥之子)家中的两个柜子里查到阿巴亥所藏的三百匹布,在阿巴亥母亲家中又搜出放在暖木大匣子里的银两。连平素与她亲善相好的孟古福晋也将她出卖,告发说在孟古的住处放有阿巴亥的东珠一捧。搜查还在继续,告讦者应声而起。有的说阿巴亥给总兵官妻子一匹布,又有的她说给参将妻子绸缎朝衣一件,还常常偷偷将财物给予村民。

努尔哈赤实在忍无可忍,他感到阿巴亥居心叵测,并令自己颜面无存。于是,努尔哈赤传谕众人,历数阿巴亥种种不端。他本想杀死阿巴亥,出出这口恶气,想到阿巴亥所生的孩子还小,还是决定"大福晋可不杀"。但从此以后,大福晋不得住在汗府。

当努尔哈赤攻下辽东之后,又立阿巴亥为大妃,废立前后不过短短数月,但这对努尔哈赤来说,却仿似度日如年。晚年的孤独与寂寞使努尔哈赤顾不得尊严,他实在太需要爱了。由于复立大妃的谕令来得太过突然,阿巴亥还没有任何的准备。她万分激动地匆匆赶往辽阳,在路上,将仅带的几件随身衣物、发饰都丢失了。这本是件小事，努尔哈赤却颇为在意，他知道这是阿巴亥的心爱之物，马上派人将失落的衣物全部找回，足见努尔哈赤对阿巴亥久别重逢之后感情的真挚。

当时，辽东政局不稳，汉民反抗暴动不断，还要为部署伐明战略，努尔哈赤没有精力安享儿女之情，仍然只顾征战沙场。天有不测风云，宁远战败后，努尔哈赤患上痈疽。到了八月，他的病情加重，弥留之际，努尔哈赤急忙派人召来阿巴亥，他想在最后时刻与阿巴亥共同度过，足见的努尔哈赤对阿巴亥是情深意笃的。

不久努尔哈赤突然发病猝死，由四大贝勒公布他的遗嘱，却令得众人目瞪口呆。原来，遗嘱是要让大妃阿巴亥殉葬。众人都瞪着一双双充满疑问的眼睛，阿巴亥更是呆若木鸡。她简直不敢相信自己的耳朵，努尔哈赤怎么会做出这样的决定呢？阿巴亥相信这不是努尔哈赤的本意，因为努尔哈赤去世前根本没有向自己提起过，更无暇立下临终遗嘱。但她能怎样？除了恐惧、绝望和悲伤外，最终还是难逃一死。万般无奈下，阿巴亥请求诸位贝勒好好照顾自己的两个幼子多尔衮和多铎，说完便放声痛哭。诸贝勒也有些感动，他们答应了阿巴亥的请求。于是，在努尔哈赤死后的第二天早上，年仅三十七岁的阿巴亥自尽而死，并与努尔哈赤同柩下葬。同时殉葬的还有庶妃阿济根和那个因告讦阿巴亥而获宠一时的德因查。

阿巴亥殉葬了，她也带走了一个令人费解的"遗嘱"之谜，努尔哈赤是否真的立下那样的遗嘱已经无从可考。但随着多尔衮和多铎的长大，并伺机称帝，我们不难看出，阿巴亥的死，多少与皇太极称帝有关。因为按照努尔哈赤的"八王共治"立国原则，八王当属平列。阿济格与多尔衮、多铎都是阿巴亥所生，他们每人掌握一旗，再加上母亲总挈其上，这样的势力是无人能及的，要想推举新的大汗，必然从他们三兄弟中选出。皇太极意识到这一点，他利用其余五旗对三兄弟的畏惧，在努尔哈赤尸骨未寒之际，趁多尔衮、多铎年幼，阿济格不能独抗，导演出一幕矫诏遗命、迫令大妃殉葬的悲剧，从而分割了三兄弟的实力。

皇太极在汗位的争夺中如愿以偿，可怜的阿巴亥只能带着遗憾长眠于地下了，同时埋葬的还有努尔哈赤遗嘱之谜。如果九泉之下的努尔哈赤能够心灵有知的话，恐怕也只有遗憾了吧！

代善为何与皇位擦肩而过

代善是努尔哈赤的次子，褚英死后，努尔哈赤有意立他为储。可是，历史总是那么的富有戏剧性，这位皇储也与皇位失之交臂。

长子褚英死后不到半年，努尔哈赤便在赫图阿拉（今辽宁新宾）建立了后金政权。他在称汗时，命令四大贝勒：代善、阿敏、莽古尔泰和皇太极共同执政。这样，就避免了任何一位贝勒恃宠而骄和恣意专权。努尔哈赤再从他们中间慢慢选出一位脱颖而出者，就能达到水到渠成的效果。

虽然努尔哈赤这么想着，但他心中的天平已经很明显地偏向了次子代善。因为代善位居众兄弟之首，待人宽厚平和，很得人心，并且战功显赫，又拥有八旗中的两红旗（正红旗、镶红旗），于是，褚英一死，代善很自然地成为努尔哈赤心中的首选。努尔哈赤虽然没有明确表明让他作为太子，但他对大臣们说过：

代善

"等我死后，将我的幼子和大福晋（即大妃阿巴亥、多尔衮和多铎之母）交由代善抚养。"足可看出努尔哈赤对于代善的信任与厚望。

然而，被称为贵盈哥的代善，并没有成为父汗的继承者，他很快失宠于努尔哈赤，与皇位擦肩而过。这究竟是怎么回事呢？这还得从小福晋德因查告讦说起。

天命五年（1620 年）三月，努尔哈赤宅第内的两名侍女秦泰和纳扎由于口角而对骂起来，双方都以极污秽的语言指责对方，揭露并羞辱对方如何"淫荡"、如何与人通奸。不料，只顾泄愤的侍女，却忘记了隔墙有耳。当秦泰指责纳扎与达海有奸情并给予其两匹蓝布时，恰被努尔哈赤的小福晋德因查听到。

纳扎是宫中侍婢,赠人布匹必定是宫中之物,这是法律所禁止的。纳扎的主子是大妃阿巴亥,平时德因查就与阿巴亥不和,这正是报复的大好时机。于是,德因查马上就将这件事报告给努尔哈赤,希望达到可以扳倒阿巴亥的目的。努尔哈赤十分生气,他下令将纳扎处死,将达海囚禁。而对于阿巴亥,却只是责备她不该违犯禁约,私与他人财物,除此之外,再无别的惩罚。

　　德因查见这次没有扳倒阿巴亥,心中愤愤不平。她有恃无恐,再次向努尔哈赤进言说:"大福晋阿巴亥曾经给大贝勒代善送了两次饭,代善都欣然接受,并吃掉了。但给皇太极送了一次饭,皇太极却没吃。她每天都派人去代善家两三次,如此密切的往来,必定是有什么密谋。而且她还独自深夜出宫,已经有两三次之多。"听了这一席话,努尔哈赤顿觉晴天霹雳,不免得起了疑心。代善是自己最心爱的儿子,阿巴亥是宠冠六宫的爱妃,这两个人对努尔哈赤来说,都是最重要、最信赖的亲人。面对他们俩联合起来背叛自己,努尔哈赤感到这是难以容忍的事情。虽然努尔哈赤曾经说过自己死后,便将爱妃幼子托付给代善,可他却容不得儿子在他身前有所僭越,更容不得爱妃对他不忠。

　　努尔哈赤强作镇定,决定先调查事情的真相。他派心腹大臣前往代善和皇太极处查问,得到的结果正如德因查所说,代善果然两次受食,皇太极受而不食。对于这样的结果,年逾花甲的努尔哈赤忧愤难当,他强忍住内心的激动,对大臣们说:"我本有言在先,死后将托孤于代善,他们两人来往密切,这没什么奇怪的。"努尔哈赤把事情揽到自己的身上,企图将此事压下去。

　　但是,平日里就与代善有嫌隙的大臣们,终于发现了落井下石的大好时机。他们相继向努尔哈赤进言,并使出一切手段,证实代善与阿巴亥之间的暧昧关系。面对这样的局面,努尔哈赤左右为难。已经有一个褚英令努尔哈赤痛心不已,他决不肯在自己风烛残年之际再向亲骨肉施加暴力。于是,他将满腔羞辱统统发泄到了阿巴亥的身上,再不准阿巴亥住在汗府。

　　这件事情的前后,代善始终没有受到任何处罚,甚至连责备也没有。然而,父子俩都十分清楚,二人之间已经出现了深深的裂痕。

　　当时,后金正在筹划由界凡迁回萨尔浒建房居地。代善为了弥补自己欺瞒父亲的过失,以自家宅第宽敞为由邀请父亲前往居住。努尔哈赤不愿与儿子结仇,于是欣然答应,并将自己的住所也赐给代善。不料,代善不识时务,出尔反尔,多次表示父亲所赐的宅邸狭小,仍然想要迁回原处,并请二贝勒阿敏为他向父亲提出请求。

　　宽敞的宅第是争取到了，努尔哈赤又搬回了原处，但代善与父亲之间的嫌隙大大加深，努尔哈赤开始疏远代善。这时，又发生了代善次子硕托投明未遂的事件。努尔哈赤在审理的过程中，发现硕托叛逃是因为代善听信了后妻的谗言，要将硕托杀死。于是，努尔哈赤便斥责代善："因为妻子的唆使便想除掉亲子和诸弟，像你这种人如何够资格当一国之君？"

　　至此，这场由小福晋德因查告讦引起的轩然大波，终于有了结果，代善失宠成为不争的事实。

皇太极得到的传国玉玺是真的吗

　　皇太极打败了元代后裔林丹汉，从其苏泰太后那里得到了一方镶金的碧玉宝玺，据说这就是当年元朝灭亡时，消失在大漠之中的秦制传国玉玺。一时之间，举国欢腾，满朝上下都认为这是吉兆。可是，此玺传到乾隆十一年（公元1746年），竟然被认定为伪造品。那么，这方传国玉玺到底是真是假？历史上究竟有没有传国玉玺？

　　公元前221年，雄才伟略的秦王嬴政终于完成了大一统，登上了始皇帝的宝座。为了便于传达各种命令、指示，下令由丞相李斯亲撰印文、当时第一雕玉高手孙寿精心刻制一枚皇帝专用大印。玉印雕好后，秦始皇十分喜爱，冠其名曰"国玺"，并且规定这个"玺"字今后不再尊卑通用，只限皇帝所有。从此，这块没有生命力的石头代代相传，被人看成是皇权正脉的凭证。在秦以后的一千五百年中，无数英雄豪杰和爱做皇帝梦的各

传国玉玺

色人物，为了得到这方"国玺"，不惜兵戎相见，血腥夺杀，演出了一个个惊心动魄的故事。这方玉玺自然也被蒙上了扑朔迷离的神秘色彩，充满了一个个难解之谜。

公元前 206 年 10 月,刘邦率军攻克秦都,秦王子婴以绳系颈,跪在咸阳轵道旁边,献上只传了十五年的玉玺符节。刘邦见了大喜,他在洛阳正式称帝后,将其正式命名为"汉代国玺",表示要代代相传,并将其珍藏于深宫之中小心看守,使其稳稳当当过了二百多年时间。

西汉末年,王莽当权,小皇帝刘婴年仅两岁,尚不知传国玉玺的宝贵,只好由王莽的姑母汉孝元太后代为保管。王莽准备称帝时,派弟弟王舜去要传国玉玺,太后气愤地骂道:"你们父子宗族富贵累世,却乘机夺取国玺,忘恩负义,简直猪狗不如!"说着,猛地将玉玺掷向王舜,当即被摔坏一角。王莽并不在意,将其捡起来用黄金补好,虽说金玉齐贵,但这一价值连城的至宝,还是留下了令人扼腕的缺憾。

传国玉玺在几代统治者手中不停地传承、流转着,终于落入挟天子以令诸侯的曹操手中。曹氏建魏以后,为了标明自己的小王朝是天命神授,又在这方传国玉玺的肩部增刻"大魏受汉传国玺"七个隶体字。后赵石勒后来也仿照曹丕的做法,在玉玺的另一侧又刻上了"天命石氏"四个大字。

传国玉玺仍然在不停地更换着新主人,直至隋文帝杨坚统一全国,被他紧紧握在了手里。三十七年后,天下大乱,义军蜂起,李渊父子晋阳起兵,荡平群雄。直到唐太宗登基,传国玉玺仍然没有露面,他不禁对此拳拳在念。贞观四年(公元 630 年),流落于突厥的传国玉玺姗姗来唐,李氏王朝置之左右,精心呵护,先后被二十三个皇帝使用,在长安宫中安居了二百七十多年。

清泰三年(公元 936 年),石敬瑭引契丹兵至洛阳,唐末帝李从珂眼看江山不保,惊恐中登上了玄武楼自焚身亡。石敬瑭等人找遍了整个皇宫,也不见玉玺踪影,从此,这一天下至宝又一次不知所终。没有了传国玉玺,虽说是件天大的憾事,但皇帝的宝座却不会因此空着。五代时期的诸多"真命天子"以及宋王朝的赵匡胤等人,照样有滋有味地当他们的皇帝。不过,也总想有一天玉玺重现,并曾悬重赏搜求此宝。果然苍天不负有心人,宋哲宗绍圣三年(公元 1096 年),咸阳农民段义在刨地时得到一方"背螭纽五盘"的玉印,看上去"色绿如蓝,温润而泽",经蔡京、曾肇、李公麟等十三人反复鉴定,确认此印是真的"秦国制传玉玺"。但是,此物为何失于洛阳而重现于咸阳,蔡京等人没一个能说得清楚。幸好宋哲宗也没追问,只顾兴致勃勃地拿过来就用。可惜好景不长,这方传国玉玺也只用了三十年,徽、钦二帝做了金人的俘虏,玉玺也被同时掠走,慌乱中竟然再次不知所措。

金灭元兴,江山再一次易主,但仍没见到传国玉玺的影子。至元三十一年(公元1294年)五月的一天,御史中丞崔彧穿着便服在大街上闲逛,猛然见一商人拿着一块玉石正在出售,崔彧拿来一看不由得两眼发直,这竟然是失踪多年的传国玉玺!他当即不动声色地买了下来。为了防止有伪,他回家后仔细验看古玺图鉴、尺寸、样式和印文,果然与秦制传国玉玺分毫不差。崔彧按捺住内心的激动,当下将玉玺呈献给了刚刚即位一个月的元成宗铁穆耳,并郑重地写了驾表,以示恭贺。朝廷内外一致认为这是一大祥瑞,为此好好热闹了三个月的光景。此玺又经元代十个皇帝的抚爱,到元代至正二十八年(公元1368年)七月,元惠帝被明朝大将徐达赶出了大都,传国玉玺也被带走。这方辗转于历代皇宫的御用大印,经过无数次兴衰荣辱的周折,多年未曾露面,悄悄藏匿在茫茫大漠之中。

专家经过研究指出,这些所谓的传国玉玺都不是最初的秦制玉玺。从印文字体看,秦始皇时代的官印字体皆用李斯的规范小篆,只有私人印章才用鸟虫篆。但从宋代以来许多对传国玉玺的描摹传本中看,文字俱为鸟虫篆,这是不符合规矩的;从印文内容看,记载中显示,在李斯所制的玉玺上刻有"受命于天,既寿永昌",曹魏时刻有"受命于天,皇帝寿昌"。既然是同一方玉玺,印文岂会不同?从玉玺的尺寸看,有的说"方四寸",有的说"方寸",还有的说"方六寸,厚一尺七分,高四寸六分"。若是同一玉玺,怎会尺寸错乱?从玉玺质料看,有的说是"秦始皇取蓝田玉刻而为之",有的说是用价值连城的和氏璧制成。传国玉玺究竟用什么材料刻制,很是令人费解。

既然这些所谓的传国玉玺都不是当年秦始皇制造的,那么诸多皇帝为什么说自己手中的就是那方玉玺呢?其实中国的皇帝都为了表明自己是真命天子,君权神授,且不说那些统一天下的皇帝需要承继正统的"印信",就是一些做着皇帝梦的割据势力,为了自欺欺人,也会千方百计制造一方传国玉玺。封建时代盛行吉祥之瑞的符命学说,如果没有传国玉玺,往往就会有人适时进献。即使知道此事有诈,也不敢向皇帝挑明,只好以假乱真地流传下去,而获得最大实惠的却是"发现"和进献玉玺的极少数人。

清王朝灭亡以后,人们对传国玉玺似乎失去了兴趣。今后还会不会再一次发现秦始皇留下的所谓"传国玉玺",我们谁也说不清楚。只是,秦王朝之后的诸多玉玺,包括皇太极得到的这一方,都是地地道道的冒牌货。

顺治帝是否真的出家当了和尚

民间常流传说,清军入关后的第一位皇帝顺治十分痴情,为了一位妃子的病故出家当和尚。那么,历史上真有此事吗?

清崇德八年(公元 1643 年)八月初九,皇太极怀着入关称帝未遂的宏愿,病逝在盛京(沈阳)清宁宫内。继之而起的是一场酝酿已久的皇位争夺战。经过一番剑拔弩张的紧张角逐后,结果出人意料,拥有重权的多尔衮和豪格都未能入选,时年未满六岁的福临却被推上了皇帝的宝座。如果将顺治短暂的一生喻为一首配系复杂的交响曲的话,那么他与董鄂妃的爱情便是其中的华彩乐章。

董鄂妃是内大臣鄂硕之女,鄂硕为满族正白旗籍,隶属于地位显贵的上三旗(正黄、镶黄、正白),位居二品,但他本人并无显赫战

顺治帝

功,且因临阵畏惧受过处分,"三世以军功袭职"不过是沾祖宗的光。按照清制,像鄂硕这样的贵胄世家,凡有年纪在十三、四岁的女儿必须报选秀女,"或备内廷主位,或为皇子、皇孙铨婚,或为亲、郡王及亲、郡王之子指婚"。

董鄂氏 14 岁时被选入宫,许给顺治帝的十一弟襄亲王博果尔。当时清廷规定,皇家宗室和亲王府的福晋必须轮流进宫侍奉后妃。董鄂氏作为皇帝的弟媳,自然也不例外。顺治帝所娶的皇后和妃子都是孝庄皇太后的侄女,顺治十分不喜欢她们,彼此之间也没有感情。一次偶然的机会,顺治帝碰见了进宫侍奉的董鄂氏,年轻貌美的董鄂氏令顺治一见倾心,顺治帝压抑已久的孤寂和愁苦一下子释放出来,两人互诉衷肠,炽烈的爱火在二人心中燃烧着。

后来,董鄂妃常常住在宫中,名为侍奉皇太后和后妃,暗地里与顺治帝相会。襄亲王博果尔知道了这件事,内心十分痛苦,他责备了董鄂氏。过了一段时间,顺治帝知道董鄂氏遭到弟弟的责备,很是生气,他不顾一切地想要维护董

鄂氏,于是出手打了自己的弟弟。不久,襄亲王因羞愤而死。顺治帝便将董鄂氏迎入宫中,封为贵妃。

顺治幼年丧父,自小登基,名为皇帝,实则傀儡。先有雄才伟略的多尔衮摄政,后有刚毅多谋的母后临朝称制,加上宗室们的奚落,朝内倾轧不休,天下战乱频繁,逐渐形成了顺治喜怒无常、火烈急暴的脾气。而董鄂妃贤良淑德、知书达理,与顺治帝十分投契,二人恩爱有加。后来,顺治帝多次有意废后,立董鄂妃为后。但是因为孝庄皇太后和众大臣反对,才屡屡无疾而终。董鄂妃进宫后一年,为顺治帝生下皇四子,喜得顺治感叹这才是他真正第一次当父亲,称其为"第一子",并有意立其为皇太子。可惜三个月后,这位皇子夭折了,董鄂妃万分悲痛,皇后和后宫妃嫔借机打击她。失子之痛让董鄂妃心情忧郁,一病不起,没出三年,她便撒手人寰。

顺治帝是如此疼爱这位妻子,失子和失妻之痛让他愤懑和绝望。于是他下旨,全国为董鄂妃服丧,百姓三日,官吏一月。同时命令亲王以下,满汉四品以上的格格、王妃、命妇齐集景远门外哭灵,对哭得不动情的严惩不贷。后来,他又下令追封董鄂妃为"孝敬皇后"。将其谥号加到14个字才肯罢休。至此,顺治心灰意冷,再也无心处理朝政。他想起自己专注的佛门,准备遁入空门,了此残生。

十月的一天,他强令自己的师兄茆溪森给他落发为僧。他的师父听说此事,急忙赶来劝阻,还将茆森溪推上柴堆,准备施以火刑。顺治不忍心连累师兄,只得答应蓄发还俗,并由一名太监替他出家,这才结束了这场闹剧。

顺治十八年正月,24岁的顺治突然染病,宫廷里没有了往日的喜庆,整个皇宫沉浸在一片紧张气氛之中。初七,朝廷下大赦令,释放所有犯人,同时传令民间不准炒豆、不准点灯、不准泼水,而这一切正是当时民间祈福天花患者的风俗仪式。顺治死后,继位者为已经出过天花的康熙,这也证实顺治的确是死于天花。但这也许是顺治精心策划的一场骗局,他很可能利用天花而亡来掩盖他出家的事实。历史上康熙曾四次上五台山,并留有诗句:

又到清凉境,巉岩卷复重。

劳心愧自省,瘦骨久鸣悲。

膏雨随芳节,寒霜惜火时。

文殊色相在,唯愿鬼神知。

很多人以此认为康熙上五台山的目的就是为了探视他出家的父亲。再者，康熙年间，两宫西狩，路经山西北部，地方供给不了御用器皿，只得去五台山求借，借来的器物都非常精致，不像一般民间所有，于是人们认为这是当年顺治在此出家时所使用过的。值得注意的是，在今清东陵中的孝陵，埋藏的不是顺治帝的棺木，而是一个骨灰罐，与其他帝王的陵墓都不相同，这也许是遵循了佛家的丧葬礼仪吧！

作为清代唯一一位为了红颜知己出家的皇帝，顺治帝可谓前无古人，后无来者。

康熙晚年为何两次废嗣

康熙十四年（1675年）十二月十三日，下令册立刚满周岁的皇二子、嫡长子胤礽为皇太子。这意味着胤礽长大以后，将肩负着大清朝兴旺的使命。但是，康熙晚年，就在胤礽即将实现父皇所托的时候，康熙竟然下令废掉这位皇太子。然而不久，又复立胤礽为太子，旋即又废。这二立二废，就如天上行云，变化莫测。这到底是什么原因导致的呢？

其实，胤礽是一位十分聪明的皇太子，自幼学习四书五经，骑射、言词、文学都很出色。康熙对皇太子的表现相当满意，但与此同时，由立太子而产生的皇储矛盾，也一天天尖锐起来。

问题初始于太子不孝。康熙二十年（1690年）七月，乌兰布通之战前夕，康熙在出塞途中生病，想要返回京城，便令皇太子与皇三子到驿站前迎驾。胤礽到行宫看见康熙身体不适，容颜消减，竟然没有半点担忧之心。这使得康熙大为不满，他认为这位太子对自己没有忠爱之情，于是就让太子先回京师。后来康熙

晚年康熙

废太子时说对他已经包容了二十年,就是将这件事作为起点来说的。

后来,康熙又发现皇太子暴戾不仁,对诸王、贝勒、大臣、官员以至兵丁,任意凌辱,恣行捶挞,对检举他行为不端的人更是横加迫害。而且,太子及其属下任意勒索地方官员,鱼肉百姓。南巡时,就曾搜求民间妇女,胡作非为,无所不至。他还派人截留蒙古王公进贡的驼马,放纵奶妈的丈夫敲诈勒索。康熙素来主张宽和仁慈,节俭爱民,这些不孝不仁的行为,都是康熙一向深恶痛绝的。他认为皇太子自以为身居一人之下、万人之上,处处要求与众不同。即使是在兄弟之间也争强好胜,决不落人之后。这种特殊的地位,加上平时人人奉承、谄媚,天长日久,很容易使他忘乎所以,目空一切,妄自尊大,如此下去,怎么能担负大清朝兴旺的重任呢?于是,康熙对太子逐渐产生不满。

索额图系太子生母诚孝仁皇后的叔父、太子的外叔祖父,是竭力拥护太子的一股强劲势力。他帮助太子集结了一批大臣,私怀倡议,凡是皇太子使用的衣服饰物,都采用黄色;一切礼仪,都与皇帝相似;连太子的被褥也与皇帝一样放在门槛里面。后来康熙知道了,便命尚书沙穆哈将被褥移到门外,可沙穆哈惧怕皇太子党派,请求康熙颁旨,被康熙怒斥后革职。不久,康熙又发现内务府所属膳房人、茶房人在皇太子处出入,这是宫中所禁止的,便下令将这些人处死。索额图也因为多次违背皇帝的旨意屡遭申饬,这意味着皇太子已经失宠。

康熙四十一年十月,御驾南巡,行至德州时,太子胤礽病重。康熙决定先行回京,留太子在德州调养,并召来索额图前往侍奉。胤礽在德州与索额图朝夕相处,亲密无间,散布了许多怨尤之言。第二年,康熙便以"议论国事,结党妄行"为由,将索额图交由宗人府拘禁,不久死在幽所。至于究竟是议的什么事,结的什么党,开始并未说明,只在传谕索额图时隐讳地说:"朕如果不先发制人,你就会先下手。经过朕一番深思熟虑,还是先指出你的罪行,将你正法。"后来,在废太子的时候,可以很清楚地看清康熙的心理:"从前索额图帮助你密谋大事,朕全都知情,索性将索额图处死。"足可见康熙是将其作为一场未遂的宫廷政变加以处理。索额图的罪行就在于集结太子党,图谋篡权。在处理了索额图之后,问题不但没有解决,皇帝与太子之间的隔阂却日渐加深。康熙甚至怀疑太子要替索额图报仇而谋害于他,于是,废太子之事已经势在必行。

康熙四十七年五月十一日,康熙一行人来到承德避暑山庄围猎避暑。随行的有皇太子和皇十八子等。围猎期间,白天炎热,夜间气温又较低,皇十八子胤祄突然患病。胤祄的生母是康熙宠爱的汉族妇女王氏,即有名的密妃。爱屋及乌,康熙对其所生的幼子,也较其他诸子倍加喜爱。胤祄的病情一天天严重,导致并发肺炎。康熙为此十分担忧,随从官员恐皇上年事已高而病倒,劝康熙不要太着急。只有皇太子无动于衷,康熙因此大为生气,责备皇太子不念兄弟之情,但太子反而愤然发怒。这件事使康熙看到了太子的冷漠无情,他既伤心、又担心。做太子时尚且如此,他日登上皇位、一手遮天,诸皇子又该如何?

除此之外康熙还发现太子每到夜晚便贴近他的帐篷,从缝隙向里窥视。他怀疑太子将有异动,因而将计划提前,决心立即废掉太子。在外巡视期间,一心争夺储位的皇长子胤缇跟在康熙身边,说尽太子坏话,极力撺掇康熙废掉太子,某种程度对废太子一事起了推波助澜的作用。

九月十六日,康熙回到北京,下令在上驷院旁设毡帷囚禁胤礽,并命皇四子胤禛与皇长子胤缇共同看守。当天,召见诸王、贝勒等副都统以上大臣、九卿等在午门内集会,宣谕拘执太子胤礽之事。二十四日,正式下令废太子,并将其幽禁在咸安宫,与此同时,心爱的皇十八子病逝。这两件事,使康熙悲愤交加,心力交瘁。他多么希望诸皇子能够和睦相处,不再有伤心事发生。但是事与愿违,皇宫里的政治斗争正是由于皇太子被废,而正式拉开序幕。

雍正是否改过遗诏

康熙六十一年(1722年)十一月十三日,皇宫里发生了一件令人难以置信的事情,69岁的康熙帝在这一天夜晚突然病情恶化,撒手而去。一向被看好的十四阿哥胤禵未被选中,四阿哥胤禛却当上了皇帝。于是人们猜测,雍正是否改过康熙的遗诏呢?

十七阿哥胤礼当晚在大内皇宫值班,得悉皇父康熙去世,他立即奔往畅春园,行至西直门大街时,恰遇布军统领隆科多,隆科多告诉他四阿哥胤禛(即雍正)已经登上皇位。听到这个消息,胤礼大吃一惊,立即调转马头奔回自己的府邸,而未到宫门迎驾伺候,他实在难以接受多年以来的皇位之争竟然以这种方式结束。九阿哥胤禟得知由四阿哥继皇位后,十分气愤,突然来到雍正面前质问,并表示不满。八阿哥胤禩也在深夜与三阿哥胤祉在庭院相会,秘密商量对策。稍后,十四阿哥从西宁回京奔丧,希望见到太后,问明立储之事。

几位皇兄皇弟的异常反应,表明康熙生前绝无立胤禛之意。并且康熙驾崩之夜传遗诏时,胤禛并不在场。他因代行祭天大典住在天坛。听说父皇病重,便急奔畅春园,于午前到达,三次晋见父皇。当时康熙还能说话,却只字不提传位胤禛之事。八个接受遗诏的皇子大臣,包括隆科多也没有透露消息或是做出暗示。这样重要的头等大事,康熙和皇子、大臣们竟集体向胤禛保密,于理不合。后来隆科多获罪,雍正称其不在康熙身边,没有派出保护之人,前后矛盾,显然存在伪造的痕迹。并且胤禛对皇宫采取警备措施,隆科多下令关闭京师城门长达六天之久,诸王若非传令不得进入大内。于是,从雍正即位的第一天开始,他的皇位继承的合法性便受到冲击和严峻挑战。

民间流传,康熙病重时,胤禛曾进了一碗人参汤,不知怎的,康熙就死了,紧接着,胤禛便继位称帝,于是人们认为,康熙是被雍正毒死的。因为起初康熙的病情已经稳定,13日突然骤变,怎么不令人生疑呢?况且,即使不是毒死的,也可能是逼迫或是篡改遗诏。因为当时畅春园在隆科多的严密控制之中,由他负责康熙的安全警卫和执掌卫戍兵权,而他是雍正的舅舅,那时只有他能接近康熙,因此不排除他参与下毒的可能。

据说康熙十分看重十四子胤禛,康熙五十七年,胤禛被任命为抚远大将军,总领西北各路大军,代父亲征新疆和西藏。康熙亲口夸奖胤禛有带兵才能,要部下绝对服从胤禛。在康熙的遗诏中写的原文是:"传位皇十四子胤禛。"雍正杀父后,由隆科多将"十四子"改为"于四子",将"胤禛"改为"胤禛"。雍正登基后,借口杀死隆科多,据说是为了杀人灭口,让篡位之事变成永远的秘密。此外,雍正选在皇十四子返京前"谋父",也是怕节外生枝,影响自己当皇帝的大计。

有关雍正继位出于矫诏篡立的流言,当时不仅在中国传布,而且通过朝鲜来华使节,也远播海外,朝鲜国中也认为雍正继位属于篡改诏书。

细细想来,改诏篡位真有其事吗?这其中疑点甚多。清代提到太子、皇子,均是写为"皇太子""皇某子""皇某某子",这是清朝的特殊制度,不同于明朝只说"太子"。如果写作"传位皇十四子",将"十"改为"于",那就成了"传位皇于四子",这样文理不通的话,怎么能是诏书,雍正又怎么能拿它去登基呢?再者,当时的"于"写作"於",怎么改也是不行的。这是就汉文遗诏讲的,如果康熙是用满文书写的遗诏,就更不可能篡改遗诏。

况且康熙一向反对喝人参汤,他认为人参对人体有害无益。另外,从废皇太子胤礽开始,康熙就十分注意保护自己,对乱臣贼子下毒之类活动防范甚严。早在废黜太子之前,即曾将与胤礽有关的御膳房、御茶房供职人员全都处死。相信胤礽是不会那么容易下毒杀父的。

雍正六年(1728年),在湖南永兴县秀才曾静反清案中,揭露出关于雍正弑亲篡位的传言。经追查得知,这些谣言来自胤祀、胤禟、胤禵等门客太监。宣传胤禛以人参汤毒死父亲、篡改诏书的行为系胤禟的心腹太监何玉柱。雍正将有关上谕、审讯词和曾静的口供,汇集成《大义觉迷录》一书,于雍正七年刊行面世,颁布全国各府州县。雍正希望澄清事实的决心,却适得其反地引来了关于其继位的种种非议。

当然,如果雍正继位没有什么破绽,哪里来的那么多猜测呢?就当时的局势而论,似乎不难理解。因为争夺皇位是十分激烈的,不管谁当上皇帝,都会遇到来自众多政敌的种种破坏。胤禛的政敌在他的继位合法性上大做文章,是可以理解的。但是雍正为了得到皇位,是不是使出了非常的招数,恐怕将永远是个谜吧!只能说弑父篡位不是那么容易实现的,若果真是这样,我们也应该佩服其勇气和智谋,这个皇位也应该是属于他的吧!

雍正是否死于谋杀

雍正十三年(1735年)阴历八月二十三日凌晨,一代枭雄雍正帝,突然暴死于圆明园离宫中。本来他生前就有许多事情笼罩着层层神秘的面纱,加上他的死在官书中又记载不详,致使雍正之死猜测纷纷,传闻不断,竟成了一桩奇案。

雍正在位期间,推行了一系列行之有效的措施,加强各民族人民之间的经济和文化交流。但是为了巩固皇权,大肆清除政敌,使清朝政权波澜起伏,血肉相残。民间传说雍正本人阴险毒辣,"谋反、逼母、弑兄、屠弟",尤其是采取民族高压政策,迫害汉人,各地不断出现反清活动。于是,民间出现大批能人志士,想要刺杀雍正,以报心头之恨。

流传最广的说法是吕四娘入宫行刺,并取走雍正项上人头。吕四娘是明清学者吕留良的孙女。明亡之后,吕留良参加反清斗争没有成功,就在家乡教书为生。清朝官员劝他出来为朝廷办事,他坚决拒绝了。后来竟跑到寺庙中当了

图文珍藏版

和尚，远离尘世。在寺院中，他专心致志著书立说，书里面虽然有些反清内容，但没有流传出去。雍正年间，湖南人曾静固守夷夏观，游说大将军岳钟琪，劝他举兵造反，却被岳钟琪告发。曾静在狱中，供认自己曾看过吕留良的文稿，而且其反清的思想多受老师影响。结果，雍正大怒，下令掘吕留良及其长子吕葆中之墓，戮尸示众，并将吕留良次子吕毅中斩首，吕氏一门都被发配到边疆。吕留良的学生严鸿逵等相继被戮。吕四娘是吕留良的孙女，她恰好不在家，机缘巧合，躲过了这场大难。作为吕家唯一的幸存者，吕四娘决心复仇，为报家仇，她练就了一身好武功，

雍正

尤其精于剑术。由于吕留良一案株连甚广，激起了汉人义愤，所以在当时著名侠客甘凤池等的积极协助下，吕四娘始终没有被清廷抓住。

关于吕四娘怎样行刺，却又有各种说法。雍正十三年八月，擅长剑术的吕四娘混进宫中，用飞剑将雍正头砍去。清政府为了掩盖真相，制造了雍正病死的假象。另有一说是她混进圆明园当了宫女，或冒充宫女，在侍寝之时将雍正杀了。清代宫廷制度，凡侍寝的妃子，都要赤身裸体裹在被中，由太监背到皇帝寝宫。据说满族初入关时，并无这项规定，这种奇特的规矩，是在雍正以后才制定的。这大概是因为吕四娘或是别的雍正的仇人之女潜入宫中，作了雍正的妃嫔，终于等到一个侍寝的机会，趁机将雍正杀死有关。这种制度就是为了防止此类事件的再度发生。

还有人说，雍正是被吕四娘或另一剑客用所谓"血滴子"，即装了许多小刀的皮口袋，套在脖子上，抽紧袋口，把他的头连皮带骨取走的。然后，在血滴子的里面浇上药水，皮肉骨血均化为乌有。

另有传闻，说雍正死于湖南卢氏夫人剑下。相传卢某因为谋反被雍正所杀，其妻谙于剑术，为夫报仇，刺死雍正后自刎身亡。

因雍正遇刺说法始见于野史，故又有传言，说雍正棺内只有尸身而无人头，

清廷用金子造了一个假人头入棺安葬。

近年来较为流行的观点是认为雍正死于丹药中毒。雍正崇尚方术,对于道教,特别是对修炼功夫,非常感兴趣。雍正继位之初,日理万机,操劳过度。加上后来私生活方面没有节制,健康日益恶化,不得不乞灵于药石。大约从雍正四年开始,雍正就经常服用道士炼制的"即济丹"。除了自己使用外,他还赐给宠臣服用。雍正曾先后召道士贾士芳、娄近垣等人入宫。雍正十二年,娄近垣离开宫禁后,雍正命张太虚,王定乾等在西苑为之炼丹。到了雍正十三年八月,他又传旨让道士在圆明园内用牛舌头黑铅二百斤炼煮。他的死,极有可能是铅在体内长期积聚,毒发致命。雍正死后第三天,乾隆忽然下谕旨,将炼丹道士全部驱逐出宫。同时,告诫内监、宫女,不许妄说国事,否则"定行正法"。新君登基,百务待理,却急于对几名道士做出如此处理,是雍正死于药石的有力佐证。

但丹药中的金石之毒虽然有些燥烈,雍正一直服用长达九年的功夫,若说中毒,理应慢慢显现,他也能渐渐感到不适,决不会拖这长的时间干等着毒性爆发。从乾隆的谕旨中可以看出,雍正在世时,已经认识到服用丹药的危害,怎么可能会知毒服毒呢?于是,这种说法似可信,又似不可信。

清朝官方史书中记载,雍正是因病而亡,说他从患病到去世仅仅三天,发病当天还处理政务,晚上病情发作,终于不治。有人推测是一种急症,可能是中风。据说雍正执政期间,事必躬亲,日理万机,面对父皇晚年留下的内外忧患和皇室内部的激烈矛盾,常常带病处理政务,积劳成疾,心力交瘁,因而突发脑病,骤然病故也在情理之中。

总而言之,雍正帝的死因,至今尚无定论。无论是被江湖侠女所杀,还是死于丹药,或是因病自然死亡,我们今天都无从可考。至于那些无稽的"刺杀"传说,可能是因为雍正生前得罪的人太多,人们无处泄愤,只好编排故事来骂他。然而,事实不能更改。雍正归葬的泰陵仍然完好无损,如果有一天打开该陵的地宫大门,这些争论不休的问题就会有明确的答案了。

雍正是靠儿子乾隆当上皇帝的吗

清朝官方史书记载,康熙由于十分宠爱皇孙弘历,因而墨定乾隆为第三代皇位继承人。不言而喻,只有先传位给弘历之父雍正,才能确保弘历继雍正之后为帝。那么,雍正真的是靠了儿子才登上皇位的吗?

最早明确表述了上述官方观点的是竖立在乾隆陵墓——裕陵的《神功圣德碑》,其中有云:乾隆十二岁的时候,跟随雍正前往圆明园牡丹台拜见圣祖康熙皇帝。康熙一见到小弘历,十分喜爱,并说是上天赐给他的福星。后来,康熙将小弘历带回宫中亲自抚养,并让他一同前往承德避暑山庄,以及木兰行围。很明显,是有"太王贻孙"之意。

"太王贻孙"用的是典故,史载周朝奠基人太王古公父有三个儿子:长子太伯、次子虞仲和少子季历,季历生子名昌。太王独爱昌这个孙子,想要将王位传给他。太伯、虞仲十分了解父亲的心思,便跑到荆蛮之地,断发文身,以让季历继承周国。季历之子姬昌随后当上周国国君,一手完成了灭商的大业,实现了其祖父太王的期望。这个姬昌就是我国古代大名鼎鼎的周文王。显然,上述碑文用"太王贻孙"的典故,意在表明乾隆的践祚,是康熙内心的期望,也可以说是他的安排。

裕陵"神功圣德碑"的碑文是嘉庆四年(1799年)撰写的,所依据的是乾隆本人在御制诗文中透露出来的某些说法。乾隆即位后,屡屡述及皇祖对自己的逾格眷爱已"隐有付托之意",又说康熙前往狮子园相看乾隆生母"格格"钮祜禄氏后连称:"有福之人"。乾隆想说的意思昭然若揭:皇祖康熙欲由弘历这个爱孙将来继承皇统。由此看来,裕陵"神功圣德碑"碑文所讲康熙墨定雍正之后第三代皇帝乾隆亦不为无据。

嘉庆前期纂修的《实录》将这种看法表述得更加精确,说乾隆的践祚承统非比寻常,他是由皇祖、皇父两代共同选定、护持的。其实,自乾隆时起,就逐渐形成了这样一种看法:康熙帝为皇统延绵作了长远的考虑,他不仅安排了下一代皇位继承人雍正,同时也墨定了雍正以后的第三代皇帝乾隆。

如果上述官方说法可靠,那么,是不是可以说康熙在生命最后时刻于诸子中确定雍正为皇位继承人时,年幼的皇孙乾隆起了举足轻重的作用。反过来说,假设没有乾隆其人,康熙以后的历史可能会重新书写。

康熙为什么如此宠爱弘历呢?仅仅因为他天资聪慧,好学博闻,恐怕不至于此。因为,弘晳也是康熙最钟爱的皇孙,只是他受了其父废太子的累,使康熙不能考虑他为第三代皇位继承人。说弘晳不能考虑,并不是说弘历就有理由可以考虑。弘历的生母钮祜禄氏出身寒微,地位低下,乾隆却能脱颖而出,在康雍乾三帝皇统的承递上，却是还有更隐秘的内幕，其中之一便是乾隆的生辰八字对康熙胸中帝位传承方案的最终形成有不可估量的重要影响。

乾隆出生于康熙五十年八月十三日子时，其生辰八字是"辛卯、丁酉、庚午、丙子"。深藏宫中的"乾隆八字"有一段批语云："此命贵富天然，这是不用说。占得性情异常，聪明秀气出众，为人仁孝，学必文武精微。幼岁总见浮灾，并不妨碍。运交十六岁为之得运，该当身健，诸事遂心，志向更佳。命中看得妻星最贤最能，子息极多，寿元高厚，柱中四方成格祯祥，别的不用问。"其中"柱中四方成格"是指柱中全见"子午卯酉"，按命理说，称为"四位纯全格"，是天赋甚厚的强势命造。乾隆是皇帝，哪个星相术士敢批他的八字不好。其实不然，当时乾隆年仅12岁，身份是雍亲王第四子、康熙数十个皇孙之一，奉命批八字的星相术士只能是据命理而论，哪里知道这小孩就是第三代皇帝呢？

雍正二年曾经颁布上谕，称为年庚尧及其儿子年熙算命，若是将病危的年熙过继给舅舅隆科多，便会自然痊愈健康。对于这样一位笃信命相的雍正帝，怎能不看看自己儿子弘历的生辰八字？康熙和雍正父子在乾隆养育宫中前后必然议论过他的命运。康熙正是出于对雍正的深切了解，所以才有乾隆"必封为太子"这样的预断。

可能有人要诘问，雍正诚然迷信命运，而康熙则颇重科学。其实，康熙迷信之处甚多，特别是热衷占卜。康熙六十年五月，年庚尧升任川陕总督，在避暑山庄陛辞之际，康熙命他到京城找"罗瞎子推算"。后来，康熙在年庚尧上奏的折子中批阅道："此人原有不老诚，但占得还算他好。"康熙若不是让罗瞎子算了不止一次、两次，又何以说"占得还算他好"呢？所以说，康熙相信乾隆的八字推算出的命运，并不奇怪，特别是当他立储失败，心力交瘁，彷徨无计的时候，更完全可能去走占卜之道。

然而，清帝虽然笃信命运风水之类，而且以之作为政治之参考，却决不对外大肆渲染，也绝不可能把此类事堂而皇之记入官书，而仅仅在极小的范围，以极机密的方式进行，外人则无法与闻。当然，强调"乾隆八字"在康雍乾三帝皇位递承上的重大影响虽然十分必要，但不能把话说过头。因为雍正被康熙定为嗣皇，是因为他本身与十四阿哥具有旗鼓相当地问鼎实力，这一对同胞兄弟在康熙心目中都有很重的地位，说康熙因为宠爱弘历，或因乾隆八字好而传位其父雍正，都不严谨，也不符合当时的历史真实。只能说，福命最好、才学优长，且文武兼备的皇孙弘历理所当然地加重了雍正的分量。康熙综合考虑了这父子俩的条件,才说了"皇四子雍亲王胤禛最贤,我死后立为嗣皇"这句惊天动地的遗嘱。

雍正为何实行秘密立储制度

康熙皇帝以前的清代,没有固定的立储制度,所以皇位继承三代都很混乱。清太祖努尔哈赤没有指定继承人,死后皇太极与多尔衮长年争权,给后世史家留下一个个疑案;清太宗皇太极还未立储就暴亡,皇弟阿济格、皇长子豪格等大有剑拔弩张之势,理智的宗室贵族与朝臣在多尔衮的支持下,扶立太宗第九子福临即位,是为顺治帝,因为他年仅六岁,不能亲政,仍由宗室辅政,以此消弭可能发生的内战;顺治帝二十四岁病死,没有来得及建立继承制度,临终在母后的参与下,决定以第三子康熙帝为嗣君,理由是他出过天花,不致因为这个满人恐惧的病症而短寿。顺治、康熙的生母都不是皇后,他们皆为庶出。这表明清代立储,没有嫡庶、更没有嫡长的概念,其原则是根据具体情况来定,所以有很大的偶然性,令后世无法遵循,容易出乱子。

太子问题曾使康熙朝政治一度陷入危机。康熙十四年册立胤礽为皇太子,当时康熙二十二岁,嫡长子胤礽两岁,这样年轻的皇帝为什么要匆匆忙忙地以襁褓婴儿为太子呢? 康熙自幼受儒家教育,懂得建立储君对于稳定王朝统治的重要性,正如他在立太子诏书中说的:"自古帝王继天立极,抚御寰区,必建立元储,懋隆国本,以绵宗室无疆之日。"将立储作为国家大事,这是康熙的主观认识,当时的政治形势又迫使他急于立储。叛乱的三藩气焰甚为嚣张,占领长江以南及四川大部分地区,吴三桂又打出反满复汉的旗号,引起人心的骚动。康熙采取军事、政治对策,建立皇太子,表示清朝按部就班地搞政治建议,以稳定人心,用他的话说是"以重万年之统,以系四海之心"。这是对吴三桂的政治攻势,在当时起到应有的作用。

康熙立胤礽,实行的是汉人的嫡长制。嫡长制早在周代开始施行,历代沿用,对汉人已成为传统习惯,能普遍接受,就是这样,实行中也不时出现问题,如唐代就基本上没有能够实现,它的皇帝多半不是嫡长子,还发生过玄武门之变、太子李承乾谋反等重大事件。汉人的太子制,有一套处理国君与储君、储君与皇子关系的准则,避免出现因为太子而产生的矛盾。满人本来没有嫡长制,能不能接受它,康熙更多地考虑的是当时政治形势,而对此显然注意不够。他很关心太子的思想、文化、武术的教育,从政的训练,有要事出京就以太子监国,这都是学习汉人的做法。但是汉人皇帝极少出巡,因此太子也就少有监国的可能。康熙不同,三次亲征噶尔丹,正式令太子监国,此外六次南巡,经常秋狩,也给了太子一些理政的机会。封建时代是皇帝独裁,所谓"天无二日,民无二主",太子理事,成为名副其实的一君,分割了皇帝的一部分权力,使国有二君,独裁的君主自然受不了,所以康熙总是说:"天下之事,岂可分理乎?"储君立的时间长了,不甘于副君的地位,总想早日正位,所以当了近四十年太子的胤礽有着早日登基的焦急心情,这样皇帝与太子之间为权力分配产生严重的对立,到康熙第二次废黜胤礽时已是不可克服的矛盾了。汉人太子制下,除了战乱年月,一般不用皇子管理政事,如靖难之役以后的明代很典型,皇子封王,食俸禄,不参与任何军民事务。康熙不同,派皇子领兵打仗,参加各种祭祀,联络官员,了解民情,这种办法锻炼了皇子,但是有些皇子产生权势欲,以致觊觎太子地位,所以产生皇子结党谋位的严重斗争。康熙的立太子虽在初期起过积极作用,但从总体讲是失败的政治举措,是一项败政。

储位斗争,扰乱了康熙朝政,使清朝陷入政治危机中。这个斗争前后持续四十余年,是历时长久的事件。斗争以结党的形式表现出来,它使宗室王公、外戚、满汉大臣、一部分中小官僚和士人,以及一些西洋传教士都卷了进去,涉及的社会面相当广泛,一些集团垮台了,一些人遭到清洗,以至丧失生命。党争令人无所适从,造成政治上的混乱,党争者需要经费,与赃官勾结,对人民敲诈勒索,贪污盗窃,大做买卖,巧取豪夺,影响人们的正常生活,造成康熙末年社会矛盾的加剧。储位斗争削弱了清朝的力量,大大影响了皇帝的权威,降低了行政效率,出现严重的统治危机。

雍正是从储位斗争中过来的人,深知其害,自身成了当权者后,更加体会到它对皇权的危害,对稳定政局的妨碍作用。从祖先的作法中,认识到储制不立有问题,照搬嫡长制也不行,遂提出秘密立储的方法。雍正元年八月,在大内乾清宫召见总理事务王大臣、满汉文武大臣。把事前书写好的关于储君的谕旨密封好放置在宫内正中顺治帝亲书的"正大光明"匾额之后,规定等皇帝晏驾,打开谕旨,由被指定的嗣君继位。这是中国历史上从来没有的办法,它具有立储

中国古代秘史

·清朝秘史·

图文珍藏版

的作用,而克服公开储君可能出现的弊病。秘密立储,尽管连储君本人在内群臣都不知道是谁,但国本已经确定,人心有归系,国家就有新君,不会发生动乱,这同公开立太子的作用没有两样。密立的太子,因为没有举行正式的仪式,也不知道是谁,皇帝如果发现他不合适,随时改换,遇到的阻力会小得多,影响也小,这样对太子的选择性强,又没有嫡庶的限制,含有选贤的成分,比嫡长制好,也比明立太子好。秘密立储,不会发生储君与皇帝的冲突,诸皇子不知储位属谁,也无攻击目标,不会产生皇子与储君竞争的现象,同时仍可令皇子、皇储从政,不失满洲的传统。

雍正就以这种方法,预定乾隆为储君,及其崩逝,乾隆遵照藏于正大光明匾额之后的密诏继位,没有发生任何继承问题。雍正成功地实现了他的秘密立储方法,并且传诸后世,乾隆、嘉庆、道光相继采用这个办法立储,咸丰只有一个儿子无须预立储君,同治、光绪无子,更无这个必要!清代由储制不立,经过实行嫡长制的失败,到确定秘密立储制度,使嗣位制度完善了,特别是在历史上还是一个创造。它的出现是雍正政治才能的体现,但是康熙朝激烈的储位斗争及其产生的严重危害,迫使他下决心解决传嗣问题;康熙的简选于胸、临终宣布的做法,给雍正以启迪,所以清代建储制度的确立,也可说是康熙朝储位斗争的产物。

乾隆的生母是热河宫女还是皇后

关于乾隆皇帝的诞生地至今一直是一个谜,因而难免后世对他的生母为何人作捕风捉影之说。近几年来,有关乾隆生母的传说异闻纷纷而出,其中最盛行的便是其生母是避暑山庄的宫女李金桂还是皇后钮祜禄氏之争。不仅小说家以浓墨重彩大加渲染,某些治史者也言之凿凿。这样一来,清代正史官书中所谓乾隆帝"诞于雍和宫邸"的说法反倒被冷落在一旁,甚至被指为有意作伪。那么,乾隆帝的生母到底是谁?

有人说乾隆帝的生母是南方人,诨名"傻大姐",随其家人到热河营生。当时正值选秀女,临时缺一名,于是将她列入充数。后来雍正帝病重,傻大姐在侍女之列,服侍最勤,四十余日衣不解带。雍正帝感激她的恩情,并认为此女子甚有德行,于是病愈后便和她发生关系。后来,此女子在一个茅棚内生下一子,即乾隆帝。乾隆帝继位后,常常故地重游,并将此茅棚修葺一新,留作纪念。

也有人说乾隆帝的生母是位名叫李佳氏的汉人女子。雍正帝还没有即位时,有一次去木兰狩猎,射得一鹿,即斩杀后饮其血。由于鹿血奇热,其功效能够壮阳,雍正帝一时躁急不能自持。然而清宫规矩是秋狩时不准携带妃子,雍正帝正在为难时,恰巧行宫中有位汉族宫女,虽然长得十分丑陋,仍然召来侍寝。第二天雍正帝即返回京城,后来几乎将此事都忘记了。过了近一年,此女已是大腹便便,即将临盆的样子。此事怎么也掩饰不过去,最后被康熙帝得知,颇为震怒。在严加追问下,此女承认肚中怀的是四阿哥的龙种。但是,宫中的规矩不容发生如此悖伦的事情,因此,此女子被迫在一马厩中生下一子,这就是后来的乾隆皇帝。

还有人说乾隆帝的生母就是钮祜禄氏,只是她出身卑微,家居承德,甚为贫寒。六七岁时,父母让钮祜禄氏出去买浆酒粟面,凡是她所到的店肆,生意都出奇的好,因此市人多敬佩她。十三岁时,钮祜禄氏来到京师,正值姊妹入宫选秀女,她便一同前往观看。当差的人以为她也是来选秀女的,便将她也排在队伍中。由于钮祜禄氏长得秀美娇人,因此中选,被分给当时还是皇子的雍正帝。后来有一次恰巧雍正帝患病,钮祜禄氏旦夕服侍在旁,一连五六旬,雍正帝终于痊愈,于是十分宠爱她,后来生下乾隆帝。

以上三种说法,究竟哪一个才是真的呢?或者说,事情根本就不是如上所述,而是另有他人?关于乾隆生母不是钮祜禄氏,而是热河行宫一位汉族女子的说法,有的学者提出诸多旁证。

首先,他们称《清圣祖(康熙)实录》卷247页有这样一条记载:"康熙五十年七月,皇四子和硕雍亲王胤禛赴热河请安。"据此他们认为,雍正帝胤禛并未随父皇一同前往热河行宫,然而正值七月酷暑之际,却专程前往热河请安,若不是重大事情需要请命,应该没有这个必要。以时间推算,乾隆生母此时正是大腹便便,临产在即,康熙为了要确定此女所怀的正是雍正之子,必定要在发现之后召雍正当面质问。否则,雍正何以在此时恰有此请安之举,在时间上如此巧合呢?

其次,他们举出乾隆朝曾官御史管世铭在其《韫山堂诗集》中有首诗:"庆善祥升华诸虹,降生犹忆旧时宫。年年讳日行香去,狮子园边感圣衷。"下面附有注释云:"狮子园为皇上降生之地,常于宪庙忌日驻临。"清代官修的《热河志》中专门将"草房"记入狮子园中,而这草房与馆中别的亭台楼阁明显不同。据此,学者认为,上述管世铭的诗及诗注足以证明乾隆出生于承德狮子园草房中。

最后,学者认为,依照清会典规定,亲王可请封侧福晋四人,但以生有子女者为限。雍正帝当时还是皇子时,侧福晋仅二人,即后来封为贵妃的年羹尧之妹,及后来封为齐妃的李氏,皆曾生子。钮祜禄氏如果真的于康熙五十年生下乾隆帝,则不应不受封,却号为"格格",仍是小姐的身份。

然而,这些学者提出的证据是薄弱的,经不起推敲的。首先,雍正帝前往热河请安,理由可以假设若干种,一定要说他是奉皇父康熙之召,赴热河质讯山庄宫女怀孕一事,则未免过于武断。

其次,管世铭诗中所说"狮子园为皇上降生之地",只能作为乾隆降生避暑山庄的有力旁证,但不能直接证明乾隆生母是热河行宫李氏女子。至于清代将"草房"列入狮子园,并每年拨款修葺,不能不说是清代苑囿体制上的一件奇事。其实,草房虽然简陋,却很有来历。

乾隆即位后,曾往狮子园一游,后将这座园子赐给了果亲王、也是他最小的弟弟"圆明园阿哥"弘曕。此后20余年乾隆未去过狮子园,自然,也没再光顾过"草房"。乾隆三十一年,弘曕故世,乾隆皇帝再到狮子园的时候,发现这里已是一片荒凉萧瑟之状,内心深为难过,于是命内务府重事修葺。以后每年进驻山庄后10余日,即轻骑简从前往狮子园游览,而每去必往"草房"小憩,并写诗以志其事,而诗题皆为醒目的"草房"二字。

最后,《清会典》中记载清代定制为亲王侧福晋两人,而不是四人。再则,能否被封为侧福晋的首要条件是看其母家的地位,而不是生有子嗣与否。雍正的侧福晋年氏是巡抚年遐龄之女、大将军年羹尧之妹;另一位侧福晋李氏之父也是位居知府的李文烨。而名号仅为"格格"的钮祜禄氏、耿氏,以及连"格格"名号都没有的宋氏虽然都为雍正生有子女,但并未晋封侧福晋,都是因为她们出身寒微。

钮祜禄氏的高祖额亦腾是大名鼎鼎开国元勋额亦都的弟弟。到了乾隆生母钮祜禄氏这一代,已经势微,近族中没有著名人物。连钮祜禄氏的父亲凌柱也只是名不见经传的四品小官,因此,钮祜禄氏虽然姓氏高贵,但实际地位不高，虽生子但未封侧福晋，也符合清皇室之例。

由此可见，乾隆皇帝的生母是钮祜禄氏，已经成为不容置疑的事实。很多小说家从乾隆生母出身寒微着眼，提出诸多创见，对后世解决乾隆家世之谜极富启迪意义。

乾隆是汉人吗

乾隆帝本名爱新觉罗·弘历，是雍正的第四个儿子，被封为和硕宝亲王，于公元1735年继承大统。乾隆在位期间，国库丰盈，天下富足，政通人和，江山稳固。他曾六次南巡，十次用兵，自誉为"五福老人""十全武功"，形成了清代的康乾盛世局面。他在皇位上坐满了六十个年头，便禅位给皇太子，自称为太上皇，但仍然主持要政，直到1799年去世。乾隆皇帝为人心胸开阔，性喜风雅，在其多姿多彩的一生中，充满了说不清的奇闻轶事，最为人津津乐道的便是乾隆身世之谜。

乾隆皇帝戎装像

传闻最广的是说乾隆为汉人之子，出生于浙江海宁陈家。据说，雍正为皇子的时候，与陈家关系极好。正巧两家同年同月同日生子，雍正很高兴，便命陈氏将其子抱来。等还回去的时候，陈家发现竟然已经不是自己的儿子，而是一名女婴。陈家万分惊恐，不敢声张。雍正即位后，对陈家也非常宠眷。

等到乾隆帝长大之后，偶尔听说此事，便暗中与陈世倌对照，果然十分相像。于是他一方面借下江南之名亲自察访，一方面密嘱和珅私访禁宫，终于知道了这段隐情。从此他在内心之中喜欢上了汉装。这天，身穿皇服的乾隆兴致很好，召一近侍悄悄问道："朕像汉人吗？"近侍据实回答："皇上的确像汉人，不像满人。"皇帝自此越加相信这一传说，甚至打算令满人全都改穿汉装。

此外，还有人从陈府中的两方匾额，认定乾隆确实是陈氏的血脉。原来，陈氏府中,存有两幅御书大匾,一为"爱日堂",一为"春晖堂"。前者出自汉代杨雄《孝至》中的"孝子爱日",后者则源于唐朝诗人孟郊的《游子吟》。这两块匾额的题词内容,都包含儿子孝敬母亲的意思。如果乾隆不是出自陈家,怎么能写出这种词句?陈府又怎敢高悬堂中?甚至还有人说,与乾隆交换的那个女婴受到陈家的百般珍爱,长大之后不敢随便许人,后经过乾隆同意,嫁给了常熟巨室蒋家。蒋家不敢怠慢,为其筑了小楼,后人送了"公主楼"的雅号,成为远近闻名的一大景点。假若此女不是来自禁宫,陈家怎会为他如此慎重择夫?蒋家又怎肯破费为其筑楼?

这些传说听起来都好似真的,那事实是这样的吗?说乾隆为陈世倌之子,有没有这种可能呢?

首先,从皇家这方面来看,雍正帝有十个皇子,六个公主,可谓子女兴旺。乾隆帝生于康熙五十年八月十三日子时,雍正时年三十四岁。在这之前他已有了四个儿子,尽管其中三个早殇,但取名为弘时的男孩已经八岁,而且当时雍正的另一个妃子耿氏也怀孕五个多月,是男是女尚不知晓,怎会冒险去换别人的儿子?另外,清代皇子皇孙诞生,有一整套严密的验看奏报程序,谁敢偷梁换柱?况且生孩子时稳婆环列,御医伺候,还有不少宫女跑前跑后,是男是女众人皆知,而且即时记录在案,不会轻易被人调换,退一步说,即使这事能凑巧办成,在这之后雍正又生了好几个皇子,皇家无不看重正宗龙脉繁衍,怎会让汉家的后代继承大统?

人们传说乾隆是汉人之子,也许是当时有位郡王尼堪的福晋钮祜禄氏的的确确演过类似"狸猫换太子"的活剧。这一位福晋不能生育,便借了家中一位老妈子的儿子冒充。这把戏被人戳穿后,当时北京城内大大小小的人家,都在谈论。说的人多了,传得远了,于是,福晋钮祜禄氏变成了乾隆的生母皇妃钮祜禄氏,郡王尼堪变成了雍正,而那位老妈子的儿子则变成了乾隆。

其次,从陈家这方面来看,就更无这种可能了。据陈家家谱查知,陈世倌育有一子二女,其子于康熙三十三年早亡,十七年后乾隆帝才出生,陈家二女也比乾隆帝早二十多年出生,哪有孩子可供交换?同时,乾隆帝出生那年,陈世倌的两位小妾已经去世,他的原配夫人宋氏已经五十多岁,且于当年九月病逝,怎么会再有孩子诞生?而且这年八月五日,陈世倌因不谨慎,被康熙帝斥为"行事不端",接着就被外放广西当了巡抚,哪有时间逗留京城?怎有心思应付换子之事？就算当时有孩子可换，还未登基的雍正怕也没有周密的安排，怎会做得天衣无缝？由此可知两家同时生子并互换男女的说法难以成立。

既然没有这层神秘的交换关系，又该如何看待乾隆帝频频幸临海宁陈家呢？

其实，自明代中叶以来，陈氏就是当地的富户，代代不乏读书之人。到了清初，陈之遴很快投降清廷，并令子侄辈专心科举，从此科名仕宦开始显达。更鲜见的是陈家在康熙年间，曾经两度出现父子三人同榜的盛事。陈家历明、清几百年，富贵不辍，朝中重臣辈出不穷。其中两人当过侍读学士，可见与皇家的关系非同一般。为此，民间曾盛传陈家阴宅有王霸之气，连康熙南巡时也到陈氏祖坟上看稀罕。而陈家族人为了提高声望，也不断放出风声，有意制造一些秘闻，进一步增添了朝野猜测，以为其中必有大大的玄奥。

确实，乾隆帝六下江南其中四次驻跸陈家，这种看似异常的举动，难免引起种种传说和猜测。明了内情的人都知道，这与当年浙江海塘工程密切相关。还在康熙时，钱塘江入海口的海潮常常为患。乾隆帝登基以后，仍然非常重视这件事情。他借着六次南巡的机会，四次前往海宁视察。恰好当地陈府庭院森严，房舍宽敞，装饰豪华，又很安全，而且陈家不乏工部尚书，陈世倌本人就是水利专家，正好可以垂询海塘工程有关问题。于是，乾隆每次来到海宁，都住在陈家。这既不是为了表示宠眷，更不是想要与自己的亲生父母共享天伦。

说到陈家悬挂的那两块匾额，也与乾隆帝的出身毫无关系。康熙三十九年四月，皇帝召见大臣，一时来了兴致，写字请大学士们欣赏，并说："你们谁家有高堂，不仿直言，我当赐予亲笔题字。"陈世倌奏称，我父亲已经过八十了，并拟"爱日堂"三字请皇上赏赐，康熙当即挥笔写了这一匾额。陈世倌的堂祖父陈邦彦早年丧父，其母黄氏矢志不嫁，守寡四十一年。陈家富贵以后，黄氏被朝廷封为淑人，康熙皇帝亲手写了"节孝"两字赐之，又写了"春晖堂"匾额。由此看来，陈家的两块匾额都是康熙皇帝的亲笔，既非乾隆帝所书，也不是传说中的那层意思。

至于蒋家的"公主楼"，也是戏说的故事。当时陈家确有一女嫁与常熟望族蒋家，却非陈世倌的女儿，只是陈家的远房亲戚，与皇室家族就更加毫不相干。蒋家有钱有势，其筑楼完全是大户人家的一般习俗，他们没有必要也无此胆量去修什么"公主楼"。所谓"公主"下嫁蒋门，也同样是个难圆其说的笑话。

至此,乾隆身世已经十分清楚。人们传说他是汉人,大概是希望这位国运昌盛的皇帝具有汉族血统吧,这也是为什么乾隆系陈氏之子的传说经久不衰的原因。

乾隆帝为何六下江南

乾隆十六年(1751 年)二月初八日,江苏淮安,天气晴朗,春日融融。千里黄河,波平浪静,悄然东逝。无数穿着五彩斑斓节日盛装的百姓,正聚集在黄河南岸,恭候当今天子驾临,全副武装的兵丁呵斥着东走西窜的百姓,紧张地注视着每一个人的一举一动。南方的二月,春和景明,微风轻拂,送来阵阵幽香。突然,黄河北岸鼓乐大作,千船并发,霎时河面彩旗飘扬,遮天蔽日,上千名侍卫肃立船头,目不转睛地注视着前方,巨大的皇帝御舟,居于船队中间,黄旗簇拥,缓缓前移。与此同时,迎驾百姓,随着一声令发,向北同时跪下,"吾皇万岁"的呼声惊天动地。而御舟甲板上,一个身披黄袍的中年男子,站在众人中央,指点河岸,满面春风。他,就是大名鼎鼎的乾隆皇帝。今年,他开始了一生中第一次江南之行。

乾隆从小就对他的祖父康熙帝推崇备至,从他所言所行看来,他对康熙的感情比对他父亲雍正的感情还要深些。当二十五岁的弘历正式当上皇帝时,他就许愿:如果能活到八十多岁,那么到乾隆六十年就要退位,在位时间不能超过祖父康熙。平时,他的一举一动总以康熙为榜样。例如,康熙治政推崇宽大,乾隆就改变自己父亲用人行政的苛严作风。康熙在位时曾经六次南巡江浙,乾隆对此更是羡慕不已。他对人讲:朕恭读圣祖实录,上面详细记载着祖父侍候皇太后南巡的历史。当时老百姓扶老携幼,夹道欢迎,齐声赞颂皇家的孝顺美德,朕心里真是羡慕极了。所以后来乾隆把自己的南巡叫作"法祖省方"(即效法祖宗,视察地方),和康熙一样,他也打着恭奉太后巡幸的旗号,而且次数不多不少,也是六次。

康熙是中国历史上最有作为的君主之一,他的六次南巡主要是为了加强对东南的统治,同时治理黄河,推动江南社会经济的发展。乾隆时期,经过百余年休养生息,国力空前强大,社会经济高度繁荣。在这个时候,乾隆巡幸东南,和康熙相比,其目的已经有了很大变化。除了冠冕堂皇地"法祖省方",治理黄河、修筑海塘外，还有一个没有公开却很重要的目的，那就是游山玩水。乾隆亲口说，"江南名胜甲天下"，希望"眺览山川之佳秀，民物之丰美"。打着母后的招牌纵情山水，而且到处捞孝子美名，可谓是乾隆南巡的一大特征。

然而，乾隆南巡却在继位十四年后才首次提出，十六年方得以举行。造成这种情况的关键原因是：乾隆认为南巡是一个极为重要的大典，如果当政初期就到东南游玩，对自己名声没有好处。他需要经过一段时间，在百姓中树立起贤明的形象后再巡幸东南。从即位到乾隆十四年（1749年），他成功地解决了西南苗民问题，降服了四川的金川土司，社会经济文化也有了一定的发展。因此，到这个时候，他开始向文武大臣暗示南巡一事，极善逢迎的地方官急忙以"江南绅士百姓殷切盼望皇上巡幸"为理由，请求举行南巡大典。乾隆得到奏折，当然高兴，连忙令廷臣议论此事，大学士、九卿遂引经据典，表示南巡关系到地方军政、河务海防以及民间疾苦，必须举行。于是乾隆的江南之行就这样定下来了。

乾隆初年未能举行南巡之典的另一个原因，还和当时清政府人事变动有关。乾隆即位后相当长一段时间，在朝中管事的是鄂尔泰、张廷玉等人，他们都是雍正遗诏中指定的辅政大臣，资历很深，影响很大。虽说乾隆掌握着绝对权力，但对这样的先朝老臣也不得不刮目相看，格外尊重。然而，鄂尔泰、张廷玉凡事谨慎，为政清俭，当他们在朝时如提出南巡一事，恐怕很难不遭到抵制或反对。乾隆十年（1745年）鄂尔泰去世，十四年张廷玉退休，这样，南巡的障碍就基本消除了。一旦"道路"扫清，乾隆遂迫不及待地实施南巡之议，经过将近两年的准备，到十六年正月得以举行。

第一次南巡以后，乾隆还在后来的三十余年中分别举行了另外五次。第二次在二十二年（1757年），第三次在二十七年（1762年），第四次在三十年（1765年）。这四次南巡都打着奉太后巡幸的旗号。三十年后，皇太后年龄实在太大，经受不住千里辛劳，南巡之事只好暂时停止。四十二年（1777年），皇太后病逝，此后乾隆又两次南巡，一次在四十五年（1780年），一次在四十九年（1784年），到此为止，六次"法祖省方"最终结束。

历次南巡一般都在正月十五前后从北京出发，陆路经直隶、山东到江苏的清口渡黄河，乘船沿运河南下，经扬州、镇江、丹阳、常州、苏州进入浙江境内，再由嘉兴、石门抵达杭州。回銮时，绕道江宁（今南京），祭明太祖陵，检阅部队，于四月下旬或五月初返回京师,到安佑宫行礼,还圆明园。南巡从北京到杭州,往返水陆路行程共五千八百余里,陆路每日行六十里左右。御道非常讲究,标准是帮宽三尺,中心正路一丈六尺,两旁各七尺,均要求坚实、平整,不仅如此,御道还要求笔直,不得随意弯曲,为此,许多民居被拆毁,坟墓被挖掘,良田被毁坏。除此之外,凡是石桥石板,都要用黄土铺垫,经过地方,一律用泼水清尘。乾隆每到一处,备有专人介绍地理位置、历史沿革,以及风土人情,并呈地图加以说明。除行宫外,许多地方还搭黄布城和蒙古包账房以供住宿,每隔几十里设有尖营,供乾隆小憩打尖之用。进入江南,多系水程,速度稍快,每天可走八九十里。南巡船队大小船只共千余艘,浩浩荡荡,旌旗招展。乾隆御舟称安福舻和翔凤艇。船队最前面是乾清门侍卫和御前侍卫的船只,随后则是内阁官员船只,御舟居于船队中央。御舟所用拉纤河兵约三千六百人,分作六班,每班六百人。为御舟拉纤叫"龙须纤",大概因为皇帝是"真龙天子"的缘故吧。不过这些河兵大多不属正规部队,而是由民壮或民夫充当。在御舟所经的支港河汊,桥头村口,设有兵丁守护,禁止民舟出入。御舟停靠的码头一般距县城一二里或三四里,码头上铺陈棕毯,设有大营约五十丈以供皇帝住宿,皇太后大营二十五丈,设在船上。此外还在码头设有四方账房、圆顶账房、耳房账房,以备风浪大时使用。这些设置一般在御舟抵达之前就准备好了,第二天清早,御舟出发即予拆除。

乾隆就是如此声势浩大的举行了六次南巡,既表现出清朝国势的强大,也达到了一定的政治目的,但同时也劳民伤财,给百姓带来了许多不必要的重负。

乾隆为什么要编《四库全书》

有人说,乾隆三十八年下诏纂修《四库全书》,其目的是为了彻底掩盖他的身世之谜;也有人说是对汉族文化摧残的产物,是闭塞人们思想的工具,是与文字狱并行的文化怀柔政策;当然,也有人将其纳入乾隆的德政,认为这是一部宝贵的文化遗产。《四库全书》的价值毋庸置疑,但是乾隆为什么要下令编撰这样一部大部头的巨著呢?

清王朝是满族建立的少数民族统治的政权,为了加强集权,统治者必然要加强思想上的控制。于是,康熙、雍正、乾隆年间,文字狱不断发生,即使是一句

"清风不识字,何故乱翻书",也被视为"反满"而遭到杀身之祸。被杀、剖棺戮尸、发往边疆为奴的大有人在,有的甚至还牵连到校书人、买书人、卖书人和刻书人,以及地方官吏。除了一次又一次地杀戮严惩,统治者还不放心,于是又禁书、毁书、编书,以此来禁锢人们的思想。编修《四库全书》就是其中的手段之一。乾隆自述编修《四库全书》的宗旨时就明确地说,编《四库全书》是为了天下太平。

编修开始之日,也是查办禁书的开始。乾隆三十九年,遍贴晓谕,命令交出"违碍"的书籍,经过纪昀等检校后,再由乾隆亲阅,然后存目销毁。据记载,乾隆三十九年至四十七年,共毁书 24 次,538 种,13862 部。

那么,什么样的书属于"违碍"范畴呢?首先,记载明末清初反满抗清的书籍,或是反映明朝的节操,比如顾炎武、黄宗羲和王夫之的书籍,史可法等抗清义士,遭受魏忠贤迫害而死的左光斗、杨涟等人的作品或是讴歌他们事迹的书也都列在禁毁之列。其次是记录满人入关杀戮汉人,如扬州十日、嘉定三屠等罪恶行径的史书。第三是古今贬斥金、元的史书篇章或是诗句。第四是古书中提到夷、狄、虏,应改为彝、敌、卤。第五,那些被认为是有伤风化的书籍也要被毁掉。同时,在编修的过程中,乾隆还多次颁发谕旨,说明编纂方法。规定凡是有关君臣名分、华夷之别的地方,必须严格按照以上几项规定做修改,一字一句都不能出现差错。

于是,负责编纂《四库全书》的馆臣们便大肆修改,使一些著作失去了本来的面貌。例如:

旧抄本中记:取故相家孙女姊妹,缚马上而去,执侍帐中,远近胆落,不暇寒心。

四库本中记:故相家皆携老襁幼,弃其籍而去,焚掠之余,远近胆落。

旧抄本中记:褫中国之衣冠,复夷狄之态度。

四库本中记:遂其报复之心,肆其凌辱之志。

旧抄本中记:金贼以我疆场之臣无状,斥堠不明,遂豕突河北,蛇结河东。

四库本中记:金人扰我疆场,边臣斥堠不明,遂长驱河北,盘结河东。

旧抄本中记:何则:夷狄喜相吞并斗争,是其犬羊猂吠咋啮之性也。唯其富者最先亡。古今夷狄族帐,大小见于史册者百十,今其存者一二,皆以其财富而自底灭亡者也。今此小丑不指日而灭亡,是无天道也。

四库本中记：无

通过以上这些对照，我们可以看出，由于改动，使我们再也看不见其本来面目。鲁迅先生说：乾隆朝纂修《四库全书》，是许多人颂为一代盛业的。但他们却不但捣乱了古书的格式，还修改了古人的文章，不但藏之内庭，还颁之文风颇盛之处，使天下士子阅读，永不会觉得我们中国的作者里面，也曾经有过很有骨气的人……倘不和四库本对读，也无从知道那时的阴谋。

的确，编纂《四库全书》不但改动了许多古籍，还烧毁禁绝了不少的古书。进入内廷的远远少于能够编入四库的数量，而编入四库又更少于能够留下来存目的数量。因此，我们看见的《四库全书》的目录和全书，比起当时征集到的书籍，是少之又少。

尽管《四库全书》有很多版本，其中包含的书籍也是数量相当庞大，但从其纂修的原则和编撰过程中，我们实在很难全面肯定它。因为在保存人类文化遗产的同时，也是对人类文化的一种大规模破坏。当然，我们也不应该因为《四库全书》编撰过程中的修、删、改就不去读它，毕竟其中包含着当时学者的辛勤汗水和集体智慧的结晶。而且，嘉庆、道光以来，影印宋元本和校勘宋元本的书籍纷纷出版，这也为我们提供了互相参考的依据。

所以，尽管编《四库全书》是为了巩固清王朝的封建统治，这其中大兴文字狱，制造了许多冤假错案，而且也禁毁了不少古籍，但我们仍然不能忽视其作用和价值。《四库全书》应该是我们中国人引以为自豪的巨著，它为我们汇集了比较全面的古籍著作，是我们学习和研究不可缺少的必备伙伴。

嘉庆为何遇刺

嘉庆元年(1796年)正月初一，嘉庆皇帝正式登基。直至嘉庆四年正月，太上皇乾隆辞世，他才真正独揽统治权力，左右着大清国的命运。嘉庆一生谨遵父辈教海，殚精竭虑，从未懈怠。他曾粉碎了祸国殃民的和珅集团，破获清朝历史上最大一桩贪污案，把皇权紧紧掌握在自己手中。这样一位皇帝，在正式掌权后四年，居然险遭刺杀，这究竟是何人所为？又有什么目的呢？

嘉庆八年闰二月二十日早晨，正当嘉庆皇帝坐轿从西郊回宫，路过神武门将要进入顺贞门之际，忽然从西厢房山墙后面冲出了一个四十多岁的披头散发、手持利刃的汉子,直朝御辇扑去。就在这万分危急的时刻,神武门内辇道东西两侧持械肃立的一百多名侍卫、护军章京、护军校、护军,竟无一人阻拦。随御辇而行的文武大臣、太监和随从侍卫也个个呆若木鸡,只有御前大臣、定亲王绵恩、御前侍卫扎克塔尔等六人迎前拦挡。嘉庆大惊失色,慌忙下了御辇,急急逃入顺贞门内。刺客一时来不及追上皇帝,只得左右挥舞着大刀,奋力拼搏,企图杀出一条活路,但终因筋疲力尽被缚。

这是有清以来皇帝第一次遇到谋刺,是清代历史上罕见的大案要案,因此,在朝野内外引起了极大的恐慌,也出现了一些难解的谜团。

经过一番审讯调查,得知刺客名叫陈德,原名陈岳,今年四十七岁,镶黄旗人。原为山东青州府海防同知松年的契买家奴。早年曾在山东青州、济南府一带做过家奴、佣工,后又投靠在北京任护军的外甥,跟官服役。幸运的是,他被分到内务府服役,有机会出入宫中。后来,他与妻子又一同到一个官吏孟明家作厨役。这期间,他妻子病故,岳母瘫痪,两

清朝"内官内使凭此出门"腰牌

个小儿都待抚养,生活的突变使他难以承受,因此常常借酒浇愁。而每次酒醉后,都会胡闹一番。面对这样一个醉酒鬼,孟家只得将他解雇。失去了经济来源的陈德无以为生,只好先闲住在外甥家,后又寄居在旧友黄五福家。从表面上看来,是个穷困潦倒的穷老百姓。

陈德被捕后,因为是"钦犯",于是被连夜审讯。嘉庆下旨,一定要追问其幕后主使人以及同谋和党羽。在种种酷刑的折磨下,陈德只好供出来龙去脉。然而,陈德的供述,却使很多人都不能相信。

陈德在供词中说:"我因为穷困潦倒,实在过不下去日子,心里十分气恼、难过,遂起意惊驾,想要因祸得福。本月十六日,当我知道皇上将于二十日进京,就下定了主意。若得手砍退几人,直奔轿前,惊了圣驾,皇上自然什么事情都得听我的了。"

这番供述漏洞百出,疑点甚多:

其一,行刺的动机是"因祸得福"。惊驾是死罪,福从何来?这点简单的常

识,谁都懂得,况且陈德还跟官服役多年,岂能用此说蒙混搪塞!至于说"因为穷困潦倒过不下去"就意图刺杀,更是无稽之谈。

其二,皇帝行踪属国家机密,神武门又是皇帝出行的必经之路,所以戒备极其森严,而且此处建筑高达三十一米,常人是不可能靠近甚至是进入的。可是陈德却能持刀并带着他的儿子陈禄儿潜入神武门,岂不是见鬼?

其三,陈德行刺之时,上百名军校和众多随行之人,眼睁睁看着皇帝惨遭杀身之祸,为何都不动声色,袖手旁观呢?

种种迹象表明,陈德一个人决干不了这样天大的事情,背后必定有人在出谋划策。

然而,无论如何询问,陈德都一口咬定是他一人所为,并无主谋。他辩称,自己是在前几天看见街上垫道,得知皇帝的进宫日期的。又说,他与其子陈禄儿是在东安门附近喝完酒后,拐弯抹角绕至神武门的。再把抓来的陈德的两个儿子及交往密切之人一一拷问,也没有供出什么有价值的线索来。陈德的儿子说:"实在不知道父亲有叛逆的事情,平时没有见到有同谋的人";黄五福说"实在不知道他这么做是想干什么";陈德服役的家主说"陈德一直都很安分,平日里也并无闲人往来。"

经过四天四夜的酷刑拷问,也没有问出主谋与同谋者。会审官员于是拟旨上奏,嘉庆皇帝传谕道:"一味动用酷刑,想要知道幕后主谋,若是他们随便说出一名官员,那么,那位官员该怎么处置呢?倒不如不审问了,让这件事成为一个谜团,就此作罢吧!"于是,陈德被凌迟处死,他的两个儿子被处绞刑。

事后,嘉庆仍然在心中怀疑,一个家奴怎么有如此胆识私闯宫廷禁地,图谋不轨呢?肯定在朝廷官员中有同谋主使者。联想到当时他为整治吏治,对朝廷内外腐败现象严加惩罚,说不定身边也有异心之人。但始终不知"主谋"是谁,也别无他法,只得以"失察"之罪,将十七名文武官员予以处分,将守卫神武门的护军章京、护军校、护军分别革职枷示或交刑部严惩,又将肃亲王永锡交宗人府议处。

一桩震动朝野的重案,至此了结。但这到底是怎么引起的,有何隐秘,至今仍无人能破解,真成了千古疑案。皇宫之中的事情,总是这么扑朔迷离,也许原本就是一件小事,只是机缘巧合罢了;但从另一方面来看,小事背后也可能隐藏着天大的秘密。至于事实的真相,我们今天怕是很难看清了吧!

道光是怎样当上皇帝的

嘉庆皇帝在承德避暑山庄突发疾病，仅卧床一天就离开了人世。按照秘立家法，皇帝在将咽气时或咽气后，必须立即启开镭匣，宣布皇位继承人，然后才能发丧。嘉庆弥留之际，已经不能言语，只以手比画，要诸位大臣找出镭匣，宣读密诏。然而，就在此时，人们发现，隐藏着天大秘密的镭匣不见了。那么，镭匣究竟落入谁人之手？谁又才是真正的真命天子呢？

自雍正朝起，为了防止诸皇子争夺皇位、骨肉相残，于是创建秘密立储制度。即皇帝健在期间，密写诏书，立某阿哥为皇太子，密封在镭匣里，安放于乾清宫"正大光明"匾后。等到皇帝传位时，再取下宣读，继统即告完成。

乾隆在位时，他经常东谒西游，南巡北幸，远离京都皇宫。可能因此多了个心眼，密立诏书一式两份，一份封藏于镭匣，放在"正大光明"匾后，一份则亲自携带，从不离身。嘉庆二年，乾清宫毁于火灾，原有匾联，均化为灰烬。嘉庆十八年，天理教造反农民进攻紫禁城，差一点用火把皇宫点着。嘉庆二十四年，宫内文颖馆失火，烧掉了几间房，幸亏被及时扑灭。而且，库银被盗，印信失窃，甚至军事国防最高机构的兵部关防都丢失了。

上述种种情况表明，乾清宫"正大光明"匾后毫无安全保障。事关王朝延续承传大局，嘉庆帝怎么会放心地让密诏呆在那儿呢？尤其在京都期间，他多半时间住在西郊圆明园。到木兰围场打猎，能不将密诏带在身边吗？

如果不是嘉庆帝猝死，镭匣风波根本就不存在。

七月二十五日下午，嘉庆病情恶化，他用手势比画着，戴均元、托津心领神会，知道皇上欲宣布密立诏书。两人仔细摸便嘉庆帝全身，不见密诏踪影，接着监督内臣启开自京都带来的十几个箱子。真可谓翻箱倒柜，里里外外全都搜遍，仍一无所获。镭匣在哪儿？到底有没有密诏？嘉庆帝临终的比画究竟是什么意思？

这时，嘉庆帝已经停止了呼吸，在避暑山庄的王公大臣和侍卫们陷入混乱和恐怖之中。

嘉庆帝临终前既没有交代，密诏又找不出来，立储问题是否会演成争夺皇位的悲剧？对于四位皇子中长者绵宁来说，这是自然要考虑的问题。嘉庆帝共

·清朝秘史·

图文珍藏版

有五个儿子。皇长子为侧妃刘佳氏所生，一岁多就夭折。皇二子绵宁，嘉庆帝之爱妻塔腊皇后所生。嘉庆二年，皇后逝世，他把对皇后的恩爱全部倾注在其子身上，寄予厚望。30多年时间，尤其关心对绵宁的培养教育，时常让他代替自己祭祀天地祖宗，出巡时又令其陪伴左右，耳濡目染，体会为君之道。

当绵宁进入而立之年时，历史并没有为他提供显示才能的机会。如何树立他在满朝文武中的威信和影响，以便将来顺理成章地接班，便成为嘉庆帝常挂心上的问题。嘉庆十六年，绵宁正跟随父皇在热河行围，因猎物稀少，嘉庆帝心中不快，让绵宁、绵恺提前返京。绵宁返京不久，九月十五日正在上书房读书，忽报天理教农民造反自东华门进攻皇宫。

绵宁躲在上书房不敢出来，至午后，以为事态已经平息，准备赴储秀宫向皇后请安时，另一路造反农民攻进西华门。不久隆宗门杀声突起，撞门声大作。他虽说年过三十，但一直养尊处优，没有征战的锻炼与经验，吓得心惊肉跳，手足无措。当时，有五六个造反者越御膳房矮墙爬上内右门西大墙。若再向北去，即可到达皇后居所储秀宫。眼见灾难临头，要出大事，绵宁面无血色，不知如何是好。在旁总管太监常永贵急忙提醒他：“若不用鸟枪拦打房上之人，便没有别的办法了。”虽然他手中握着鸟枪，但在大内开枪要犯忌，不敢贸然从事。经总管敦促，绵宁也管不了许多，举枪连续打倒墙上二人，其余的人也不敢再上墙了。这期间，留京王公大臣引兵入神武门，且把火器营精锐部队1000多人调进皇宫，造反者抵挡不住，三天后被镇压。

清廷镇压了天理教造反后，论功行赏，所有参与者都破格嘉奖。嘉庆帝考虑到，绵宁年过三十，既无武功，又无政绩，默默无闻。此次开枪阻止造反者，正是树立他威望的最好机会，不管绵宁当时表现如何怯软，他仍把头功给予绵宁，晋封为智亲王，可见其用心良苦。

往事历历在目，缄藏于皇后居所镭匣之密立诏书，毫无疑问，当然非绵宁莫属。所以皇后居所镭匣无影无踪，势态对他极为不利，他又不便将心里的想法提出来，可是如何结束这令人难受的皇位真空呢？

绵宁时已39岁，深悉其中利害关系，为避免节外生枝，他袖手旁观，决不参与。主持此事的，不得不落到当时职务最高、为人最持重而且最有办事能力的戴均元、托津身上。

戴均元才学优异，谦恭谨慎，深得嘉庆帝器重。嘉庆十八年秋，他出任南河总督,后积劳成疾,请假回归故里养病。当时河工尚未完竣,两江总督铁保又向皇上奏请增加费用600万两。嘉庆帝以所耗资金过大,命大学士戴均元前往河南工地实地审度。由此可见,戴均元与嘉庆帝关系笃深,非同一般。

至于托津,富察氏,满洲镶黄旗人,理藩院尚书博清额之子。托津为人诚朴,办事实心,老成公正,外省有重要大案,总任其前往审理,嘉庆帝将其倚为左右手。

皇帝密诏还没有下落,大臣们急得如热锅上的蚂蚁。经过一番商议,决定一面派人进京,面奏皇后,报告皇帝殡天的消息,另一方面则继续在皇宫和行宫中寻找,以期出现一线希望。皇后得知此事,失夫之痛如雷轰顶,五内俱焚。但她抑制住悲伤,仔细寻找宣布先帝遗诏的妥善方法。虽然大清入关以来,规定后妃不得干预朝政,但是在这样危急的时刻,如果不立即做出合理的解决,后果将不堪设想。

最后,皇后破例采取权宜之计,她以自己的名义拟了一道懿旨,说她完全理解和尊重先夫的意愿。她心里清楚,绵宁是皇帝最宠爱的已故皇后的嫡子,且自幼勤奋好学,先帝早有意将其立为太子。这是一个雄才大略、冷静明智的决策。如果她有私心,凭借自己在宫中的崇高威信,完全可以假托帝意立自己的亲生儿子绵恺为帝。可是她没有这样做,基于理智,基于对清王朝命运的责任,基于对早已形成历史现实的尊重,她无私无惧,采取了正确选择,从而受到满朝官员的尊敬。

而避暑山庄里,王公大臣们经过整夜寻找和争吵,已经疲惫不堪。就在这时,小太监带着皇后居所镭匣姗姗来迟。盒子打开了,在场所有人跪伏在地,当场宣读:"嘉庆四年四月初十日卯初立皇二子绵宁为皇太子。"一块石头终于落地,王公大臣们拥奉着绵宁即帝位,总算完成继统的顺利过渡,清王朝揭开了历史的另一页。

历史就是这样有趣,皇后居所镭匣的迟来,也从另一个侧面证明嘉庆帝猝死的真实性。道光在这样的环境下登基,看起来是不是很像一出戏剧呢?终归有惊无险,皇位还是落在道光的身上,嘉庆皇帝若是泉下有知,也该瞑目了吧!

咸丰为什么如此短命

咸丰是道光皇帝的第四子,他这一生正处在大清朝的多事之秋,内外忧患,可谓肩负重任。咸丰生于道光十一年六月初九,死于咸丰十一年七月,死时年仅三十一岁。那么,为什么咸丰年纪轻轻就病逝了呢?是与操劳国事有关吗?

其实,这大概与咸丰的身体历来就不好有关吧。咸丰初年,北京就有"瘸龙病凤"的童谣,是说咸丰的腿有残疾,皇后也是体弱多病。咸丰从小就身体羸弱,据说这与他没有满月就出生很有关系。根据宫中传言,咸丰的母亲与另一位妃子几乎同时怀孕,且咸丰的母亲稍晚。如果谁可以先产下大阿哥的话,在继承皇位的时候总是比较有利的。咸丰的生母十分聪明,当太医给她诊断的时候,她总是询问太医有什么办法可以让孩子早点生出来。太医说办法倒是有的,可是恐怕对孩子的寿命有一定的影响。咸丰的母亲说,你可以试试,小心行事就行,如果安全地生下一个大阿哥,我一定对你重重有赏。于是太医听从了吩咐,采用保胎速生药,果然,咸丰的母亲因此而早产了。这年六月十九日,皇五子奕誴也诞生了。当时皇上宠幸的妃子都有记录,奕誴胎妊本来在咸丰之前,可是结果竟然推迟了十天才来到人世,可见的确是药物所致,这对咸丰的身体也是有很大的影响的。

咸丰开始当政的时候,对朝政很是勤勉,很想有所作为。然而,国势日衰,内忧外患,使他常常在惊恐之中度日,甚至被逼逃亡。国内有大规模农民起义太平天国运动等,外有英法联军入侵,令咸丰头疼不已。咸丰三年夏天,太平天国北伐军打到直隶,威胁着清王朝的统治核心地区;咸丰十年,英法联军兵临北京城下,咸丰皇帝率领军机大臣和皇后嫔妃仓皇逃往热河,驻跸木兰行宫,整天沉湎于声色犬马之中,利用淫乐来排遣内心的愁闷,变本加厉地糟蹋自己,连纷至沓来的奏章也懒得批阅,懿贵妃便主动地代策代行。在这样的危急形势下,他的心境极其紧张、惶恐。再加上皇室内母子间、婆媳间、帝后间、后妃间皆矛盾重重,隔阂颇深,虽同处一宫却相互防范,争斗不已,如此环境下,咸丰心情压抑,异常郁闷。

再有,咸丰生活放荡,纵欲无度,身心受到摧残,也影响了他的身体健康。咸丰帝虽然拥有众多嫔妃,但却仍不满足,又蓄养四名汉族美女在圆明园中,命名为"杏花春""武陵春""海棠春""牡丹春"。在避暑山庄的日子,咸丰的身体一天不如一天,国事基本上都交给了懿贵妃。这种日益专宠的形势引起了权臣肃顺的惊恐,然而肃顺也是个无能的人,居然想出一条以毒攻毒的策略,找来两个民间尤物与懿贵妃分庭抗礼。一个是曹寡妇,一个是唱戏的小花旦朱莲芳。当咸丰看见这名山西籍的曹氏寡妇,颇有丰韵,美艳而风流,三寸金莲纤小可爱,常喜欢在鞋上镶嵌明珠,立刻将其召入宫中;而这名京城雏妓朱莲芳,花容月貌,唱曲、作诗皆精,也被咸丰常常召来身边侍候。有一名御史陆某,他与朱莲芳也很有交情,便上书进谏,说皇帝不该沉迷酒色等等。咸丰看了大笑,说"陆老爷子吃醋了",竟不以为然。为了满足性欲需要,他还大量服用春药。

咸丰皇帝因为纵欲过度,身体越来越虚弱。每逢遇到坛庙大祀,常因为腿软而担心登降失仪,于是派奕䜣恭代。加上内忧外患,国事艰难,于是患有吐血症。用现代医学知识判断,大约是得了肺痨。太医为他开了"疗疾法",认为饮鹿血可以治病,又可以补阳分之虚。咸丰于是就养了一百多只鹿,每天饮鹿血医治。咸丰十年七月,英法联军进攻北京,咸丰帝将奕䜣留下,办理与洋人议和事宜,自己带着肃顺等大臣及后妃嫔出逃热河,竟命令"率鹿以行",由于大臣们的劝阻才作罢。咸丰十一年春,他在热河行宫病倒,此后或危或安。只要病情稍好,仍旧娱情声色。

次年七月,咸丰病情恶化。十七日,痨疾大作,慌忙命人取来鹿血,但仓促中没有来得及取到,就已经驾崩。咸丰病逝前夜,谕令六岁的皇长子载淳为皇太子,命肃顺等八大臣共同辅佐朝政。咸丰帝在忧患与淫乐中度过其短暂的一生,死后葬于定陵。

咸丰的短命,应该与他生活的时代和环境有关吧,再加上他个人的私生活极不检点,严重影响了身体健康。先天不足,后天失调,咸丰只留下一名子嗣,这是否又意味着清王朝的气数将尽了呢? 也正是有了咸丰的短命,才给了懿贵妃以参与朝政的机会,才造就了统治中国达半个世纪之久的"老佛爷"。这一切,也许冥冥之中就已经安排好了吧!

弘晳发动的政变为何流产

弘历当了皇帝后,受到极大伤害的除了弘历的同父异母哥哥弘时外,莫过于废太子胤礽第二子、嫡长子弘晳了。雍正可以对自己的亲生儿子弘时狠下毒手,永绝后患,但对弘晳则碍于康熙遗嘱,未便下手,从而导致乾隆即位后一次"流产的政变"。

康熙弥留之际,除交代了帝位传承大事之外,还郑重嘱托雍正说:"废太子、皇长子性行不顺,依前拘囚,丰其衣食,以终其身。废太子第二子朕所钟爱,其特封为亲王。"康熙原本是很想将皇位传给自己的嫡长子胤礽和嫡长孙弘晳这一对父子递相承袭主持的,无奈事机杂出,天不由人,才被迫放弃了这个他认为最完美的方案。但这位很重感情的老人并未因此丝毫减弱对他们的爱心,很有可能康熙晚年时常为此感到不安,甚至愧疚,到他即将辞别人世,决定将帝位交给胤礽、弘历这一对父子时,自然想对胤礽、弘晳父子有所补偿。雍正忠实地执行了上述遗嘱,雍正二年胤礽病逝,追谥理密亲王。至于弘晳,登极之时即封其为郡王,六年又进封亲王。

但弘晳这个帝梦成空的皇孙同弘时一样,对弘历的继位,也有一口无论如何也咽不下的恶气。不同的是,弘时是在弘历即位未成事实之前,被迫强咽下了这口气,而弘晳则是在弘历即位既成事实之后,终于把这口恶气吐了出来。

乾隆即位以后,以庄亲王允禄为中心,逐渐形成了一个以近支宗室王公等组成的政治集团,他们暗中相互串联,行踪十分诡秘,与年轻的新皇帝相对抗。这一集团除允禄外,主要有理亲王弘晳、宁郡王弘皎、郡王弘升、贝勒弘昌、贝子弘普和镇国公宁和这些乾隆的叔伯兄弟。他们当中弘晳以昔日东宫嫡子自居,心怀怨望,自不待言;但允禄及其他弘字辈的兄弟则不然。允禄在雍王时封庄亲王,乾隆即位特命总理事务,又赏亲王双俸,兼与额外世袭公爵,在乾隆诸叔中,庄亲王允禄可谓恩宠最隆。弘普与宁和都是允禄之子,弘普于乾隆元年封贝子,宁和则得了那个"额外世袭公爵",这两个人也可称为受恩于乾隆者。弘昌与弘皎参与这个政治集团更不好理解。他俩是乾隆十三叔、怡贤亲王胤祥之子,胤祥与雍正关系非同一般,雍正称其为"自古以来无此公忠体国之贤王",去世后令配享太庙,还打破祖制,命怡亲王王爵世袭罔替。弘皎于雍正八年封宁郡王,弘昌则于乾隆初由贝子晋封贝勒。弘升是乾隆五叔、恒亲王允祺的长子,康熙末封世子,但这亲王世子到雍正五年八月时被削去了——当时乾隆三兄弘时不寻常地死去,弘升的被革去世子看来很耐人寻味,不过,乾隆即位后,将其赦宥,封郡王,用至都统,还受命管理火器营事务,他参与暗中反对乾隆的党派活动,真不可思议。

乾隆对这个怀有敌意的政治集团有所察觉是在乾隆三年的时候,只是缺乏足够的证据,才迟迟没有采取行动。到第二年秋冬之际,有人告发弘晳等人与庄亲王"结党营私。往来诡秘",乾隆才下令宗人府查询此案。经过宗人府的一番审办,最后奏请将允禄、弘晳、弘升革去王爵,永远圈禁,弘皎、弘昌、弘普、宁和具革去本身爵号,宗人府在拟罪请旨的奏折上,特别指出理亲王弘晳在听审时"不知畏惧,抗不实供"。值得注意的是,乾隆在最后裁决此案时,说庄亲王允禄"乃一庸碌之辈",弘升不过"无藉生事之徒",弘昌则"秉性愚蠢",弘晋则"所行不谨",弘皎"乃毫无知识之人",而所列弘晳罪行之严重、居心之险恶,则大不相同。乾隆称弘晳向自己进献鹅黄肩舆一事,若是自己不受,那么,弘晳将自己留用。虽是这个罪名,也只是革去亲王,免于圈禁,仍准其郑家庄居住。

但是事情并未终结,后来弘晳又受到重罚。其一方面是因为他以旧日东宫嫡子自居,仍然期望有朝一日取乾隆帝位而代之。更重要的是,乾隆四年十月间到十二月,允禄、弘晳等结党一案案情急转直下。有一个叫福宁的人,是弘晳的亲信,来到宗人府告弘晳有弥天大罪,乾隆震怒,命平郡王福彭、军机大臣讷亲严切审讯得知。在审讯有关案犯时,巫师安泰的口供最骇人听闻。据安泰供称,他曾在弘晳府中作法,自称祖师降灵,弘晳随口问了以下几个问题,请神作答:

"准噶尔能否到京?"

"天下太平与否?"

"皇上寿算如何?"

"将来我还升腾与否?"

这些问题活脱脱勾画出一个唯恐天下不乱、企图东山再起的政治失意者的嘴脸。更为严重的是,弘晳不仅窥视皇位,梦想复辟,而且已经开始付诸行动了。经过平郡王福彭等的继续审讯,弘晳已经仿照管理宫廷事务的内务府之制,设立了掌仪司、会计司。俨然以皇帝自居! 所以乾隆帝怒不可遏地斥责弘晳"居心大逆",命交内务府总管,在景山东果园永远圈禁,其子孙亦革去黄带,从宗室中除名。

随着昔日东宫嫡子弘晳被永远圈禁于阴森蔽日的高墙之中,从康熙晚年开演的宫廷争储闹剧也就落下了最后一幕。

中国古代秘史

·清朝秘史·

图文珍藏版

弘时是被父皇雍正暗杀的吗

弘时生于康熙四十三年,比乾隆大七岁。他的母亲是雍亲王侧福晋李氏,其地位显然较乾隆生母"格格"钮祜禄氏要高得多,而且,李氏似为年轻时的雍正所专宠,她于康熙三十六年至四十三年之间,一连为雍正生下三个儿子。弘时16岁时,娶尚书席尔达之女栋鄂氏为嫡妻,另有钟氏、田氏二人为妾,康熙六十年钟氏生下一子。雍正即位后,特别为弘时延请儒王竤懋为上书房师傅。素来不把庶出、且其生母微贱的四弟弘历放在眼里的弘时,此时大概还在做着皇帝梦吧!

对于雍正这个业已长成、且娶妻生子的皇子,记载雍正一生重要言行的官修编年体史书——《清世宗实录》,竟连他的名字也没出现。倒是在乾隆登极不久,昭雪雍正朝获罪宗室时,提及了这位"三阿哥"。乾隆谕旨是这样说的:"从前三阿哥年少无知,性情放纵,行事不谨,皇考(雍正)特加严惩,以教导朕兄弟等使之警诫。今三阿哥已故多年,朕念及兄弟之谊,似应仍收入谱牒之内,著总理事务王大臣酌议具奏。"由此可知,弘时在雍正时已被革去黄带,从《玉牒》中除名了。至于弘时如何放纵、不谨,雍正又是如何严惩,由于谕旨语焉不详,使人感觉乾隆好像有什么难言之隐。

弘时的失爱于其父,由来已久。康熙六十一年正月册封首批亲王世子时,皇三子诚亲王胤祉之子弘晟、皇五子恒亲王胤祺之子弘升俱封为世子,独有皇四子雍亲王胤禛第三子弘时没有受封,这是令弘时极为难堪的一件事。当时,康熙二十四个儿子中,获得最高宗室爵位——和硕亲王的只有三人,即胤祉、胤禛和胤祺,既然弘晟、弘升都受特旨封为世子,以承嗣亲王,时年19岁、且已娶妻生子、其母为雍亲王侧福晋、又是雍亲王现存长子的弘时,为什么偏偏被漏掉了呢?显然是雍正认为此子不堪造就,故不请封。联系到此时距离雍亲王第四子弘历牡丹台首谒皇祖不过两个月的时间,雍正此时似乎心中已经另有所属了。按照皇室制度讲,亲王之嫡子方可请封为世子,庶出的阿哥弘历是没有资格封世子的,但雍正仍要压抑为侧福晋所出的弘时,这怎能不让这个火气方刚的年轻人怒火中烧。看来,雍正的偏爱弘历早已酿成了侧福晋李氏一房与"格格"钮祜禄氏一房之间的仇隙。乾隆的八字批语中有"幼岁总见浮灾",很大可能是他这位不怀好意的三哥弘时人为制造的,让这个还不知道如何保护自己的小孩子继续住在雍亲王府中真令雍正和康熙不放心,这大概是促成康熙将弘历立即携回宫中养育的一个原因吧!

雍正元年十一月十三日是康熙周年忌辰,总理事务王大臣等以皇帝一岁中已两次往谒陵寝,奏请停止亲谒,在诸王中请一位代为执行。雍正接受停止亲往的建议,而在命谁去恭代祭陵上却撇开了已封王爵的康熙诸子,命皇四子弘历前往祭景陵。弘历此时仅是 13 岁的孩子,自然也没有任何爵号,祭陵大典,且是圣祖周年初祭,是何等庄重之事,竟让一个未成年的皇子恭代,看起来近乎儿戏,而在雍正看来,此举虽于制度有违,但非如此不能告慰王父在天之灵。如果说弘历代雍正往谒景陵仅此一次,那么也不妨认为是雍正的权宜之举。但雍正二年十一月圣祖的"再期忌辰",代皇帝恭谒景陵的还是皇四子弘历。很明显,雍正是准备传位于皇四子弘历无疑。皇三子弘时置身其中,对未来皇位之属仍有系恋,其父一举一动的含义,当最敏感。

从康熙晚年争储混战中厮杀出来、眼下为储位之争的余波搞得焦头烂额的雍正对此有着最深切的理解。他绝不允许康熙、雍正之际的噩梦重演。弘时在彻底绝望后铤而走险,并坚决地加入雍正政敌的强大营垒之中,恐怕是雍正三年以后最令他愤懑并且忧惧的事了。从雍正的个性而言,这个人决不会因顾念父子亲情而手软,他必定会以非常的手段,坚决维护弘历的皇储地位。

《宫中档雍正朝奏折》记载雍正四年二月二十八日一道谕旨,全文如下:"弘时为人,断不可留于宫廷,是以令为允禩之子。今允禩缘罪撤去黄带,玉牒内已除其名,弘时岂可不撤黄带?著即撤其黄带,交与允禩,令其约束养赡。钦此。"允禩是雍正的八弟,康熙时封为多罗贝勒,雍正即位后,晋封廉亲王,总理事务,雍正四年初削宗籍,圈禁宗人府。弘时过继给允禩为子,当在雍正二、三年间,估计其时弘时怨意,且有所表现。雍正这样做无异于把弘时排除于未来皇位继承者之外,而偏偏过继给自己的政敌允禩为子,亦可证明弘时与允禩在政治上很可能一个鼻孔出气,因为清朝历来喜欢把有过误,甚至有罪不便处置者,交由与他政治态度相同的人管束。到雍正四年初,允禩挑带禁锢,又给雍正进一步惩治弘时的机会,于是借允禩撤去黄带、玉牒除名,将弘时也照此办理。所谓"虎毒不食子",雍正这一着狠毒到了极点,撤去黄带,玉牒除名,就意味着弘时不仅与雍正不存在父子关系,而且他连爱新觉罗的姓氏也被剥夺了,而以一般旗人交给允祀"约束养赡"。

从雍正四年二月到五年八月弘时早逝,这一年半的时间里,弘时的情况现在已经一无所知。有人推测弘时之所以被削宗籍,其中的原因可能有两个:其一,雍正即位后残害诸兄弟,以致雍正诸子,包括乾隆在内都不以为然,弘时不谨有所流露;其二,弘时之兄俱早殇,他可能对于帝位的传授有所觊觎,也就是说,雍正为帝后,他曾与乾隆角逐皇储。但是至于雍正是否手毙亲子,则不能肯定。无论如何,正当韶华之年的弘时之死是雍正残酷迫害所促成的无疑,他也是抱着与自己生身之父不共戴天的深仇大恨郁郁而终的。

宣统帝缘何被扣作人质

光绪帝与慈禧太后的相继殡天,宣统皇帝年幼不能亲政,隆裕皇太后在晚清的政治舞台上有着举足轻重的地位。隆裕皇后是慈禧太后的亲侄女,由太后一手选进宫中,亲自为光绪帝做主册立为皇后,自然在慈禧的眼里有很重的分量。但光绪帝与隆裕皇后素来不和,除了礼节性的日常问候外,彼此很少接触。皇后整日里闲而无聊,不是在宫中与小太监、宫女下棋、聊天,就是去慈禧太后、荣寿公主宫中坐坐。因此,小德张常有机会在隆裕皇后面前表现自己,隆裕皇后有事求助于太后时,也常暗中托小德张代为转奏。小德张自然会抓住每次机会讨好隆裕皇后,很得皇后的欣赏。小德张进宫以后,凭借着自己的聪明才智,很快讨得慈禧太后的欢心。他心中十分清楚,慈禧百年之后,紫禁城内就由光绪帝的隆裕皇后做主。因此,必须利用各种机会,拉拢、靠近隆裕皇后,将来也好有个强大的靠山。在宫中陪伴慈禧太后左右四十余年的总管太监李莲英,自知大势已去,主动提出告老还乡,隆裕太后恩准,擢升小德张为大总管太监,小德张开始投靠在隆裕门下。尽管如此,小德张并不满足眼前的权势与地位,他有更大的野心,那就是控制隆裕太后。

隆裕太后无论能力、才智远不如慈禧,一生庸庸碌碌,毫无主见。当时的清政府已是名存实亡,宣统帝年幼,摄政王胆小怕事,宫内宫外,朝廷上下,找不出几个有能力有主见的股肱。小德张清楚地看到了这一点,他要充分利用这千载难逢的机会,实现他的挟制太后号令天下的野心。小德张凭借他的地位和隆裕太后的宠信,常常在隆裕面前出谋划策,渐渐的,许多事情都是由小德张背后出主意,隆裕出面决定实施。而隆裕宫中的总管太监万宝斋则被排挤一边,最后被迫辞去官职,提早出宫。

从此以后,小德张更加肆无忌惮,有恃无恐,明目张胆地在宫内宫外拉帮结派,利用拜把子结盟、招收徒弟的形式,扩大自己的势力,将其心腹安插到各主要处所。小德张的势力在紫禁城内无所不在,对外又公然拉拢内务府大臣世续、景丰、增崇及直隶总督袁世凯等人,结党营私,狼狈为奸。

宣统皇帝继位后,光绪帝的皇后隆裕便升为皇太后,同治帝的妃子瑜贵妃按礼也成了皇太妃,两人都有抚养教育尚未成年的宣统帝的职责。抚养新帝,

隆裕太后

是一个权力与地位的象征,为了争得这个抚育权,隆裕与瑜太妃展开了激烈的争斗。

一天,正在养心殿看视宣统帝的瑜太妃,对坐在一旁的宣统生母醇王福晋说:“近日来,人来人往喧闹不止,皇帝整日不得安静,今日宫内无事,妹妹可带皇帝到我宫里坐坐。”不等醇王福晋回话,瑜太妃拉着皇帝就走。醇王福晋只好跟在后面,一起来到瑜太妃的长春宫。小皇帝觉得换了个新环境,在太监、宫女的陪伴下,玩得不亦乐乎。瑜太妃拉着醇王福晋的手并排坐在一起,显得十分亲热,也异常兴奋,说长论短,攀起家常。不知不觉,天色已晚,醇王福晋担心隆裕太后责怪,几次想起身告退,见瑜太妃没有丝毫让走的意思,也只得硬着头皮陪坐着。过了一会儿,瑜太妃又强留醇王福晋在长春宫用晚膳。用罢晚膳,瑜太妃又让皇帝住在长春宫。醇王福晋左右为难,走又不敢走,不走又如何向隆裕皇太后交代,直急得扑簌簌掉下眼泪来。

正在这时,忽然听见宫门太监上来禀奏,说是坤宁宫的奴才小德张给主子请安来了。小德张跪安后奏道:“皇太后命奴才前来迎接皇帝回宫。”瑜太妃脸一沉说:“你回去,奏知皇太后,就说是我说的,按理皇帝是继承同治皇帝,应该

图文珍藏版

住在我的宫里，若皇太后想见皇帝，可随时来我宫中。"小德张一听便知瑜太妃是故意与皇太后为难，只得口中连连称是，回到坤宁宫去。

隆裕太后在坤宁宫正焦急地等待着，见小德张神情紧张地跑回来，急问小德张出了什么事。小德张如实禀告，隆裕听罢，直气得脸色刷白，一时竟没了主张。小德张见此情景急忙跪奏："太后也不必着急动气，依奴才的主意，不如立即召见摄政王，商议一下该如何解决。"隆裕不知如何是好，一夜辗转反侧，未曾合眼。

第二天一早，天刚蒙蒙亮，隆裕太后就匆匆起来，希望早朝时能从众位王公大臣那里寻得个主意。醇王爷载沣听完隆裕太后的讲述，十分惊讶，一时也不知该怎么办，最后决定还是先派人去长春宫打探一下瑜太妃的意思。

原来这瑜太妃很有些才气，对朝廷的事情也有自己的见解。先前慈禧太后在位时，批阅奏折有时还要让瑜太妃帮忙，对宫内、朝廷的许多事情也很明细，朝廷诸大臣对她也很敬重。只因新帝继位，名义上宣统帝过继给同治帝作为继子，实际上宫中诸事没人与她商议，整日被冷落在长春宫，因此，她心中闷气，想出这个主意来要挟隆裕。

瑜太妃胸有成竹，料定隆裕必定派人来打探。果然不出所料，她就一股脑儿把自己的条件开出：其一，让皇帝知道太妃是他的额娘，有养育的责任；其二，宫中有事要与太妃商议；其三，增加太妃的月度费。来人如实向隆裕太后回奏，太后听罢，思索了一会儿，全部答应。

当天傍晚，宣统帝由小德张领回坤宁宫，两宫争夺皇上抚育权一事方告平息。在这一宫闱之争中，小德张忙前跑后，在两宫之间频繁奔波，为隆裕太后出谋划策，最终迎回皇帝，挽回隆裕的面子，也算立了一小功。

末代皇帝溥仪有多少个女人

清朝皇帝爱新觉罗·溥仪的婚恋经历，在中国历代帝王中可算得上是最具戏剧性，最为奇特的。他的一生中与五个女人有感情瓜葛：皇后婉容、淑妃文绣、贵人谭玉龄、福贵人李玉琴、妻子李淑娴。这期间，他从皇帝降到普通的老百姓，经历了人事沧桑，更饱尝了婚姻的酸甜与苦辣。

光绪三十四年，慈禧太后与光绪皇帝先后去世，年仅三岁的溥仪登基，成为清朝最后一个皇帝,年号"宣统"。宣统三年,在袁世凯的威逼恫吓下,溥仪退位,标志着清朝二百六十八年的统治宣告结束。但溥仪仍旧按清帝的规格享受着各种待遇,并留在紫禁城的内廷,做着归国旧主的美梦。

在几经波折后,新中国成立,溥仪这位皇帝成为一位普通老百姓,被关押在抚顺战犯管理所,接受人民政府的改造,1959年特赦,成为一位普通的公民,经过五十多年的人世沧桑,特别是十年的关押改造,他才感到建立一个感情为基础

末代皇帝溥仪与婉容

的平常家庭是多么的重要。在诸多有意于他的新女性中,他选择了一位只有高小文化程度,每月只拿五十多元工资的女护士为妻,这就是李淑娴。李淑娴是个普通得不能再普通的女人,可是溥仪却真心实意地爱上了她。在1962年举行的婚礼上,溥仪说:"我们今天能建立这个幸福的家庭,我感到非常高兴。"他表示今后要和李淑娴互相勉力,互相帮助,共同进步。婚后,夫妻俩感情融洽,互相体贴。一起度过了五年的快乐时光,临死前,他深情地拉着妻子的手,哭着,久久说不出话来,他在哀叹这夫妻恩爱的美好时光太短暂了。当他真正懂得爱情价值的时候,为时已晚了。

回想当年,溥仪十五岁时,到了谈婚论嫁的年龄,可是,这个懵懂少年并没有什么择偶标准,更没有娶妻生子的欲望,就随便在下人送来的四张少女照片上画了个圈圈,结果就定下了这位皇帝自己的终身大事:纳满洲正白旗郭布罗氏荣源的女儿婉容为后,满洲额尔德特氏端恭的女儿文绣为妃。

皇后婉容生得端庄秀丽,窈窕大方,一双水灵灵的大眼睛顾盼生辉,本来应得到溥仪的垂幸。可是,等到隆重热烈的婚礼一结束,对婚姻没有半点兴趣的溥仪却扔下皇后回到自己的养心殿去琢磨怎么"亲政"去了。新婚的第一夜,竟让皇后在乾宁宫的喜房中独自坐到天亮。此后,溥仪和婉容根本就没有夫妻生活,也很少在皇后寝宫过夜,即使来了,也是稍待一会就走。婉容常常在沐浴后打量自己美丽的外形和白嫩的肌肤,顾影自怜。幸好名分与尊严,使得她心

里得到了稍许的平衡。为了保住自己皇后的位子，她想方设法排挤、压制文绣。后来文绣与溥仪离婚，婉容得到的竟是溥仪更大的反感。于是，婉容开始吸毒，并逐渐与人私通，直到有了私生子，于是皇后被溥仪软禁在内廷。后来经过"满洲国""八一五光复"及国内战争等变迁，一贫如洗的婉容流落到吉林省敦化。年仅四十岁的她，已瘦得皮包骨头，脸色青白，两眼目光呆滞，满口黄牙，不像人样了。1946年病死，其尸葬何处无人知晓。

文绣比婉容更加痛苦，她不仅遭受溥仪的冷落，忍受婉容的欺凌，还得受各种宫中规矩的束缚，过着名为皇妃，实为囚徒的生活。她常常以消极抵触的情绪对溥仪表示不满。溥仪去她那儿，太监传报了，她不出来迎驾；溥仪想同她开个玩笑，到她窗下敲窗户，她连头也不抬；溥仪从她那儿走时，她装着写字，站也站不起来。1931年，溥仪被冯玉祥的国民军逐出了紫禁城，住进了天津租界。这时文绣接触了外界的新思想，顶住了来自各方面的压力，终于与溥仪离了婚，逃出了这个"活棺材"，得到了自由。后来，她在天津当了一名小学教师，直到1950年逝世。

谭玉龄是满洲人，原姓他他拉氏，进入宫廷时才十七岁，是个初中学生。她是在文绣离婚出走、婉容又因私情被软禁时，为了使"皇帝"身边有个"后妃"作为摆设，而被选中的。当时溥仪已经成为伪满日本军国主义者手中的玩偶，日本人要为他找个日本女人，以生下一个具有日本血统的"龙子"，为永久霸占中国的东北奠定基础。溥仪恐惧这个可怕的结果，怕日本老婆成为他身边的定时炸弹，于是急急忙忙找了谭玉龄，并封其为"贵人"。结果，贵人谭玉龄在溥仪身边仍然像一只笼中的鸟儿，没有恩爱，没有感情，不出五年，竟不明不白地"病死"了。一个二十二岁的姑娘竟成了牺牲品。

李玉琴是在谭玉龄死后不久，来到溥仪身边的，她被封为"福贵人"。这场婚姻简直与谭玉龄如出一辙，也是溥仪不愿娶日本老婆，自己找了个女学生充数，而入选的李玉琴不过比谭玉龄年龄更小，才十五岁，文化程度更低。李玉琴来了不到两年，日本战败，满洲国垮台，李玉琴却被溥仪抛下不管，与骨瘦如柴的婉容及溥杰的日本妻子等人在中朝边境流浪。后来被八路军俘获，由临江到通化、长春、延吉再转回通化，颠沛流离，苦不堪言。最后，李玉琴背着伪满"皇妃"的黑锅，回到自己的娘家。

为什么溥仪对自己的皇后、皇妃，贵人们这么冷淡？这四个女人的感情生活为什么如此孤寂凄凉？据说,这和溥仪的性格有直接的关系。在溥仪刚刚步入成熟期的少年时代,他身边的太监经常让一些宫女作"替班"伺候他,同他共寝。这些宫女年龄都比他大,正是春心荡漾,饥渴难耐的时期,见了这个童子皇帝如同久旱逢甘霖,个个施展床上功夫,"轮番攻击",终于使溥仪招架不住,精亏体弱。他身边的皇后、皇妃们只是当作摆设,根本谈不上什么床笫之欢,而这些如花少女得不到他的雨露滋润,自然就枯萎、衰败了。

溥仪一生经历了如此之多的变故,他的爱情也在不断地成熟,在人生将尽时,溥仪终于找到了自己的真爱,这恐怕是他一生最大的幸福吧!

溥仪究竟葬在何处

清朝入关后第十位皇帝爱新觉罗·溥仪,字浩然,西名亨利·溥仪,是第二位醇亲王载沣长子。在光绪三十四年十一月即皇帝位,时年3岁,其父载沣监国摄政,改元宣统。1911年八月,辛亥革命突然爆发,次年2月12日,奉隆裕皇太后懿旨宣布退位,在位仅三年。

溥仪自1912年退位,至1967年10月17日病逝。其间经历过"张勋复辟",拥其第二次当皇帝(仅12天即告失败)。1924年被冯玉祥国民军逐出紫禁城,第二年移居天津,年号大同,改长春为新京。1945年日本投降,被苏联红军俘获。1950年被遣送回国,入抚顺战犯管理所接受改造,1959年12月被特赦。第二次分配到中国科学院植物园工作。1961年任全国政协文史资料研究专员。1964年被选为全国政协第四届委员。1967年在北京逝世。

溥仪享年61岁,因患肾癌逝世。溥仪死后葬入皇家陵寝了吗？他生前营造过"万年吉地"吗？此事至今鲜为人知。据证实,1915年溥仪10岁时,废清皇室决定为溥仪选择"万年吉地"。担任此任的即是精通风水的广东廉州府李青。李青在笔贴式锡泉等人的陪同下,踏遍了河北省易县西陵的山山水水,经过勘测与卜算,认为泰东陵旺隆村北(俗名狐仙楼),是一处风水宝地。陵穴定在西北的上坡上,与崇陵遥遥相对。清皇室经过讨论,并派人实地考察,认为可以选用,并即时将此地圈禁起来。据记载,当时溥仪小朝廷没有自己的经济来源,更何况时局不稳,小朝廷自身难保,所以陵址虽然已经选定,但一直未能兴工。还有一种说法:溥仪入承大统后,就开始在崇陵旁的旺隆村北选定了"万年吉地"，并于宣统二年破土修建，采取了先地下，后地上，由后向前逐步施工的办法。施工一年左右，完成了地宫开槽奠基和明楼保城等基础工程。辛亥革命爆发，清王朝结束了二百多年的统治至此宣统陵寝工程被迫停止，再没有恢复兴建。两种说法，孰是孰非，有待考证。

那么，溥仪逝世后，是土葬还是火化呢？据溥仪的夫人李淑娴说，溥仪的遗体是 1967 年 10 月 19 日火化的，对于骨灰如何处理，周恩来总理当时做了明确的指示：一、可由爱新觉罗家族决定；二、可由家属选择在革命公墓、万安公墓和其他墓地的任何地方安葬或寄存骨灰。于是 10 月 21 日家属聚会进行了讨论，经家族一致商定，将溥仪的骨灰寄存在八宝山人民骨灰堂。

溥仪之弟溥杰说：周总理等领导同志对溥仪的后事非常关心，曾对我说，是否要建立一座漂亮的公墓？作为一个市民，我明确地拒绝了。

据新华社报道，为了祭奠这位在"文革"中遭遇不公平待遇的"公民"，1980 年 5 月 29 日在政协礼堂，为溥仪举行了隆重的追悼会，邓颖超、乌兰夫、彭冲等中央领导送了花圈，全国政协副主席季方、刘澜涛等三百多人出席追悼会。会后还根据中央指示，将溥仪骨灰安放在八宝山革命公墓第一副室。

1994 年溥仪墓地又有变化。1994 年旅居海外的张世一先生在易县崇陵西北兴建了一座华龙皇家陵园，为了提高陵园知名度，增加效益，张先生经过不懈努力，劝动了溥仪夫人李淑娴，将溥仪的骨灰盒迁葬西陵。

安放仪式于 1995 年 1 月 26 日举行，由李淑娴把骨灰盒捧至墓穴前，陵园工作人员将骨灰盒放入水泥筑的棺内，面南朝北，盖上棺盖，最后浇上混凝土。这就是清末最后一个皇帝的万年吉地。

在此之前，关于溥仪的葬地韵传闻很多。相信读者在看完本文后，一定会有一个清晰的脉络。

后宫秘录

孝庄皇太后死后为什么未与皇太极合葬

孝庄皇太后作为皇太极的妃子，死后为什么没有按例葬人沈阳昭陵，与皇太极合葬呢？这种不合祖制的行为历来都是人们争论的话题，于是出现了种种猜测。

孝庄皇太后

孝庄皇太后是顺治皇帝的生母，康熙皇帝的祖母，十四岁时嫁给努尔哈赤第八子皇太极。凭着她的聪明才智，深得皇太极的宠爱。1643 年，皇太极暴疾身亡时，没有指定皇位继承人，因而引起了一场争夺皇位之战。当时有实力竞争皇位的有皇太极长子豪格、九弟多尔衮以及孝庄之子福临。豪格是众兄弟中唯一封王的皇子，并得到八旗部队中半数的支持；多尔衮战功显赫，手握两白旗，兵精将勇，并有豫亲王多铎和武英郡王阿济格的支持，于是两派多有摩擦，互不相让。其实，在当时的情形下，无论是豪格还是多尔衮登基，都会引发一场大的内战。孝庄带着丧夫之痛，即时地审时度势，分析现状，利用豪格多次表面上假装推辞，多尔衮也犹豫不决，争取时机，拉拢多尔衮，让福临登基。当时福临只有六岁，没有任何实力，但却登上了皇帝的宝座，而多尔衮却做了摄政王，世人多认为这与其母孝庄的政治活动是分不开的，随即出现了"太后下嫁"之说。

当时的孝庄皇太后刚刚 30 岁，虽然生了几个子女，但仍然正值盛年，风华正茂，楚楚动人，并且也渴望关怀与疼爱，她的姿色和才气早就闻名遐迩。此时的多尔衮也正值壮年，体格强健，仪容英伟，擅长骑射。多尔衮早就对这位美艳夺人、肌肤如玉，人称大玉妃的皇嫂迷恋有加。他经常出入宫禁，两人在为皇太极守灵时眉目传情，互有好感。这一对恋人俨然多年的夫妻，感情十分融洽。多尔衮想赶快结束这种偷情的日子，让盛年寡居的嫂子成为自己明媒正娶的妻子。但这首先得征求大臣们的同意，起码是默许，于是多尔衮密召心腹大臣范文程，暗授计谋。

第二天，百官上朝时，范文程出班奏道：摄政王德高望重，廉抑自持，自入关以后,威权在握,却不以帝位自居,尽心辅佐皇帝。摄政王视皇上为己子,皇上自当视摄政王为父。摄政王亲侣新丧,皇太后盛年寡居,既然皇上视摄政王为皇父,当然不应使父母异居,因此伏请摄政王和太后同宫。这一番骇人听闻的言语,众朝臣居然没有一个人敢说话。结果当然是顺利通过。

太后下嫁的行为符合满族的传统,哥哥死后,其妻子和儿子可以过继给弟弟。但这不符合汉族的道德标准,因此顺治继位后,以此为耻,不肯将其写入正史。至于太后下嫁的规模、是否向天下颁布诏书,还有待进一步研究。

那么,"太后下嫁"之说具体的根据是什么呢?第一,1650年,多尔衮因打猎跌伤致死,顺治下诏宣布其罪状中有语:"自称皇父摄政王,又亲到皇宫内院"这两句。很明显是说太后下嫁了,不然多尔衮称"皇父",又深入"内院",无疑是将太后置于妻子、皇帝置于儿子的地位。如果太后没有下嫁,他和皇室亲王贝勒是决不会接受此种行为的。而事实上此事是得到他们的默许,当多尔衮死后,竟被破例追封为诚敬义皇帝。另外,宣统初年,内阁储存档案的大库围墙倒塌,当时任阁读的刘启瑞奉命检查库藏,从中得到顺治时太后下嫁皇父摄政王的诏书,便向朝廷做了报告,这可算是太后下嫁的有力佐证。

第二,清廷曾派遣使臣去朝鲜递交国书,朝鲜国王李宗看见书中称多尔衮为"皇父摄政王",便问这是什么意思。清朝来使回答说:"如今去掉皇叔父中的叔字,一切礼仪,都与皇帝的相同。"右议政郑太和说:"虽然没有颁诏天下,但已经与太上皇差不多了。"于是国王李宗说:"那么,就是两个皇帝了吧!"这里说明朝鲜君臣也发现所谓"皇父"的奥秘,无疑是指太后下嫁一事。

第三,明末大臣张煌言在一首诗中写道:"看宫昨进信仪注,大礼恭逢太后婚""庭又闻册阏氏,妙选媚娃足母仪。"此诗就是指"太后下嫁"一事。

第四,康熙二十六年,75岁的孝庄皇太后病重时对康熙说:"你祖父安葬已久,不用再打开他的陵墓了,况且我也很想念你们父子二人,不想远离,所以希望在孝陵附近安葬,这样我就放心了。"康熙遵其遗嘱,把灵柩暂停在清东陵,直至雍正二年才正式葬入地宫。这种做法是违背清朝帝后丧葬制度的,可见她有难言苦衷,因为下嫁多尔衮一事,再同皇太极合葬便不合情理。

乌喇那拉氏是怎样成为乾隆帝皇后的

乾隆帝的第一位皇后、他深爱的孝贤皇后去世后,乾隆的生母、皇太后钮祜禄氏变得日益心神不宁起来。一方面,她为失去一个孝顺的儿媳感到哀伤:她是那么温柔、和顺,那么勤俭善良,当她在世的时候,几天不见,自己内心都若有所失,然而,竟成永诀,怎么能不感到苦楚伤神?另一方面,她更为自己的儿子担心。她清楚地记得,在德州乾隆向自己禀报皇后崩逝时那痛不欲生的样子。那令人肝肠俱裂的悲恸之声,至今还在自己的耳边回响。看到儿子回京后不是失魂落魄,就是喜怒无常,不是对皇子大加责辱,就是对群臣动辄严惩,皇太后为此忧心如焚。

忧心忡忡的皇太后前后思虑,终于想到了一个主意:虽然太后不得干预朝中政事,但我是皇帝的生母,总可以过问自己儿子的婚事吧。自古婚姻之事唯父母之命是从,这可是做母亲的天经地义的权力和义务。皇太后希望让另一个女人真挚的爱来安慰乾隆帝,使他不再孤独,使他振奋,最终转移对孝贤皇后的过度思念,恢复他昔日英姿勃勃的风采,理智、宽仁地行使皇帝的权力。如能这样,于国、于民、于己、于乾隆本人都是一件天大的好事。

可是,在乾隆众多的妃嫔中,哪一个女人能担负起皇后这一使命呢?哪一个女人能使乾隆感到温馨、幸福呢?太后心想,还是找资历深一点的好,因为资历深的妃嫔和乾隆相处的时间长,知道乾隆的脾气,了解他的爱好,肯定比一般女子更懂得怎样去抚慰他。而且,这些资历深的妃嫔和自己当年一样,服侍皇帝一二十年,任劳任怨,勤勤恳恳,也有功于皇家,应当酬劳。既然要从资历深的妃嫔中选立皇后,当然要从当年雍正帝赐给乾隆的几个妃子中挑选,而且要选人品堪配皇帝者。皇太后经过反复比较,仔细推敲,最终发现了一个理想人选,她就是乌喇那拉氏。

乌喇那拉氏生于康熙五十七年(1718年),比乾隆整整小了七岁。和出生显贵之家的孝贤皇后不同,其父那尔布只官至佐领,家道并不富有,和满洲勋贵们相比,也不引人注目。那拉氏是一个颇有心计的女人,她身材娇小,体态文弱,举止稳重,言语婉转,在和太后的言谈应对中,总流露出一种天然的恭顺之情。于是太后不止一次由衷地赞叹:"真是一个好孩子!"现在,孝贤皇后去世,皇太后决定将那拉氏作为乾隆第二位皇后,管理清廷后宫。

当皇太后郑重其事地将自己的决定告诉乾隆时,乾隆不禁大吃一惊。他没想到,皇后去世刚过百日,太后就匆匆为自己选立皇后。可是母命难违,自己贵为天子,在婚姻大事上也没有自主权力,何况作为皇帝,历来提倡以孝道治天下,现在在四海臣民众目睽睽之下,自己岂敢公然自食其言!对于选立那拉氏,乾隆倒不特别惊奇,因为他不止一次听到太后赞扬那拉氏温柔和顺。遗憾的是,自己对这个当年的侧福晋并没有太深的印象,尽管她跟随自己这么多年,可在内心深处,仍如一个陌生的女人,自己怎能和一个陌生人共度余生?乾隆不敢公开抗拒母后的决定,只好以皇后去世不到三年(27个月)相推托,太后这时已经看出儿子对那拉氏兴趣不大,心中深感失望,但她觉得那拉氏是自己经过反复考虑才选中的,这一决定不会有什么过错,因而坚持将册立那拉氏为皇后的决定公布于天下,使之成为既定事实。

接着,皇太后下了一道懿旨,称:皇后匹配皇帝,母仪天下,正如天地日月相辅相成。现在,皇帝正当壮盛之年,内宫尤需有统领、表率之人。娴贵妃那拉氏系皇考(雍正)当年所赐,人品端庄,待下宽仁,皇帝应该效仿圣祖(康熙)当年成例,命那拉氏继富察氏之后管理后宫。如果皇帝认为孝贤皇后去世不久,不忍心立即册立皇后,那么册立时间也不应迟于皇帝40岁生日,到那时已经不止二十七个月了,儿子儿媳一同到慈宁宫行礼,我的心里才会感到安慰。

仔细分析,就会发现,这是一道颇费苦心的懿旨。第一,它着意抬高那拉氏的地位,以母后身份肯定那拉氏"端庄惠下",并明确指出:那拉氏是雍正所赐,故乾隆不可拒绝;第二,明确宣布现在确定那拉氏管理后宫,统率妃嫔,具有不可否认的合法性,那就是"圣祖成规";第三,限定了立那拉氏为皇后的最后期限,那就是乾隆40岁生日以前,即1750年8月以前;第四,皇太后将能否遵循自己的懿旨与孝与不孝这一原则问题联系起来,也就是说,只有遵旨册立那拉氏为皇后,才能让皇太后欣慰。乾隆既然想做圣明天子,以德礼治天下,当然不能置母后满意与否于不顾。

在亿万臣民面前,声威赫赫、不可一世的乾隆皇帝,面对个人问题和母后的懿旨时,竟无计可施,显得格外软弱,只有服从而已。他随即下了一道谕旨,正式命那拉氏为皇贵妃,赋予她管理宫内事务之权。处于深宫中的诸位妃嫔,这时也不约而同地将震惊、羡慕、嫉妒的眼光投向那唯一的幸运者——乌喇那拉氏。聆听着册命自己为皇贵妃的谕旨，那拉氏的眼里充满了晶莹的泪珠，她不知道自己是激动、欣喜还是悲伤，总之，是一种感觉，一种人生特有的五味俱全的感觉。

那拉氏是由雍正帝亲自赐给乾隆作侧室福晋的。当时的乾隆，还是一个充满天真稚气的少年，而皇子宫中的姑娘们，一个个打扮得如花似玉，竭尽媚态，千方百计引起皇子们的注意，使自己能获得宠爱，享受皇家浩荡天恩。弘历当上皇帝后，又有不少美人入宫，深宫后院，妃嫔贵人为获得皇上的欢心，赢得皇帝的宠幸，更展开了一场无声无息的战争。例如，有一次挑选秀女，姑娘们迈着轻盈的步履，让皇上尽情欣赏。忽然，地上竟出现许多莲花图案，乾隆忙问是谁印的，有一个美人羞羞答答地站出来，原来，她将自己的鞋底制成莲花形状，在鞋内装上彩粉，所以，莲花便随步而生。即此一端，便可见当时宫内之人，为争皇帝之宠，真是绞尽脑汁，无所不用其极。

从雍正到乾隆初年，那拉氏在争取君王宠爱的角逐中，一直处于不利地位。但是她以自己稳重的人品赢得了皇太后的赏识，以致有了这令人激动、令人陶醉的懿旨。乾隆十五年（1750年）八月初二，在乾隆四十岁前夕，年已32岁的乌喇那拉氏正式成为大清帝国的皇后。

香妃真有其人吗

相传回部有一位王妃，姿色妙丽，生来就带有一种独特的香气，人称"香妃"。在清朝平定新疆的战争中，乾隆得知了这件事情，便嘱咐西征大将军兆惠务必弄明白。后来，兆惠将军打败了大小和卓，将香妃带回京城。乾隆帝十分喜欢，专门建了一座宝月楼给她居住，楼外是一色的维吾尔毡房，同时将仿造土耳其式建筑的洛德堂作为她的沐浴之所，希望以此讨得香妃欢心，以解她思乡之苦，谁知香妃始终念念不忘国破家亡之恨，常随身带着一把匕首，不管乾隆如何施计讨好，她始终不屈从。后来太后得知此事，担心皇帝有所闪失，便趁乾隆祭天住清斋宫之际，将香妃召入慈宁宫赐死。

那么，历史上究竟有没有这样一位传奇女子呢？

实际上，在乾隆的42位后妃中，的确有一位来自西域回部，她的封号为"容妃"，意思是容貌出众的女子。容妃来自新疆和卓氏家族，"和卓"在波斯语中就是伊斯兰教首领的意思。她是大小和卓波罗尼都的远房妹妹，乾隆二十二年（1757），霍集占和波罗尼都兄弟二人发动反清叛乱时，香妃之兄图尔都和五叔额色尹协助清军平息了叛乱，立下了显著功勋。三年后，他们受到乾隆的召见，图尔都27岁的妹妹也被应召入宫，册封为"容贵人"，此时乾隆皇帝已经50岁。

容贵人很幸运，入宫后两个月，宫中移自南方的荔枝树居然结上了惹人喜爱的荔枝，而且多达两百多颗。宫廷喜气洋洋，大家以欢愉的心情，接受了这位给后宫带来喜气的西域美人。贵人在清廷后妃八个等级中，位居第六，贵人的前面

香妃

有皇后、皇贵妃、贵妃、妃、嫔。乾隆很喜爱容贵人，在她入宫的第三年，即乾隆二十七年五月十六日，由皇太后降旨，册封容贵人为容嫔。她的哥哥、原封一等台吉的图尔都也追功同时晋爵，进封辅国公。

容嫔在乾隆帝心中占有十分重要的地位，她不仅姿色迷人，还长于舞剑和骑射。她入宫以后，一直身着维吾尔服装，其姿容俊俏和独特的西域情调，使多情风流的乾隆皇帝神魂颠倒。乾隆三十三年六月，皇太后又降下懿旨，晋封容嫔为容妃，此时，她刚35岁。

在容妃四十寿辰和五十寿辰时，乾隆帝都赏了她大量珍宝玩物和重达450两的银元宝。每年四季，她不断得到八方封疆大吏们进献的干鲜果品。她先后九次随侍乾隆帝前往风景秀丽的热河行宫避暑，并前往木兰围场，与乾隆帝打猎尽兴。乾隆三十年，乾隆帝第四次南巡，容妃是随行的六位后妃之一，她有幸饱览了江南园林之美和湖山之胜。乾隆三十三年，她又随乾隆帝东巡，游历了东岳泰山，拜谒了曲阜孔庙。乾隆四十三年，乾隆帝拜谒满洲龙兴之地——盛京，容妃已列位六位妃嫔的第二位。这次她参加了在福陵、昭陵祭祀清朝缔造者努尔哈赤和皇太极的隆重典礼，并在盛京故宫的凤凰楼和崇政殿，与皇帝一起接受了诸王大臣的叩拜。由于后妃中只有她是回族人，因此无论在宫中还是

出巡途中,她的膳食都由皇帝指令专门安排,遵从回民习俗,使用多为羊、鹿、鸭、野鸡、乳品和各类素菜。

容妃美丽动人,她的家乡有一种沙枣树,移入宫中,奇香无比,系天然生成,因此人称为香妃。乾隆五十三年四月十九日,容妃离开了人世,终年55岁。当年九月二十五日,她的灵柩被送往河北遵化昌瑞山南麓的清代帝后陵园中安葬。

至今令人迷惑的还有香妃像,传世的有三副,其中两幅是油画,一个是身穿欧式盔甲的半身像,即1914年古物陈列所展出的"香妃戎装像",一个是身穿西式长裙的全身像,即"香妃洋装像"。另一副是一旅行家摄于裕陵寄赠孟森的,据说是祭祀时所用的神像,即"香妃旗装像"。前两幅油画据说为郎世宁所作,但画上并无郎世宁属款。目前中外学者基本否定这两幅为香妃画像,因为一则画中人面貌并无维吾尔女性的特征,二则作品的风格也与郎世宁不同。第三幅画像上是一位身着红色满装的年轻少妇,眼窝微陷,鼻梁隆起,圆脸庞,颧骨稍高,是回部女子带着柔媚娇怯的典型相貌。从笔法看,也似出自郎世宁之手。容妃的头骨经过有关部门的复原,认为她是圆脸庞,高颧骨,前额稍突出,与肖像颇为吻合。另外,乾隆在香妃死后三年吟咏香妃生前所居的宝月楼,曾有"卅载图画朝夕似"之句,可见香妃确曾有过一幅画像,而且是被乾隆帝挂起经常观看以释怀念之情的,由此繁多现象,基本可以确定这幅"香妃旗装像"就是香妃(容妃)的画像。

容妃从数千里外的雪原来到繁华的京师,进入神秘的皇宫,登上嫔妃的宝座,生前享尽荣华,死后安卧在崇隆的宝顶之下。然而二百年后当人们重新看到她的时候又是怎样的呢?——她的墓室常年浸泡在积水之中,停放在金卷宝床上的红漆棺椁,已被盗墓人用利刃砍了一个长1.75米、宽0.6米的大洞,棺中空空无物。她的头骨滚落在棺木外的西侧,附近是她那条长85厘米的花白发辫。身骨已经溶蚀,陪葬宝物大都荡然无存,唯有零星散落的珍珠、宝石。从棺头正中金漆手书的阿拉伯文《古兰经》"以真主的名义"来看,她是信奉伊斯兰教的,而且她的信仰在死后也和生前一样受到了尊重。其实,这不仅关系着她一个人的荣辱,同时也是清廷巩固对周边民族统治的整个民族政策的组成部分。

·清朝秘史·

图文珍藏版

孝全皇后是怎么死的

孝全皇后钮祜禄氏，是道光皇帝的第三位皇后。生于嘉庆十二年，比道光皇帝小 25 岁。其父颐龄曾在苏州做官，孝全也随居苏州。据说，孝全幼时既贤惠又聪明伶俐，动手能力极强，可以巧妙地拼凑"七巧板"，并且有所创新。后人赞誉她为"蕙质兰心并世无"。

钮祜禄氏年幼时，曾随同她的父亲做官到苏州。苏州的女孩子不仅长得漂亮，而且聪明。当时，钮祜禄氏经常和这些女孩子做木板拼字的游戏。后来，她熟能生巧，竟发明了一种新的玩法，用小刀切割许多木片方块，随时都可以拼凑成各式各样的文字。以后，道光帝选秀女，颐龄就把女儿送入宫中。钮祜禄氏以她美丽的容貌被选中。由于她善于讨道光皇帝的喜欢，不久，被封为贵人，以后又升为"全嫔"。因为她才貌双全，明慧温柔，才智过人，16 岁时，道光帝封她为"全妃"。道光十一年，钮祜禄氏生下皇四子奕詝，即后来的咸丰皇帝，她又母以子贵，被封为全贵妃。道光十三年，孝慎成皇后佟佳氏病故后，她被晋升为皇贵妃，统摄后宫事务，道光十四年被册立为皇后。这样一位春风得意的皇后，升迁神速，死亡也快。只做了六年皇后，就于道光二十年正月暴崩，年仅 33 岁。关于她的死因，历来有许多种不同的说法。最流行的观点是认为，皇后之死是皇太后所为。

孝全皇后

道光十六年（1836 年），孝和睿皇太后钮祜禄氏六十大寿，皇宫内隆重庆祝。道光帝率王公大臣、皇后钮祜禄氏率六宫妃嫔，分别向皇太后祝寿。道光帝为了讨皇太后的喜欢,写了不少诗词,颂扬皇太后福如东海,寿比南山。皇后钮祜禄氏也填写了一些歌词,敬献给皇太后。

　　皇太后的六十大寿庆典之后,又过了些日子,一天,道光帝到皇太后处请安,无事闲话,说到了皇后的聪明才智。谁知皇太后流露出无限惋惜的神情。道光帝感到非常诧异,便向皇太后追问原因。太后说:"女子以德为重,德厚才能载福。如果只凭一点才艺,怕不是福相。"其实,太后这些话,本来也是随便谈到的,并没怎么介意。不料,这些话后来传到皇后耳中,钮祜禄氏非常不高兴。她想:我现在已经是国母,况且又有个男孩,将来这个孩子必定要继承皇位,那时我就是太后,怎么能说没有福相呢?她心里犯开了嘀咕,慢慢地,感情上和皇太后产生了隔阂,行动上也就有了表现,每次给太后请安时,言语中总有些刺激性的话。时间长了,皇太后看出了问题,也明白了事情的原委,便大发脾气。皇太后是皇帝的母亲,又是皇后的亲姑姑,怎么能忍受这种旁敲侧击、冷嘲热讽的话呢?这以后,太后不是当面训斥皇后,就是指斥道光帝管教不严,母子之间、姑侄之间,矛盾越来越大。道光帝和皇后的感情本来非常好,皇太后每次责备,道光帝又都讲给皇后听。皇后越来越生气,见了皇太后也就顶撞得更厉害。一些妃嫔知道了这件事,出于对皇后的妒忌,也到太后面前说皇后的坏话。这样,太后与皇后之间的关系更加紧张。

　　道光十九年(1839年)腊月,北风狂吹,寒气逼人。一天,皇后外出,患了感冒,有几天未到太后处请安。谁知,太后竟亲自来到皇后处探视,问寒问暖,格外亲热。皇后感到自己过去做得不对,心里很不是滋味。转眼到了道光二十年(1840年)正月,皇后的病已经基本上好了,便倒皇太后处问安,太后很高兴,拉着皇后的手,问这问那,十分热情。姑侄间往事的矛盾似乎冰释了。过了一天,太后派两名太监特意给皇后送来一瓶名酒品尝。皇后很高兴,当着太监的面,当时就斟了一杯,一饮而尽,还对太监说味很甘美,多谢太后。但是,就在这天夜里,皇后去世了。

　　《清官词》中有:"如意多因少小怜,蚁杯鸩毒兆当篷"词句。此诗意思为:孝全皇后由皇贵妃主持六宫事务,后为正宫,今年暴崩,事情一定有隐情。当时孝和太后还在,家法森严,道光也不敢违背。可以分析,孝全之死与鸩毒有关,由于孝全违背了家法,孝和皇太后执行家法,毒死了孝全皇后。至于违背了哪条家法,注释中没有提及,后人只能用"事情必有隐秘"解释了。

还有的人说，孝全为了立其子奕詝为皇太子，欲毒死其他皇子，于是在宴请诸皇子的家宴中，置毒于鱼腹。吃饭时，奕詝不忍心杀死众弟，于是暗示大家不要吃鱼。事后孝全阴谋败露，皇太后大怒，立赐孝全自缢。孝全在皇太后的逼迫下，投环而死。

孝全暴崩真相如何，至今没有定论。据说，孝全死后，道光异常悲痛，特封大行皇后为"孝全"皇后，专门发了一道上谕，称赞皇后"恭俭柔嘉"，命惠亲王绵愉、总管内务府大臣裕诚、礼部尚书奎照、工部尚书廖鸿铨总理丧仪。第二天，道光帝身穿青袍，摘掉冠缨，亲到皇后灵前祭奠。整个宫中，仅孝布就用了二百二十四匹。道光帝还立钮祜禄氏的儿子奕詝为皇太子，委派皇贵妃博尔济吉特氏代为抚养。为了表示对皇后钮祜禄氏的怀念，此后道光帝再也没有册立皇后。道光二十年十一月初九日孝全皇后葬入慕陵地宫。

1851年奕詝即皇帝位，是为咸丰皇帝。后人推论他的登基是以孝全皇后的暴死换来的。此说是否可信，目前尚未有史料佐证，有待于我们继续探索。

慈禧是否出身名门

统治中国达半个世纪之久的慈禧皇太后，为人所知的常是垂帘听政、大权独揽的风光一面，而至于她的身世，常常不为人们所知。有人说慈禧出身名门，也有人说慈禧出身十分贫贱，几乎到了食不果腹的境地。那么，慈禧究竟出生在什么样的家庭里呢？

慈禧太后的祖先居住在叶赫，因此被称为叶赫那拉氏。叶赫部族原为满洲镶蓝旗人，后来因为身贵位显，遂抬入上三旗中的镶黄旗。道光十五年农历十月初一，叶赫那拉氏兰儿出生于北京城一个中层官员的家庭。其曾祖父吉郎阿当过军机章京，被人视为要员，后来改任户部银户员外郎，仍是一个肥差，临死前担任刑部员外郎，官居从五品。其祖父景瑞开始时担任笔帖式，即掌管满汉奏章翻译之职，后来渐渐升到刑部郎中，位居正五品，列京察一等。据说此人不仅文笔很好，而且很有才干，经过吏部推荐，准备外放江苏知府。不巧的是，一次在道光皇帝召见时，因为礼节不周，失去了晋升机会，只好发回刑部，仍任原职。其父亲惠征，也是笔帖式官员，先在吏部行走，后升至员外郎，不久外放山西归绥道，再改任安徽宁池广太道，位居正四品，已经接近高级官员的职衔。那拉氏的母亲富察氏同样出身于官僚家庭。外祖父惠显，先后当过安徽按察史、驻藏大臣、工部左侍郎、归化城副都统，后来位至二品大员。

叶赫那拉氏兰儿自出生起直到入宫之前，一直住在北京西四牌楼劈柴胡同。从其家庭出身和家庭背景来看，她自小生活富裕，衣食无忧，并受到良好的教育。否则她在日后很难轻松地批阅奏章和发布"懿旨"。她从懂事起，即是一个知书达理的女子，属于比较标准的"秀女"。咸丰元年三月二十八日，那拉氏坐上骡车入宫选秀，从此亲近天颜，一步一步走向大清国的权力巅峰。

被选入宫以后，兰儿凭着自己的美貌与智慧，逐渐获得咸丰皇帝的喜爱，被封为懿嫔。咸丰六年三月庚辰，兰儿顺利产下一位皇子，被晋封为懿妃。第二年，等到皇子满周岁时，咸丰又将她封为懿贵妃。咸丰十年，兰儿跟随咸丰到了热河。十一年七月，咸丰去世，同治继帝位，她与孝贤皇后一起被册封为皇太后，她的封号为慈禧端佑康颐昭豫庄诚寿恭钦献崇熙圣母皇太后，是历代后妃中最长的。

关于慈禧的出生地，史学界历来争论不休。有说北京，有说安徽，有说山西，有说内蒙古呼和浩特。据记载说她"生于南中"，但"南中"在哪，是"南方"吗？如果是，据分析，此说是由慈禧之父曾在"南方"任安徽道员一事穿凿附会出来的。据史料记载，惠征是咸丰二年七月到安徽任职的，那时慈禧18岁，并已入宫，封为兰贵人了，何为"生于南中"呢？最近又有人说慈禧生于浙江平湖县，理由是，慈禧去世时，平湖人曾为她举行国丧，并把她的出生地满洲旗下营命名为"凤凰墩"，把附近的桥命名为"凤凰桥"，这些故地至今还在。但是这种说法没有史料根据证明，也许只是人们为了吸引游客而附会的吧。

慈禧的身世与家境，史学界没有统一的说法，民间传闻更加离奇。说法最多的是：慈禧的父亲惠征，是正黄旗满洲人，初任山西潞安府知府，以后升任直隶霸昌道道台，不久又调任福建汀漳龙道台，死在福建任上。据说惠征为官时，慈禧年龄虽小（十多岁），但亭亭玉立，生得杏脸蜂腰，修眉俊眼，异常漂亮。经常随父出入官场，见多识广，深谙此中权术。这也为她以后执政打下了基础。

民间传说中，慈禧家境贫寒，靠替人家哭丧所得的收入糊口；或说靠义父吴棠的抚恤生活；还有的说靠她的亲戚穆彰阿的提携为生，以致经常遭到油盐店的老板侮辱。甚至有人说慈禧父亲死后，家境贫苦，归丧途中将船停在清江浦时，恰巧清江知县吴棠的一位朋友的丧船也停在这里。吴知县的家人送上三百两白银作为慰恤,不料送银人误把钱送到了兰儿姊妹船中。吴棠知道后,十分生气,正准备派人去追回银钱。这时,吴棠的一位幕僚劝阻道:听说船中为满洲闺秀,入京去选秀女,一旦此女选上,于公或许有利。吴棠想想也有道理,当即顺水推舟,不但未追回银钱,还亲自前往登舟行吊。此举深深地感动了兰儿,她对妹妹说:"吾姊妹以后若是得志,绝对不能忘记这段恩情。"因此,慈禧当政后,吴棠这位平庸的官僚多次得到提拔,以至任四川总督一职。在慈禧入宫前后的官场上,的确有过她是吴棠义女的议论,也有的说她曾经接受吴棠的接济而成为他的情人。到底有没有这回事呢?从时间上来看,慈禧之父死于咸丰三年,而慈禧在咸丰二年即已入宫,故上述说法纯属无中生有。

根据多种史料证实,慈禧的曾祖父、祖父、父亲都在朝中为官,虽然谈不上富贵,但也可以说是名门世族。况且慈禧的母亲也是名门闺秀,她父亲惠显是地方上位居二品的封疆大吏。由此可以推断,慈禧并非出身于贫贱之家,父亲死后也没有经历过贫穷的日子,慈禧的生活无论在惠征生前死后都是富足的,她始终过着养尊处优的日子。那些所谓慈禧出身卑微的故事,无非是人们猜测的结果。也正是因为慈禧从小受到官场政治的熏陶,加上有一定的文化根基,才为后来她垂帘听政、肃清政敌打下了基础。

慈禧为何得到咸丰皇帝的宠爱

慈禧在二十七岁的时候就已经掌握朝中大权,以垂帘听政的方式,实现着自己的野心。她把持大清政权达半个世纪之久,这一切,都是始于深受咸丰的宠爱。那么,她是怎样在众多后宫佳丽之中脱颖而出的呢?

慈禧本名叶赫那拉兰儿,是满洲镶黄旗人。她从小聪颖过人,胸怀大志,以为入宫后前程必然灿烂。咸丰三年,她如愿进宫,成为一名宫女。一年后,被分配到离京四十里的圆明园执役,住在"桐荫深处"。皇上一年难得去圆明园几次,"桐荫深处"又是在比较隐秘的地方,等于是打进了冷宫。于是,她进宫后很长时间,竟然连皇帝的面都没见着。

然而,命运就是这么眷顾兰儿。当时太平天国运动正在高潮,清兵屡战屡败,咸丰皇帝心烦意乱,索性躲进圆明园内,寄情于声色。兰儿听说每日饭后,皇上必定坐着八个太监抬的小椅轿,到"水木清华阁"去午睡片刻,有时经由

"接秀山房"前往,有时打从"桐荫深处"经过。富有心计的兰儿算准了时刻,天天精心打扮,哼着小曲,希望以自己婉转的歌喉吸引皇上。

苍天不负有心人,兰儿的歌声终于吸引来了万岁爷。一天,她在圆明园凭栏远眺,不禁哼起了一首江南小调,曲中流露出一股幽怨之情。恰好此时咸丰帝乘凉舆在园中游玩,被歌声打动。杏花、春雨、江南、美人,咸丰帝一下子对兰儿生出了百般怜爱。这一晚,叶赫那拉兰儿沾到了天子的雨露,受到了皇上的宠爱。接下去一连几晚薄暮时分,兰儿便洗过了兰花浴,轻匀脂粉,通体熏香,专等皇上宠召。

不久后,兰儿就被封为"贵人",住进了"香远益清楼"。过了一段时期,又搬到"天地一家春",开始帮着皇上批阅奏章了。咸丰六年,即兰儿二十一岁时,她怀上了身孕,咸丰一高兴便晋封她为懿嫔。三月二十三日,懿嫔为皇上生下一位皇子,取名载淳。皇上终于有了儿子,这自然是一件天大的喜事,虽然当时中国南方烽火连天,但宫中却热热闹闹地大肆庆祝,满朝文武也都欢天喜地。由于满足了咸丰帝盼子心切的愿望,兰儿更是如鱼得水,因子而贵。咸丰一高兴把懿嫔封为懿妃,等到皇子周岁时,再封为懿贵妃。至此,叶赫那拉兰儿已经是后宫中的第三号人物了。

但是,在那个封建宗法制度十分严格的时代,嫡庶之分也泾渭分明,不可越雷池一步。历史上皇后夺取庶出的儿子为己有,亲生母亲遭受废黜甚至被杀之事比比皆是。然而,懿贵妃却很幸运,比她小两岁的皇后钮祜禄氏并不争风吃醋,善良本分,加上懿贵妃处心积虑,曲意逢迎,博得了皇后的好感,甚至在皇帝面前为她美言,这也使懿贵妃得以一帆风顺地朝上爬去。

由于咸丰皇帝体弱多病,在加之当时内忧外患,皇上烦心连奏章都懒得批阅,懿贵妃便主动代策代行。

咸丰十一年,咸丰帝病逝。

此后,二十六岁的年轻寡妇携着一个懵懂无知的孤儿,挑起了大清帝国首脑的重任。她以一个女人少有的胆识、谋略和才干,联合皇后、恭亲王发动政变,除掉了八位顾命大臣,垂帘听政,把握权柄。在此后的四十八年统治生涯里,同治、光绪两个皇帝都成了她手中的傀儡。

慈安皇太后是慈禧害死的吗

光绪七年三月初十日(1881年4月8),清政府宫廷内发生了一件大事:皇太后慈安暴死宫中。慈安之死,当时宫中王公大臣深感意外,如今依然是个披着层层神秘色彩的难解之谜。据说她是被慈禧太后给毒死的,也有的说她是自杀而死。那么,慈安究竟是怎么死的呢?

慈安太后是满洲镶黄旗人,姓钮祜禄氏,生于道光十七年(1837年),其父穆杨阿曾任广西右江道。后来,由道光亲自主婚,将慈安许配给其四皇子奕𬣞为妻。没几年,奕𬣞登基,年号咸丰,慈安也相继被封为嫔、贵妃,乃至皇后。咸丰十二年(1861年),咸丰死在热河行宫,年仅五岁的小皇子继位,是为同治。这时,慈安被尊为"母后皇太后",慈禧则被尊为"圣母皇太后"。经过北京政变,慈安、慈禧在养心殿设座,共同垂帘听政。

慈安生性懦弱,不善言辞,人称东太后,但由于她是咸丰的结发妻子,因而相当受人尊敬。即使是慈禧的亲生儿子同

慈安皇太后

治皇帝,也将慈安看成是亲生母亲一样,凡事都愿意与她一吐而快。

慈禧虽然通过垂帘听政掌握了国家政权,但她更想独揽所有大权。据说,咸丰临终前写了个遗诏,收藏在慈安手里,内容与慈禧有关。本来这是件非常机密的事情,却被慈禧太后的亲信得知。此后,慈禧昼思夜想,竭力想知道遗诏的具体内容。于是她千方百计地派密探到处侦察、询问,无奈经过多年奔波和努力,始终一无所获。

同治皇帝亲政后仅两年就病死了,这时另立光绪为帝。由于光绪年纪尚幼,仍然由两宫皇太后垂帘听政。然而,慈禧突然称病,不理朝政,所有事情必

须由慈安处理。对于不善于过问政治的慈安来说，无疑是强人所难，尤其是当时清政府已经病入膏肓，内乱频仍，外患不止，这严重伤害了慈安的身体健康。加上同治皇帝死后，拖了好长时间才举办安葬仪式，此间慈安太后为这件事过度操劳，心力交瘁，等把同治埋葬之后，自己却身患重病，卧床不起。

慈禧抓住这次机会，经常来探望慈安，每次都亲自喂慈安喝药，说一番劝慰的话语。慈安见她这般殷勤照顾，心中大为感动，对慈禧也更加信任和爱戴。由于心情放松了，没过几天，慈安的病情就大为好转，也能慢慢地下床走动。这时，慈安从袖中抽出一张纸，递给慈禧。只见上面写道："西宫凭着母以子贵，必然独断专行，此人不可信赖。若是她安分守己，则相安无事；若是她不尊礼节，你就召集群臣，按朕的旨意，将她立即处死，以绝后患。"

慈禧看后，吓出一身冷汗，心中暗自庆幸自己沉住了气，没有采取夺权的实际行为。慈安将这张纸放在火上烧掉，说道："你我二人就如亲生姊妹，不需这些东西桎梏。"慈禧得到了她想要的东西之后，心中大喜，随口又把慈安姐姐赞不绝口地夸奖了一番，然后回到寝宫。

咸丰遗诏被慈安当着慈禧的面烧掉之后，慈禧也就更加肆无忌惮起来。据说，慈安有一次下朝后前往慈禧住处，刚一踏进门槛，只见慈禧仅穿着睡衣，与宠监李莲英并坐在一起，亲热异常。慈安为此十分恼火，便借训斥李莲英为由，旁敲侧击地指责慈禧，弄得慈禧十分难堪。于是慈禧怀恨在心，伺机报复。

慈禧和李莲英为了阴谋得逞，先把慈禧宫中的两个传膳太监派去给慈安用，过了半个多月，忽然在一天午饭前，把两个小太监叫到慈禧宫内，让他们在传膳途中把毒药放在碗里，当时两个小太监非常害怕。迫于慈禧的威胁，他们只得在李莲英的监视下，按照指示行事。而这两个传膳太监，也在慈安暴卒的那天夜里失踪了。

慈安究竟是不是被慈禧以这种方式毒死的，已经无从考据。还有的说是慈禧曾给慈安送了一盒点心，将其毒死。

也有的说，慈安是自杀而死。由于慈安与慈禧垂帘听政多年，表面上慈禧十分尊重慈安，背地里，慈禧却将慈安当成是一尊木偶，随她任意摆布。慈安虽说无能，但对慈禧的虚情假意还是非常清楚的。特别是在慈禧立光绪以后，结党营私，以扩充自己的权势。慈安虽有所闻，但慈禧羽翼已丰，也奈何她不得。为了退出与慈禧的权力之争，慈安曾多次表示不愿与慈禧一同继续垂帘听政。

但是众大臣不允许,慈安只得继续听政,但寡言少语,一切由慈禧做主。然而,就在慈禧称病,不能临朝,由慈安一人独理政务的时候,慈安却遭到慈禧的暗中诽谤攻击。这使得一再退让的慈安实在接受不了,恼恨之余,"吞鼻烟壶自尽"。

也有的说,慈安一向身体不大好,同治早逝、慈禧独断专行加重了她的病情。慈安之死,纯属病死。当慈安死讯传来的时候,首先表示怀疑的是御医薛福辰。他认为自己给慈安把脉,仅是小病,连药都不需要服用,怎么会突然病死了呢?前一天还见过慈安的大臣左宗棠、方擢、李鸿藻也说,慈安面庞红润,不像生病的样子。

那么,慈安究竟是被毒死,还是自杀,抑或是病死的呢?从很多史料来看,慈安绝非自然死亡,她的死,一定与慈禧有关。这位与世无争的善良皇太后,终于成为慈禧爬上独权地位的垫脚石。她的死,再一次表明宫廷政治斗争的残酷性。

慈禧修缮颐和园时挪用了多少海军军费

众所周知,慈禧为了给自己"退居二线"和六十大寿做准备,公然挪用海军军费用于颐和园的修建,致使北洋海军在建军后未再添购一艘军舰,未再更新一门大炮,导致海军实力落后于日本,最终造成中国甲午战争的失败。至于挪用了多少经费,可以说人云亦云,多的说有八千万两,少的说有三百万两,比较折中的说法是两三千万两。而康有为在谈到挪用海军军费问题时,又不断变化。那么,慈禧在修缮颐和园时究竟有没有挪用海军军费?到底挪用了多少呢?慈禧又为什么要修颐和园呢?

由于光绪继位时,年纪尚小,两宫皇太后垂帘听政,朝政主要由恭亲王奕䜣主持。后来,东太后死去,慈禧又寻找借口免去奕䜣的职务,从而独揽大权。慈禧是个权势欲很旺的女人,虽然此时已为所欲为,但毕竟好景不长,眼看着光绪皇帝就要长大亲政,慈禧归政在即,内心的失落感可想而知。为了归政后能够维持更为奢侈舒适的生活,慈禧琢磨着如何设计一个自己的乐园。本来最好的地方是圆明园,但早已被英法联军烧毁了,要恢复它非当时财力所能胜任。正在踌躇之际,醇亲王奕譞看出了慈禧的心思,于是向她建议修缮清漪园作为太后的颐养之地。此地风景绝佳，而修缮的花费也不会太多，正是理想的地方。慈禧大悦，于是修园之议从此而起。

颐和园，是经过金、元、明、清四代逐渐修建而成的皇家园林。位于北京西北郊。清乾隆十五年(1750年)，为庆祝皇太后六十大寿，重修清漪园，但咸丰十年(1860年)时，清漪园与圆明园一起被英法联军烧毁，变成了一片废墟。因此这次提议重修清漪园，其实是在一片废墟上进行的，也就是重建。

当时，朝廷正在筹建海军衙门，清政府的财政十分紧张，其他部门的财政开支也异常局促，唯有海军经费较为充裕。因此，海军衙门事务大臣被公认为肥缺。这样的肥缺自然不愿落在汉人之手，于是慈禧就任命位尊且十分听话的醇亲王奕譞担任此职。奕譞倒也知恩图报，于是挪用海军军费修颐和园的事情就不可避免地发生了。

据说，在慈禧太后垂帘听政的日子里，她通过卖官鬻爵等手段搜刮了大量"私房钱"，高达两万万两之多。不但足以修缮颐和园，甚至可以恢复被英法联军烧毁的圆明园。慈禧本来是想用这笔钱去重建圆明园的，但临到要动用这些"私房钱"的时候，慈禧却吝啬起来。既然可以挪用公款，慈禧当然乐得将这些"私房钱"存起来。有人说，慈禧后来将这些私房钱藏在颐和园，八国联军侵略的时候，日本占领了颐和园，这笔巨款竟然不知去向，也许多半是落在了日本军队的腰包了吧。

那怎样名正言顺地挪用海军军费用于修缮颐和园呢？这倒也难不倒奕譞。在清朝前期，曾有过在清漪园前面的昆明湖操练神机营水军的旧例，而且近些年来也在福州办了船政学堂，在天津办了水师学堂，为什么就不能在昆明湖也办一个水师学堂呢？再用办水师学堂的钱顺便修缮一下荒芜的园子，又有什么不妥呢？

1886年，昆明湖水操学堂工程开始施工，次年完成，共花费掉七八十万两银子。实际上，用于开办学堂的费用是很有限的。例如，天津水师学堂的规模比昆明湖水操学堂大一倍，开办经费只不过用了五六万两。也就是说，这笔开办经费真正用在水操学堂的只占一个零头，其他的绝大部分都用在"顺便"修复清漪园了。

慈禧挪用海军军费去修清漪园虽然是在秘密的状态下进行的，但世上没有不透风的墙，这样的事情很快就在社会上传扬开来，偶尔也有一些正直的官员犯颜直谏。但是慈禧等人不但没有收敛,反而干脆变得明目张胆起来。

1888年3月13日,清廷以光绪皇帝的名义发布上谕,宣布改清漪园为颐和园,并对颐和园进行一次大修,以庆祝老佛爷的六十大寿,还要求天下臣民都应该尽一份孝心。在这样的情况下,如果还有谁敢提出异议,岂不就是违旨抗尊,大逆不道了吗?有了这个上谕,慈禧等人挪用海军军费也就名正言顺了,而这也使我们比较清楚地看到他们究竟挪用了多少海军军费。

上谕发布后两个月,海军衙门就一次性地拨给颐和园工程处所谓"闲款"四十五万余两。其实海军所需的日常费用是很大的,海军衙门本来就入不敷出,根本不可能有什么"闲款"可挪,这笔款项只不过是从海军将士的牙缝里硬给抠出来的。海军衙门的拨款所剩无几的时候,奕𬤊又想到采用巧立名目这一招,设立"海防捐"一项,在各地筹募海军军费。而原有的海军拨款加上新筹集的海防捐中一大部分,都用于修建颐和园。

1893年,眼看慈禧的六十庆典就要到来,颐和园的工程尚未竣工,资金缺口还不小。为了不使颐和园工程延误,海军衙门又把目光投向铁路款项上。当时海军衙门除管理海军外,还监管铁路事宜。此时关东铁路的修筑工程正在紧张地进行着,每年两百万两的筑路专款则成了李鸿章等人眼里的肥肉。于是他们就采用刮肉补疮的办法,停建关东铁路一年,把两百万两筑路费挪用到颐和园的工程上。

为了慈禧在颐和园嬉戏游玩,北洋海陆军的兵工厂还必须无偿承造小轮船、小船坞、小铁路和电灯等项工程,还从外国订造火车厢和铁轨,这些项目的工、料费共约四十万两。

此外,慈禧还用海军军费修缮"三海",即今天的北海和中南海的合称。到1888年,挪用于颐和园和三海工程的海军军费达到六百万两,到1894年颐和园停工时止,共挪用1400万两左右,实际上还有许多漏计的部分。如果除去修三海的钱,用于修缮颐和园的海军军费当不下一千万两。这一千万两可不是个小数目,当时清政府全年的财政总收入是七八千万两,而用于修颐和园的就差不多占了七分之一。试想一下,如果把挪用的经费用于加强海军力量又会是怎样?

康有为等维新派为了反清和反慈禧的需要,夸大其挪用数目,说是差不多有三千万两,也是不符合实际的。总之,慈禧等人确实挪用了海军军费,用于修缮颐和园,且数目不小,专家估计在六百万到一千四百万两之间。在当时中国那种内外交患的情况下,无疑是雪上加霜。

慈禧西逃途中秘闻

在义和团反抗八国联军的战争中,慈禧太后一面暗地里向帝国主义献媚求和,一面假意表示支持义和团的反帝斗争。但是,八国联军仍然照样发动了对北京的侵略。1900年8月13日,北京城硝烟弥漫,溃败下来的官兵、向外地迁逃的居民充斥在大街小巷,人来人往,鬼哭狼嚎,乱作一片。八国联军已经占领离北京只有三四十里的通州,城内到处传播着八国联军明天就要大破城门的消息。慈禧太后吓得魂不附体,一天之内接连五次召见军机大臣,但到场的人一次比一次少,最后到场的只有三人:刚毅、赵舒翘、王文韶。王公大臣出入皇宫,都是慌慌张张、吵吵嚷嚷的样子。慈禧看到这种情形,心里更加发慌,手足无措,最后决定与光绪一同西逃。

临动身前,慈禧召见嫔妃们前来请安。她声色俱厉地宣布:"今天我和皇上西巡,除隆裕皇后和谨妃外,其余嫔妃都暂时留下不走。"嫔妃们个个神色紧张,吓得呆若木鸡,谁也不敢说话。只有珍妃请求光绪帝留在北京,主持议和。珍妃是光绪帝平时最宠爱的嫔妃,两人心心相印情投意合。慈禧对珍妃早就恨之入骨,她顿时大发雷霆,命太监将珍妃推入宁寿官外的井内淹死。光绪帝请求慈禧免她一死,但慈禧根本不予理睬。光绪眼见自己心爱的珍妃被架走,既不敢怒,也不敢言,急得用拳头捶自己的脑袋,心中充满了怨恨、恐惧、悲痛和内疚。

召见完毕后,慈禧和光绪等人,什么也顾不上携带,便慌忙出走。慈禧穿上

大清国慈禧皇太后

慈禧皇太后

国学经典文库

中国古代秘史

·清朝秘史·

图文珍藏版

宫女们准备的蓝布长衫,叫太监李莲英把她的头发挽成便髻,改扮成汉人装束,农村妇女的模样。光绪也摘去朝冠、朝珠,脱掉龙袍,换上一件旧长衫,准备出逃。一路上踉踉跄跄,跟头趔趄,一直步行到紫禁城后门,丢下都城和江山,坐上骡车向西北方向逃命去了。跟随慈禧出逃的,还有端郡王载漪、吏部尚书刚毅、刑部尚书赵舒翘等王公大臣和各路官兵2000余人。此时,八国联军已经进入北京。

"强兵压境全无术,开府骑猪做鼠逃。"慈禧一伙逃离北京后,就像被狗撵着的兔子,慌不择路,只管亡命,其狼狈之相可想而知。他们赶到昌平,州官早已不知去向,而且城门紧闭,他们没法进城,只得继续前行。到了日薄西山的时候,在霞光的照耀下,慈禧一行人抵达昌平的贯市。慈禧、光绪整天滴水未进、粒米未沾,只觉口干舌燥,肚子饿得咕咕直叫。太监们左找右瞧,终于在农家里赊来半碗高粱,慈禧、光绪欣喜若狂,也不顾生熟,抢着吃起来,连掉到地上几颗也不放过,又捡起来放在嘴里。没有水喝,太监们从地里采摘来一把干秸秆,慈禧也嚼得津津有味。事有凑巧,这天晚上从西北方面吹来一股寒冷气流,天气突然变得阴冷不堪。慈禧一伙人却身穿单衣,直冻得上牙打下牙,四处寻找睡觉用的东西,却什么也没有弄到。最后拿来当地一位妇人未晒干的粗布被子,慈禧只得将就着盖上。夜间,点着豆秸取暖,大伙不分尊卑,横七竖八躺在地上休息。慈禧躺在那里,想到自己在宫里,吃的是山珍海味,喝的是玉液琼浆,盖的是锦衣裘被,眼前落到这步田地,不由得鼻子一酸,低声哭泣起来,真是"梦绕云山心似鹿,魂飞汤火命如鸡"。慈禧一伙就这样疲于奔命,忍饥挨冻地度过了两天。

第三天,慈禧到达怀来县,知县吴永急忙前来迎驾。虽然事先得到通知,也匆忙准备了蔬菜、瓜果、海味,但被退败的散兵游勇抢劫一空,最后只剩下一小锅绿豆小米粥。谁想到,慈禧饥不择食,吃得津津有味。吴永看在眼里,记在心上,想办法又找来5个鸡蛋,慈禧又一气吃掉3个,剩下2个赏给了光绪。回到县衙,吴永翻箱倒柜,找出一些旧衣服奉送给慈禧、光绪、皇后和谨妃。慈禧一伙的仪容才显得稍微整齐了些。慈禧在怀来县徘徊观望了两天,看到议和无望,只得继续向西前行。

9月7日,慈禧到达山西崞县,10日到达太原,10月1日又由太原前往西安。一路上,随行的皇族亲贵、太监、军队,像恶狼一样到处搜刮勒索,闹得人心惶惶,百姓四散逃避,商店停市。

慈禧在西逃途中做的第一件事,就是发布懿旨:一面要求官兵对义和团"痛加铲除";一面授权奕劻、李鸿章尽快与帝国主义议和。第二件事就是推卸自己的"宣战"责任,将她利用过的主战派大臣刚毅、徐桐等斩杀治罪。

在西安,慈禧把巡抚衙门作为行宫,院内外装饰一新,俨然就是一座新的"紫禁城"。慈禧本来是来西安避难的,却仍不忘记过着纸醉金迷的腐化生活。每顿饭光菜就有100多种,鸡鸭鱼肉,燕窝海参,极尽奢华。一天的伙食,要吃掉200两银子。对此,慈禧置百姓苦难于不顾,竟恬不知耻地说:"过去在北京皇宫,一天的伙食费,用2000两银子,今天可算是节约了。"

自10月26日到达西安,慈禧一直是在紧张、恐惧、痛苦中度过的。她深恐列强把她列为祸首而加以惩办,整天愁眉苦脸,心神不定,手足无措,噩梦连连。一天天难熬的日子,使她的长脸变得更显消瘦,眼睛也陷得更深了。12月22日,慈禧接到李鸿章电告的"议和大纲12条"后,又惊又喜,看到列强既没有将她列为祸首,也没有要她归政光绪,如获大赦,感激涕零,当即就以"敬念宗庙社稷,关系至重,不得不委曲求全"为词,要奕劻、李鸿章毫不犹豫地照办。1901年9月7日,奕劻、李鸿章代表清政府正式在《辛丑条约》上签字。

1901年10月6日,帝后回銮。整个西安大街悬灯结彩,锣鼓齐鸣。光行礼车就有3000辆,满载着搜刮的金银、绸缎、古董、玩器等。行礼车后是开路的马队,马队后是大小太监和官员。接着是光绪、慈禧、皇后、瑾妃、大阿哥坐的五抬黄缎大轿,各王公大臣紧随其后。千军万马,浩浩荡荡,像一条大龙,'弯弯曲曲在大街上穿行,和从北京逃跑时相比,不知道要威风多少倍。

慈禧自西安启程后,取道河南、直隶回京。沿途都要修建行宫,每五六十里一座宿站,供过夜住宿之用。每二三十里一座打尖站,供吃饭休息之用,沿途道路都用黄土细纱铺垫,不知要耗费多少人力、物力。

11月6日,慈禧在开封度过了她的67岁生日。不久,发布懿旨,撤去大阿哥的称号,立即出宫。1902年1月7日,到达北京。结束了她一年零五个月的逃亡生活。

慈禧回京后10天,就举行盛大宴会,招待各国驻华使节及其夫人,极尽献媚求宠之能事。从此,清政府完全成为"洋人的朝廷",慈禧成为洋人的"管家婆"。慈禧的西逃,虽然充满了艰难困苦,但她仍然顽固不化,为了自己一时的贪图享乐,大兴土木、劳民伤财,给国家造成了更为深重的灾难。

慈禧太后是如何虐待光绪皇帝的

年轻的光绪皇帝想要成就一番事业,不受慈禧太后的控制,最终召来的是劳燕分飞的下场。珍妃被打入冷宫,光绪帝则被囚禁在瀛台。瀛台是座人工岛屿,四周碧水荡漾,是紫禁城内别有情趣的游乐之所。它三面临湖,只有一个小桥与外界联通。就是这样一个人间仙境,一下子变成囚禁光绪皇帝的水牢。正值盛年的光绪皇帝在这不胜其寒的清冷孤寂的小岛之上,消磨掉了 10 年的时光。

光绪皇帝亲眼看着一班太监撤去了瀛台通向对面岸上的桥板,割断了他通向自由之路的唯一途径,然后换上了吊桥。有人送饭或出入时,便把吊桥放下,用后再把吊桥收起。慈禧太后的用心很明显,她决不宽待光绪皇帝,而且要让他永远懊悔自己的过失,在毫无希望中消磨生命。有时或许是为了做样子,光绪皇帝会被押着送到养心殿,还穿上全套龙装,接受百官的朝拜,陪坐在太后的一旁,当然批阅奏折这样的差事,早已无须劳他驾了。朝罢之后,光绪帝又被押回孤岛上。慈禧太后去颐和园也一定要把光绪帝带在身边,否则她不放心。

在瀛台,光绪帝受到百般虐待。寒冷的冬天,窗纸破损,也无人过问。光绪帝忍受不住凛冽的寒气侵袭,遂告诉太监立山,裱糊一下窗纸。立山虽然受到慈禧太后的宠信,但也怜悯光绪皇帝的寒苦处境,擅自做主为他糊好了窗户。结果,此事被慈禧太后得知,先把光绪皇帝痛斥一顿:"祖宗崛起于漠北,冒苦寒建立王朝,你怎么就这么怕风怕冷呢?"接着,她又把立山召来,赏几记耳光大骂一顿。立山为给光绪皇帝糊窗纸,几乎遭遇不测。

一天,天降大雪,气候寒冷。慈禧太后心血来潮,命太监给光绪皇帝送去一件用狐皮制作的衣服,并对送衣服的太监说:"你可以对皇上说,皇爸爸念万岁爷寒冷,穿上这件狐皮衣服可以暖和些,今日虽然下大雪,正好是吉日。这件衣服上的纽扣都是金的,乞求万岁爷注意。"接着,她特意叮嘱那太监道:"最后这两句,你要反反复复地、不断地说,看皇上怎样答复,回来禀报。"太监把衣服送给光绪皇帝,皇上说了句"我知道了"便不吭声了。只见那太监把慈禧太后让说的话重复了十多遍,光绪皇帝完全明白了皇爸爸的险恶用心,气愤地说:"我早已经知道了。你可以回去禀报太后,太后要想我自杀不成吗!这根本就不可能。我还没到该死的时候,这也不是我死的地方!"太监慌忙将光绪皇帝的话原原本本地禀报给慈禧太后。慈禧太后听着听着就变了脸色,数日都一直阴沉着脸。从此以后,慈禧太后虐待光绪皇帝更加变本加厉。

本来刚刚囚禁光绪皇帝的时候,每天要为光绪皇帝准备两席饭菜,除了他分内的一席外,另一席则为慈禧太后所赐。后来,慈禧太后干脆不再赏赐光绪皇帝,让他吃干冷变硬的食物!太监们见主子如此,他们便有过之而无不及,给光绪皇帝的饮食更加随便,有时是随意敷衍一下,有时是不按时送到。于是光绪皇帝又开始被迫忍饥挨饿,实在无奈便采摘一些华英充饥。

而挨撑与挨饿一样难受。一次光绪皇帝奉命去慈禧太后处,恰逢太后吃汤圆,他一见便心里开始发怵。因为慈禧太后虽然上了年纪,却食欲极好,吃东西有如饕餮,而且只要她开口赏给人吃东西,就不容对方不吃,否则就会立即大发雷霆。光绪皇帝给慈禧太后请安后,慈禧太后问他:"皇上用过膳了吗?"光绪皇帝不敢说已经吃过了,就含糊地回答:"尚未。"慈禧太后就让人给他五粒汤圆,见光绪皇帝吃完,就问:"怎么样,好吃吗?"光绪皇帝觉得比自己在瀛台吃的不知好上多少倍,所以说道:"好吃。"慈禧太后又赐给他五枚,光绪皇帝看着汤圆害怕,不过还是慢慢吃下。可是,慈禧太后又赐给他汤圆。光绪皇帝实在是吃不下去了,皱着眉头说:"已饱死我了,实在是不能再吃了。"闻听此言,慈禧太后马上翻脸,并大声呵斥道:"我赏给你吃汤圆,你可以违抗吗?既然你说这汤圆好,又怎么能够不吃呢?"在慈禧太后的厉声训斥下,光绪皇帝极不情愿地将汤圆放入口中。可是肚子里早就已经装得满满的,吃下去的东西已经直顶嗓子眼,怎么也咽不下去,又不能不吃,于是光绪皇帝只好先将汤圆放入口中,然后盯住慈禧太后不注意自己时,再把汤圆吐到袖口中。就这样,光绪皇帝又接受了慈禧太后赏赐的两碗汤圆。后因慈禧太后需要办其他事,才没再继续赏赐下去。等光绪皇帝回到囚禁他的瀛台,两袖都是汤圆了。

光绪皇帝在这无聊、无奈的日子里,最想念的就是他真心爱着的珍妃。每当回忆起他们共同度过的美好时光,就会加倍思念同病相怜的苦命人。终于,他在身边太监的帮助下,用一种极为巧妙的方式,乘着夜色,悄悄地找到了囚禁珍妃的地方。这对苦命的人儿,在一个月明星稀的夜晚,终于听到了彼此十分熟悉的声音,在昏暗的光线下看到了熟悉的身影。据说,光绪皇帝和珍妃的幽会,在被囚禁的两年时间里几乎没有间断过。对于这对不幸的情侣,冷宫相会虽然丝毫也不能减轻任何痛苦,却不失为绝望生活中的一丝慰藉。

也就在珍妃被贬入冷宫,过着凄惨的囚徒生活的时候,慈禧太后还在玩弄着新的政治阴谋,那就是蓄意废除光绪皇帝。本来早在甲午战争之后,慈禧太后就不满意光绪皇帝这个徒有其名的儿皇帝,有过废帝的打算,并且还煞费苦心地进行过一些舆论准备,希望人们,特别是驻守各地的封疆大吏和驻在北京的外国人能够接受这一决定。

极为阴险的慈禧太后曾经强迫光绪皇帝赌博、吸食鸦片等,然后别有用心地命令李莲英及内务府的人员在外面到处制造谣言。另外,慈禧太后还在宫中询问过封疆大吏对她废除光绪皇帝会持何种态度,因奕䜣等人反对,才暂时没有成为现实。

戊戌政变之后,慈禧太后更想趁机废除和杀害光绪皇帝,另外找个新傀儡,于是到处散布不利于光绪皇帝的谣言,说他已经被康有为进的红丸毒死,说他病重,又是淋病,又是腹泻,又是遗精,又是咳嗽。八月初十日还发布了上谕,命各地良医前来诊治。英国驻华公使举荐法医为光绪皇帝诊治,结果却说只要在报刊上刊登诊治情况,各地谣言不辟便会自行消失。对于这种不合作的态度,慈禧太后当然不高兴。

于是当战火烧到京城时,慈禧太后仓皇逃窜,并在离开紫禁城之前,处死了被她打入冷宫多年的珍妃。而慈禧去世前一天,光绪皇帝也突然死去。也许,慈禧太后是死得心满意足了。这对可怜的恋人之间真挚的爱情,成为皇宫政治的牺牲品。

慈禧究竟有多少个面首

说到慈禧太后,人们就会想到清末那个垂帘听政、专权误国的老太婆。在慈禧的私生活中,还有一条常被人们所传猜的,那就是慈禧在咸丰皇帝死后,不甘寂寞,千方百计地寻欢作乐。那么,慈禧太后是个淫荡的女人吗?她一生中养过多少面首?

据说,慈禧父亲死后,家境贫苦,归丧途中将船停在清江浦时,恰巧清江知县吴棠的一位朋友的丧船也停在这里。吴知县的家人送上三百两白银作为慰恤，不料送银人误把钱送到了兰儿姊妹船中。吴棠知道后，十分生气，正准备派人去追回银钱。这时，吴棠的一位幕僚劝阻道：听说船中为满洲闺秀，入京去选秀女，一旦此女选上，于公或许有利。吴棠想想也有道理，当即顺水推舟，不但未追回银钱，还亲自前往登舟行吊。此举深深地感动了兰儿，她对妹妹说："吾姊妹以后若是得志，绝对不能忘记这段恩情。"

谁知吴棠的儿子吴清也看上了美貌的兰儿。他瞒着父亲带了书童，匆匆追至洪泽湖中。兰儿得知是恩公的儿子赶来，见他生得一表人才，当下生出好感。立即进入仓内，由此私订终身，约定结为秦晋之好。后来，兰儿荣选秀女，一步登上九重，却没有忘记回报吴家。她先把吴棠任命为四川总督，又给吴清授官淮阳河台，再提升为漕运总督兼江宁藩司。后来，吴清参加康梁变法，被逮入狱，在圈定处斩名单时，这位当年的兰儿不忘旧情，朱笔一拐，留了吴清一条性命。

人们常说慈禧蓄养男宠。作为执掌国柄的一名女性，她也像唐代武则天那样，有着专供自己淫乐的面首。这位西太后自二十六岁守寡，自然难耐空房寂寞，不免借助声色娱乐消遣。本来，宫中有内监们组成的"西苑戏班"，演技也很不错。然而慈禧就是看不上眼，借口他们音色干涩，让大总管李莲英引荐名伶入宫献艺。戏散之后，便命一人留住内宫，名为说戏，实为宣淫。

据传，当时的著名武生杨小楼就格外受其恩宠，慈禧特意给他起了个小名"三元"，常常给予"特赏"，而且一赏就是两份，宫内宫外皆传这段风流韵事。后来杨小楼害怕祸及己身，跑到北京西便门外白云观当了道士。慈禧闻知，仍然念念不忘，一再传他入宫唱戏，杨小楼只好佯装疯癫，这才躲过了她的纠缠。

李莲英当然明白西太后的饥渴，为了供其淫乐，便在宫中设置了暗房，不断挑选俊俏伶工入内，慈禧一概欣纳不拒，由此也就离不开这位大内总管，亲赐李莲英二品顶戴，以示恩宠。顶戴后的交易说起来神秘，其实尽人皆知。

慈禧的男宠并不仅仅限于名伶，社会上年轻英俊的男子她也喜欢。据记载：光绪八年，李莲英把琉璃厂一位姓白的美男子引进宫内，受到慈禧的喜爱，不久即有身孕，这事被东太后慈安察知，认为总算抓住了慈禧的把柄，想好好整治一下，以振宫纪。她秘密传来礼部要员，想要借此除掉慈禧。此人深知慈禧的手段，奉劝东太后务必谨慎行事。时隔不久，慈安太后就暴毙宫中，显然是西太后对其下了毒手，慈禧有孕一事再也没有人提起了。

除去这个姓白的男人以外,据说慈禧还看上了一位名叫姚保生的御医。此人年过五旬,长身俊伟,谈吐儒雅,多次被召到储秀宫为其"诊脉"。起初,慈禧隔着纱帐,只把玉腕露在外面,后来索性除去这些琐礼,言语不仅随便,而且还能上床,由此宫中起了风声,引出不少绯闻。

还有一种传说,更加离奇。据说,慈禧爱吃汤卧果子,每日清晨耗银二十四两,仅购汤卧果子四枚。这种小吃制作工艺复杂,只有前门大街金华饭馆能做。该饭馆有一姓史的伙计,生得相貌堂堂,专送汤卧果子,一来二去引得慈禧心动,遂把此人留住宫内。金华饭馆察知内情,谁也不敢问伙计的下落,只好另派别人当差。后来,慈禧悄悄生下一个男婴。其实咸丰皇帝已经死去十年,所生之子不能蓄养宫里,只好把孩子送给她的妹妹——醇亲王奕谭的福晋。醇亲王一家心领神会,精心照料视同己出。不久,西太后厌倦了那位姓史的青年,找个借口将其处死。又过了几年,同治帝驾崩,没有子嗣可以承继大统,慈禧想起当初那个孩子,随即从妹妹家中抱来继位,这就是清德宗光绪皇帝。名义上她是慈禧的外甥,实际上却是儿子。至今一些戏剧、影视里面,光绪皇帝对慈禧也是以"亲爸爸"相称。

从以上种种说法来看,慈禧好像从少女时代起就不是个正派女人,进入宫廷特别是位至贵妃、皇太后以后,不仅不加收敛,反而愈加放荡。尽管宫廷深深,王法威严,还是不可阻挡地传出了这些绯闻,有的还变成了白纸黑字。那么,事实是这样的吗?

其实,慈禧太后是一位十分漂亮的女子,官书野史都曾提到她的美貌。就是到了古稀之年,其风韵仍是很迷人的。她入宫之后很快能够得到专房之宠,如果没有天生丽质这个首要条件的话,应该是非常困难的。美丽的女人往往招人注目,这也是容易产生绯闻的一个重要原因。

从慈禧的出身可知,她一直在北京长大,不可能接受吴棠的救济,也不会与吴清私订终身。杨小楼的"三元"之名并非慈禧所赐,而是他的原名,只是不大为人所知。有时杨小楼拿两份"特赏",是为其师傅谭鑫培领的,别人不知端底,误以为他格外被赏,时间一长就起了风言风语。杨小楼害怕祸及己身,只好去当道士。那位御医恐怕浑身是胆,也不敢与慈禧发生暧昧关系,何况当时慈禧又是重病之人。慈禧让光绪叫自己"亲爸爸",是为了掩饰其并不是自己亲生的。

而至于慈禧身边的三位太监：安德海、李莲英和小德张，恐怕也不是人们所传说的那样。安德海死后，丁宝桢将其曝尸，男女老少皆亲眼看到他是个真正的太监。据说李莲英在死前嘱其家人为他装个木制生殖器，以便带着完整的身躯去见列祖列宗，从而可知他也是个地道的太监。而小德张得宠时，慈禧已经是六七十岁的老妪，还有多少花花心思。

说慈禧专权、阴毒、残忍、奢侈等，都可以找到大量的证据，而说她淫荡，则总是轶闻传说，经得起推敲的实在很少。她之所以有这么多绯闻，可能与她早早守寡有关吧，加上她是专权几十年的女主，很容易使人想起富有淫荡之名的武则天来。还有，她一生积怨甚多，于是有人便编了这些毁坏名誉的故事，而街谈巷议又很热衷这类见风就长的传言，传来传去，也就越传越多。

慈禧的陪葬到底有多少

慈禧太后，也就是历史上有名的西太后，曾两度垂帘听政，大权独揽，在位其间一直表现出高明的谋略。然而，这样一位权力欲望甚强的独裁者，也免不了一死。可想而知她的葬礼必是十分隆重豪华，其中随葬的珍宝也是数不胜数的。光绪三十四年，慈禧死后，清王朝对她实行了厚葬，将大量奇珍异宝葬入地宫，其价值可以说是世界上任何帝王都无法相比的。那么，慈禧随葬珠宝究竟有多少呢？

同治十二年（1873 年），慈禧的陵寝便开始在清东陵兴建。光绪五年六月，慈安与慈禧两处陵寝同时竣工。由于慈禧的陵墓不及慈安陵墓豪华，自光绪二十年开始直至她病亡，历时十四年，又花费巨资，进行拆修、重建。终于使其陵寝成为清代帝王中最豪华，最富丽堂皇的一座。

光绪三十四年十月二十二日（1908 年 11 月 15 日），慈禧太后跟往常一样，早上六点钟起床，处理朝政。吃过午饭后，慈禧开始感觉不舒服。这一段时间，慈禧一直患有痢疾，但病情比较稳定，太医用药也很平和，未从在外地召见名医进宫。因此，慈禧也没将生病放在心上。反而不断发布懿旨，处理朝政，继续把持清廷大权。

傍晚时分，慈禧感觉非常疲乏，躺下休息一阵后，开始病情加重。但神志仍然很清醒，她继续说话，态度安闲，一如平日。后来，渐渐出现昏迷状态，忽而又清醒数分钟。临终前,慈禧吩咐由摄政王载沣裁定政事,并说自己垂帘听政数次,实在是不得已而为之,不是贪恋权势。慈禧死的时候,据说张着嘴巴,人们说这是灵魂不愿离开体魄的缘故。

慈禧由于患痢疾太久,体气大伤,迅速地去世。宫中的王公大臣于是开始置办慈禧的身后事,关于慈禧的随葬珍品,目前有两种记载:

一种记载出自清宫档案,按"内务府簿册"记载,殓入棺中珠宝玉器有:正珠、东珠、红碧(王么)、绿玉、珊瑚寿字、珊瑚雕璃虎、龙眼菩提等朝珠。大正珠、正珠、东珠、红碧(王么)、绿玉、珊瑚圆寿字等念珠。绿玉兜兜练。正珠挂纽。金镶正珠、金镶各色真石珠、金镶珠石、金镶各色真石,白砖石葫芦。金镶红碧(王么)正珠、金镶藤、镀金点翠穿珠珊瑚龙头、白玉镶各色真石福寿、绿玉镯。正珠、东珠、金镶正珠龙头等软镯。绿玉、茶晶、白玉皮、玛瑙等烟壶。洋金镶白钻石、洋金镶珠带别针等小表。洋金镶白钻石宝桃式大蚌珠、白玉鱼蚌珠、白玉羚羊等别子。白玉透雕活环葫芦、绿玉透雕活环、珊瑚鱼等珮。汉玉珞、汉玉仙人;汉玉洗器。白玉猫、黄玉杵、汉玉针、汉玉羚羊、雕绿玉扳指。蓝宝石、红碧(王么)、紫宝石、字母绿、茄珠、大小正珠、绿玉、蚌珠、绿玉镶红红碧(王么)等抱头莲。珊瑚绿玉金镶红白钻石等蝙蝠。金镶红白钻石蜻蜓。金镶白钻蜂。红碧(王么)、绿玉穿珠菊花。金镶各色珠石万代福寿。金镶钻石等冠口。金翠珠玉等佛手簪。红碧(王么)、绿玉、珊瑚、红蓝宝石、红白钻石、子母绿等镏。黄宝石、钻石、红碧(王么)。白钻石、大正珠等帽花。

另一种记载,是出自慈禧最宠信的大太监李莲英的侄儿的亲笔记载。当年李莲英亲自参加慈禧殓藏仪式,该书记录的比较详尽。据记载:

慈禧尸体入棺前,先在棺底铺上一层金丝镶珠宝锦缛厚七寸。上面镶着大小珍珠12604颗,红蓝宝石85块,祖母绿2块,碧玺、白玉203块。在锦缛上又盖上绣满荷花底丝缛一层。上面铺五分重圆珠一层,共计2400粒。圆珠上又铺绣佛串珠薄缛一层,缛上有二分珠1300粒。慈禧尸体入殓前,先在头部放置一个重二十二两五钱四分的翠荷叶。荷叶满绿,系天然生成,叶筋并非人工雕成,甚为珍贵。脚下放置碧玉玺大莲花,重三十六两八钱,系粉红色,荧光夺目,世上罕见。慈禧尸体入棺后,头顶荷花,脚蹬莲花,寓意步步生莲,祈盼亡灵早日进入西方乐土。

慈禧身上穿着金丝绣成的寿衣,外罩绣花串珠褂。这两件衣服上镶着大珍珠 420 粒、中珠 1000 粒、一分小珠 4500 粒,大小宝石 1135 块。另外,慈禧胸前的配饰,以及围绕全身摆放的珍宝不计其数。

据说,正要上棺木盖时,一位公主又赶来献宝。将玉制的八匹骏马和十八尊玉罗汉,放入棺中。这些宝物均为稀世珍宝,价值连城。至此,才封闭棺盖。

以上两种记载,都有根有据,记录得也很详细。但是孰是孰非,哪种记载比较可靠,至今仍然没有定论。慈禧随葬的珍宝如此之多,相信要完全准确无误地记录下来,是非常困难的。慈禧随葬的珍宝被许多盗墓者和侵略者所掠夺,丢失甚为严重,因此有人说:"若是将慈禧的随葬物品如数追回,足以富国。"统治中国达半个世纪之久的慈禧皇太后,在身前与死后,都一样享尽荣华富贵,无人能及。

孝哲毅皇后是被慈禧害死的吗

清朝入关后的第七代皇帝——咸丰帝,于咸丰十一年(1861 年)七月十七日,在承德避暑山庄的"烟波致爽"殿离开了人世。他唯一的儿子,当时只有六岁的载淳继承了皇位,这就是后来的同治帝。载淳虽然当上了皇帝,但终究还是个孩子,不可能料理国家大事,处理军国要事的担子就落到了两位太后——慈安和慈禧的肩上。载淳呢,除了大臣禀报时,装模作样地听听以外,依然过着上课、玩耍的生活。

同治帝在少年时代很调皮。他曾经在旧历除夕晚上,因为吃得太快,把一枚金钱咽到肚里,三天以后才随大便排出,宫人们都吓坏了,他却不当一回事,还说这是大吉大利。他在弘德殿学习,听倭仁、翁心存、李鸿藻讲课。一次,李鸿藻教他写字,他故意写得歪歪扭扭,直到李鸿藻走到面前,捧着他的手说:"皇上心不静,该休息了。"他这才严肃地表示感谢老师的指导,并专心致志地写起来。不过,他虽然调皮,却很聪明。有一次,倭仁教他对对子。倭仁出的上联是:"天临南极近。"他马上答出:"星共北辰明。"他在一首《寒梅诗》的诗稿中,曾写下这样的诗句:"百花皆未放,一树独先开。"他还在一篇《任贤图治》的文章中写道:"治天下之道,莫大于用人。然人不同,有君子,有小人,必辨其贤否,而后能择贤而用之,则天下可定矣。"当然,这些东西免不了有些八股味道,但对一个十几岁的孩子来说,也还是很不错的。同治帝小时候,在弘德殿庭院中也学过射箭。有一次他三发两中，大臣们都很高兴。

少年时代的同治帝也有他的烦恼。慈禧是他的生母，慈安是他的养母，为什么生母反不及养母的态度好呢？他不能解释这种现象，经常陷于苦闷之中。他到生母那里请安，慈禧太后总是绷着脸，说话也是训斥的口气，从没见她有过笑容，更没从她那里得到过爱抚。到养母那里却不同，慈安太后总是温和地和他说话，问他学习的情况，告诫他不要太劳累。还经常拿出许多点心给他吃。于是，同治帝和慈安太后的感情日益亲近，对慈禧太后则越来越疏远。

宫廷中的生活虽然单调，但孩提时代还是很快过去了。同治十一年（1872年），十七岁的同治帝，已经长成风度翩翩的美少年，于是两宫太后决定为他选

孝哲毅皇后

后妃。懿旨传下，满蒙大臣纷纷把自己的女儿送入宫准备候选，最后决定了五个人。在他们当中，到底谁正位中宫，被立为皇后呢？慈禧太后喜欢侍郎凤秀的女儿，因为她长得漂亮。但是慈安太后和同治帝却不太喜欢，嫌她过于轻浮。慈安太后喜欢侍郎崇绮的女儿，崇绮女儿的年龄比较小，也不是很漂亮，但雍容端雅，让人一看就知道有德量。慈安太后曾背地里问同治帝，这两个人中他到底喜欢谁，同治帝回答说喜欢崇绮的女儿。选皇后的事情就这样定下来了。慈禧太后的意见没被同治帝采纳，她不仅对同治帝有意见，对未来的皇后也开始有了成见。这年九月，崇绮的女儿阿鲁特氏被正式册立为皇后，她就是孝哲毅皇后。凤秀的女儿只被封为慧妃。

新婚之后，同治帝和皇后的感情非常融洽。皇后气度端庄凝重，不随便说笑，对同治帝始终以礼相待，同治帝对皇后也很敬重。当宫中没事时，同治帝便提出唐诗中的问题让皇后回答，皇后总是背诵如流，这使同治帝愈加爱慕皇后，

他们之间的感情更真挚、更深厚了。不料,这却激怒了慈禧太后。她不能容忍同治帝对皇后有敬重的感情。于是,皇后每次到慈禧太后处请安,都要遭慈禧太后的白眼。时间长了,同治帝和慈禧太后的关系也更加疏远,感情也越来越淡薄了。一天,同治帝请安的时候,慈禧太后说:"慧妃为人贤明,应当对她格外眷顾;皇后年纪还轻,不太懂得礼节,不要经常到她那里去,以免妨碍政务。"从同治十二年(1873年)开始,同治帝已经亲政,慈禧太后说这番话,显然是打着劝其勤政的幌子,挑拨同治帝和皇后的关系。慈禧太后还暗地里派太监监视同治帝,随时搜集同治帝和皇后的情况,这使同治帝非常不高兴。迫于慈禧太后的压力,同治帝常常独宿于乾清宫,他和皇后见面的机会越来越少。

据说,就在这个时候,同治帝常常深夜外出,开始和社会上的娼妓厮混。慈禧太后不让他和皇后见面,还要他去爱不喜欢的人,这使他非常苦恼,在家庭中没有欢乐,便到内城找那些私自卖淫的人取乐,和他同行的只有一两个小太监。开始,人们还不知道,时间长了,很多人知道了,但也不敢说什么。同治帝就这样染上了梅毒。一开始他没察觉,过些时候,脸上、背上表现出来了,才让宫中的御医看。御医看后大吃一惊,知是梅毒,也不敢说,就向慈禧太后询问治疗办法。慈禧太后说是天花,御医们便当天花治,一直也没见效。同治帝便骂御医:"我得的不是天花,为什么当天花治?"御医回答:"这是太后的懿旨。"同治帝不再说话,感到非常气愤。不久,他便因梅毒而死,年仅十九岁。

当然,这只是一种传说,但不管同治帝是死于梅毒还是天花,由于慈禧太后的百般刁难,他和皇后阿鲁特氏的婚姻生活受到了极大的破坏,确实有其事。他们尽管被人为地隔开,但双方的爱情仍然真挚、纯洁。同治帝死后不到一百天,孝哲毅皇后也离开了人间。这一对宫廷中的弱者,在慈禧太后的高压下,过早地叩开了地宫的大门。关于孝哲毅皇后的死,民间也有种种传说。

有人说,同治帝病危之际,曾召军机大臣侍郎李鸿藻觐见,并拉着李鸿藻的手,问皇后:"倘若我不行了,要立嗣子,你意中是什么人?"皇后忍住泪说道:"国家需要长大成人的君主,我不愿居太后的虚名,再立一个无知的孩童,而耽误了国家大事。"同治帝听完,叹了一口气:"你这样想,我就放心了。"于是和李鸿藻商议,决定立贝勒载澍继承皇位。同治帝口授遗诏,李鸿藻在床旁记录了下来。谁知,李鸿藻离开了同治帝以后,吓得战战兢兢,面无人色。他立即来到慈禧太后住处,把同治帝的遗诏献了上来,慈禧看后,大发脾气,当即把遗诏撕

·清朝秘史·

图文珍藏版

成粉碎,扔在地上,把李鸿藻也呵斥出来,还命御医不再给同治帝看病,御膳房也不要给同治帝送饭。同治帝死后,慈禧太后让她的妹妹的孩子载湉继承了皇位。孝哲毅皇后感到这与同治帝遗诏不符,极为悲痛。慈禧太后知道了,把孝哲毅皇后召去,劈头盖脸地打了几个耳光,然后骂道:"你害死了我的儿子,还想做皇太后吗?"还强迫她在地上跪了很长时间。孝哲毅皇后回到自己宫中,越想越悲痛,只是一个劲地哭,眼睛都哭肿了。一天,皇后的父亲崇绮入宫,把见到的情况禀报了慈禧太后,慈禧说:"皇后既然这么伤心,那就让她随同治皇帝去吧!"崇绮从慈禧太后那里出来不久,孝哲毅皇后便死了。

孝哲毅皇后的死,跟慈禧太后有着莫大的联系。虽然慈禧太后算不上杀人凶手,但是她在同治帝死后,对孝哲毅皇后精神上的打击和不断斥责殴打,使这位年轻的皇后失去了活着的信心,最后绝食而死,死时才二十二岁。慈禧太后以她的残忍和淫威,逼死了清末宫廷中这一对年轻的帝后。

光绪皇帝为何对珍妃情有独钟

光绪皇帝在无奈之下,迎娶了慈禧太后的亲侄女叶赫那拉氏为隆裕皇后。新婚之夜后,两人便形同陌路,光绪皇帝竟然连续一段时间从不召幸隆裕皇后,使得年纪轻轻的隆裕皇后终日守活寡,单调乏味的生活和与光绪皇帝关系的冷淡,使隆裕皇后的性格变得异常敏感,常常会无端地挑起是非,想使珍妃、瑾妃难堪,结果最难堪的还是她自己。

珍妃由于年纪太小了,一开始并没有受到光绪皇帝的注意,反倒是她的姐姐瑾妃因为年纪与光绪皇帝比较相近,加上其性格娴静温婉,较多地得到光绪皇帝的召幸。不过,光绪皇帝对瑾妃实在谈不上深厚的感情,只是因为皇太后太严厉,皇后其貌不扬,让人一见就倒胃口,而且还是慈禧太后强塞给自己的。瑾妃毕竟是一个年轻的女人,虽然淡淡的像杯白开水,但是在永和宫却可以使他暂时忘掉周围的烦心事,并得到瑾妃小心翼翼地侍奉。

机灵聪慧的小珍妃不久便摆脱了刚刚进宫时的拘谨,她那心直口快的孩子气很快完全显露出来。慈禧太后平日所见的宫女、妃嫔们一个个都是低眉顺眼,大气不敢出。这时突然出现了一个天真烂漫、飒爽麻利、又绝顶聪明的小女孩,便由新鲜而生怜爱。她竟然不把她当作儿媳妇看待,特别是当她发现珍妃虽然年纪小,但博通经史、擅长吟诵、颇好棋弈、能书善画之时,就常常召珍妃到自己身边解闷,珍妃几乎成了慈禧太后的红人。

这位没有引起皇帝宠爱、心高气傲的珍妃,虽然深得宫中权力人物慈禧太后的垂爱,却没有学会作应声虫。她依旧保持着心直口快的性格,加上年轻幼稚、胸无城府,往往会做出些令宫中人大吃一惊的举动来。对她自己来说,这似乎是只图一时痛快、不计任何后果的冲动,实际上是她疾恶如仇天性使然。于是,她在如一泓浊水的清宫里又掀起了一次波澜,使宫中的另一位热血青年、她的丈夫——光绪皇帝终于注意到她,真正开始了她和他生生死死交织在一起的情缘。

清朝历代帝王汲取明王朝的教训,始终限制和皇帝、后妃朝夕相处的内侍的权力,以避免他们势力膨胀,形成难以控制的宦官专权。但是到了清朝末年,一些大太监由于受到慈禧太后的宠信,有恃无恐,变得飞扬跋扈起来,贪得无厌,到处勒索。无论谁人进得宫来都免不了被太监敲竹杠。上至堂堂的大清国皇帝、嫔妃,下至经常入宫的王公大臣,常常被逼无奈,只好迁就那些贪婪的太监,从而使宫廷中勒索之风愈益猖狂。由于在慈禧太后面前始终没有人敢于揭发,故而成为清廷的一道黑幕。

慈禧太后是大清帝国皇帝、后妃的第一号权力人物,这是无人不知的事情。那些靠看主子眼色过日子的太监当然是最势利的人了,所以,他们常常犯上作乱,竟向堂堂的大清帝国皇帝收取请安的费用。光绪皇帝每天都要向慈禧太后请安,且做事极为小心谨慎,唯恐慈禧太后不悦。太监们摸准了光绪皇帝害怕慈禧太后这一点,便毫不客气地给光绪皇帝规定请安门例的价钱,每次请安都要交纹银50两,如果不交那就想坏主意难为。光绪皇帝担心慈禧太后怪罪,只好暂时忍一口气。皇后、妃嫔见太后的宫门费自然也少不了,只是比光绪皇帝逐级减少而已。她们只有乖乖地向太监们支付这一笔笔贿赂金才能够安身,否则的话,就难免饱受凌辱,复不许告退。

珍妃、瑾妃自然也是太监们敲诈的对象,性情迥异的姐妹俩对于贪得无厌的太监有着截然不同的态度。娴静柔懦的瑾妃在捉襟见肘时,只有愁眉紧锁,暗自流泪。珍妃则不然,她有一种初生牛犊不怕虎的劲头,不愿意忍受那些阉人宰割。难得她小小的年纪就有这股不畏权势、敢于与恶势力抗争的胆量和勇气。她哪里知道,这清宫里乌烟瘴气、邪恶横行,完全是那老佛爷慈禧太后纵容默许的结果。慈禧太后本人私生活方面败德坏行、奢靡无度,正是群小得势的最好条件。整个宫廷中的太监差不多都抱她的粗腿,愿当她的心腹耳目。她当然要对忠于自己的群小施以恩惠。实际上,她也用不着花一文钱,只要对太监们的歪门邪道,所谓的财路,睁一只眼闭一只眼假装没看见就可以了。

连慈禧太后也没有料到,她所怜爱的小珍妃竟然像一匹烈性马,给她出了这道难题。一天,珍妃又按照惯例去向慈禧太后请安,守门的太监毫不客气地拦住珍妃索要红包,珍妃顿时火不打一处来,脸一沉,大声地说:"今天,珍主没有银子了!"说着,珍妃连正眼都没有看那讨厌的太监就径直进入了慈禧太后的寝宫。她再也不想压抑自己的满腔怒火了,连珠炮似的向慈禧太后揭发了内侍太监对宫眷们的勒索和扰害,戳穿了宫廷内部开销浪费极大的事实。她的态度是那样坚定,语调激昂,言辞激烈,掷地有声,丝毫没有任何掩饰,最后她说:"孩儿想请老祖宗明鉴,千万不要让这些群小再肆意为恶下去,应该制止陋规,整肃宫廷。"

听惯了奉承话的慈禧太后哪里受得了这种质问。珍妃的这番话使思想上毫无准备的慈禧太后张口结舌,目瞪口呆。一向伶牙俐齿的慈禧太后被抢白得一时语塞,无言以对。她强压怒火,用温和的语调,好像十分慈祥地劝说珍妃道:"孩子呀,你别这么生气了,看为这些奴才气坏了身子,不值得。你先消消气,去去火。这些不争气的东西!看我怎么狠狠地惩罚破坏宫里规矩的奴才。"老谋深算的慈禧太后用几句敷衍的空话对付了珍妃。涉世未深的珍妃当然不会再闹下去,轻信了慈禧太后的话。

当珍妃在清宫内一石激起千重浪的时候,光绪皇帝也以惊奇和倾慕的眼光注视着他的小妻子。虽然在霸道横行的慈禧太后手下,光绪皇帝常常显得懦弱无能、唯唯诺诺,但是他毕竟有着自己的思想,不甘永远在太后的淫威下苟且一生。在光绪皇帝的眼里,珍妃不再是低眉顺眼、供人玩赏、喜时召来、厌时挥去的小妾,她是宫中唯一的年纪虽小,但有见识、有胆量、有才华的奇女子。他有些懊悔,上天赐给自己这么丰厚的礼物,为什么自己愚钝得不早些接受。不过,相见恨晚的感觉,更使这对年轻人全身心地将感情奉献给对方,朝朝暮暮相偎相伴,情浓意浓,祈祷着爱情久久长长。

珍妃被囚禁在什么地方

戊戌政变发生后，光绪皇帝正在向慈禧太后请求宽恕，珍妃不知从什么地方打听到消息，不顾一切地闯进养心门，直接进入西阁。珍妃十分动情地劝说慈禧太后饶恕光绪皇帝。看到这一对年轻人站在同一阵线上，慈禧太后气不打一处来。站在旁边的隆裕皇后和李莲英，趁机煽动，说就是珍妃挑唆，帮助光绪皇帝实行新政，并密谋暗杀慈禧太后。平日里，慈禧太后最信任李莲英，而隆裕皇后是自己的亲侄女，怎么也是站在自己一边。于是，慈禧太后怒气冲冲，下令打珍妃几十大板，又让隆裕皇后打珍妃的嘴巴，接着打入冷宫。

关于幽禁珍妃的地方，至今有很多种说法。有人认为是在景运门外之三所；有人说是在皇宫东南角的一个院子里；有人认为是在西三所，或说是指乾西五所中的第三所；有人说是在西二长街百子门内牢院；有人说在北三所的寿药

珍妃

屋；有人说在钟粹宫后的北三所；有人说在建福宫；有人认为是在景祺阁后的西小院，小院的西边就是后来珍妃蒙难的那口井；有人笼统地讲是在景祺阁北头的东北三所。那么，珍妃的冷宫究竟在哪里呢？这似乎成了一个难以解开的谜团。

根据囚禁妃嫔的冷宫只能设在内宫、不能设在外朝的规矩来看，景运门外之三所等说法应当排除在外。如果说冷宫设在比较偏僻的地方，那么所谓西三所是囚禁珍妃的冷宫等说法也不攻自破。以很少有人走动、年久失修破烂不堪为特点衡量，北三所的寿药屋与钟粹宫后的北三所等等所指的东六宫北面之乾东五所中的第三所也不具备成为囚禁珍妃的冷宫的条件，因为这里有常年使用的重要机构，人员往来比较多，再者说根本就没有空房，无处设置冷宫。

现在比较多的人认为珍妃被囚禁在景祺阁后的西小院。因为景祺阁位于后宫东路宁寿全宫的北侧,现在珍宝馆之北,它后面紧靠后宫北侧的宫墙,有东、西两个小院,西小院是一个独立的小院,便于看管,这里地方偏僻,人迹罕至,很适合作牢房;这个小院原来是宫女居住,并无重要用场,便于移作冷宫;处死珍妃不可能舍近求远,必然是推入附近的井中,此小院的西边就是珍妃井,相距极近;亲眼所见珍妃被害的旧宫监唐冠卿等证实珍妃被害时是从景祺阁后被叫出来的,这些都倾向于珍妃是被囚禁在西小院。

后来,这种观点得到进一步证实,只是提法略有不同,即冷宫设在景祺阁北头的东北三所。根据曾经到过珍妃冷宫的一个太监回忆,珍妃是被囚禁在景祺阁北头的东北三所。而东北三所包括两个小院落,珍妃是被关在其中的西小院。这是一个单独的小院落,正门一直关着,上边有内务府的十字封条,人要想出来进去必须走西边的腰子门。就是这个门也常常关着,这里的一切都是静悄悄的。小院的东侧有个十分普通的水井,上面没有井亭,只有一个石圈,水井旁边还有几株翠竹。东北三所原来是明朝奶母养老的地方,奶母有了功,老了,不忍心打发出宫,就在这里居住。慈禧太后就把珍妃关在这里。

珍妃住在三间北房当中最西头的屋子。屋门由外倒锁着,窗户也只有一扇是活的,这是珍妃与外界联系的唯一通道,每天吃饭、洗脸等都通过这扇窗户递进递出。吃的是普通下人的饭。一天只倒两次马桶,大小解全都在屋子里,环境和气味可想而知。珍妃与下人是不许交谈的,孤独和苦闷自不待言。她的言行都有人监视。负责监视珍妃的两个老太监都是慈禧太后的心腹、爪牙,因此决不会善待珍妃。为了防止珍妃自杀,也是为了虐待她,慈禧太后规定珍妃的冷宫里不准存放任何东西。珍妃只好将带来的几件少得可怜的用具,在白天的时候偷偷地藏在墙角挖的一个洞里,到夜深人静时才敢拿出来使用,以免被监视她的太监发现没收,弄不好还要受斥责。每逢节日、忌日、初一、十五吃中午饭之前,老太监还要履行自己神圣的职责,代表慈禧太后列举珍妃所犯罪过,然后指着珍妃的鼻子和脸比比画画地痛斥一番。每逢此时,珍妃还必须跪在地下恭恭敬敬地听着,等到痛斥完毕,珍妃还一定要向上叩首谢恩。

珍妃每天面对四壁,与世隔绝。屋子里又死气沉沉、静得让她害怕。她失去了行动自由,只有隔着门、窗缝隙往外张望,然而看不见更为广阔的空间和辽阔的天空,只见到威严的宫墙。她失去了美丽的姿容,因为长年幽禁在冷宫,根本不许到户外去活动，更不曾比较彻底地洗污去垢，她就像一条苟延残喘的生命，毫无意义地在小屋里消耗着时光。实际上她也根本无须保持姿容，因为没有人再来欣赏她，每日只有带着轻蔑和敌对神情的太监监视着她，再有就是下人送来三餐粗茶淡饭，端来洗脸水和倒马桶。她只有一件淡青色的长旗袍，一双普通的墨绿色缎鞋。即便是在寒冷的季节，仍然穿着单衣。这是慈禧太后的杰作，她并不想让珍妃痛痛快快地结束生命。她如此失去人性地折磨、摧残珍妃，更是为了让那同样失去自由的光绪皇帝知道，和老佛爷作对绝对没有好下场。

隆裕皇太后是庸才吗

光绪帝的父亲是咸丰皇帝的胞弟醇亲王奕譞，母亲是慈禧的胞妹，因此光绪本身就兼有爱新觉罗和叶赫那拉两个家族的血统。隆裕太后叶赫纳拉氏是慈禧胞弟桂祥的二女儿，因此她也是慈禧的内侄女。21 岁的叶赫纳拉氏被封为皇后，完全是慈禧的主意。两人的结合，无疑是亲上加亲。而光绪对于这位比他大三岁的表姐，却毫无好感，心中一直闷闷不乐。

隆裕相貌平平，长脸高额，瘦弱微驼，但容貌并不是大问题，咸丰皇帝的皇后钮祜禄氏与同治皇帝的皇后阿鲁特氏都算不上是美人，但她们与各自的丈夫感情都十分融洽。隆裕得不到光绪的喜爱，关键是在于隆裕是慈禧而不是光绪选中的皇后。本来在光绪亲政前，帝党和后党就逐渐形成，光绪与慈禧在政治上一直处于互相夺权的斗争之中。光绪帝势单力孤，需要人在身边安慰鼓励，偏偏自己的妻子也是慈禧太后的人，还需时时提防，怎么还会有感情呢？

这一桩包办婚姻虽然耗资巨大，十分隆重，但大婚前一个多月，太和门突然起了一场大火，虽然大婚时临时用纸扎起来一个逼真的"太和门"，这件事却已被许多人看作是不祥之兆。而光绪皇帝除了大婚之夜在皇后宫中住了一晚之外，再也没有亲近过皇后。两人关系的恶化，隆裕自己也要负一定责任。她从未对光绪表示过体贴和关心，更不用说是理解和支持了。她依仗有慈禧撑腰，常常与光绪发生冲突，而且每次都要占上风。据说有一次光绪偶尔心情很好，想和隆裕多说几句话，隆裕却不等他开口，板着脸转身就走，给皇帝一个下不来台。还有一次，隆裕向慈禧告状，说皇上骂她，慈禧很是恼怒，责怪光绪不知感恩，并与光绪几天都没说话。隆裕与光绪的关系如此，那她是不是很受慈禧的喜爱呢？慈禧对穿衣打扮很是挑剔，偏偏她这位儿媳妇不但相貌不佳，而且一向以俭朴著称，服饰也不大讲究，可谓与慈禧的志趣迥异。慈禧对于隆裕没有能力笼络皇帝、没有生下一儿半女也感到万分失望。但由于这位儿媳妇是她自己挑选的，不能向任何人承认自己的失误，唯一的表示也只能是平日对她爱理不理，大约一个月内顶多说上一次话。

当时宫里除了光绪帝的后妃，还有同治帝的几个妃子，她们和隆裕都是平辈的妯娌。慈禧太后去世后，宣统皇帝继位，已经升为太后的隆裕要求同治的妃子向她行叩拜礼，并要自称奴才。同治妃中的瑜贵妃最为能干，曾经颇受慈禧太后的赏识，自然对隆裕不满，于是在送慈禧太后灵柩奉安之后，她坚决不肯回宫。坚称："宣统皇帝既然在皇统上兼为同治帝和光绪帝之子，现在同治的皇后已经去世，同治后妃这一辈，以我最长，那么为什么宣统皇帝独以隆裕皇后为母，而以我为奴呢？与其回宫做奴才，不如随慈禧皇太后于地下。"后来经过大臣们的调停，瑜妃等被封为皇太妃，并加了"月费"，这场冲突才算平息。从这场风波来看，隆裕不顾妯娌之情，一心只想把别人踩下去，那么她在瑜妃等人心目中的形象，实在也好不到哪里去。

至于宫女太监，隆裕给他们留下的印象又如何呢？有位老宫女说："隆裕是皇后，小事不沾手，大事吹五呵六。""隆裕主子专拿猫狗和底下人撒气，她养猫没有过半年的，也就可以知道她的脾气了。"一进腊月，宫中忌讳很多，所以当差也心惊肉跳，但是宫女们最要提防的，还是隆裕，她们常将隆裕发脾气称为"刮旋风"。

对于宣统皇帝，隆裕根本谈不上母爱，她只是每天照例赐给小皇帝一些吃食，并听太监们汇报皇上"进得香"之类，从来没有真正关心过他的胃口。一次溥仪吃栗子撑着了，太后竟让他吃了一个多月的糊米粥，溥仪每天嚷饿，也没有人管。

隆裕在宫中也不是没有一个贴心人，太监小德张是她一生唯一信任的人。在小德张的怂恿下，隆裕在宫中大兴土木，建造水晶宫以自娱。隆裕的奢侈行为，使小德张得以从中中饱私囊，而隆裕对这些花费则不闻不问。清朝最后一位皇帝溥仪让位时，隆裕力主共和，据说是袁世凯贿赂小德张，小德张再向隆裕进言说：所谓"共和"，只是把载沣的权力移交给袁世凯而已。隆裕信以为真，于是力排众议,赞同共和。

民国时期的历史学家辜鸿铭曾经高度赞扬隆裕皇太后,将她比作是普鲁士的路易丝王后。据说,路易丝王后在拿破仑使普鲁士蒙受耻辱的日子里,一遍又一遍重复着歌德的名句:"不靠眼泪来度日","终于感动了整个德国民族,使他们不仅作为一个民族崛起并击败了拿破仑"。在辜鸿铭看来:"我们中国人从内心珍视我们的隆裕太后的这一时刻,不久也会到来——谁能说,现在我们的隆裕太后所忍受的痛苦,不会激发帝国四亿沉默的人民奋起进击,坚决反对并制止这场疯狂的革命,并最终在暂时萎靡不振的皇室领导下,建造一个崭新的、纯粹的现代中国呢?"

不管隆裕是一时被蒙蔽还是发自内心地赞成共和,也不管像辜鸿铭那样的人对她寄予怎样的希望,时隔不到一年,大清的最后一位皇太后却抱病而终。临终前,隆裕太后以自己的口气写成清帝退位诏书,显得颇为开明得体、冠冕堂皇。她这一生,毁在了那桩包办婚姻中,而且在宫中也不得人心。隆裕就是这样庸庸碌碌,临了干了件不是她本意却非常轰动、为进步人士寄予深切希望的伟大事件。她的死意味着清代皇室已经走到了末路。

珍妃坠井内情

众所周知,珍妃是光绪皇帝的宠妃。八国联军快要打进北京的时候,慈禧命小太监将其推入井中。珍妃真的是投井而死的吗?那又是谁将她推下井的呢?一百年来,人们一直是众说纷纭,这件事成为难解之谜。

珍妃是满洲正红旗人,在她13岁时,与15岁的姐姐瑾妃同时被选入宫中,第二年姐妹二人都被封为嫔,后来又晋封为妃。珍妃天真活泼,聪明伶俐,能歌善舞,擅长书画,双手能写秀丽的梅花篆字,深得光绪皇帝的宠爱。正因为如此,作为慈禧内侄女的隆裕皇后醋意大发,由忌升恨,经常在慈禧面前说珍妃的坏话,使得慈禧本人也愈加对珍妃不满意。时间一久,矛盾就越积越深。

光绪二十四年(1898年),光绪帝接受康有为为首的改良派的变法主张,推行新政。珍妃积极追随光绪帝,极力支持维新,引起了慈禧的强烈不满。这一年九月,慈禧发动政变,捕杀了维新派,把光绪皇帝囚禁在瀛台,同时也把珍妃贬入冷宫。慈禧太后就是要将自己的对手置于这样凄惨的境地,以满足自己极为强烈的报复心理。

　　光绪二十六年（1900年）八月，八国联军攻破北京城，光绪帝曾提出愿意与各国举行和平谈判，慈禧太后坚决反对，她决定出京到西安暂避。就在慈禧与光绪准备出宫西逃之前，慈禧处死了年仅25岁的珍妃。就在珍妃的碧血融入井水之中后不久，就有人试图披露一些珍妃落井而亡的情况，只可惜文字过于简单，仅说"珍妃有宠于上，太后恶之，临行

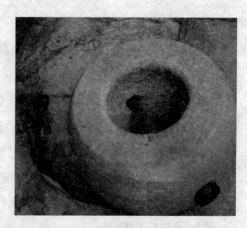

珍妃井

推坠井死"。这里既没提具体时间，又没有详细的地点，更没说到底是谁干的这些伤天害理的事情。很可能连他自己也不十分清楚这些情况，或许有什么难言之隐。

　　当时社会上对于珍妃的死，有多种传言。有说是她自己投井而死，有说是宦官崔玉贵下的手，也有说是李莲英干的。那么，珍妃落井这一惨绝人寰的事件究竟是怎么发生的呢？

　　这年七月二十日下午，慈禧太后在睡午觉，宫女陪侍在寝宫里。宫里静悄悄的，像往常一样，没有任何即将出逃的迹象。突然，老太后坐起来，撩开帐子。这事平日要由宫女来干，因此，宫女吓了一跳，感到十分意外。因为还没有到该起床的时候，所以赶紧招呼其他人，忙着侍候慈禧洗脸。慈禧烟都没吸一口，一声吩咐也没有便出了乐寿堂，往北走去。慈禧让一路上的宫女太监都不用侍候着，赶紧退下。

　　随后，奉慈禧懿旨去东北三所冷宫召珍妃前来见驾的崔玉贵带着珍妃来到了颐和轩。

　　珍妃在这里已经受尽折磨，她来到慈禧的跟前，战战兢兢，十分憔悴。慈禧对她说，现在太后要与皇上一同离京，本想带她走，但是兵荒马乱的年月，万一出了什么事，丢了皇家的体面，就对不住祖宗了，并希望珍妃自尽。

　　珍妃听了，想得更多的不是自己，而是光绪皇帝和国家社稷。于是她劝说慈禧，请求皇上留在北京。但是还没等珍妃说明道理，慈禧就冷笑一声，抢白道："你已经死在眼前，还胡主张什么！"

珍妃斩钉截铁地回答道:"我没有应死的罪!"这时慈禧一语道破天机:"不管你有没有罪,也得死!"珍妃提出要见光绪皇帝,因为光绪皇帝并没有要她死。穷凶极恶的慈禧太后却声嘶力竭地说:"光绪皇帝也救不了你。"

于是,崔玉贵走上前去,将珍妃扯着,连挟带提地把她丢到了井里。当她被推到井口时,大声呼喊:"皇上,来世再报恩啦!"而此时此刻,被慈禧太后囚禁起来的光绪皇帝还不知道自己的爱妃已经不在人世了。

可见,珍妃是受慈禧的逼迫落井身亡的,那么,慈禧为什么要将她往这条绝路上逼呢?一种说法是认为慈禧顾虑珍妃留守宫中不妥,带走也不妥,因而传令将珍妃投入井中。另一种说法是慈禧为泄愤。她认为江山已经失去大半,这都是珍妃导致的。况且珍妃还劝说要求光绪留在京城以镇人心和办理和议事宜,激怒了慈禧太后。还有的认为珍妃当时已经怀有身孕,行动不便,且慈禧也不想让她留有皇家血脉,于是将其处死。不管是什么原因促使慈禧下令将珍妃推入井中,总之可以想见的原因是很多的,这也表明珍妃的死是必然的。

珍妃落井是在大庭广众之下进行的,还是秘密进行的呢?这样一件事情,慈禧怎能让太多的人知道,处死珍妃肯定是避开众人耳目秘密处死。据说,宫中一位太监唐冠卿曾亲身参与处死珍妃。这天中午,唐冠卿在宫中当差,亲见慈禧在午睡时间悄悄与崔玉贵走出乐寿堂,碰巧遇见在后门休息的唐冠卿,让唐冠卿扶着她走到颐和轩的角门。平时慈禧太后午睡起床总要有人侍候,不论到何处去,即使在宫内走动也要有一大群人前呼后拥。唐冠卿心中明白,一定有什么不寻常的事情即将发生。到了角门,慈禧命令唐冠卿守在颐和轩廊上,不让旁人靠近或是偷窥,但里面人说话,他还是清清楚楚地听见,说明处置珍妃的地点就在颐和轩后不远。同时,如果在场有许多人亲眼目睹这一惨案全过程的话,关于珍妃的死,此后传说就不会分歧如此之大,慈禧太后在回銮之后也就无法以"珍妃随扈不及,即于宫内殉难"的谎言掩饰自己的卑劣行径了。

慈禧不仅将珍妃冤死的真相掩盖起来,而且还把自己打扮成仁慈的长者,继续玩弄阴谋诡计。她特别开恩,让珍妃的娘家来人下井打捞珍妃尸体。打捞的时候,将顺贞门到乐寿堂划为禁区,并焚香祷告,颂经念佛。慈禧太后逼死珍妃,可谓阴险毒辣。然而对于珍妃的身后之事为什么又如此安排呢?据说是慈禧十分迷信,在逃到西安时,经常梦见珍妃,心里非常害怕,恐怕珍妃的阴魂不散,会加害自己。就在这天午睡时,慈禧太后梦见珍妃告诉自己,她已经成神,并历数慈禧太后的罪恶。等到慈禧醒来,半天说不出话,咽喉也全都肿了。

珍妃的死,对光绪皇帝的打击最大,他蒙受了巨大的痛苦和悲伤。他对珍妃的痴情,真是感人至深。直到光绪皇帝死之前,他再也没有接近过任何女人,他用生命实现自己的誓言,把对珍妃的爱深深埋藏在心底。

光绪是被慈禧毒死的吗

公元1908年,世界已经进入飞速发展的20世纪,而这时的中国仍然处在延续了几千年的封建帝王时代。这一年,对于已经走过264年的大清帝国来说,也许是最为不幸的一年。因为在年底,王朝的两位最有权势和地位的统治者,相继去世。对于74岁的慈禧之死,人们尚无疑义,但对38岁的光绪竟然死在慈禧之前,而且仅仅早了一天,则众说纷纭,成为一桩悬而未决的历史疑案。人们首先想到的是,光绪一定是慈禧害死的。那么,事实是这样的吗?

关于光绪的死因,历来有三种说法。一是认为光绪帝是被袁世凯进药毒死的。因为戊戌变法时,袁世凯向慈禧告密,导致维新派被害。袁世凯害怕慈禧死后,光绪重新执政,于是与庆亲王奕劻勾结,准备废掉光绪,立奕劻之子为帝,但是没有成功,只好对光绪下此毒手。清代最后一个皇帝溥仪在他写的《我的前半生》一书中就十分明确地谈到这一点,他说:"我还听见一个叫李长安的老太监说起光绪之死的疑案。照他说,光绪在死的前一天还是好好的,只是因为用了一杯药就坏了,后来才知道这剂药是袁世凯使人送来的……"虽然这种说法是出自太监之口,不容忽视,但缺乏直接的根据。

第二种说法是认为,慈禧太后病危时,生怕自己死后被她废掉的光绪重新当政,继续推行维新变法,所以指使太监下毒手,把光绪皇帝害死,以绝后患。慈禧身边的女官德龄一口认定光绪是被李莲英害死的。她以自己的亲身经历写成一本著名的纪实著作《瀛台泣血记》,在书中讲道:"万恶的李莲英眼看太后的寿命已经不久,自己的靠山快要发生问题了,便暗自着急起来。他想,与其待光绪掌了权来和自己算账,不如还让自己先下手的好。经过了几度的筹思,他的毒计便决定了……就在李莲英说过这一番话的第二天,光绪便好端端的也害起很厉害的病来了。……只有光绪自己心里是很明白的,他料定必是给李莲英在饮食中下了毒,存心要谋杀他。"

还有一件事情值得深思。光绪逝世的前一天,清廷以光绪的名义,向全国发布了两道谕旨。其一是命醇亲王载沣之子溥仪,在宫内教养,并在上书房读书。其二是,授载沣为摄政王。且不说光绪这时正在生病,即便是身体健康的时候,朝政也完全掌握在慈禧太后手中。更何况是决定清朝皇位的重大问题,慈禧决不会让光绪染指,更不能让他独自做主。很清楚,这两道谕旨是按照慈禧太后的意思颁布的。而颁布谕旨时,慈禧太后的病情已经极为严重,她的生命已经到了最后的关头。慈禧本人也非常清楚地意识到这一点,不然,她不会这么匆匆对后事做出安排。而要想保证这道谕旨的绝对实行,那就必须光绪死在慈禧前面,否则,光绪肯定要改变这个并非出自他本意,甚至在他完全不知道的情况下做出的政治安排。

事实上,以慈禧太后的性格和为人,她早就打算这么做。戊戌政变之后,她就想置光绪于死地。但是迫于各方面的压力,她不得不投鼠忌器,稍微隐忍一下。以后,慈禧又多次想方设法废掉光绪的帝位,但依然未果。这位统治中国近半个世纪的女人,临终前肯定不希望自己死后,将政权让给政敌光绪皇帝。如果是这样,慈禧太后将会死不瞑目。所以,慈禧完全有理由、有动机杀害光绪皇帝。但至于事实是不是这样的,我们也不能仅凭这点就下定论。

第三种说法是认为,从档案馆所藏的光绪脉案中可知,光绪是由于长期患有多种疾病,消耗体力,最后不支而死,这种说法似乎最为可信。

光绪皇帝的身体,自幼就很虚弱。小的时候,经常得病。进入青少年时期,体质也极差。常年腰痛,夜间遗精,睡眠不稳,精力很容易疲惫。按照中医的说法,这是体虚肾亏,而且到了比较严重的程度。光绪在 37 岁的时候,曾经自述病史:"遗精之病将二十年。前数年,每月必发十数次。近数年,每月不过二、三次,且有无梦不举,即自遗泄之时,冬天较甚。近数年遗泄较少者,并非渐愈,乃系肾经亏损太甚,无力发泄之故。"

光绪的体弱,不仅仅是肾亏,随着年龄的增长,继续有所发展。到二十七八岁时,又患上了耳鸣脑响,并逐渐加重,还伴有腰腿疼痛。至此,光绪的消化道、呼吸道,都已经出现很严重的病状。

就在光绪去世那一年,他又患上了神经官能症以及关节炎等病。按道理来讲,光绪自幼生长在王府,以后进入皇宫,论物质条件以及医疗卫生保健,都是当时中国第一流的,他的身体怎么会这样差呢?恐怕最重要的因素要算长期的精神压抑、郁闷孤独吧。光绪自从四岁进宫，就开始受到慈禧的专制管理，精神上一直处于紧张和压抑的状态。等到他长大亲政时，内忧外患，太后的处处掣肘，心情也很少舒畅。戊戌政变失败后，被禁闭在瀛台，种种精神上的折磨和打击，珍妃的惨死，更增添了思想上的愁闷。如此长期承受巨大的精神负担，身体不垮才怪。

不过，尽管光绪临死前那段时间，身体十分虚弱，并且自年初起患病，就一直没有痊愈，但是种种迹象表明，这时的病情还不至于导致光绪突然去世。光绪在去世的前一天，曾经发布谕旨，命令全国各地督抚，遍寻名医灵方，推荐进京，为皇帝治病。这件事说明，病人此时神志还非常清醒，对治好病，仍然有很大的信心。并不像人们通常见到的垂危快死之人。另外，从光绪的"脉案"所反映，他的结核病尚未达到最严重的程度，"脉案"中没有任何"吐血"的记载。

当然，光绪死前几天的"脉案"，将他的病情描述得很严重，甚至达到了不可救药的地步。但这些资料都是掌握在慈禧的手中，伪造"脉案"也是绝对有可能的。

以上的各种猜测都不无道理，令我们实在很难看清光绪的真正死因。但有一点是可以完全肯定的，那就是光绪的死，是十分突然的，是整个朝廷都没有事先料到的。因为在光绪死于瀛台涵元殿的时候，满朝文武大臣中，没有任何人知道，应该把皇帝安葬在哪里。光绪还没有选择他的"万年吉地"，也就是陵寝用地，当然就更没有预先建造陵寝。这在清代社会是极为不正常的。只有皇帝出人意料地突然去世时，才会出现这种情况。

光绪虽然触及大清皇帝的宝座，却从未掌握真正的实权，连死后都不知道应该葬在什么地方，可算是大清朝最不幸的皇帝。